D1732249

Fthenakis · Kalicki · Peitz
Paare werden Eltern

Buchreihe der LBS-Initiative Junge Familie, einer Einrichtung der LBS Westdeutsche Landesbausparkasse

Wassilios E. Fthenakis
Bernhard Kalicki
Gabriele Peitz

Paare werden Eltern

Die Ergebnisse
der LBS-Familien-Studie

Leske + Budrich, Opladen 2002

Gedruckt auf alterungsbeständigem und säurefreiem Papier

Die Deutsche Bibliothek – CIP-Einheitsaufnahme
Ein Titeldatensatz für diese Publikation ist bei
Der Deutschen Bibliothek erhältlich.

ISBN 3-8100-3025-2

© 2002 Leske + Budrich, Opladen

Satz: Leske + Budrich, Opladen
Druck: DruckPartner Rübelmann, Hemsbach
Printed in Germany

Inhalt

7

Geleitwort der LBS Westdeutsche Landesbausparkasse

„Wir geben Ihrer Zukunft ein Zuhause" so lautet der Slogan unseres Hauses. Der Entschluss, sich für eben diese Zukunft in einem eigenem Heim zu entscheiden, kommt häufig mit der Familiengründung zustande, also dann, wenn Paare Eltern werden wollen. Gerade deshalb, aber auch vor dem Hintergrund gesellschaftspolitischer Verantwortung hat sich die LBS bereits vor rund zehn Jahren mit der Frage beschäftigt, wie Lebensgemeinschaften mit Kindern in dieser wichtigen Lebensphase unterstützt und wie die Bedingungen für eine familien- und kinderfreundliche Gesellschaft verbessert werden können.

1992 entstand aus dieser Überlegung heraus die *LBS-Initiative Junge Familie*. Diese Einrichtung, deren Arbeitsinhalte durch einen Fachbeirat aus Vertretern der Politik, Architektur, Wissenschaft sowie aus Familien- und Wohlfahrtsverbänden festgelegt werden, arbeitete seither auf drei Ebenen. Einerseits führte sie Studien, Untersuchungen und Analysen durch, andererseits wurden Modellprojekte, etwa zum Thema „Hilfen für Scheidungskinder", ins Leben gerufen und schließlich hat sie eine Reihe von Ratgebern und Fachbüchern mit familienrelevanten Themen herausgegeben.

Die LBS-Familien-Studie untersucht als Längsschnittstudie unter der Leitung des Familienforschers Professor Dr.Dr.Dr. Wassilios E. Fthenakis den Übergang von der Partnerschaft zur Elternschaft in einer bisher nicht existierenden Form. Ihre Inhalte bieten viele wichtige Anregungen für die Familienpolitik. Die Studie ist in ihrer Tiefe und Vielfalt der angesprochenen Themen auch ein Nachschlagewerk für alle, die sich mit Familienarbeit beschäftigen und für die Betroffenen selbst.

Ich danke an dieser Stelle den Wissenschaftlern, die über Jahre hinweg Forschungsdaten zusammenführten und auswerteten, aber auch den Familien, die bereit waren, sich an dieser mehrjährigen Untersuchung zu beteiligen. Ich hoffe, dass die mit diesem Buch vorliegenden, umfangreichen Ergebnisse viel gelesen und beachtet werden und schließlich in der Gesellschafts- und Familienpolitik ihren Widerhall finden.

Münster, April 2002

Dr. Christian Badde
Sprecher der LBS Westdeutsche
Landesbausparkasse

Rainer Schäfer
Mitglied der Geschäftsleitung
der LBS Westdeutsche Landesbausparkasse

Vorwort der Autoren

Die Erfahrungen, die wir in der Familie sammeln, prägen unser gesamtes weiteres Leben. Das Familienleben wird jedoch zunehmend schwieriger, wie die steigenden Trennungs- und Scheidungszahlen belegen. Von daher lag es auf der Hand, die Familienentwicklung von ihrem Beginn an zu untersuchen. Denn bereits die Geburt des ersten Kindes stellt eine immense Herausforderung an das Elternpaar dar.

Die ersten Überlegungen, eine solche Längsschnittstudie zum Übergang zur Elternschaft durchzuführen, gehen zurück in die Mitte der neunziger Jahre. Das Projekt zu dieser Studie startete im Winter 1994/95 und war zunächst auf einen Zeitraum von fünf Jahren ausgelegt. In dieser ersten Projektphase, die in Zusammenarbeit mit Professor Anette Engfer durchgeführt und erfolgreich abgeschlossen wurde – die Projektleitung lag in dieser Phase bei Professor Fthenakis und Professor Engfer –, konnten wir die Entwicklung der untersuchten Familien in den ersten drei Jahren nach der Geburt ihres Kindes mitverfolgen. Nachdem sich abzeichnete, dass unsere Studie sehr vielversprechende Erkenntnisse zutage förderte, dass die Teilnahmebereitschaft unserer Familien extrem hoch ist und dass die LBS-Familien-Studie auch außerhalb der Fachwissenschaft auf großes Interesse stößt, ergab sich die Gelegenheit, die Längsschnittstudie, wenn auch unter etwas veränderten Bedingungen, um weitere drei Jahre zu verlängern. Tatsächlich läuft die LBS-Familien-Studie noch immer. In diesem Band stellen wir nun unsere Erkenntnisse zur Familienentwicklung in den ersten drei Jahren nach der Geburt des Kindes ausführlich vor.

Das Buch gliedert sich in zwei große Themenblöcke. Nach einem Überblick über die vielfältigen Veränderungen, die von der Familiengründung ausgelöst werden (Kapitel 3), steht die Elternschaft und ihre Bewältigung im Mittelpunkt (Kapitel 4). Dieses Thema wurde von Gabriele Peitz bearbeitet. Den zweiten thematischen Schwerpunkt bildet die Partnerschaft (Kapitel 5). Dieses Kapitel wurde von Bernhard Kalicki geschrieben. Der Ergebnisteil des Buches wird ergänzt um eine kurze Einordnung der LBS-Familien-Studie in das Forschungsfeld (Kapitel 1) und um Informationen zur Methodik der Untersuchung (Kapitel 2). Die praktischen Schlussfolgerungen betreffen zum einen die psychologische Intervention (Kapitel 6), zum anderen familienpolitische Forderungen und Impulse (Kapitel 7).

Finanziell ermöglicht wurde dieses aufwändige Forschungsprojekt durch die großzügige Unterstützung der *LBS-Initiative Junge Familie*. Wir danken der Westdeutschen Landesbausparkasse für ihr Engagement, das wir als Wissenschaftler nutzen konnten. Besonderer Dank gilt Frau Brigitte Niemer und Herrn Dr. Hans-Ulrich Gruß für die gute und vertrauensvolle Zusammenarbeit.

Die Grundlagen einer auf mehrere Jahre angelegten Untersuchung werden in der Planungs- und Anfangsphase gelegt. Hier danken wir Frau Professor Anette Engfer von der Universität-Gesamthochschule Paderborn für die interessierte und engagierte Mitarbeit an unserer Studie. Unser Dank geht ebenfalls an die Mitarbeiterinnen der Paderborner Projektgruppe, Dipl.-Psych. Angelika Dittmann und Dipl.-Psych. Bettina Weitz, sowie an zahlreiche Hilfskräfte. In der Münchner Projektgruppe wurden wir von Dipl.-Psych. Waltraut Walbiner und Dipl.-Psych. Tamara Escherich tatkräftig unterstützt. Kollegialen Rat erhielten wir insbesondere von Dr. Beate Minsel, wofür wir herzlich danken.

Den größten Dank verdienen zweifellos alle Familien, die uns über Jahre hinweg zuverlässig durch ihre Teilnahme an den Interviews und schriftlichen Befragungen unterstützten. In den ersten Wochen und Monaten nach Ankunft des Kindes können sich die Eltern sicher nicht über einen Mangel an Aufgaben und Belastungen beklagen. Umso verdienstvoller ist es, in dieser Situation die Verpflichtung zu der Mitarbeit an einer zeitraubenden Studie einzugehen und diese Zusage dann konsequent einzuhalten. Wir wollen uns mit diesem Band bei allen Teilnehmern bedanken, wenngleich dies den Aufwand, mit dem die Studie verbunden war, nicht ausgleicht. Die LBS-Familien-Studie ist nicht im Forschungslabor und nicht allein am Schreibtisch entstanden. Der persönliche Kontakt zu den Familien war für uns echte Bereicherung. Wir danken allen Müttern und Vätern, dass sie uns Einblick gaben in ihr Familienleben.

Schließlich ist auch die Produktion des Buches selbst mit Arbeit verbunden. Unser Dank gilt hier Frau Anja Ostheeren für die Hilfe bei der redaktionellen Überarbeitung des Textes sowie dem Verlag für die zügige Drucklegung.

München, April 2002

Wassilios E. Fthenakis   Bernhard Kalicki   Gabriele Peitz

1 Übergang zur Elternschaft: Themenfelder und Fragestellungen der LBS-Familien-Studie

In diesem Einführungskapitel wird ein knapper Überblick gegeben über das Themenfeld „Übergang zur Elternschaft", über die familienpsychologische Forschungsgeschichte und über die interessierenden Fragestellungen dieser Längsschnittstudie. Die detaillierte Sichtung der Forschungslage geschieht in den einzelnen Kapiteln des Ergebnisteils.

Die hier dargestellte Längsschnittstudie versucht, den Übergang zur Elternschaft mit seinen vielfältigen Facetten, seinen mannigfachen Auswirkungen auf die Beteiligten und seinen Chancen und Risiken näher zu beleuchten. Entsprechend divers und spezifisch sind die in diesem Band behandelten Fragestellungen. Die LBS-Familien-Studie knüpft an einer ganzen Reihe von Forschungstraditionen und Forschungsprogrammen an, wie in dieser Einführung deutlich wird.

1.1 Elternschaft und Partnerschaft

Das Verhalten von Müttern und Vätern und ihr Einfluss auf die Entwicklung des Kindes sind klassische Themen der Entwicklungspsychologie und der Pädagogischen Psychologie. Partnerschaften gelten als eine besondere Form sozialer Beziehungen und sind somit primär Untersuchungsgegenstand der sozialpsychologischen Forschung. Die Partnerschaftsentwicklung im Übergang zur Elternschaft kombiniert beide Themenfelder; hiermit befasst sich die recht junge Disziplin der Familienpsychologie (Schneewind, 2000a).

Erleben und Gestaltung der Elternrolle

Das Erleben und Verhalten von Eltern wurde vielfach untersucht, insbesondere jene Verhaltensweisen, die direkt und zielgerichtet oder indirekt und womöglich unbeabsichtigt Einfluss nehmen auf die kindliche Entwicklung. Die Stichworte entsprechender Forschungsprogramme lauten etwa Erziehungsverhalten, Erziehungsstile oder subjektive Erziehungskonzepte (Schneewind & Herrmann, 1980; Sigel, McGillicuddy-DeLisi & Goodnow, 1992). Mit der Ausweitung der traditionell kindheitszentrierten Entwicklungspsychologie zu einer Entwicklungspsychologie der Lebensspanne (Baltes, 1990) rücken die Eltern selbst und die Elternschaft als wichtiger Lebensbereich des Erwachsenenalters stärker in den Blickpunkt. Nah heran an unser Thema des Übergangs in die Elternschaft kommen etwa Arbeiten, die den Verlauf und das Erleben der Schwangerschaft untersuchen (z. B. Gloger-Tippelt, 1988). Die Erweiterung des Blicks durch eine systemische Perspektive weckt das Interesse an intergenerativen Zusammenhängen und Effekten (z. B. Caspi & Elder, 1988).

Der Aufbau und die Entwicklung von Eltern-Kind-Beziehungen stellt ein weiteres Forschungsfeld dar. Prominent ist beispielsweise die Bindungsforschung, die in den zurückliegenden Jahren ihre Blütezeit erlebt hat (Field, 1996). Neben der Mutterschaft und der Mutter-Kind-Beziehung hat sich die Vaterrolle als intensiv bearbeiteter Forschungsgegenstand etabliert (Bronstein & Cowan, 1988; Cath, Gurwitt & Gunsbers, 1989; Fthenakis, 1985; Pedersen, 1980).

Das Funktionieren von Partnerschaften

Die zentrale Herausforderung für die Partnerschaftsforschung ist die Erklärung und Vorhersage von Partnerschaftsqualität und Partnerschaftsstabilität (Gottman, 1998). Die Bedeutung interpersonaler Konflikte für das Beziehungsgeschehen gilt als gesichert, entsprechend viel Aufmerksamkeit findet das Konfliktverhalten von Paaren (Cahn, 1994; Spitzberg & Cupach, 1998).

Als besonders fruchtbar für die Partnerschaftsforschung erweist sich die Erforschung sozialer Kognitionsprozesse (Bochner, Krueger & Chmielewski, 1985; Bradbury & Fincham, 1992; Sillars, 1985). Enge Beziehungen und Partnerschaften bieten eine hervorragende Gelegenheit, Kognitions- und Urteilsprozesse in ihren Auswirkungen auf den Beziehungsverlauf zu untersuchen.

Partnerschaftsentwicklung im Übergang zur Elternschaft

Es waren Familiensoziologen, die als erste die Auswirkungen der Familiengründung auf die Partnerschaft der Eltern bemerkten und zum Gegenstand empirischer Studien machten (Dyer, 1963; Hill, 1949; LeMasters, 1957). Diese frühen Arbeiten lösten eine intensiv geführte Debatte aus, die durch zunehmend ausgefeiltere Untersuchungen gestützt wurde (Belsky, Spanier & Rovine, 1983; LaRossa & LaRossa, 1981; McHale & Huston, 1985; zum Überblick: Heinicke, 1995). Inzwischen liegen auch für den deutschsprachigen Raum eine Fülle empirischer Studien vor, die die Beziehungsentwicklung nach der Geburt des ersten Kindes fokussieren (El-Giamal, 1997; Reichle & Werneck, 1999).

Die einzelnen Untersuchungen unterscheiden sich neben einigen Gemeinsamkeiten deutlich in ihrer Themenwahl, theoretischen Fundierung und Forschungsmethodik. Die Themen variieren von der Stressbewältigung (El-Giamal, 1999), dem Gerechtigkeitserleben (Reichle, 1994), der Übernahme der Vaterschaft (Werneck, 1997), dem Vergleich der Erstelternschaft mit der Zweitelternschaft (Brüderl, 1989; Meyer, 1988) bis hin zu Kulturvergleichen (Nickel, Quaiser-Pohl, Rollett, Vetter & Werneck, 1995).

Mit Blick auf die Forschungsmethodik lässt sich ein Trend hin zu Längsschnittstudien ausmachen, die das Paar als Beobachtungseinheit vorsehen. Fragebogenstudien dominieren dabei gegenüber Interview- oder Beobachtungsstudien.

1.2 Fragestellungen der LBS-Familien-Studie

Die LBS-Familien-Studie „Übergang zur Elternschaft" geht der Frage nach, wie die Anpassung an das Leben mit einem Kind und die Bewältigung der elterlichen Verantwortung gelingt. Neben dem individuellen Wohlbefinden der Eltern steht der Verlauf der elterlichen Partnerschaft im Blickpunkt. Mit diesen Fragestellungen und Zielsetzungen reiht sich die Studie in die dargestellten Forschungsprogramme ein. Darüber hinaus greift unsere Studie jedoch weitere Fragestellungen auf:

Bewältigung kritischer Ereignisse und Übergänge

Die Geburt eines Kindes zählt als kritisches Lebensereignis (Filipp, 1995), die Übernahme der Elternrolle gilt als kritischer Übergang, der eine („normative") Krise auslösen kann. Modelle der Krisenbewältigung und Adaptation können angewendet werden auf diesen Problemtyp. Die Nutzung allgemeiner Bewältigungsmodelle verspricht Aufklärung über wichtige Prozesse im Veränderungsgeschehen rund um die Geburt des ersten Kindes. Dabei kommen unterschiedliche Indikatoren der Befindlichkeit zur Anwendung.

Personwahrnehmung und soziale Kognition

Das Erleben der Partnerschaft vollzieht sich wesentlich im Nachdenken über den Partner und über die Beziehung und in den hierbei ausgelösten Empfindungen. Damit verdienen die Mechanismen der Personwahrnehmung und sozialen Kognition besondere Aufmerksamkeit. Auch hier können wir auf allgemeine Theorien und Konzepte zurückgreifen, um die Partnerschaftsdynamiken besser zu begreifen (z. B. Felser, 2000).

Kulturelle und soziale Kontexte der Entwicklung

Die menschliche Entwicklung wird maßgeblich geprägt durch kulturelle Einflüsse (Brandtstädter, 2001). Der naturwissenschaftliche Blick auf Entwicklungsprozesse verlangt also die Ergänzung um eine kulturwissenschaftliche

Perspektive. Hinsichtlich der Familienentwicklung lässt sich dies an dem sozialen Wandel nachzeichnen, dem auch die Familie als Lebensform unterliegt (Bertram, 1991; Lüscher, Schultheis & Wehrspaun, 1988). Insbesondere der Wandel der Frauenrolle ist geradezu dramatisch (Giddens, 1990; Kalicki, 1996)

Menschen, Paare, Familien entwickeln sich in spezifischen Kontexten (Bronfenbrenner, 1979; Lerner, 1985). Kontextfaktoren prägen die Entwicklung, indem sie Ressourcen bereitstellen, Handlungsspielräume vorgeben und bestimmte Anforderungen definieren. Zu den kontextuellen Einflüssen auf die Familienentwicklung zählen beispielsweise die außerfamilialen Lebensbereiche der Familienmitglieder (Beruf), ihre sozialen Netze, aber auch die gesellschaftlich vorgegebenen Lebensbedingungen von Familien (Sozial- und Familienpolitik).

Wir verzichten in diesem einleitenden Kapitel auf einen umfassenden Überblick über die Forschungsliteratur und die Befundlage zu den jeweiligen Themenfeldern. Sämtliche Kapitel im Ergebnisteil dieser Arbeit sind so aufgebaut, dass sie die Fragestellung umfassend bearbeiten. Jedes Kapitel beginnt daher mit einer Übersicht über das Themenfeld.

2 Die LBS-Familien-Studie: Beschreibung des Forschungsansatzes

2.1 Untersuchungsansatz

In diesem Kapitel wird der Untersuchungsplan unserer Längsschnitt-studie mit querschnittlichem Gruppenvergleich erläutert. Anschließend werden die theoretischen Konstrukte, die entsprechenden Variablen und die zu ihrer Erfassung eingesetzten Instrumente vorgestellt. In einer tabellarischen Übersicht wird über die psychometrischen Eigenschaften der Instrumente informiert.

2.1.1 Design

Will man die Veränderungen erfassen, die mit der Geburt des ersten Kindes einhergehen, und Aussagen machen über die Bedingungen einer gelingenden Familienentwicklung, dann muss man (1) die Entwicklung von Familien über einen längeren Zeitraum mitverfolgen und (2) eine erste Befragung bereits vor der Geburt des Kindes durchführen.

Daher wurde die LBS-Familien-Studie „Übergang zur Elternschaft" als *Längsschnittuntersuchung* angelegt, die den Zeitraum von der Schwangerschaft bis drei Jahre nach der Geburt des Kindes umfasst. In diesem Zeitraum fanden insgesamt *fünf Erhebungstermine* (man spricht auch von „Messzeitpunkten") statt, deren zeitliche Platzierung sich am familienzyklischen Ablauf (Schwangerschaftsphase bzw. Lebensalter des Kindes) orientierte: Die erste Erhebung (T1) erfolgte im *letzten Drittel der Schwangerschaft* der Teilnehmerinnen; nach der Geburt wurden die Eltern zu insgesamt vier Zeitpunkten befragt, nämlich *6-8 Wochen* nach der Geburt (T2), *3-4 Monate* nach der Geburt (T3), *18 Monate* nach der Geburt (T4) und *34 Monate* nach der Geburt (T5). Die Daten der ersten drei Messzeitpunkte (T1-T3) erlauben die Untersuchung geburtsnaher Veränderungen und Bewältigungsprozesse. Der große Vorteil der LBS-Familien-Studie besteht im zeitlich prolongierten Untersuchungszeitraum: Durch den Einbezug der Daten des vierten und fünften Messzeitpunktes wurde die Erfassung langfristiger Anpassungs- und Veränderungsprozesse möglich.

Um die spezifischen Effekte der Geburt des ersten Kindes (und damit des Übergangs zur Elternschaft) abschätzen zu können, wurde dieser längsschnittliche Ansatz mit einem querschnittlichen Vergleich zwischen Paaren, die ihr *erstes Kind* bekamen („Ersteltern") und Paaren, die zum *zweiten* oder *dritten Male Eltern* wurden („Zweiteltern"), kombiniert. Geplant war eine

	T1	T2	T3	T4	T5	
	26.-39. Schwangerschaftswoche	6.-8. Lebenswoche	3.-4. Lebensmonat	18. Lebensmonat	34. Lebensmonat	Geplante Gruppengröße
erstes Kind — M						
erstes Kind — PB						60
erstes Kind — B						
weiteres Kind — M						
weiteres Kind — PB						60
weiteres Kind — B						

Abbildung 2.1.1: Der Erhebungsplan der *LBS-Familien-Studie* (M = München, PB = Paderborn, B = Bundesgebiet)

Stichprobengröße von jeweils 60 Erst- und Zweiteltern-Paaren.

Eine weitere Unterteilung der Stichprobe betraf den Rekrutierungs- und Wohnort der Teilnehmer. Das ursprüngliche Design sah einen Vergleich von Familien aus dem Raum München mit Familien, die im Umkreis von Paderborn lebten, vor. Der Vergleich von Familien aus dem Ballungsraum München mit denen aus dem eher ländlich geprägten Raum Paderborn sollte die Untersuchung von regionalen Unterschieden ermöglichen. Aufgrund der großen Resonanz von Seiten interessierter Eltern konnte dieses Design um eine weitere Gruppe von Familien, die im restlichen Bundesgebiet lebten, erweitert werden. Ein Überblick über das Untersuchungsdesign gibt Abbildung 2.2.1.

2.1.2 Variablen

Eine wichtige Entscheidung, die bei der Planung eines Forschungsprojektes getroffen werden muss, betrifft die Wahl der Methoden, mit denen Informationen erhoben werden sollen. Sollen Fragebögen, Interviews oder Beobachtungsverfahren eingesetzt werden? Bei dieser Entscheidung gilt es, die Vor- und Nachteile der unterschiedlichen Verfahren gegeneinander abzuwägen. Eine ausführliche Diskussion der Vor- und Nachteile würde jedoch den Rahmen dieses Bandes sprengen.

Wir hatten uns für den Einsatz von Fragebögen als zentralem Erhebungsverfahren entschieden[1]. Die in diesem Band berichteten Ergebnisse basieren somit ausschließlich auf Fragebogendaten. Die Entscheidung für

---

1   Zwar haben wir auch Interviews eingesetzt. Diese dienten jedoch in erster Linie der Kontaktpflege.

eine Verwendung von Fragebögen hat gute Gründe: Fragebogenverfahren weisen gegenüber Interviews eine hohe Durchführungs- und Auswertungsobjektivität auf, d.h. die Antworten des Teilnehmers werden, anders als beispielsweise beim Interview, nicht durch die Person des Forschers beeinflusst. In einer Studie diesen Umfangs, in der die Datenerhebung von mehreren Personen durchgeführt wird, stellt dies einen wichtigen Punkt dar. Hinzu kommt, dass unsere Inhalte teilweise sehr intime und teils auch tabuisierte Themen berührten, die bei einer mündlichen Befragung in hohem Ausmaße anfällig sind für Verweigerungs- oder Verzerrungstendenzen. Die Entscheidung für Fragebögen ist nicht zuletzt auch eine Frage der Ökonomie: Der Einsatz dieses Verfahrens ermöglicht eine ökonomische Erfassung und Auswertung großer Mengen an Informationen – was der Umfang dieses Bandes verdeutlicht.

Im Folgenden werden die zentralen theoretischen Konstrukte und die zu ihrer Erhebung eingesetzten Fragebogeninstrumente beschrieben. Einige der eingesetzten Fragebögen sind „bewährte" Verfahren, d.h. Verfahren, die bereits in anderen Forschungsprojekten eingesetzt wurden und für die Angaben zu den Gütekriterien des Verfahrens vorliegen (z. B. der Partnerschaftsfragebogen von Hahlweg, 1979). Bei anderen handelt sich um Adaptionen bewährter Verfahren. Diese Instrumente wurden für die Fragestellungen der LBS-Familien-Studie leicht verändert (gekürzt, ergänzt oder sprachlich überarbeitet) (z. B. Skalen zur Erfassung der Beziehungskompetenzen von Vierzigmann, 1995). Zudem wurden einige Instrumente für spezifische Fragestellungen der LBS-Familien-Studie neu entwickelt (z. B. der Fragebogen zur Wohnzufriedenheit), eines wurde bereits publiziert (Fragebogen zu Attributionen in Partnerschaften (FAP) (Kalicki, 2002). Tabelle 2.1.1 gibt zunächst einen Überblick über die abgebildeten Bereiche, die erfassten Konstrukte und die eingesetzten Instrumente. Anschließend erfolgt die Beschreibung der Variablen und der eingesetzten Instrumente. Tabelle 2.1.2 (am Ende der Variablenliste) zeigt die Zusammenstellung der zu den fünf Messzeitpunkten eingesetzten Erhebungsinstrumente. Tabelle 2.1.3 am Ende dieses Kapitels informiert über die psychometrischen Eigenschaften der Instrumente.

Mütter und Väter erhielten einen eigenen Fragebogen. Die Bögen von Frauen und Männern hatten ein weitgehend paralleles Erhebungsformat, die Formulierungen waren an die Geschlechter angepasst. Das Fragebogeninventar für die Teilnehmer, die nur an den schriftlichen Erhebungen teilnahmen, war mit dem Fragboogeninventar, das der Interviewstichprobe vorgelegt wurde, identisch. Die Teilnehmer wurden in der Instruktion darauf hingewiesen, die Fragebögen unabhängig voneinander zu bearbeiten, sich also vor und während des Ausfüllens nicht über einzelne Fragen auszutauschen.

Tabelle 2.1.1: Zusammenfassender Überblick über die abgebildeten Bereiche, die erfassten Konstrukte und die eingesetzten Fragebogeninstrumente (o: Originalverfahren, oa: Adaption eines Originalverfahrens; m: Entwicklung der Münchner Projektgruppe, p: Entwicklung der Paderborner Projektgruppe)

Bereich	Konstrukt	Instrument
Partnerschaft	Partnerschaftsqualität	Partnerschaftsfragebogen (PFB) [o]
	erlebte Veränderungen	Veränderungsliste [p]
	Partnerbild: - Wertschätzung des Partners - Ansprüche an den Partner - Zufriedenheit mit dem Partner - Expressivität/Femininität d. P. – Instrumentalität/Maskulinität d. P. - Emotionale Stabilität d. P.	Partnerkonzept-Skalen [m]
	Attribution negativer Partnerschaftserfahrung	Fragebogen zu Attributionen in Partnerschaften (FAP) [o,m]
	Aufgabenteilung und Zufriedenheit mit der Aufgabenteilung	Fragebogen zur Aufgabenteilung [m,p]
Elternschaft	Erwünschtheit der Schwangerschaft	Emotionale Bewertung [m,p] Verantwortungsattributionen für den Eintritt der Schwangerschaft [m] Passung [m,p]
	Geburtsangst	Fragebogen zur Erfassung geburtsbezogener Ängste [oa,m,p]
	Schwangerschaftsbeschwerden	Fragebogen zur Erfassung von Schwangerschaftsbeschwerden [p]
	Kinderwunsch	Erwünschtheit weiterer Kinder [p]
	Zufriedenheit in der Elternrolle	EMKK/EVKK-Fragebogen [oa,p]
	Subjektive Elternschaftskonzepte	Fragebogen zur Erfassung von Elternschaftskonzepten [m]
Allgemeines Befinden	Depressivität	Allgemeine Depressions-Skala (ADS-L) [o]
	Selbstwert, Selbstdiskrepanz	Selbstkonzept-Skalen [m]
Beruf	Berufliche Situation Beruflicher Status Berufliche Zufriedenheit	Fragebogenteile zur beruflichen Situation und zu Veränderungen der Lebenssituation
	Attraktivität des Berufs	Berufsprofil [o]
	Attraktivität der Hausfrauenrolle	Hausfrauenprofil [o]
Persönlichkeitsmerkmale	Selbstbild: - Expressivität/Femininität – Instrumentalität/Maskulinität - Emotionale Stabilität	Selbstkonzept-Skalen [m]
	Bewältigungsdispositionen	Fragebogen zum Umgang mit Problemen [o]

Tabelle 2.1.1   (Fortsetzung)

Bereich	Konstrukt	Instrument
(Persönlichkeits-merkmale – Fortsetzung)	Elternschaftsbezogene Kompetenzüberzeugungen	Fragenbogen zur Erfassung der elternschaftsbezogenen Kompetenzüberzeugungen [p]
	Beziehungskompetenzen	Skalen zur Erfassung individueller Beziehungskompetenzen (SEBE) [oa,m,p]
Merkmale des Kindes	Kindschwierigkeit	Skalen zu elternperzipierten Kindmerkmalen [p]
	Entwicklung des Kindes	Münchener Funktionelle Entwicklungsdiagnostik [oa,m]
Herkunfts-familie	Kindheitsbeziehung zu den eigenen Eltern	Kindheitsfragebogen [p]
	aktuelle Beziehung zu den eigenen Eltern	Kindheitsfragebogen [p]
	Qualität der elterlichen Partnerschaft während der Kindheit	Kindheitsfragebogen [p]
Kontextfakto-ren Soziale Netze	Bedarf an Unterstützung; Zufriedenheit mit der erhaltenen Unterstützung	Netzwerkfragebogen [m]
	Kinderbetreuung	Fragebogenteil zur Kinderbetreuung [m]
Wohnen	Wohnsituation	Fragen zur Wohnsituation [m,p]
	Wohnzufriedenheit	Fragebogen zur Wohnzufriedenheit [m]
Familien-politische Leistungen	Evaluation von: Informationspolitik Mutterschaftsurlaub Erziehungsurlaub Kindergeld	Fragebogenteil zur Evaluation familienpolitischer Leistungen [m]
Hintergrund-informationen	Soziodemographische und biographische Daten	Fragebogenteil zu den soziodemographischen und biographische Daten [m,p]
	Veränderungen und Lebensereignisse	Fragebogenteil zur Veränderung der Lebenssituation [m,p]

Partnerschaft

Die Frage nach der Veränderung der Partnerschaft infolge der Geburt eines Kindes und nach den Bedingungen und Prozessen einer gelingenden Beziehungsentwicklung stehen im Mittelpunkt der LBS-Familien-Studie. Daher wird der Bereich der Partnerschaft umfassend und differenziert anhand mehrerer Indikatoren abgebildet.

1. Partnerschaftsqualität: Als zentrales Kriteriumsmaß für die Partnerschaftsqualität wurde der *Partnerschaftsfragebogen PFB* von Hahlweg (1979) eingesetzt. Dieser Fragebogen zielt vorwiegend auf eine Einschätzung des Partnerverhaltens und der Paarinteraktion ab. Der Fragebogen beinhaltet die Subskalen *Streit, Zärtlichkeit/Sexualität* und *Gemeinsamkeit/ Kommunikation,* die durch jeweils zehn Items abgebildet werden. Die Items sind überwiegend als Aussagen zur Häufigkeit konkreter Verhaltensweisen des Partners formuliert; die Frau berichtet also über Verhaltensweisen des Partners und umgekehrt. Hierfür ist eine vierstufige Likertskala mit den Abstufungen 0/„nie, sehr selten", 1/„selten", 2/„oft" und 3/„sehr oft" vorgegeben. Ein abschließendes sechsfach gestuftes Item erfasst zusätzlich das aktuelle „Glück" in der Partnerschaft.

Die Subskala *Streit* (PFB-S) erfasst die Destruktivität des Streitverhaltens vor allem des Partners. Dazu gehören Verhaltensweisen, wie den Partner anschreien, ihn herabsetzen oder auch ihn beschimpfen. (Beispielitems: „Wenn wir uns streiten, beschimpft er mich"; „Er kritisiert mich in einer verletzenden Art und Weise"). Die Skala *Zärtlichkeit/Sexualität* (PFB-Z) umfasst Aussagen zum Austausch körperlicher Zärtlichkeiten, dem positiven Erleben von Sexualität sowie zum verbalen Ausdruck von Zuneigung und Wertschätzung. (Beispielitems: „Er streichelt mich, wenn wir miteinander schlafen, so dass ich sexuell erregt werde"; „Er macht mir ein ernstgemeintes Kompliment über mein Aussehen") In der Skala *Gemeinsamkeit/ Kommunikation* (PFB-K) werden verschiedene Facetten der Verbundenheit mit dem Partner abgebildet. Dazu gehören gemeinsame Aktivitäten oder auch Merkmale der Kommunikation, wie Häufigkeit und Regelmäßigkeit, Offenheit und Interesse für die Meinung des Partners (Beispielitems: „Wir unterhalten uns am Abend normalerweise mindestens eine halbe Stunde miteinander"; „Er teilt mir seine Gefühle und Gedanken offen mit"). Neben den Werten der Subskalen kann ein *Gesamtmaß* (PFB-G) für die Qualität der Paarinteraktion nach folgender Formel berechnet werden: PFB-G= (30 - PFB-S) + PFB-Z + PFB-K.

2. Erlebte Veränderungen der Partnerschaft: Die *Veränderungsliste* erfasst im Gegensatz zum Partnerschaftsfragebogen (PFB) nicht den aktuellen Zustand der Beziehung, sondern die seit der Geburt des Kindes aufgetretenen Veränderungen der Partnerschaft. Die Teilnehmer sollen für 15 Bereiche der Partnerschaft (z.B. „Lachen, Spaß, Fröhlichkeit"; „Hilfe und Unterstützung"; „Möglichkeiten zur gemeinsamen Erholung und Entspannung"; „Sexuelle Freude aneinander") beurteilen, inwieweit es seit der Geburt des Kindes in dem jeweiligen Bereich zu Veränderungen gekommen ist. Die fünf Stufen der Antwortskala sind sprachlich verankert (-2/„deutlich abgenommen", 1/„etwas abgenommen", 0/„gleichgeblieben", 1/„etwas zugenommen", 2/„deutlich zugenommen"). Das Ausmaß der wahrgenommenen Veränderungen der Partnerschaft berechnet sich als Summe der (gleichsinnig gepolten)

Einschätzungen zu dreizehn der fünfzehn Bereiche, wobei positive Werte auf eine wahrgenommene Verbesserung und negative Werte auf eine wahrgenommene Verschlechterung der Partnerschaft hinweisen.

3. Partnerbild: Die Wahrnehmungen und Bewertungen der Person des Partners beeinflussen das Verhalten ihm gegenüber. Der evaluative Aspekt des Partnerbildes stellt zudem einen weiteren Indikator für die Zufriedenheit mit der Paarbeziehung dar. Die Einschätzung der Person des Partners erfolgte anhand einer Liste mit 25 sozial valenten Eigenschaften. Die Liste der Eigenschaftsbegriffe umfasst eine Reihe von Eigenschaften, die Geschlechtsrollenstereotype als typisch für Männer (dominant, durchsetzungsfähig) bzw. Frauen (gefühlvoll, anpassungsfähig) ansehen. Sie beinhaltet weiter befindlichkeitsthematische Begriffe (z. B. müde/ abgespannt, ausgeglichen) sowie Merkmale mit hoher Beziehungsrelevanz (z. B. nachtragend, tolerant). Die Teilnehmer sollten anhand dieser Eigenschaften zunächst ihr *Realbild vom Partner* einschätzen („So sehe ich meinen Partner. In welchem Ausmaß besitzt Ihr Partner diese Eigenschaften?"). Anschließend sollten sie anhand der gleichen Eigenschaftsliste ihr *Wunschbild vom Partner* (*Partnerideal*) beschreiben („So hätte ich meinen Partner gerne. Wie stark sollten diese Eigenschaften Ihrem Wunsch nach bei Ihrem Partner ausgeprägt sein?"). Als Antwortformat wurde eine unipolare 11-stufige Antwortskala mit den Polen 0/„überhaupt nicht" und 10/„in höchstem Maß" vorgegeben. Anhand dieser Einschätzungen wurden eine Reihe von Variablen gebildet:

– Die *Wertschätzung des Partners* (Positivität des Bildes vom Partner) wurde als Mittelwert der 25 positiv gepolten Einschätzungen zum Partner-Realbild berechnet. Ein hoher Wert bedeutet, dass die Person ein positives Bild von ihrem Partner hat, ihm also viele positive und wenige negative Eigenschaften zuschreibt.

– Die *Unzufriedenheit mit dem Partner* (Real-Ideal-Diskrepanzen) wurde berechnet als Summe der itemspezifischen Diskrepanzen zwischen dem Wunschbild vom Partner (Partnerideal)und dem Realbild. Hohe Werte verweisen hier auf eine hohe Unzufriedenheit. In diesem Maß schlagen sich somit, anders als bei der *Wertschätzung des Partners*, neben dem faktischen Bild vom Partner auch Ansprüche an den Partner nieder. Eine hohe Unzufriedenheit mit dem Partner kann daher sowohl aus einer wenig günstigen Sicht vom Partner als auch aus überhöhten Ansprüchen an den Partner resultieren.

– Die *Ansprüche an die Person des Partners* wurden als Mittelwert der (positiv gepolten) Einschätzungen zum Partnerideal berechnet. Ein hoher Wert bedeutet somit, dass die Person sich wünscht, dass ihr Partner viele positive Eigenschaften in sich vereint (also sehr attraktiv, intelligent, einfühlsam, tolerant usw. ist) und wenige negative Eigenschaften besitzt (also nicht nachtragend, nicht faul usw. ist).

– Die dem Partner zugeschriebene *Expressivität/Femininität* wurde als Mittelwert der Einschätzungen zu den folgenden sechs Eigenschaften gebildet: gefühlvoll, verständnisvoll, mitteilsam, hilfsbereit, anpassungsfähig, zärtlich.

– Die dem Partner zugeschriebene *Instrumentalität Maskulinität* wurde als Mittelwert der Einschätzungen zu den folgenden sechs Eigenschaften gebildet: dominant, selbstsicher, offen/ direkt, durchsetzungsfähig, erfahren, tatkräftig.

- Die dem Partner zugeschriebene *Emotionale Stabilität* wurde als Mittelwert der Einschätzungen zu den folgenden sechs Eigenschaften gebildet: nachtragend[-], ausgeglichen, gelassen, unkompliziert, tolerant, mimosenhaft/empfindlich/schnell beleidigt[-]. Die mit einem [-] gekennzeichneten Eigenschaften gingen umgepolt in das Aggregat ein.

4. Aufgabenteilung: Es wurden zwei Facetten der Aufgabenteilung innerhalb der Paarbeziehung erfasst: die Aufteilung der *Hausarbeit* und die Aufteilung der Aufgaben, die bei der *Pflege und Versorgung des Kindes* anfallen. Für beie Bereiche wurden sowohl die Aufteilung als auch die Zufriedenheit mit der praktizierten Aufteilung erfragt.

Die *Aufteilung der Hausarbeit* zwischen den Partnern wurde von beiden Eltern vor der Geburt des Kindes und zu mehreren Messzeitpunkten danach eingeschätzt. Hierzu gaben die Befragten für eine Liste von insgesamt 19 Tätigkeiten (z.B. „Aufräumen und Putzen"; „Wäsche waschen und bügeln"; „Einkäufe"; „Schriftverkehr erledigen") an, wer die jeweilige Aufgabe übernimmt (1/„ich selbst", 2/„mein Partner", 3/„wir beide abwechselnd", 4/„wir beide gemeinsam", 5/„andere Personen"). Um einen Indikator für das Ausmaß der eigenen Aufgabenbelastung zur erhalten, wurden die einzelnen Aufgaben folgendermaßen rekodiert: Aufgaben, für die die Person angab, sie selbst zu erledigen, erhielten den Wert „3", Aufgaben, die die Partner abwechselnd oder zusammen erledigen, den Wert „2", Aufgaben, die der Partner erledigt, den Wert „1". Aufgaben, die von anderen Personen erledigt wurden, wurden nicht in die Auswertung mit einbezogen. Die Einzelratings wurden zu einem Gesamtmaß der *perzipierten eigenen Belastung mit Haushaltsaufgaben* aufaddiert.

Analog hierzu wurde die *Aufteilung kindbezogener Aufgaben* erfragt. Art und Anzahl der Aufgaben variierten in Abhängigkeit vom Alter des Zielkindes. Für den ersten Messzeitpunkt (letztes Schwangerschaftsdrittel) wurden vier Aufgaben vorgegeben (Beispiel: „Einkauf von Kindersachen"). Die Listen, die zum dritten (3-4 Monate nach der Geburt) und vierten Messzeitpunkt (18 Monate nach der Geburt) vorgelegt wurden, umfassten elf Aufgaben (Beispielitems: „Windeln wechseln"; „Kinderbetreuung organisieren"), die zum fünften Messzeitpunkt (34 Monate nach der Geburt) vorgelegte Liste beinhaltete 19 Aufgaben (Beispielitems: „mit dem Kind auf den Spielplatz gehen"; „die Sauberkeitserziehung übernehmen"). Die Aufgabenlisten umfassten sowohl Routinearbeiten bei der Versorgung des Kindes, die regelmäßig anfallen und zwingend erledigt werden müssen (z. B. „Windeln wechseln"; „das Kind nachts versorgen"), als auch Aufgaben, die seltener anfallen oder stärker nach Belieben ausgeführt werden können (z. B. „Besuche beim Kinderarzt", „Spielen mit dem Kind"). Die Einschätzungen zu den einzelnen Aufgaben wurden wiederum zu einer Aggregatvariablen der *eigenen Beteiligung an kindbezogenen Aufgaben* zusammengefasst.

Während beim Säugling anfallende Aufgaben und Tätigkeiten noch stark pflegerischen Charakter haben, wird mit zunehmendem Alter und Entwicklungsstand des Kindes eine inhaltliche Differenzierung nach dem Aufgabentyp sinnvoll. Die Tätigkeiten, die bei der Sorge um das 34 Monate alte Kind anfallen, wurden daher zusätzlich unterteilt in organisatorische und *Versorgungstätigkeiten* (11 Aufgaben, z. B. „das Kind anziehen"; „Sauberkeitserziehung") und Aufgaben, die einen eher spielerischen Charakter haben und deren Ausführung oder zeitliche Platzierung stärker wählbar ist *(*6 Aufgaben, z. B. „Spielen mit dem Kind", „das Kind baden"). Diese Aufgaben bezeichnen wir als *„Pleasure-Aktivitäten"*.

Zusätzlich zu den Schilderungen der *Aufteilung* von Haushalts- und kindbezogenen Aufgaben sollten die Teilnehmer für jede Aufgabe angeben, wie *zufrieden* sie mit der praktizierten Aufteilung sind. Hierzu stand eine vierstufige Antwortskala (von 1/„sehr unzufrieden" bis 4/„sehr zufrieden") zur Verfügung. Die aufgabenspezifischen Zufriedenheitsurteile wurden aufsummiert zu den Variablen *Zufriedenheit mit der Verteilung der Hausarbeit* bzw. *Zufriedenheit mit der Verteilung kindbezogener Aufgaben.*

6. Attribution negativer Partnerschaftserfahrung: Die negative, den Partner belastende Auslegung negativer Verhaltensweisen des anderen wird in je sechs Attributionsratings für vier hypothetische Szenarios erfasst. Als negative Verhaltensweisen des Partners (‚Stimulus events') stellt sich der Beurteiler vor, 1) dass der Partner bzw. die Partnerin etwas kritisiert, dass der Beurteiler gesagt hat; 2) dass der Partner bzw. die Partnerin in letzter Zeit weniger Zeit mit ihm verbringt; 3) dass der Partner bzw. die Partnerin nicht zuhört, während der Beurteiler etwas sagt; und 4) dass der Partner bzw. die Partnerin sich kühl und abweisend verhält. Zu jedem dieser Szenarios gibt der Beurteiler drei Kausalattributionen und drei Verantwortungsattributionen ab. Die den Partner belastende Attribution negativer Partnerschaftserfahrung ist dabei gekennzeichnet durch die internal-partnergerichtete (Lokalisation), stabile und globale Kausalattribution sowie die Zuschreibung von Absichtlichkeit (Intentionalität), egoistischer bzw. feindseliger Motive und den Schuldvorwurf (Kalicki, 2002).

Elternschaft

Im letzten Schwangerschaftsdrittel wurden eine Reihe von subjektiven Einschätzungen, die sich auf Schwangerschaft, Geburt und Elternschaft beziehen, erfragt. Hierunter fallen Urteile zur Geplantheit und Erwünschtheit der Schwangerschaft, zu Ängsten im Hinblick auf die bevorstehende Geburt und zu bestehenden Schwangerschaftsbeschwerden.

1. Erwünschtheit der Schwangerschaft: Die subjektive Erwünschtheit der Schwangerschaft wurde anhand mehrerer Indikatoren erfasst. Als erstes wurden die Teilnehmer um eine *Bewertung* der Schwangerschaft und anstehenden Elternschaft anhand der *Emotionsbegriffe* „Freude", „Stolz", „Ärger" und „Bedrohlichkeit" gebeten. Hierbei waren die aktuellen Bewertungen („Wie sehr [freuen] Sie sich *heute* über die Schwangerschaft?") sowie die im Rück-blick beurteilten initialen Ereignisbewertungen ("Wie sehr haben Sie sich *seinerzeit* [gefreut]") auf einer neunstufigen Antwortskala (0/"überhaupt nicht", 8/"äußerst") anzugeben. Es wurde jeweils ein Summenwert für die *aktuelle emotionale Bewertung* und die retrospektive eingeschätzte *initiale emotionale Bewertung* der Schwangerschaft gebildet. Die Einschätzungen des Ärgers und der Bedrohung gingen umgepolt in das Aggregat ein, so dass ein hoher Wert eine positive emotionale Bewertung anzeigt.

Anschließend wurde die *Attribution der Verantwortung für den Eintritt der Schwangerschaft* erfasst. Hierfür sollten die teilnehmenden Frauen und Männer das eigene Zutun zum Eintritt der Schwangerschaft ("Ich habe alles getan, eine Schwangerschaft zu *vermeiden* bzw. herbeizuführen"; siebenstu-fige bipolare Antwortskala von -3/"alles getan, es zu vermeiden" über 0/"weder- noch" bis +3/"alles getan, es herbeizuführen") und das Zutun des Partners abzuschätzen ("Mein Partner hat alles getan ..."; gleiches Antwort-format). Die *Verantwortungsübernahme* für das Eintreten der Schwanger-schaft bzw. die *Delegation der Verantwortung* an den Partner wurde als Dif-ferenz aus dem eigenen Beitrag und dem wahrgenommenen Beitrag des Part-ners berechnet (gerichtetes Differenzmaß). Hohe Werte verweisen auf eine Übernahme der Verantwortung der Person (d.h. der eigene Beitrag am Zu-standekommen der Schwangerschaft wird höher eingeschätzt als der Beitrag des Partners), niedrige Werte auf ein Zuschieben der Verantwortung für das Eintreten der Schwangerschaft an den Partner (d.h. der eigene Beitrag wird geringer eingeschätzt als der Beitrag des Partners).

Außerdem sollten die Teilnehmer einschätzen, wie *gelegen* ihnen die Geburt des Kindes mit Blick auf neun verschiedene Aspekte der aktuellen Lebenssituation, wie Beruf, Alter Gesundheit und Partnerschaft kommt (Bei-spiel: "Wie gelegen kommt Ihnen die Geburt des Kindes mit Blick auf Ihre beruflichen Pläne?"). Eltern, die bereits ein älteres Kind hatten, sollten zu-dem einschätzen, wie gelegen ihnen die Geburt mit Blick auf den Altersab-stand der Kinder kommt. Vorgegeben war eine siebenstufige bipolare Ant-wortskala, wobei nur die Endpunkte sprachlich verankert waren (-3/"äußerst ungelegen" bis +3/"äußerst gelegen"). Die neun bzw. zehn Ratings wurden zu einem Summenwert aggregiert, der den Grad der *Passung* der Schwanger-schaft und Geburt in die aktuelle Lebenssituation angibt.

2. Geburtsangst: Die Ängste der schwangeren Frauen und der Männer vor der Geburt wurden anhand des *Fragebogens zur Erfassung geburtsbezo-gener Ängste* erfasst. Dieser Fragebogen stellt eine Adaption der Geburts-Angst-Skala von Lukesch (1983) dar. Da sich die Ängste, die bei Männern im Kontext einer Geburt auftreten, naturgemäß von denen der Frauen unter-scheiden, wurden unterschiedliche Fragebogenversionen für Männer und Frauen entwickelt. Der Fragebogen für Frauen umfasste 26 Aussagen zu un-terschiedlichen Aspekten des Geburtsablaufs, die vier Facetten geburtsbezogener Ängste abbilden: die *Angst vor Kontrollverlust und der eigenen Hilflosigkeit* (7 Items; Beispielitem: „Angst vor dem Ausgeliefert sein"), die *Angst vor dem Beginn der Geburt* (4 Items; Beispielitem: „Angst vor dem Einsetzen der Wehen"), die *Angst vor medizinischen Eingriffen und vor medizinischem Personal* (6 Items; Beispielitem: „Angst vor gynäkologischen Untersuchungen") und die *Angst vor Spritzen* (4 Items; Beispielitem: „Angst vor der Spritze zur Einleitung der Geburt"). Fünf Items gingen nicht in die Bildung der Subskalen ein. Der Fragebogen für Männer umfasste 27 Items, die drei Angstfacetten abbilden: die *Angst vor der eigenen Hilflosigkeit* (7 Items; Beispielitem: „Angst, die Frau leiden zu sehen"), die *Angst um Frau und Kind* (11 Items; Beispielitem: „Angst, dass die Frau die Entbindung nicht durchsteht") und die *Angst vor der Entbindungssituation* (9 Items; Beispielitem: „Angst, selbst in Ohnmacht zu fallen"). Die Teilnehmer sollten auf einer vierstufigen Skala jeweils angeben, wie sehr sie Angst vor den beschriebenen Situationen haben (1/„gar nicht", 2/„etwas", 3/„stark", 4/„sehr stark"). Die Summen der entsprechenden Einzelratings liefern Indikatoren für das Ausmaß der spezifischen Geburtsängste. Zusätzlich wurde eine Gesamtmaß der Geburtsangst durch Aggregierung aller 26 (Frauen) bzw. 27 Einzelratings (Männer) gebildet.

3. Schwangerschaftsbeschwerden: Die Schwangerschaftsbeschwerden der werdenden Mütter wurden detailliert erfasst. Den Frauen wurde eine Liste mit 28 Beschwerden vorgelegt, die überwiegend körperliche Symptome (z.B. zu hoher Blutdruck, Erbrechen, untypische Blutungen, Kreuz- und Rückenschmerzen), aber auch typische psychische Begleiterscheinungen (Angstgefühle, Niedergeschlagenheit) einer Schwangerschaft beinhaltet. Die werdenden Mütter sollten für jedes Schwangerschaftsdrittel einschätzen, wie häufig die einzelnen Beschwerden in dieser Phase aufgetreten waren. Dafür stand ihnen eine dreistufige Antwortskala zur Verfügung (1/„gar nicht", 2/„manchmal", 3/„häufig"). Für jedes Schwangerschaftsdrittel wurde ein Gesamtscore der Belastung als Summe über alle 28 Beschwerden gebildet.

4. Kinderwunsch: Während der „Kinderwunsch" in vielen Studien als die zu einem bestimmten Zeitpunkt gewünschte Anzahl von Kindern gefasst wird, bevorzugten wir eine Fassung des Kinderwunsches als aktuelle Zustimmung oder Ablehnung einer weiteren Geburt. Dieses Maß erschien uns besser geeignet, graduelle Unterschiede und Veränderungen in der Haltung gegenüber weiteren Geburten abzubilden. Die Teilnehmer wurden in den drei Jahren nach der Geburt des Zielkindes mehrfach gefragt, ob sie selbst noch ein weiteres Kind wollen bzw. ob ihr Partner noch ein weiteres Kind will. Die Antwortmöglichkeiten reichten von -3/„sicher nicht" über 0/„(noch) unklar" bis 3/„auf jeden Fall".

5. Zufriedenheit in der Elternrolle: Die *Zufriedenheit* der Frau in ihrer Rolle als Mutter wurde durch den EMKK-Fragebogen (Codreanu, 1984; Engfer, 1984) erfasst. Zu diesem Instrument wurde eine Parallelversion für

Väter (EVKK) entwickelt. Der Fragebogen bildet die folgenden Aspekte der elterlichen Zufriedenheit ab: Die Subskala *Frustration* erfasst Gefühle der Desillusionierung im Alltag mit dem Kind (9 Items; Beispielitems: „Ich hätte nie gedacht, dass das Leben mit kleinen Kindern so anstrengend ist"; „Manchmal denke ich, dass ich mir besser kein Kind angeschafft hätte"). Die Subskala *Freude* am Kind thematisiert das freudige Engagement gegenüber dem Kind, das sich in der Freude an den Entwicklungsfortschritten des Kindes und in dem Gefühl ausdrückt, die Bedürfnisse des Kindes gut erkennen und befriedigen zu können (6 Items; Beispielitem: „Fortschritte in der Entwicklung meines Babys/Kindes sind für mich die größte Freude"). Die Subskala *Überfürsorge* erfasst eine übertriebene Fürsorglichkeit der Mutter bzw. des Vaters (T2 und T4: 5 Items, T5: 7 Items; Beispielitem: „Ich bin ständig in Sorge, dass meinem Baby/Kind etwas zustoßen könnte"). Die Tendenz zur Überfürsorge wird von manchen Forschern als Reaktionsbildung der Eltern gedeutet, also als Kompensation von deren aggressiven Tendenzen gegenüber ihrem Kind (z.B. Engfer, 1984). Die Subskala *Überforderung und Gewaltneigung* bildet Gefühle der Überforderung und nervöser Erschöpfung ab, die in Ungeduld, Ärgerausdruck und der Anwendung gewalttätiger Disziplinierungsmaßnahmen gegenüber dem Kind manifest werden können (4 Items; Beispielitem: „Manchmal bin ich mit den Nerven so fertig, dass ich das Kind schütteln und anschreien möchte"). Diese vier Skalen wurden beiden Partner vorgelegt.

Zusätzlich wurden bei Frauen und Männer jeweils ein geschlechtstypischer Bereich für Unzufriedenheit erfasst. Bei der Frau wurde die bereichsspezifische *Depressivität* erhoben. Diese Subskala thematisiert Gefühle der Mutter, die mit physischer und psychischer Erschöpfung und Selbstzweifeln einhergehen (9 Items; Beispielitem: „Ich fühle mich oft am Ende meiner Kraft"). Auf Seiten des Mannes wurden Gefühle des Ausgeschlossen-Seins anhand der Subskala *Eifersucht* erfasst (7 Items; Beispielitem: „Ich trauere den Zeiten nach, als ich meine Partnerin noch für mich allein hatte").

Die Eltern sollen jeweils angeben, inwieweit die einzelnen Aussagen für sie zutreffen (vierstufige Antwortskala: 1/„trifft überhaupt nicht zu", 2/„trifft eher nicht zu", 3/„trifft eher zu", 4/„trifft vollkommen zu"). Der EMKK bzw. EVKK wurde sechs Wochen nach der Geburt (T2), 18 Monate (T4) und 34 Monate (T5) nach der Geburt vorgelegt, wobei die Subskala *Überforderung* erst ab dem vierten Messzeitpunkt eingesetzt wurde.

6. Elternschaftskonzepte: Um die *subjektiven Elternschaftskonzepte (SEK)* zu erfassen, wurden die Eltern drei Jahre nach der Geburt ihres Kindes gefragt, inwiefern unterschiedliche Aufgaben oder Funktionen zur Verantwortung eines Vaters bzw. einer Mutter gehören. Hierzu wurde den Teilnehmern eine Liste mit 25 Facetten vorgelegt, die sich vier Skalen zuordnen lassen: (1) das *Interesse am Kind* und die direkte Beschäftigung mit dem Kind (z. B. „sich Zeit nehmen für das Kind", „mit dem Kind spielen"); (2)

Aspekte eines *reflektierten Erziehungsverhaltens* (z. B. „konsequent sein", „Geduld aufbringen"); (3) Verhaltensweisen zum *Erhalt eines positiven Familienklimas* (z. B. „die Erziehungsmaßnahmen des Partners unterstützen"); und schließlich (4) Merkmale mit Bezug zu *traditionellen Geschlechtsrollen* (z. B. „eigene Karrierepläne zugunsten des Kindes zurückstellen", „für ein sicheres Familieneinkommen sorgen"). Die Vorstellungen von der Mutterschaft und die Vorstellungen von der Vaterschaft wurden unabhängig voneinander erfasst, und zwar anhand derselben Itemliste. In der Instruktion wurde das Alter des Kindes nochmals spezifiziert („Bitte denken Sie bei der Beantwortung daran, was ein etwa dreijähriges Kind braucht"). Die Itemformulierung lautete „Gehört dies zur Verantwortung des Vaters (bzw. der Mutter)?" (siebenstufige Antwortskala von 0/„überhaupt nicht" bis 6/„voll und ganz"). Anhand dieser Einzelratings wurden unterschiedliche individuelle und dyadische Indexvariablen gebildet:

– die Variable *Traditionelle Geschlechtsrollen-Auffassungen* fasst drei geschlechtsstereotype Facetten der Mutterschaft („das Kind im Auge behalten, wenn beide Eltern anwesend sind", „zugunsten des Kindes auf eigene Interessen verzichten", „eigene Karrierepläne zugunsten des Kindes zurückstellen" als Aufgaben der Mutter) und drei geschlechtstereotype Facetten der Vaterschaft („dem Kind materiellen Wohlstand bieten", „für ein sicheres Familieneinkommen sorgen", „die Partnerschaft oder Ehe nicht aufs Spiel setzen" als Aufgaben des Vaters) zusammen;
– das dyadische Maß der *Ähnlichkeit der Vaterschaftskonzepte beider Partner* errechnet sich als korrelative Profilähnlichkeit des Vaterschaftskonzeptes der Frau und des Vaterschaftskonzeptes des Mannes (vgl. Cronbach/Gleser 1953), wobei die Verteilung dieses Korrelationsmaßes durch eine *Fisher's Z*-Transformation optimiert wurde (vgl. Bortz 1985, S. 262);. die *Ähnlichkeit der Mutterschaftskonzepte* wurde entsprechend berechnet.

Allgemeines Befinden

1. Depressivität: Um die Auswirkungen von Schwangerschaft und Elternschaft auf die Befindlichkeit der Eltern abschätzen zu können, wurde die *Allgemeine Depressions-Skala* (ADS-L) von Hautzinger und Bailer (1993) mitgeführt. Diese Skala ist ein Selbstbeurteilungsinstrument depressiver Symptome und stellt eine deutsche Version der *Center of Epidemiologic Studies Depression Scale* (CES-D) (Radloff, 1977) dar. Der CES-D wurde speziell für den Einsatz bei Untersuchungen an nichtklinischen Stichproben entwickelt. Die Allgemeine Depressionsskala (ADS-L) umfasst 20 Items zur Selbsteinschätzung depressiver Symptome. Gefragt wird u.a. nach Gefühlen der Einsamkeit, Verunsicherung, Erschöpfung, Hoffnungslosigkeit, Selbstabwertung oder auch Niedergeschlagenheit. Die Teilnehmer sollen auf einer vierstufigen Skala einschätzen, an wie vielen Tage der vergangenen Woche die einzelnen Symptome bei ihnen auftraten. Als Antwortmöglichkeiten stehen zur Verfügung: 0/„selten oder überhaupt nicht (weniger als 1 Tag lang)"; 1/„manchmal (1 bis 2 Tage lang)"; 2/„öfters (3 bis 4 Tage lang)";

3/„meistens, die ganze Zeit (5 bis 7 Tage lang)". Der Gesamtwert der De-pressivität wird als Summe der zwanzig Einzelwerte gebildet, wobei vier Items umzupolen sind. Hohe Werte verweisen auf eine hohe Depressivität.

2. *Selbstwert und Selbstdiskrepanz:* Die Variablen *Selbstwert* und *Selbst-diskrepanz* wurden auf der Basis der Selbstkonzepte einer Person gebildet[2]. Der *Selbstwert* einer Person wurde als Positivität ihres Selbstreals gefasst. Zur Erfassung des Selbstreals wurde den Teilnehmern eine Liste mit 25 so-zial valenten Eigenschaftsbegriffen vorgelegt, anhand derer sie sich beschrei-ben sollten („So sehe ich mich selbst. In welchem Ausmaß besitzen Sie diese Eigenschaften?"). Der *Selbstwert* bzw. die *Positivität des Selbstbildes* wurde als Mittelwert der positiv gepolten Einzelmerkmale berechnet. Ein hoher Wert bedeutet, dass die Person ein positives Bild von sich hat, dass sie sich also viele positive und nur wenige negative Eigenschaften zuschreibt. Die *Selbstdiskrepanz* wurde berechnet als Summe der itemspezifischen Diskre-panzen zwischen dem *Wunschbild von der eigenen Person* (Selbstideal) („So wäre ich gerne") und dem *Selbst-Realbild*. Hohe Werte verweisen hier auf eine hohe Unzufriedenheit. In diesem Maß schlagen sich somit, anders als bei der *Positivität des Selbstbildes*, neben dem faktischen Bild von der eigenen Person auch die Ansprüche, die die Person an sich selbst stellt, nieder. Hohe Selbstdiskrepanzen können daher sowohl aus einer wenig günstigen Beurtei-lung der eigenen Person als auch aus überhöhten Ansprüchen resultieren.

Beruf

1. Berufliche Situation: Als zentrale Merkmale des Berufs wurden zu mehre-ren Zeitpunkten der *Erwerbsstatus,* der *Umfang der Berufstätigkeit* (Wo-chenarbeitszeit), das *Beschäftigungsverhältnis* und das persönliche *Nettoein-kommen* erfasst. Neben diesen objektiven Merkmalen der beruflichen Tätig-keit wurden eine Reihe von subjektiven Bewertungen, wie die aktuelle *berufliche Zufriedenheit* (Single-Item-Maß: „Wie zufrieden sind Sie in Ihrem Beruf?"; bipolare siebenstufige Antwortskala von -3/„äußerst unzufrieden" bis +3/„äußerst zufrieden") und der aktuelle *beruflichen Status* (Single-Item-Maß: „Gemessen an Ihrer Ausbildung ist Ihr jetziger beruflicher Status (Ver-dienst, Aufstiegsmöglichkeiten, Ansehen)..."; fünfstufige bipolare Antwort-skala „viel zu niedrig", „eher zu niedrig", „angemessen", „eher zu hoch", „viel zu hoch") erfragt.

2. Attraktivität des Berufs: Zum ersten Messzeitpunkt wurde außerdem die *Attraktivität des Berufs* durch den *Berufsprofilfragebogen* (Beckmann, Engfer & Schneewind, 1979a) erfasst. Dieser Fragebogen umfasst insgesamt 23 Items und bildet sechs Facetten der beruflichen Tätigkeit ab (*Anregungs-*

---

2   Die Erfassung der Selbstkonzepte erfolgte analog zur Erfassung der Partnerkonzepte. Die
    verwendeten Eigenschaften waren identisch, das Erhebungsformat parallel.

gehalt, Stress, körperliche Beanspruchung, Kontrolle, Unregelmäßigkeit der Arbeitszeiten, Krisenfestigkeit des Berufs). Berufstätige Teilnehmer sollten auf einer unipolaren vierstufigen Antwortskala (von 1/„trifft überhaupt nicht zu" bis 4/„trifft genau zu") das Ausmaß ihrer Zustimmung zu den einzelnen Aussagen angeben. Neben den Werten auf den Subskalen wurde außerdem ein Gesamtwert der *Attraktivität* der beruflichen Tätigkeit gebildet, wobei mit Ausnahme der Subskala *Anregungsgehalt* alle Subskalen umgepolt in die Aggregierung eingingen.

3. *Attraktivität der Hausfrauenrolle:* Die *Attraktivität der Hausfrauenrolle* wurde im letzten Schwangerschaftsdrittel durch das *Hausfrauenprofil* (Beckmann, Engfer & Schneewind, 1979b) erfasst. Der Fragebogen umfasst neun Items und bildet zwei Komponenten der Hausarbeit ab: die *subjektive Belastung* durch die Hausarbeit (3 Items; Beispielitem: „Bei der Hausarbeit stehe ich ständig unter Zeitdruck") und den *Anregungsgehalt* der Tätigkeit (5 Items; Beispielitem: „Meine Tätigkeit im Haushalt ist anregend und abwechslungsreich"). Das Antwortformat entspricht dem des Berufsprofils. Die Gesamtskala *Attraktivität* der Hausfrauenrolle wurde als Summe aus acht Items gebildet, ein Item ging aufgrund konzeptioneller Schwierigkeiten nicht in die Skala ein. Ein hoher Wert auf der Skala bedeutet eine hohe Attraktivität der Hausarbeit (geringe Belastung, hoher Anregungsgehalt). Da zahlreiche Studien belegen, dass die Hausarbeit, unabhängig vom Bildungsgrad und dem Umfang der Berufstätigkeit der Frau, vornehmlich in ihren Zuständigkeitsbereich fällt (z. B. Reichle, 1996), wurde das *Hausfrauenprofil* nur den Frauen vorgelegt.

Persönlichkeitsmerkmale

1. Selbstbild – Instrumentalität, Expressivität und *emotionale Stabilität:* Fragen der Selbstwahrnehmung und der eigenen Identität sind für den Themenbereich des Übergangs zur Elternschaft in mehrfacher Hinsicht von Interesse. Das Selbstkonzept einer Person hat eine bedeutsame Rolle im Prozess der persönlichen Handlungs- und Entwicklungssteuerung (vgl. Markus & Wurf, 1987). Es ist anzunehmen, dass eine geringe Passung zwischen der Identität einer Person und den an sie gestellten normativen und situativen Anforderungen die Anpassung an den Übergang zur Elternschaft erschwert. Zwar ist der Kern des Selbstbildes im Erwachsenenalter relativ stabil. Im Kontext von Entwicklungsübergängen und den damit verbundenen neuartigen Erfahrungen sind jedoch Veränderungen des Selbstbildes – und unter Umständen sogar tiefgreifende Revisionen dessen, was man bisher von sich geglaubt hat – zu erwarten (Greve, 1989). Gerade die Übernahme der Elternrolle scheint die Zuschreibungen von geschlechtsspezifischen Persönlichkeitsmerkmalen zu provozieren (Feldman & Aschenbrenner, 1983). Die selbstzugeschriebene *Instrumentalität, Expressivität* und *emotionale Stabili-*

tät einer Person wurden auf der Basis der Einschätzungen zum Real-Selbstbild (vgl. Abschnitt „Allgemeines Befinden, 2: Selbstwert und Selbstdiskrepanz") berechnet.

– Die der eigenen Person zugeschriebene *Expressivität/Femininität* wurde als Mittelwert der Einschätzungen zu den folgenden sechs Eigenschaften gebildet: gefühlvoll, verständnisvoll, mitteilsam, hilfsbereit, anpassungsfähig, zärtlich.

– Die der eigenen Person zugeschriebene *Instrumentalität Maskulinität* wurde als Mittelwert der Einschätzungen zu den folgenden sechs Eigenschaften gebildet: dominant, selbstsicher, offen/ direkt, durchsetzungsfähig, erfahren, tatkräftig.

– Die der eigenen Person zugeschriebene *Emotionale Stabilität* wurde als Mittelwert der Einschätzungen zu den folgenden sechs Eigenschaften gebildet: nachtragend[-], ausgeglichen, gelassen, unkompliziert, tolerant, mimosenhaft/empfindlich/schnell beleidigt[-]. Die mit einem [-] gekennzeichneten Eigenschaften gingen umgepolt in das Aggregat ein.

2. Bewältigungsdispositionen: Bewältigungsdispositionen der Teilnehmer wurden anhand des „Fragebogens zum Umgang mit Problemen" (Brandtstädter & Renner, 1990) erfasst. Dieser Fragebogen bildet zwei Arten des Umgangs mit Problemen ab: Die Skala *Hartnäckige Zielverfolgung* misst die Tendenz, auch unter erschwerten Bedingungen und angesichts von erlebten Barrieren an persönlichen Zielen festzuhalten und diese offensiv anzugehen (15 Items; Beispielitems: „Je schwieriger ein Ziel zu erreichen ist, desto erstrebenswert erscheint es mir oft", „Bei der Durchsetzung meiner Interessen kann ich sehr hartnäckig sein"). Die Skala *Flexible Zielanpassung* erfasst die dispositionelle Bereitschaft, persönliche Standards und Ziele an situative Beschränkungen anzupassen und initial aversiv erlebte Zustände durch eine Umbewertung und Fokussierung positiver Bedeutungsgehalte zu neutralisieren (15 Items; Beispielitems: „Im Allgemeinen trauere ich einer verpassten Chance nicht nach", „Veränderten Umständen kann ich mich im Allgemeinen gut anpassen").

3. Elternschaftsbezogene Kompetenzüberzeugungen: Die selbst- und partnerbezogenen bereichsspezifischen Kompetenzüberzeugungen wurden im letzten Schwangerschaftsdrittel erfasst. Die Teilnehmer wurden gebeten, eine Einschätzung sowohl ihrer eigenen Fähigkeiten als Mutter bzw. Vater (fünf Items; Beispielitem: „Ich fühle mich der Mutterrolle/Vaterrolle voll gewachsen.") als auch der Fähigkeiten des Partners als Vater bzw. Mutter (sechs Items; Beispielitem: „Ich bin mir sicher, dass mein Partner der Vaterrolle voll gewachsen ist") vorzunehmen. Die Iteminhalte der Selbsteinschätzung und der Partnereinschätzung entsprachen einander weitgehend. Die vierstufige Skalierung reicht von 1/„trifft überhaupt nicht zu" bis 4/„trifft vollkommen zu".

4. Beziehungskompetenzen: Individuelle Beziehungskompetenzen der Partner sind nicht nur für die Entwicklung der Partnerschaft, sondern auch für den Aufbau und Erhalt sozialer Beziehungen zu außenstehenden Personen (z.B. Freunde, Nachbarn, Verwandte) von Bedeutung. Die Erfassung dieser

Kompetenzen erfolgte durch eine für die vorliegende Studie stark gekürzte und leicht veränderte Version der *Skalen zur Erfassung individueller Beziehungskompetenzen* (SEBE) von Vierzigmann (1995). Durch die von uns vorgenommenen Adaptionen kam es zu leichten Verschiebungen im Bedeutungsgehalt der Skalen. Gegenüber der ursprünglichen Skala *Allgemeine soziale Kompetenz* gewann in unserer Version der Aspekt der generalisierten, bereichsunspezifischen Kompetenzüberzeugungen an Bedeutung. Diese Skala wurde daher als *allgemeines Selbstvertrauen* bezeichnet. (4 Items, Beispielitem: „Ich weiß ganz gut, wie ich mit Belastungen und Krisensituationen fertig werden kann"). Die Skala *Verletzbarkeit* erfasst eine nachtragende Haltung angesichts von Kränkung (3 Items, Beispielitem: „Wenn jemand meine Gefühle verletzt hat, kann ich das lange Zeit nicht vergessen."). Die Subskala *Einfühlungsvermögen* bildet eine Disposition zu einfühlendem, unterstützendem Verhalten, das von sozialem Interesse und sozialem Selbstwertgefühl geprägt ist, ab (4 Items, Beispielitem: „Ich kann mich gut in andere hineinversetzen."). Zusätzlich zu den Werten auf den Subskalen wurde ein *Gesamtmaß der Beziehungskompetenz* gebildet (Gesamtmaß = Allgemeines Selbstvertrauen + Einfühlungsvermögen - Verletzbarkeit). Im Gegensatz zur siebenstufigen Skalierung bei Vierzigmann (1995), die uns zu differenziert erschien, wurde eine fünfstufige Skalierung von 1/„trifft überhaupt nicht zu" bis 5/„trifft genau zu" gewählt.

Merkmale des Kindes

1. Kindschwierigkeit: Die von den Eltern perzipierten Kindmerkmale wurden anhand eines Fragebogens erfasst, der eine Adaption der *Skalen zu elternperzipierten Kindmerkmalen* von Engfer (1986) darstellt. Diese Skalen wurden innerhalb eines Projekts zur Entwicklung punitiver Mutter-Kind-Interaktionen entwickelt und gehen wiederum auf Instrumente von Broussard und Hartner (1970) und von Bates, Freeland und Lounsbury (ICQ; 1979) zurück. Dementsprechend zielen sie nicht auf die Erfassung von Temperamentsmerkmalen per se ab, sondern auf die Erforschung von Merkmalen des Kindes, „die Eltern als ‚schwierig' wahrnehmen, und die infolgedessen bei den Eltern Gefühle von Ärger und Frustration oder gar punitive Tendenzen hervorrufen können" (Engfer, 1986, S. 165, Übers. v. Verf.). Derartige Merkmale, die die Anpassung an die Elternrolle erschweren, sind für die Erforschung des Übergangs zur Elternschaft von besonderem Interesse.

Der Fragebogen zur Erfassung der Kindmerkmale wurde zu den einzelnen Messzeitpunkten in altersspezifischen Versionen vorgelegt. Eine Adaption erfolgte in zweifacher Hinsicht: Da es mit zunehmendem Alter des Kindes zu einer Erweiterung und Ausdifferenzierung der Merkmale des Kindes und des kindlichen Verhaltensspektrums kommt, umfassen die einzelnen

Versionen zunehmend mehr Subskalen und damit auch mehr Items. Während mit der Version, die drei bis vier Monate nach der Geburt des Kindes (T3) eingesetzt wurde, elf Merkmale anhand von 63 Items erfasst werden, sind es zu T4 (18 Monate nach der Geburt) 13 Merkmale (65 Items) und zu T5 (34 Monate nach der Geburt) 15 Merkmale (98 Items). Außerdem wurden die Item-Formulierung an das jeweilige Alter des Kindes angepasst. Bei den erfassten Kindmerkmalen handelt es sich um Aspekte wie *Allgemeine Kindschwierigkeit, Schlechtes Schlafen, Schlechtes Essen, Geringe Schmusigkeit, Schlechte Tröstbarkeit, Geringe Anpassungsfähigkeit* oder *Starkes Aufmerksamkeitsverlangen* (Einen detaillierten Überblick über die zu den einzelnen Erhebungszeitpunkten erfassten Merkmale gibt Tabelle 2.1.3. Die Eltern sollten auf einer vierstufigen Antwortskala angeben, inwieweit die vorgegebenen Aussagen auf ihr Kind zutreffen (1/„trifft überhaupt nicht zu", 2/„trifft eher nicht zu", 3/„trifft eher zu", 4/„trifft vollkommen zu"). Neben den Werten auf den einzelnen Subskalen wurde außerdem ein Gesamttestwert der elternperzipierten *Kindschwierigkeit* gebildet.

2. Entwicklung des Kindes: Der Entwicklungsstand des Kindes wurde 18 Monate nach der Geburt anhand der Einschätzungen der Eltern erhoben. Hierfür wurde den Eltern ein Fragebogen vorgelegt, der in Anlehnung an die *Münchener Funktionelle Entwicklungsdiagnostik (2. und 3. Lebensjahr)* (Hellbrügge et al. 1994) konstruiert wurde. Das Verfahren von Hellbrügge und Kollegen zielt auf die Frühdiagnostik entwicklungsgestörter Kinder im zweiten und dritten Lebensjahr ab. Hierfür wird der kindliche Entwicklungsstand in sieben Funktionsbereichen erfasst (Laufen, Handgeschicklichkeit, Perzeption, Sprechen, Sprachverständnis, Sozialverhalten, Selbständigkeit). Der Entwicklungsstand wird primär durch Beobachtung spontanen Verhaltens des Kindes in der Untersuchungssituation und seiner Reaktionen auf Anregungen des Untersuchungsleiters festgestellt. Verhaltensweisen, die selten auftreten und nur schlecht provoziert werden können, werden durch Befragung der Eltern oder anderer Bezugspersonen des Kindes abgeklärt.

Da ein derartiges Verfahren für die vorliegende Studie zu aufwändig gewesen wäre, wurde auf der Basis der *Münchner Funktionellen Entwicklungsdiagnostik* ein Fragebogenverfahren entwickelt. Der neu konstruierte Fragebogen sollte den Entwicklungsstand des Kindes in vier zentralen Funktionsbereichen (Laufen, Sprache (aktive Sprache), Sozialverhalten, Selbstständigkeit) erfassen. Den Eltern wurde hierfür eine Liste von Verhaltensweisen und Fertigkeiten, die Kinder typischerweise im Verlauf des zweiten Lebensjahres lernen, vorgelegt. Der Liste umfasste insgesamt 37 Items, wobei das *Laufalter/Grobmotorik* durch neun Items, das *Sprachalter* durch acht Items und das *Sozialalter* und *Selbständigkeitsalter* durch je zehn Items abgebildet wird. Die einzelnen Fertigkeiten bzw. Verhaltensweisen waren so ausgewählt, dass sie einen möglichst breiten Entwicklungsbereich abdecken, dass die Skalen also sowohl Fertigkeiten beinhalten, die alle Kinder des betrachteten Altersbereichs typischerweise beherrschen, als auch Fertigkeiten, die Kinder dieses Alters mit sehr hoher Wahrscheinlichkeit noch nicht beherrschen. Die Eltern sollten jeweils angeben, ob ihr Kind die betreffende Fertigkeit bzw. das Verhalten bisher gezeigt hatte („macht es gelegentlich) oder nicht („macht es noch nicht"). Waren sie sich nicht sicher, stand eine dritte Antwortmöglichkeit („bin mir nicht sicher") zur Verfügung. Für jeden Entwicklungsbereich wurde die Anzahl der Fertigkeiten, die das Kind nach Angaben der Mutter bzw. des Vaters beherrscht, aufsummiert.

Herkunftsfamilie

Da die Übernahme und Ausgestaltung der Elternrolle maßgeblich von den Erfahrungen mit den eigenen Eltern abhängt, wurden diese Erfahrungen in einem Kindheitsfragebogen retrospektiv erfragt. Ergänzt wurde diese biographische Perspektive durch Angaben zur aktuellen Beziehung zu den eigenen Eltern. Mit diesen Informationen kann einerseits der Einfluss zurückliegender Sozialisationserfahrungen abgeschätzt werden, andererseits lassen sich so auch generationenübergreifende Familienbeziehungen nachzeichnen.

Der *Kindheitsfragebogen* (KFB, Engfer, im Druck) bildet neben acht Aspekten der *früheren Beziehung zu den eigenen Eltern* außerdem die *Qualität der aktuellen Beziehung* zu ihnen sowie die *Rivalität zwischen den Geschwistern* ab[3]. Diese acht Beziehungsfacetten wurden getrennt für Mutter und Vater erfragt, wobei sich die Erhebungsformate und -inhalte entsprechen. Als weiterer Aspekt der Kindheitserfahrungen wurde die Einschätzung der früheren Beziehung der Eltern untereinander erfragt. Die Teilnehmer sollten jeweils auf einer vierstufigen Skala angeben, inwieweit die einzelnen Aussagen auf die Beziehung zur Mutter/zum Vater bzw. für die Ehebeziehung der Eltern zutreffen (Antwortmöglichkeiten: 1/„trifft überhaupt nicht zu", 2/„trifft eher nicht zu", 3/„trifft eher zu", 4/„trifft vollkommen zu"). Die Werte auf den Skalen wurden per Mittelwertsbildung aggregiert.

1. Kindheitsbeziehung zu den Eltern: Die Subskala *Liebe* umfasst neun Items und erfragt das Ausmaß an erfahrener Wärme, Geborgenheit und Zuwendung. Die Subskala *Punitivität* (9 Items) bildet die Häufigkeit und Härte elterlicher Sanktionen ab. Erfahrene *Kontrolle* (7 Items) bezeichnet einen elterlichen Erziehungsstil, der durch die Forderung nach Gehorsam und Unterordnung gekennzeichnet ist. Hoher wahrgenommener Leistungsdruck und hohe ehrgeizige Anforderungen von Seiten der Eltern werden durch die Subskala *elterlicher Ehrgeiz* erfasst (6 Items). Die Subskala *Rollenumkehr* (5 Items) bildet die Erfahrung ab, dass sich der Teilnehmer als Kind für das Wohlbefinden des betreffenden Elternteils verantwortlich fühlte, dass also die Rollen zwischen Elternteil und Kind gleichsam vertauscht waren. Der

---

3   Beispielitems finden sich in Tabelle 4.6.1

Gesamtwert der Qualität der erinnerten Beziehung zu den Eltern wurde als Aggregat der Items dieser fünf Skalen gebildet, wobei alle Items mit Ausnahme der zur Skala *Liebe* gehörenden umgepolt in das Aggregat eingingen. Außerdem wurde die *Geschwisterrivalität* (3 Items) erfasst, also das Ausmaß, in dem die Teilnehmer mit ihren Geschwistern um die Qualität der Eltern rivalisieren mussten.

2. *Qualität der aktuellen Beziehung:* Die *Qualität der aktuellen Beziehung* zu Mutter bzw. Vater wurde anhand von drei Items erfasst.

3. *Qualität der elterlichen Partnerschaft während der Kindheit:* Außerdem sollten die Teilnehmer die *Qualität der elterlichen Ehebeziehung* während ihrer Kindheit anhand von 6 Items einschätzen.

4. *Hintergrundinformationen zur Herkunftsfamilie:* Ergänzend zu den subjektiven Einschätzungen zur Beziehung zu den eigenen Eltern wurden zum ersten Messzeitpunkt einige Angaben zur *Beziehungsgeschichte der eigenen Eltern* (Heirat, Trennung, Scheidung), *biographische Daten* (Geburtsjahr, ggf. Sterbejahr) sowie die aktuelle *Entfernung* zur Wohnung der eigenen Eltern (siebenfach gestufte Antwortskala von 1/„im gleichen Haushalt" bis 7/„weiter entfernt (als eine Stunde)") und die *Häufigkeit der Kontakte* zu den eigenen Eltern (siebenfach gestufte Antwortskala von 1/„nie" bis 7/„täglich") erfragt.

Kontextfaktoren

1. Soziale Netze: Soziale Ressourcen können den Eltern die Bewältigung der mit der Geburt des Kindes verbundenen Aufgaben und Probleme deutlich erleichtern.

In einem eigens konstruierten Fragebogen wurde zunächst der individuelle *Bedarf* an sozialer Unterstützung erfragt. Die Teilnehmer gaben für eine Liste mit unterschiedlichen Formen der Hilfe, Anregung und Unterstützung jeweils an, in welchem Ausmaß sie sich die Unterstützung durch andere Personen wie Freunde, Nachbarn oder Verwandte wünschen oder benötigen. Unterstützungswünsche an den eigenen Partner wurden ausdrücklich aus dieser Fragestellung ausgeschlossen. Die Unterstützungsformen umfassen sowohl *emotionale* (Trost, Anerkennung, gemeinsame Gespräche und Unternehmungen, Hilfe bei Problemen) als auch *instrumentelle* (Hilfe bei Alltagsaufgaben, Ratschläge, finanzielle und materielle Leistungen) Leistungen. Zu T1 (letztes Schwangerschaftsdrittel) umfasste die Liste 13 Unterstützungsleistungen. Die vier Monate nach der Geburt (T3) eingesetzte Liste wurde um eine Unterstützungsleistung ergänzt („Hilfe bei der Beaufsichtigung des Säuglings") und umfasste 14 Items. In die zu T4 und T5 vorgelegte Liste wurde eine weitere Leistung aufgenommen („Kurzfristige Hilfe bei der Kinderbetreuung in Notfällen"), so dass sie 15 Unterstützungsformen beinhaltete[4]. Die Einschätzung des Bedarfs erfolgte anhand einer fünfstufigen Antwortskala von 0/„überhaupt nicht" bis 4/„sehr stark". Neben dem *Gesamtmaß des Unterstützungsbedarfs* wurden zusätzlich Parameter für den *Bedarf an emotionaler Unterstützung* (7 Items) und den *Bedarf an instrumenteller und kindbezogener Unterstützung* (T1: 6 Items, T3: 7 Items; T4 u. T5: 8 Items) berechnet.

Die *Zufriedenheit* mit der *erhaltenen* sozialen Unterstützung wurde anhand der gleichen Items erfasst („Wie zufrieden sind Sie mit ..."; neunfach gestufte Antwortmöglichkeiten von 0/„äußerst unzufrieden" bis 8/„völlig zufrieden"). Analog zum Bedarf an Unterstützung wurde auch für die Zufriedenheit neben einem *Gesamtmaß der Zufriedenheit* die *Zufriedenheit mit der erhaltenen emotionalen Unterstützung* und die *Zufriedenheit mit der erhaltenen instrumentellen und kindbezogenen Unterstützung* berechnet.

Paare, die eine Familie gründen, sind in unserer Gesellschaft nicht selten auf sich allein gestellt, da die Großfamilie als soziale Institution weggefallen ist. Die Verfügbarkeit von Möglichkeiten der *Kinderbetreuung* stellt einen Faktor dar, der über die Vereinbarkeit von Familie und Beruf speziell für die Frau entscheidet. Die Teilnehmer sollten zu mehreren Erhebungszeitpunkten (vier Monate, 18 Monate und 34 Monate nach der Geburt) anhand einer vorgegebenen Liste angeben, *welche Personen oder Institutionen* (z.B. Eltern der Frau, Eltern des Mannes, Nachbarn, Tagesmutter, Krippe, Hort) sie für die Betreuung des Zielkindes in Anspruch nehmen. Zusätzlich wurde der *Betreuungsumfang* erfragt. Die Zweiteltern sollten die entsprechenden Angaben außerdem für das ältere Kind machen.

Die Nutzung unterschiedlicher Formen der Kinderbetreuung hängt nicht nur ab von der Verfügbarkeit von Betreuungsmöglichkeiten, sondern auch von der Bereitschaft der Eltern, das Kind anderen Personen anzuvertrauen. Gerade eine Fremdbetreuung des wenige Monate alten Säuglings wird nicht in jedem Fall erwünscht sein. Daher wurden drei Monate nach der Geburt zusätzlich die *Betreuungspräferenzen* erfasst. Für jede der vorgegebenen Betreuungsformen bzw. -personen sollten die Teilnehmer auf einer sechsstufigen Antwortskala („sehr ungern" bis „sehr gerne") angeben, wie gerne sie für die Betreuung des Kindes auf diese Person bzw. Institution zurückgreifen würden.

2. Wohnen: Die Wohnsituation der Teilnehmer wurde differenziert erfasst. Neben den objektiven Merkmalen der Wohnsituation, wie der *Wohnungsgröße*, den *Wohnkosten* und der *Anzahl der im Haushalt lebenden Personen*, wurde die *Wohnzufriedenheit* der Teilnehmer erfragt. Hierfür sollten die Teilnehmer ihre Wohnsituation anhand einer Reihe von Kriterien beurteilen. Zu T4 wurden 17 Merkmale der Wohnsituation vorgegeben, die drei Bereiche der Wohnzufriedenheit abbildeten. Dabei handelte es sich um die

---

4   Einen detaillierten Überblick über die Unterstützungsformen gibt Abbildung 3.2.4.

Zufriedenheit mit der *Größe* der Wohnung (4 Items, Beispielitem: „Größe der Wohnung insgesamt"), die Zufriedenheit mit dem *Wohnumfeld* (6 Items, Beispielitem: „Spielmöglichkeiten rund ums Haus") und die Zufriedenheit mit der Belastung durch *Lärm und bauliche Mängel* (4 Items, Beispielitem: „Hellhörigkeit von Wohnung und Gebäude"). Zum fünften Messzeitpunkt waren es 20 Merkmale, die neben den drei bereits erwähnten Bereichen außerdem die Zufriedenheit mit der *Infrastruktur* (6 Items, Beispielitem: „Verkehrsanbindung von Wohngebiet/Wohnort") erfassten. Die Merkmale waren anhand einer fünffach abgestuften Bewertungsskala einzuschätzen („Wie bewerten Sie Ihre jetzige Wohnsituation mit Blick auf ...?"; Antwortskala von –2/„als äußerst ungünstig" bis 2/„optimal"). In einem abschließenden Urteil sollten die Befragten angeben, wie zufrieden sie *insgesamt* mit ihrer Wohnsituation sind, und zwar mit der Wohnung selbst, unabhängig von den Wohnkosten (siebenfach gestufte Bewertungsskala von –3/„äußerst unzufrieden" bis +3/„äußerst zufrieden").

Familienpolitische Leistungen

Neben der Beurteilung der staatlichen *Informationspolitik* und stand die Bewertung der zum Zeitpunkt der Datenerhebung verfügbaren familienpolitischen Leistungen, insbesondere der Regelungen zum *Kindergeld*, zum *Mutterschaftsurlaub* und zum *Erziehungsurlaub* im Vordergrund.
   1. Staatliche Informationspolitik: Um die Qualität der staatlichen Informationspolitik abzubilden, wurden vor der Geburt des Kindes der *aktuelle Informationsstand* der Teilnehmer zu einer Reihe von staatlichen Leistungen und Regelungen, der *aktuelle Bedarf an Informationen* zu diesen Leistungen sowie *Informationsquellen* erfragt. Folgende Regelungen und Leistungen wurden berücksichtigt: Mutterschaftsleistungen; Mutterschaftsurlaub; Kündigungsschutz; Mutterschaftsgeld; Mutterschutzvorschriften am Arbeitsplatz; Erziehungsurlaub; Erziehungsgeld; Anrechnung von Erziehungszeiten; Kindergeld; Kinderfreibetrag; Kinderbetreuungsangebote; Freistellung von der Arbeit zur Pflege kranker Kinder, zinsgünstige Darlehen; Baukindergeld; Steuerliche Vergünstigungen.
   Aktueller Informationsstand: Hierfür sollten die Teilnehmer auf einer vierfach gestuften Antwortskala angeben, wie gut sie über die angeführten Leistungen informiert sind (0/„gar nicht (ich habe noch nie davon gehört)"; 1/„etwas (ich habe zwar davon gehört, weiß aber nichts Genaueres darüber)"; 2/„gut (ich weiß im Großen und Ganzen darüber Bescheid)"; 3/„sehr gut (ich weiß über die Leistung Bescheid und kenne die zuständige Stelle)".
   Aktueller Informationsbedarf: Im Anschluss an die Einschätzungen zum Informationsstand sollten die Eltern angeben, wie notwendig es derzeit für sie ist, über die angeführten Regelungen und finanziellen Leistungen informiert zu sein. Als Antwortmöglichkeiten standen zur Verfügung: 0/„(noch)

nicht notwendig; 1/„weniger notwendig"; 2/„durchaus notwendig"; 3/„dringend erforderlich".

Informationsquellen: Außerdem wurden die Eltern gebeten, für jede der genannten Leistungen anzugeben, wo sie sich darüber informiert hatten (z.B. Eltern oder Schwiegereltern; Kollegen; Ämter oder Behörden; Medien).

2. Mutterschutz und Mutterschaftsurlaub: Vier Monate nach der Geburt des Kindes (T3) sollten die Eltern die derzeit geltenden Regelungen zum Mutterschutz und Mutterschaftsurlaub bewerten. Zusätzlich sollte die zum Erhebungszeitpunkt gültige Regelung zum Mutterschaftsurlaub im Vergleich zu zwei innovativen Modellen beurteilt werden.

Bewertung der Regelungen zum Mutterschutz: Folgende Regelungen zum Mutterschutz wurden zur Beurteilung vorgelegt: Mutterschaftsurlaub; Mutterschaftsgeld; Befreiung von gesundheitsschädigenden oder beschwerlichen Tätigkeiten; Befreiung von Nachtarbeit; Anrecht auf Pausen zum Stillen; Kündigungsschutz. Die Teilnehmer sollten auf einer sechsstufigen Ratingskala angeben, wie sie diese Regelungen bewerten (von ---/ „völlig unzureichend" bis +++/ „völlig ausreichend", wobei der negative Pol (---) mit einem Punkt, der positive Pol (+++) mit sechs Punkten verrechnet wurde). Hohe Werte verweisen auf eine positive Beurteilung.

Vergleichende Bewertung innovativer Modelle zum Mutterschaftsurlaub: Anhand von kurzen Beispielgeschichten wurden die geltende Regelung zum Mutterschaftsurlaub sowie zwei alternative Modelle, die sich durch eine größere Flexibilität auszeichnen, und auf eine bessere Anpassung des Mutterschaftsurlaubes an die konkrete Situation abzielen, vorgestellt. Die *geltende Regelung* zum Mutterschaftsurlaub sieht vor, dass erwerbstätige Frauen sechs Wochen vor dem Entbindungstermin in Urlaub gehen. Der Mutterschaftsurlaub dauert im Normalfall bis acht Wochen nach der Geburt. Das *Alternativmodell A* entspricht einer Regelung mit einer festgelegten Kernzeit von acht Wochen und einer frei einteilbaren Urlaubszeit von sechs Wochen. Die Schwangere muss spätestens vier Wochen vor dem Termin die Berufstätigkeit unterbrechen und darf frühestens vier Wochen nach der Entbindung wieder in den Beruf zurückkehren. Die restlichen sechs Wochen Mutterschaftsurlaub kann sie frei einteilen. Insgesamt stehen ebenso wie bei der geltenden Regelung insgesamt 14 Wochen Mutterschaftsurlaub zur Verfügung. Auch *Alternativmodell B* sieht 14 Wochen Mutterschaftsurlaub vor. Dieser ist im Gegensatz zu Modell A jedoch völlig frei einteilbar.

Die Teilnehmer sollten zunächst eine vergleichende Bewertung der derzeitigen Regelung und des Alternativmodells A vornehmen. Anschließend sollten die derzeitige Regelung und das Alternativmodell B vergleichend beurteilt werden. Zur Beurteilung der Modelle waren sechs Bewertungskriterien (z.B. Befinden der Frau; Entwicklung des Neugeborenen; Konflikte mit dem Arbeitgeber) vorgegeben. Die Eltern sollten jeweils angeben, wie vorteilhaft (nützlich, förderlich, hilfreich) oder nachteilig (problematisch, schädlich riskant) sie die Modelle im Hinblick auf diese Kriterien einschätzen. Dazu stand ihnen eine bipolare fünfstufige Antwortskala zu Verfügung (von –2/ „von Nachteil" bis +2/ „von Vorteil").

Abschließend wurde ein Präferenzurteil erbeten. Die Teilnehmer sollten angeben, welche Regelung sie persönlich bevorzugen würden.

3. Erziehungsurlaub und Erziehungsgeld: Zum gleichen Erhebungszeitpunkt wurde eine Bewertung der geltenden Regelungen zum Erziehungsurlaub und Erziehungsgeld erbeten. Zusätzlich sollte wiederum ein Vergleich der zum Erhebungszeitpunkt geltenden Regelung zum Erziehungsurlaub mit zwei innovativen Modellen vorgenommen werden. Das Vorgehen entsprach dem beim Mutterschaftsurlaub geschilderten Vorgehen

Bewertung der Regelungen zum Erziehungsurlaub und Erziehungsgeld: Folgende Aspekte wurden zur Beurteilung vorgelegt: Dauer des Erziehungsurlaubes, Höhe des Erziehungsgeldes; Anzahl der zulässigen Wochenarbeitsstunden während des Erziehungsurlaubes; Einkommensabhängigkeit des Erziehungsgeldes; Einkommensgrenzen für Erziehungsgeld. Die Teilnehmer sollten wiederum auf einer sechsstufigen Ratingskala angeben, wie sie diese Regelungen bewerten.

Vergleichende Bewertung innovativer Modelle zum Erziehungsurlaub: Das zum Erhebungszeitpunkt geltende Modell sowie die beiden Alternativmodelle wurden auch hier anhand von kurzen Beispielgeschichten erläutert. Die Alternativmodelle zielen wiederum auf eine Flexibilisierung ab, die es den Familien ermöglichen soll, den Erziehungsurlaub stärker an die Lebensumstände der Familien anzupassen. Nach der zum dritten Erhebungszeitpunkt (Frühjahr/Sommer 1996) *geltenden Regelung* können erwerbstätige Mütter oder Väter, die ihr Kind selbst betreuen, bis zum dritten Lebensjahr des Kindes Erziehungsurlaub nehmen und sich dabei bis zu dreimal abwechseln. Das von uns entworfene *Alternativmodell A* sieht ebenfalls einen Anspruch auf maximal drei Jahre Erziehungsurlaub vor. Hier kann der Erziehungsurlaub jedoch in mehreren Abschnitten genommen werden, und zwar bis zum Ende des siebten Lebensjahres des Kindes. Das *Alternativmodell B* entspricht einer Regelung mit „Zeitkonten": Mutter und Vater haben Anspruch auf insgesamt drei Jahre Erziehungsurlaub. Sie können den Erziehungsurlaub jedoch in Form von reduzierter Arbeitszeit nehmen. Wenn anstelle des Vollzeiturlaubs (100%) nur ein bestimmter Anteil von dem Zeitkonto genutzt wird, verlängert sich der Urlaubsanspruch entsprechend.

Zur Beurteilung dieser Modelle waren zwölf Bewertungskriterien (z.B. Vereinbarkeit von Familie und Beruf; Entwicklung des Kindes; Konfliktpotential in der Partnerschaft; Konflikte mit dem Arbeitgeber) vorgegeben, die auf der bipolaren fünfstufigen Antwortskala einzuschätzen waren (von –2/ „von Nachteil" bis +2/ „von Vorteil"). Abschließend wurde wiederum ein Präferenzurteil erbeten.

Tabelle 2.1.2: Überblick über die zu den einzelnen Messzeitpunkten eingesetzten Fragebogeninstrumente (graue Felder)

	T1	T2	T3	T4	T5
Partnerschaft					
Partnerschaftsfragebogen (PFB)	■		■		■
Veränderungsliste			■		■
Partnerkonzept-Skalen					■
Fragebogen zu Attributionen in Partnerschaften (FAP)					■
Perzipierte emotionale Unterstützung durch den Partner					■
Fragebogen zur Aufgabenteilung	■		■		■
Elternschaft					
Fragen zur Erwünschtheit der Schwangerschaft	■				
Fragebogen zur Erfassung geburtsbezogener Ängste	■				
Fragebogen zur Erfassung von Schwangerschaftsbeschwerden	■				
Erwünschtheit weiterer Kinder			■		■
EMKK/EVKK-Fragebogen			■		■
Fragebogen zur Erfassung von Elternschaftskonzepten					■
Befinden					
Allgemeine Depressions-Skala (ADS-L)	■		■		■
Selbstkonzept-Skalen			■		
Beruf					
Fragen zur beruflichen Situation	■			■	■
Berufsprofil	■				
Hausfrauenprofil	■				
Persönlichkeitsmerkmale					
Selbstkonzept-Skalen	■				■
Fragebogen zum Umgang mit Problemen					■
Fragenbogen zur Erfassung der elternschaftsbezogenen Kompetenzüberzeugungen				■	■
Skalen zur Erfassung indiv. Beziehungskompetenzen (SEBE)					■
Merkmale des Kindes					
Skalen zu elternperzipierten Kindmerkmalen			■	■	■
Münchener Funktionelle Entwicklungsdiagnostik				■	
Herkunftsfamilie					
Kindheitsfragebogen (KFB)	■				
Soziale Netze					
Netzwerkfragebogen			■		
Fragebogenteil zur Kinderbetreuung			■		■
Wohnen					
Fragen zur Wohnsituation	■				■
Fragebogen zur Wohnzufriedenheit				■	

Tabelle 2.1.2: (Fortsetzung)

	T1	T2	T3	T4	T5
Familienpolitische Leistungen					
Fragebogenteil zur Evaluation familienpolitischer Leistungen	▓		▓		
Hintergrundinformationen					
Fragebogenteil zu soziodemograph. und biographischen Daten	▓				
Fragebogenteil zur Veränderung der Lebenssituation				▓	

4. Kindergeld und Kinderfreibetrag: Vier Monate nach der Geburt sollten außerdem die Höhe des *Kindergeldes* bzw. des *Kinderfreibetrags* bewertet werden und eigene *Gestaltungsvorschläge* abgegeben werden. Für die Bewertung von Kindergeld und Kinderfreibetrag war wieder eine sechsstufige Antwortskala (von „völlig unzureichend" bis „durchaus ausreichend") vorgegeben.

Hintergrundinformationen

1. Soziodemographische und biographische Daten: Erfragt wurden individuelle soziodemographische Merkmale (Geburtsdatum, Geschlecht, Familienstand, Bildung, persönliches Nettoeinkommen) sowie Angaben zur Beziehungsbiographie (Partnerschaftsdauer, Dauer des Zusammenlebens, Anzahl der Trennungen, Anzahl und Geschlecht der bereits vorhandenen gemeinsamen Kinder).
2. Veränderungen und Lebensereignisse: Die Familiengründung und die ersten Jahren mit dem Kind werden begleitet von einer Reihe von Ereignissen, die die Lebenssituation der Familie gravierend verändern. Solche Veränderungen können in den unterschiedlichsten Lebensbereichen eintreten, etwa im Beruf, in der Wohnsituation (z.B. Umzug) oder auch in der Familie (z.B. Geburt eines weiteren Kindes; Krankheit). Veränderungen und Ereignisse in diesen Lebensbereichen wurden zu zwei Zeitpunkten, 18 Monate und 34 Monate nach der Geburt, erfragt. Die Eltern sollten auf einer vorgegebenen Liste die Ereignisse ankreuzen, die seit der Geburt des Zielkindes eingetreten waren. Zusätzlich sollte der Zeitpunkt des Ereignisses und ergänzende Angaben eingetragen werden. Einen Überblick über die erfragten Veränderungen und Ereignisse geben Tabelle 3.2.1 (familiäre Veränderungen) und Tabelle 3.2.2 (berufliche Veränderungen).

Tabelle 2.1.3: Konsistenzen (Cronbach's *Alpha*) der Skalen (Reihenfolge jeweils Frauen/Männer)

Skala	Itemanzahl	T1	T2	T3	T4	T5
				Konsistenzen		
PARTNERSCHAFT						
Partnerschaftsfragebogen (PFB)						
Gesamtskala	30	.89/.90		.89/.92	.91/.92	.90/.89
Streit	10	.84/.85		.89/.88	.87/.90	.88/.90
Zärtlichkeit	10	.86/.86		.87/.90	.86/.89	.88/.83
Kommunikation	10	.87/.80		.78/.80	.79/.81	.76/.76
Veränderungsliste						
Gesamtskala	13			.84/.82	.87/.87	.84/.87
Unzufriedenheit mit dem Partner	25	.79/.89		.87/.91	.87/.91	.87/.90
Positivität des Partnerbildes	24	.83/.87		88/.90	.87/.90	.87/.90
Partnerbild						
Wertschätzung des Partners (Positivität des Partnerbildes)	24	.83/.87		88/.90	.87/.90	.87/.90
Unzufriedenheit mit dem Partner (Real-Ideal-Diskrepanzen)	25	.79/.89		.87/.91	.87/.91	.87/.90
Maskulinität/ Instrumentalität	6	.72/.78		.77/.76	.75/.72	.73/.74
Femininität/ Expressivität	6	.75/.77		.81/.82	.76/.80	.79/.78
Emotionale Stabilität	6	.64/.77		.68/.81	.73/.84	.65/.81
Attribution negativer Partnersschaftserfahrungen						
Gesamtskala	24					.93/.93
Aufgabenteilung						
Haushaltsaufgaben & Kind						
Aufteilung	28/35/35/41	.72/.74		.70/.72	.75/.60	.75/.81
Zufriedenheit	28/35/35/41	.89/.94		.94/.97	.94/.95	.94/.97
Haushaltsaufgaben						
Aufteilung	19	.68/.62		.61/.61	.66/.63	.63/.62
Zufriedenheit	19	.87/.93		.90/.95	.90/.93	.89/.92
Kindbezogene Aufgaben						
Aufteilung	4/11/11/19	.56/.59		.77/.71	.80/.72	.80/.81
Zufriedenheit	4/11/11/19	.71/.69		.90/.94	.89/.91	.90/.96
Pleasure-/Versorgung-Klassifikation/ kindbezogener Aufgaben						
Aufteilung Pleasure-Aufgaben	6					.69/.65
Aufteilung Versorgungsaufgaben	11					71/.75
Zufriedenheit Pleasure-Aufgaben	6					.84/.88
Zufriedenheit Versorgungsaufgaben	11					.86/.93
ELTERNSCHAFT						
Emotionale Bewertung der Schwangerschaft						
retrospektive Bewertung	4	.79/.72				
aktuelle Bewertung	4	.47/.45				
Verbesserung der emot. Bewertung	4	.79/.77				

45

Tabelle 2.1.3: (Fortsetzung)

Skala	Itemanzahl	Konsistenzen				
		T1	T2	T3	T4	T5
Passung						
Gesamtskala	10	.87/.90				
Geburtsangst						
Gesamtskala	26/27	.87				
Angst vor Kontrollverlust	7	.78/.82				
Frauen:						
Angst vor Eingriffen und Ärzten	6	.72				
Angst vor dem Beginn der Geburt	4	.65				
Angst vor Spritzen	4	.62				
Männer:	9	.90				
Angst vor Blut						
Angst um Frau und Kind	11	.91				
Schwangerschaftsbeschwerden (nur Frauen)						
Gesamtskala	84	.88				
Beschwerden im ersten Trimester	28	.79				
Beschwerden im zweiten Trimester	28	.66				
Beschwerden im dritten Trimester	28	.68				
Zufriedenheit in der Elternrolle (EMKK)						
Depression (Frau)/ Eifersucht (Mann)	9/7		.84/.81		.87/.85	.86/.86
Frustration	9		.79/.78		.75/.76	.81/.80
Freude am Kind	6		.52/.68		.68/.55	.70/.63
Überfürsorge	5/5/7		.79/.74		.78/.74	.78/.74
Überforderung & Gewaltneigung	4				.79/.65	.81/.72
Elternschaftskonzepte						
Dominanz des Mutterschaftskonzepts	25					.74/.64
Traditionelle Geschlechtsrollen-Auffassungen	6					.70/.87
ALLGEMEINES BEFINDEN						
Depressivität (ADS-L)	20	.86/.84	.88/.82	.86/.85	.90/.86	.90/.89
Selbstwert (Positivität d. Selbstbildes)	24	.82/.83		.86/.86	.86/.84	.85/.87
Selbstdiskrepanz (Real-Ideal-Diskr.)	25	.84/.83		.88/.87	.88/.87	.88/.88
BERUF						
Berufsprofil						
Gesamtskala	23	.66/.74				
Anregungsgehalt	6	.77/.81				
Stress	4	.71/.74				
körperliche Beanspruchung	5	.79/.86				
Kontrolle	2	.73/.76				
Unregelmäßige Arbeitszeit	2	.65/.37				
Krisenfestigkeit des Berufs	4	.67/.68				
Hausfrauenprofil						
Gesamtskala	8	.65				
Anregungsgehalt	5	.80				
Stress	3	.62				

46

Tabelle 2.1.3: (Fortsetzung)

Skala	Itemanzahl	Konsistenzen				
		T1	T2	T3	T4	T5
PERSÖNLICHKEITSMERKMALE						
Selbstkonzept						
Instrumentalität/Maskulinität	6	.77/.79		.79/.81	.78/.80	.82/.80
Expressivität/Femininität/	6	.66/.75		.72/.77	.70/.75	.69/.77
Emotionale Stabilität	6	.70/.59		.74/.70	.75/.68	.65/.58
Bewältigungsdispositionen						
Flexible Zielanpassung	15			.82/.74		
Hartnäckige Zielverfolgung	15			.81/.84		
Elternschaftsbezogene Kompetenzüberzeugungen						
selbstbezogene Kompetenzüberz.	5	.64/.68				
partnerbezogene Kompetenzüberz.	6	76/.63				
Beziehungskompetenzen						
Gesamtskala	11					
Allgemeines Selbstvertrauen	4	.73/.75			.77/.75	.76.79
Einfühlungsvermögen	4	.70/.79			.73/.79	.77/.85
Verletzbarkeit	3	.79/.78			.79/.77	.83/.83
MERKMALE DES KINDES						
Kindschwierigkeit						
Gesamtsskala	63/65/98			.90/.90	.92/.89	.90/.92
Verdauung & Erbrechen	5			.54/.58		
Responsivität	7			.63/.71		
Regelmäßigkeit	3			.63/.70	.66/.71	
Schlafen	7/5/9			.73/.71	.86/.81	.86/.84
Essen	5/3/8			.90/.79	.82/.77	.84/.82
Laune & Stimmung	6			.82/.75	.81/.75	.75/.78
Schmusigkeit	4/4/6			.76/.59	.80/.72	.82/.83
Tröstbarkeit	4/4/3			.71/.66	.63/.59	.47/.50
Anpassungsfähigkeit	6/6/5			.81/.73	.76/.62	.73/.64
Aufmerksamkeitsverlangen	4/7/9			.86/.78	.84/.80	.82/.82
Allgemeine Schwierigkeit	4			.83/.78	.83/.70	.80/.81
Unruhe	5/7				.81/.75	.85/.80
Gehorsam	4				.79/.74	.79/.74
Wut & Trotz	4/5				.81/.74	.75/.76
Trennungsangst	5				.87/.77	.82/.65
Schüchternheit	8					.88/.81
Neugier & Explorationsverhalten	8					77/.78
Fürsorglichkeit & Prosoziales Verhalten	10					.72/.78
Münchener Funktionelle Entwicklungsdiagnostik						
Gesamtskala	37				.84/.75	
Laufen & Motorik	9				.40/.33	
Sprechen	8				.42/.45	
Sozialverhalten	10				.54/.37	

Tabelle 2.1.3: (Fortsetzung)

Skala	Itemanzahl	T1	T2	T3	T4	T5
			Konsistenzen			
Selbständigkeit	10				.70/.68	
HERKUNFTSFAMILIE						
Kindheitsfragebogen						
Gesamtskala erinnerte Beziehung zur Mutter (Liebe, *Strafe, Kontrolle, Ehrgeiz, Rollenumkehr*)	36		.95/.94			
Liebe	9		.93/.91			
Strafe	9		.91/.91			
Kontrolle	7		.83/.83			
Ehrgeiz	6		.86/.84			
Rollenumkehr	5		.77/.51			
Geschwisterrivalität	3		.88/.77			
Heutige Beziehung	3		.61/.67			
Gesamtskala erinnerte Beziehung zum Vater (Liebe, *Strafe, Kontrolle, Ehrgeiz, Rollenumkehr*)	35		.93/.91			
Liebe	9		.93/.90			
Strafe	8		.90/.83			
Kontrolle	7		.86/.78			
Ehrgeiz	6		.87/.80			
Rollenumkehr	5		.75/.78			
Geschwisterrivalität	3		.88/.88			
Heutige Beziehung	3		.64/.64			
Ehe der Eltern	6		.92/.92			
KONTEXTFAKTOREN						
Soziale Netze						
Gesamtskala Unterstützungs*bedarf*	13	.82/.86		.80/.83	.80/.85	.82/.86
Bedarf an emotionaler Unterstützung	7	.83/.83		.83/.83	.79/.86	.82/.86
Bedarf an instrumenteller und kindbezogener Unterstützung	6/7/8/8	.62/.74		.68/.68	.73/.75	.78/.77
Gesamtskala *Zufriedenheit* mit der erhaltenen Unterstützung	13	92/.92		.89/.95	.89/.92	.90/.94
Zufriedenheit mit der emotionalen Unterstützung	7	.89/.91		.88/.93	.87/.92	.88/.79
Zufriedenheit mit der instrumentellen und kindbezogenen Unterstützung	6/7/8/8	.86/.84		.78/.90	.76.83	.93/.87
WOHNEN						
Merkmale der Wohnung						
Gesamtskala Wohnzufriedenheit	17/20				.82/.85	83/.83
Größe	4				.83/.87	.82/.89
Soziales Umfeld	6				.77/.80	.76/.77
Lärm und Schäden	4				.61/.66	.68/.70
Infrastruktur	6				.69/.71	

2.2   Stichprobe und Durchführung

In diesem Kapitel wird über die Stichprobe und die Durchführung der Erhebung informiert. Neben einer Beschreibung der Stichprobenrekrutierung und -pflege wird eine Charakterisierung der Stichprobe anhand zentraler Merkmale vorgenommen sowie Gründe für ein Ausscheiden von Teilnehmern diskutiert. Anschließend wird die Durchführung der Erhebungen beschrieben.

2.2.1   Stichprobe

Teilnehmergewinnung – oder: Wie kommt man eigentlich zu seinen Teilnehmern?

Will man wissenschaftliche Erkenntnisse über den Übergang zur Elternschaft sammeln, ist man darauf angewiesen, dass sich eine hinreichend große Zahl von Eltern bzw. werdenden Eltern findet, die bereit ist, an der Studie mitzuwirken und ihr Leben unter die „wissenschaftliche Lupe" nehmen zu lassen. Wie kommt man nun zu solchen Teilnehmern?

Die Gewinnung der Teilnehmer für die LBS-Familien-Studie erfolgte vorwiegend über Printmedien (Elternzeitschrift, Tagespresse, Anzeigenblätter), im Paderborner Raum zusätzlich über die Praxen einiger Frauenärzte. In einem kurzen Artikel wurden die Ziele der Studie und die Teilnahmebedingungen umrissen und Kontaktadressen für die beiden Projektgruppen in München und Paderborn angegeben. Interessenten erhielten auf Wunsch telefonisch oder schriftlich detaillierte Informationen über den Hintergrund des Projekts und den Umfang und Ablauf der Erhebungen. Voraussetzung für eine Teilnahme an der Studie war die Erfüllung der folgenden Kriterien:

- Das Paar erwartete ein gemeinsames Kind (keine Zwillinge), wobei es das erste, zweite oder auch dritte Kind sein konnte.
- Der voraussichtliche Geburtstermin lag zwischen Anfang Januar und Ende Mai 1996.
- Beide Partner waren zur Mitarbeit an der Studie bereit.
- Das Paar lebte in der Nähe einer der Projektgruppen.

Die ursprünglich anvisierte Stichprobengröße lag bei 120 Paaren, davon sollten 60 Paare im Untersuchungszeitraum ihr erstes Kind bekommen („Ersteltern"), die anderen 60 Paare ihr zweites oder drittes Kind („Zweiteltern"). Aufgrund der großen Resonanz konnte diese Zahl überschritten werden. Zudem wurde aufgrund zahlreicher Anfragen interessierter Eltern, die außerhalb der Regionen München und Paderborn lebten und bei denen somit eine Teilnahme an den Interviewerhebungen nicht möglich war, das Untersuchungsdesign um eine Gruppe von Eltern, die ausschließlich an den Fragebogenerhebungen teilnahm, erweitert.

Was veranlasst (werdende) Eltern, an einer wissenschaftlichen Studie zum Übergang zur Elternschaft teilzunehmen?

Die Beweggründe für eine Teilnahme an der LBS-Familien-Studie wurden zwar nicht gezielt erfragt, wurden aber im persönlichen Kontakt mit den Teilnehmern häufig thematisiert. Die Initiative zur Teilnahme kam bei der überwiegenden Mehrzahl der Paare von Seiten der Frau. Dies überrascht nicht. Zum einen weiß man aus anderen Studien, dass derartige Themen in erster Linie Frauen ansprechen. Zum anderen wurden die von uns gewählten Maßnahmen der Teilnehmerwerbung (Artikel in Elternzeitschrift, Auslage von Informationsblättern bei Frauenärzten) auch in erster Linie von den Frauen rezipiert. Die Beweggründe für die Teilnahme fielen recht heterogen aus. Häufig wurde das Interesse an der Durchführung eines derartigen wissenschaftlichen Projektes angeführt („Ich wollte mal mitkriegen, wie so eine Studie abläuft."). Für Frauen spielte oftmals der Wunsch eine Rolle, durch die Teilnahme an der Studie die Zeit des Übergangs intensiver zu erleben. Mütter, die ihr zweites oder drittes Kind erwarteten, gaben häufig an, dass sie sich während der aktuellen Schwangerschaft deutlich weniger mit dem ungeborenen Kind beschäftigt hatten als im Verlauf der ersten Schwangerschaft. Dies wollten sie durch die Teilnahme an der Studie ein Stück weit nachholen. Auch die Erwartung, dass ein derartiges Projekt die schwierige Situation junger Familien stärker in den Mittelpunkt der öffentlichen Aufmerksamkeit rücken werde und möglicherweise zur Verbesserung von deren Situation beitragen werde, wurde als Motiv genannt. Nicht wenige Frauen äußerten die Hoffnung, dass sich durch die Teilnahme an der Studie wieder verstärkt Anknüpfungspunkte für gemeinsame Gespräche mit dem Partner ergeben könnten. Von den Vätern wurde außerdem häufig als Grund angeführt, sie seien von ihrer Partnerin gebeten oder überredet worden, an der Studie teilzunehmen.

Insgesamt fanden sich 177 Paare, die die von uns geforderten Teilnahmekriterien erfüllten und bereit waren, an der Studie teilzunehmen. Diese Gesamtstichprobe unterteilte sich in 91 (51%) „Ersteltern"-Paare (also Paare, zu Beginn der Studie ihr erstes Kind erwarteten) und 84 Paare (48%), die ein nachfolgendes Kind erwarteten („Zweiteltern"). Bei der Mehrzahl der „Zweiteltern"-Paare handelte es sich tatsächlich um das zweite Kind (73 Paare), bei einigen wenigen um das dritte Kind (11 Paare). Zwei weitere Paare (1%) konnten keiner Elterngruppe zugeordnet werden, da die Frauen zwar ihr erstes Kind erwarteten, beide Männer jedoch schon Kinder aus früheren Beziehungen hatten. Die meisten Paare lebten zu Beginn der Studie in der Nähe der beiden Projektgruppen, also im Raum München (45%) und in der Umgebung von Paderborn (29%). Die übrigen Familien (26 %) stammten aus dem restlichen Bundesgebiet. Einen Überblick über die Zusammenset

Tabelle 2.2.1: Zusammensetzung der Ausgangsstichprobe nach Elterngruppe und Rekrutierungsregion (Häufigkeiten)

		Region			
		München	Paderborn	Bundesgebiet	
Eltern-gruppe	erstes Kind	39	29	23	91
	zweites/ drittes Kind	40	21	23	84
		79	50	46	175

zung der Stichprobe nach Elterngruppe und Rekrutierungsregion gibt Tabelle
2.2.1.

Stichprobenbeschreibung – oder: Was für Personen haben an der Studie
teilgenommen?

Die Einordnung wissenschaftlicher Erkenntnisse sollte immer vor dem Hintergrund der Stichprobe, an der sie gewonnen wurde, erfolgen. Daher wird im
Folgenden der Teilnehmerkreis anhand einiger zentraler soziodemographischer Merkmale beschrieben.

1. Alter der Teilnehmer und Partnerschaftsdauer: Das Durchschnittsalter
der Frauen betrug zu Beginn der Studie 29,8 Jahre, das der Männer 32 Jahre.
Die teilnehmenden Männer waren also im Schnitt zwei Jahre älter als ihre
Partnerinnen. Die *Partnerschaften* bestanden zu diesem Zeitpunkt im Schnitt
seit 7,4 Jahren. Die Paare, die ihr zweites bzw. drittes Kind bekamen, waren
durchschnittlich bereits drei Jahre länger zusammen (neun Jahre) als die
erstmaligen Eltern (sechs Jahre). Allerdings ist die Varianz innerhalb der
beiden Gruppen beträchtlich. So gab es bei den werdenden Eltern Paare,
deren Partnerschaft bereits seit 15 Jahren bestand, während andere erst seit
einem Jahr zusammen waren. Ähnliches gilt für die Gruppe der Zweiteltern.
Tabelle 2.2.2 gibt einen detaillierten Überblick über Alter und Partnerschaftsdauer der Teilnehmer, getrennt für Erst- und Zweiteltern. 92 Prozent
aller Paare waren zu Beginn der Studie verheiratet, Zweiteltern etwas häufiger (98 Prozent) als erstmalige Eltern (86 Prozent). Weitere sieben Ersteltern-
Paare heirateten im Verlauf der folgenden drei Jahre, so dass der Anteil der
Verheirateten knapp drei Jahre nach der Geburt des ersten Kindes mit 93
Prozent ähnlich hoch lag wie bei den Zweiteltern.

2. Bildung: Die Freiwilligkeit der Teilnahme an wissenschaftlichen Untersuchungen sorgt erfahrungsgemäß für eine Selbstselektion der Teilnehmer.
Das Interesse an wissenschaftlichen Studien und die Bereitschaft, selbst an

Tabelle 2.2.2: Alter und Partnerschaftsdauer der Teilnehmer, differenziert nach der Elterngruppe

	Frauen				Männer			
	M	*SD*	*Min*	*Max*	*M*	*SD*	*Min*	*Max*
Ersteltern								
Alter	28.89	3.95	20	39	31.13	4.81	23	45
Partnerschaftsdauer	5.88	3.27	1	15				
Zweiteltern								
Alter	30.74	3.25	25	37	32.68	4.03	26	45
Partnerschaftsdauer	9.14	4.06	2	19				

Anmerkungen: Alle Angaben beziehen sich auf das letzte Schwangerschaftsdrittel; Partnerschaftsdauer: gemittelte Angaben beider Partner; *M*: Mittelwert; *SD*: Standardabweichung; *Min*: Minimum; *Max*: Maximum

einer solchen teilzunehmen, ist unter Akademikern überdurchschnittlich hoch ausgeprägt. Infolgedessen sind Personen mit höherem Bildungsabschluss bei solchen Studien in der Regel überrepräsentiert, Personen mit niedrigem Bildungsniveau hingegen unterrepräsentiert. Dies trifft auch für die LBS-Familien-Studie zu. Nur 14 Prozent der Männer und fünf Prozent der teilnehmenden Frauen geben als höchsten Bildungsabschluss „Hauptschule mit abgeschlossener Berufsausbildung" an. Mehr als zwei Drittel der Teilnehmer hatten Abitur, 60 Prozent der Männer und 46 Prozent der Frauen hatten ein abgeschlossenes Hochschulstudium oder befanden sich zu Beginn des Projektes noch im Studium. Details können Tabelle 2.2.3 entnommen werden.

3. Beruf: Der Anteil der berufstätigen Frauen und Männer fiel bei den Paaren, die ihr erstes Kind erwarteten, zu Beginn der Studie ähnlich hoch aus: 79 Prozent der Frauen und 82 Prozent der Männer waren zu diesem Zeitpunkt berufstätig. Frauen gingen allerdings etwas häufiger einer Teilzeitbeschäftigung nach als Männer (vgl. Abbildung 2.2.1) Bei den Paaren, die zu Beginn der Studie bereits ein Kind hatten, zeigten sich deutliche Unterschiede zwischen Männern und Frauen: Während 93 Prozent der Zweitväter angaben, berufstätig zu sein – 90 Prozent gingen ihren Angaben zufolge einer Vollzeitbeschäftigung nach – traf dies für lediglich 24 Prozent der Zweitmütter zu. Knapp die Hälfte der Mütter befand sich noch im Erziehungsurlaub mit dem ersten Kind, ein Fünftel war nicht erwerbstätig. Detaillierte Angaben zum Beschäftigungsstatus der Teilnehmer und den Beschäftigungsverhältnissen finden sich in Tabelle 2.2.3.

4. Familieneinkommen[1]: Die Eltern wurden zu mehreren Erhebungsterminen nach ihrem persönlichen Nettoeinkommen gefragt. Um die Verweigerungsrate möglichst niedrig zu halten sollten die Eltern nicht den genauen

---

1 Detaillierte Angaben zur Einkommenssituation der Familien finden sich in Abbildung 3.2.

Tabelle 2.2.3: Stichprobenbeschreibung anhand soziodemographischer Merkmale: Häufigkeiten und prozentuale Anteile

	Ersteltern				Zweiteltern			
	Frauen		Männer		Frauen		Männer	
	N	%	N	%	N	%	N	%
Familienstand bei Studienbeginn								
Unverheiratet	13	14.3			2	2.4		
Verheiratet	78	85.7			82	97.6		
Getrennt/Geschieden von früherem Partner	2	2.2	3	3.3	0	0	2	2.4
(Schul-)Ausbildung (höchster Bildungsabschluss)								
Hauptschule								
ohne Berufsausbildung	0	0	1	1.1	0	0	0	0
mit Berufsausbildung	4	4.4	15	16.5	4	4.8	10	11.9
Mittlere Reife	26	28.6	12	13.2	24	28.6	15	17.9
Abitur, Fachabitur	20	22.0	7	7.7	17	20.2	8	9.5
Hochschulbesuch	14	15.4	12	13.2	12	14.3	6	7.1
Hochschulabschluss	27	29.7	43	47.3	27	32.1	44	52.4
Sonstige Ausbildung	0	0	1	1.1	0	0.0	0	0.0
Keine Angaben	0	0	0	0	0	0	1	1.2
Beschäftigungsstatus								
Voll berufstätig	60	65.9	68	74.7	8	9.5	64	76.2
Teilzeitbeschäftigt	12	13.2	4	4.4	12	14.3	2	2.3
Im Erziehungsurlaub	0	0.0	0	0.0	40	47.6	0	0.0
Nicht erwerbstätig	0	0.0	0	0.0	16	19.0	0	0.0
Zur Zeit arbeitslos	2	2.2	1	1.1	2	2.4	1	1.2
In Ausbildung	17	18.7	15	16.5	6	7.1	4	4.8
Keine Angaben	0	0	3	3.3	0	0	13	15.5
Momentanes bzw. letztes Beschäftigungsverhältnis								
Selbständig	5	5.5	8	8.8	1	1.2	8	9.5
Leitende(r) Angestellte	12	13.2	11	12.1	7	8.3	18	21.4
Nichtleitende(r) Angestellte(r)	54	59.3	38	41.8	48	57.1	32	38.1
Beamter/Beamtin								
(gehobene/höhere) Laufbahn	2	2.2	3	3.3	7	8.3	12	14.3
(einfache/mittlere) Laufbahn	0	0.0	3	3.3	3	3.6	1	1.2
Facharbeiter(in)	3	3.3	13	14.3	3	3.6	6	7.1
Arbeiter(in) ohne Fachausbildung	0	0.0	2	2.2	1	1.2	1	1.2
Mithelfende Familienangehörige	0	0.0	0	0	1	1.2	1	1.2
Sonst. Beschäftigungsverhältnis	7	7.7	7	7.7	7	8.3	3	3.6
bislang keine Berufstätigkeit	7	7.7	4	4.4	6	7.1	1	1.2
Keine Angaben	1	1.1	2	2.2	0	0	1	1.2

Anmerkung: Alle Angaben beziehen sich auf den Beginn der Schwangerschaft mit dem Zielkind

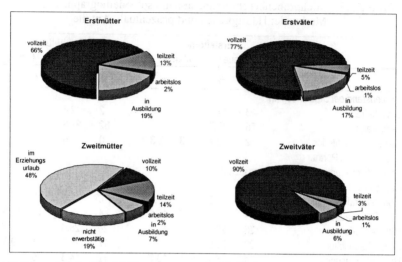

Abbildung 2.2.2: Beschäftigungsstatus der Teilnehmer zu Beginn der Schwangerschaft mit dem Zielkind

Betrag nennen, sondern sich in eine der vorgegebenen Kategorien einordnen (1/ „keins"; 2/ „unter 500 DM"; 3/ „unter 1.000" DM ... 09/ „unter 6.000 DM";10/ „mehr als 6.000 DM"). Aus den Angaben beider Partner zu ihrem persönlichen Einkommen wurde das Familieneinkommen berechnet. Knapp 20 Prozent der *werdenden* Eltern hatten zu *Beginn der Studie* (also im letzten Drittel der Schwangerschaft) weniger als 3000 Mark im Monat zur Verfügung, weitere 20 Prozent verfügten über mindestens 6000 Mark. Das typische Familieneinkommen (Medianwert[2]) lag zu diesem Zeitpunkt zwischen 4.000 und 5.000 Mark. *Drei Jahre nach der Geburt* ergab sich ein ähnliches Bild: wiederum knapp 20 Prozent der werdenden Eltern verfügten über weniger als 3000 Mark im Monat, 16 Prozent hatten mehr als 6000 Mark. Das typische Familieneinkommen betrug auch zu diesem Zeitpunkt zwischen 4.000 und 5.000 Mark. Bei den *Zweiteltern* lag das typische Haushaltsnettoeinkommen zu Beginn der Studie bei 4.000 bis 5.000 Mark, drei Jahre nach der Geburt bei 5.000 bis 6.000 Mark. Nur 10 Prozent dieser Familien verfügten monatlich über weniger als 3000 Mark, 20 (T1) bzw. 25 Prozent (T5) über mehr als 6000 Mark.

Die Teilnehmer unserer Studie verfügen im Schnitt also über ein relativ gutes Einkommen, untere Einkommensklassen sind unterrepräsentiert. Dies

---

2   Der Median teilt die Gesamtheit der Familien in zwei Hälften; d.h. dieser Wert wird von der Hälfte der Familien nicht über- und von der Hälfte nicht unterschritten.

stellt im übrigen ein typisches Problem von Studien dar, die auf eine freiwillige Teilnahmebereitschaft der Zielgruppe angewiesen ist. Insbesondere Aussagen zum Einfluss der finanziellen Situation auf Anpassungsprozesse müssen daher mit Vorsicht betrachtet werden und gelten nur für Personen im betrachteten Einkommensbereich.

5. Alter der bereits vorhandenen Kinder: Bei etwa der Hälfte der teilnehmenden Paare handelte es sich um Eltern, die zu Beginn der Studie bereits ein (73 Paare) oder zwei Kinder (11 Paare) hatten und ein nachfolgendes Kind erwarteten. Bei den elf Paaren, die bereits zwei Kinder hatten, war das ältere der Geschwister zu Beginn der Studie zwischen drei und acht Jahre alt, das durchschnittliche Alter betrug fünf Jahre zwei Monate. Die übrigen Kinder waren zum ersten Erhebungszeitpunkt zwischen einem und neun Jahre alt, wobei das mittlere Alter bei zwei Jahren fünf Monaten lag.

„Stichproben-Pflege" – oder: wie erhält man die Teilnahmebereitschaft?

Im Verlauf von Längsschnittstudien, also Studien, die bei denen die Teilnehmer nicht nur einmal sondern mehrere Male befragt werden, kommt es häufig zu einem „Teilnehmerschwund". Die Gründe dafür sind vielfältig. Ein paar Beispiele: Manche Teilnehmer verlieren die Lust, weil sie die Inhalte der Studie langweilig finden oder die Befragung nicht ihren Vorstellungen entspricht. Anderen widerstrebt es möglicherweise, sich mit bestimmten Themen – ein zentraler Aspekt der Studie war die Entwicklung der Partnerschaft – auseinander zu setzen, insbesondere dann, wenn die aktuelle Lebenssituation unbefriedigend erscheint. Wieder anderen ist irgendwann der mit der Teilnahme verbundene Aufwand zu groß. Und manche vergessen nach einem Umzug einfach, dem Projektteam die neue Anschrift mitzuteilen.

Um die Bereitschaft der Eltern, weiter an der Studie teilzunehmen, zu erhalten bzw. zu fördern, wurde von den Projektmitarbeitern eine intensive Stichprobenpflege betrieben. Die Eltern wurden vor dem ersten Erhebungstermin ausführlich über die Zielsetzung des Projekts, die Inhalte und den Ablauf der Erhebungen informiert. Zwischen und an den Erhebungsterminen erhielten die Eltern Informationen zum aktuellen Stand des Projektes und zu einzelnen Themenbereichen der Studie. Hierfür wurden ihnen Kurzberichte zu ausgewählten Themenbereichen zugesandt. Die Erhebungen wurden von Projektmitarbeitern durchgeführt, wobei neben der Informationsgewinnung die Pflege des persönlichen Kontakts im Vordergrund stand. Nach Möglichkeit wurden die Paare, die im Raum München oder Paderborn lebten und an den Interviewerhebungen teilnahmen, über den gesamten Erhebungszeitraum von den gleichen Projektmitarbeitern besucht und interviewt, um die Situation für die Eltern möglichst stressfrei zu gestalten. Die an den Interviewerhebungen teilnehmenden Paare erhielten aufgrund des damit verbundenen größeren Aufwandes für jeden Erhebungszeitpunkt ein Honorar von fünfzig Mark. Die Eltern, die nicht in der Nähe der Projektgruppen lebten und daher nur an den Fragebogenerhebungen, nicht aber an den zeitaufwändigen Interview teilnahmen, erhielten kein Honorar.

Rücklaufquoten – oder: wie viele Teilnehmer sind tatsächlich dabei geblieben?

Trotz der intensiv betriebenen Stichprobenpflege wurde auch die LBS-Familien-Studie nicht von dem Phänomen des Teilnehmerschwundes verschont. Nicht alle Eltern blieben uns über den gesamten Erhebungszeitraum erhalten. Sehen wir uns an, wie viel Prozent der Paare sich an den einzelnen Befragungsterminen beteiligten. In der Forschung spricht man hier von *Rücklaufquoten*. Da die Entwicklung der Partnerschaftsbeziehung im Mittelpunkt der Studie stand, wurde das Vorliegen des Partnerschaftsfragebogens PFB als Rücklaufkriterium bestimmt[3].

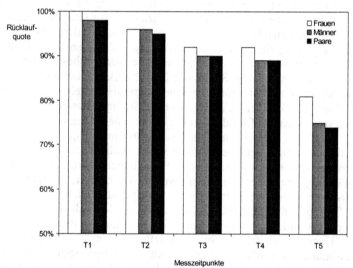

Abbildung 2.2.2: Fragebogenrücklauf zu den fünf Messzeitpunkten (Gesamtstichprobe)

---

3   Da nach einer erfolgten Trennung der Partner der Partnerschaftsfragebogen nicht mehr vorgelegt wurde, beinhalten die Rücklaufquoten ab dem vierten Messzeitpunkt nicht mehr die Paare, die sich zwar getrennt hatten, von denen aber mindestens einer der beiden Partner weiter an der Studie teilnahm. Dies sind zum vierten Erhebungszeitpunkt (18 Monate nach der Geburt) fünf Paare, zum fünften Erhebungszeitpunkt (34 Monate) sieben Paare.

Neben individuellen Rücklaufquoten für Männer und Frauen wurde zusätzlich die Rücklaufquote des Paares bestimmt. Letztere gibt an, ob beide Partner an der jeweiligen Erhebung teilgenommen haben. Abbildung 2.2.2 gibt einen Überblick über die Rücklaufquoten. Sie zeigt, dass die Beteiligung über den Erhebungszeitraum von insgesamt mehr als drei Jahren etwas gesunken ist. Während zum vierten Messzeitpunkt, der 18 Monate nach der Geburt des Kindes stattfand, noch fast 90 Prozent der Paare am schriftlichen Teil der Befragung teilnahmen, waren es zum fünften Messzeitpunkt – die Zielkinder waren zu diesem Termin ca. 34 Monate alt – nur noch 75 Prozent.

Der Rücklauf fiel für die erstmaligen Eltern insgesamt besser aus, als für die Eltern, die zu Beginn der Studie ihr zweites Kind bekommen hatten. Während bei den Ersteltern drei Jahren nach der Geburt immerhin noch in 81 Prozent der Fälle *beide* Partner an der Befragung teilnahmen, waren es bei den Zweiteltern nur noch in 66 Prozent der Fälle beide Partner.

Zwar war insgesamt eine Verlustquote von 25 Prozent zu verzeichnen. Diese erscheint jedoch für ein Projekt dieser Dauer und dieses Umfangs eher niedrig.

Dropout-Analysen – oder: Wer steigt aus?

Eventuell auftretende systematische Selektionseffekte im Verlauf einer Längsschnittstudie können die Ergebnisse beeinflussen und damit die Aussagekraft der Studie beeinträchtigen. Daher wurde überprüft, ob bzw. wie sich die 131 Paare, bei denen beide Partner auch noch am fünften Befragungstermin teilnahmen („Teilnehmer"), von den 44 Paaren unterscheiden, bei denen ein oder beide Partner zu diesem Zeitpunkt nicht mehr bei der Befragung mitmachten („Abbrecher").

Es zeigt sich, dass in erster Linie solche Paare aus der Studie ausgestiegen sind, die nur an der Fragebogenerhebung teilgenommen hatten und somit keinen persönlichen Kontakt zu den Mitarbeitern der Studie gehabt hatten (vgl. Tabelle 2.2.4). Ein weiterer systematischer Unterschied zwischen *Teilnehmern* und *Abbrechern* betrifft die Elterngruppe: Zweiteltern haben ihre Teilnahme häufiger vorzeitig beendet als Ersteltern. Von Interesse sind die auftretenden Unterschiede zwischen den Gruppen in der Partnerschaftsqualität. *Abbrecher* weisen im Schnitt eine geringere Partnerschaftsqualität auf als *Teilnehmer*: die Männer der Abbrecher-Gruppe sind bereits zum ersten Messzeitpunkt mit der Partnerschaft unzufriedener, ihre Partnerinnen verzeichnen eine deutlichere Verschlechterung der Partnerschaftsqualität in den vier Monaten nach der Geburt des Kindes. Aus diesem Befund lässt sich ableiten, dass unsere Ergebnisse zum Verlauf der Partnerschaftsqualität (vgl. Abbildung 3.9) durch den Teilnehmerschwund etwas „geschönt" werden. Aus methodischen Gründen wurden hier nämlich nur die Paare berücksichtigt, die an allen Messzeitpunkten teilgenommen hatten. Die initiale Partnerschaftsqualität der Männer lag also etwas niedriger als in der Abbildung dargestellt, die tatsächliche Abnahme der Partnerschaftsqualität der Frauen wäre vermutlich etwas stärker ausgefallen, wenn alle Teilnehmerinnen bis zum Ende der Studie dabeigeblieben wären.

Tabelle 2.2.4: Dropout-Analyse

	„Abbrecher" nur T1 (N=44)	„Teilnehmer" T1 und T5 (N=131)		
	M	M	t	p<
Erhebungsmodus [a]	.36	.87	-6.36	.001
Gruppe [b]	.64	.42	2.60	.01
Partnerschaftsdauer	7.88	7.28	.92	n.s.
Alter Frau	30.11	29.71	.62	n.s.
Mann	32.81	31.59	1.51	n.s.
Ausbildungsdauer Frau	16.48	16.80	-.51	n.s.
Mann	17.33	17.39	-.08	n.s.
Bildungsgrad Frau [c]	83.95	87.32	-.39	n.s.
Mann	89.70	84.79	.60	n.s.
Wochenarbeitszeit T1 Frau	16.84	19.57	-.82	n.s.
Mann	35.31	36.84	-.51	n.s.
Partnerschaftsqualität T1 Frau	66.45	68.15	-.93	n.s.
Mann	60.98	66.54	-3.04	.01
Depressivität T1 Frau	14.43	12.73	1.24	n.s.
Mann	11.24	9.49	1.53	n.s.
Passung Frau	15.19	17.82	1.70	.10
Mann	14.90	15.05	-.08	n.s.
emotionale Bewertung Frau	27.98	28.94	-1.41	n.s.
Mann	27.95	28.50	.87	n.s.
Veränderung T1-T3 [d]	nur T1 (N=31/28)	T1 und T5 (N=126/123)		
Partnerschaftsqualität Frau	-6.13	-2.30	-2.30	.05
Mann	-5.29	-4.26	-.47	n.s.
	nur T1 (N=30/25)	T1 und T5 (N=122/121)		
Depressivität Frau[5]	-1.57	-1.41	-.14	n.s.
Mann[5]	2.88	-.15	1.64	n.s.

Anmerkungen: [a] - Kodierung: 0 = nur Fragebogen; 1 = Fragebogen + Interview; [b] - Kodierung: 0 = Ersteltern; 1 = Zweiteltern; [c] - U-Test von Mann-Whitney; Angaben: mittlere Ränge, z-Wert und Signifikanzniveau; Kodierung: 1 = Hauptschule ohne Abschluss; 2 = HS mit Abschluss; 3 = Mittlere Reife; 4 = Abitur; 5 = Hochschulbesuch ohne Abschluss; 6 = Hochschulstudium mit Abschluss; [d]: Die Veränderungen wurden als Differenzen (T3-Wert – T1-Wert) berechnet.

2.2.2   Durchführung der Erhebungen

Die Teilnehmer der *Interviewerhebung* wurden im Vorfeld jedes der fünf Erhebungstermine angeschrieben, auf den bevorstehenden Termin hingewiesen und der Anruf eines Projektmitarbeiters zur Terminvereinbarung angekündigt. Die Interviewtermine wurden telefonisch vereinbart, die Teilnehmer über die ungefähre zeitliche Dauer informiert. Den Interviewpartnern blieb es überlassen, Ort und Zeitpunkt des Gesprächs zu bestimmen. Die Gespräche fanden fast ausschließlich bei den Teilnehmern Zuhause statt, meist in den Abendstunden. Einzelne Termine wurden in München in den Räumen einer Familienberatungsstelle, in Paderborn in den Räumen der Universität durchgeführt. Die Fragebögen wurden zum größten Teil vorab (ca. drei Wochen vor dem geplanten Interviewtermin) zugeschickt und die Teilnehmer gebeten, sie bis zum Interviewtermin auszufüllen[4]. Für jeden Teilnehmer wurde ein Umschlag beigelegt, so dass die ausgefüllten Fragebögen bis zum Interviewtermin verschlossen aufbewahrt werden konnten. Dadurch sollte gewährleistet werden, dass der ausgefüllte Bogen vom Partner nicht ohne Zustimmung eingesehen werden konnte. Der Partnerschaftsfragebogen (PFB) wurde beim Interviewtermin vorgelegt, um eine getrennte und vom Partner unbeeinflusste Bearbeitung sicherzustellen.

Beim Interviewtermin wurden die vorab zugesandten und ausgefüllten Fragebögen eingesammelt, ggf. ein frankierter und adressierter Briefumschlag für die Rücksendung noch nicht bearbeiteter Fragebögen hinterlassen. Die Eltern erhielten zu Beginn kurz Informationen über den Stand der Studie, anschließend wurden die Interviews durchgeführt und der Partnerschaftsfragebogen zur Bearbeitung vorlegt. Danach wurde das Honorar ausbezahlt und den Teilnehmern die Gelegenheit gegeben, Fragen zu stellen oder Anmerkungen zur Studie zu machen. Da die Interviewdaten nicht in die Ergebnisdarstellung einfließen, wird an dieser Stelle nicht weiter auf die Interviews eingegangen.

Paare, die nicht in der Nähe der Projektgruppen lebten, nahmen nur an den *Fragebogenerhebungen* teil. Die Fragebogenversionen für die Frau und den Mann wurden dem Paar zusammen zugeschickt. Für jeden Teilnehmer wurde ein frankierter und adressierter Rückumschlag beigelegt, um so die Anonymität gegenüber dem Partner zu ermöglichen und den Fragebogenrücklauf zu fördern.

---

4   Da die Erhebungsinstrumente, die zum ersten bzw. dritten Messzeitpunkt eingesetzt wurden, sehr umfangreich waren, wurde bei diesen Terminen außerdem ein Teil des Fragebogens nach dem Interview zur Bearbeitung dagelassen, mit der Bitte, es innerhalb der nächsten beiden Woche zurückzuschicken. Außerdem wurde beim zweiten Erhebungstermin der komplette Fragebogen nicht vorab zugesandt, sondern wurde zur Bearbeitung dagelassen.

3   Die Geburt des ersten Kindes als einschneidendes Lebensereignis: ein Überblick

Den Auftakt der Ergebnisdarstellung bildet ein Überblick über die vielfältigen Auswirkungen der Geburt des ersten Kindes. Dargestellt werden die Veränderungen im Übergang zur Elternschaft in wesentlichen Kriteriumsvariablen der individuellen und dyadischen Anpassung, also der Depressivität (ADS-L), des Selbstwerts (Positivität des Selbstkonzeptes) und des Bedarfs an sozialer Unterstützung, der Partnerschaftsqualität (PFB-Subskalen) sowie die retrospektiv wahrgenommenen Veränderungen der Partnerschaft (Veränderungsliste). Ergänzt wird diese Gesamtschau der Veränderungen durch Betrachtungen der Lebenssituation (geschlechtsspezifische Veränderungen in der Berufstätigkeit, eingetretene kritische Lebensereignisse).

Die Geburt des ersten Kindes stellt ein Ereignis dar, das durch ein hohes Ausmaß an Bivalenz gekennzeichnet ist. Die Gründung einer Familie ist ein fester Bestandteil der Lebensplanung vieler junger Erwachsener. Mit Kindern werden zahlreiche positive Aspekte, wie Glück, Erfüllung und partnerschaftliche Harmonie verbunden. Die Schwangerschaft ist häufig erwünscht, manchmal seit Jahren herbeigesehnt. Ist das Kind dann da, folgt sehr oft erst einmal Ernüchterung. So sehr sich die Eltern auch über den Nachwuchs freuen, so sehr sie den Kontakt mit dem Kind genießen und sich täglich an seinen Fortschritten erfreuen, machen sie doch auch die Erfahrung, dass die Geburt des ersten Kindes und die Gründung einer Familie mit tiefgreifenden, häufig unerwarteten und nicht selten auch unerwünschten Veränderungen verbunden sind. Nicht selten ist von jungen Eltern dann zu hören: Ich würde mein Kind nie wieder hergeben, aber so habe ich mir das Leben als Mutter (bzw. als Vater) nicht vorgestellt!

In diesem Kapitel wird, als Auftakt der Ergebnisdarstellung, ein Überblick über die Veränderungen gegeben, die mit der Geburt des ersten Kindes verbunden sind. Zunächst werden die Veränderungsprozesse auf der Basis bisheriger Forschungsarbeiten skizziert. Im Anschluss daran werden die Befunde der LBS-Familien-Studie zu zentralen Veränderungsbereichen detailliert dargestellt.

3.1 Die Auswirkungen der Geburt des ersten Kindes – bisherige Forschungsbefunde

Die Geburt des ersten Kindes bringt umfassende Veränderungen und eine weitreichende Umstellung der Lebenssituation mit sich. Dazu gehören die Veränderungen der äußeren Umstände, die Umgestaltung der Rollenaufteilung zwischen den Eltern, Veränderungen im Tagesablauf sowie ein Wandel der sozialen Kontakte, wobei das Ausmaß der Veränderungen für Frauen im Allgemeinen größer ausfällt als für Männer (Harriman, 1983). Ein weiterer zentraler Bereich, der einem Wandel unterliegt, ist die Partnerbeziehung der jungen Eltern. Betrachten wir die Veränderungen und die betroffenen Bereiche im Einzelnen.

3.1.1 Die äußere Lebenssituation

Betrachten wir zunächst die Veränderungen der Lebenssituation. Die Geburt des ersten Kindes führt typischerweise zu einer geschlechtsspezifischen Umverteilung der beruflichen und familiären Aufgaben zwischen Frau und Mann (Belsky, Rovine & Fish, 1989; Cowan, Cowan, Heming, Garett, Coysh, Curtis-Boles & Boles, 1985; Greenstein, 1996; Juster & Stafford, 1985; Kluwer, Heesink & Van de Vliert, 1996; Schneider & Rost, 1998; zum Überblick: vgl. Reichle, 1996a). Die Frau steigt in der Regel zumindest vorübergehend aus dem Beruf aus und ist auch nach der Rückkehr in den Beruf meist in deutlich verringertem Umfang tätig. Der Mann bleibt berufstätig und intensiviert unter dem Druck der gestiegenen Verantwortung häufig sogar sein berufliches Engagement. Ein gegenläufiger Effekt ist für die Aufteilung der Hausarbeit zwischen den Partnern zu beobachten: Die Beteiligung beider Partner verschiebt sich nach der Geburt weiter zu Ungunsten der Frau. Allerdings ist in diesem Zusammenhang anzumerken, dass bereits vor der Geburt keine Gleichverteilung der Hausarbeit stattfindet, sondern die Frau im Allgemeinen den größeren Anteil erledigt. Entsprechend den traditionellen Geschlechtsrollen liegt nicht nur die Zuständigkeit für den Haushalt, sondern auch die für das Wohlergehen des Kindes fast ausschließlich bei der Frau (z. B. Reichle, 1996a). Die Beteiligung des Mannes an Familienaufgaben lässt sich am treffendsten mit dem Stichwort „mithelfend" charakterisieren. Seine primäre Aufgabe liegt in der Sicherung des Lebensunterhaltes. Diese „traditionelle" Entwicklung ist selbst bei Paaren zu beobachten[1], die vor der Geburt des ersten Kindes ein vergleichbares berufliches Engagement aufwiesen und eine annähernd egalitäre Aufteilung der Haushaltsaufgaben praktizierten.

---

[1] Auf die Auswirkungen der Geburt des ersten Kindes auf die Aufteilung beruflicher und familiärer Rollen wird detailliert in Kapitel 4.2 eingegangen.

Die Einschränkung des beruflichen Engagements der Frau hat natürlich auch finanzielle Konsequenzen. Ein Vergleich der Einkommensentwicklung von Eltern mit der von kinderlosen (Doppelverdiener-)Paaren zeigt deutlich, dass Elternschaft mit einer langfristigen Verschlechterung der Einkommenssituation verbunden ist. Zumindest in den alten Bundesländern verfügen Paare ohne Kinder im Durchschnitt über deutlich höhere Haushaltsnettoeinkommen als gleichaltrige Paare mit Kind(ern) (Roloff, 1996). Der Wegfall bzw. die deutliche Reduktion des Einkommens der Frau wird gerade angesichts der Mehrausgaben, die mit einem Kind verbunden sind, empfindlich zu spüren sein. Hierbei ist nicht nur an die Kosten von Ausstattungsgegenständen oder ähnlichem zu denken, sondern auch an die höheren finanziellen Belastungen, die infolge des Umzugs in eine familiengerechte Wohnung anfallen.

3.1.2 Die Sorge um das Kind

Die Geburt des ersten Kindes bringt für die Eltern einen so nicht antizipierten Bruch mit dem vorher etablierten Tagesablauf mit sich (Monk et al., 1996) und ist mit einer Reihe von Belastungen und neuen Anforderungen verknüpft (zum Überblick vgl. Belsky & Pensky, 1988). Der Ablauf aller Alltagsroutinen, angefangen mit dem morgendlichen Aufstehen, muss sich nun an den Bedürfnissen des Säuglings orientieren (Gottlieb & Pancer, 1988). Die notwendige Anpassung an den vom Kind vorgegebenen Rhythmus bereitet nicht wenigen Eltern Schwierigkeiten. Vor allem die Mütter leiden oftmals unter dem ständigen Angebunden-Sein (Russell, 1974; Leifer, 1977). Die starke Abhängigkeit und Bedürftigkeit des Säuglings bedeutet vor allem in den ersten Wochen und Monaten eine ständige und hohe Beanspruchung der primären Betreuungsperson. Da auch die Nachtruhe selten ungestört verläuft, leiden die Eltern, insbesondere aber die Mutter als primäre Betreuungsperson, fast ausnahmslos unter Schlafmangel. Eine Folge der Dauerbelastung ist dann häufig Gereiztheit und ständige Müdigkeit bis hin zur völligen körperlichen Erschöpfung. Erschwerend kommt häufig die Unvorhersehbarkeit des kindlichen Verhaltens hinzu. Die daraus resultierende schlechte Planbarkeit des Tagesablaufs und ständige Unterbrechung von Handlungsbögen durch den schreienden Säugling können zu Gefühlen von Hilflosigkeit, Überforderung und Kontrollverlust führen. Allerdings scheinen die Beeinträchtigungen des Befindens der Frau nicht langfristiger Natur zu sein. In einer Studie von O'Hara, Zeksoki, Philipps und Wright (1990; vgl. auch Hock et al., 1995) wiesen Mütter in den ersten drei Wochen nach der Geburt im Vergleich zu einer Kontrollgruppe kinderloser Frauen erhöhte Depressivitätswerte auf. Mit der Anpassung an die neue Situation verbesserte sich das Befinden der Mütter jedoch wieder. Neun Wochen nach der Geburt unterschieden sich die Depressivitätswerte der Mütter nicht mehr von den Werten kinderloser Frauen. Die Väter scheinen insgesamt von den Belastungen und Veränderungen weniger betroffen. Ihr Befinden und ihre Stimmung (Feldman & Nash, 1984; Grossman, Pollack, Golding & Fedele, 1987) weisen im Übergang zur Elternschaft keine Verschlechterung auf.

3.1.3 Freizeitaktivitäten und soziale Beziehungen

Die Übernahme der Elternrolle ist weiterhin verknüpft mit einer Einschränkung von außerhäuslichen Freizeitaktivitäten (Bauer, 1992; Reichle, 1994) sowie dem Verzicht auf persönliche Interessen. Individuelle oder auch gemeinsame soziale Aktivitäten des Paares bzw. der Familie erfordern nun eine stärkere Absprache und intensivere Vorbereitung. Die Einschränkung speziell außerhäuslicher Aktivitäten (Sport, Kinobesuche, Treffen mit Freunden und Bekannten) fällt bei den Müttern in der Regel stärker aus als bei den Vätern. Eine mehrstündige Abwesenheit der Mutter ist, solange sie noch stillt, nur mit hohem organisatorischem Aufwand möglich. Die Beschränkung der Frau auf das häusliche Umfeld begünstigt ihre soziale Isolierung.

Im Allgemeinen kommt es zu einer Umgestaltung der sozialen Kontakte (Bauer, 1992). Diese Umgestaltung besteht weniger in einer Verkleinerung des sozialen Netzwerkes als in einer Veränderung seiner Zusammensetzung und einem Wandel der Funktionen, die die Mitglieder des sozialen Netzes erfüllen. Sowohl die Gelegenheiten zur Pflege der sozialen Kontakte als auch die spezifischen Unterstützungsbedürfnisse der jungen Eltern verändern sich. Dementsprechend verlieren manche Mitglieder des sozialen Netzes an Bedeutung (z.B. ehemalige Kollegen und Kolleginnen der Frau), während häufig eine Intensivierung der Kontakte zum Verwandtschaftssystem und eine vermehrte Aufnahme und Pflege von Kontakten zu Paaren mit Kindern zu beobachten ist (Rost & Schneider, 1995). Die Intensivierung der Kontakte zu den eigenen Eltern dürfte vor allem daraus resultieren, dass die Großeltern in die Betreuung des Kindes einbezogen werden. Der Anstieg der Kontakthäufigkeit und -dichte zur Herkunftsfamilie fällt für die Eltern der Mutter meist stärker aus als für die Eltern des Vaters (Ettrich & Ettrich, 1995). Die Zunahme des Anteils von Paaren mit Kindern am bestehenden Freundes- und Bekanntenkreis ist jedoch nur zum Teil eine Folge der Umstrukturierung der sozialen Kontakte. Es kommt auch schlicht ein Alterseffekt zu tragen: So wächst mit zunehmendem Alter der Paare die Wahrscheinlichkeit, dass kinderlose Freunde und Bekannte selbst Kinder bekommen.

Sozialen Beziehungen kommt im Übergang zur Elternschaft als privatem Stützungssystem eine besondere Bedeutung zu (Ettrich & Ettrich, 1995). Wie Anforderungen und Aufgaben die mit der Geburt des ersten Kindes einhergehen, gemeistert werden, hängt entscheidend vom Ausmaß der erhaltenen Unterstützung ab. Hilfestellungen und Unterstützungsleistungen benötigen (werdende) Eltern in mehrfacher Hinsicht (vgl. z.B. Gottlieb & Pancer, 1988). Nicht nur Informationen und Ratschläge rund um die Schwangerschaft und das Kind sind von großer Wichtigkeit. Eltern wünschen sich häufig auch praktische Hilfe bei der Bewältigung des Alltags. Aufgrund ihrer oftmals angespannten finanziellen Situation sind junge Eltern häufig darauf angewiesen, Ausstattungsgegenständen für das Kind von befreundeten Eltern auszuleihen oder finanzielle Unterstützung von Verwandten zu erhalten. In Umbruchsituationen wie dem Übergang zur Elternschaft benötigen Individuen zudem in gesteigertem Maße emotionalen Rückhalt und Unterstützung. Dieser validiert nicht zuletzt die Angemessenheit der eigenen Gefühle, Gedanken und Reaktionen. Unterstützung muss allerdings nicht immer aktiv gewährt werden. Schon der bloße Kontakt zu anderen (werdenden) Eltern kann dem Paar nützliche Anregungen, Informationen oder Vergleichsmaßstäbe liefern, z.B. für die Vorbereitung auf die Geburt oder die Gestaltung des Alltags mit Kind (Gottlieb & Pancer, 1988). Zu erkennen, dass die Situation anderer Elternpaare der eigenen ähnelt, dient als Versicherung, dass auftretende Probleme primär durch die Situation bedingt sind und nicht Konsequenz einer mangelnden Bereitschaft oder Kompetenz eines oder beider Elternteile darstellen.

Ob das soziale Netzwerk letztendlich eine Ressource für die Bewältigung des Übergangs zur Elternschaft darstellt und die Eltern mit der erhaltenen Unterstützung zufrieden sind, hängt weniger von formalen Kriterien des Netzwerkes (wie der Größe, Zusammensetzung, Häufigkeit der Kontakte etc.) ab als von subjektiven Erlebnisparametern (wie der Qualität der Beziehung zu den betreffenden Personen; Kontrollierbarkeit der Beziehung) (Ettrich & Ettrich, 1995). Auch die Passung zwischen den spezifischen Bedürfnissen der Eltern und den Unterstützungsangeboten spielt eine wichtige Rolle. Daher ist es wichtig, die spezifischen Bedürfnisse junger Eltern zu kennen.

3.1.4 Partnerschaft

Die Entscheidung für ein gemeinsames Kind kann in der Regel als Indikator für die Erwartung einer dauerhaften und glücklichen Beziehung angesehen werden. Kaum ein Paar rechnet damit, dass ein so „freudiges" Ereignis wie die Geburt ihres ersten Kindes negative Auswirkungen auf die Partnerschaft haben könnte. Aber auch die Paarbeziehung bleibt von den tiefgreifenden Veränderungen, die der Übergang zur Elternschaft mit sich bringt, nicht unberührt. Die vielfältigen Anforderungen in Kombination mit den erschwerten Rahmenbedingungen machen diesen Entwicklungsabschnitt vielfach zu einer Belastungsprobe für die Partnerschaft.

Durch das Hinzukommen des neuen Familienmitgliedes wird die Beziehungsstruktur verändert. Die Zweier-Beziehung hat nicht länger exklusiven Charakter. Die Aufmerksamkeit, Fürsorge und Zuwendung, die das Kind beansprucht, schmälert das Zeitkontingent, das den Eltern für die Pflege der Partnerschaft zur Verfügung steht. Der Zeitmangel und die Inanspruchnahme durch das Kind führen so oftmals zu einem Verlust der Zweisamkeit (Monk et al., 1996). Gespräche werden seltener und haben häufig das Kind oder organisatorische Fragen zum Inhalt. Die individuellen Bedürfnisse der Partner werden hingegen zunehmend vernachlässigt. Dies wiegt umso schwerer, als mit der gemeinsamen Verantwortung für das Kind auch die wechselseitige Abhängigkeit der Partner wächst und damit auch der Abstimmungs- und Kommunikationsbedarf. Schließlich stellt der Partner in dieser Situation die wichtigste Quelle nicht nur der instrumentellen, sondern auch der emotionalen Unterstützung dar (Brüderl, 1988).

Dieser Wandel, dem die Paarbeziehung im Übergang zur Elternschaft unterliegt, hat häufig den Charakter einer schleichenden Erosion. Zahlreiche längsschnittlich angelegte Studien (also Studien, die die Entwicklung von Familien über mehrere Monate oder Jahre mitverfolgen) stellen eine Verschlechterung der partnerschaftlichen Interaktion und ein Absinken der ehelichen Zufriedenheit nach der Geburt des ersten Kindes fest. Belege liefern nicht nur Studien aus den USA (z. B. Belsky & Pensky, 1988; Belsky & Rovine, 1990; Hackel & Ruble, 1992). Auch Forschungsprojekte, die im deutschsprachigen Raum durchgeführt wurden, finden einen Rückgang der Paarzufriedenheit im Übergang zur Elternschaft (Engfer, Gavranidou & Heinig, 1988; Gloger-Tippelt, Rapkowitz, Freudenberg & Maier, 1995). Zur Frage, ob nun Männer oder Frauen im Übergang zur Elternschaft stärkere Einbußen in der Partnerschaftszufriedenheit verzeichnen, liegen widersprüchliche Ergebnisse vor. Allerdings gibt es sehr wohl geschlechtstypische Unterschiede, in welchen Bereichen der Partnerschaft Einbußen in besonderem Maße verzeichnet werden. So spielen für Väter häufig die mit dem Übergang zur Elternschaft verbundenen Restriktionen im Bereich der Sexualität und die erlebte Verminderung der emotionalen Zuwendung durch die Partnerin eine große Rolle (vgl. Bauer, 1992). Von geringer Bedeutung scheint für Männer hingegen eine Verringerung des verbalen Austausches zu sein. Die Partnerschaftszufriedenheit der Frauen hängt hingegen mit Einschränkungen in sämtlichen partnerschaftsbezogenen Bedürfnissen – mit Ausnahme der Sexualität – zusammen (Reichle, 1994).

Nun wird gelegentlich eingewendet, dass die Partnerschaftszufriedenheit nicht speziell nach der Geburt des ersten Kindes abnimmt, sondern dass Beziehungen generell im Verlauf ihrer Entwicklung eine gewisse Erosion aufweisen. Der häufig beobachtete längsschnittliche Abfall der Partnerschaftszufriedenheit nach der Geburt des ersten Kindes stellt dieser Argumentation zufolge einen allgemeinen Zeiteffekt dar, der fälschlicherweise als Ereigniseffekt interpretiert wird. Tatsächlich kommt es bereits im Verlauf des ersten Ehejahres zu einer gewissen Desillusionierung, festzumachen an geringerer Partnerschaftszufriedenheit, einem Gefühl der verminderten gegenseitigen Liebe und einer gestiegenen Ambivalenz gegenüber dem Partner (Huston, McHale & Crouter, 1986). Aktuelle Studien, die die Entwicklung der Partnerschaften von kinderlosen Paaren und erstmaligen Eltern vergleichen, machen jedoch deutlich, dass intime Beziehungen im Laufe der Zeit zwar generell eine gewisse Erosion aufweisen, dass die Verschlechterung der Partnerschaftsqualität jedoch durch die Geburt des ersten Kindes deutlich beschleunigt wird (Bleich, 1999; Jurgan, Gloger-Tippelt & Ruge, 1999; Schneewind & Sierwald, 1999; Shapiro, Gottman & Carrère, 2000).

Ein weiterer Einwand bezieht sich auf die Reichweite oder Dauer des Effektes. So stößt man immer wieder auf die Überzeugung, dass die Einbußen in der Partnerschaftsqualität eine kurzfristige und direkte Folge der veränderten Lebenssituation und der damit einhergehenden Belastungen der Eltern (wie Zeitmangel, Erschöpfung, Verbot von Geschlechtsverkehr in der ersten Zeit nach der Geburt) darstellen – und sich die Paarbeziehung nach einer gewissen Gewöhnungsphase und dem Abklingen der akuten Belastung „automatisch" wieder verbessert. Befunde von Studien, die die Entwicklung von Partnerschaften nach der Geburt des Kindes über mehrere Jahre hinweg mitverfolgen, stehen allerdings in deutlichem Widerspruch zu dieser Überzeugung: Sie belegen eine kontinuierliche Abnahme der Qualität der Paarinteraktion bis vorerst dreieinhalb Jahre nach der Geburt des ersten Kindes (Engfer et al., 1988). Die Qualität der partnerschaftlichen Interaktion und die Partnerschaftszufriedenheit steigen demnach nicht nach einer vorübergehenden Phase der Umstellung und Anpassung an die veränderte Situation „automatisch" wieder an.

Zusammenfassend lässt sich festhalten, dass der Übergang zur Elternschaft mit einer markanten Abnahme der Partnerschaftsqualität einhergeht, die deutlicher ausfällt als der allgemeine Erosionseffekt bei kinderlosen Paaren. Dies bedeutet jedoch nicht, dass zuvor glückliche Paare nach der Geburt ihres Kindes durchweg unglücklich sind. Das mittlere Niveau der Partnerschaftsqualität liegt auch in den ersten Jahren mit Kind (noch) im Wertebereich „glücklicher Paare" (Gloger-Tippelt & Huerkamp, 1998).

3.2 Ergebnisse der LBS-Familien-Studie

Die Ergebnisdarstellung beginnt mit einem kurzen Überblick über die Begleiterscheinungen und Konsequenzen der Erstelternschaft für die Lebenssituation der jungen Eltern. Anschließend werden die Auswirkungen der Geburt des ersten Kindes auf das individuelle Befinden beider Eltern und auf die Paarbeziehung ausgeführt. Dabei handelt es sich nicht um Einzelfälle. Dargestellt wird vielmehr die „durchschnittliche", also gleichsam „typische" Entwicklung in diesen Bereichen, wobei natürlich einzelne Personen oder Paare von diesen typischen Entwicklungslinien abweichen.

3.2.1 Veränderungen der Lebenssituation

Die Familiengründung und die erste Phase mit dem Kind werden begleitet von einer Reihe von Ereignissen, die die Lebenssituation der Familie gravierend verändern. Manche dieser Veränderungen hängen direkt mit der Elternschaft zusammen und sind von den Eltern gewollt und geplant. Sie dienen dann häufig der Anpassung an die Elternrolle und der Bewältigung des Alltags mit Kind. Hierzu gehören typischerweise der (vorübergehende) Rückzug der Frau aus dem Beruf, berufliche Veränderungen des Mannes, die zur Sicherung bzw. Steigerung des Familieneinkommens erforderlich sind, oder auch der Umzug in eine familiengerechtere Wohnung. Andere Veränderungen stehen in keinem direkten Zusammenhang mit der Elternschaft und treffen die Familie häufig überraschend und unvorbereitet. Dazu gehören beispielsweise die Erkrankung von Familienmitgliedern, der Tod von Nahestehenden, Arbeitslosigkeit oder die Beendigung der Partnerschaft durch einen der beiden Partner. Diese Ereignisse erschweren die Ausübung der Elternschaft zusätzlich und erfordern neue Anpassungsleistungen des Paares.

In Tabelle 3.1 und Tabelle 3.2 sind die *Auftretensraten* (Inzidenzraten) wichtiger Lebensereignisse für den Zeitraum von der Geburt des Zielkindes bis 34 Monate danach aufgeführt. Die unterschiedlichen Vorkommnisse und Veränderungen sind thematisch gruppiert; außerdem sind die Inzidenzraten sowohl für die Gesamtgruppe als auch für beide Elterngruppen getrennt angegeben. Einen ersten Überblick über die Auftretenshäufigkeit von Veränderungen der Lebenssituation liefern die Werte für die Gesamtgruppe aller Eltern (rechte Spalte). Betrachten wir zunächst die *familiären Veränderungen*.

Beinahe jede zweite Familie erlebt in den 34 Monaten nach der Geburt des fokussierten Kindes (des Kindes, das zu Beginn der Studie geboren wurde) die Erkrankung eines Familienmitgliedes. Bei 45 Prozent der Familien kommt es zum Verlust nahestehender Personen. Mehr als die Hälfte der Familien berichtet im betrachteten Zeitraum ein „generatives Ereignis", d.h. die Geburt eines nachfolgenden Kindes, eine aktuell bestehende oder eine nicht ausgetragene Schwangerschaft. Die Auftretenshäufigkeit generativer Ereignisse fällt bei den Ersteltern nahezu doppelt so hoch aus wie bei den Zweiteltern. Veränderungen, die den Status der elterlichen Partnerschaft betreffen, treten mit zwölf Prozent eher selten auf. Ein typisches Ereignis stellt hingegen der Umzug dar. Über die Hälfte der Familien ziehen in den drei Jahren nach der Geburt des Zielkindes um, häufig sogar mehrmals. Ein Wohnungswechsel steht allerdings nicht nur nach der Geburt des ersten Kindes an (62 Prozent). Auch nach der Geburt des zweiten Kindes ziehen immerhin 49 Prozent der Familien um.

Der Beruf stellt einen weiteren Lebensbereich dar, in dem es in den drei Jahren nach der Geburt des Zielkindes häufig zu Veränderungen kommt. So berichten gut 40 Prozent der Ersteltern und beinahe 20 Prozent der Zweitel-

Tabelle 3.1: Auftretensrate ausgewählter Lebensereignisse von der Geburt bis 34 Monate nach der Geburt des Kindes (in Prozent): Familiäre Veränderungen

		Ersteltern	Zweiteltern	Gesamt
Krankheit	**Krankheit irgendeines Familienmitglieds**	**40,7**	**57,7**	**48,4**
	Krankheit des Zielkindes	17,4	30,9	23,2
	Krankheit eines anderen Kindes	1,2	17,4	8,3
	Krankheit der Mutter	16,3	25,0	20,5
	Krankheit des Vaters	12,8	13,2	12,9
Todesfall	**irgendein Todesfall**	**43,0**	**47,8**	**44,9**
	Tod eines Kindes	1,2	1,3	1,2
	Tod der Mutter	0	0	0
	Tod des Vaters	0	0	0
	Tod von Eltern der Mutter	9,3	4,5	7,2
	Tod von Eltern des Vaters	7,0	10,4	8,4
	Tod eines Verwandten	34,9	29,9	32,5
	Tod eines Freundes	4,7	9,1	6,5
Generative	**irgendein generatives Ereignis**	**66,3**	**34,3**	**51,9**
Ereignisse	Geburt eines gemeinsamen Kindes	44,2	25,4	35,7
	Geburt eines nicht gemeinsamen Kindes	0	0	0
	momentane Schwangerschaft (zu T5)	20,9	4,5	26,6
	Abgang, Fehlgeburt, Totgeburt	11,5	6,0	9,1
	Schwangerschaftsabbruch	0	3,0	1,3
Partner-	**irgendeine Partnerschaftsveränderung**	**14,0**	**10,4**	**12,3**
schaft	Heirat	11,6	0	6,5
	Trennung (vorübergehend oder dauerhaft)	2,3	10,6	5,9
	Scheidung	2,3	3,0	2,6
Wohnen	**Umzug der (zusammenlebenden) Familie**	**61,9**	**48,5**	**54,6**

tern den Beginn oder den Abschluss der Ausbildung eines Elternteils. 24 Prozent der Männer wechseln die Arbeitsstelle, 12 Prozent wechseln den Beruf oder steigen in den Beruf ein. Insgesamt erlebt mehr als ein Drittel der Väter mindestens eine berufliche Veränderung. Noch häufiger ist die Elternschaft für Frauen mit weitreichenden Veränderungen der beruflichen Situation verbunden. 63 Prozent der erstmaligen Mütter und 46 Prozent der Zweitmütter geben an, dass im betrachteten Zeitraum mindestens eines der angeführten berufsbezogenen Ereignisse aufgetreten ist. Tatsächlich dürfte die Inzidenzrate speziell für den Eintritt in den Erziehungsurlaub bei den erstmaligen

Tabelle 3.2: Auftretensrate ausgewählter Lebensereignisse von der Geburt bis 34 Monate nach der Geburt des Kindes (in Prozent): Berufliche Veränderungen

		Ersteltern	Zweiteltern	Gesamt
Aus-	**irgendeine Veränderung**	**40,7**	**18,8**	**31,4**
bildung	Beginn, Abschluss, Abbruch durch die Frau	22,1	11,8	17,4
	Beginn, Abschluss, Abbruch durch den Mann	24,7	12,1	20,0
Beruf	**irgendeine berufl. Veränderung/ Frau**	**63,2**	**45,8**	**55,9**
	Eintritt/Beendigung des Erziehungsurlaubs	57,5	33,1	47,2
	(Wieder-) Aufnahme einer Berufstätigkeit	32,6	23,5	29,0
	Wechsel der Arbeitsstelle	11,6	10,4	11,2
	Wechsel des Berufs	5,9	3,0	5,2
	Kündigung durch den Arbeitgeber	8,1	4,5	6,5
	Aufgabe/Konkurs des eigenen Unternehmens	2,3	0	1,3
	Frühverrentung/Frühpensionierung	0	0	0
	Irgendeine berufl. Veränderung/ Mann	**37,0**	**33,9**	**36,2**
	Eintritt/Beendigung des Erziehungsurlaubs	2,5	5,3	3,6
	(Wieder-) Aufnahme einer Berufstätigkeit	7,5	7,0	7,4
	Wechsel der Arbeitsstelle	25,9	20,7	24,3
	Wechsel des Berufs	6,3	1,8	4,3
	Kündigung durch den Arbeitgeber	8,8	7,0	8,7
	Aufgabe/Konkurs des eigenen Unternehmens	0	1,7	0,7
	Frühverrentung/Frühpensionierung	0	0	0

Müttern noch höher liegen. Berücksichtigt man zusätzlich die Erstmütter, die während der Schwangerschaft Vollzeit in einem Angestelltenverhältnis beschäftigt waren und nach der Geburt nicht oder nur geringfügig beschäftigt sind, steigt die Auftretensrate einer beruflichen Veränderung bei dieser Gruppe von 58 auf 76 Prozent.

Insgesamt bestätigen diese Zahlen recht eindrucksvoll, dass in der frühen Phase der Familienentwicklung Veränderungen der Lebenssituation eher die Regel sind als die Ausnahme. Im Schnitt treten in den drei Jahren nach der Geburt des ersten Kindes 3,5 der betrachteten 36 Lebensereignisse auf, bei den Zweiteltern sind es im Schnitt 2,6 Ereignisse. Die jungen Eltern sind damit mehrfachen und sehr unterschiedlichen Anforderungen ausgesetzt.

Die Veränderungen der Lebenssituation und die Anforderungen, die die Geburt eines Kindes mit sich bringt, fallen jedoch für Männer und Frauen unterschiedlich aus. Unterschiede werden insbesondere für den beruflichen Bereich offenkundig. Frauen berichten nicht nur weitaus häufiger als Männer berufsbezogene Veränderungen, die berichteten Veränderungen sind auch grundsätzlicher Natur. Der bei den Vätern häufig auftretende Wechsel der Arbeitsstelle wird häufig zum Ziel haben, Karrierechancen und Einkommen zu verbessern und die Kontinuität der Erwerbstätigkeit zu gewährleisten. Berufliche Veränderungen auf Seiten der Frau bestehen in der Mehrzahl der Fälle in einer drastischen Reduktion oder gar Aufgabe der Erwerbstätigkeit zugunsten familiärer Belange. Erziehungsurlaub wird fast ausschließlich durch die Mutter in Anspruch genommen, eine Inanspruchnahme durch den Vater hat Seltenheitswert.

Die unterschiedlichen Auswirkungen der Geburt des ersten Kindes auf die Berufskarrieren von Männern und Frauen lassen sich auch am Umfang der Erwerbstätigkeit ablesen (siehe Abbildung 3.1). Zum Zeitpunkt des Eintritts der ersten Schwangerschaft unterscheiden sich Männer und Frauen kaum im Umfang der Berufstätigkeit. Die etwas niedrigere Wochenarbeitszeit der Erstmütter (29,6 Stunden versus 32,2 Stunden bei Erstvätern) ist darauf zurückzuführen, dass sich zu diesem Zeitpunkt mehr Frauen als Männer noch in Ausbildung befinden. Eineinhalb Jahre nach der Geburt beträgt die durchschnittlich Wochenarbeitszeit der Erstmütter 6,6 Stunden, drei Jahre nach der Geburt 8,4 Stunden. Die Männer bleiben nach der Geburt des ersten Kindes voll berufstätig. Ihre mittlere Wochenarbeitszeit steigt auf 40 Stunden an, da einige dieser Väter in der Zwischenzeit ihre Ausbildung beendet und eine Berufstätigkeit aufgenommen haben. Weitreichende Veränderungen im Umfang der Berufstätigkeit sind nach der Geburt des zweiten Kindes nur noch in Einzelfällen zu beobachten, so dass der allgemeine Effekt eher gering ausfällt. Zweitmütter arbeiten nach der Geburt mit 4,6 Stunden (18 Monate) bzw. 6,8 Stunden (34 Monate) etwas weniger als vor der Geburt (7,4 Stunden), Männer mit 43,0 bzw. 42,8 Stunden etwas mehr als während der Schwangerschaft ihrer Partnerin (39,7 Stunden).

Zusammenfassend lässt sich feststellen, dass die frühe Phase der Familienentwicklung im Allgemeinen einen Lebensabschnitt darstellt, der durch zahlreiche und verschiedenartige Ereignisse und Anforderungen gekennzeichnet ist. Der Übergang zur Elternschaft bringt darüber hinaus grundlegende Veränderungen für das junge Elternpaar mit sich. Die Geburt des ersten Kindes wird häufig zum Anlass für eine Neuverteilung der Zuständigkeiten zwischen den Partnern genommen, die typischerweise den traditionellen Mustern entspricht. Der Mann ist für die Sicherung des Lebensunterhaltes zuständig, die Frau bleibt zu Hause und verdient in den ersten Jahren allenfalls etwas Geld hinzu. Elternschaft bedeutet somit in erster Linie für die Frau eine einschneidende Veränderung ihres Alltags und ihrer aktuellen beruflichen Situation sowie eine Einschränkung ihrer zukünftigen Optionen.

Dieser Befund einer geschlechtsspezifischen Aufteilung der beruflichen Rollen mit der Geburt des ersten Kindes ist nun keineswegs neu. Er ist vielmehr als Manifestation des sogenannten „Traditionalisierungseffekts" in

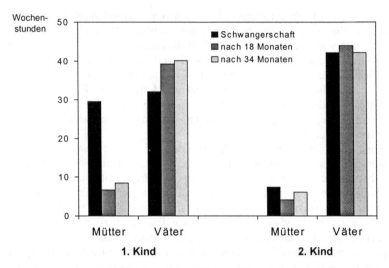

Abbildung 3.1: Durchschnittliche Wochenarbeitszeit von Frauen und Männern vor und nach der Geburt des ersten bzw. zweiten Kindes

der Elternschaftsforschung bekannt (zum Überblick vgl. Reichle, 1996a). Das Phänomen der Traditionalisierung der Aufgaben- und Rollenverteilung beschränkt sich allerdings nicht auf den Beruf, sondern manifestiert sich in unterschiedlichen Lebensbereichen. Die Reichweite des Traditionalisierungseffektes wird in Kapitel 4.2 detailliert beleuchtet.

Der Übergang zur Elternschaft bringt erhebliche Konsequenzen für die materielle Situation der neugegründeten Familie mit sich. Die Unterbrechung bzw. Reduzierung der Berufstätigkeit durch die Mütter führt insbesondere in den ersten 18 Monaten nach der Geburt zu einer deutlichen Verringerung des Haushaltsnettoeinkommens der Ersteltern. Der Anteil der Familien in den höheren Einkommensgruppen nimmt zugunsten der mittleren Einkommensklassen ab (Abbildung 3.2, oben). Während das typische Familieneinkommen (Medianwert[1]) für werdende Eltern bei 4.000 bis 5.000 Mark liegt, beträgt es 18 Monate nach der Geburt nur noch 3.000 bis 4.000 Mark. 34 Monate nach der Geburt hat sich die finanzielle Situation der Ersteltern insgesamt wieder leicht verbessert, das typische Einkommen liegt wieder auf dem vorgeburtlichen Niveau. Die Verschlechterung der Einkommenssituation hält sich bei

---

1 Der Median teilt die Gesamtheit der Familien in zwei Hälften; d.h. dieser Wert wird von der Hälfte der Familien nicht über- und von der Hälfte nicht unterschritten.

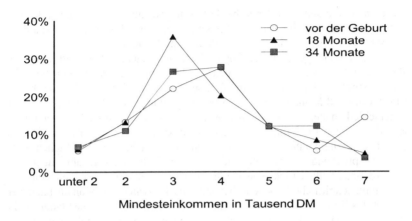

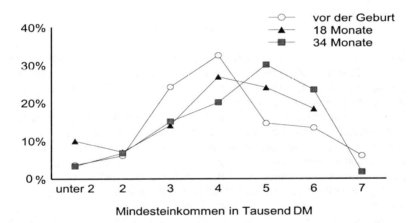

Abbildung 3.2: Einkommensverteilung (Haushaltsnettoeinkommen) vor der Geburt und 18 Monate bzw. 34 Monate nach der Geburt des Kindes bei Ersteltern (oben) und Zweiteltern (unten) (Anteil der Einkommensgruppe an der Gesamtgruppe in Prozent)

den Teilnehmern der LBS-Familien-Studie also – absolut gesehen – in Grenzen. Dies ist zum einen darauf zurückzuführen, dass der Verdienstausfall auf Seiten der Frau teilweise durch das steigende Einkommen des Mannes kompensiert wird. Zum anderen fällt die Geburt des ersten Kindes bei vielen Paaren mit dem Einstieg des Mannes in das Berufsleben zusammen. Besonders deutlich dürfte die Verschlechterung der Einkommensverhältnisse für die

Paare zu spüren sein, bei denen beide Partner vor der Geburt des Kindes berufstätig waren und die daher einen vergleichsweise hohen Lebensstandard gewohnt waren (sog. „Dinks" – Double Income No Kids).

Ist das Kind geboren, verfügen Zweitelternpaare im Schnitt über ein höheres Einkommen als Erstelternpaare (Abbildung 3.2, unten). Das typische Haushaltsnettoeinkommen (Median) liegt bei den Zweiteltern bei 4.000 bis 5.000 Mark (18 Monate) bzw. bei 5.000 bis 6.000 Mark (34 Monate). Dieser Unterschied in der Einkommenslage dürfte zum einen auf den Altersunterschied zwischen Erst- und Zweiteltern zurückgehen: Die Zweitväter sind im Schnitt eineinhalb Jahre älter als die Erstväter und in ihrer beruflichen Karriere entsprechend weiter aufgestiegen. Zum anderen dürfte aber auch der größere finanzielle Druck eine Rolle spielen: Zweitväter berichten eine höhere durchschnittliche Wochenarbeitszeit als Erstväter. 18 Monate nach der Geburt des Zielkindes arbeiten sie durchschnittlich 3,4 Wochenstunden mehr als die Erstväter, 34 Monate nach der Geburt sind es immerhin noch 2,6 Stunden.

3.2.2   Veränderungen des Bedarfs an sozialer Unterstützung

Mit dem Übergang zur Elternschaft verändert sich nicht nur die Lebenssituation des Paares, sondern auch der Bedarf an sozialer Unterstützung. Die Teilnehmer gaben hierfür an, in welchem Ausmaß sie sich *emotionale* (Trost, Anerkennung, gemeinsame Gespräche und Unternehmungen, Hilfe bei Problemen) oder *instrumentelle* (Hilfe bei Alltagsaufgaben, Ratschläge, finanzielle und materielle Leistungen) Unterstützung durch andere Personen (Freunde, Nachbarn oder Verwandte) wünschen oder benötigen. Unterstützungswünsche an den eigenen Partner wurden ausdrücklich aus dieser Fragestellung ausgeschlossen. Die Daten der LBS-Familien-Studie liefern nicht nur Erkenntnisse darüber, in welchen Bereichen Eltern nach der Geburt des (ersten) Kindes in besonderem Maße soziale Unterstützung benötigen. Der Aufbau der Studie ermöglicht weiterhin detaillierte Vergleiche der Bedürfnisprofile von Frauen und Männern sowie von Erst- und Zweiteltern. Von Interesse ist hierbei nicht nur die relative Höhe des Bedarfs an spezifischen Formen der Unterstützung, sondern auch die Veränderung der Bedürfnisse im betrachteten Untersuchungszeitraum. Richten wir unser Augenmerk zunächst auf die Frage, ob der Übergang zur Elternschaft bzw. die Geburt eines zweiten Kindes zu einem erhöhten Bedarf der Eltern an emotionaler und instrumenteller Unterstützung führt.

Hierfür wurden für beide Unterstützungsbereiche separate dreifaktorielle Varianzanalysen gerechnet. Neben dem zweigestuften Gruppierungsfaktor *Elterngruppe* (Ersteltern vs. Zweit-/Dritteltern) gingen die Messwiederholungsfaktoren *Beurteiler* (Frauen vs. Männer) und *Erhebungszeitpunkt* (T1: letztes Schwangerschaftsdrittel; T3: vier Monate nach der Geburt; T4: 18 Monate nach der Geburt; T5: 34 Monate nach der Geburt) ein. Für den Bereich der *Emotionalen Unterstützung* ergaben sich signifikante Haupteffekte für die

Between-Faktoren *Beurteiler* ($F[1,106]=39.12$; $p=.000$) und *Zeitpunkt* ($F[3,318]=4.63$; $p<.01$) und eine tendenziell signifikante Interaktion *Gruppe* × *Zeitpunkt* ($F[3,318]=2.39$; $p<.10$). Die Dreifach-Interaktion *Beurteiler* × *Gruppe* × *Zeitpunkt* ($F[3,318]=2.42$; $p<.10$) verweist auf gruppen- und geschlechtsspezifische Verläufe des Bedarfs an emotionaler Unterstützung. Für die *Instrumentelle Unterstützung* zeigen sich wiederum signifikante Haupteffekte für die Faktoren *Beurteiler* ($F[1,106]=23.77$; $p=.000$) und *Zeitpunkt* ($F[3,318]=4.04$; $p<.01$). Die tendenziell signifikante Interaktion *Gruppe* × *Zeitpunkt* ($F[3,318]=2.48$; $p<.10$) belegt Unterschiede zwischen Erst- und Zweiteltern im Verlauf des Bedarfs nach instrumenteller und kindbezogener Unterstützung.

Wie aus Abbildung 3.3 hervorgeht, bleibt der Bedarf an sozialer Unterstützung insgesamt im Rahmen. Der durchschnittliche Bedarf liegt fast durchgehend in der unteren Hälfte der fünfstufigen Ratingskala. Es sind allerdings sowohl bereichsspezifische als auch geschlechtsspezifische Unterschiede zu beobachten. Der Wunsch nach emotionaler Unterstützung (linke Abbildung) fällt deutlich höher aus als der Wunsch nach instrumentellen und kindbezogenen Hilfen (rechte Abbildung). Außerdem wünschen sich Frauen (schwarze Balken) mehr Unterstützung als Männer (hellgraue Balken).

Betrachten wir zunächst den Bereich der *emotionalen Unterstützung* (Abbildung 3.3, links). Der Bedarf der Männer an emotionaler Unterstützung fällt für Erst- und Zweitväter gleichermaßen niedrig aus und zeigt im Zeitverlauf keine statistisch bedeutsame Veränderung. Der Bedarf der Frauen unterliegt jedoch erwartungsgemäß familienzyklischen Schwankungen. Während der Wunsch nach emotionaler Unterstützung bei werdenden Müttern noch relativ niedrig ausfällt, nimmt er nach der Geburt stetig zu. Frauen, die ihr zweites Kind erwarten, zeigen bereits im letzten Schwangerschaftsdrittel ein erhöhtes Bedürfnis nach Rückhalt, Anregung und Anerkennung, das in den ersten Monaten nach der Geburt weiter zunimmt, um sich dann auf dem Ausgangsniveau zu stabilisieren. Elternschaft geht somit vor allem bei der

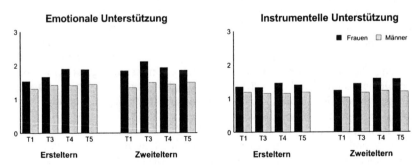

Abbildung 3.3:   Bedarf an emotionaler Unterstützung (links) und instrumenteller und kindbezogener Unterstützung (rechts) im Zeitverlauf (0/ „überhaupt nicht" – 4/ „sehr stark")

Frau mit einem erhöhten Bedürfnis nach emotionaler Unterstützung einher. Auch für den *instrumentellen und kindbezogenen Bereich* (Abbildung 3.3, rechts) ist ein größerer Wunsch der Frau nach Hilfe und Unterstützung erkennbar. Die Bedürfnisse beider Eltern variieren leicht in Abhängigkeit vom Alter des Kindes und vom Familienzyklus. Während die Geburt des ersten Kindes nicht zu einem nennenswerten Anstieg des Wunsches nach instrumentellen und kindbezogenen Hilfen führt, sind Eltern mit zwei Kindern in stärkerem Maße auf externe Hilfen angewiesen.

Veränderungen im Bedarf an spezifischen Unterstützungsleistungen wurden mittels einer zweifaktoriellen Varianzanalyse über dreizehn der fünfzehn vorgegebenen Unterstützungsformen mit den Messwiederholungsfaktoren *Erhebungszeitpunkt* (T1: letztes Schwangerschaftsdrittel; T3: vier Monate nach der Geburt; T4: 18 Monate nach der Geburt; T5: 34 Monate nach der Geburt) und *Unterstützungsform* überprüft. Die Items zur Kinderbetreuung wurden nicht in die Analyse miteinbezogen, da Ersteltern vor der Geburt natürlich noch keinen diesbezüglichen Bedarf haben. Die in Abbildung 3.4 eingetragenen Werte beziehen sich daher für das letzte Schwangerschaftsdrittel nur auf die Angaben der Zweiteltern, für die Erhebungszeitpunkte nach der Geburt auf die Angaben aller Eltern. Neben einem signifikanten Haupteffekt für den Faktor *Unterstützungsform* ($F[12,1128]=81.77$; $p=.000$) ergab sich außerdem eine Interaktion *Unterstützungsform* × *Erhebungszeitpunkt* ($F[36,3384]=5.80$; $p<.000$).

Eine detaillierte Analyse des *Bedürfnisprofils* (vgl. Abbildung 3.4) für die Gesamtgruppe aller Eltern zeigt zum einen, dass nicht alle Formen von Unterstützung gleichermaßen wichtig und dringlich sind. Externe Hilfe oder Unterstützung wird kaum benötigt für regelmäßig anfallende Aufgaben (z.B. Einkaufen, Waschen oder Bügeln), bei Streit und Konflikten oder auch bei beruflichen Problemen. Auch Wünsche nach finanziellen und materiellen Zuwendungen werden kaum geäußert. Ein stärkerer Bedarf der Teilnehmer besteht bei der Möglichkeit, etwas mit anderen zu unternehmen, persönliche Angelegenheiten mit jemandem besprechen zu können und Bestätigung und Anerkennung zu erhalten. Auch die Unterstützung bei der Betreuung des Kindes durch Dritte stellt ein häufiger geäußertes Anliegen der Eltern dar. Über Unterschiede in der generellen Wichtigkeit oder Notwendigkeit der verschiedenen Unterstützungsformen hinaus zeigt Abbildung 3.4 auch, dass die Wichtigkeit der einzelnen Leistungen von der Phase der Familienentwicklung abhängt. Während beispielsweise der Bedarf an Unterstützung bei beruflichen Problemen kontinuierlich wächst, nimmt das Bedürfnis nach Ausstattungsgegenständen für das Kind oder auch nach Ratschlägen rund ums Kind stetig ab, sobald das Kind da ist.

Aufschlussreicher als die Angaben für die Gesamtstichprobe aller Teilnehmer sind Vergleiche zwischen Erst- und Zweiteltern und zwischen Frauen und Männern. Abbildung 3.5 zeigt links die Bedarfsprofile für Ersteltern, rechts die Bedarfsprofile für Zweiteltern. Aus Gründen der Übersichtlichkeit erfolgt hierbei eine Beschränkung auf den im letzten Schwangerschaftsdrittel (T1) und drei Jahre nach der Geburt (T5) geäußerten Bedarf an sozialer

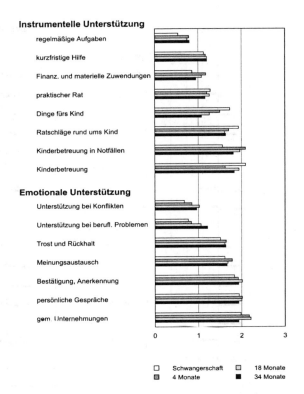

Instrumentelle Unterstützung

regelmäßige Aufgaben

kurzfristige Hilfe

Finanz. und materielle Zuwendungen

praktischer Rat

Dinge fürs Kind

Ratschläge rund ums Kind

Kinderbetreuung in Notfällen

Kinderbetreuung

Emotionale Unterstützung

Unterstützung bei Konflikten

Unterstützung bei berufl. Problemen

Trost und Rückhalt

Meinungsaustausch

Bestätigung, Anerkennung

persönliche Gespräche

gem. Unternehmungen

0 1 2 3

☐ Schwangerschaft   ☐ 18 Monate
▨ 4 Monate   ■ 34 Monate

Abbildung 3.4: Bedarf an Hilfe und Unterstützung; Angaben aller Teilnehmer (0/ „überhaupt nicht" – 4/ „sehr stark")

Unterstützung durch Drittpersonen. Betrachten wir zuerst den Bedarf nach *in-strumenteller und kindbezogener Unterstützung* (jeweils die obere Hälfte der Abbildung 3.5).

Erasteltern brauchen kaum tatkräftige Unterstützung für die Bewältigung von Alltagsaufgaben wie Einkaufen, Waschen und Bügeln. Während der Schwangerschaft benötigen vor allem die werdenden Mütter, aber auch die Väter, Informationen und Ratschläge zur Schwangerschaft und Ausstattungsgegenstände für das Kind. Ist das Kind erst einmal da, ist es speziell für die Mutter weiterhin wichtig, Personen zu haben, die sie bei kindbezogenen Fragen (z.B. im Hinblick auf die Gesundheit des Kindes, Erziehungsprobleme, Entwicklungsnormen) beraten können. Hinzu kommt der Wunsch nach Hilfe bei der Betreuung des Kindes. Kleine Kinder binden die Zeit ihrer Eltern stark, d.h. über ihre Zeit können die Eltern nur dann frei verfügen, wenn sich in der Zwischenzeit andere Personen ihres Kindes bzw. ihrer Kinder anneh-

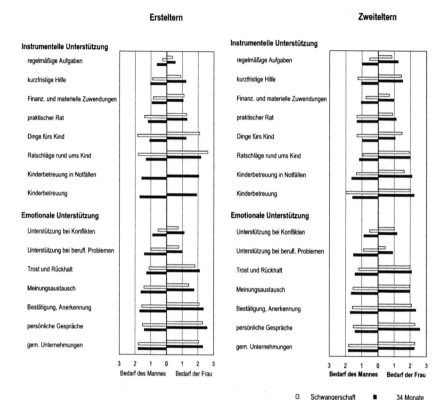

Abbildung 3.5: Bedarf an Hilfe und Unterstützung bei Ersteltern (linke Abbildung) und Zweiteltern (rechte Abbildung) im letzten Schwangerschaftsdrittel und drei Jahre nach der Geburt des Kindes (0/ „überhaupt nicht" – 4/ „sehr stark")

men. Die Frage nach der Kinderbetreuung wird häufig dann zum zentralen Problem, wenn Eltern gemeinsame Unternehmungen ohne Kind planen oder der betreuende Elternteil außerhäusliche Angebote wahrnehmen will. Im Vergleich zu den Ersteltern ist bei den *Zweiteltern* der Bedarf an tatkräftiger Hilfe bei der Bewältigung von Alltagsaufgaben stärker ausgeprägt. Der Wunsch der Zweitmütter nach praktischer Hilfe und Unterstützung auch bei der Betreuung des Kindes, steigt weiter an, sobald das Kind geboren ist. Dass der Wunsch nach tatkräftiger Unterstützung bei Müttern mit zwei oder mehr Kindern höher ist als bei Müttern mit nur einem Kind oder bei Vätern, überrascht wenig. Während sich manche außerhäuslichen Aktivitäten und

78

Erledigungen, die tagsüber anfallen (z.B. Arztbesuche) mit einem Kind noch regeln lassen, werden sie mit mehreren Kindern zum echten Problem. Andererseits sind Eltern, die bereits ein Kind haben, aufgrund ihrer Erfahrungen vor der Geburt des nachfolgenden Kindes in geringerem Ausmaß angewiesen auf Rat und Informationen zur Schwangerschaft. Auch die Ausstattung für das Kind (z.B. Babykleidung, Wickelkommode, Kinderwagen) ist bereits vorhanden.

Weniger trivial sind jedoch die Auswirkungen der Mutterschaft auf den Bedarf nach *emotionaler Unterstützung* (jeweils untere Hälfte der Abbildungen). Zweitmütter suchen bereits während der Schwangerschaft in höherem Ausmaß nach emotionaler Unterstützung (Trost und Rückhalt, Bestätigung und Anerkennung, Gespräche) als Erstmütter?. Die Zunahme des Wunsches nach sozialer Unterstützung infolge der Geburt des ersten Kindes führt zu einer Angleichung des Bedürfnisprofils von Erstmüttern an das der Zweitmütter. 34 Monate nach der Geburt verzeichnen die Teilnehmerinnen ein hohes Bedürfnis nach persönlichen Gesprächen, Bestätigung und Anerkennung, gemeinsamen Unternehmungen und Trost und Rückhalt durch paarexterne Personen. Männer äußern nur im Hinblick auf berufliche Probleme einen stärkeren Wunsch nach Unterstützung als ihre Partnerin.

Diese Unterschiede im Antwortverhalten zwischen Männern und Frauen lassen sich zum Teil auf traditionelle Geschlechtsstereotype zurückführen, die das Antwortverhalten der Teilnehmer beeinflussen können. Der Wunsch der Frau nach emotionaler Unterstützung wird typischerweise akzeptiert. Ein hohes Bedürfnis des Mannes nach emotionalem Rückhalt erscheint jedoch als wenig vereinbar mit gängigen Vorstellungen von der männlichen Geschlechtsrolle und zieht eher Sanktionen durch die soziale Umwelt nach sich. Die Unterschiede im Bedürfnis nach emotionaler Unterstützung spiegeln aber auch die üblicherweise praktizierte Rollenverteilung zwischen Mann und Frau wider. Während der Mann primär für die Sicherung des Lebensunterhaltes verantwortlich ist, fallen Haushalt und Kind in den Zuständigkeitsbereich der Frau. Der Alltag mit einem Säugling bzw. mit einem Kleinkind und die Verhäuslichung des Lebensvollzugs schränken die Gelegenheiten für anspruchsvollere und persönliche Gespräche mit anderen Erwachsenen oder für Unternehmungen, die sich an den Bedürfnissen der Mutter orientieren, nachhaltig ein. Auch Enttäuschung über die Gleichförmigkeit des Alltags mit Kind, über eine mangelnde Unterstützung durch den Partner bei der Erledigung der Hausarbeit oder der Versorgung des Kindes oder Gefühle des Überfordert-Seins lassen den Wunsch nach emotionaler Unterstützung wachsen. Mit dem Ausstieg der Frau aus dem Beruf entfällt zudem eine potentielle Quelle von Bestätigung und Anerkennung. Die mit der Rolle des Ernährers verbundene Verantwortung des Mannes bildet sich hingegen im steigenden Bedarf nach Unterstützung bei beruflichen Problemen ab.

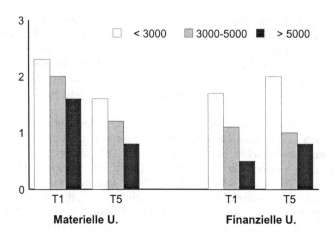

Abbildung 3.6: Bedarf an materieller und finanzieller Unterstützung (0/ „überhaupt nicht" – 4/ „sehr stark") in Abhängigkeit vom Familieneinkommen (in DM)

Der Bedarf an finanziellen Zuwendungen und an Dingen für das Kind hängt bei den Ersteltern eng mit dem Familieneinkommen zusammen. Als Indikator für den Bedarf an Unterstützung wurde der Mittelwert aus den entsprechenden Urteilen beider Partner gebildet. Der korrelative Zusammenhang zwischen beiden Variablen liegt in Abhängigkeit vom Messzeitpunkt und Unterstützungsbereich zwischen r=-.25 und r=-.54. Abbildung 3.6 veranschaulicht diesen Zusammenhang. Der Bedarf fällt umso höher aus, je geringer das Familieneinkommen ist. Während Paare mit einem monatlichen Familieneinkommen (Haushaltsnettoeinkommen) von über 5000 Mark (zu T1 sind dies 32 Prozent der Ersteltern, zu T5 sind es nur noch 19 Prozent) angeben, keine bzw. kaum finanzielle Unterstützung zu benötigen, lassen die Angaben der Paare mit einem monatlichen Einkommen von unter 3000 Mark (während der Schwangerschaft (T1) sind dies 18 Prozent der Ersteltern, 34 Monate nach der Geburt (T5) 19 Prozent) einen hohen Bedarf an Unterstützung erkennen.

3.2.3 Veränderungen des Befindens

Depressivität

Um die Auswirkungen des Übergangs zur Elternschaft und der damit verbundenen Veränderungen und Belastungen auf das Befinden der Eltern feststellen

80

zu können, wurde zu allen fünf Untersuchungszeitpunkten ein Depressivitäts-fragebogen (*Allgemeine Depressions-Skala ADS-L,* Hautzinger & Bailer, 1991) eingesetzt. Dieser erfasst neben dem Grad der aktuellen Niederge-schlagenheit bzw. Verstimmung der Eltern auch Aspekte der physischen Be-findlichkeit.

Geschlechts- und übergangsspezifische Veränderungen des Befindens wurden mittels einer dreifaktoriellen Varianzanalyse der Depressivitätswerte mit dem zweigestuften Gruppie-rungsfaktor *Elterngruppe* (Ersteltern vs. Zweit-/Dritteltern) und den Messwiederholungs-faktoren *Geschlecht* (Frauen vs. Männer) und *Erhebungszeitpunkt* (T1/letztes Schwanger-schaftsdrittel; T2/6 Wochen nach der Geburt; T3/vier Monate nach der Geburt; T4/18 Monate nach der Geburt; T5/34 Monate nach der Geburt) überprüft. Neben einem hochsig-nifikanten Effekt des *Geschlechts* ($F[1,116]=14.99$; $p=.000$) und des *Zeitpunkts* ($F[4,464]=4.73$; $p<.001$) tritt eine signifikante Interaktion *Gruppe x Zeitpunkt* ($F[4,464]=2.81$; $p<.05$) und *Geschlecht × Zeitpunkt* ($F[4,464]=5.89$; $p<.000$) auf. Die Dreifachinteraktion *Geschlecht × Gruppe × Zeitpunkt* ($F[4,464]=1.97$; $p<.10$), die bei zweiseitiger Testung knapp die konventionelle Signifikanzgrenze verfehlt, verweist auf gruppen- und geschlechtsspezifische Veränderungen des Befindens.

Abbildung 3.7 zeigt deutlich, dass sich die Verlaufsdaten der Befindlichkeit für Mütter und Väter sowie für Erst- und Zweiteltern unterscheiden. Die De-pressivitätswerte der Männer fallen durchgehend niedriger aus als die der Frauen. Dies gilt sowohl für die Erst- als auch für die Zweiteltern. Dieser Ge-schlechtsunterschied ist übrigens auch in der Normalbevölkerung zu beobach-ten. So liegt der Durchschnittswert der Depressivität für den von uns verwen-

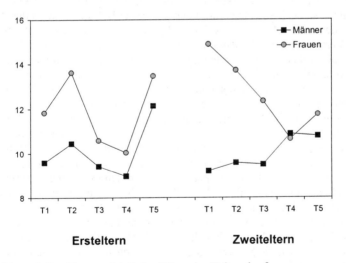

Abbildung 3.7:   Depressivität der Eltern im Zeitverlauf

deten Fragebogen ADS-L auch in der Normalbevölkerung für Männer mit 13,1 deutlich unter dem der Frauen (15,9) (vgl. Hautzinger & Bailer, 1991). Der Vergleich unserer Daten mit diesen Normwerten zeigt aber auch, dass die Teilnehmer der LBS-Familien-Studie insgesamt ein im Vergleich zur Normalbevölkerung überdurchschnittlich gutes Befinden aufweisen. Die Geburt eines Kindes ist demnach trotz aller Herausforderungen und Belastungen eine ausgesprochen positive Erfahrung.

Männer und Frauen unterscheiden sich nicht nur in der mittleren Güte ihrer Befindlichkeit. Unterschiede werden auch im Ausmaß deutlich, in dem sich ihr Befinden infolge der Geburt eines Kindes verändert. Das Befinden der Frauen weist über die betrachtete Zeitspanne deutliche Veränderungen auf. Frauen, die ihr erstes Kind bekommen, durchlaufen in den ersten Wochen nach der Geburt eine Phase erhöhter Depressivität. Hierzu zählen Erschöpfung und Schlafmangel, das Gefühl, alleingelassen zu sein, häufigeres Weinen und verminderte Entschluss- und Tatkraft. Allerdings handelt es sich hierbei – in aller Regel – nicht um klinisch auffällige Störungen, die einer Therapie bedürften, sondern um „normale" Anpassungsreaktionen auf die veränderte Situation und die damit einhergehenden Belastungen. In den Folgemonaten verbessert sich ihr Befinden stetig, so dass eineinhalb Jahre nach der Geburt der Depressivitätswert sogar unter dem Ausgangsniveau liegt. Langfristig zeigt sich jedoch wieder eine Verschlechterung des Befindens der Erstmütter: 34 Monate nach der Geburt des ersten Kindes liegt der durchschnittliche Depressivitätswert wieder auf dem Niveau des zweiten Messzeitpunktes. Die Verschlechterung des subjektiven Wohlbefindens der Erstmütter kurz nach der Geburt spiegelt einerseits ihre hohe physische Belastung durch die Pflege des Kindes wider. Andererseits dürfte aber auch die schlagartige und umfassende Veränderung der Lebenssituation und des gesamten Alltags der Frau zu der vorübergehenden Beeinträchtigung ihres Befindens beitragen. Mit der Eingewöhnung in die neue Situation und dem Gewinn an Routine nimmt die Depressivität in den Folgemonaten wieder ab. Die erneute Verschlechterung des Befindens drei Jahre nach der Geburt, die nicht nur bei den Erstmüttern, sondern auch bei den Erstvätern auftritt, überrascht. Die Frage nach möglichen Ursachen dieser Verschlechterung muss vorerst offen bleiben. Anschlussanalysen zeigen, dass die langfristige Verschlechterung des Befindens bei den Ersteltern nicht nur auf die Geburt eines nachfolgenden Kindes zurückzuführen ist. Sowohl bei Paaren, die im Untersuchungszeitraum ein zweites Kind bekommen als auch bei Paaren, die bis zum letzten Erhebungszeitpunkt keine nachfolgende Schwangerschaft berichten, ist ein Anstieg der Depressivität im Zeitraum zwischen dem vierten (18 Monate) und dem fünften (34 Monate) Erhebungszeitpunkt zu beobachten. Der unerwartete Befund verdeutlicht jedoch die Notwendigkeit, Anpassungsprozesse an den Übergang zur Elternschaft langfristig mitzuverfolgen.

Frauen, die ihr zweites oder drittes Kind erwarten, weisen im letzten Schwangerschaftsdrittel relativ hohe Depressivitätswerte auf, die nach der Geburt stetig abnehmen. Das relativ schlechte Befinden im letzten Schwangerschaftsdrittel dürfte auf eine Reihe von Faktoren zurückgehen. Die große Beanspruchung durch das ältere Kind (im Schnitt ist dieses Kind dann 2,4 Jahre alt) und die fehlenden Ruhepausen führen vermutlich zu Erschöpfungszuständen und drücken die Stimmung der hochschwangeren Mutter. Hinzu wird die Sorge kommen, ob der Alltag mit zwei Kindern gemeistert werden kann. Der offensichtliche Kontrast zur ersten Schwangerschaft, die typischerweise durch einen hohen Grad an Intimität zwischen den Partnern und eine intensive Beschäftigung mit der Schwangerschaft und dem ungeborenen Kind gekennzeichnet ist, mag einen zusätzlichen Beitrag zur schlechteren Befindlichkeit der Zweitmütter leisten. Die Erfahrung, die Situation mit zwei Kindern meistern zu können, führt nach der Geburt zu einer stetigen Verbesserung des Befindens.

Die Befindlichkeit der Männer scheint zunächst wenig durch die Geburt des Kindes beeinflusst zu werden. Längerfristig ist jedoch auch bei ihnen eine deutliche Beeinträchtigung zu beobachten. Vor allem die Erstväter weisen, ebenso wie ihre Partnerinnen, knapp drei Jahre nach der Geburt des Kindes deutlich erhöhte Depressivitätswerte auf.

Selbstwert

Einen weiteren Indikator für das Befinden der Eltern stellt ihr Selbstwert dar. Hierfür betrachten wir die *Positivität ihres Selbstbildes*. Das Selbstbild wurde in Form von Eigenschaftszuschreibungen erhoben. Ein hoher Positivitäts-Wert weist darauf hin, dass sich der Teilnehmer positive Merkmale zuschreibt (sich als intelligent, attraktiv, offen, einfühlsam etc. wahrnimmt) und sich negative Eigenschaften abspricht (sich als wenig faul, nachtragend etc. beschreibt).

Eine 2×(4×2) Varianzanalyse der Positivität des Selbstbildes mit dem Gruppierungsfaktor *Elterngruppe* (Ersteltern vs. Zweiteltern) und den Messwiederholungsfaktoren *Zeitpunkt* (T1, T3, T4, T5) und *Geschlecht* bringt einen hochsignifikanten Haupteffekt *Zeitpunkt* ($F[3,357]=4.62$; $p<.01$), der auf Veränderungen in der Positivität der Selbsteinschätzung verweist. Der Haupteffekt *Geschlecht* ($F[1,119]=2.71$; $p=.10$) verfehlt bei zweiseitiger Testung die konventionelle Signifikanzgrenze. Er deutet auf eine im Vergleich zum Urteil der Frauen positivere Selbsteinschätzung der Männer hin.

Unsere Daten belegen, dass die während der Schwangerschaft und in der Elternrolle gemachten Erfahrungen sich auch im Selbstbild der Mütter und Väter niederschlagen. Sowohl Ersteltern als auch Zweiteltern zeigen im Zeitraum vom letzten Schwangerschaftsdrittel bis knapp drei Jahre nach der Geburt des Kindes erhebliche Schwankungen des Selbstwerts (Abbildung 3.8). Insbesondere die erste, besonders anstrengende, Zeit mit dem Neugeborenen

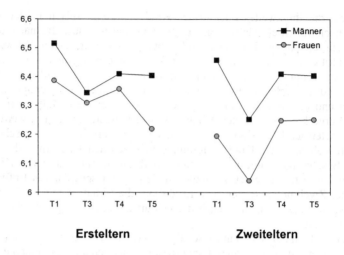

Abbildung 3.8: Positivität des Selbstbildes im Zeitverlauf

scheint eine Phase darzustellen, die bei den Eltern Zweifel an der eigenen Person aufkommen lässt: Drei Monate nach der Geburt befindet sich der Selbstwert der Eltern vorübergehend auf einem Tiefpunkt. Bei den Erstmüttern kommt es langfristig zu einem erneuten Abfall des Selbstwertes. Vergleicht man die Selbstbeschreibungen der Frauen mit den Selbsteinschätzungen der Männer, zeigt sich das bereits bekannte Muster: Frauen zeichnen ein weniger positives Bild von ihrer Person als Männer es tun. Dieser Unterschied fällt jedoch eher gering aus.

3.2.4 Veränderungen der Partnerschaft

Veränderungen der Partnerschaftsbeziehung wurden auf zwei Arten erfasst. Beim *Partnerschaftsfragebogen* (PFB) wurden die Eltern zu mehreren Messzeitpunkten nach dem aktuellen Zustand der Partnerschaft gefragt. Erkenntnisse über das Ausmaß und die Art von Veränderungen werden hierbei durch einen Vergleich der Angaben, die zu den verschiedenen Zeitpunkten gemacht wurden, gewonnen. Bei der *Veränderungsliste* wird ein anderer Ansatz verfolgt. Hier sollen die Eltern im Rückblick beurteilen, ob bzw. wie sich die Partnerschaftsbeziehung seit der Geburt des Kindes verändert hat.

Der Partnerschaftsfragebogen

Beim Partnerschaftsfragebogen (PFB) (Hahlweg, Schindler & Revenstorf, 1982) handelt es sich um ein Instrument, das vorwiegend auf eine Einschätzung des Partnerverhaltens und der Paarinteraktion abzielt. Er bildet drei wichtige Aspekte der Qualität der Partnerschaft ab. Die Skala *Streit* (PFB-S) erfasst das Ausmaß destruktiven Streitverhaltens (den anderen anschreien, ihn herabsetzen, ihn beschimpfen) vor allem des Partners. Die Skala *Zärtlichkeit/Sexualität* (PFB-Z) beinhaltet Aussagen zum Austausch körperlicher Zärtlichkeiten, dem positiven Erleben von Sexualität sowie zum verbalen Ausdruck von Zuneigung und Wertschätzung. In der Skala *Kommunikation* (PFB-K) werden verschiedene Facetten der Verbundenheit mit dem Partner abgebildet. Dazu gehören gemeinsame Aktivitäten, Häufigkeit und Regelmäßigkeit des Austauschs, Offenheit und Interesse für die Meinung des Partners. Das Auftreten geschlechts- und gruppenspezifischer Veränderungen der Partnerschaftsqualität wurde mittels einer Reihe von Varianzanalysen überprüft. Die Ergebnisse der Varianzanalysen sind in Tabelle 3.3 zusammengefasst.

Tabelle 3.3: 2×(2×4)-Anova der Partnerschaftsqualität und der Unzufriedenheit mit dem Partner: *F*-Werte und Signifikanzniveaus

| | Haupteffekte | | | Interaktionen | | | | |
	G	S	Z	G×S	G×Z	S×Z	G×S×Z	N
Streit	<1	6.93**	6.17***	7.20**	4.99**	<1	<1	122
Zärtlichkeit	1.21	31.25***	33.81***	3.88*	12.73***	2.23+	<1	119
Kommunikation	1.86	<1	24.67***	<1	1.90	2.38+	2.99*	123
Unzufriedenheit	<1	<1	7.00***	<1	3.33*	2.92*	<1	110

Anmerkungen: G = Gruppe, S = Geschlecht, Z = Zeitpunkt; + - $p \leq .10$ * - $p \leq .05$ ** - $p \leq .01$ *** - $p \leq .001$ (zweiseitig).

Betrachten wir zuerst die Veränderungen im *Streitverhalten* (Abbildung 3.9, links oben). Hier zeigen sich deutliche Unterschiede im Erleben zwischen Er}st\eltern und Zweiteltern: Die Ersteltern berichten eine kontinuierliche Zunahme der Häufigkeit und Destruktivität von Auseinandersetzungen im Zeitraum vom letzten Schwangerschaftsdrittel bis drei Jahre nach der Geburt, das Streitniveau der Zweiteltern bleibt hingegen im gleichen Zeitraum auf einheitlichem Niveau. Während nun allerdings bei den erstmaligen Eltern Männer und Frauen die Entwicklung des Streitverhaltens sehr ähnlich wahrnehmen (beide berichten eine Zunahme), treten bei den Zweiteltern deutliche Geschlechtsunterschiede zutage. Die Zweitmütter erleben ihre Partner als wenig „streitsüchtig", die Zweitväter charakterisieren das Verhalten ihrer Partnerinnen jedoch in hohem Maße als nörgelnd und fordernd. Derartige ge-

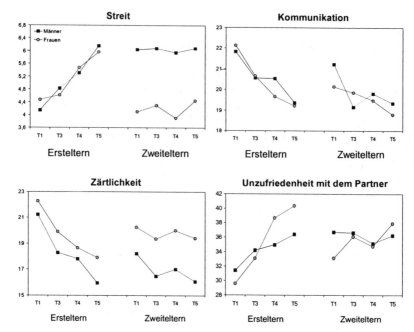

Abbildung 3.9: Veränderung der Partnerschaftsqualität und der Unzufriedenheit mit dem Partner von der Schwangerschaft bis 34 Monate nach der Geburt des Kindes

schlechtsspezifische Unterschiede im Streitverhalten berichten auch Wissenschaftler, die Paare im Rahmen ihrer Forschungstätigkeit bei der Lösung von Konflikten beobachten (Gottmann, 1994). Sie scheinen vor allem in einem fortgeschrittenen Konfliktstadium aufzutreten, wenn bisherige Auseinandersetzungen nicht zu einer Lösung des Konfliktes geführt haben.

Während die Frau weiter versucht, das Verhalten des Partners durch Hartnäckigkeit und offensive Forderungen in die gewünschte Richtung zu beeinflussen, zieht sich der Mann zunehmend zurück und beginnt zu „mauern". Das Rückzugsverhalten des Mannes manifestiert sich in unserer Studie in der Wahrnehmung der Frau als geringes Ausmaß an streitbarem Verhalten. Der Versuch des Mannes, Auseinandersetzungen nach Möglichkeit aus dem Weg zu gehen, wird von der Partnerin typischerweise nicht als positiv bewertet und reizt sie zu weiteren offensiven Versuchen der Konfliktlösung. Nicht selten schaukelt sich dieses Zusammenspiel von offensiven Strategien der Frau und defensiven Verhaltensweisen des Mannes immer weiter auf und führt zu einer zunehmenden Verhärtung der Fronten.

Offensichtlich hat sich bei den Zweiteltern-Paaren bereits dieses geschlechtstypische Streitmuster manifestiert und verfestigt. Offen bleibt allerdings die Frage nach der Ursache und Wirkung. Bewirkt das offensive Verhalten der Frau den Rückzug des Mannes? Oder lässt das mauernde Verhalten des Mannes seine Partnerin zu immer nachdrücklicheren Mitteln greifen?

Abbildung 3.9, oben rechts, zeigt die Veränderung der *Paarkommunikation*. Insgesamt lässt sich eine deutliche und relativ kontinuierliche Abnahme der partnerschaftlichen Kommunikation feststellen. Vom letzten Schwangerschaftsdrittel bis 34 Monate nach der Geburt sowohl des ersten als auch des zweiten Kindes tauschen sich die Partner immer weniger untereinander aus. Während beim ersten Kind die Abnahme der Kommunikation aus Sicht der Frauen und Männer in etwa gleich ausfällt, treten bei den Zweiteltern wiederum deutliche Unterschiede zutage. Einen drastischen Einbruch der Kommunikation erleben vor allem die Zweitväter in der Zeit um die Geburt des Kindes.

Ebenso nimmt der Austausch von körperlichen *Zärtlichkeiten* sowie der verbale Ausdruck von Zuneigung und Wertschätzung nach der Geburt des Kindes stark ab (Abbildung 3.9, unten links). Auch hierbei handelt es sich nicht um ein passageres Phänomen, das sich auf die ersten Wochen nach der Geburt beschränken würde. Auch langfristig ist ein relativ kontinuierlicher Abfall der Zärtlichkeit zu verzeichnen, nicht etwa eine Stagnation oder gar eine Erholung. Erofeltern berichten im letzten Schwangerschaftsdrittel erwartungsgemäß höhere Zärtlichkeitswerte als Zweiteltern. Gerade die erste Schwangerschaft stellt eine Phase hoher Intimität und Zärtlichkeit dar. Nach der Geburt verzeichnen sie allerdings auch stärkere Einbußen als die Zweiteltern. Männer sind insgesamt unzufriedener mit der partnerschaftlichen Sexualität als Frauen. Dieser Unterschied nimmt im Laufe der Zeit weiter zu. Dieses geschlechtstypische Muster wird auch von anderen berichtet (vgl. z.B. Sydow, 1999). Demnach bestehen zwischen den Partnern nach der Geburt des Kindes häufig große Diskrepanzen im Wunsch nach sexuellem Kontakt: Die Frau erscheint sexuell „lustlos", der Mann drängt sie zum Geschlechtsverkehr oder zieht sich resigniert zurück. Sydow betont, dass derartige sexuelle Probleme in der Regel, wie die in den anderen Bereichen auftretenden Unstimmigkeiten auch, ein Partnerschaftsproblem darstellen und nicht ein Problem eines der Partner. Jungen Elternpaaren ist es jedoch häufig peinlich, miteinander über etwaige sexuelle Probleme und Bedürfnisse zu reden. Daraus resultiert oftmals, dass sich der Teufelskreis aus Vermeidungsverhalten und Enttäuschung weiter verstärkt (Cowan & Cowan, 1992/1994).

Nach der Geburt des Kindes verschlechtert sich jedoch nicht nur das Interaktionsverhalten. Auch die *Unzufriedenheit mit der Person des Partners* (in unserer Studie erfasst als Diskrepanz zwischen dem Wunschbild vom Partner und dem Realbild) nimmt zu. Abbildung 3.9 (unten rechts) zeigt, dass der Anstieg der Unzufriedenheit wiederum für die Erofeltern größer ausfällt als für die Zweiteltern. Angesicht der oben dargestellten Befunde zum Interaktionsverhalten, die eine vergleichsweise negativere Beurteilung der Partnerschaft durch die Männer belegen, überrascht, dass es vor allem die Frauen sind, die eine wachsende Unzufriedenheit äußern.

Zusammenfassend lässt sich feststellen, dass die Geburt eines Kindes mit einer kontinuierlichen Abnahme der Partnerschaftsqualität und der Zufriedenheit mit dem Partner einhergeht. Diese Verschlechterung beschränkt sich nicht nur auf die ersten Wochen und Monate nach der Geburt. Auch längerfristig ist eine Beeinträchtigung der Partnerschaftsbeziehung zu beobachten, die besonders deutlich nach der Geburt des ersten Kindes ausfällt.

Die Veränderungsliste

Betrachten wir als nächstes die von den Teilnehmern im Rückblick eingeschätzten Veränderungen der Partnerschaft. Das Ausmaß der Veränderungen in verschiedenen Bereichen der Partnerschaft (z.B. „Lachen, Spaß, Fröhlichkeit"; „Hilfe und Unterstützung"; „Möglichkeiten zur gemeinsamen Erholung und Entspannung"; „Sexuelle Freude aneinander") wurden zu einem Summenwert für das Ausmaß der *wahrgenommenen Veränderung der Partnerschaft* seit der Geburt des Kindes zusammengefasst.

Eine 2×(3×2) Varianzanalyse des Gesamtmaßes der retrospektiv wahrgenommenen Veränderungen mit dem Gruppierungsfaktor *Elterngruppe* (Erarzltern vs. Zweiteltern) und den Messwiederholungsfaktoren *Zeitpunkt* (T3, T4, T5) und *Geschlecht* ergibt einen höchstsignifikanten Haupteffekt Zeitpunkt ($F[2,246]=11.34$; $p<.001$) und eine hochsignifikante Interaktion *Gruppe × Zeitpunkt* ($F[2,246]=7.02$; $p<.001$). Der Haupteffekt *Geschlecht* ($F[1,123]=3.02$; $p<.10$) verfehlt wiederum die konventionelle Signifikanzgrenze.

Die im vorangegangenen Abschnitt beschriebene längsschnittlich erfasste Verschlechterung der Partnerschaft bildet sich auch im retrospektiven Urteil der Eltern ab (vgl. Abbildung 3.10, das Ausmaß der Verschlechterung wurde aus darstellungstechnischen Gründen nicht als negativer, sondern als positiver Wert dargestellt). Die wahrgenommenen Beeinträchtigungen fallen bei den Erarzltern drei Monate nach der Geburt (T3) noch gering aus, mit zunehmender Dauer der Elternschaft werden aber in immer mehr Bereichen der Beziehung Einbußen registriert. 34 Monate nach der Geburt berichten über neunzig Prozent dieser Eltern, dass seit der Geburt des Kindes ihre gemeinsame Zeit und die Möglichkeiten zur gemeinsamen Erholung und Entspannung abgenommen haben, mehr als sechzig Prozent verzeichnen Einbußen im Bereich der Sexualität (vgl. Tabelle 3.4). Ein ähnlich hoher Prozentsatz (63 Prozent der Erarzltern) gibt an, dass ihnen ihr Partner weniger Aufmerksamkeit und Zuwendung entgegenbringt. Gleichzeitig berichtet fast jedes zweite Paar eine Zunahme von Missstimmungen und Spannungen, eine Verbesserung des Klimas zwischen den Partnern wird hingegen nur von 12 Prozent der Eltern festgestellt. Mehr als ein Drittel verzeichnet weiterhin eine Zunahme von Streit

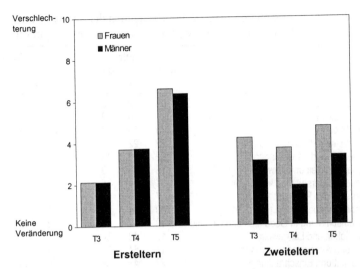

Abbildung 3.10: Retrospektiv eingeschätzte Verschlechterung der Partnerschaft seit der Geburt des Kindes

und Auseinandersetzungen. Immerhin die Hälfte der Ersteltern bemerkt in
dieser Hinsicht jedoch keine Veränderungen. Dieser Befund überrascht, da
die längsschnittliche Erfassung des Streitverhaltens einen drastischen Anstieg
der Auseinandersetzungen belegt. In den meisten Bereichen erleben die Erstmütter und -väter die Veränderung der Partnerschaft sehr ähnlich.

Allerdings verzeichnen deutlich mehr Erstväter (58 Prozent) als Erstmütter (38 Prozent) eine Zunahme von Unfreiheit und Einschränkungen. Ein
Mehr an Spaß und Fröhlichkeit wird hingegen häufiger von den jungen Müttern (50 Prozent) als von den Vätern (36 Prozent) bemerkt. Auch bei den
Zweiteltern machen sich die längsschnittlich erfassten Veränderungen der
Partnerschaftsqualität im rückblickenden Urteil bemerkbar, wobei die Mütter
stärkere Beeinträchtigungen berichten als die Väter. Insgesamt fällt die rückblickend wahrgenommene Verschlechterung der Partnerschaft, ebenso wie
die längsschnittlich erfasste, bei den Zweiteltern geringer aus als bei den Ersteltern. Die Unterschiede zwischen den einzelnen Messzeitpunkten sind
statistisch nicht bedeutsam, stellen also „Zufallsschwankungen" dar.

Wahrgenommene Veränderungen in der Partnerschaft bei
Ersteltern 34 Monate nach der Geburt (Angaben in Prozent)

	Mütter			Väter		
	abgen.	gleich	zugen.	abgen.	gleich	zugen.
Zeit füreinander	93	2	5	91	8	1
Möglichkeiten zur gemeinsamen Erholung	91	6	3	94	6	0
Zärtlichkeit	73	18	9	63	29	9
Abwechslung durch den Partner	72	22	6	56	34	10
Sexuelle Freude aneinander	62	26	12	55	34	11
Aufmerksamkeit und Zuwendung des P.	58	33	9	66	28	6
Hilfe und Unterstützung vom Partner	31	34	35	18	60	22
Eifersucht des Partners	7	85	8	5	90	5
Versöhnungsbereitschaft des Partners	10	64	26	16	68	16
Übereinstimmung in Gedanken und Gefühlen	19	52	29	23	46	31
Eintönigkeit und Langeweile	17	49	34	25	40	35
Streit und Auseinandersetzungen	11	54	36	11	51	38
Unfreiheit und Einschränkungen	22	40	38	16	26	58
Missstimmungen und Spannungen	9	45	46	14	39	47
Lachen, Spaß, Fröhlichkeit	28	22	50	34	30	36

3.2.5 Zusammenfassung

Zusammenfassend lässt sich Folgendes feststellen: Die Geburt des ersten
Kindes hat vielfältige und weitreichende Auswirkungen auf das Leben der
Eltern, und zwar nicht nur auf die äußere Lebenssituation, sondern auch auf
die psychische Befindlichkeit und die Partnerschaftsbeziehung. Der allgemeine Befund zeigt Relevanz und Reichweite dieses Ereignisses auf. Allerdings sind auch interindividuelle Unterschiede zu beobachten. Sprich: Nicht
bei allen Eltern verschlechtert sich das Befinden infolge der Geburt des Kindes und nicht alle Partnerschaften weisen infolge der Geburt des ersten Kindes eine Erosion auf. Während sich manche Partnerschaften drastisch ver-
schlechtern, tritt in einigen Beziehungen keine Verschlechterung auf. Manche
Partnerschaftsbeziehungen verbessern sich sogar langfristig, wenn ein Kind
auf die Welt kommt. Das Ausmaß der Veränderung der individuellen Befindlichkeit und der Partnerschaftsqualität stellt einen Indikator dafür dar, wie gut
den Eltern die individuelle Anpassung an die neue Situation und die gemeinsame Bewältigung der mit der Elternschaft verbundenen Veränderungen und
Herausforderungen gelingt. In den folgenden Kapiteln wird eingehend der
Frage nachgegangen, wann, unter welchen Umständen und mit welchen Strategien es Frauen und Männern gelingt, auch als Eltern zufrieden zu bleiben
und ihre Partnerschaft lebendig und glücklich zu erhalten.

4 Familiengründung und Elternschaft: Brennpunkte des Übergangs

4.1 *Die Bewältigung von Schwangerschaft und Entbindung*

Der voranschreitenden Schwangerschaft, der anstehenden Entbindung und auch der auf sie zukommenden Elternrolle begegnen die werdenden Eltern typischerweise mit einer gewissen Unsicherheit und auch mit Ängsten. Doch bereits vor der Geburt des Kindes setzen individuelle Anpassungs- und Bewältigungsprozesse ein, die die Vorbereitung auf die Elternschaft erleichtern und zu einer Eindämmung von Ängsten und Gefühlen der Hilflosigkeit beitragen. Diese Regulationsprozesse stehen im Mittelpunkt des Kapitels. Nachdem die prä- und peripartalen Bewältigungsmechanismen anhand unserer Daten illustriert wurden, werden Möglichkeiten der psychologischen Vorbereitung auf die Geburt und auf die Elternrolle diskutiert.

4.1.1 Theorien und Befunde zur Bewältigung der Entbindung

Zahlreiche Studien zum Wohlbefinden der Mutter behandeln das Phänomen der Postpartum-Depression (Campbell, & Cohn, 1991; Hopkins, Marcus & Campbell, 1984). Beschreibungen der typischen Depressivitätsverläufe greifen dabei häufig das Zeitintervall von der ausgehenden Schwangerschaft bis wenige Monate nach der Geburt heraus, wobei insbesondere die postpartalen Veränderungen interessieren.

Vor der Geburt wird das Befinden der Schwangeren insbesondere von Ängsten vor der anstehenden Entbindung beeinflusst. So zeigen werdende Mütter im zweiten und dritten Trimester der Schwangerschaft, verglichen mit nicht schwangeren Frauen, deutlich erhöhte und ansteigende Depressivitätswerte und berichten von wesentlich negativeren Stimmungszuständen (O'Hara, Zekoski, Phillips & Wright, 1990). Psychologische Theorien zur Bewältigung kritischer Lebensereignisse lassen erwarten, dass bereits vor der Geburt des Kindes Anpassungs- und Bewältigungsprozesse einsetzten, die eine Eindämmung geburtsbezogener Ängste und den Erhalt des subjektiven Wohlbefindens bewirken („antizipatorische Bewältigung", „präventives Coping"; vgl. Filipp, 1990). Am Ausmass der Ängste lässt sich demnach aufzeigen, wie erfolgreich solche Bewältigungsbemühungen waren. Die vorliegende Studie erschliesst einige dieser angstreduzierenden Anpassungsprozesse. Die Kenntnis der Veränderungsprozesse und der zugrundeliegenden Mechanismen ist Voraussetzung für die Entwicklung präventiver Interventionen, die etwa dem Abbau von Geburtsängsten dienen.

Demographische Faktoren, etwa der Beschäftigungsstatus der Schwangeren (DeJoseph, 1992), haben nur eine geringe Bedeutung für die Qualität der perinatalen Bewältigung. Wichtiger als solche äussere Umstände sind in diesem Zusammenhang offenbar Wahrnehmungen und Einschätzungen, die eine Vorbereitung auf künftige Anforderungen bewirken und die spätere Anpassung erleichtern.

Die Theorie der kognitiven Anpassung (Taylor, 1983) postuliert unterschiedliche Prozesse, die angesichts bedrohlicher Erfahrungen zum Erhalt oder Wiedergewinn von Lebenszufriedenheit und voller Handlungsfähigkeit beitragen. Die *Sinnsuche* umfasst alle Versuche, das bedrohliche Ereignis zu verstehen und ihm eine positive Bedeutung zu geben. Empirische Studien an krebskranken Frauen, Unfallopfern und Opfern anderer Schicksalsschläge konnten belegen, dass selbst hoch bedrohlichen, das gesamte Leben stark beeinträchtigenden Erlebnissen nach einer Phase der Anpassung positive Aspekte abgewonnen werden können. Dies geht häufig einher mit einer Neubewertung des Lebens und einer veränderten Sicht der eigenen Person. Das *Wiedergewinnen eines Gefühls von Kontrolle* über das bedrohliche Ereignis und über das eigene Leben ist eine wesentliche Voraussetzung dafür, depressive Zustände der Hilflosigkeit und Orientierungslosigkeit zu überwinden. Dieses Kontrollempfinden stützt sich dabei nicht selten auch auf unrealistische und illusionäre Einschätzungen der eigenen Handlungspotentiale (Taylor & Brown, 1988). Trotz ihres eingeschränkten Realitätsgehalts sind solche Kontrollillusionen also durchaus adaptiv.

Schwangerschaft, Entbindung und die neuen Anforderungen der Mutterrolle sind für viele Schwangere bedrohlich. Subjektive Einschätzungen des Ereignisses bleiben über die Schwangerschaft hinweg prinzipiell offen für Umbewertungen und Reinterpretationen. Die skizzierte Theorie der kognitiven Anpassung erlaubt nun spezifische Vorhersagen darüber, welche Einschätzungen und Bewertungen die Ängste vor der Entbindung eindämmen:

– Je positiver die Schwangerschaft bewertet wird und je erwünschter das Kind ist, desto weniger Angst sollte die Frau haben vor der Geburt.

– Erscheint der Eintritt der Schwangerschaft als selbst verursacht und übernimmt die Schwangere die Verantwortung hierfür, fallen die Geburtsängste niedriger aus.

– Ein generell hohes Selbstvertrauen und die spezifischere Überzeugung, den Anforderungen der Mutterrolle gewachsen zu sein, tragen zur Angstreduktion bei.

Mittlerweile ist es üblich, dass die Väter während der Entbindung anwesend sind. Ihrer Partnerin können sie während der Entbindung eine Hilfe sein (Keinan, Ezer & Feigin, 1992); für das medizinische Personal werden sie potentiell zu Problem. Das Verhalten der Väter während der Entbindung und die Nützlichkeit ihrer Anwesenheit mit Blick auf die Frau dürften wesentlich vom Ausmass der Ängste dieser Männer abhängen. Peripartale Bewältigungsprozesse bei Vätern blieben, von wenigen Ausnahmen abgesehen (Clinton & Kelber, 1993; Teichman & Lahav, 1987), bislang unerforscht. Im Rahmen dieser Studie wird nun zusätzlich der Frage nachgegangen, welche Faktoren das Ausmass geburtsbezogener Ängste der Männer beeinflussen und ob bei den Männern ähnliche Bewältigungsprozesse ablaufen wie bei den Frauen.

4.1.2 Ergebnisse

Die hier vorgestellten Fragebogendaten wurden im dritten Schwangerschaftstrimester erhoben (T1). Die *Geburtsängste der Frauen* und die *Geburtsängste der Männer* wurden mit zwei verschiedenen, selbst entwickelten Fragebogenmassen erfasst. Die *emotionale Bewertung der Schwangerschaft* wurde recht differenziert erhoben. So war anhand der Emotionsbegriffe „Freude", „Stolz", „Ärger" und „Bedrohlichkeit" die aktuelle Bewertung (z.B. „Wie sehr freuen Sie sich heute über die Schwangerschaft?") sowie die retrospektiv beurteilte initiale Ereignisbewertung anzugeben („Wie sehr haben Sie sich über die Schwangerschaft gefreut, als Sie davon erfuhren?"). Die *Erwünschtheit der Elternschaft* war einzuschätzen hinsichtlich verschiedener Aspekte der aktuellen Lebenssituation (Verträglichkeit mit eigenen beruflichen Plänen, subjektive Erwünschtheit mit Blick auf die Tragfähigkeit der Partnerschaft, mit Blick auf äußere Umstände etc.). Das Ausmaß der *Verantwortungsübernahme für den Eintritt der Schwangerschaft* wurde erfasst über subjektive Abschätzungen des eigenen Beitrags bzw. des Beitrags des Partners zum Zustandekommen der Schwangerschaft (z.B. „Ich habe alles getan, eine Schwangerschaft zu verhindern/herbeizuführen" mit abgestufter Antwortskala). Als Verantwortungsübernahme gilt dabei, wenn der eigene Beitrag zum Zustandekommen der Schwangerschaft im Vergleich zum Beitrag des Partners sehr hoch eingeschätzt wird. Bei der umgekehrten Delegation der Verantwortung an den Partner erscheint der eigene Beitrag relativ gering. Die *subjektive eigene Rollenkompetenz* und die unterstellte *Rollenkompetenz des Partners* wurden in einem gesonderten Fragebogeninstrument erfasst. Schließlich wurden Merkmale des Schwangerschaftsverlaufs (Beschwerdenliste), individuelle Merkmale der Partner (allgemeines Selbstvertrauen), Merkmale der Partnerschaftsbeziehung (Partnerschaftsqualität) sowie demographische und biographische Zusatzangaben bei der Auswertung mitberücksichtigt (siehe auch Kapitel 2.1).

Positive Umbewertungen des bedrohlichen Ereignisses, die bereits während der Schwangerschaft stattfinden, können anhand der initialen Emotionseinschätzungen (Reaktion auf die Kenntnis der Schwangerschaft) und der aktuellen Einschätzungen (Einschätzungen zum Befragungszeitpunkt, also im

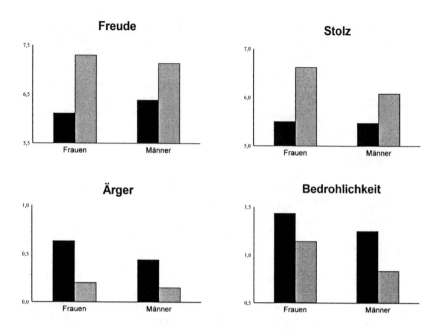

Abbildung 4.1.1: Emotionale Bewertung der Schwangerschaft zu Beginn
(schwarze Balken) und gegen Ende der Schwangerschaft
(graue Balken), differenziert nach Beurteilergeschlecht
(Frauen vs. Männer)

letzten Drittel der Schwangerschaft) geprüft werden. Die Mittelwerte der
Emotionsratings von Frauen und Männern sind in Abbildung 4.1.1 wiedergegeben, wobei die beiden Gruppen der werdenden Eltern („Ersteltern") und
der Eltern („Zweiteltern") zusammengefasst wurden.

Für die einzelnen Emotionen wurden separate Varianzanalysen durchgeführt mit dem
Gruppenfaktor *Elternstatus* (erstes Kind vs. weiteres Kind) und den Messwiederholungsfaktoren *Geschlecht* (Frauen vs. Männer) und *Zeitpunkt* (damals vs. heute). In allen vier
Analysen tritt ein starker Haupteffekt des Faktors Zeitpunkt auf: Bei den positiven Emotionen *Freude* und *Stolz* liegen die aktuellen Einschätzungen signifikant höher als die retrospektiven (F [1, 169] = 70.85 bzw. 68.27; $p < .001$). Bei den negativen Emotionen *Bedrohlichkeit* und *Ärger* liegen die aktuellen Einschätzungen deutlich niedriger als die erinnerten initialen Urteile (F [1, 171] = 13.95 bzw. 20.22; $p < .001$). Die Befragten berichten
also eine deutliche Verbesserung der Ereignisbewertung. Bei den positiven Emotionen
Freude und Stolz zeigt sich zudem ein Interaktionseffekt von Zeitpunkt und Geschlecht (F
[1, 169] = 7.86 bzw. 11.50; $p < .01$): Die genannte Verbesserung fällt bei den Frauen
stärker aus als bei den Männern. Ein Haupteffekt des Faktors Geschlecht deutet sich nur
bei der subjektiven Bedrohlichkeit der Schwangerschaft an (F [1, 171] = 2.80; $p < .10$),

hier tritt jedoch keine Wechselwirkung von Zeitpunkt und Geschlecht auf. Die retrospektiv erlebte Abnahme der Bedrohlichkeit fällt bei den Frauen also nicht stärker aus als bei den Männern, sie spielt sich jedoch auf einem höheren Niveau ab. Effekte des Elternstatus' (Ersteltern vs. Zweiteltern) sowie Wechselwirkungen des Elternstatus' mit anderen Faktoren treten nicht auf.

Die Ergebnisse deuten auf einen höheren Bewältigungsbedarf für die Schwangeren hin. Die Bedrohlichkeitseinschätzungen der Frauen liegen höher als die entsprechenden Einschätzungen der Männer. Zudem zeigt die aktuelle Bedrohlichkeit der Schwangerschaft nur bei den Frauen einen systematischen korrelativen Bezug zum Ausmaß der Geburtsängste ($r = .31$; $p < .001$), das bedrohliche Ereignis prägt also das subjektive Befinden der Schwangeren. Bei den Männern bleibt dieser Zusammenhang aus ($r = .08$; n.s.). Ersteltern und Zweiteltern unterscheiden sich übrigens nicht im Ausmaß der Geburtsängste (für Frauen: $t = 0.58$; $df = 170$; n.s.; für Männer: $t = 1.36$; $df = 169$; n.s.).

Um die Effektivität kognitiver Bewältigungsprozesse zu prüfen, wurde das Ausmaß der Geburtsängste jeweils getrennt für Frauen und Männer in einer multiplen Regressionsanalyse anhand der unterschiedlichen Prädiktorvariablen vorhergesagt. Das standardisierte Regressionsgewicht *beta* gibt hierbei den Beitrag jeder einzelnen Variablen zur Klärung der Varianz im Kriteriumsvariablen *Geburtsangst* an. Da sich Ersteltern und Zweiteltern in diesen Analysen nicht unterscheiden, wurden beide Gruppen zusammengefasst.

Tabelle 4.1.1: Multiple Regression der Geburtsängste auf individuelle, familiale und Ereignismerkmale

Prädiktorvariable	Frauen		Männer	
	b	R^2	r	R^2
subjektive Erwünschtheit	-.14*		-.10	
Verantwortungsübernahme	-.14*		.08	
allgemeines Selbstvertrauen	-.23**		-.13	
subjektive eigene Rollenkompetenz	-.22**		-.03	
unterstellte Rollenkompetenz des Partners	.01		-.18+	
Partnerschaftsqualität	.08		.17*	
Schwangerschaftsbeschwerden	.19**	.29***	.18*	.13**

Anmerkungen: $N=172$ (Frauen) bzw. $N=174$ (Männer)
+ $p < .10$ * $p < .05$ ** $p < .01$ *** $p < .001$

Wie aus Tabelle 4.1.1 hervorgeht, lassen sich starke Geburtsängste der Frauen aus einer geringen subjektiven *Erwünschtheit der Schwangerschaft*, aus einer *Delegation der Verantwortung* an den Partner, aus niedrigen *selbstbezogenen Kompetenzüberzeugungen* und aus häufigen *Schwangerschaftsbeschwerden* vorhersagen. Dieses Prädiktionsmodell klärt 29 Prozent der Kriteriumsvarianz auf.

Bei der Regression der Geburtsängste der Männer auf diese Größen kommen ausschließlich Prädiktorvariablen zum Tragen, die direkt oder indirekt die Partnerin betreffen (unterstellte Rollenkompetenz der Partnerin, Partnerschaftsqualität, Beschwerden der Frau). Überraschenderweise ängstigen sich Männer, die eine hohe Partnerschaftsqualität berichten, stärker. Die emotionale Nähe zur Partnerin führt offenbar zu stärkerer Anteilnahme, Besorgnis und Verängstigung. Der Einfluss der von den Frauen berichteten Schwangerschaftsbeschwerden auf die Geburtsangst auch der Männer zeigt, dass diese Ängste durchaus realistisch oder begründet sind. Die subjektiven Einschätzungen der Männer, die sich auf das eigentliche Ereignis richten (Erwünschtheit, Verantwortungszuschreibung), und die Kompetenzeinschätzungen zur eigenen Person liefern keinen Beitrag zur Vorhersage der Geburtsängste. Mit 13 Prozent bringen die gewählten Prädiktoren nicht einmal die Hälfte der Varianzaufklärung, die sich bei den Frauen erreichen lässt.

4.1.3 Diskussion

Die Ergebnisse dieser Studie stützen die Annahme, dass die Bewältigung des Übergangs zur Elternschaft bereits während der Schwangerschaft einsetzt. Für die Schwangeren besteht ein wesentlich höherer Bewältigungsbedarf als für die werdenden Väter und nur bei den Frauen lassen sich die erwarteten Anpassungsprozesse nachzeichnen. Die positive Umbewertung des bedrohlichen Ereignisses, die Übernahme der Verantwortung für dessen Eintritt und das Erleben persönlicher Kontrolle und Kompetenz mindern die Angst der Frauen vor der Geburt. Hieraus kann der praktische Schluss gezogen werden, dass bei der Vorbereitung auf die Geburt nicht allein bestimmte Fertigkeiten und Kompetenzen vermittelt, sondern dass darüber hinaus auch das Zutrauen in diese Fähigkeiten und das allgemeine Selbstvertrauen der Frau gestärkt werden sollten.

4.2 Die Traditionalisierung des Geschlechterverhältnisses im Übergang zur Elternschaft

Im öffentlichen Bewußtsein hat sich in den vergangenen Jahrzehnten eine Idealvorstellung von Partnerschaft und Familie durchgesetzt, die die Gleichberechtigung von Frau und Mann und die egalitäre Verteilung elterlicher und beruflicher Rechte und Pflichten betont. Trotz dieser gewandelten Wertvorstellungen stellt die Geburt des ersten Kindes die Weichen für eine Umverteilung der Aufgaben und Rollen, die traditionellen Mustern entspricht. Die Frauen ziehen sich vorübergehend oder völlig aus dem Berufsleben zurück und sind verantwortlich für die Aufgaben, die mit dem Haushalt und der Sorge um das Kind verbunden sind. Die Männer konzentrieren sich nach der Geburt verstärkt auf den Beruf und haben im familiären Bereich allenfalls eine unterstützende Funktion. In diesem Kapitel soll nun anhand der vorliegenden Daten analysiert werden, welche Faktoren zu diesem Auseinanderklaffen zwischen propagiertem Ideal von Familie und real praktizierter Rollenverteilung beitragen. Interessant ist zudem die Frage, inwiefern Traditionalisierungseffekte in unterschiedlichen Lebensbereichen (Berufstätigkeit, Hausarbeit, attributive Verantwortungsübernahme, traditionelle Elternschaftskonzepte, Ausübung der Elternrolle) untereinander verknüpft sind. Schlussfolgerungen für die Bemühungen zur Gleichstellung der Geschlechter werden diskutiert.

Wohl kaum ein Bereich der individuellen Lebensgestaltung und des gemeinsamen Zusammenlebens unterlag in den letzten Jahrzehnten einem solch starken Wandel wie das Geschlechterverhältnis. Die Vorstellungen davon, welches Verhalten für die beiden Geschlechter als angemessen gilt, aber auch das tatsächliche Verhalten von Frauen und Männern haben sich dramatisch geändert. Heutzutage nutzen Frauen in gleichem Maße wie Männer die schulischen und beruflichen Bildungsangebote. Mit dem Aufkommen des Wohlfahrtsstaates sinkt die finanzielle Abhängigkeit der Frau von ihrem Ehemann (Mayer & Müller, 1989). Partnerschaft und Ehe gelten weniger als Zweckgemeinschaft, sie gründen nun – zumindest in den handlungsleitenden Idealvorstellungen und Ansprüchen an eine funktionierende Partnerschaft – auf wechselseitiger Zuneigung und Liebe (Tyrell 1988). Mit Blick auf die individuelle Lebensplanung bedeutet dies, dass die Frau nicht länger auf die Mutterrolle beschränkt wird, sondern dass ihr zunehmend auch andere Lebensbereiche offenstehen. Innerhalb der Partnerschaft haben sich Gerechtigkeitsnormen durchgesetzt, die die gemeinsame und partnerschaftliche Verteilung von Aufgaben und Pflichten fordern (z. B. Hiller & Philliber, 1986; Smith & Reid, 1986). Dieser Wandel betraf jedoch offensichtlich stärker die vorherrschenden Auffassungen und Überzeugungen und weniger das tatsächliche Verhalten. In einzelnen Bereichen bestehen nach wie vor deutliche Geschlechtsunterschiede in den zugewiesenen Rechten und Pflichten (vgl. Demo & Acock, 1993; Künzler, 1995; Potuchek, 1997; Spitze, 1988; Thompson & Walker, 1989). Interessant ist nun, dass nach der Geburt des ersten Kindes die traditionelle Aufgabenverteilung deutlich wiederkehrt.

4.2.1   Der Forschungsstand zur Rollenverteilung zwischen Frau und Mann

Die Aufteilung der Hausarbeit zwischen Frau und Mann

Die vorliegenden Befunde zur Verteilung (Allokation) der Hausarbeit in heterosexuellen Partnerschaften belegen übereinstimmend eine höhere Belastung der Frau mit der Hausarbeit. Schätzungen zufolge übernehmen Frauen zwei- bis dreimal soviel Hausarbeit wie die Männer (Berg, 1985; Kamo, 1991; Pleck, 1985; Warner, 1986). Entgegen aller Bekenntnisse zur Gleichberechtigung und Gleichstellung gilt wohl auch heute die provokante These von Hartmann (1981, p. 383), dass Männer sich in Wirklichkeit mehr daran beteiligen, dass Hausarbeit anfällt, als an ihrer Erledigung. Dabei bleibt die Unterstützung durch Außenstehende sehr begrenzt: Die Hausarbeit bleibt eine Aufgabe, die *innerhalb* der Familie verteilt wird (Spitze, 1999).

Aus den Umfragedaten lassen sich kaum Klassen- oder Schichtunterschiede in der Aufteilung der Hausarbeit herauslesen (Baxter, 1992; Wright, Shire, Hwang, Dolan & Baxter, 1992). Mehrfach wurden jedoch Bildungseffekte nachgewiesen (Baxter, 1992; Berardo, Shehan & Leslie, 1987; Kamo, 1988; Pittman & Blanchard, 1996; Ross, 1987; Shelton & John, 1993): Männer mit höherer Bildung beteiligen sich stärker an der Hausarbeit, offenbar aufgrund egalitärerer Rollenauffassungen. Einmalige Befragungen zur Aufgabenverteilung, an der unterschiedliche Altersgruppen teilnehmen (Querschnittsstudien), finden zudem Effekte des Lebensalters: Jüngere Männer beteiligen sich stärker an der Hausarbeit als ältere; jüngere Frauen beteiligen sich dementsprechend weniger als ältere Frauen (Antill & Cotton, 1988; Baxter, 1992). Solche Querschnittsbefunde werfen immer wieder die Frage auf, ob sich hinter den gefundenen Altersunterschieden lebenszeitgebundene Veränderungen (Entwicklungseffekte) oder Unterschiede zwischen verschiedenen Geburtskohorten verbergen (Effekte des sozialen Wandels).

Rexroat und Shehan (1987) beobachten eine Variation der Rollenaufteilung über den Familienzyklus. Kinderlose Paare und Paare, deren jüngstes Kind das Elternhaus bereits verlassen hat ('empty nest'-Situation), praktizieren demnach eine ausgewogenere Verteilung der Hausarbeit als Paare mit Kind (vgl. auch Greenstein, 1996; Pittman & Blanchard, 1996; Shelton & John, 1993). In einer ganzen Reihe familiensoziologischer Studien wurde der lineare Zusammenhang zwischen der Kinderzahl und der Aufteilung der

Hausarbeit geprüft. Die vorliegenden Befunde sind uneinheitlich. Einige Male wurde ein negativer Zusammenhang gefunden (z. B. Haas, 1981; Robinson, 1988), einige Male konnte keine Verbindung nachgewiesen werden (z. B. Kamo, 1988; Perucci et al., 1978). Ausgefeiltere Analysen, die auch nichtlineare Zusammenhänge berücksichtigen, liefern aufschlussreiche Erkenntnisse. So weist Kamo (1991) nach, dass die Beteiligung des Mannes an der Hausarbeit in Familien mit einem Kind deutlich niedriger ist als in kinderlosen Partnerschaften. In Familien mit zwei oder drei Kindern ist sie noch etwas niedriger und fällt bei Familien mit vier und insbesondere mit fünf oder mehr Kindern wieder höher aus. Erklärt wird dies mit einem Deckeneffekt: Mit zunehmender Kinderzahl steigt der Umfang der anfallenden Hausarbeit. Entsprechend steigen auch die Zeitinvestitionen der Frau in diesen Aufgabenbereich (mit jedem Kind um geschätzte 4,09 Stunden pro Woche). In kinderreichen Familien gerät die Belastung der Frau jedoch an ihre Grenzen (die Schätzungen kommen auf etwa 47 Stunden Hausarbeit pro Woche). Die etwas größeren *absoluten* Zeitinvestitionen des Mannes (mit jedem Kind zusätzlich 1,60 Wochenstunden) resultieren daher in einem deutlich größeren *relativen* Beitrag des Mannes. Die hohe Beteiligung des Mannes in kinderlosen Haushalten ist hingegen darauf zurückzuführen, dass hier insgesamt weniger Hausarbeit anfällt, die Zeitinvestitionen der Frau also ebenfalls vergleichswcise niedrig sind. Andere Autoren kommen zu ähnlichen Schätzungen (z. B. Shelton & John, 1993; zum Überblick: Künzler, 1995).

Noch aufschlussreicher sind Längsschnittdaten, die die Umverteilung der Hausarbeit im Übergang zur Elternschaft abbilden. Eine solche Studie stellen Sanchez und Tomson (1997) vor. Die Forscherinnen finden nach der Geburt des ersten Kindes einen dramatischen Zuwachs der Hausarbeit der Frau. Bei kinderlos bleibenden Paaren kommt es dagegen zu keiner Umverteilung der Hausarbeit.

Bevor wir uns den verschiedenen Erklärungsansätzen für die Verteilung der Hausarbeit zuwenden, ist es sinnvoll, die Merkmale dieser speziellen Tätigkeiten näher zu beschreiben. Denn man muss die Eigenschaften und Erlebnisqualitäten der Hausarbeit mitbedenken, um die Zuweisung dieser Aufgaben innerhalb der Partnerschaft zu verstehen. Aufräumen und Putzen, Einkaufen und Kochen, Wäsche waschen und Bügeln – all diese Arbeiten sind wiederkehrend, gewohnheitsmäßig und unausweichlich (Berg, 1985). Familienarbeit wird von Frauen ohne die Anwesenheit von anderen gemacht; Männer führen Familienarbeit hingegen meist in Anwesenheit Dritter aus (Shaw, 1988). Damit ist insbesondere die Familienarbeit der Frau wenig sichtbar und sozial isolierend. Hausarbeit wird von Frauen wie Männern als langweilig, ermüdend und anstrengend erlebt (Baruch & Barnett, 1986; Berheide, Berk, & Berk, 1976; Oakley, 1974). Sie ist vor allem auch endlos und wenig wertgeschätzt (Thompson & Walker, 1989; eingehender hierzu: Schooler et al., 1983). Doch die Annahme, Hausarbeit sei generell unangenehm oder lästig (aversiv) und sie sei ein Beleg für Machtlosigkeit wird auch in Frage gestellt (Ferree, 1987). Denn zum einen mögen es viele Frauen durchaus, für die Familie zu sorgen und den Familienalltag zu managen, selbst wenn die Tätigkeiten selbst nicht sehr angenehm und erfüllend sind (Berheide, 1984; Ferree, 1987). Zum anderen besitzen die Frauen mit der Verantwortung für die familiären Aufgaben auch Einfluß und Macht in der Familie (Kamo, 1988). Festzuhalten bleibt aber, dass die Tätigkeiten, die im Haushalt anfallen, für sich genommen wenig erfüllend sind und in aller Regel als lästig empfunden werden.

Zur Erklärung der geschlechtsspezifischen Verteilung der Hausarbeit werden im wesentlichen drei Modelle diskutiert (zum Überblick: Shelton & John, 1996; Thompson & Walker, 1989).

1. Relative Ressourcen der Partner: Wenn die Hausarbeit allgemein als unattraktiv gilt, weil weder ihre Ausführung selbst Spaß macht oder erfüllend ist noch die Übernahme dieser Aufgaben mit Anerkennung oder Wertschätzung belohnt wird, dann ist die Frage, an wem diese Last hängenbleibt, eine Frage der Macht. Derjenige Partner, der mehr Macht und Einfluß besitzt, kann die Hausarbeit stärker auf den anderen abwälzen (Blood & Wolfe, 1960). Die Machtverhältnisse innerhalb der Partnerschaft werden von den Vertretern dieses Erklärungsansatzes vorwiegend am Einkommen bzw. am Beitrag der einzelnen Partner zum gemeinsamen Haushaltseinkommen festgemacht (vgl. Luxton, 1983; Ross, 1987). Tatsächlich konnte der erwartete Zusammenhang zwischen den relativen Ressourcen der Frau (gemessen an ihrem Einkommen oder am Einkommensunterschied im Vergleich zum Mann) und der Verteilung der Hausarbeit mehrfach nachgewiesen werden: Je größer die Macht der Frau, desto ausgewogener ist die Verteilung der Hausarbeit (Baxter, 1992; Blumstein & Schwartz, 1991; Brines, 1994; Geerken & Gove, 1983; Greenstein, 2000; Maret & Finley, 1984; Model, 1981; Ross 1987; Spitze, 1988). Wir so oft in der sozialwissenschaftlichen Forschung finden wir jedoch auch Negativbefunde, also Studien, die diesen Zusammenhang nicht darstellen konnten (z. B. Coverman, 1985; Huber & Spitze, 1983).

2. Einstellungen zu den Geschlechtsrollen und geschlechtsspezifische Rollenerwartungen: Die Bereitschaft des Mannes, sich an der Hausarbeit zu beteiligen, und die Neigung der Frau, vom Mann eine stärkere Beteiligung zu fordern, sollte stark davon abhängen, welche Geschlechtsideologie die Person vertritt (Atkinson & Huston, 1984; Ferree, 1990). Die Einstellungen zu den traditionellen Geschlechtsrollen werden üblicherweise daran bemessen, ob und inwieweit eine traditionelle Rollenverteilung – der Mann ist der Brotverdiener, die Frau ist verantwortlich für die Sorge um die Familie – favorisiert und eine egalitäre Rollenverteilung missbilligt wird. Solche Einstellungen werden untermauert durch subjektive Überzeugungen zu Geschlechtsunterschieden. Die traditionelle Einstellung zu den Geschlechtsrollen stützt sich auf die stereotype Ansicht, Frauen besäßen mehr Fürsorglichkeit und Gemeinsinn, Männer hingegen mehr Tatkraft (Eagly, 1987). Postuliert wird, dass Paare mit traditionellen Einstellungen eine traditionelle Rollenverteilung praktizieren, während Paare mit stärker egalitären Einstellungen die Hausarbeit ausgewogener aufteilen. Indirekt gestützt wird dieser Erklärungsansatz durch die bereits angesprochenen Befunde, wonach mit zunehmender Bildung des Mannes die Beteiligung an der Hausarbeit zunimmt, und dies offenbar aufgrund der egalitäreren Rollenauffassungen (Berardo, Shehan & Leslie, 1987; Kamo, 1988; Ross, 1987). Direkte Belege lassen sich ebenso auflisten. So gehen traditionellere Rollenauffassungen mit einer geringeren Beteiligung des Mannes an der Hausarbeit einher (Baxter, 1992; Hiller & Philliber, 1986; Kamo, 1988; 1991; Model, 1981; Pleck, 1985). Auch hier finden wir jedoch eine Reihe von Negativbefunden (Coverman, 1985; Crouter, Perry-Jenkins, Huston & McHale, 1987; Geerken & Gove, 1983), weshalb Thompson und Walker (1989) in ihrer zusammenfassenden Bewertung der Befundlage die fehlende empirische Absicherung des Geschlechtsrollen-Ansatzes herausstellen.

Dieser sozialisationstheoretische Ansatz geht davon aus, dass Einstellungen und Überzeugungen sehr stark das tatsächliche Verhalten lenken. Die Erfahrungen der Einstellungsforschung haben allerdings gezeigt, dass eine Übereinstimmung von geäußerter Einstellung und tatsächlichem Verhalten nur unter bestimmten Bedingungen zu erwarten ist. Ob eine Person einstellungskonform handelt, hängt demnach ab von den aktuellen, stark situationsspezifischen Handlungszielen und den erwarteten Handlungsfolgen ab (Ajzen & Fishbein, 1977). Außerdem ist auch von Belang, welche wechselseitigen normativen Vorstellungen und Erwartungen in der Partnerschaft aufeinandertreffen. So beobachtet Greenstein (1996) eine besonders niedrige Beteiligung des Mannes an der Hausarbeit, wenn beide Partner traditionelle Einstellungen zu den Geschlechtsrollen vertreten.

In einer Untersuchung zur Wahrnehmung und Bewertung geschlechtsrollendiskrepanter Aufteilungen von beruflichen und familiären Rollen in der Familie ließ Riggs (1997) die studentischen Teilnehmer ihrer Studie eine Person beurteilen, die entweder als Frau oder als Mann (Variation des Geschlechts der Zielperson), entweder als berufstätig oder als erwerbslos (Variation des Rollenstatus') beschrieben war und die entweder aus finanziellen Gründen arbeitet oder zur persönlichen Erfüllung (Variation des Motivs für die aktuelle oder frühere Berufstätigkeit). Aus der Kombination dieser drei Bedingungsvariationen ($2\times2\times2$) ergeben sich acht unterschiedliche Personschilderungen. In allen acht Varianten der Personbeschreibung wurde die zu beurteilende Zielperson als ein Elternteil vorgestellt (z. B. „Lisa ist eine 34jährige verheiratete Frau und hat ein ein Jahr altes Kind"). Die Versuchspersonen mussten die präsentierte Person anhand dreier Indikatoren für die Personwahrnehmung beurteilen. Anhand der jeweiligen Information war einzuschätzen...

- wie *fürsorglich* die Person ist (zuzuschreibende Merkmale: „warm", „sympathisch", „familienorientiert", „selbstlos", „gefühlvoll", „fürsorglich");
- wieviel *Tatkraft* sie besitzt (zuzuschreibende Merkmale: „aktiv", „nicht leicht beeinflussbar", „aggressiv", „unabhängig", „dominant", „selbstsicher", „wetteifernd", „entscheidungsfreudig", „hartnäckig", „belastbar") und
- inwiefern die Person und ihr Verhalten gebilligt bzw. mißbilligt wird (Bewunderung, Anerkennung, Sympathie).

Zusammenfassend zeigen die Ergebnisse, dass die geschlechtsrollendiskrepanten Aufteilung von beruflichen und familiären Rollen stereotype Merkmalszuschreibungen provoziert und negativ bewertet wird. So wird der berufstätigen Mutter weniger Fürsorglichkeit zugeschrieben als der nicht berufstätigen Mutter. Am wenigsten Fürsorglichkeit besitzt demnach die Mutter, die vorwiegend zur persönlichen Erfüllung im Beruf bleibt. Die größte Fürsorglichkeit bekommt die Mutter zugeschrieben, die zur persönlichen Erfüllung gearbeitet hatte, den Beruf mit der Geburt des Kindes jedoch aufgegeben hatte. Die berufstätige Mutter wird im Vergleich zur nicht berufstätigen Mutter als tatkräftiger eingeschätzt, jedoch nur dann, wenn sie zur persönlichen Selbstverwirklichung arbeitet. Der Vater, der zur Sicherung des Familieneinkommens arbeitet, erfährt die größte Anerkennung und Billigung verglichen mit Vätern unter andere Konstellationen. Die Mutter, die zuvor aus finanziellen Gründen gearbeitet hatte, ihre Berufstätigkeit jedoch zugunsten des Kindes aufgegebnen hat, erfährt die größte Anerkennung und Billigung verglichen mit Müttern in anderen Szenarios. Der Vater, der die Brotverdiener-Funktion aufgibt (jetzt erwerbslos, frühere Berufstätigkeit aus finanziellen Motiven heraus) bekommt die niedrigste Billigung. Diese Studie zeigt sehr eindrucksvoll, dass die Personwahrnehmung sehr stark beeinflußt wird von geschlechtsspezifischen Rollenerwartungen und Geschlechtsstereotypen. Auch wenn offenbar kein einfacher und insbesondere kein starker Zusammenhang besteht zwischen der (geäußerten) Haltung zu traditionellen Geschlechtsrollen und der tatsächlichen Rollenaufteilung in der Familie, prägen solche tradierten Vorstellungen und Erwartungen sehr wohl die Urteilsbildung.

3. Verfügbare Zeit: Ein weiterer Erklärungsansatz fußt auf der Theorie der Haushaltsökonomie (Becker, 1981), die beschreibt, wie Familienmitglieder ihre Zeit zwischen familiären und beruflichen Rollen aufteilen. Diese Theorie sagt vorher, dass die Beteiligung an der Hausarbeit von dem Zeitkontingent abhängt, über das die Personen außerhalb ihrer Erwerbsarbeit verfügen. Als Indikator für die verfügbare Zeit wird häufig die Wochenarbeitszeit genutzt, zuweilen aber auch das gröbere Maß des Erwerbsstatus' (vollzeit-berufstätig vs. nicht vollzeit-berufstätig). Neben einigen stützenden Befunden (Barnett & Baruch, 1987a; Baxter, 1992; Spitze, 1988) liegt eine ganze Reihe von Negativbefunden vor (Fox & Nickols, 1983; Spitze, 1988; Walker & Woods, 1976), weshalb Thompson und Walker (1989) in ihrer Übersicht zu einer kritischen Würdigung dieser Annahme kommen. Neuere Arbeiten präzisieren die Annahmen zur Zeitnutzung und untersuchen etwa, zu welchen Tageszeiten die Partner arbeiten und in welcher Weise sich die Arbeitszeiten von Frau und Mann überlappen (Presser, 1994).

Da jeder der drei Erklärungsansätze zur Allokation der Hausarbeit eine gewisse Plausibilität besitzt und durch einige Studien gestützt wird, die Befundlage insgesamt jedoch uneindeutig ist, weil die verschiedenen Einflussfakoren offenbar zusammenwirken (Baxter, 1992; Coltrane & Ishii-Kuntz, 1992; Deutsch, Lussier & Servis, 1993), versuchen neuere Modelle, die unterschiedlichen Annahmen zu integrieren (z. B. Chafetz, 1991; Kamo, 1988) oder weiter zu verfeinern (Presser, 1994; Stier & Lewin-Epstein, 2000).

Die Beteiligung von Müttern und Vätern an der Sorge um das Kind

Um abzuschätzen, in welchem Umfang sich Mütter und Väter um ihr Kind kümmern und wie ausgewogen die Sorge um das Kind zwischen beiden Elternteilen verteilt ist, ist es notwendig, sinnvolle Indikatoren oder Kriterien der Rollenausübung zu bestimmen. Tatsächlich beschränkt sich die Elternrolle ja nicht auf die unmittelbare Beschäftigung mit dem Kind oder auf reine Versorgungs-, Pflege- oder Erziehungstätigkeiten. Lamb (1986) unterscheidet drei verschiedene Formen väterlichen „Involvements" – eine Unterscheidung, die auch auf Mütter angewendet werden kann. Unter die *Eltern-Kind-Interaktion* fallen alle mehr oder minder zielgerichteten Tätigkeiten, die einen direkten Bezug zum Kind haben und den direkten Kontakt einschliessen. Hierzu zählen das z. B. Gespräch mit dem Kind, das gemeinsame Spiel sowie die Betreuung und Pflege des Kindes. Die bloße gemeinsame Anwesenheit in einem Raum – der Vater und das Kind mögen etwa zusammen fernsehen – ist hiermit nicht gemeint. Erst wenn Eltern und Kind kommunizieren und interagieren – beide kommentieren das Gesehene oder der Vater erklärt dem Kind etwas – könnte man von einer Eltern-Kind-Interaktion sprechen. Hiervon abzuheben ist die *Erreichbarkeit* der Elternperson für das Kind. Sie ist gegeben, wenn sich die Mutter bzw. der Vater in der Nähe aufhalten und das Kind die Möglichkeit hat, Kontakt aufzunehmen.[1] Schließlich umfasst die

---

1 Lamb (1986) rechnet auch die Verrichtung kindbezogener Hausarbeit zu dieser Kategorie. Dies macht jedoch wenig Sinn, denn die Mutter, die das Kinderbett frisch bezieht, während das Kind den Kindergarten besucht, oder der Vater, der das Kinderzimmer aufräumt, während das Kind auf einem Kindergeburtstag ist, sind für das Kind nicht erreichbar. Zudem erhöhen die modernen Kommunikationsmittel, die inzwischen ja sehr weit verbreitet sind, die Erreichbarkeit ganz erheblich. Damit wird die Nützlichkeit dieser Unterscheidung fraglich, da der bloße Besitz eines Mobiltelefons das Involvement wohl kaum steigert. Wenn gerade die Vaterforschung solche unscharfen Klassifikationen und Begriffsbestim-

Ausübung der *Verantwortung* für das Kind alle zielgerichteten Aktivitäten, die zwar nicht unbedingt im direkten Kontakt mit dem Kind, wohl aber für das Kind ausgeführt werden. Beispiele sind die Vereinbarung von Terminen beim Kinderarzt, die Organisation eines Babysitters, die Anmeldung des Kindes im Kindergarten oder der Besuch eines Elternsprechtages.[2] Am besten messbar und quanitifizierbar sind die Aktivitäten der ersten Kategorie, also direkte Eltern-Kind-Interaktionen. Hierzu liegen denn auch die meisten Forschungsbefunde vor.

Stärker noch als die im Haushalt anfallenden Arbeiten – Gartenarbeit setzt voraus, dass man einen Garten hat; ein Auto zu warten setzt voraus, dass man eines besitzt; Haustiere zu versorgen setzt voraus, dass Haustiere vorhanden sind – variieren die kinderbezogenen Aufgaben sehr stark mit den Bedürfnissen und dem Aktivitätsspektrum des Kindes. Dieses wiederum ist eng geknüpft an das Alter und den Entwicklungsstand des Kindes. Zwar kann man auch hier Unterschiede zwischen Familien ausmachen – nur solche Kinder müssen zum Musikunterricht gebracht werden, die Musikstunden bekommen –, doch gelingt es immerhin, für einzelne Altersbereiche Aktivitäten auszumachen, die praktisch in jeder Familie anfallen.

Zahlreiche Studien belegen die stark geschlechtsspezifische Allokation der Sorge um das Kind (zum Überblick: Bronstein, 1988; Parke, 1995; Pleck, 1997). So übernehmen Mütter weithin die Versorgung des Kindes (Barnett & Baruch, 1988; Clarke-Stewart, 1978; Deutsch, Lussier & Servis, 1993; Horna & Lupri, 1987; Kivett, 1988; Leslie, Anderson & Branson, 1991; McBride & Mills, 1993; Montemayor, 1986; Ross & Van Willigen, 1996). Sie beobachten das Kind häufiger, reagieren häufiger, schützen es häufiger, tragen es häufiger, beruhigen und trösten das Kind häufiger als Väter (Belsky & Volling, 1987; Bronstein, 1988; LaRossa & LaRossa, 1981). Und selbst bei Eltern, die übereinstimmend berichten, dass sie die Aufgaben der Betreuung und Versorgung des Kindes teilen, variiert das Ausmaß der väterlichen Beteiligung mit der Art der Aktivität. Väter beteiligen sich vorrangig an Aktivitäten, die Spaß machen, seltener anfallen oder deren Zeitpunkt sie wählen können (das Kind baden, das Kind zu Bett bringen, mit dem Kind spielen). Regelmäßig anfallende Versorgungsaufgaben (das Kind anziehen, Essen für das Kind zubereiten) oder Aufgaben, die tagsüber anfallen (das

---

mungen einführt, setzt sie sich dem Verdacht aus, das väterliche Engagement künstlich hochreden zu wollen. Amatos (1996) Systematisierung unterschiedlicher „Beiträge" von Vätern zur Entwicklung des Kindes – hier werden Bildungsgrad und Einkommen des Vaters einbezogen – belegt, dass diese Verzerrung kein Einzelfall ist.

2   Auch hier ist Sorgfalt bei der Begriffsbestimmung geboten, weshalb Lambs (1986) Ausführungen ergänzungsbedürftig sind. So ist neben der *ausgeübten* Verantwortung von Eltern die *zugeschriebene* Verantwortung von Eltern für ihr Kind zu unterscheiden. Ähnlich wie Firmen für ihre Produkte oder Unternehmen für ihre Mitarbeiter haften, werden Eltern für das Verhalten ihrer Kinder in die Verantwortung gezogen. Diese Formen der Verantwortungsübernahme können kaum als elterliches Involvement gelten.

Kind bei einer Krankheit pflegen, Kindersachen kaufen), überlassen auch die engagierten Väter stärker ihrer Partnerin (Bronstein, 1987; Fish, New & Van Cleave, 1992). In einer Studie zur Verteilung von Hausarbeit und Kinderversorgung bei Elternpaaren mit einer 16- bis 17jährigen Tochter finden Dancer und Gilbert (1993), dass Entscheidungen über die Erlaubnis zum Ausgehen mit Jungs ('dating'), Hilfe bei den Hausaufgaben, die Teilnahme an Aktivitäten des Kindes, Gespräche über Anliegen des Kindes, gemeinsame Freizeitaktivitäten mit dem Kind und auch die Übernahme der allgemeinen elterlichen Verantwortung von beiden Eltern in gleichem Maße übernommen werden, unabhängig von dem Erwerbsmuster der Eltern und nach übereinstimmender Schilderung beider Partner. Die Forscherinnen finden bei anderen Aufgabenbereichen jedoch Unterschiede zwischen Müttern und Vätern. Der Besuch von Elternsprechtagen oder der gemeinsame Arztbesuch werden häufiger von Müttern übernommen als von Vätern.

Offenbar stellt die Beteiligung an der Sorge um das Kind für Väter eine Option dar, während dies für Mütter eine geforderte Notwendigkeit ist (Daniels & Weingarten, 1988). So hängt das väterliche Engagement wesentlich stärker von individuellen Merkmalen des Vaters ab, etwa vom Zutrauen in die eigenen Fähigkeiten als Vater oder von der Haltung zum Kind (Crouter, Perry-Jenkins, Huston & McHale, 1987). Insbesondere die Verantwortung für die Sorge um das Kind (daran denken, was das Kind wann braucht; die Aufgaben planen und den Zeitpunkt bestimmen) liegt bei der Mutter, auch wenn der Vater sich an der *Ausführung* mancher Aufgaben beteiligt (Barnett & Baruch, 1988). Die Frage nach der Aufteilung der Aufgaben, die mit der Pflege, Versorgung und Betreuung des Kindes verbunden sind, ist damit gleichzusetzen mit der Frage nach dem Ausmaß und den Bedingungen der väterlichen Beteiligung.

Unter den Erklärungsmodelle zur väterlichen Beteiligung finden sich zunächst alle Ansätze wieder, die auch in Hinblick auf die Allokation der Hausarbeit diskutiert werden (Ressourcen, Einstellung zu Geschlechtsrollen, verfügbare Zeit außerhalb der Erwerbsarbeit). Obwohl allenfalls schwache Zusammenhänge zwischen beiden Maßen der innerfamilialen Partizipation berichtet werden (z. B. Barnett & Baruch, 1988; Volling & Belsky, 1991), verknüpfen viele Forscher diese beiden Fragestellungen. Sie analysieren also gleichzeitig die Verteilung der Hausarbeit und die Beteiligung des Vaters an der Kinderbetreuung und nutzen hierzu dieselben Erklärungsmodelle (z. B. Barnett & Baruch, 1988; Baxter, 1992; Dancer & Gilbert, 1993; Fish, New & Van Cleave, 1992; Hiller & Philliber, 1986; Kamo, 1988; Rexroat & Shehan, 1987). Andere Autoren kritisieren diese Gleichsetzung und weisen auf die qualitativen Unterschiede zwischen der Hausarbeit und der Beschäftigung mit dem Kind hin (Deutsch, Lussier & Servis, 1993).

Während die Hausarbeit allgemein als wenig vergnüglich und lästig gilt, unterscheiden sich selbst Personen, die die Elternrolle übernommen haben, darin, wieviel sie dem Umgang mit Kindern abgewinnen können. Die Einstellungen der Eltern zur Elternrolle und zu Kindern wurden mehrfach in ihrem Einfluß auf die Beteiligung an kindgerichteten Aufgaben untersucht (Beitel & Parke, 1998; Cowan & Cowan, 1987; Feldman, Nash & Aschenbrenner, 1983; Levy-Shiff & Israelashvili, 1988). Persönlichkeitsmerkmale des Mannes spielen zusätzlich eine Rolle. Am häufigsten wurde das Affiliationsbedürfnis des Mannes betrachtet, also die Bereitschaft zu bzw. das Bedürfnis nach sozialer Nähe. Väter mit „femininen" oder „androgynen" Personmerkmalen (sprich: Väter mit einem ausgeprägten Affiliationsbedürfnis) zeigen mehr Fürsorglichkeit, Zuwendung und körperliche Stimulation des Kindes (Grossman, 1987; Levy-Shiff & Israelashvili, 1988; Volling & Belsky, 1991). Auch die Rollenkompetenz des Vaters, also die Fähigkeit zur Betreuung und Versorgung des Kindes, korreliert mit dem Ausmaß der väterlichen Beteiligung (Crouter, Perry-Jenkins, Huston & McHale, 1987). Offen bleibt allerdings die Frage, ob solche Fertigkeiten Bedingung oder Folge der aktiven Rollenausübung sind. An der generellen Kompetenz von Männern, sorgend und pflegend auf das Kind zu reagieren, besteht kein Zweifel; interessant sind allein Performanzaspekte (Parke & O'Leary, 1976).

Zunehmend stärkere Beachtung finden Merkmale des Familiensystems und innerfamiliale Prozesse. Gut dokumentiert ist der sogenannte 'Spillover-Effekt' (Engfer, 1988): Partnerschaftsprobleme „schwappen über" auf die gesamte Familie und erschweren den Aufbau positiver Eltern-Kind-Beziehungen. Unterschiedliche Erklärungen hierfür werden diskutiert (zum Überblick: Erel & Burman, 1995).

Nach der *'Sündenbock'-These* wälzen Partner, die ihre Partnerschaftskonflikte nicht untereinander austragen können, ihre negativen Gefühle auf das Kind ab und belasten so die Beziehung zum Kind. Eltern, die unzufrieden sind mit ihrer Partnerschaft, machen das Kind hierfür verantwortlich (vgl. Minuchin, Rosman & Baker, 1978; Nichols, 1984; Vogel & Bell, 1960). Der *lerntheoretische Erklärungsansatz* postuliert eine Modellfunktion der Paarkommunikation für die Eltern-Kind-Interaktion. Die Art und Weise, wie die Partner miteinander umgehen, färbt auf das Elternverhalten dem Kind gegenüber ab (vgl. Easterbrooks & Emde, 1988; Margolin, Burman & John, 1989). Die *,Sozialisations'-Hypothese* besagt, dass Eltern mit konfliktträchtigen Partnerschaften ihr Kind inkonsequenter und weniger übereinstimmend disziplinieren oder strafen. Paarkonflikte resultieren in widersprüchlichem oder gegensätzlichem Erziehungsverhalten beider Eltern (Easterbrooks & Emde, 1988; Emery, Hetherington & Dialla, 1984). Schließlich geht die *stresstheoretische Erklärung* davon aus, dass die Belastungen aus einer konfliktreichen Partnerschaft bzw. die Belastungen aus einer überfordernden Elternrolle in den anderen Lebensbereich hineinragen (Lavee, Sharlin & Katz, 1996; Margolin, 1981; Rollins & Feldman, 1970).

Doch alle diese Mechanismen, die für den Spillover-Effekt verantwortlich gemacht werden, erklären nicht, weshalb speziell die Ausübung der Vaterschaft so stark von der Partnerschaftsqualität und dem Familienklima abhängt (vgl. Belsky, Gilstrap & Rovine, 1984; Belsky & Volling, 1987). Hierzu bedarf es genauerer Analysen des Familiengeschehens, die geschlechtsspezifische Verhaltensmuster mitberücksichtigen. Aufschlussreich sind die Überlegungen und Untersuchungen zum mütterlichen 'Gatekeeping' (zum Überblick: Allen & Hawkins, 1999; De Luccie, 1996a). Die stärkere Einbindung von Vätern in familiäre Aufgaben wird durch eine ganze Reihe von weit verbreiteten Überzeugungen und Verhaltensmustern erschwert, die wie ein Gatter den Mann ein Stück weit außen vor lassen. Geschlechterideologien, die die Unterschiede zwischen Frauen und Männern herausstellen und die die Mutterschaft als die „wahre" oder eigentliche Bestimmung der Frau ansehen, schreiben der Frau die Letztverantwortung für die Familie zu (Welter, 1966). Der Vater bekommt häufig nur eine helfende oder unterstützende Rolle in der Familie zugewiesen; die Mutter entscheidet, was der Vater tun und was er nicht tun darf. Eine subtilere Form der mütterlichen Einflussnahme stellt die Setzung von Standards für die Ausübung der unterschiedlichen Aufgaben dar. Die Möglichkeiten, die eigenen Maßstäbe durchzusetzen, reichen von der klaren Instruktion über die Kritik bis hin zum nochmaligen Ausführen der vom Mann offenbar unzureichend erledigten Arbeit (Coltrane, 1996). Die Fähigkeiten, Motive und Beiträge von Vätern werden selbst in der Wissenschaft häufig aus einer Defizit-Perspektive betrachtet (Doherty, 1991; Hawkins & Dollahite, 1997). Väter werden beschrieben als zu wenig involviert, als ungeübt, unangemessen, unfähig und egoistisch. Allen und Hawkins (1999) warnen wohl zurecht, dass dieses Väterbild mütterliches Gatekeeping eher fördert. Negative Überzeugungen und Erwartungen der Mütter bezüglich der väterlichen Beteiligung an Hausarbeit und Kinderbetreuung nehmen Männern die Lust, in der Familie mehr Verantwortung zu übernehmen, und treiben Frauen dazu, die Dinge zu managen, Standards zu setzen und die Beteiligungsversuche der Männer zu regulieren (Schipani, 1994). In dem Maße, in dem die Mutterrolle die Identität der Frau ausmacht und zu ihrem Selbstwert beiträgt, wird die stärkere Beteiligung des Mannes in der Familie als Bedrohung erlebt (De Luccie, 1995; Haas, 1992; Lamb, 1997a). Eine stärkere Einbindung des Vaters in die Familie abzublocken, kann also dem Selbstschutz der Mutter dienen. Den tradierten und tief verwurzelten normativen Erwartungen an Mütter korrespondieren geschlechtsspezifische Handlungsspielräume. So stehen Müttern, die Beruf und Familie verknüpfen wollen, häufig nur schlecht bezahlte Berufstätigkeiten offen, die wenig Ansehen und wenig persönliche Erfüllung bieten. Der niedrige soziale Status dieser Jobs erleichtert es den Müttern nicht, ihren Partner stärker in die wertgeschätzte, befriedigende und mit Macht und Einfluss verbundene Mutterrolle einzubeziehen (Allen & Hawkins, 1999).

Eine andere Perspektive nimmt die Motive der Väter für eine aktive Ausübung der Vaterschaft in den Blick. Ausgehend von Befunden, dass die Qualität der Eltern-Kind-Beziehung abhängt von der Qualität der elterlichen Partnerschaft (Easterbrooks & Goldberg, 1984; Feldman, Nash & Aschenbrenner, 1983), ist anzunehmen, dass Väter in dem Maße bereit sind, ihre Partnerin in der Elternrolle zu entlasten, in dem sie ihre Frau lieben. Tatsächlich ist die

Partnerschaftszufriedenheit vor der Geburt ein guter Prädiktor für das Ausmaß der väterlichen Beteiligung nach der Geburt (Feldman et al, 1983; Levi-Shiff & Israelashvili, 1988; Volling & Belsky, 1991).

Neben diesen verschiedenen innerfamilialen Mechanismen, die die Verteilung von Hausarbeit und Kindererziehung steuern, belegen zahlreiche Studien das Zusammenwirken von Merkmalen verschiedener Familienmitglieder (Mutter, Vater oder Kind). So berichten etwa Deutsch, Lussier und Servis (1993), dass die Beteiligung des Vaters an der Betreuung des drei Monate alten Kindes zu 31 Prozent erklärt werden kann durch den Umfang der Wochenarbeitszeit der Mutter und durch die Einstellungen des Mannes zu den traditionellen Geschlechtsrollen. In solchen Fällen bezeichnen die Forscher ihre Arbeit gerne als die „Analyse von Familiensystemen" oder sprechen von „systemischen" Zusammenhängen – und dies nicht allein bei der Erklärung der Rollenallokation (z. B. Levy-Shiff, 1994; Petzold, 1991). Man gewinnt jedoch vielfach den Eindruck, dass solche Zusammenhänge nicht im eigentlichen Sinne untersucht (gesucht), sondern dass sie bloß beobachtet (gefunden) werden. Solange es nicht gelingt – oder erst gar nicht versucht wird –, die zugrundeliegenden Prozesse auch begrifflich zu fassen und spezifische Vorhersagen abzuleiten, tragen solche Befunde wenig zum *Verständnis* von Familienbeziehungen bei.

Die Neuverteilung von Rollen nach der Geburt des ersten Kindes

Die Familiengründung ist Auslöser für eine durchgreifende Umverteilung der sozialen Rollen innerhalb der Partnerschaft. Hierauf weisen schon die vorliegenden Querschnittsbefunde zur Rollenallokation hin, die den Elternstatus bzw. das Alter des Kindes berücksichtigen (Greenstein, 1996; Gunter & Gunter, 1991; Hannah & Quarter, 1992; Kamo, 1991; Rexroat & Shehan, 1987). So können beispielsweise Pittman und Blanchard (1996) den zeitlichen Umfang der Hausarbeit der Frau anhand ihres Elternstatus' (mit oder ohne Kind) vorhersagen. Perkins und DeMeis (1996) berichten eine Wechselwirkung von Elternstatus und Geschlecht auf die Beteiligung an der Hausarbeit bei einer jungen Stichprobe von College-Absolventen. Für Männer steigt mit der Anwesenheit eines Kindes die wöchentliche Belastung durch Hausarbeit um 5,66 Stunden, für Frauen erhöht sich die mit Hausarbeit verbrachte Zeit um diese 5,66 Stunden *plus* weiterer 15,67 Stunden.

Deutsche wie internationale Studien zur Berufstätigkeit über den Familienzyklus belegen drastische Geschlechtsunterschiede in den Erwerbsmustern von Frauen und Männern. Trotz eines anhaltenden historischen Trends hin zur hohen Bildungs- und Berufspartizipation von Frauen (zum Überblick: Drew & Emerek, 1998) zeigen Mütter (insbesondere Mütter mit kleinen Kindern) eine reduzierte Erwerbsbeteiligung (vgl. Blau, Ferber & Winkler, 1988; Chaykowski & Powell, 1999; Nakamura & Nakamura, 1992; Schreiber, 1998). Die retrospektive Analyse der Lebensläufe männlicher und weiblicher Geburtskohorten liefert ein ähnliches Bild: Die Familiengründung bringt Diskontinuität in die Erwerbsbiographien von Frauen, während die Erwerbskarrieren von Männern nahezu unberührt bleiben von der Elternschaft

(Bauer, 1992; Krüger & Baldus, 1999; Tölke, 1992). Im Gegensatz zu Müttern steigern Väter von Kleinkindern sogar eher ihre Wochenarbeitszeit (Kaufman & Uhlenberg, 2000; Künzler, 1995). Oppenheimer (1974) hat dies mit dem familienzyklisch erhöhten Einkommensbedarf junger Familien erklärt ('life-cycle squeeze'), der aus dem Wegfall des Einkommens der Frau und den Kosten für das Kind resultiert. Vergleiche zwischen deutschen und US-amerikanischen Lebensverläufen zeigen, dass Mütter (und auch hier wieder Mütter mit kleinen Kindern im Besonderen) in unserer Gesellschaft wesentlich stärker aus der Vollzeit-Erwerbstätigkeit gerissen werden als in den Vereinigten Staaten. Andererseits stehen in Deutschland die Chancen für verheiratete (sprich: nicht alleinerziehende) Mütter besser, nach der Kinderpause eine Teilzeitbeschäftigung aufzunehmen (Drobnic, Blossfeld & Rohwer, 1999).

Wesentlich informativer als retrospektive Daten oder querschnittliche Vergleiche zwischen kinderlosen Paaren und Elternpaaren sind Längsschnittdaten, die die Veränderung der Rollenzuweisung über die Zeitspanne vor der Geburt bis nach der Geburt des Kindes wiedergeben. Im Unterschied zu Querschnittsdaten fußen Längsschnittdaten in aller Regel auf wesentlich kleineren Stichproben. Dieser Nachteil wird jedoch aufgewogen durch die höhere Aussagekraft der Daten. Zudem liegen inzwischen mehrere Längsschnittstudien vor, die zusammengefasst ein stimmiges Gesamtbild ergeben. Waren die ersten Studien noch von der vergleichsweise optimistischen Vermutung ausgegangen, dass Väter ihre Beteiligung an der Hausarbeit nach der Ankunft des Kindes kaum steigern (Belsky, Spanier & Rovine, 1983, p. 568), ergeben zahlreiche Studien ein ernüchterndes Bild: Nach der Geburt des Kindes reduzieren die Männer ihren ohnehin niedrigeren Beitrag an der Hausarbeit und überlassen diesen Verantwortungsbereich weithin ihren Partnerinnen (Belsky, Lang & Rovine, 1985; McHale & Huston, 1985; Moss, Bolland, Foxman & Owen, 1987; Reichle, 1996b; Sanchez & Thomson, 1997; Schneewind et al., 1996; Werneck, 1998; vgl. aber auch den Negativbefund von White & Booth, 1985). Diese Umverteilung der Hausarbeit ist bei Paaren, die ihr erstes Kind bekommen, wesentlich deutlicher als bei weiter anwachsenden Familien (Quaiser-Pohl, 1996). Eine Abnahme des relativen Beitrags des Mannes an der Erledigung der Hausarbeit über das erste Lebensjahr des Kindes finden auch Gjerdinger und Chaloner (1994), die jedoch erst einen Monat nach der Entbindung mit der Datensammlung begannen.

Manche Forscher erfragen die Verteilung der Hausarbeit bzw. der Kinderbetreuung nicht aufgabenspezifisch, sondern in globalen Einschätzungen (z. B. Petzold, 1991; Yogev & Brett, 1985). Solche Schätzungen dürften ungenauer und stärker fehleranfällig sein als spezifische Beschreibungen der Partnerschaft (zu methodischen Fragen der Erfassung der Verteilung der Hausarbeit vgl. Twiggs, McQuillan & Ferree, 1999). Eher unbrauchbar sind Studien, in denen die Aufteilung der Hausarbeit nicht von den Partnern erfragt, sondern durch die Untersuchungsleiter eingeschätzt wird. Unsinnig ist auch das Vorgehen, die Maße der Aufgabenallokation für unterschiedliche Zeitpunkte zu einem Gesamtmaß zu aggregieren. Diese Kritik trifft besonders zu, wenn beide Schwächen kombiniert werden (Belsky & Hsieh, 1998). Qualitative Studien zur Partnerschaftsentwicklung im Übergang zur Elternschaft sind besonders informativ, wenn es darum geht, den Erfahrungshorizont jungen Eltern neu zu erkunden (z. B. Bauer, 1992; LeMasters, 1957). Bei der realitätsgetreuen Beschreibung der üblichen Veränderungen oder der Überprüfung von spezifischen Hypothesen stoßen offene Befragungen jedoch an ihre Grenzen.

Carolyn und Philip Cowan (1988) beobachten keine Veränderung der durchschnittlichen Belastung beider Partner mit der Hausarbeit von der Schwangerschaft bis 18 Monate nach der Geburt des Kindes. Allerdings finden sie eine stärkere Separierung der Tätigkeiten bzw. Spezialisierung der Partner: Wurde die Hausarbeit im kinderlosen Haushalt vorwiegend gemeinsam erledigt, entwickelt sich nach der Familiengründung eine klarere Trennung der Verantwortungsbereiche beider Partner. Diese Daten sind jedoch mit Vorsicht zu betrachten, da erstens eine sehr kleine Stichprobe von nur 47 Paaren untersucht wurde und da die Hälfte dieser Stichprobe an einem Interventionsprogramm zur Prävention von Partnerschaftskonflikten teilgenommen hat (vgl. auch Cowan, Cowan, Coie & Coie, 1978; Cowan & Cowan, 1990). Zur Beschreibung der üblicherweise auftretenden Veränderungen im Übergang zur Elternschaft taugen die Daten daher nicht.

Der gesicherte Befund eines „Traditionalisierungseffekts", d. h. einer verstärkten Übernahme von typisch weiblichen Arbeiten durch die Frau nach der Geburt des ersten Kindes, bedeutet nach Belsky und Pensky (1988) nicht, dass die Arbeitsteilung zuvor ausgewogen ist. Befunde von Cowan u. a. (1985) und McHale & Huston (1985) zeigen vielmehr, dass spätere Eltern auch schon vor der Geburt eine traditionellere Aufgabenteilung praktizieren als kinderlos bleibende Paare. Womöglich unterscheiden sich freiwillig kinderlose Paare von Elternpaaren in ihrer gesamten Lebensform, also beispielsweise auch in ihren Werthaltungen und subjektiven Partnerschaftsmodellen. Ausführlich diskutiert wurde die Frage, ob die Traditionalisierung einen reinen Zeiteffekt darstellt. Goldberg und Mitarbeiter (1985) berichten einen kurvilinearen Trend einer verstärkten Beteiligung der Männer gegen Ende der Schwangerschaft und werfen damit die Frage auf, ob der Traditionalisierungseffekt ein methodisches Artefakt ist, das allein durch die Wahl der Erhebungszeitpunkte zu beobachten ist. Belsky und Pensy (1988) räumen ein, dass die Messungen der Ausgangslage, die spät in der Schwangerschaft erfolgen, den Traditionalisierungseffekt überschätzen. Sie weisen jedoch darauf hin, dass auch bei einer früheren Baseline-Messung die Veränderungsrichtung eindeutig bleibt.

In seiner langfristig angelegten Längsschnittstudie zum Übergang zur Elternschaft beobachtet Petzold (1991) zwei Monate nach der Geburt des Kindes eine stark ungleiche Beteiligung von Müttern und Vätern an der Kinderbetreuung, die sich bis zum sechsten Lebensjahr des Kindes etwas verschärft: Gaben die Väter kurz nach der Geburt an, ihr Kind wochentags im Schnitt 4,83 Stunden zu sehen (gegenüber 20,78 Stunden für die Mütter), kommen sie fünf Jahre später nur auf 3,63 Stunden (gegenüber 4,83 Stunden für die Mütter). Beeindruckend sind sind die Effekte des kindlichen Alters auf den zeitlichen Umfang der Eltern-Kind-Interaktion, die den Geschlechtsunterschied nahezu aufheben.

Längsschnittsdaten einer großen, repräsentativen Stichprobe (mit initial 1.528 Erstehen und 877 Ehepaaren in der letzten Erhebungswelle) zu den geschlechtsspezifischen Erwerbsmustern von kinderlos bleibenden Paaren und Paaren im Übergang zur Elternschaft stellen Schneewind, Vaskovics und Mitarbeiter (1996) vor. Frauen und Männer, die in den ersten sechs Ehejahren kinderlos blieben, unterschieden sich kaum in ihrem Erwerbsmuster, Vollzeit-Berufstätigkeit über die gesamte betrachtete Zeitspanne war das vorherrschende Muster. Unter den Paaren, die im Erhebungszeitraum eine Familie gründeten, zeigte sich jedoch die erwartete geschlechtsspezifische Allokation der Erwerbstätigkeit: Die Väter übernahmen die Brotverdiener-Funktion, während die Mütter ihre Berufstätigkeit unterbrachen, reduzierten oder aufgaben. Nur fünf Prozent der Mütter blieben über die gesamten sechs Jahre hinweg berufstätig.

Die Geburt des ersten Kindes ist nicht nur ein gravierender Einschnitt in das Leben der Frauen und Männer, die Eltern werden. Auch die Paarbeziehung ändert sich mit der Übernahme der Elternrolle stark. Trotz der gewandelten Wertvorstellungen, die eine gleichberechtigte Verteilung von Rechten und Pflichten innerhalb der Partnerschaft favorisieren, löst der Übergang in die Elternschaft regelmäßig eine Umverteilung der Rollen und Verantwortungsbereiche im Sinne traditioneller Geschlechtsrollen aus: Die Männer konzentrieren sich verstärkt auf ihren Beruf, die Frauen reduzieren ihr berufliches Engagement und übernehmen die familiären Aufgaben. Dieser „Traditionalisierungseffekt" im Übergang zur Elternschaft ist gut dokumentiert. Unklar ist hingegen, weshalb die Familiengründung trotz weitverbreiteter egalitärer Rollenauffassungen und trotz mancher Bemühungen zur Gleichstellung der Geschlechter immer noch zur Wiederholung des traditionellen Rollenmusters führt. Einige Ergebnisse der laufenden Längsschnittstudie deuteten darauf hin, dass die Umverteilung von Aufgaben im Sinne traditioneller Geschlechtsrollen nicht nur die Aufteilung von Berufstätigkeit, Hausarbeit und Kinderbetreuung betrifft, sondern dass auch die Zuschreibung der Verantwortung für den Eintritt der Schwangerschaft (Kausalattribution) gemäß traditioneller Rollenerwartungen geschieht. Wir betrachten somit nicht nur die Neubestimmung der Geschlechterbeziehung innerhalb der Familie in den einzelnen Lebensbereichen, sondern fragen auch nach den Dynamiken, die zur Persistenz der traditionellen Geschlechtsrollen beitragen.

4.2.2   Ergebnisse der LBS-Familien-Studie

Bei der Darstellung der Ergebnisse schildern wir zunächst die typischen Veränderungen in den einzelnen Rollen oder Lebensbereichen, bevor wir die aufgeworfenen komplexeren Fragen behandeln (zu den Variablen, ihren Verteilungen oder zu den Messeigenschaften der Skalen siehe Kapitel 2.1).

Differentielle Erwerbsverläufe von Müttern und Vätern

Um die beruflichen Karrieren der Frauen und Männer unserer Stichprobe zu beschreiben, nutzen wir zunächst den Erwerbsstatus, also die Angabe, ob die Person zu einem gegebenen Zeitpunkt erwerbstätig ist oder nicht. Die Kategorie der Erwerbstätigkeit unterteilen wir in Vollzeit-Erwerbstätigkeit und in Teilzeitbeschäftigung (siehe Tabelle 4.2.1). Die Erstmütter waren bei Eintritt der Schwangerschaft zu 79 Prozent erwerbstätig, zu 21 Prozent nicht erwerbstätig (19 Prozent der Erstmütter befanden sich noch in der Ausbildung, 2 Prozent waren arbeitslos). Bei den Erstvätern ergibt sich für diesen Zeitpunkt ein ähnliches Bild: 82 Prozent waren erwerbstätig, 18 Prozent waren nicht erwerbstätig (17 Prozent in Ausbildung, 1 Prozent arbeitslos). Die etwas höhere Erwerbsbeteiligung der Männer zu Beginn der Schwangerschaft lässt sich mit dem Altersunterschied zwischen den Partnern erklären. Vor der Geburt des ersten Kindes unterscheiden sich Männer und Frauen demnach nicht in der Erwerbsbeteiligung. Die Teilzeitarbeit ist allerdings bereits zu diesem Zeitpunkt unter den Frauen weiter verbreitet als unter den Männern. Eineinhalb Jahre nach der Familiengründung und auch noch drei Jahre nach der Geburt des Kindes ist jede zweite Frau erwerbslos, bei den Männern beträgt diese Quote jedoch unter zehn Prozent. Bei den Zweiteltern hat sich die traditionelle Zuweisung der Brotverdiener-Rolle noch fester etabliert. Hier beträgt die Quote der erwerbslosen Frauen vor der Schwangerschaft und 18 Monate nach der Entbindung jeweils über 60 Prozent und fällt erst nach drei Jahren auf etwa 49 Prozent ab. Die Erwerbstätigkeit der Mütter mit mehreren Kindern bedeutet in nahezu allen Fällen Teilzeitbeschäftigung. Demgegenüber stellt die Vollerwerbstätigkeit für Zweitväter die Norm dar.

Die unterschiedlichen Erwerbsmuster von Müttern und Vätern spiegeln sich auch im zeitlichen Umfang der Erwerbstätigkeit. Mit jeweils etwa 30 Stunden pro Woche arbeiten die kinderlosen Frauen und Männer ungefähr gleichviel. Eineinhalb Jahre nach der Geburt des Kindes liegt die durchschnittliche Wochenarbeitszeit der Frauen unter zehn Stunden, die Wochenarbeitszeit der Männer ist dagegen auf etwa 40 Stunden angestiegen (siehe Abbildung 4.2.1, links). Dieses traditionelle Erwerbsmuster ist bei der Gruppe der Zweiteltern bereits fest etabliert und über die Jahre stabil (rechts).

Unsere Daten zur Erwerbstätigkeit von werdenden Müttern, die ihr erstes bzw. ihr zweites Kind erwarten, entsprechen den Zahlen, die Quaiser-Pohl

(1996, S. 120f., Abb. 10 und 11) für ihre deutsche Stichprobe vorlegt. Die in unserer Stichprobe beobachteten Erwerbsquoten der Mütter decken sich mit aktuellen amtlichen Statistiken (Bauereiss, Bayer & Bien, 1997, S. 32).

Tabelle 4.2.1: Verteilung des Erwerbsstatus' nach Elterngruppe, Geschlecht und Zeitpunkt (Angaben in Prozent)

	F r a u e n				**M ä n n e r**			
	vollzeit	teilzeit	erwerbslos	(N)	vollzeit	teilzeit	erwerbslos	(N)
Ersteltern vorher (T1)	66	13	21	(91)	77	5	18	(88)
nach 18 Monaten (T4)	7	45	48	(84)	86	8	6	(83)
nach 34 Monaten (T5)	7	45	48	(84)	86	12	3	(80)
Zweiteltern vorher (T1)	10	30	61	(84)	90	3	7	(71)
nach 18 Monaten (T4)	4	33	63	(71)	92	3	5	(63)
nach 34 Monaten (T5)	4	46	49	(67)	93	4	4	(57)

Anmerkung: Aufgrund von Rundungen kann die Summe der Prozentwerte von dem Wert 100 abweichen.

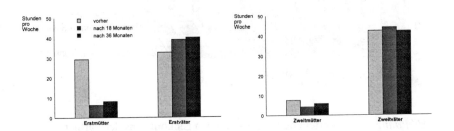

Abbildung 4.2.1: Veränderung der Wochenarbeitszeit von Frauen und Männern vom Eintritt der Schwangerschaft (T1) bis drei Jahre nach der Geburt des Kindes (T5), differenziert nach Elterngruppe (erstes Kind vs. zweites Kind)

113

Umgewichtung des Einkommens

Der Rückzug der Frauen aus dem Beruf bleibt nicht ohne Folgen für die Machtbalance in der Partnerschaft, sofern man die finanziellen Beiträge beider Partner zum Haushaltseinkommen als ein Faktor der innerfamiliären Machtverteilung wertet. Die zunehmende Abhängigkeit der Frau von ihrem Partner lässt sich illustrieren, wenn man die Familien zu unterschiedlichen Zeitpunkten der Familienentwicklung betrachtet. Vor der Familiengründung unterscheiden sich Frauen und Männer nicht in der Einkommensverteilung. Die meisten Frauen und Männer verdienen zwischen 2.000 und 3.000 Mark netto pro Monat (siehe Abbildung 4.2.2, hintere Säulenreihen). Mit dem Fortschreiten im Familienzyklus werden die Einkommensverteilungen von Frauen und Männern zunehmend unähnlich. Drei Jahre nach der Geburt des nachfolgenden Kindes verfügen 46 Prozent der Frauen über keinerlei persönliches Einkommen (Abbildung 4.2.2, vordere Säulenreihe).

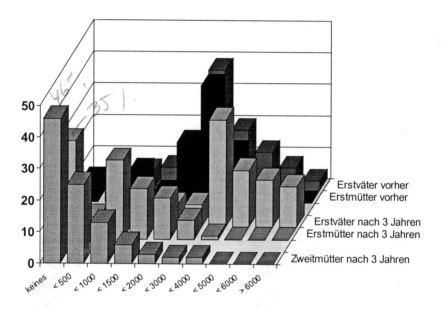

Abbildung 4.2.2: Verteilung des persönlichen Einkommens der Partner vor Eintritt der Schwangerschaft (hinten: Ersteltern zu T1), drei Jahre nach der Geburt des ersten Kindes (T5) sowie drei Jahre nach der Geburt eines nachfolgenden Kindes (vordere Reihe: Zweitmütter zu T5)

Neuverteilung der Hausarbeit

Die Umverteilung der Hausarbeit im Übergang zur Elternschaft kann in den Familien untersucht werden, die ihr erstes Kind bekommen. Die Verteilungen zu vier verschiedenen Zeitpunkten sind in Tabelle 4.2.2 dargestellt. Wir greifen hierzu auf die Angaben der Frauen zurück.

Beide Partner unterscheiden sich trotz nachweisbarer systematischer Urteilsverzerrungen kaum in der Schilderung der Aufgabenteilung. Einige Erfahrungen deuten darauf hin, dass die Berichte der Frauen zutreffender (valider) sind als die der Männer. So stehen die Einschätzungen der Frauen in systematischem Zusammenhang zur subjektiven Zufriedenheit mit dieser berichteten Aufteilung.

Bei der Aufteilung und Neuverteilung der einzelnen Tätigkeiten lassen sich folgende Aufgabenklassen unterscheiden:

1. Die ersten vier Aufgaben (Waschen und Bügeln, Einkäufe, Kochen) stellen typisch weibliche Haushaltsaufgaben dar, auf die sich auch andere Studien besonders konzentrieren. Diese Arbeiten fallen schon in den kinderlosen Haushalten eindeutig in den Verantwortungsbereich der Frau und werden fast in keinem Haushalt und zu keinem der betrachteten Zeitpunkten allein von dem Mann übernommen. Gleich nach der Geburt des Kindes schnellt der Anteil der Familien, in denen ausschließlich die Frau hierfür zuständig ist, auf knapp 80 Prozent hoch und bleibt über die weiteren 30 Monate auf diesem hohen Niveau. Zwei weitere Aufgaben, nämlich Aufräumen und Putzen sowie der Abwasch, gelten ebenfalls gemeinhin als typisch weiblich. Hier ist die Mitwirkung der Männer während der Schwangerschaft jedoch ausgesprochen hoch, die Aufgaben werden erst in der Folge zu typisch weiblichen Haushaltsaufgaben.

2. Die nächsten sechs Aufgaben der Tabelle scheinen durch die Art der Tätigkeit dafür prädestiniert, von beiden Partnern gemeinsam erledigt zu werden, teils weil sie einen sozialen oder geselligen Aspekt haben (Geschenke besorgen, an Geburtstage denken, Kontakt halten zu Freunden, Gäste bewirten), teils weil die Mitwirkung beider Partner für die sinnvolle Aufgabenerfüllung erforderlich scheint (Urlaubsplanung, Großeinkäufe). Tatsächlich fällt die Beteiligung der Männer an diesen Verpflichtungen vergleichsweise hoch aus, bei einzelnen Aufgaben sogar bis drei Jahre nach der Geburt des Kindes. Nicht zu übersehen ist natürlich die Ungleichbelastung beider Geschlechter. Wir finden fast keine Familien, in denen der Mann die Aufgaben komplett übernimmt, wohl aber sehr viele Familien, in denen diese Aufgaben vollständig an der Frau hängenbleiben. Die Umverteilung der Arbeiten zu Lasten der Frau hält sich in dieser Aufgabenklasse in Grenzen.

3. Eine letzte Aufgabenklasse bilden jene Tätigkeiten, die gemeinhin als typisch männlich bezeichnet werden. Dies trifft jedoch allenfalls für zwei

Aufgaben zu (das Auto instand halten, Reparaturen im Haushalt), die konstant in zwei Drittel bis drei Viertel der Haushalte ausschließlich vom Mann erledigt werden. Bei den anderen vier Aufgaben (Schriftverkehr und Behördenangelegenheiten, unangenehme Telefonate, Abfallentsorgung, Verwaltung der Finanzen) ist die Verteilung spätestens drei Jahre nach der Geburt des Kindes recht ausgewogen. Demnach kommt es auch in dieser Aufgabenklasse zu einer Umverteilung zuungunsten der Frau.

4. Die zusätzlich eingestreute Frage nach der Verantwortung für die gesamte Planung des Alltags ist weniger als eine summarische Einschätzung über die verschiedenen Einzeltätigkeiten zu verstehen. In dieser Frage wird vielmehr die Koordination der im Alltag anfallenden Hausarbeit angesprochen. Wie aus der Tabelle zu ersehen ist, übernehmen bereits 14 Prozent der Schwangeren diese Funktion, in 86 Prozent der kinderlosen Haushalte planen und koordinieren beide Partner die im Haushalt anfallenden Aufgaben. Nach der Geburt des Kindes wandert die Verantwortung für die gesamte Planung in etwa 40 Prozent der Familien schrittweise in den alleinigen Zuständigkeitsbereich der Frau.

Die aufgabenspezifischen Allokationseinschätzungen wurden zu einem Gesamtmaß zusammengefasst, das die selbsteingeschätzte Belastung der Partner wiedergibt. Anhand dieses griffigen Indikators kann die Neuverteilung der Hausarbeit klar illustriert werden (siehe Abbildung 4.2.3). Insbesondere nach der Geburt des ersten Kindes – die Daten der Ersteltern beleuchten den Übergang zur Elternschaft – setzt sich auch hinsichtlich der Hausarbeit eine stärker traditionelle Rollenzuweisung durch. Die Männer ziehen sich aus diesem Aufgabenbereich weiter zurück und überlassen die Erledigung der Hausarbeit weithin ihren Partnerinnen.

Eine 2×(4×2)-Varianzanalyse der Beteiligung an der Hausarbeit mit dem Gruppierungsfaktor „Elterngruppe" (Ersteltern vs. Zweiteltern) und den Messwiederholungsfaktoren „Zeitpunkt" (T1 = im letzten Drittel der Schwangerschaft; T3 = nach 4 Monaten; T4 = nach 18 Monaten; T5 = nach 34 Monaten) und „Geschlecht" (Frau vs. Mann) bringt einen höchstsignifikanten Haupteffekt für das Geschlecht ($F[1, 104] = 156.82$; $p < .001$ – deutlich höhere Beteiligung der Frau) und eine höchstsignifikante Interaktion von Zeitpunkt und Geschlecht ($F[3, 312] = 21.94$; $p < .001$ – stark unterschiedliche Veränderungen für Frauen und Männer). Die Interaktion von Elterngruppe und Zeitpunkt verfehlt knapp die konventionelle Signifikanzgrenze ($F[3, 312] = 2.55$; $p < .06$ – stärkere Schwankungen bei den Ersteltern), bei halbierter Irrtumswahrscheinlichkeit für die gerichtete Unterschiedshypothese wäre der Effekt jedoch signifikant. Die signifikante Dreifachinteraktion (Elterngruppe × Zeitpunkt × Geschlecht: $F[3, 312] = 3.39$; $p < .05$) bestätigt, dass die Umverteilung der Hausarbeit zu Lasten der Frau bei den Ersteltern stärker ausfällt.

Tabelle 4.2.2: Wer tut was im Haushalt? Anteil der Ersteltern-Paare, bei denen die Frau die jeweilige Aufgabe allein übernimmt, bei denen beide Partner die Aufgabe erledigen bzw. bei denen der Mann die Aufgabe allein übernimmt (in Prozent)

	Schwangerschaft (T1)			4 Monate (T3)			18 Monate (T4)			34 Monate (T5)		
	Frau	beide	Mann	Frau	beide	Mann	Frau	beide	Mann	Frau	beide	Mann
Waschen, Bügeln	68	31	1	81	19	0	74	26	0	76	24	0
Einkaufslisten erstellen	63	36	1	78	21	1	76	24	0	76	22	1
tägliche Einkäufe	60	39	1	78	21	1	82	17	1	79	20	1
Kochen	57	40	3	76	24	0	76	23	1	79	20	1
Geschenke besorgen	52	48	0	61	39	0	68	32	0	69	31	0
an Geburtstage denken	44	55	1	49	50	1	59	40	1	55	44	1
Aufräumen, Putzen	23	77	0	64	33	3	62	38	0	72	28	0
Abwasch	25	74	1	47	53	0	52	48	0	59	39	2
Kontakt zu Freunden	11	89	0	13	87	0	20	80	0	27	72	1
Gäste bewirten	18	80	2	26	74	0	27	72	1	26	69	5
Urlaubsplanung	9	89	2	12	86	3	14	85	1	14	84	2
Großeinkäufe	15	81	3	26	66	8	41	54	5	38	56	6
Schriftverkehr, Behörden	14	67	19	19	62	19	21	45	33	21	52	27
unangenehme Telefonate	14	59	26	17	60	23	20	57	23	19	54	27
Abfall entsorgen	11	53	36	17	58	26	25	52	23	25	55	20
Finanzen verwalten	9	53	38	16	45	39	11	46	43	16	42	41
Reparaturen im Haushalt	1	26	73	1	28	70	2	27	71	4	31	65
Auto instand halten	4	23	73	4	21	75	6	19	74	5	28	67
Verantwortung für die gesamte Planung	14	86	0	36	64	0	59	41	0	55	44	1

Anmerkungen: Angaben der Frau. Aufgrund von Rundungen kann die Summe der Prozentwerte von dem Wert 100 abweichen.
T1: $N \geq 78$; T3: $N \geq 67$; T4: $N \geq 77$; T5: $N \geq 79$

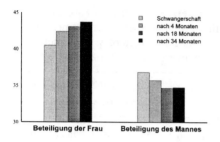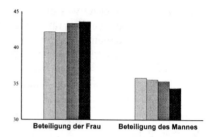

Abbildung 4.2.3: Belastung der Partner durch die Hausarbeit von der Schwangerschaft bis 34 Monate nach der Geburt des Kindes bei Ersteltern (linke Grafik) und Zweiteltern (rechte Grafik)

Beteiligung von Müttern und Vätern an der Versorgung des Kindes

Die zunehmend traditionelle Rollenverteilung zwischen Frau und Mann nach der Familiengründung zeigt sich weniger deutlich in der Beteiligung der Eltern an der Betreuung und Versorgung ihrer Kinder. Zum einen fallen diese Aufgaben erst an, wenn das Kind da ist, so dass es schwerfällt, Veränderungen in dieser Übergangsphase nachzuzeichnen. Zum anderen variieren Form und Menge der anfallenden Aufgaben mit dem Alter und Entwicklungsstand des Kindes. Je selbständiger das Kind wird, desto weniger Pflege und Versorgung braucht es in manchen Bereichen. Andererseits wachsen mit zunehmendem Alter Aktivitätsniveau, Explorations- und Erfahrungsdrang sowie Verhaltensrepertoire des Kindes an, was die Eltern sowohl entlastet als auch stärker fordert.

Vier Monate nach der Entbindung hatten wir für elf unterschiedliche Tätigkeiten der Betreuung und Versorgung des Kindes erfragt, wer diese Aufgaben übernimmt. Dieser Fragensatz wurde bei den darauffolgenden Befragungen an den Entwicklungsstand des Kindes angepasst und weiter ergänzt. Für den Zeitpunkt der Schwangerschaft wurden vier Tätigkeiten betrachtet, die mit der Vorbereitung auf die Elternschaft zu tun haben. Die Aufteilung dieser ausgewählten Aufgaben zwischen den Eltern ist in Tabelle 4.2.3 wiedergegeben. Im letzten Dritten der Schwangerschaft (T1) werden alle Vorbereitungen mehrheitlich gemeinsam getroffen; in den anderen Fällen ist dies die alleinige Aufgabe der Frau. Von den elf Aufgaben, die vier Monate nach der Entbindung fokussiert wurden (T3), werden nur vier mehrheitlich egalitär geteilt (Windeln wechseln, Spielen, das Kind baden, das Kind zu Bett bringen), sieben Aufgaben übernimmt typischerweise die Mutter. Eineinhalb Jahre nach der Geburt (T4) werden acht von zwölf Aufgaben in

Tabelle 4.2.3: Wer tut was mit dem bzw. für das Kind? Anteil der Erstel-tern-Paare, bei denen die Frau die jeweilige Aufgabe allein übernimmt, bei denen beide Partner die Aufgabe erledigen bzw. bei denen der Mann die Aufgabe allein übernimmt (in Prozent)

	Schwangerschaft (T1)			4 Monate (T3)			18 Monate (T4)			34 Monate (T5)		
	Frau	beide	Mann	Frau	beide	Mann	Frau	beide	Mann	Frau	beide	Mann
Kinderzimmer einrichten	13	87	0									
Information üb. Entbindung	42	58	0									
Information über Erziehung	35	65	0	55	45	0	62	38	0	72	27	1
Kindersachen einkaufen	46	54	0	72	28	0	81	19	0			
– Kinderkleidung einkaufen										84	16	0
– Kinderspielzeug einkaufen										59	41	0
das Kind anziehen				50	49	1	48	52	0	45	55	0
Windeln wechseln				38	60	1	24	76	0			
–Sauberkeitserziehung („Töpfchen")										31	69	0
das Kind füttern				64	35	1						
– sich beim Essen ums Kind kümmern							20	80	0	20	79	1
Spielen mit dem Kind				4	95	1	5	94	1	7	90	2
Kinderbetreuung organisieren				54	46	0	30	70	0	66	33	1
Besuche beim Kinderarzt				67	33	0	71	29	0	76	24	0
nachts das Kind versorgen				79	19	1						
– sich nachts ums Kind kümmern							54	44	2	40	55	5
das Kind baden				27	64	9	18	80	2	17	74	10
das Kind zu Bett bringen				28	71	1	25	71	4			
– fürs Bett fertigmachen										21	67	12
– zu Bett bringen										20	74	6
das Kind bei Krankheiten betreuen							41	59	0	51	49	0
mit dem Kind spazierengehen										31	67	2
Kinderfeste organisieren										78	21	1
mit dem Kind auf den Spielplatz gehen										42	58	0
andere Kinder einladen										79	19	2
Vorbereitungen für Ausflüge										71	29	0

Anmerkungen: Angaben der Frau. Aufgrund von Rundungen kann die Summe der Prozent-werte von dem Wert 100 abweichen.
T1: $N \geq 90$; T3: $N \geq 68$; T4: $N \geq 79$; T5: $N \geq 80$

den meisten Familien von beiden Eltern erledigt, für vier Aufgaben ist typischerweise die Mutter zuständig. Von den 19 ausgesuchten Beschäftigungen mit dem knapp dreijährigen Kind (T5) werden zehn in den meisten Familien von Frau und Mann übernommen, die neun anderen sind am häufigsten in der Verantwortung der Mutter. Zu keinem der betrachteten Zeitpunkte ist es für eine dieser Aufgaben die Norm, dass der Mann sie alleine übernimmt. Bei den zwei Aufgaben, die zu allen vier Befragungsterminen berücksichtigt wurden (Information über die Erziehung und Entwicklung von Kindern, Einkauf von Kindersachen), beobachten wir eine klare Abnahme der väterlichen Beteiligung. In anderen Bereichen finden wir jedoch eine konstante und hohe Beteiligung des Mannes von T3 bis T5 (mit dem Kind spielen, das Kind baden, das Kind zu Bett bringen). Die Gestaltung der Elternschaft liefert also ein differenziertes Bild. Trotzdem sind verallgemeinernde Aussagen möglich. In Tabelle 4.2.3 sind insgesamt 46 Verteilungen dargestellt. Die Hälfte dieser Verteilungen (es sind exakt 23) hat eines gemeinsam: In keiner einzigen Familie ist der Mann allein zuständig für diese Aufgabe. Der umgekehrte Fall – die Frau hat eine unterstützende Funktion, übernimmt die Aufgabe aber nicht vollkommen – lässt sich nirgends finden. Die in der Familie anfallenden Aufgaben, die aus der Elternrolle erwachsen, sind demnach nicht egalitär verteilt. Im Einklang mit traditionellen Konzepten von Mutterschaft und Vaterschaft ist die Sorge um das Kind primär Aufgabe der Frau.

Normative Überzeugungen zu den traditionellen Geschlechtsrollen

Die deutliche Unterscheidung der beiden Elternrollen, also der Mutterschaft und der Vaterschaft, zeigt sich nicht nur im tatsächlichen Verhalten von Frauen und Männern nach der Familiengründung, sie stützt sich auch auf geschlechtsspezifische normative Erwartungen, die übrigens von Frauen und Männern und von Erst- und Zweiteltern übereinstimmend geäußert werden. So sehen die männlichen und die weiblichen Teilnehmer unserer Untersuchung den Vater eines dreijährigen Kindes in der Pflicht, das Familieneinkommen zu sichern und dem Kind materiellen Wohlstand zu bieten. An die Mutter wird diese Erwartung nicht gerichtet; ein Verzicht der Mutter auf ihre berufliche Karriere wird jedoch nicht so vehement gefordert. Auch die Selbstaufopferung zugunsten des Kindes (im Fragebogen angesprochen als der Verzicht auf eigene Interessen) und die Beaufsichtigung des Kindes („das Kind im Auge behalten, wenn beide Eltern anwesend sind") gelten für unsere Stichprobe nicht als primäre Pflichten der Mutter (siehe Abbildung 4.2.4). Gleiches gilt für eine ganze Reihe weiterer Aspekte des Erziehungsverhaltens, bei denen die Erwartungen an eine Mutter und an einen Vater ähnlich aussehen (Kalicki, Peitz & Fthenakis, 2002). Die Brotverdiener-Rolle des Vaters ist fester Bestandteil der Vorstellungen von der Familie (Bernard, 1981).

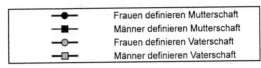

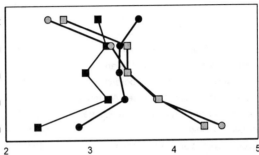

Abbildung 4.2.4: Normative Vorstellungen von Frauen und Männern zur Mutterrolle und zur Vaterrolle (Frageformulierung: „Gehört dies zur Verantwortung der Mutter?" bzw. „Gehört dies zur Verantwortung des Vaters?"; Antwortmöglichkeiten von 0 = „überhaupt nicht" bis 6 = „voll und ganz")

Zur Reichweite des Traditionalisierungseffekts

Beschränkt sich die Neubestimmung des Geschlechterverhältnisses in der Partnerschaft auf die Umverteilung beruflicher und familiärer Aufgaben oder ist dies ein umfassenderer Veränderungsprozess, der sehr viel weiter reicht? Einen ersten Hinweis darauf, dass mit der Traditionalisierung der sozialen Rollen von Frauen und Männern die Lebenswelten beider auseinanderdriften, fanden wir bei der Analyse der Wohnbedürfnisse unserer Studienteilnehmer.

Welche Merkmale einer Wohnung tragen nun am stärksten zur Zufriedenheit junger Familien mit der Wohnsituation bei? Um diese Frage beantworten zu können, wurden die Teilnehmer eineinhalb Jahre nach der Geburt des Kindes (T4) gebeten, ihre Wohnung und die Wohnumgebung anhand ausgewählter Kriterien zu beurteilen. Insgesamt waren 17 verschiedene Aspekte vorgegeben (z. B. die Größe der Wohnung, der bauliche Zustand, das soziale Wohnumfeld), die anhand einer abgestuften Bewertungsskala (von -2 = „äußerst ungünstig" bis +2 = „äußerst günstig") einzuschätzen waren. Außerdem sollten die Befragten angeben, wie zufrieden sie mit ihrer Wohnsituation sind, und zwar mit der Wohnung selbst, unabhängig von den Wohnkosten. Anhand der differenzierten Beschreibungen der Wohnsituation und

Tabelle 4.2.4: Korrelation der Beurteilung der eigenen Wohnung hinsichtlich ausgewählter Merkmale und der summarischen Zufriedenheit (Messzeitpunkt T4, Erst- und Zweiteltern zusammengefasst)

	Frauen		Männer	
	r	Rang	r	Rang
Größe der Wohnung insgesamt	.59***	(1)	.59***	(1)
Möglichkeit zu Erholung im Freien	.56***	(2)	.50***	(5)
Platz für das Kind im Wohnbereich	.49***	(3)	.56***	(2)
Rückzugsmöglichkeiten in der Wohnung	.49***	(3)	.52***	(3)
praktische Anordnung der Wohnräume	.45***	(5)	.52***	(3)
soziales Umfeld	.41***	(6)	.31***	
Erreichbarkeit von Grünanlagen	.40***	(7)	.41***	
Hellhörigkeit von Wohnung und Gebäude	.39***		.43***	(7)
Spielmöglichkeiten rund ums Haus	.33***		.45***	(6)
bequeme Erreichbarkeit der Wohnung	.31***		.30***	
gesundheitsgefährdende Bauschäden	.27**		.32***	
Verkehrssicherheit	.25**		.43***	(7)
Kinderfreundlichkeit der Nachbarn	.20*		.38***	
Kontaktmöglichkeiten (Treffpunkte)	.21**		.41***	
Lärmbelästigung durch Straßenverkehr	.18*		.29**	
Verkehrsanbindung	.06		-.02	
Einkaufsmöglichkeiten	-.02		.14	

Anmerkungen: $N \geq 155$ (Frauen) bzw. $N \geq 139$ (Männer)
* $p < .05$ ** $p < .01$ *** $p < .001$ (zweiseitige Tests)

der miterhobenen Zufriedenheit der Eltern kann ermittelt werden, welche Wohnungsmerkmale zur Wohnzufriedenheit beitragen und welche Faktoren sich nicht auf die Wohnzufriedenheit auswirken. Die Ergebnisse sind, für Frauen und Männer getrennt, in Tabelle 4.2.4 zusammengefaßt. Festzuhalten ist, dass die Familien nicht gefragt wurden, welche Eigenschaften ihrer Wohnung ihnen als wichtig und welche ihnen als unwichtig erscheinen. Die Punkte, die in der Tabelle als nicht bedeutsam für die Wohnzufriedenheit aufgeführt sind, mögen den Befragten durchaus als wichtig oder als wünschenswert erscheinen. Aspekte, die hier als bedeutsam bezeichnet werden, stehen vielmehr in enger Verbindung zur Zufriedenheit der Eltern mit ihrer Wohnsituation. Die Aspekte, die hier als bedeutungslos bezeichnet werden, stehen in keinem Zusammenhang zur Zufriedenheit. Die Auflistung in Tabelle

4.2.4 entspricht dabei dem Gewicht dieser Faktoren für die Wohnzufriedenheit (Rangreihe der Korrelationen).

Sowohl bei den Müttern wie bei den Vätern sind die Wohnungsgröße und ausreichender Platz für das Kind im Wohnbereich bedeutsame Merkmale. Je mehr Wohnraum der Familie zur Verfügung steht, desto zufriedener sind die Eltern. In der Tabelle tun sich jedoch auch Unterschiede zwischen Müttern und Vätern auf, die auf unterschiedliche Wohnbedürfnisse und Unterschiede im Wohnverhalten von Müttern und Vätern schließen lassen. Väter sehen die Wohnung demnach vorrangig als Ort der Erholung und Entspannung. Sie legen Wert auf Ruhe (keine hellhörige Wohnung), ausreichend viel Platz (Wohnungsgröße) und Ungestörtheit (Rückzugsmöglichkeit). Sie schätzen Spielmöglichkeiten rund ums Haus und Verkehrssicherheit. Für Mütter muß die Wohnung andere Funktionen erfüllen. Neben der Größe der Wohnung ist zusätzlicher Platz im Freien wichtig, der mitgenutzt werden kann (Garten, Terrasse, Balkon). Auch das soziale Umfeld, in dem das Kind aufwächst und die Erreichbarkeit von Grünanlagen oder Parks trägt zur Wohnzufriedenheit der Mütter bei. Die Wohnbedürfnisse der Mütter sind stärker auf das Kind und die Betreuung, Beaufsichtigung und Versorgung des Kindes ausgerichtet. Die Bedürfnisse der Väter spiegeln zum einen ihren Wunsch nach Ruhe und Erholung wieder, verweisen aber auch auf typische Vater-Kind-Interaktionen wie Spielen, Raufen oder Herumtollen.

Auch in der Zuschreibung der Verantwortung für den Eintritt der Schwangerschaft zeigt sich der übergangsbedingte Trend hin zu einem traditionellen Rollenmuster. Dies zeigen die Einschätzungen der Befragten, wer wieviel getan hat, eine Schwangerschaft herbeizuführen oder zu vermeiden. Doch weshalb eine solche Frage nach der Verantwortung für die Schwangerschaft und nach der Abwägung der Beiträge beider Partner, wo doch klar ist, dass beide Eltern an der Zeugung des Kindes beteiligt waren? Keines unserer Paare hatte eine künstliche Befruchtung durchführten lassen, alle Kinder kamen auf natürlichem Weg zur Welt (vgl. Kapitel 4.5). Was auf den ersten Blick trivial scheint, macht psychologisch jedoch Sinn. Die möglichen Anstrengungen oder Maßnahmen, auf den Eintritt eine Schwangerschaft hinzuarbeiten, reichen vom Äußern des Kinderwunsches gegenüber dem Partner bis hin zur Wahl und Anwendung der verfügbaren Techniken zur Familienplanung wie Hormonbehandlung oder künstliche Befruchtung. Und die denkbaren Anstrengungen, eine Schwangerschaft zu verhindern, umfassen die Ablehnung des Kinderwunsches im gemeinsamen Gespräch; Versuche, dem Partner den Kinderwunsch auszureden; die fehlende Bereitschaft, mit dem anderen zu schlafen und schließlich die unterschiedlich sicheren Methoden der Empfängnisverhütung, die ihrerseits wiederum unterschiedlich konsequent genutzt werden können.

Tatsächlich schätzen Paare, die ihr erstes Kind erwarten, die Verantwortung beider Partner für den Eintritt der Schwangerschaft als etwa gleich

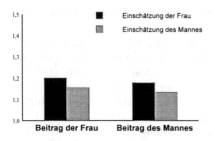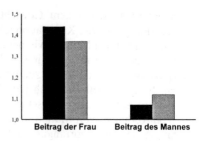

Abbildung 4.2.5: Wahrgenommene Verantwortung der Frau bzw. des Mannes
(Zielperson) für den Eintritt der Schwangerschaft nach
Ansicht von Frauen und Männern (Beurteiler), dargestellt
für Ersteltern (links) und Zweiteltern (rechts); Befragungszeitpunkt T1 (Schwangerschaft)

groß ein (siehe Abbildung 4.2.5, links). Paare, die ein nachfolgendes Kind
erwarten, die den Übertritt in die Elternrolle somit bereits erlebt haben,
schreiben der Frau eine höhere Verantwortung für die Schwangerschaft zu
(Abbildung 4.2.5, rechts).

In einer dreifaktoriellen Varianzanalyse der Verantwortungsratings mit dem between-
Faktor *Elterngruppe* (Ersteltern vs. Zweiteltern) und den Meßwiederholungsfaktoren
Geschlecht der Zielperson (Zutun der Frau vs. Zutun des Mannes) und *Beurteilergeschlecht* (Einschätzung der Frau vs. Einschätzung des Mannes) wird der Haupteffekt des
Zielpersonengeschlechts signifikant (F [1, 171] = 9.71; p < .01]): Die Frau wird in stärke-
rem Maß verantwortlich gemacht für den Eintritt der Schwangerschaft als der Mann. Die
signifikante Interaktion von Elterngruppe und Zielpersonengeschlecht (Elterngruppe ×
Geschlecht der Zielperson: F [1, 171] = 7.26; p < .01) besagt, dass diese geschlechtsspezifische Verantwortungszuschreibung nur bei der Gruppe der Befragten auftritt, die den
Übergang in die Elternschaft bereits vollzogen hat. Das Ausbleiben jeglicher Effekte des
Beurteilergeschlechts, insbesondere aber der Interaktion Elterngruppe × Geschlecht der
Zielperson × Beurteilergeschlecht (F [1, 171] = 1.10; n.s.) zeigt, dass Männer und Frauen
in der geschlechtsspezifischen Verantwortungsattribution übereinstimmen.

Frauen, die ihr zweites oder drittes Kind erwarten, bekommen von ihren Partnern die Verantwortung für diese Schwangerschaft zugeschrieben und übernehmen auch selbst diese Verantwortung. Dieses Ergebnis wird als Effekt der
übergangsbedingten Traditionalisierung des Geschlechterverhältnisses interpretiert: Nach dem Übergang in die Elternschaft übernimmt der Mann verstärkt die Funktion des „Brotverdieners" und zieht sich aus den familiären
Aufgaben zurück, während die Frau verstärkt für familiäre Aufgaben verantwortlich ist. Die geschlechtsrollenkonforme Zuweisung von Aufgaben und
Verantwortungsbereichen betrifft dabei nicht nur die Allokation von Beruf,

Hausarbeit oder Kinderbetreuung, sondern auch die Zuschreibung der Verantwortung im Sinne der Ereignisverursachung.

Eine Alternativerklärung lautet nun, dass die Zweitmütter tatsächlich stärker bestimmen, ob und wann sie ein weiteres Kind bekommen. Die Übereinstimmung beider Partner in der Verantwortungszuschreibung ginge dann nicht auf einen Konsens in geschlechtsspezifischen normativen Erwartungen zurück, sondern auf die übereinstimmende Schilderung der Realität. Falls der faktische Einfluß der Zweitmütter auf die Entscheidung für ein weiteres Kind größer ist als der der Männer, während bei den Erste ltern beide Partner in gleichem Maße an der Entscheidung beteiligt waren, sollte sich dies auch in der Bewertung der Schwangerschaft niederschlagen. Im Einzelnen wäre zu erwarten, dass die emotionale Reaktion auf die Kenntnis der Schwangerschaft bei den Zweitmüttern besonders positiv ausfällt und dass die Schwangerschaft den Zweitmüttern besonders gelegen kommt. Beides trifft jedoch nicht zu.

Um die Erklärungsalternative zu testen, wurden die *emotionalen Bewertung der Schwangerschaft* (starke Freude, hoher Stolz, niedrige Bedrohlichkeit/Angst, geringer Ärger) in einem 2×(2)-Design mit den Faktoren *Elterngruppe* und *Geschlecht* betrachtet. Die erwartete Interaktion von Elterngruppe und Geschlecht bleibt jedoch ebenso aus (F [1, 150] = 0.04; n.s.) wie irgendwelche Haupteffekte. In einer analogen Varianzanalyse der *subjektiven Erwünschtheit der Schwangerschaft* tritt zwar der Haupteffekt Geschlecht auf (höhere Erwünschtheit für die Frauen: F [1, 171] = 6.49; $p < .05$), die erwartete Interaktion bleibt jedoch aus (F [1, 171] = 1.01; n.s.). Die Alternativerklärung, wonach Zweitmütter tatsächlich in stärkerem Maße bestimmen, dass sie ein Kind bekommen, findet also keine empirische Stützung.

Subjektive Einschätzungen und Bewertungen der Schwangerschaft und der bevorstehenden Elternschaft sind prinzipiell offen für Umdeutungen und Neubewertungen. Die intraindividuelle Variabilität ereignisbezogener Wahrnehmungen und Bewertungen macht kognitive Bewältigungsprozesse, die häufig auch unrealistische und illusionäre Einschätzungen umfassen (vgl. Taylor, 1983; Taylor & Brown, 1988), überhaupt erst möglich (individuelle Anpassungs- und Bewältigungsprozesse sind Thema von Kapitel 5.2). Wenn wir Lern-, Anpassungs- und Sozialisationseffekte im Übergang zur Elternschaft erwarten, erlaubt die längsschnittliche Erfassung von Veränderungen den saubersten Test dieser Annahme: Kinderlose Paare, die ihr erstes Kind erwarten, machen beide Partner gleichermaßen verantwortlich für den Eintritt der Schwangerschaft. In den nachfolgenden Jahren durchlaufen die jungen Eltern eine Reihe von Veränderungen, die zu einer Revision früherer Einschätzungen und Überzeugungen führen können. Um diese Hypothese testen zu können, haben wir den Teilnehmern drei Jahre nach der Geburt des Kindes erneut die Frage vorgelegt, wer wieviel zum Zustandekommen der inzwischen drei Jahre zurückliegende Schwangerschaft mit dem Zielkind beigetragen hat. Wir erwarten, dass auch die Erste ltern die Verantwortung nun gemäß traditioneller Rollenmuster stärker der Frau zuschreiben. Obgleich sich dies bei den Einschätzungen der Männer andeutet (siehe Abbildung 4.2.6), ist diese Veränderung statistisch nicht bedeutsam. Die Daten bestätigen demnach nicht die Vermutung, dass die Ersteltern ihre initialen Verantwortungszuschreibungen revidieren.

Eine (2×2×2)-MANOVA der Verantwortungsratings der Ersteltern mit den Messwiederholungsfaktoren *Geschlecht der Zielperson* (Zutun der Frau vs. Zutun des Mannes), *Beurteilergeschlecht* (Einschätzung der Frau vs. Einschätzung des Mannes) und *Messzeitpunkt* (wenige Monate vor vs. drei Jahre nach der Geburt des Kindes) liefert weder signifikante Haupteffekte noch signifikante Wechselwirkungen. Obwohl sich die erwartete Steigerung der perzipierten Verantwortung der Frau zumindest bei den Einschätzungen der Männer andeutet, wird unsere Hypothese nicht bestätigt. Allerdings ist zu bedenken, dass die für diese Analyse nutzbare Stichprobe durch den Wegfall von Untersuchungsteilnehmern von ursprünglich 91 Ersteltern-Paaren auf 58 Paare zusammengeschmolzen ist. Dies reduziert die Chancen, signifikante Effekte nachzuweisen, ganz erheblich.

MacDermid, Huston und McHale (1990) betrachten die Veränderung geschlechtsrollenbezogener Einstellungen ('Attitudes toward Women Scale'; Spence & Helmreich, 1973) bei Paaren im Übergang zur Elternschaft und einer Kontrollgruppe kinderloser Paare über zwei Jahre hinweg. Ihre Daten belegen eine Steigerung der traditionellen Einstellungen bei den Elternpaaren, während die kinderlosen Paare keine Einstellungsänderung zeigen. Auch Quaiser-Pohl (1996) untersucht in ihrer kulturvergleichenden Längsschnittstudie Veränderungen in Rolleneinstellungen, allerdings über ein sehr kurzes Zeitintervall von der Schwangerschaft bis zum dritten Lebensmonat des Kindes. Sie erhält widersprüchliche Ergebnisse, nämlich zunehmend egalitäre Einstellungen der Erstväter und zunehmend traditionelle Einstellungen der Zweitväter, jedoch keinerlei auffällige Veränderungen bei den Müttern. Dies immerhin passt zu dem Veränderungsmuster, das sich bei der Inspektion unserer Daten andeutet.

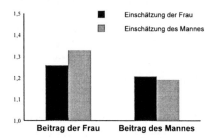 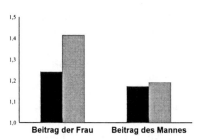

Abbildung 4.2.6: Wahrgenommene Verantwortung der Frau bzw. des Mannes (Zielperson) für den Eintritt der Schwangerschaft nach Ansicht von Erstmüttern und Erstvätern (Beurteiler), erfragt während der Schwangerschaft (linke Grafik) und drei Jahre nach der Geburt des Kindes (rechte Grafik)

Die Auswirkungen der Elternschaft auf die Persönlichkeit der Eltern sind Thema zahlreicher Studien (Antonucci & Mikus, 1988; Belsky, Rovine & Fish, 1992; Heinicke & Guthrie, 1992; McLaughlin & Micklin, 1983; Sieverding, 1992; Sirigano & Lachman, 1985; Waldron & Routh, 1981; zum Überblick: Heinicke, 1995). Für uns interessant ist die mehrfach untersuchte Frage, ob die Übernahme der Elternrolle und die damit verknüpfte Traditionalisierung des Rollenarrangements zu Veränderungen in zwei stereotypen Persönlichkeitsmerkmalen führt, der *Instrumentalität* (Maskulinität) und der *Expressivität* (Femininität). Je länger die untersuchte Zeitspanne nach der Familiengründung, desto eher sind solche Auswirkungen zu erwarten. Fraglich ist zudem, ob die Selbstwahrnehmung und die Wahrnehmung durch den Partner in gleichem Maße betroffen sind von dem erwarteten Wandel der Eigenschaftszuschreibungen.

Bei der Untersuchung geschlechtsstereotyper Persönlichkeitsmerkmale werden unterschiedliche Eigenschaften fokussiert und entsprechend vielfältige Messinstrumente genutzt (z. B. Carlson & Videka-Sherman, 1990; Hyde, Krnjnik & Skuldt-Niederberger, 1991; McCreary, 1990). Weitgehender Konsens besteht darin, Femininität als Expressivität zu definieren (Emotionalität, Fürsorglichkeit, Affiliation) und Maskulinität mit Instrumentalität gleichzusetzen (Unabhängigkeit, Selbstsicherheit, Leistungsorientierung). Der geschlechtsrollenkonforme Selbstkonzeptwandel im Übergang zur Elternschaft wurde früh postuliert, jedoch vorwiegend anhand von Querschnittsdaten untersucht (Feldman, Biringer & Nash, 1981; Spence & Helmreich, 1979).

Zur Prüfung von Mittelwertsunterschieden in den Persönlichkeitsmerkmalen Expressivität und Instrumentalität wurden separate 2×(4×2×2)-Varianzanalysen gerechnet, die den zweigestuften Gruppierungsfaktor „Elterngruppe", den vierfach gestuften Messwiederholungsfaktor „Messzeitpunkt" und die messwiederholten Faktoren „Zielperson" und „Beurteiler" berücksichtigten. Die MANOVA der *Expressivitätseinschätzungen* fördert hochsignifikante Haupteffekte des Zielpersonengeschlechts ($F [1, 103] = 12.24; p < .01$]) und des Messzeitpunkts zutage ($F [3, 309] = 21.42; p < .001$). Die Frauen besitzen demnach eine höhere Expressivität als die Männer – dieser Befund bestätigt vorherrschende Geschlechtsstereotype – und Frauen wie Männer zeigen eine Abnahme ihrer Expressivität über gesamte Zeitspanne. Zusätzlich lässt sich die Interaktion Beurteiler × Zielperson × Zeit nachgewiesen ($F [3, 309] = 15.70; p < .001$). Die MANOVA der *Instrumentalitätseinschätzungen* liefert eine hochsignifikante Wechselwirkung von Beurteiler und Zielperson (die Selbsteinschätzungen sind niedriger als die Fremdeinschätzungen; $F [1, 100] = 14.69; p < .001$) und sowie eine Wechselwirkung Beurteiler × Zielperson × Zeit (die Frauen beobachten eine Zunahme der eigenen Instrumentalität; $F [3, 300] = 3.67; p < .05$). Der Faktor der Elterngruppe spielt in keiner der Analysen eine Rolle, weder als Haupteffekt noch als interagierende Größe.

Die Ergebnisse stützen nicht die Vermutung, mit dem Wechsel zur traditionellen Rollenverteilung sei eine Zunahme der Expressivität und eine Abnahme der Instrumentalität der Frau sowie eine Abnahme der Expressivität und eine Zunahme der Instrumentalität des Mannes verbunden. Vielmehr beo-

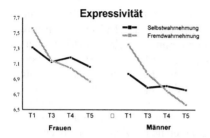
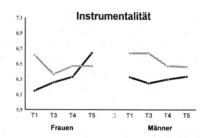

Abbildung 4.2.7: Veränderung der Expressivität (linke Grafik) bzw. der Instrumentalität (rechte Grafik) von Frauen und Männern in der Selbst- und in der Fremdwahrnehmung

bachten wir eine Abnahme der Expressivität der Frau und eine Zunahme ihrer Instrumentalität (siehe Abbildung 4.2.7). Selbst jene Personen, die die Übernahme der Elternrolle erstmalig erleben, zeigen nicht die erwarteten geschlechtsspezifischen Veränderungen. Unsere Beobachtungen decken sich mit den Ergebnissen einer australischen Studie, in der ebenfalls eine Abnahme der Expressivität von Erstleltern von der Schwangerschaft bis drei Monate nach der Geburt entdeckt wurde (Terry, McHugh & Noller, 1991), sowie mit dokumentierten Gruppenunterschieden zwischen Eltern und Kinderlosen in der emotionalen Expressivität (Ross & Van Willigen, 1996). Die Ergebnisse anderer Studien sind widersprüchlich (Palkovitz, 1988; Waldron & Routh, 1981), allerdings wird häufig ein sehr kurzes Zeitintervall von nur wenigen Wochen betrachtet.

Wir haben versucht, die Reichweite des Traditionalisierungseffekts im Übergang zur Elternschaft abzuschätzen, indem wir in unterschiedlichen Bereichen nach Veränderungen gesucht haben, die mit traditionellen oder stereotypen Vorstellungen von den Geschlechtern assoziiert sind. Eine andere Strategie, die Auswirkungen der Neuzuweisung (Relokation) sozialer Rollen zu überprüfen, ist die Analyse der Zusammenhänge zwischen den Veränderungen und Restrukturierungen in den unterschiedlichen Verhaltensbereichen. Die Hypothese lautet, dass die Traditionalisierungseffekte in den verschiedenen Lebensbereichen positiv verknüpft sind. Die Umverteilung der Hausarbeit zu Lasten der Frau korreliert wie erwartet positiv und signifikant mit der Umverteilung der Sorge um das Kind ($r = .26$; $p < .05$). Je mehr sich der Mann von der Hausarbeit zurückzieht, desto stärker fährt er auch seine Beteiligung an der Sorge um das Kind zurück. Das Ausmaß, in dem die Frau ihre Berufstätigkeit reduziert, korreliert erwartungskonform negativ, jedoch nicht überzufällig mit der Umverteilung der Hausarbeit ($r = -.17$; n.s.) und mit der Umverteilung der Kinderbetreuung zu Lasten der Frau ($r = -.10$; n.s.).

Die Reduktion der Berufstätigkeit der Frau wird über die Differenz von der Wochenarbeitszeit knapp drei Jahre nach der Geburt und der Wochenarbeitszeit vor Eintritt der Schwangerschaft bestimmt (T5-T1). Die Umverteilung der Hausarbeit kann ebenfalls in einem Differenzmaß abgebildet werden, da für beide Messzeitpunkte dieselbe Itemliste verwendet wurde (siehe Kapitel 2.2). Die Umverteilung der Sorge um das Kind wurde in einer Residualvariablen dargestellt (Ausmaß der selbsteingeschätzten Beteiligung der Frau zu T5 nach autoregressiver Auspartialisierung der selbsteingeschätzten Beteiligung der Frau zu T1), da sich die Itemlisten für beide Erhebungszeitpunkte unterscheiden. Die getestete Zusammenhangshypothese bezieht sich auf die Veränderungen im Übergang zur Elternschaft. Folglich wurden hier nur die Ersteltern-Paare betrachtet.

Determinanten der Rollenallokation

Den Wechsel von einer egalitären zu einer traditionellen Rollenverteilung innerhalb der Partnerschaft beobachten wir in unterschiedlichen Bereichen. So steigen die Mütter nach der Geburt des Kindes aus dem Beruf aus oder reduzieren ihre Erwerbstätigkeit. Die Männer steigern hingegen eher ihr berufliches Engagement und überlassen die familiäre Aufgaben weithin ihren Partnerinnen. Zur Erklärung der ungleichen Belastung von Frauen und Männern in der Familie werden unterschiedliche Ansätze diskutiert. Die Daten der LBS-Familien-Studie können genutzt werden, die wirksamen Einflussfaktoren auf die resultierende Rollenverteilung bzw. auf die Rollenumverteilung im Übergang zur Elternschaft zu ermitteln. Wir konzentrieren uns hierbei auf die Beteiligung der Partner an der Erledigung der Hausarbeit (zur Beteiligung an der Elternrolle siehe Kapitel 4.3.1). Betrachtet werden die korrelativen Zusammenhänge der selbsteingeschätzten Aufgabenbelastung der Frau zu einzelnen Variablen, deren Einfluß auf die Allokation der Hausarbeit aus unterschiedlichen theoretischen Perspektiven heraus postuliert wird. Neben den querschnittlichen Zusammenhängen (Beziehung zur Aufteilung der Hausarbeit vor bzw. drei Jahre nach der Geburt des Zielkindes) interessieren insbesondere die Verknüpfungen mit dem Veränderungsmaß (Beziehung zur Umverteilung der Hausarbeit). Diese Korrelationen sind in Tabelle 4.2.5 zusammengestellt.

In einem ersten Variablenblock werden *biographische und demographische Größen* berücksichtigt. Das Lebensalter der Partner oder die Partnerschaftsdauer stehen in keinem Zusammenhang zur Verteilung der Hausarbeit. Gleiches gilt für die Kinderzahl. Allein der Elternstatus korreliert mit der Aufteilung: Die Belastung der Frau mit der Hausarbeit ist bei Paaren mit Kind (Zweiteltern vor der Geburt des nächsten Kindes) höher als bei den werdenden Eltern (Ersteltern vor der Geburt ihres ersten Kindes). Dieser Befund beschreibt lediglich die gefundenen Gruppenunterschiede zwischen Erst- und Zweiteltern. Auch das Ausmaß der Umverteilung der Hausarbeit ist unkorreliert mit diesen Größen.

Tabelle 4.2.5: Korrelate der Verteilung bzw. Umverteilung der Hausarbeit zu Lasten der Frau (Angaben der Frau)

	Aufteilung zu T1	Aufteilung zu T5	Umverteilung von T1 bis T5
biographische und demographische Größen			
Alter der Frau	.07	.07	-.11
Alter des Mannes	.03	.04	-.13
Partnerschaftsdauer	-.02	-.12	.03
Elternstatus (0=ohne, 1= mit Kind)	.25**		
Kinderzahl (nur Familien mit Kind)	-.02	-.11	.07
verfügbare Zeit (Rollenspezialisierung)			
Erwerbsstatus der Frau (0=nicht, 1=erw.)	-.20**	.09	
Wochenarbeitszeit der Frau	-.26**	-.06	
Wochenarbeitszeit des Mannes	.18*	.29**	
berufliche Mehrbelastung des Mannes	.31***	.29**	
Reduktion der Wochenarbeitszeit der Frau			.09
Steigerung der Mehrbelastung des Mannes			.00
Bildungsinvestitionen der Frau (in Jahren)	-.13+	-.16+	.04
Bildungsinvestitionen des Mannes (in Jahren)	-.20*	-.15+	-.05
Mehrinvestitionen des Mannes (in Jahren)	-.09	-.02	-.03
Bildungsvorteil des Mannes[1]	-.11	-.07	.04
Machtverteilung in der Partnerschaft			
(letzter) beruflicher Status der Frau[1]	.04	-.03	-.03
beruflicher Status des Mannes[1]	.02	.09	.09
beruflicher Statusvorteil des Mannes[1]	.01	.05	.05
Einkommen der Frau[1]	-.14+	-.03	
Einkommen des Mannes[1]	.13+	.29**	
Einkommensvorteil des Mannes[1]	.18*	.20*	
Steigerung des Einkommensvorteils d. M.[1]			-.04
Altersvorsprung des Mannes	-.02	-.02	-.04
Einstellungen und Präferenzen			
Bildungsgrad der Frau[1]	-.14+	-.13	.00
Bildungsgrad des Mannes[1]	-.17*	-.17*	.04
Zufriedenheit der Frau im (letzten) Beruf	.01	-.03	-.08
Attraktivität der Hausfrauenrolle für die Frau	.00	-.08	.22**
Erwünschtheit d. Kindes/Sicht d. Frau (T1)	-.04	-.06	.15+
Erwünschtheit d. Kindes/S. des Mannes (T1)	-.06	-.17*	.08
trad. Rolleneinstellungen der Frau (T5)		.02	.08
trad. Rolleneinstellungen des Mannes (T5)		.02	.03
Partnerschaftszufriedenheit des Mannes (T1)	.05	.01	-.04

Anmerkungen: [1] Rangkorrelation + $p < .10$ * $p < .05$ ** $p < .01$ *** $p < .001$ (zweiseitig)
T1: $N = 83$-176 Paare; T5: $N = 109$-146 Paare; T1-T5-Veränderungsmaße:
$N = 107$-146 Paare (ohne Trennungen)

130

Der zweite Variablenblock enthält Maße, die *die verfügbare Zeit bzw. die Rollenspezialisierung der Partner* wiedergeben. Aus der Theorie der Haushaltsökonomie (Becker, 1981) läßt sich ableiten, dass die Beteiligung der Partner an der Hausarbeit von dem Zeitkontingent abhängt, das ihnen neben der Erwerbsarbeit verbleibt. Denn die Partner steigern den Nutzen, den sie aus ihren Rolleninvestitionen ziehen, indem sie sich nach der Familiengründung auf familiäre bzw. berufliche Aufgaben spezialisieren. Da die Männer fast ohne Ausnahme voll berufstätig sind, variiert das Ausmaß der innerdyadischen Rollenspezialisierung mit dem Umfang der Berufstätigkeit der Frauen und dementsprechend mit der Beteiligung des Mannes an der Hausarbeit. Als Indikatoren der außerberuflichen Zeitbudgets der Partner dienen der Erwerbsstatus und die Wochenarbeitszeit. Die Rollenspezialisierung läßt sich zudem ablesen an dem Verhältnis des beruflichen Engagements beider Partner (berufliche Mehrbelastung des Mannes). Unter dem Gesichtspunkt der Nutzenmaximierung ist ferner zu erwarten, dass die geschlechtsabhängige Rollenseparierung umso sinnvoller wird, je stärker die Bildungsinvestitionen des Mannes die der Frau übersteigen. Das gefundene Korrelationsmuster für den Zeitpunkt der Schwangerschaft (T1) bestätigt die skizzierten Annahmen: Bei fehlender Erwerbsbeteiligung bzw. mit sinkender Wochenarbeitszeit der Frau und mit steigender Wochenarbeitszeit bzw. beruflicher Mehrbelastung des Mannes steigt der relative Anteil der Frau an der Hausarbeit. Das Ausmaß der Bildungsinvestitionen beider Partner – sie wurden erfaßt über die Jahre, die die Personen in schulischer oder beruflicher Ausbildung verbracht haben – korreliert gleichsinnig mit mit der Verteilung der Hausarbeit. Dies bestätigt nicht den Erklärungsansatz der Haushaltsökonomie, sondern spiegelt reine Bildungseffekte wider, auf die wir später näher eingehen. Insbesondere beobachten wir keine unausgewogenere Verteilung der Hausarbeit mit zunehmendem Gefälle der Bildungsinvestitionen zugunsten des Mannes oder mit größerem Bildungsvorsprung des Mannes. Knapp drei Jahre nach der Geburt des Zielkindes (T5) entspricht das Korrelationsmuster weitgehend diesen Befunden. Auch zu diesem Zeitpunkt variiert die Beteiligung des Mannes an der Hausarbeit mit der Zeit, die ihm neben dem Beruf übrig bleibt. Und je höher die berufliche Mehrbelastung des Mannes ausfällt, desto höher ist die Belastung der Frau mit der Hausarbeit. Interessanterweise läßt sich dies jedoch nicht längsschnittlich nachweisen: Das Ausmaß der geschlechtsrollenkonformen Umverteilung der Hausarbeit zulasten der Frau korreliert nicht mit der Veränderung der Zeitbudgets der Partner. Zur Erklärung des längsschnittlichen Traditionalisierungseffektes im Übergang zur Elternschaft trägt die Theorie der Haushaltsökonomie demnach wenig bei.

Ein weiterer Variablenblock beschreibt die *Machtverteilung innerhalb der Partnerschaft*. Die zugrundeliegende Annahme lautet, dass die Frau umso stärker eine Beteiligung des Mannes an der Erledigung der Hausarbeit einfordern kann, je mehr Macht sie besitzt bzw. je weniger sie von ihrem Partner abhängig ist. Als Maße der innerdyadischen Machtverteilung stehen uns Angaben zum beruflichen Status der Partner (rangskaliert in „Arbeiter ohne Berufsausbildung/mithelfende Familienangehörige", „Facharbeiter/ nichtleitende Angestellte/Beamte im einfachen oder mittleren Dienst" und „Selbständige/leitende Angestellte/Beamte im gehobenen oder höheren Dienst"), Angaben zum persönlichen Einkommen (zehnfach rangskaliert von „kein Einkommen" bis „über DM 6.000 Nettoeinkommen pro Monat") und entsprechende dyadische Diskrepanzmaße (berufliches Statusgefälle sowie Einkommensgefälle zwischen Frau und Mann) zur Verfügung. Zudem wurde der Altersvorsprung des Mannes als möglicher Indikator des Machtverhältnisses genutzt. Die einzig nachweisbaren querschnittlichen Korrelationen der Einkommensvariablen mit der Aufteilung der Hausarbeit sind zwar vereinbar mit dem Erklärungsmodell zur Macht in der Partnerschaft, diese Zusammenhänge können aber auch allein auf die unterschiedliche Erwerbsbeteiligung von Müttern und Vätern zurückgehen. Korrelationen mit dem Veränderungsmaß zur Allokation der Hausarbeit – hier würden wir eine stärkere Umverteilung der Hausarbeit zu Lasten der Frau bei höherem oder anwachsendem Machtgefälle erwarten – treten nicht auf.

Ein letzter Variablenblock umfasst schließlich individuelle *Einstellungen und Präferenzen der Partner*, die als Sozialisationseffekte die normativem Werthaltungen und Überzeugungen wiedergeben. Hierunter fallen Bildungsgrad – höhere Bildung indiziert liberalere oder egalitärere Werthaltungen und Normen – und Einstellungen zu den traditionellen Geschlechtsrollen (Brotverdiender-Funktion des Vaters, Selbstaufopferung der Mutter) sowie Präferenzen der persönlichen Lebensplanung (Zufriedenheit im Beruf, Attraktivität der Hausfrauenrolle, Erwünschtheit der Elternrolle). Als familiales Beziehungsmerkmal nehmen wir die Partnerschaftszufriedenheit des Mannes auf, da die Bereitschaft zur Entlastung der Partnerin mit der Zufriedenheit anwachsen sollte. Tatsächlich finden wir Effekte des Bildungsgrads der Partner. Paare mit höherer Bildung praktizieren eine egalitärere Verteilung der Hausarbeit. Das Ausmaß der Umverteilung der Hausarbeit korreliert jedoch nicht mit dem Bildungsgrad. Zudem beteiligen sich Männer, denen die Schwangerschaft initial sehr erwünscht schien (T1), drei Jahre später stärker an der Hausarbeit. Auch die Präferenzen der Frauen sind von Belang. So übernehmen jene Frauen zunehmend mehr Hausarbeit, die in der Hausfrauenrolle Sinn und Erfüllung finden können.

Diese Ergebnisse machen deutlich, dass längst nicht alle Variablen, die zur Erklärung der Rollenallokation zu einem bestimmten Zeitpunkt herangezogen werden können, auch längsschnittliche Veränderungen prädizieren. Allein dies herauszustellen, ist ein neuer Beitrag der LBS-Familien-Studie zu diesem Forschungsfeld. Bei der Erklärung des Traditionalisierungseffekts kann keiner der diskutierten theoretischen Ansätze überzeugen. Die querschnittlich gefundenen Zusammenhänge von Erwerbsstatus der Frau, Wochenarbeitszeit und Einkommen der Partner zur Allokation der Hausarbeit sind mehrdeutig, denn sie sind sind sowohl mit dem Zeitbudget- als auch mit dem Ressourcen-Ansatz vereinbar. Die Bildungseffekte auf die Rollenallokation stützen schließlich den sozialisationstheoretischen Erklärungsansatz.

4.2.3 Zusammenfassung und Diskussion

Die Geburt des ersten Kindes löst typischerweise eine Reihe von Veränderungen aus, die in der Summe eine Traditionalisierung des Geschlechterverhältnisses bedeuten. Während die Männer ihre Erwerbskarriere fortsetzen, unterbrechen oder reduzieren die Frauen ihre Berufstätigkeit. Damit steigt auch die finanzielle Abhängigkeit der Frau von ihrem Partner. Während die Sicherung des Familieneinkommens in den Verantwortungsbereich des Vaters fällt, überlässt er die Aufgaben, die innerhalb der Familie anfallen, nach der Geburt des Kindes weitgehend seiner Partnerin. Dies zeigt sich in der Umverteilung der Hausarbeit zu Lasten der Frau. Die initial bereits ungleiche Verteilung solcher Arbeiten wird noch unausgewogener. Schließlich übernimmt die Mutter auch weithin die Aufgabe der Pflege und Versorgung des Kindes.

Dieser „Traditionalisierungseffekt" im Übergang zur Elternschaft ist nun keineswegs nur auf die faktische Rollenverteilung beschränkt. Er spiegelt sich beispielsweise auch in den unterschiedlichen Wohnbedürfnissen von Vätern und Müttern und in der attributiven Übernahme von Verantwortung für die Schwangerschaft bzw. Elternschaft. Eine den traditionellen Geschlechtsrollen konforme Übernahme der Verantwortung durch die Frau erfüllt dabei adaptive Funktionen im Sinne der antizipatorischen Bewältigung und Anpassung an die neue Lebenssituation.

Alle Bemühungen und Erfolge, die Gleichstellung der Geschlechter in unterschiedlichen Lebensbereichen durchzusetzen, drohen durch den Übergang zur Elternschaft zurückgeworfen zu werden (Fthenakis & Kalicki, 2000). Umso wichtiger ist es daher, den Familien vielfältige Optionen zur Gestaltung ihres Zusammenlebens und zur partnerschaftlichen Aufteilung von Rollen und Aufgabenbereichen zu bieten. Scheitert die Realisierung der persönlichen Lebensplanung etwa an der mangelnden Vereinbarkeit von Familie und Beruf, so haben die Familien die Folgen zu tragen.

4.3 Bedingungen und Konsequenzen einer aktiven Vaterschaft

Die Vorstellungen von Vaterschaft und die Erwartungen, die an einen Vater gerichtet werden, haben sich in den vergangenen Jahren deutlich verändert. Das tatsächliche Verhalten der Väter trägt dieser gewandelten Auffassung jedoch nicht ausreichend Rechnung, was in der öffentlichen Diskussion häufig als Versäumnis der Männer gedeutet wird. Anhand der Daten der LBS-Familien-Studie lassen sich die komplexen Bedingungen und die Konsequenzen einer aktiven Vaterschaft analysieren. Die Befunde zeigen, dass das Ausmaß, in dem Männer ihre Verantwortung als Väter wahrnehmen, nicht nur einen Einfluss auf ihre eigene Zufriedenheit in der Vaterrolle hat, sondern sich ganz entscheidend auch auf die Partnerschaftszufriedenheit der Frau auswirkt. Ob und in welchem Ausmaß Männer sich an der Sorge um das Kind beteiligen hängt vom Zusammenspiel verschiedener Faktoren ab. Von Bedeutung sind nicht nur die Einstellungen und Überzeugungen beider Eltern, sondern auch das Verhalten der Mutter, Merkmale des Kindes und nicht zuletzt situative Rahmenbedingungen.

Die Vorstellungen von Vaterschaft unterliegen ebenso wie die von Partnerschaft oder Familie einem kontinuierlichen kulturellen Wandel. Bis in die siebziger Jahre stellte die Brotverdiener-Funktion das zentrale Charakteristikum der Vaterrolle dar: die Aufgabe des Vaters bestand primär in der Sicherung des Lebensunterhaltes der Familie. Die Qualität seiner Rollenausübung wurde vor allem daran gemessen, wie gut er diese Aufgabe erfüllt. In den folgenden Jahren gewannen neben der Ernährerfunktion zunehmend andere Kriterien an Bedeutung. Die Aufgabe des Vaters besteht heutzutage nicht mehr nur darin, für die finanzielle Absicherung der Familie zu sorgen. Von einem „guten" Vater wird vor allem auch erwartet, dass er sich an der Betreuung des Kindes und an dessen Erziehung beteiligt, sich aktiv in der Interaktion mit seinem Kind engagiert und zu diesem eine enge und warme Beziehung aufbaut. Der Mutter soll er im Alltag mit der Familie emotionalen Rückhalt gewähren und ihr bei der Bewältigung der Aufgaben, die im Haushalt und bei der Versorgung des Kindes anfallen, tatkräftig unter die Arme greifen. Weiterhin wird von ihm gefordert, das Bedürfnis der Partnerin nach bezahlter Erwerbsarbeit zu akzeptieren und sie bei der Rückkehr in den Beruf ideologisch und faktisch unterstützen.

Betrachtet man nun die tatsächliche Ausgestaltung der Vaterrolle, so ist häufig ein Auseinanderklaffen von Wunsch und Wirklichkeit zu verzeichnen. Während sich die Vorstellungen von der Vaterschaft und die normativen Erwartungen, die an Väter gerichtet werden, in den letzten Jahren und Jahrzehnten stark gewandelt haben, scheint die tatsächliche Ausübung der Vaterrolle diesen geänderten Idealvorstellungen von den „neuen Vätern" oftmals nicht zu entsprechen. Die Vorstellungen von einer richtigen oder angemessenen Vaterschaft haben allerdings nicht nur einen tiefgreifenden Wandel erfahren, sondern sind auch vielfältiger und damit unklarer geworden. So wollen zwar viele Männer, die heute Vater werden, bewusst eine andere Form von Vaterschaft leben, als sie dies bei ihren eigenen Vätern erlebt haben. Gleichzeitig mangelt es aber häufig an geeigneten Vorbildern und Modellen für eine zeitgemäße Ausübung der Vaterrolle. Wie sie diese nun genau gestalten sollen, davon haben junge Väter oftmals nur diffuse Vorstellungen. Erschwerend kommt hinzu, dass eine aktiven und engagierten Ausübung der Vaterrolle wenig kompatibel ist mit dem derzeitigen Ideal des beruflich engagierten, hoch mobilen und zeitlich flexiblen Arbeitnehmers.

Die bisherigen Bemühungen, Väter stärker in die elterliche Verantwortung einzubeziehen, haben ihren Ursprung in der Frauenbewegung der 60er Jahre. Sie waren anfangs geprägt von der Forderung, Väter sollten es den Müttern gleichtun, sich also in gleichem Umfang an der Betreuung und Versorgung des Kindes beteiligen, die beruflichen Karrierewünsche zurückstellen usw. Gleichzeitig wurde mit familienpolitischen Angeboten wie dem gesetzlichen Anspruch auf Erziehungsurlaub, der Frauen wie Männern offen steht, versucht, die traditionelle Verteilung beruflicher und familiärer Aufgaben zu überwinden. Der symbolische Wert solch singulärer Maßnahmen wird jedoch deutlich, wenn man die nach wie vor verschwindend geringe Zahl von Vätern betrachtet, die Erziehungsurlaub in Anspruch nehmen. Schließlich hängt das väterliche Engagement vom Zusammenspiel verschiedener Faktoren, wie den individuellen Vorstellungen und Präferenzen beider Elternteile, kulturell verankerten, normativen Erwartungen sowie arbeitsmarktpolitischen Beschränkungen ab. Erst wenn die Hintergründe, die Bedingungen und Motive väterlicher Partizipation genauer bekannt sind, lassen sich effektive Maßnahmen zur Förderung einer aktiven Gestaltung der Vaterrolle planen.

Die Dringlichkeit und Sinnhaftigkeit der Förderung einer aktiven Vaterschaft wird untermauert durch zahlreiche Befunde zu den positiven Auswirkungen väterlichen Engagements auf die kognitive (Easterbrooks & Goldberg, 1984) und soziale Entwicklung des Kindes (zur Übersicht vgl. Parke, 1995), auf das psychische Wohlbefinden der Frau, die beiderseitige Zufriedenheit in der Partnerschaft und nicht zuletzt auch auf die Zufriedenheit des Mannes in seiner Rolle als Vater (Easterbrooks & Goldberg, 1984). Allerdings bringt ein hohes Engagement des Vaters für sein Kind nicht nur Vorteile mit sich. Die damit verbundene Mehrbelastung stellt nicht nur eine Bereicherung dar, sondern, gerade in Kombination mit den gestiegenen beruflichen Anforderungen und Belastungen, häufig eine kaum mehr zu bewältigende Aufgabe. Zudem dürfen über die Forderung nach einer aktiv gelebten Vaterschaft mögliche unbeabsichtigte negative Folgen nicht unberücksichtigt bleiben. Engagiert sich der Vater nicht aus eigener Motivation (aus Interesse, aus dem Gefühl einer moralischen Verpflichtung, aus dem Bedürfnis nach

Entlastung der Partnerin) für das Kind, sondern deswegen, weil die Frau seine Beteiligung stetig und mit Nachdruck einfordert, sind negative Konsequenzen nicht nur für die Partnerschaft absehbar (Crouter, Perry-Jenkins, Huston & Mc Hale, 1987).

4.3.1 Vaterforschung: Theoretische Ansätze und Befunde

Die Ausgestaltung der Vaterrolle

Als zentraler Indikator für eine aktive Ausgestaltung der Vaterrolle wird in psychologischen und soziologischen Forschungsarbeiten meist das Ausmaß seiner Beteiligung an Aufgaben und Tätigkeiten rund um das Kind herangezogen. Dazu gehören sowohl Aktivitäten, die eine direkte Interaktion mit dem Kind beinhalten (z. B. mit dem Kind spielen; das Kind anziehen) als auch kindbezogene Aufgaben, die nicht unbedingt in Anwesenheit des Kindes, aber für das Kind erledigt werden (z. B. Kinderkleidung einkaufen; Babysitter organisieren). Die Art der Aufgaben variiert hierbei in Abhängigkeit vom Alter des Kindes. So ist die Versorgung eines Säuglings mit anderen Tätigkeiten und Aufgaben verbunden als die Betreuung des ABC-Schützen oder die Erziehung eines Jugendlichen. Häufig werden die Aufgaben, die rund um den Säugling und das Kleinkind anfallen, eingeteilt in Versorgungstätigkeiten und stärker spiel- und spaßbetonte Aktivitäten (z. B. Levy-Shiff & Israelashvili, 1988). Versorgungsaktivitäten werden klassischerweise der Mutterrolle zugeordnet. Darunter fallen beim Säugling und Kleinkind beispielsweise das Wechseln der Windeln oder das Füttern. Diese Aufgaben fallen regelmäßig an, sind oftmals eher langweilig und ihre sofortige Erledigung wird durch das Kind lautstark eingefordert. Stärker spielerische Aktivitäten (z. B. dem Kind vorlesen; das Kind baden; mit dem Kind herumtoben) fallen seltener und weniger regelmäßig an. Auch bestehen für den Erwachsenen größere Gestaltungsmöglichkeiten im Hinblick auf den Inhalt der Aktivität und den Zeitpunkt der „Erledigung".

Obwohl das Engagement von Vätern bei der Betreuung und Versorgung der Kinder absolut gesehen seit den 70er Jahren deutlich zugenommen hat, fällt ihre relative Beteiligung immer noch gering aus. Nach wie vor wird die Aufgabe der Kindversorgung in der Mehrzahl der Fälle hauptsächlich von der Frau übernommen (C.P. Cowan & P.A. Cowan, 1988; Deutsch, Lussier, & Servis, 1993; Lamb, 1995; Reichle, 1996a; zum Überblick Parke, 1995; Pleck, 1997). Reichle (1996a) fand in ihrer Studie mit 190 Ersteltern, dass etwa ein Viertel der Väter sich den eigenen Angaben zufolge in den ersten fünf Lebensmonaten des Kindes so gut wie gar nicht an seiner Versorgung beteiligten. Weitere 70 Prozent übernahmen etwa ein Viertel der Kinderbetreuung. Die durchschnittliche Beteiligung der Männer nahm in der Zeit bis zum 50. Lebensmonat des Kind geringfügig, aber statistisch signifikant, zu.

Immerhin 15 Prozent der Männer übernahmen dann (mindestens) die Hälfte der kindbezogenen Aufgaben, nur noch 13 Prozent der Väter gaben an, die Versorgung des Kindes fast völlig der Partnerin zu überlassen. Nach Kalmun (1999) liegt die Beteiligung niederländischer Väter von zwölf Monate alten Kindern am Windeln-Wechseln bei 21 Prozent, die Beteiligung an der nächtlichen Versorgung des Kindes sogar bei 29 Prozent. Allerdings übernehmen sie nur zu 15 Prozent das Waschen und Baden des Kindes und bleiben nur in 9 Prozent der Fälle beim kranken Kind zuhause. Dieses Muster setzt sich im Übrigen fort, wenn das Kind in der Schule ist. Väter nehmen eher selten Lehrer-Kontakte wahr (25 Prozent) und noch seltener an schulischen Veranstaltungen teil (18 Prozent).

Die Beteiligung des Vaters bleibt häufig nicht nur hinter den ursprünglichen Erwartungen seiner Partnerin, sondern auch hinter seinen eigenen Erwartungen und Vorstellungen zurück (C.P. Cowan & P.A. Cowan, 1988; Deutsch et al., 1993). Offensichtlich fallen selbst Paare, in denen beide Partner ursprünglich eine ausgewogenere Aufteilung der Verantwortung für das Kind anstreben, in ein traditionelles Muster zurück. Unterschiede zwischen Mann und Frau in der Ausgestaltung der Elternrolle sind nicht nur im Hinblick auf den Grad der relativen Beteiligung an der Sorge um das Kind zu beobachten. Geschlechtsspezifische Unterschiede zeigen sich auch im Hinblick auf die Art der Aufgaben und Tätigkeiten, für die Mutter und Vater zuständig sind. Väter verbringen einen größeren Teil der Zeit, die sie ihren Kindern widmen, mit vergleichsweise angenehmen und eher spielerisch gefärbten Tätigkeiten wie Spaziergängen mit dem Kind, dem gemeinsamen Spiel, Vorlesen oder dem Zu-Bett-Bringen. Mütter wenden hingegen relativ mehr ihrer Zeit für die oftmals weniger attraktiven Routinetätigkeiten, wie Körperpflege und Füttern, und für die Organisation des Alltags mit dem Kind auf (z. B. Parke, 1995). Väter gehen auch anders mit dem Kind um als Mütter. Dies wird besonders deulich, wenn man beobachtet, wie die Eltern mit dem Kind spielen. Während Väter Bewegungs- und Tobespiele bevorzugen, wählen Mütter häufiger Lern- und Regelspiele und nutzen oftmals Spielzeug als Medium (Parke, 1995). Im Vergleich zu den Müttern ist das Verhalten der Väter gegenüber ihren Kindern im geringeren Maße durch Restriktionen und Sanktionen gekennzeichnet (Schmidt-Denter, 1984). Dieser Unterschied im Verhalten von Müttern und Vätern lässt sich jedoch zu einem großen Teil auf die unterschiedlichen Verantwortungsbereiche zurückführen. Während das gemeinsame Spiel mit dem Kind, als klassischer Domäne des Vaters, zum einen dem Kind Spaß macht, zum anderen aber auch die volle Aufmerksamkeit des Vaters hat und so Sanktionen seltener notwendig werden, steht die Mutter häufig vor der Aufgabe, dem Kind nicht nur weniger beliebte Aktivitäten zu vermitteln (z. B. das Kleinkind anziehen oder es kleine Aufgaben erledigen lassen; das Schulkind zur Erledigung der Hausaufgaben anhalten), sondern dies auch noch parallel zur Hausarbeit (Einkaufen, Kochen, Bügeln etc.) zu bewältigen.

Zusammenfassend lässt sich feststellen, dass sich die jungen Väter der 80er und 90er Jahre deutlich mehr an der Betreuung und Erziehung ihrer Kinder beteiligen, als ihre eigenen Väter das getan haben. Dennoch lastet die Familienarbeit nach wie vor überwiegend auf den Schultern der Frauen. Komplementär dazu stellt die Sicherung des Lebensunterhaltes der Familie immer noch den zentralen Aspekt der väterlichen Verantwortung dar (Daniels & Weingarten, 1988). Auch in Familien, in denen beide Eltern berufstätig sind, wird die finanzielle Grundsicherung vorrangig als Aufgabe des Vaters gesehen.

4.3.1.1 Bedingungen einer aktiven Vaterschaft

Die Frage, von welchen Faktoren es nun abhängt, ob und wie sehr sich der Vater an der Betreuung und Versorgung seines Kindes beteiligt, hat in den vergangenen Jahren in der Familienforschung große Aufmerksamkeit erhalten. Eine aktive und engagierte Ausübung der Vaterrolle hat grundsätzlich zwei Vorraussetzungen: (1) Der Mann muss zunächst einmal die generelle Bereitschaft aufweisen, sich aktiv an der Sorge um das Kind zu beteiligen und Verpflichtungen und Einschränkungen in Kauf zu nehmen. Nimmt er von vornherein eine ablehnende Haltung gegenüber dem Kind ein oder stellt in seiner Konzeption von der Vaterrolle die Sicherung des Lebensunterhaltes seine zentrale und ausschließliche Aufgabe dar, erscheinen Bemühungen, ihn in die Betreuung des Kindes einzubinden, als wenig erfolgversprechend. (2) Verfügt der Mann über den Wunsch und die Bereitschaft, sich aktiv oder gar gleichberechtigt an der Sorge um das Kind zu beteiligen, muss er weiterhin die Möglichkeit haben, diesen Wunsch auch in die Tat umzusetzen.

Befunde zahlreicher Studien, die meisten stammen aus dem US-amerikanischen Sprachraum, belegen, dass das Engagement des Vaters vom Zusammenwirken einer Reihe von Faktoren abhängt (Beitel & Parke, 1998; Bonney, Kelley & Levant, 1999; Levy-Shiff & Israelashvili, 1988; Parke, 1995; Pleck, 1997). Zunächst sind Merkmale des Mannes von Bedeutung (z. B. Persönlichkeitszüge, Einstellungen, persönliche Orientierungen und Lebenspläne). Weiterhin stecken Merkmale der Lebenssituation und Kontextbedingungen, etwa Art und Umfang der Berufstätigkeit von Mann und Frau, den Rahmen für das väterliche Engagement ab. Schließlich prägen das Verhalten der Mutter sowie Merkmale des Kindes die Ausübung der Vaterrolle.

Individuelle Merkmale und Einstellungen des Vaters

Die Einstellungen des Mannes zur Vaterrolle und zu Kindern haben einen bedeutsamen Einfluss auf seine Beteiligung an kindbezogenen Aufgaben

(Beitel & Parke, 1998; Cowan & Cowan, 1987a; Feldman, Nash & Aschenbrenner, 1983). Männer, die eine künftige Vaterschaft als ein willkommenes Ereignis und als Bereicherung für ihr Leben ansehen, sind stärker motiviert, sich für ihr Kind zu engagieren, wenn es erst einmal da ist (Levy-Shiff & Israelashvili, 1988). Auch die Passung zwischen den Persönlichkeitsmerkmalen und Orientierungen des Mannes und den Anforderungen, die mit unterschiedlichen kindbezogenen Aufgaben und Aktivitäten einhergehen, spielt eine Rolle für das Ausmaß seiner Beteiligung. Väter, die sich selbst nicht nur „maskuline" Merkmale (also „typisch männliche" Merkmale, wie Dominanz, Durchsetzungsfähigkeit, Unabhängigkeit), sondern auch „feminine", also „typisch weibliche" Eigenschaften (wie Fürsorglichkeit, Zärtlichkeit, Anpassungsfähigkeit) zuschreiben, zeigen mehr Engagement und Zuwendung im Umgang mit dem Kind (Volling & Belsky, 1991) und eine größere Beteiligung an pflegerischen Aktivitäten (Levy-Shiff & Israelashvili, 1988). Ein hoch ausgeprägtes Autonomiebedürfnis des Vater steht nach Levy-Shiff und Israelashvili speziell einer Beteiligung an regelmäßig anfallenden pflegerischen Routinen entgegen. Querschnittlich angelegte Studien, in denen die Beteilung und die Selbstwahrnehmung des Mannes zum gleichen Zeitpunkt erfasst wird, erlauben allerdings keine schlüssigen Aussagen über die Einflussrichtung. Offen bleibt hier also, ob die „Femininität" des Mannes seine Beteiligung determiniert oder ob eine häufige Beschäftigung mit dem Kind und eine Beteiligung an pflegerischen Tätigkeiten dazu führt, dass sich der Vater als fürsorglicher, zärtlicher oder auch anpassungsfähiger wahrnimmt. Eine definitive Stellungnahme wird erst durch längsschnittlich angelegte Forschungsprojekte – Forschungsprojekte, die einen Zeitraum von mehreren Monaten oder Jahren umfassen – möglich.

Weiterhin haben Vorstellungen des Mannes, welche Tätigkeiten in den Aufgabenbereich eines Vaters fallen und für welche Aufgaben die Mutter zuständig sein sollte, einen Einfluss auf seine Rollenausübung (Lamb, Frodi, Hwang & Frodi, 1982). In vielen Studien finden sich Belege, dass eine nichttraditionelle Geschlechtsrolleneinstellung des Mannes eine hohe Beteiligung an der Sorge um das Kind begünstigt (Deutsch, Lussier & Servis, 1993; Baruch & Barnett, 1981). Eine nichttraditionelle oder auch egalitäre Geschlechtsrolleneinstellung bedeutet, dass der Vater der Ansicht ist, dass Männer und Frauen gleich behandelt werden sollen im Beruf, in der Bildung und im Alltagsleben. Zur traditionellen Geschlechtsrolleneinstellung gehört hingegen die Überzeugung, dass Kinder im Vorschulalter am besten von der Mutter betreut werden und die Frau deswegen zumindest vorübergehend den Beruf aufgeben sollte. Allerdings gibt es, wie häufig in der psychologischen Forschung, auch gegenläufige Befunde, denen zufolge sich die Geschlechtsrolleneinstellung des Mannes nicht auf seine Beteiligung auswirkt (McHale & Huston, 1984).

Auch die selbstzugeschriebene Rollenkompetenz des Vaters, also seine Überzeugung, die für die Betreuung und Versorgung des Kindes notwendigen Fähigkeiten zu besitzen bzw. im Umgang mit dem Kind zu entwickeln, hängt eng mit dem Ausmaß seiner Beteiligung zusammen (Beitel & Parke, 1998), vor allem dann, wenn die Mutter nicht berufstätig ist, das Engagement des Vaters also auf einer eher freiwilligen Basis erfolgt (Crouter et al., 1987). Überzeugungen im Hinblick auf die biologische Determiniertheit der Frau für die Sorge um das Kind (Jordan, 1995) und kulturelle Stereotype, die Väter als unmotiviert, ungeübt, unsensibel und egoistisch beschreiben, mindern das Selbstvertrauen des Vaters, eigenständige und von der Mutter nicht kontrollierte Betreuungsaufgaben für sich zu reklamieren und geben der Mutter die notwendige Macht, sein Involvement zu steuern. Je unsicherer sich der Mann in Bezug auf seine Eignung als Vater ist, desto eher „drückt" er sich insbesondere vor schwierigen Situationen mit dem Kind, desto weniger fordert er aber auch gegenüber seiner Partnerin eigene Zuständigkeitsbereiche und desto eher lässt er sich durch Kritik der Mutter entmutigen. Allerdings lassen Querschnittsbefunde wiederum die Frage offen, ob die Kompetenzüberzeugungen des Mannes nun Ursache oder Folge des häufigen Umgangs mit dem Kind sind. Interventionsstudien, die auf eine Förderung der Fertigkeiten und des Selbstvertrauens des Vaters abzielen, belegen eine größere Beteiligung nach der Intervention (z. B. Parke, Hymel, Power & Tinsley, 1980). Es kommt jedoch nicht nur auf die Kompetenzüberzeugungen des Mannes an, sondern auch darauf, was seine Partnerin ihm zutraut. Dieser Punkt wird weiter unten ausführlich diskutiert.

Ein in der Literatur zur Vaterschaft kontrovers diskutiertes Thema stellt die Frage dar, ob und wie die Vorstellungen von der Vaterrolle und die tatsächliche Ausübung dieser Rolle durch die eigenen Kindheitserfahrungen beeinflusst werden. Dabei wird vor allem der früheren Beziehung zum eigenen Vater eine bedeutsame Rolle zugeschrieben. Über die Art und Richtung der Auswirkungen existieren jedoch widersprüchliche Hypothesen. Die *Modellierungs*-Hypothese geht davon aus, dass Väter sich ihren Kinder gegenüber so verhalten, wie sie es vom eigenen Vater als Kinder erfahren haben. Geringes Engagement des eigenen Vaters während der Kindheit führt demnach zu einer niedrigen Beteiligung des erwachsenen Mannes an der Sorge um das eigene Kind. Wurde die Beziehung zum eigenen Vater hingegen als gut erlebt, tendieren Männer diesem Ansatz zufolge dazu, sich mehr und intensiver mit ihrem Kind zu beschäftigen. Die *Kompensations*-Hypothese besagt hingegen, dass Männer, die eine schlechte Beziehung zum eigenen Vater hatten, sich besonders bemühen werden, selbst eine gute Beziehung zu ihrem Kind aufzubauen und für ihr Kind da zu sein. Für beide Hypothesen existieren stützende Befunde. Eine Reihe von Studien konnten belegen, dass Männer, die sich an eine gute Beziehung zum eigenen Vater erinnern, sich in hohem Maße mit ihrem Kind beschäftigen (Cowan & Cowan, 1994; Sagi,

1992). Barnett und Baruch (1987b) stellten hingegen fest, dass Väter sich dann mehr mit ihren 5- und 9-jährigen Kindern beschäftigen, wenn sie die Beziehung zum eigenen Vater als negativ erlebt hatten. Licht in diese widersprüchliche Befundlage bringen Ergebnisse einer Studie von Minsel und Fthenakis (2000). Sie stellten fest, dass sich Kompensationseffekte bei Vätern 12-17 Jahre alter Jugendlicher vor allem auf der Einstellungsebene, weniger jedoch auf der Verhaltensebene zeigen. Männer, die in der früheren Beziehung zum eigenen Vater einen Mangel verzeichneten, bemühen sich zwar um eine bessere Beziehung zum eigenen Kind, es gelingt ihnen jedoch nicht immer. So ist zwar insgesamt ein Trend in Richtung Kompensation zu verzeichnen, die Varianz zwischen den Vätern fällt jedoch ausgesprochen groß aus. Während es also einigen Männern tatsächlich gelingt, es im Umgang mit dem Jugendlichen besser zu machen als der eigene Vater, ist dies bei anderen Vätern nicht der Fall. Ob derartige Kompensationsbemühungen erfolgreich sind, scheint davon abzuhängen, ob aktuelle positive Modelle und Stützungssysteme, wie die eigene Partnerin, vorhanden sind (Onyskiw, Harrison & Magill-Evans, 1997). Eine Vorbildfunktion des positiven Verhaltens des eigenen Vaters zeigte sich bei Minsel und Fthenakis hingegen relativ zuverlässig. Die Ergebnisse der angeführten Studien müssen allerdings mit Vorsicht betrachtet werden, da die Aussagen über das frühere Verhalten des eigenen Vaters und die frühere Beziehung zu diesem auf retrospektiven Angaben der Männer basieren. Derartige retrospektive Werturteile stellen kein realistisches Abbild der eigenen Kindheit dar sondern unterliegen in hohem Maße Verzerrungstendenzen. Einerseits können sie durch die aktuelle Stimmung mitgefärbt werden, sprich: die Zufriedenheit in der Elternrolle führt zu einer positiven Einschätzung der eigenen Kindheit. Andererseits kommt eine Kontrastbildung vor: das eigene Engagement als Vater wird in ein besonders positives Licht gerückt, indem der Unterschied zur wenig engagierten und distanzierten Ausübung der Vaterrolle durch den eigenen Vater betont wird.

Als relativ gesichert gilt der Befund, dass die Bereitschaft des Vaters, die Partnerin zu entlasten und aktiv am Familienleben teilzunehmen, davon abhängt, wie glücklich er in der Partnerschaft ist. Je zufriedener er während der Schwangerschaft ist, desto mehr beschäftigt er sich später mit dem Kind, und desto einfühlsamer und ausgeglichener ist er im Umgang mit ihm (Huwiler, 1995; Levi-Shiff & Israelashvili, 1988; Volling & Belsky, 1991). Vor allem solange das Kind noch klein ist, führt eine emotionale Distanzierung der Partner auch zu einem Rückzug des Vaters vom Kind (Cowan, Cowan, Schulz & Heming, 1994).

Einstellungen der Partnerin

Wie sehr sich der Vater an der Betreuung und Versorgung seines Kindes und am Familienleben beteiligt, hängt wesentlich davon ab, ob die Partnerin ihn in die Verantwortung für das Kind einbindet. Diese Funktion von Müttern wird in der wissenschaftlichen Debatte als „Gatekeeping" bezeichnet. Eine passende Übersetzung wäre „Türsteher-Funktion" oder „Weichensteller-Funktion". Es wird immer wieder der Befund repliziert, dass Väter sich an der Sorge um das neugeborene Kind nur in dem Ausmaß beteiligen, wie es die Mutter zulässt (z. B. Reiber, 1976). Der Mutter obliegt insbesondere in den ersten Wochen nach der Geburt die nahezu ausschließliche Zuständigkeit für den Säugling. Ihr Verhalten entscheidet, ob der Vater überhaupt die Möglichkeit hat, sich von Beginn an an der Sorge um das Neugeborene zu beteiligen und eine Beziehung zu seinem Kind aufzubauen. Beim Aufbau der Beziehung zum Kind profitieren Väter stark davon, wenn ihre Partnerinnen sie zur Beschäftigung mit dem Kind auffordern, sie bestärken, ihnen exklusive Zeit mit dem Neugeborenen einräumen und ihnen auch pflegerische Verantwortung überlassen. Gegenbeispiel ist eine Mutter, die vollkommen in der Mutterrolle aufgeht, alle kindbezogenen Aufgaben für sich reklamiert und eine Beziehung zu dem Kind pflegt, die den Vater weitgehend ausschließt oder allenfalls als „Spielkameraden" zulässt. Dem Vater bleibt in diesem Fall wenig Raum, Erfahrungen im Umgang mit seinem Kind zu sammeln. „Gatekeeping" besteht allerdings nicht nur darin, dass die Mutter den Zugang des Vaters zum Kind regelt, sondern auch darin, dass sie die Regeln und Standards für den Umgang mit dem Kind festlegt und deren Einhaltung überwacht. Vom Vater wird erwartet, diese Regeln und Standards zu beachten. Abweichungen werden von der Mutter sanktioniert, indem sie das Verhalten des Vaters kommentiert, kritisiert oder die Erledigung der fraglichen Aufgabe gar selbst übernimmt. Dieses Verhaltensmuster der Mutter resultiert typischerweise in wachsender Passivität des Vaters und seinem Rückzug aus Versorgungstätigkeiten. Welche Faktoren haben nun einen Einfluss darauf, ob die Frau ihrem Partner eine aktive und eigenständige Ausübung der Vaterrolle ermöglicht?

Subjektive Überzeugungen von Männern und Frauen sprechen typischerweise der Frau die größeren Kompetenzen für den Umgang mit dem Kind zu und werden häufig als Begründung für eine traditionelle Aufteilung der Säuglings- und Kinderpflege angeführt. So gab in einer Studie von Schneewind, Vaskovics, Backmund, Buba, Rost, Schneider, Sierwald & Vierzigmann (1992) jede zweite junge Mutter, die Erziehungsurlaub nahm, als Begründung an, dass sie besser für das Kind sorgen könne als ihr Partner. Das Zutrauen, das die Mutter in die Kompetenzen ihres Partners als Vater besitzt und ihre Überzeugungen, dass das weibliche Geschlecht gleichsam für die Kinderpflege determiniert ist, hat sich in vielen Studien als kritische Größe für die Beteiligung des Mannes erwiesen (Beitel & Parke, 1998; Cowan & Cowan, 1987a; De Luccie, 1995; Pleck, 1983). Humenick und Bugen (1987) stellten sogar einen größeren prädiktiven Wert der vorgeburtlichen Einstellung der Mutter im Vergleich zu den eigenen Kompetenzüberzeugungen des Vaters fest. Mütter, die von vornherein ihrem Partner die Fähigkeit oder die Motivation absprechen, das Kind angemessen zu betreuen und engagiert, sensibel und kompetent auf die Bedürfnisse des Kindes einzugehen, lassen ihm typischerweise wenig Spielraum, sich an der Betreuung und Versorgung des Kindes zu beteiligen oder gar eigenständig Verantwortung zu übernehmen. Dies betrifft insbesondere pflegerische Aktivitäten des Vaters, weniger das Spiel mit dem Kind (Beitel & Parke, 1998), da spielerische Aktivitäten auch in ausgesprochen traditionellen Kulturen als Domäne des Vaters gelten. Auch Überzeugungen der Mutter, dass eine enge Vater-Kind-Beziehung wichtig und förderlich ist für die Entwicklung des Kindes, korreliert mit einer stärkeren Beteiligung des Vaters an der Sorge um das Kind (De Luccie, 1996a).

Bringen Frauen nun tatsächlich aufgrund eines biologischen Vorteils, der häufig unter dem Stichwort der „Mutterinstinkte" (Jordan, 1995) gehandelt wird, die besseren Fähigkeiten für den Umgang mit dem Säugling und Kleinkind mit sich? Stimmen Geschlechtsrollenstereotype über sozialisationsbedingte Unterschiede in den empathischen und pflegerischen Kompetenzen von Männern und Frauen? Generell lässt sich feststellen, dass bei einem Mangel an Vorerfahrungen im Umgang mit kleinen Kindern beide Eltern zunächst einmal die gleichen Fertigkeiten bzw. den gleichen Mangel an Fertigkeiten aufweisen. Die für den Umgang mit dem Säugling und der Sorge für das Kind notwendigen Kompetenzen werden „on the job" gelernt, also im und durch den Umgang mit dem Kind. Nur wenige Frauen und wohl noch weniger Männer haben vor der Geburt des eigenen Kindes bereits intensive Erfahrungen mit der Pflege von Neugeborenen und Säuglingen gesammelt. Ist das Kind erst mal da, kommt es aufgrund der geschlechtsrollentypischen Aufteilung der Zuständigkeitsbereiche – die Frau bleibt zuhause und ist für die alltägliche Versorgung des Kindes zuständig – bei der Mutter zu einem raschen und kontinuierlichen Zuwachs an kindbezogenen Fertigkeiten, während mangelnde praktische Übung beim Vater zu einer Stagnation der Kompetenzen führt.

Ob die Frau ihren Partner in die Verantwortung für das Kind einbindet, hängt auch vom Zustand der Partnerschaft ab. Eine geringe vorgeburtliche Partnerschaftszufriedenheit der Frau und eine Abnahme der Zufriedenheit im Übergang zur Elternschaft geht einher mit einer Abnahme der Beteiligung des Mannes (Belsky, Rovine & Fish, 1992; Cowan & Cowan, 1987a; Levy-Shiff & Israelashvili, 1988; Volling & Belsky, 1991). Während Väter in emotional distanzierten Partnerschaften sich nicht nur von der Partnerin sondern auch vom Kind zurückziehen, widmen sich Mütter in dieser Situation ihrem Kind in besonders hohem Ausmaß (Cowan, Cowan, Schulz & Heming, 1994). Dies mag einerseits den Versuch der Frau widerspiegeln, die mangelnde „Liebe" des Vaters zu kompensieren. Andererseits stellt es möglicherweise auch einen Versuch dar, sich eigene Machtbereiche zu sichern.

Insgesamt scheinen Frauen oftmals eine beachtliche Ambivalenz aufzuweisen, was die Beteiligung des Mannes in der Familie angeht. Einerseits sind
Mütter zwar häufig unzufrieden damit, dass die Familienarbeit hauptsächlich
auf ihren Schultern lastet. Andererseits blocken nicht nur die Väter, sondern
oftmals auch die Mütter ein stärkeres Involvement des Mannes ab. Vor allem
Frauen, die nach der Geburt (vorerst) nicht wieder in den Beruf zurückkehren
oder eine schlecht bezahlte und wenig befriedigende berufliche Tätigkeit
ausüben, behalten die Verantwortung und Expertise für das Kind selbst, um
sich so eine Quelle persönlicher Macht und Befriedigung zu erhalten. Insbesondere dann, wenn die Mutterrolle den zentralen Aspekt der Identität der
Frau ausmacht, kann eine hohe Beteiligung des Mannes und eine kompetente
Ausübung seiner Rolle als Vater von der Mutter als Bedrohung wahrgenommen werden. Der Ausschluss des Vaters dient dem Ziel, sich einen eigenen
Bereich zu bewahren, in dem sie im Vergleich zum Mann über die größeren
Kompetenzen und somit die größere Macht verfügt (De Luccie, 1995; Lamb,
1997b).

Kontextfaktoren

Das Engagement des Mannes im Beruf, der Umfang seiner Berufstätigkeit
und das Ausmaß an beruflichen Belastungen hängen eng mit der Beteiligung
des Vaters am familiären Leben zusammen. Der Umfang der beruflichen
Tätigkeit des Mannes steckt den Rahmen ab, innerhalb dessen eine Beteiligung an der Sorge um das Kind überhaupt stattfinden kann. So zeigen eine
Reihe von Studien, dass der Mann sich umso weniger an Versorgungsaufgaben beteiligt, je höher seine Wochenarbeitszeit ausfällt (z. B. Bonney, Kelley
& Levant, 1999; McHale & Huston, 1984). Auch beruflicher Stress und die
Zufriedenheit des Mannes im Beruf wirken sich auf sein Erziehungsverhalten
aus. Väter, die über ein hohes Ausmaß von beruflichem Stress berichten,
beschäftigen sich in ihrer Freizeit weniger mit ihren sechs Jahre alten Kindern
(Repetti, 1994). Allerdings bestimmt nicht nur die Wochenarbeitszeit des
Vaters das Ausmaß seiner Beteiligung, sondern auch der Umfang der Erwerbstätigkeit der Frau. Je höher die Wochenarbeitszeit der Frau ist, desto
mehr beteiligt sich der Mann an Versorgungsaktivitäten und desto mehr Aufgaben rund um das Kind erledigt er allein (Bonney, Kelley & Levant, 1999;
Crouter et al., 1987; Deutsch et al., 1993; De Luccie, 1996b). Dieser Zusammenhang ist allerdings nicht nur auf den steigenden Bedarf der berufstätigen
Frau an Unterstützung zurückzuführen. Die Partizipation der Frau am Berufsleben stellt auch die Rechtfertigung der geringen häuslichen Partizipation
des Mannes als Folge seiner Brotverdiener-Funktion in Frage und stärkt ihre
Position bei der Aushandlung der Aufteilung familiärer Aufgaben. Frauen, die
ein eigenes Einkommen und eine hohe berufliche Position besitzen, sind so
eher in der Lage, die eigenen Interessen dem Partner gegenüber erfolgreich zu

vertreten und ihn stärker in die Sorge um das Kind einzubinden (Allen & Hawkins, 1999). Allerdings mögen die nachdrücklichen Forderungen berufstätiger Frauen nach Entlastung zwar erfolgreich sein, können jedoch negative Nebenwirkungen für die Partnerschaft haben (Hoffman, 1983; Crouter et al., 1987).

Insgesamt machen die Befunde deutlich, dass der Verhaltensspielraum für Männer berufstätiger Frauen geringer ausfällt als für Alleinverdiener. Während das Engagement des Vaters bei Alleinverdienern in hohem Maße von seinen Einstellungen und Vorlieben abhängt, ist der Mann in Doppelverdiener-Haushalten zwangsläufig häufiger für die Betreuung und Versorgung des Kindes zuständig, ob er nun will oder nicht.

Merkmale des Kindes

Amerikanische Studien konstatieren häufig eine größere Beteiligung des Vaters, wenn das Kind ein Junge ist (De Luccie, 1996a; zum Überblick Pleck, 1997). Derartige geschlechtsspezifische Unterschiede in der Beteilung scheinen jedoch vor allem im Umgang mit älteren Kindern, weniger bei Säuglingen und Kleinkindern aufzutreten und betreffen eher Spiel- als Betreuungsaktivitäten (Levy-Shiff & Israelashvili, 1988). Außerdem gibt es Hinweise darauf, dass Väter mit Söhnen eine andere Art des Umgangs und insbesondere ein anderes Spielverhalten pflegen als mit Töchtern. Beispielsweise sprechen Väter von zwei Jahre alten Söhnen mehr mit diesen, als Väter von ebenso alten Töchtern (zum Überblick vgl. Lamb, 1997b).

Die Frage, ob das Temperament des Kind einen Einfluss darauf hat, wie sehr sich der Vater an der Betreuung und Versorgung des Kindes beteiligt, hat bisher in der psychologischen Forschung wenig Aufmerksamkeit bekommen. Ein Baby bzw. ein Kind mit einem „schwierigen Temperament", also ein Kind, das im Säuglingsalter viel schreit, sich nur schwer beruhigen lässt, einen unregelmäßigen Schlaf-Wach-Rhythmus hat, leicht irritierbar und wenig schmusig ist, und das als (Klein-)Kind ungehorsam, aggressiv und launisch ist, stellt die Eltern, insbesondere natürlich die Mutter als primäre Betreuungsperson, auf eine harte Geduldsprobe. Ein schwieriges kindliches Temperament trägt zu einer Beeinträchtigung des Befindens der Mutter bei, kann Gefühle der Überlastung und Überforderung hervorrufen und stellt einen bedeutsamen Risikofaktor für körperliche Misshandlung durch die Eltern dar (Engfer, 1992). Gerade Mütter schwieriger Kind sollten daher einen erhöhten Bedarf an Entlastung durch den Partner aufweisen. Eine Studie von Volling und Belsky (1991) zeigt tatsächlich, dass Väter schwieriger Kinder ihre Partnerin verstärkt bei der Kinderbetreuung unterstützen. Andererseits dürfte der Umgang mit einem schwierigen Kind auch beim Vater Gefühle der Frustration, Hilflosigkeit und Überforderung auslösen und zu einem Rückzug aus der Verantwortung beitragen. Daraus kann eine Art „Teufelkreis" entstehen: Je weniger Übung der Vater im Umgang mit schwierigen Verhaltensweisen des Kindes hat, desto weniger wird es ihm gelingen, schwierige Situationen zu meistern, und desto eher wird er sich aus der Betreuung des Kindes zurückziehen. Dieser Rückzug trägt wiederum zu einer Verfestigung des Kompetenzmangels bei.

Faktisch scheinen Merkmale des Kindes für die Beteiligung des Vaters allerdings eher eine untergeordnete Bedeutung zu haben gegenüber den Einstellungen der Eltern und den Merkmalen der Partnerbeziehung (Woodworth, Belsky & Crnic, 1996).

4.3.1.2 Konsequenzen einer aktiven Vaterschaft

Positive Konsequenzen einer aktiven Ausübung der Vaterschaft und einer Beteiligung des Vaters an der Sorge um das Kind sind auf mehreren Ebenen festzustellen. Väter, die sich in hohem Ausmaß an der Sorge um das Kind beteiligen, konstatieren größere Nähe zum Kind (Russell, 1982), ein höheres Selbstwertgefühl und mehr Zutrauen in die eigenen Fähigkeiten als Vater (Baruch & Barnett, 1986) ebenso wie eine größere Zufriedenheit in der Elternrolle (Easterbrooks & Goldberg, 1984). In hohem Maße aktive und engagierte Väter berichten allerdings, ebenso wie beruflich engagierte Mütter, eine Kollision beruflicher und familiärer Interessen und damit verbunden eine hohe psychische Belastung.

Nach Kalmun (1999) trägt eine aktive Ausübung der Vaterrolle zu einer höheren Zufriedenheit der Frau mit der Partnerschaft bei und stabilisiert so die Beziehung. Auch Harris und Morgan (1991) fanden in ihrer Studie eine positive Beziehung zwischen der Beteiligung des Vaters an der Sorge um das Kind und der Partnerschaftszufriedenheit. Die Einflussrichtung lässt sich allerdings (auf der Basis dieser Studien) nicht eindeutig bestimmen: Ist die Partnerschaft glücklicher, weil sich der Mann mehr beteiligt und dadurch die Partnerin entlastet, ihr ein Gefühl der Wertschätzung vermittelt und ihren Vorstellungen vom Familieleben nachkommt? Oder beteiligt sich der Mann mehr, weil er seine Frau liebt und sie ihn aufgrund ihrer großen Zuneigung stärker in die Sorge um das Kind einbezieht? Plausibel ist, dass beide Mechanismen greifen.

Aussagen über den Einfluss des Vaters auf die Entwicklung des Kindes basieren nach Lamb (1995) auf zwei Forschungstraditionen: Frühe Ansätze untersuchten die Auswirkungen der Vaterabwesenheit infolge von Trennung oder Scheidung auf die kognitive und soziale Entwicklung von Kindern. Aus den festgestellten Unterschieden zwischen Kindern aus vollständigen Familien und solchen aus Scheidungsfamilien, in denen das Kind bei der Mutter lebt, wurden Aussagen über die Bedeutung des Vaters für die kindliche Entwicklung abgeleitet. Allerdings lassen sich tatsächlich existierende Unterschiede nicht eindeutig auf die Abwesenheit des Vaters zurückführen. Mit

146

einer Trennung gehen weitere Faktoren einher, die eine Belastung sowohl für das Kind als auch für die Mutter darstellen. Durch viele Studien belegt ist beispielsweise die Erkenntnis, dass ein hohes elterliches Konfliktniveau in der Zeit vor und auch nach der Trennung eine schlechtere soziale Anpassung des Kindes prädiziert (zum Überblick Fthenakis, Niesel & Kunze, 1982). Der ökonomische Stress und die finanziellen Einschränkungen, unter denen vor allem alleinerziehende Mütter zu leiden haben, sorgen für eine weitere Verschärfung der Situation. Hinzu kommt die negative Einstellung der Gesellschaft gegenüber alleinerziehenden Müttern, deren soziale Isolation und die Tendenz der Stigmatisierung von Kindern aus Scheidungsfamilien. Diese mit der Trennung verbundenen Belastungsfaktoren wirken sich nicht nur direkt auf das Kind aus, sie führen auch zu einer Einschränkung der Erziehungsfähigkeit der Mutter (Beeinträchtigung ihrer Offenheit, Sensibilität, Geduld und Konsequenz im Umgang mit dem Kind), und haben somit auch indirekte Auswirkungen für das Kind. Daher erlauben viele dieser Studien keine eindeutige Trennung von Effekten der Vaterabwesenheit und Auswirkungen vielfältiger Belastungsfaktoren, die einer Scheidung vorausgehen bzw. mit ihr verbunden sind.

Aktuellere Studien gehen der Frage nach der Bedeutung des Vaters für die kindliche Entwicklung nach, indem sie Unterschiede im väterlichen Involvement in Beziehung setzen zu Indikatoren der kindlichen Entwicklung (z. B. der Geschlechtsrollenentwicklung, dem Leistungsverhalten, der kognitiven Entwicklung, der psychosozialen Anpassung). Entwickeln sich Kinder in solchen Familien besser, in denen der Vater sich in hohem Ausmaß an der Sorge um das Kind beteiligt und sich überdurchschnittlich viel mit dem Kind beschäftigt? Tatsächlich weisen Kinder, deren Väter solch überdurchschnittliches Engagement zeigen, eine höhere Empathie und kognitive Kompetenz, ausgeprägtere internale Kontrollüberzeugungen und weniger geschlechtsrollenstereotype Einstellungen auf (zum Überblick Lamb, 1997b). Außerdem sagt nach Parke (1981) eine hohe Beteiligung des Vaters an der Sorge um das Kind in den ersten acht Lebenswochen eine höhere soziale Responsivität des (Klein-)Kindes und eine höhere Resistenz gegenüber Stress und Belastungen während der Schulzeit vorher. Nicht zulässig ist es allerdings, die festgestellten Entwicklungsvorteile auf Seiten der Kinder engagierter Väter allein auf die Person oder den Einfluss des Vaters als solchen zurückzuführen und Aussagen zu treffen wie: „Der Vater spielt für die kognitive Entwicklung des Kindes die entscheidende Rolle". Vielmehr sind Familien, in denen Väter eine ausgesprochen aktive Ausübung der Vaterrolle pflegen, durch spezifische Merkmale charakterisiert, die sich als vorteilhaft für bestimmte Entwicklungsbereiche des Kindes erweisen (Lamb, Pleck & Levine, 1985). Beispielsweise weisen in solchen Familien, in denen eine nahezu egalitäre Aufteilung der Sorge um das Kind praktiziert wird, beide Eltern typischerweise wenig stereotype Geschlechtsrollenvorstellungen auf. Das Kind verfügt so über zwei engagierte Eltern, die eine große Vielfalt an Stimulation bieten. Sofern die egalitäre Rollenaufteilung, eine stärkere Partizipation der Frau am Berufsleben und eine stärkeres Engagement des Mannes für familiäre Belange von beiden gewünscht ist, stellt auch die damit einhergehende größere Zufriedenheit beider Partner einen für die kindliche Entwicklung günstigen Kontext dar. Väter, die in hohem Ausmaß Verantwortung für die Versorgung des Kindes und die Organisation des Alltags mit Kind übernehmen, zeichnen sich weiterhin durch Merkmale aus, die auch im direkten Kontakt mit dem Kind zum Tragen kommen. (Positiver Einfluss von hoher Extraversion und geringem Neurotizismus auf das Erziehungsverhalten des Vaters in den ersten drei Lebensjahren des Kindes, Woodworth et al., 1996). Die Auswirkungen des väterlichen Engagements müssen folglich im Kontext und unter Berücksichtigung der damit verbundenen Faktoren abgeschätzt werden.

4.3.2 Befunde der LBS-Familien-Studie

4.3.2.1 Die Beteiligung des Vaters an der Sorge um das Kind

Die Befunde der LBS-Familien-Studie belegen, dass die Sicherung des Lebensunterhalts der Familie vorrangig in den Aufgabenbereich des Mannes fällt. Dies wird deutlich, wenn man die Entwicklung der beruflichen Karrieren von Mann und Frau nach der Geburt des ersten Kindes betrachtet (vgl. Kapitel 3, Kapitel 4.2). Die Übernahme der Vaterrolle ist typischerweise mit dem Einstieg in den Beruf bzw. einer Intensivierung des beruflichen Engagements verbunden. So sind im letzten Schwangerschaftsdrittel 18 Prozent der werdenden Väter noch in der Ausbildung, die durchschnittliche Arbeitszeit der berufstätigen Erstväter beträgt im Durchschnitt 42 Stunden (Minimum: 20 Stunden, Maximum: 70 Stunden). 34 Monate nach der Geburt des ersten Kind sind nur drei Prozent der Väter nicht berufstätig, die durchschnittliche Arbeitszeit der berufstätigen Väter beträgt dann 41 Stunden (Minimum: 4 Stunden, Maximum: 72 Stunden). Vor der Geburt sind die werdenden Mütter in ähnlichem Umfang wie die Väter erwerbstätig. Der Anteil der berufstätigen Frauen beträgt zu diesem Zeitpunkt knapp 80 Prozent mit einer durchschnittlichen Arbeitszeit von 38 Wochenstunden. Nach der Geburt des ersten Kindes zieht sich die Mutter zumindest vorübergehend aus dem Beruf zurück. Steigt sie in den ersten drei Jahren nach der Geburt wieder in das Berufsleben ein, tut sie dies in deutlich reduziertem Umfang: So nehmen immerhin 52 Prozent der Erstmütter in diesem Zeitraum wieder eine bezahlte Tätigkeit auf, wobei die Wochenarbeitszeit zwischen einer und 50 Stunden liegt und im Durchschnitt 18 Stunden beträgt.

Dementsprechend gering fällt der Beitrag der Frau zum Familieneinkommen aus. Zwei Drittel der *berufstätigen* Erstmütter haben zu T5 (34 Monate) ein Netto-Einkommen von weniger als 1.500 Mark, 43 Prozent verfügen über weniger als tausend Mark. Hingegen verdienen 80 Prozent der erstmaligen Väter zu diesem Zeitpunkt netto mehr als 3.000 Mark monatlich, 45 Prozent immerhin mehr als 4.000 Mark. Zusammenfassend lässt sich feststellen, dass bei nahezu der Hälfte der teilnehmenden Familien der Vater allein für den Lebensunterhalt zuständig ist und auch in Doppelverdiener-Haushalten der Verdienst des Mannes in den meisten Fällen die Haupteinnahmequelle darstellt. Nur zehn Prozent der Männer verfügen über ein niedrigeres Nettoeinkommen als ihre Partnerin. Unsere Befunde belegen somit, dass eine zentrale Funktion des Vaters nach wie vor die des *Brotverdieners* ist.

Neben der Sicherung des Lebensunterhaltes stellt die Beteiligung des Vaters an der Betreuung und Versorgung des Kindes eine bedeutsame Facette der Vaterrolle dar. Betrachten wir diesen Aspekt im Folgenden genauer. Die Beteiligung beider Elternteile an der Betreuung und Versorgung des Kindes wurde separat von Mann und Frau anhand einer Reihe von kindbezogenen Aufgaben eingeschätzt. Die Liste der Aufgaben umfasst Routinearbeiten bei der Versorgung des Kindes, die regelmäßig anfallen und zwingend erledigt werden müssen (z. B. Windeln wechseln; das Kind nachts versorgen), und Aufgaben, die seltener anfallen oder stärker nach Belieben ausgeführt werden können (z. B. Besuche beim Kinderarzt, Spielen mit dem Kind). Während beim Säugling anfallende Aufgaben und Tätigkeiten noch stark pflegerischen Charakter haben, wird mit zunehmendem Alter und Entwicklungsstand des Kindes eine inhaltliche Differenzierung nach dem Aufgabentyp sinnvoll. Die Tätigkeiten, die bei der Sorge um das 34 Monate alte Kind anfallen, wurden daher zusätzlich unterteilt in *Versorgungstätigkeiten* (z. B. das Kind anziehen, Sauberkeitserziehung, Kinderbetreuung organisieren) und Aufgaben, die einen eher spielerischen Charakter haben, Spaß machen und die in Ausführung und Zeiteinteilung variabler sind (*„Pleasure Aktivitäten"*, z. B. Spielen mit dem Kind, das Kind baden).

Betrachten wir zunächst die Aufteilung der Zuständigkeit für das Zielkind über die einzelnen Messzeitpunkte. Hierfür wurde ein dreifaktorielle Varianzanalyse mit dem zweigestuften Gruppierungsfaktor *Elterngruppe* (Ersteltern vs. Zweiteltern) und den Messwiederholungsfaktoren *Elternteil* (Mütter vs. Väter) und *Erhebungszeitpunkt* (*T3:* vier Monate nach der Geburt; *T4:* 18 Monate nach der Geburt; *T5:* 34 Monate nach der Geburt) berechnet. Der hochsignifikante Haupteffekt *Elternteil* ($F[1,96]=538.53$; $p=.000$ – deutlich höhere Beteiligung der Frau) belegt, dass die Verantwortung für das Kind überwiegend bei der Frau liegt. Die Interaktion *Elterngruppe × Elternteil* ($F[1,96]=3.90$ $p=.05$) weist darauf hin, dass die Aufteilung der Sorge um das Zielkind bei den Zweiteltern traditioneller ausfällt als bei den Ersteltern, wobei die Aufteilung über die Messzeitpunkte hinweg Schwankungen unterliegt.

Betrachtet man die gesamte Beteiligung von Mutter und Vater an der Sorge um das Kind in den ersten drei Lebensjahren des Kindes, zeigt sich deutlich, dass die Versorgung und Betreuung des Kindes vorwiegend in den Verantwortungsbereich der Mutter fällt (vgl. Abbildung 4.3.1). Dies gilt gleichermaßen für das erste wie für das zweite Kind, wobei die Verteilung bei den

erstellen   zweitelter

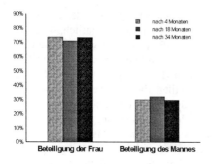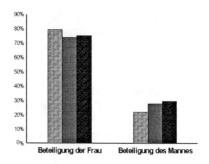

Abbildung 4.3.1: Prozentuale Beteiligung der Partner an der Betreuung und
Versorgung des Kindes bei Ersteltern (linke Abbildung)
und Zweiteltern (rechte Abbildung)

Zweiteltern noch etwas traditioneller ausfällt als bei den Ersteltern. Der
durchschnittliche Anteil der Frau liegt ihrer Einschätzung nach bei etwa 74
Prozent, der Mann gibt an, im Schnitt zu 29 Prozent an den Aufgaben rund
um das Kind beteiligt zu sein. Nun ist aus Studien zur partnerschaftlichen
Aufgabenteilung bekannt, dass beide Partner den eigenen Anteil an der Erledigung von Aufgaben überschätzen. Addiert man also die selbsteingeschätzten relativen Anteile von Mann und Frau auf, erhält man typischerweise einen
Wert, der deutlich über 100 Prozent liegt. Die durchschnittliche Überschnei-
dung der Angaben beider Elternteile ist in unserer Studie mit nur drei Prozent
jedoch überraschend niedrig. Sprich: Die Eltern sind sich darüber ziemlich
einig, dass der Grossteil der Betreuung und Versorgung des Kindes von der
Frau erledigt wird.

Gehen wir als nächstes der Frage nach, ob die Beteiligung der Väter in
Abhängigkeit vom Aufgabentyp variiert. Zeigt sich auch in unserer Studie,
dass Männer stärker die oben genannten „Pleasure-Aktivitäten" übernehmen
als Versorgungsaktivitäten, die regelmäßig anfallen und weniger Spaß machen?

Eine dreifaktorielle Varianzanalyse mit dem zweigestuften Gruppierungsfaktor *Elterngruppe* (Ersteltern vs. Zweiteltern) und den Messwiederholungsfaktoren *Elternteil* (Mütter
vs. Väter) und *Aufgabentyp* (Spaßbetonte Aktivitäten vs. Versorgungsaktivitäten) ergibt
neben dem bereits bekannten hochsignifikanten Haupteffekt *Elternteil* ($F[1,117]=322.75$;
$p=.000$ – deutlich höhere Beteiligung der Frau) eine hochsignifikante Interaktion *Elternteil*
$\times$ *Aufgabentyp* ($F[1,117]=480.81$; $p<.000$). Abbildung 4.3.2 veranschaulicht die Interaktion. Da kein Effekt der Elterngruppe auftritt, werden die Angaben der Erst- und Zweiteltern für die Abbildung zusammengefasst.

Betrachtet man die relative Beteiligung beider Eltern an der Sorge um das 34
Monate alte Kind in Abhängigkeit von der Art der Aufgaben (Versorgungs-

150

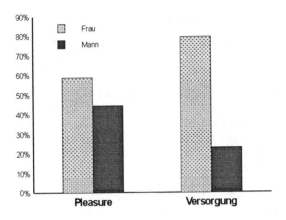

Abbildung 4.3.2: Prozentuale Beteiligung der Partner an Pleasure-Aufgaben und Versorgungs- und organisatorischen Aufgaben rund um das 34 Monate alte Kind; Angaben aller Eltern

aufgaben versus spaßbetonte Aktivitäten), zeigt sich ein eindeutiges Muster, das Abbildung 4.3.2 veranschaulicht: Die Beteiligung des Vaters an „Pleasure-Aktivitäten" ist mit 43 Prozent (Durchschnitt aus den Angaben beider Eltern) doppelt hoch wie sein Engagement bei der Versorgung des Kindes und bei organisatorischen Aufgaben rund ums Kind (22 Prozent). Da sich dieses Muster sowohl bei Erst- als auch bei Zweiteltern zeigt, werden die Angaben beider Gruppen zusammengefasst dargestellt.

4.3.2.2 Bedingungen einer aktiven Vaterschaft

Von welchen Faktoren hängt es nun ab, ob und in welchem Ausmaß sich der Vater an der Sorge um sein Kind beteiligt? Hierbei spielen verschiedene Faktoren zusammen. Zunächst sind Merkmale und Einschätzungen des Vaters von Bedeutung, wie seine Einstellung schon zur Schwangerschaft, sein Selbstvertrauen oder auch persönliche Orientierungen und Lebenspläne. Darüber hinaus stecken Merkmale der Lebenssituation und äußere Lebensbedingungen, etwa Art und Umfang der Berufstätigkeit, den Rahmen für das väterliche Engagement ab. Schließlich prägen das Verhalten der Mutter in der Familie sowie Merkmale des Kindes die Ausübung der Vaterrolle.

Individuelle Merkmale und Einstellungen des Vaters

Unter den Faktoren, die direkt mit der Person des Vaters zu tun haben, kommt der Einstellung des Mannes zur Schwangerschaft und der Erwünschtheit des Kindes eine wichtige Rolle zu. Bereits die Haltung des Mannes während der Schwangerschaft stellt einen ersten Indikator für sein späteres Engagement als Vater dar. Dies gilt allerdings nur für Väter, die das erste Kind erwarten. Das Engagement der Zweitväter lässt sich hingegen nicht aus ihrer Haltung zum Kind vorhersagen. Die korrelativen Zusammenhänge zwischen Indikatoren der Einstellung des Mannes und seiner Beteiligung an der Sorge um das Kind (Mittelwert aus den Einschätzungen beider Eltern) sind deswegen in Tabelle 4.3.1 für beide Elterngruppen getrennt aufgeführt. Erstmalige Väter beteiligen sich vier Monate nach der Geburt besonders stark an den Aufgaben rund um das Kind, wenn die Schwangerschaft in die Lebenssituation und die Lebenspläne des Mannes „gepasst" hat. Von Bedeutung ist hierbei vor allem, ob das Kind gelegen kam im Hinblick auf das eigene Alter, die Gesundheit der Partnerin und ihre beruflichen Pläne. Auch die emotionale Bewertung der Schwangerschaft durch den Mann erlaubt eine Vorhersage seiner späteren Beteiligung: Je mehr sich der Mann über die Schwangerschaft der Partnerin ärgert und je bedrohlicher ihm dieser Einschnitt erscheint, desto

Tabelle 4.3.1: Zusammenhang zwischen Einschätzungen des Mannes und seiner Beteiligung an kindbezogenen Aufgaben 4 Monate, 18 Monate und 34 Monate nach der Geburt

		Beteiligung				
		4 Mon.	18 Mon.	34 Mon.		
		alle Aufgaben			Pleasure	Versorg.
Passung der Schwangerschaft	e	.19+	.10	.14	.08	.18
	z	.20	.17	-.00	-.13	.04
Positive emotionale Bewertung	e	.28*	.23*	.20+	.07	.24*
der Schwangerschaft	z	.06	.03	-.06	-.19	-.02
Eigener Beitrag zur Schwanger-	e	.11	.10	.12	.01	.21+
schaft	z	.21	.04	-.01	.05	-.02
Bereichsspezifische	e	.21+	.17	.24*	.15	.25*
Kompetenzüberzeugungen	z	.02	.10	.01	-.00	.03
Gute Beziehung zum Vater	e	.03	.15	.14	.11	.12
während der Kindheit	z	-.17	-.10	-.10	-.14	.02

Anmerkungen: e = Ersteltern, z = Zweiteltern; Ersteltern: N=75-84; Zweiteltern: N=46-62; Mon. = Monate;   + - $p \leq .10$ * - $p \leq .05$ ** - $p \leq .01$ *** - $p \leq .001$ (zweiseitig).

größere Distanz wahrt er von der Geburt an zum Kind. Dieser Zusammenhang ist nicht nur für die ersten Lebensmonate zu beobachten, sondern auch noch knapp drei Jahre später. Die Vorbehalte des Vaters gegenüber der Elternschaft legen sich also nicht im Laufe der Zeit. Väter, die sich über die Schwangerschaft geärgert hatten, nehmen zwar Teil an *spielerischen Aktivitäten* mit dem 34 Monate alten Kind, die Verantwortung für die *Versorgung* des Kindes überlassen sie jedoch der Frau. Gleiches gilt für die Einschätzungen des Mannes, inwieweit er mit verantwortlich für den Eintritt der Schwangerschaft ist. Männer, die nicht nur die Partnerin als „Urheber" der Schwangerschaft ansehen, sondern selbst Verantwortung dafür übernehmen, zeigen langfristig ein stärkeres Engagement speziell bei Versorgungsaufgaben. Weiterhin hängt die selbstzugeschriebene Rollenkompetenz des Vaters, also seine Überzeugung, die für die Betreuung und Versorgung des Kindes notwendigen Fähigkeiten zu besitzen bzw. im Umgang mit dem Kind zu entwickeln, eng mit der Ausgestaltung der Vaterrolle zusammen. Je mehr sich der Mann bereits während der Schwangerschaft der Vaterrolle gewachsen fühlt und je mehr er darauf vertraut, auch schwierige Situationen im Umgang mit dem Kind meistern zu können, desto mehr beteiligt er sich an der Sorge um das Kind, wenn es erst einmal da ist.

Das spätere elterliche Engagement des Vaters hängt also in hohem Maße von seiner ursprünglichen Haltung zum Kind ab. Der größere individuelle Handlungs- und Gestaltungsspielraum ist kennzeichnend für die Vaterschaft. Im Unterschied dazu ist die Ausgestaltung der Mutterrolle unabhängig von den individuellen Einstellungen und Zielorientierungen der Frau. Auch hierin spiegeln sich die Unterschiede zwischen Mutterschaft und Vaterschaft wider. Die Zuständigkeit der Mutter für ihr Kind ist kulturell vorgezeichnet und wird unabhängig von ihren persönlichen Haltungen und Orientierungen eingefordert.

Welche Bedeutung kommt nun der *Beziehung zu den eigenen Eltern* während der Kindheit zu, insbesondere der Beziehung zum eigenen Vater? Führt eine positive Beziehung zum eigenen Vater während der Kindheit (bzw. die Erinnerung daran) tatsächlich zu einem stärkeren Engagement gegenüber dem eigenen Kind (Modellierungshypothese)? Oder bemühen sich gerade Männer in besonderem Ausmaß um das Kind, die die Beziehung zum eigenen Vater als ausgesprochen negativ erlebt haben, (Kompensationshypothese)? Wir finden keinen Zusammenhang zwischen der Beziehung zum eigenen Vater und der Ausgestaltung der eigenen Rolle als Vater. Unsere Befunde stützen also weder die Annahme, dass das Verhalten des eigenen Vaters als Vorbild dient, noch bestätigen sie die Vermutung von Kompensationsbemühungen bei Männern, die die Beziehung zum eigenen Vater als besonders schlecht erlebt haben. Weder die bivariaten Analysen (Produkt-Moment-Korrelationen) noch die Berechnung quadratischer Trends (kurvilineare Regressionen) bringen signifikante Ergebnisse. Die Beteiligung des Mannes an der Sorge um den Säugling und das Kleinkind steht also in keinen Zusammenhang damit, wie er die Kindheitsbeziehung zu seinem Vater erlebt hat.

Einstellungen der Partnerin

Betrachten wir als Nächstes, welchen Einfluss die Einstellung und das Verhalten der Partnerin auf die Gestaltung der Vaterrolle und die langfristige Entwicklung des Engagements des Mannes als Vater haben. Wie sehr sich der Vater an der Betreuung und Versorgung seines ersten Kindes beteiligt, hängt nicht nur von seiner Bereitschaft ab, sondern auch davon, ob die Partnerin ihn in die Betreuung des Kindes einbindet oder ob sie ihm die traditionelle Rolle des Brotverdieners zuordnet. Eine wichtige Rolle kommt dem *Zutrauen der Frau in die Kompetenzen ihres Partners* zur Ausübung der Vaterrolle zu. Solche Überzeugungen, die die wahrgenommenen oder unterstellten Fähigkeiten des Partners und seine Bereitschaft zur Ausübung der Vaterrolle betreffen, wurden, ebenso wie die selbstbezogenen Kompetenzüberzeugungen des Mannes, bereits während der Schwangerschaft erfasst (Beispielfragen: „Mein Partner wird sicher ein guter Vater sein." „Ich fürchte mich vor Situationen, in denen mein Partner die Geduld verliert mit unserem Kind." „Ich bin sicher, dass ich bei der Betreuung unseres Kindes von meinem Partner voll unterstützt werde."). Mütter, die vor der Geburt des ersten Kindes wenig Vertrauen in die Kompetenzen ihres Partners als Vater haben, übernehmen in den ersten vier Monaten nach der Geburt des Kindes Aufgaben, die bei der Betreuung des Kindes anfallen, verstärkt selbst, die relative Beteiligung ihres Partners fällt infolgedessen zu diesem Zeitpunkt eher gering aus (r=.26, p<.05). Noch 34 Monate nach der Geburt kann dieser Effekt des frühen mütterlichen Zutrauens auf die Beteiligung des Vaters festgestellt werden (r=.20, p<.10). Unsere Ergebnisse stützen somit die Annahme, dass ein geringes väterliches Engagement zum Teil auch ein Resultat der Steuerung durch die Mutter darstellt. Vermutlich geben Frauen, die schon vor der Geburt ihrem Partner die Fähigkeiten absprechen, das Kind angemessen zu betreuen und engagiert, sensibel und kompetent auf die Bedürfnisse des Kindes einzugehen, ihm wenig Möglichkeiten, sich an der Betreuung und Versorgung des Kindes zu beteiligen. Bekannt sind auch Strategien der Überwachung, Kontrolle und Kritik an den pflegerischen Aktivitäten des vermeintlich inkompetenten Vaters. Dieses Verhalten der Mutter kann dazu führen, dass eine ursprünglich durchaus vorhandene Motivation des Vaters untergraben wird. Glaubt die Mutter hingegen an die Kompetenzen ihres Partners, bezieht sie ihn verstärkt in das familiäre Leben und die Sorge um das Kind ein. Der Mutter kommt somit für den Umgang des Vaters mit seinem Kind – zu einem gewissen Grad – eine Steuerungs- oder auch Weichenstellerfunktion zu, die in der wissenschaftlichen Debatte als „Gatekeeping" bezeichnet wird.

Das während der Schwangerschaft geäußerte Vertrauen der Zweitmutter in die Kompetenzen des Partners zeigt nun einen weitaus engeren Zusammenhang mit dessen Beteiligung an kindbezogenen Aufgaben zu den drei Messzeitpunkten (4 Monate: $r=.51$, $p<001$; 18 Monate: $r=.46$, $p<001$; 34 Monate: $r=.35$, $p<05$). In diesem Fall muss die geringe Beteiligung des Mannes allerdings nicht zwangsläufig eine Folge der Einschätzungen und des Verhaltens der Mutter darstellen. Es erscheint durchaus plausibel, dass das Urteil dieser Mütter auf den Erfahrungen mit dem ersten Kind basiert und eine realistische Einschätzung des zukünftigen Engagements des Vaters darstellt: Zweitmütter, die schon beim ersten Kind unzufrieden mit der Rollenausübung ihres Partners sind, werden kein großes Vertrauen in sein zukünftiges Engagement als Vater haben.

Aber auch das Vertrauen der werdenden Erstmutter in die Kompetenzen und die Bereitschaft ihres Partners scheint zum Teil auf einer realistischen Einschätzung seiner Haltung zu basieren. Frauen beurteilen die Kompetenzen ihres Partners zur Ausübung der Vaterrolle umso skeptischer, je negativer dessen Bewertung der Schwangerschaft ausfällt ($r=.25$, $p<.05$), je mehr er sich also über die Schwangerschaft ärgert und je weniger er sich auf das Kind freut. Offensichtlich nimmt die Frau diese negative Einstellung des Mannes gegenüber der Schwangerschaft und Elternschaft wahr, wodurch (berechtigte) Zweifel an der Bereitschaft und den Kompetenzen ihres Partners geweckt werden.

Wann aber glauben Frauen, dass ihr Partner ein „guter" Vater sein wird? Sowohl erstmalige als auch erfahrene Mütter sind vor allem dann von den Fähigkeiten ihres Partners als zukünftigem Vater überzeugt, wenn sie ihrem Partner ganz spezifische Eigenschaften zuschreiben, die eher mit weiblichen Geschlechtsstereotypen in Verbindung gebracht werden ($r=.45$, $p<.001$). Sie umfassen Einschätzungen wie „gefühlvoll", „mitteilsam", „anpassungsfähig", „verständnisvoll", „hilfsbereit" und „zärtlich". Auch die Einschätzung des Partners als emotional stabil („gelassen", „unkompliziert", „tolerant") geht mit einem großen Vertrauen in seine Fähigkeiten als Vater einher ($r=.29$, $p<.001$). Männer, die von ihrer Partnerin also bereits vor der Geburt des Kindes als „feminin" und emotional stabil eingeschätzt werden, erscheinen den Frauen als kompetenter und zuverlässiger für den Umgang mit dem Kind. Unwichtig ist in diesem Zusammenhang, inwieweit die Frauen dem Partner Eigenschaften zuschreiben, die eher der männlichen Rolle zugeordnet werden („selbstsicher", „durchsetzungsfähig", „tatkräftig") ($r=.10$, $n.s.$). Diese Differenzierung, die Frauen offensichtlich vornehmen, ist um so interessanter, als sie für die partnerbezogenen Kompetenzüberzeugungen der Männer fehlt. Männer vertrauen um so mehr in die Fähigkeiten ihrer Partnerin als zukünftige Mutter, je positiver sie diese insgesamt einschätzen, unabhängig von spezifischen Persönlichkeitsmerkmalen.

Ob die Frau ihren Partner in die Verantwortung für das Kind einbindet, hängt auch vom Zustand der Partnerschaft ab. Eine hohe vorgeburtliche Partnerschaftszufriedenheit der Frau geht mit einer hohen Beteiligung des Mannes an der Sorge um das Kind einher (Korrelation des T1-Gesamtwertes des Partnerschaftsfragebogens mit der Beteiligung zu T3: $r=.27$, $p<.01$; zu T4: $r=.19$, $p<.05$; zu T5: $r=.23$, $p<.01$). Dieser Zusammenhang tritt sowohl bei den Erst- als auch den Zweiteltern auf. Der Zustand der Partnerschaft hat aber auch einen Einfluss auf die Bereitschaft des Vaters, aktiv am Familienleben teilzunehmen und die Partnerin zu entlasten. Allerdings wird diese Bereitschaft bei erstmaligen Vätern offensichtlich aus anderen Quellen gespeist als bei Männern, die das zweite Kind bekommen. Während bei den erstmaligen Vätern ein hohes vorgeburtliches Konfliktniveau erwartungsgemäß mit einem Rückzug des Vaters einhergeht (Korrelation des T1-Streitwertes mit der Beteiligung zu T3: $r=.13$, $n.s.$; zu T4: $r=-.24$, $p<.05$; zu T5: $r=-.23$, $p<.05$), hat es bei den Zweitvätern langfristig einen positiven Effekt auf seine Beteiligung an der Sorge um das Kind (T3: $r=.20$, $n.s.$; zu T4: $r=.99$, $n.s.$; zu T5: $r=.30$, $p<.05$). Ständige Forderungen, Nörgeleien und ein destruktives Streitverhalten der Frau (die Angaben des Mannes im PFB beziehen sich vor allem auf das Konfliktverhalten seiner Partnerin) stellen offensichtlich bei den Paaren, die das zweite Kind bekommen, durchaus eine erfolgreiche Strategie dar, um den Mann einzubinden und selbst Entlastung von Familienaufgaben zu erhalten. Der Mann beteiligt sich zwar nicht unbedingt freiwillig und aus eigenem Antrieb, aber er beteiligt sich. Angesichts der langfristig negativen Folgen von destruktivem Streitverhalten nicht nur für die weitere Entwicklung der Partnerschaft, kann der Frau diese Ausübung von Druck jedoch keinesfalls als geeignete Strategie für eine wunschgemäße Gestaltung des Familienlebens empfohlen werden.

Merkmale des Berufs

Das Engagement des Mannes im Beruf und der Umfang seiner Berufstätigkeit hängen eng mit der Ausgestaltung der Vaterrolle und der Beteiligung des Vaters am familiären Leben zusammen. Betrachten wir zunächst den Zusammenhang zwischen dem Umfang der Berufstätigkeit des Mannes und seiner Beteiligung an kindbezogenen Aufgaben. Je höher die Wochenarbeitszeit des Vaters eineinhalb Jahre nach der Geburt ist, desto weniger beteiligt er sich an der Sorge um das Kind (Tabelle 4.3.2). Vor allem solche Aufgaben, bei denen weniger die direkte Interaktion mit dem Kind im Vordergrund steht (z. B. sich über Erziehung und Entwicklung informieren; Kinderbetreuung organisieren; Besuche beim Kinderarzt wahrnehmen), werden dann fast ausschließlich von der Mutter übernommen. Auch drei Jahre nach der Geburt gilt: Je stärker der Mann sich im Beruf engagiert, desto mehr überlässt er die Sorge um das Kind der Frau. Allerdings variiert die Enge dieses Zusammenhangs wiederum in Abhängigkeit vom Aufgabentyp: Väter, die überdurchschnittlich viel arbeiten, nehmen ebenso rege Anteil an Aktivitäten, die wir als *Pleasure-Aktivitäten* bezeichnen, wie Väter mit unterdurchschnittlicher Wochenarbeitszeit. Sie beteiligen sich jedoch deutlich weniger als diese an *Versorgungsaufgaben*. Gleiches gilt übrigens für die Hausarbeit. Auch die Beteiligung des Vaters an Haushaltsaufgaben sinkt rapide mit steigender Wochenarbeitszeit. Die Zufriedenheit des Mannes im Beruf hat allerdings keinen Einfluss auf sein Engagement als Vater. Im Beruf unzufriedene Väter engagieren sich im gleichen Umfang wie zufriedene.

Durch den Beruf wird offensichtlich der Rahmen abgesteckt, innerhalb dessen eine Beteiligung an der Sorge um das Kind stattfinden kann. Die Wochenarbeitszeit bestimmt, wie oft und zu welchen Tageszeiten Väter zu Hause und damit für ihre Familie überhaupt verfügbar sind. Während die durchschnittliche wöchentliche Arbeitszeit der berufstätigen Männer knapp 44 Stunden (18 Monate) bzw. 42,5 Stunden (34 Monate) beträgt, geben einige Väter eine Wochenarbeitszeit von bis zu 72 Stunden an. Diese Väter haben kaum eine Chance, ihr Kind unter der Woche überhaupt wach zu sehen. Eine hohe berufliche Belastung des Mannes geht vor allem bei der Gruppe der Väter, die ihr erstes Kind bekommen haben, mit verringertem Engagement bei der Sorge um das Kind einher. Interessanterweise wirkt sich die Wochenarbeitszeit zu T4 (18 Monate nach der Geburt) auf die Beteiligung im gleichen Zeitraum niedriger aus (r=-.29, p<.05), als auf die Beteiligung eineinhalb Jahre später (r=-.40, p<.001). Dies gilt insbesondere für Organisations- und Versorgungsaufgaben (r=-.47, p<.001). Offensichtlich spielen sich bereits relativ früh Routinen ein und werden Zuständigkeiten zwischen den Partnern festgelegt, die sich im Laufe der Zeit zunehmend verfestigen.

Gehen wir als nächstes der Frage nach, ob der Umfang, in dem die Mutter nach der Geburt des Kindes wieder berufstätig ist, einen Einfluss auf die Aufteilung der Zuständigkeiten für das Kind hat. Tatsächlich fällt der relative Anteil des Mannes an der Sorge um das 34 Monate alte Kind umso größer aus, je höher die Wochenarbeitszeit der Mutter ist (vgl. Tabelle 4.3.2). Der Vater übernimmt dann vor allem einen größeren Anteil an Versorgung- und Organisationsaufgaben. Allerdings steigt die Beteiligung des Mannes an Versorgungsaufgaben erst dann, wenn die Berufstätigkeit der Frau einen Umfang erreicht hat, der eine stärkere Beteiligung des Mannes unabdingbar macht. Männer, deren Partnerin in Teilzeit oder Vollzeit berufstätig ist (Wochenarbeitszeit von mindestens 15 Stunden), übernehmen immerhin 28 Prozent der Versorgungsaufgaben, während der Anteil der Männer, deren Partnerin weniger als 15 Wochenstunden erwerbstätig ist, mit 21 Prozent der Beteiligung von Alleinverdienern entspricht.

Wie sieht nun die innerpartnerschaftliche Verteilung der Zuständigkeiten für das Kind aus, wenn beide Eltern berufstätig sind? Dieser Frage wird im folgenden Abschnitt nachgegangen. Die dargestellten Analysen und Aussagen

Tabelle 4.3.2: Zusammenhang zwischen Merkmalen des Berufs und der Beteiligung des Vaters an kindbezogenen Aufgaben

| | Beteiligung | | | | | |
| | 18 Monate | | 34 Monate | | | |
	alle Aufgaben	N	alle Aufgaben	Pleasure	Versorg.	N
Mann						
Wochenarbeitszeit [a]	-.30***	143	-.28**	-.13	-.29***	126
Wochenarbeitszeit [b]	-.24**	135	-.28***	-.11	-.35***	123
Berufl. Zufriedenheit	.04	134	-.08	-.06	-.10	122
Frau						
Wochenarbeitszeit [a]	.06	141	.20*	-.01	.28**	123
Wochenarbeitszeit [b]	.03	64	.33*	.08	.41**	57
Berufl. Zufriedenheit	-.06	62	.14	-.02	.18	51

Anmerkungen: Korrelationen der zeitgleich erhobenen Variablen; [a]: alle Teilnehmer; [b]: nur berufstätige Teilnehmer (Wochenarbeitszeit $\geq$ 1 Stunde); $+ - p \leq .10$ $* - p \leq .05$ $** - p \leq .01$ $*** - p \leq .001$ (zweiseitig).

beziehen sich auf die 60 Paare, bei denen *beide* Eltern berufstätig sind. Bei diesen Paaren beträgt die durchschnittliche Wochenarbeitszeit der Frau 15 Stunden (Minimum: 1 Stunde, Maximum: 43 Stunden), die mittlere Arbeitszeit des Mannes 41 Stunden (Minimum: 5 Stunden, Maximum: 63 Stunden). Das Erwerbszeitbudget der beiden Partner ist nicht unabhängig voneinander, die Wochenarbeitszeiten von Mann und Frau korrelieren signifikant negativ ($r=-.26$, $p<.05$). Dies bedeutet: Je mehr der Mann arbeitet, desto niedriger fällt die Wochenarbeitszeit der Frau aus. Führt nun der Wiedereinstieg der Frau in den Beruf und ein hohes berufliches Engagement zwangsläufig zu einer Doppelbelastung der Frau? Oder geht die Partizipation der Frau am Berufsleben mit einer zunehmenden Entlastung durch den Partner einher?

Den Einfluss der Wochenarbeitszeit beider Eltern auf die innerpartnerschaftliche Verteilung der Zuständigkeit für das Kind wird mittels multipler Moderatoranalyse überprüft. Vorhergesagt wurde der Anteil des Mannes an kindbezogenen Aufgaben, wobei im ersten Schritt die Wochenarbeitszeit beider Eltern eingeht. Die Überprüfung des Moderatoreffekts erfolgt im zweiten Schritt durch Eingabe des Produktterms aus beiden Prädiktoren (vgl. Cohen & Cohen, 1983). Für das Kriterium der Beteiligung des Vaters an Versorgungsaufgaben erhält man neben signifikanten Haupteffekten der Wochenarbeitszeit (WAZ) beider Eltern (WAZ Mann: $\beta=-.44$, $t[52]=-3.74$, $p<.001$; WAZ Frau: $\beta=.27$, $t[52]=2.25$, $p<.05$) eine signifikante Interaktion der beiden Prädiktoren ($\beta=-.84$, $t[52]=-2.46$, $p<.05$). Die Varianzaufklärung im Kriterium durch das gesamte Modell beträgt 41 Prozent. Für das Kriterium der Beteiligung an Pleasure-Aktivitäten treten weder signifikante Haupteffekte der Wochenarbeitszeit noch ein Interaktionseffekt auf.

Unsere Befunde zeigen, dass weder das eine noch das andere generell zutrifft, sondern dass es auf das Zusammenspiel ankommt, die Interaktion der berufli-

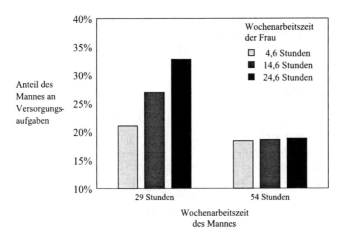

Abbildung 4.3.3: Beteiligung des Mannes an Versorgungsaufgaben in Abhängigkeit von der Wochenarbeitszeit beider Eltern

chen Arbeitszeit beider Eltern. Eine Entlastung erfahren beruflich engagierte Frauen nur dann, wenn ihr Partner gleichzeitig sein berufliches Engagement (bzw. seine Wochenarbeitszeit) reduziert. Abbildung 4.3.3 veranschaulicht diesen Zusammenhang. Bei einer überdurchschnittlich hohen Wochenarbeitszeit des Mannes von ca. 54 Stunden beträgt sein Anteil an Versorgungsaufgaben konstant deutlich unter 20 Prozent, egal ob die Frau im Schnitt 4,6 Stunden, 14,6 Stunden oder 24,6 Stunden erwerbstätig ist (rechter Block). Väter, die eine reduzierte Wochenarbeitszeit von ca. 29 Stunden angeben, übernehmen im Schnitt einen deutlich größeren Anteil an Versorgungsaufgaben (linker Block) als die „Vielarbeiter". Wie groß dieser Anteil im Einzelnen ausfällt, hängt bei diesen Vätern von der Wochenarbeitszeit der Frau ab. Bei einer Arbeitszeit der Frau von ca. 4,6 Stunden übernimmt der Mann etwa 21 Prozent der kindbezogenen Versorgungsaufgaben (hellgrauer Balken), bei 14,6 Stunden 27 Prozent, bei einer Arbeitszeit der Frau von 24,6 Stunden steigt sein Anteil auf etwa ein Drittel (schwarzer Balken). Männer unterstützen ihre Partnerin also durchaus bei der Sorge um das Kind, sofern ihre Berufstätigkeit dies zulässt. Allerdings trägt die Frau auch dann, wenn beide Partner nahezu in gleichem Umfang berufstätig sind, den Löwenanteil bei der Kinderbetreuung.

Das berufliche Engagement des Mannes steckt also zunächst einmal den Rahmen ab, innerhalb dessen eine Beteiligung am Familienleben und an der Sorge um das Kind überhaupt stattfindet. Die Rückkehr der Frau in den Beruf führt dann fast zwangläufig für sie zu einer Doppelbelastung, wenn ihr Part-

159

ner sein berufliches Engagement nicht entsprechend reduziert bzw. reduzieren kann. Allerdings herrscht auch unter günstigen Bedingungen keine egalitäre Aufteilung der Sorge um das Kind. Die primäre Zuständigkeit liegt auch dann nach wie vor bei der Frau.

Merkmale des Kindes

Wie der Vater den Umgang mit dem Kind erlebt, wie sehr er sich mit ihm beschäftigt und in welchem Ausmaß er Versorgungsaufgaben übernimmt, hängt auch von den *Merkmalen und Eigenschaften des Kindes* ab. Dem subjektiven Eindruck des Vaters, wie unkompliziert bzw. wie schwierig und anstrengend das Kind ist, kommt hierbei eine größere Bedeutung zu als der Einschätzung der Mutter. Die subjektiven Wahrnehmungen des Vaters sind (ebenso wie die der Mutter) kein perfektes Abbild des Verhaltens des Kindes. Sie sind vielmehr mitgefärbt von seiner persönlichen Einstellung zu Kindern und seiner aktuellen Stimmung und Belastbarkeit. Einschätzungen, die sich darauf beziehen, wie gut der Vater das Kind trösten kann oder ob es ihm gehorcht, spiegeln darüber hinaus auch die Kompetenzen des Vaters im Umgang mit dem Kind wider. Hierdurch lässt sich auch erklären, weshalb beide Eltern ein Kind unterschiedlich wahrnehmen und erleben können.

Kinder unterscheiden sich schon früh recht deutlich voneinander. Manche Säuglinge schlafen schnell durch, entwickeln einen regelmäßigen Wach-Schlaf-Rhythmus, schreien wenig und lassen sich leicht trösten. Andere sind weniger „pflegeleicht" und strapazieren durch bestimmte Eigenheiten und Verhaltensweisen die Geduld der Eltern sehr. Die Schwierigkeit des Kindes aus Sicht von Mutter und Vater wurde wiederum zu drei Zeitpunkten (vier Monate, 18 Monate, 34 Monate nach der Geburt) erfasst. Hierbei wurden unterschiedliche Aspekte des kindlichen Verhaltens berücksichtigt, etwa Verhaltensweisen, die für das rein körperliche Gedeihen wichtig sind (Trinken bzw. Essen, Verdauung), das Wohlbefinden des Kindes (Laune, Anpassungsfähigkeit, Tröstbarkeit) oder auch Verhaltensbeschreibungen, die wiedergeben, wie erfreulich oder belohnend der direkte Umgang mit dem Kind ist (Wachsamkeit und Responsivität, Schmusigkeit). Da es mit zunehmenden Alter des Kindes zu einer Erweiterung und Ausdifferenzierung kindlicher Merkmale und des kindlichen Verhaltensspektrums kommt, wurden die erfragten Merkmale an den jeweiligen Entwicklungsstand des Kindes angepasst.

Generell lässt sich Folgendes feststellen: Wie sehr sich der Mann an der Sorge um das Kind beteiligt, hängt eng mit seiner Wahrnehmung des Kindes zusammen. Je unkomplizierter und „pflegeleichter" dem Vater das Kind erscheint, desto häufiger beschäftigt er sich mit ihm und desto mehr Aufgaben rund um das Kind übernimmt er. Umgekehrt gilt: Väter, die ihr Kind als schwierig charakterisieren, überlassen seine Betreuung und Versorgung nahezu völlig der Partnerin. Der korrelative Zusammenhang zwischen dem Gesamtmaß der Kindschwierigkeit und der zum gleichen Messzeitpunkt erhobenen Beteiligung des Vaters beträgt für den dritten (4 Monate) und vierten (18 Monate) Erhebungszeitpunkt $r=-.21$ ($p<.05$); für den fünften Messzeitpunkt (34 Monate) finden wir jedoch keinen signifikanten Zusammenhang ($r=-.13$, $n.s.$). Tabelle 4.3.3 gibt einen Überblick über den Zusammenhang zwischen der Wahrnehmung der Merkmale des vier Monate alten Kindes durch den Vater und seiner Beteiligung an der Sorge um das Kind zu den verschiedenen Messzeitpunkten. Beim vier Monate alten Kind bereiten dem Vater vor allem eine geringe Regelmäßigkeit des kindlichen Rhythmus, häufige schlechte Laune, Schlafschwierigkeiten und eine schlechte Tröstbarkeit des Kindes Probleme. Beim eineinhalb Jahre alten Kind spielen neben einer schlechten Tröstbarkeit zusätzlich ein ausgeprägtes Trotzverhalten und häufige Wutanfälle des Kindes eine Rolle.

Ob der Vater sein vier Monate altes Kind als unkompliziert oder schwierig wahrnimmt, hängt nicht nur mit dem Ausmaß seiner aktuellen Beteiligung zusammen, sondern auch Auswirkungen auf sein mittel- und langfristiges Engagement Auswirkungen auf sein Engagement. Männer, die ihr Kind zu die-

Tabelle 4.3.3: Zusammenhang zwischen den vom Vater wahrgenommenen Merkmalen des vier Monate alten Kindes und seiner Beteiligung an der Sorge um das Kind 4 Monate, 18 Monate und 34 Monate nach der Geburt

| | **Beteiligung** | | | | |
| | 4 Mon. | 18 Mon. | 34 Mon. | | |
		alle Aufgaben		Pleasure	Versorg.
Gesamt	-.21*	-.21*	-.21*	-.10	-.22*
Allgemeine Schwierigkeit	-.12	-.13	-.17	-.06	-.19*
Verdauungsprobleme	-.12	-.15+	-.20*	-.20*	-.16+
Geringe Responsivität	-.15+	-.29***	-.24**	-.16+	-.27**
Geringe Regelmäßigkeit	-.21*	-.15+	-.14	-.08	-.12
Schlechtes Schlafen	-.18*	-.04	.03	.00	.06
Essprobleme	-.03	.02	-.07	-.01	-.10
Schlechte Laune	-.18*	-.24**	-.20*	-.08	-.21*
Geringe Schmusigkeit	-.05	-.13	-.11	.01	-.13
Schlechte Tröstbarkeit	-.18*	-.23*	-.15	-.05	-.15
Geringe Anpassungsfähigkeit	-.10	-.16+	-.20*	-.08	-.26**
Hohes Aufmerksamkeitsverlangen	-.06	-.09	-.07	-.01	-.09

Anmerkungen: N=116-141, $+ - p \leq .10$ $* - p \leq .05$ $** - p \leq .01$ $*** - p \leq .001$ (zweiseitig).

sem frühen Zeitpunkt als schwierig und anstrengend wahrnehmen, zeigen knapp drei Jahre später gleichermaßen eine deutlich niedrigere Beteiligung an der Sorge um das Kind. Sie halten sich insbesondere bei Versorgungsaufgaben zurück, während ihr Engagement bei spielerischen Aktivitäten nicht beeinträchtigt wird. Der Eindruck, den der Vater in den ersten Wochen und Monaten vom Säugling gewinnt, stellt zumindest ein Stück weit die Weichen für die Ausgestaltung der Vaterrolle. Offensichtlich verfestigt sich die anfängliche Zurückhaltung von Vätern „schwieriger" Kinder auch über das erste Lebensjahr hinaus. Vermutlich führt das Abgeben des „komplizierten" Kindes an die Mutter dazu, dass es dem Vater auch längerfristig an den notwendigen Kompetenzen für die Bewältigung schwieriger Situationen mit dem Kind fehlt, weshalb er das Kind auch weiterhin als recht anstrengend beurteilt. Die Wahrnehmung des Kindes als schwierig kann damit eine Dynamik auslösen, die zu einer weiteren Verfestigung dieses Eindrucks führt (in der Kybernetik werden solche Mechanismen als „negative Rückkopplung" bezeichnet, der Volksmund spricht von einem „Teufelskreis"). Will man die Beteiligung des Vaters in der Familie fördern, kommt es darauf an, solche Wirkketten möglichst frühzeitig zu durchbrechen.

Darüber hinaus gibt es Merkmale des Kindes, die zwar nicht unmittelbar, jedoch längerfristig zu einem Rückzug des Mannes aus der Versorgung und Betreuung des Kindes führen. So beteiligen sich Väter, die ihr Kind im Alter von vier Monaten als wenig ansprechbar, wach und aufmerksam beschreiben, zu diesem Zeitpunkt nahezu im gleichen Ausmaß an der Sorge um das Kind wie die Väter responsiver Kinder. Eineinhalb Jahre bzw. drei Jahre nach der Geburt fällt ihre Beteiligung jedoch deutlich geringer aus. Ähnliches gilt für eine geringe Anpassungsfähigkeit des Kindes an neue Situationen und frühe Probleme mit der Verdauung.

Der Zusammenhang zwischen den wahrgenommenen Merkmalen des Kindes und der Beteiligung des Mannes tritt grundsätzlich sowohl bei den erstmaligen Vätern als auch bei den Zweitvätern auf. Allerdings sind Unterschiede zwischen beiden Gruppen im Hinblick auf den zeitlichen Verlauf des Distanzierungsprozesses zu beobachten. Bei den Zweitvätern geht eine hohe Kindschwierigkeit (Gesamtmaß) bereits im Säuglingsalter mit einer geringeren Beteiligung an der Betreuung des Kindes einher (r=-.31, p<.05), wobei sich dieser Effekt in den folgenden drei Jahren abzuschwächen scheint (r= -.20, $n.s.$). Wie sehr sich erstmalige Väter in den ersten vier Monaten an der Sorge um das Kind beteiligen, hängt nicht damit zusammen, ob sie ihr Kind als pflegeleicht oder kompliziert wahrnehmen (r=-.11, $n.s.$). Langfristig hat dieser frühe Eindruck vom Kind jedoch nachhaltigen Einfluss auf ihr Engagement bei Versorgungstätigkeiten (r=-.25, p<.05). Erstmalige Väter, die den Umgang mit dem vier Monate alten Kind als schwierig und anstrengend empfinden, ziehen sich in den folgenden drei Jahren immer stärker aus der Sorge um das Kind zurück.

Ob die Mutter das Kind als schwierig oder unkompliziert einschätzt, ist für das Engagement des Mannes ohne Bedeutung. Dies stützt die Interpretation, dass sich tatsächlich der Mann aus der Verantwortung für das (seinem Eindruck nach) anstrengende und schwierige Kind zurückzieht und nicht etwa von der Frau „herausgedrängt" wird. Das bedeutet aber auch, dass sich die Mutter um das Kind kümmern muss, egal ob es nun pflegeleicht oder anstrengend ist. Die Betreuung eines schwierigen Säuglings bzw. Kleinkindes an andere Personen, wie den Partner, zu delegieren, ist der Mutter im Normalfall nicht möglich.

In Übereinstimmung mit Studien (z. B. Levy-Shiff & Israelashvili, 1988), die sich mit Vater-Kind-Beziehungen bei Säuglingen und Kleinkindern beschäftigen, finden wir keinen Zusammenhang zwischen dem Geschlecht des Kindes und dem Engagement des Vaters. Väter von Töchtern beteiligen sich nicht weniger an Spiel- und Betreuungsaktivitäten als Väter von Söhnen. Möglicherweise treten geschlechtstypische Differenzierungen erst dann auf, wenn das Kind älter ist.

Abschließend lässt sich feststellen, dass unsere Ergebnisse deutlich machen, dass die Verantwortung für das Kind in erster Linie bei der Mutter liegt. Unterschiede in den normativen Erwartungen an Mütter und Väter gründen in Unterschieden in der biologischen Funktion von Frauen und Männern – es sind die Frauen, die das Kind austragen, die es später stillen etc. – sie sind jedoch auch wesentlich geformt von kulturellen Werthaltungen und entsprechend vorgeformten, geschlechtsspezifischen Handlungsspielräumen für Mütter und Väter. Inwieweit Männer letztendlich Verantwortung in der Familie übernehmen ist abhängig von ihrer Einstellung zum Kind und zur Familie und vom Vorliegen günstiger Rahmenbedingungen.

4.3.2.3 Auswirkungen des väterlichen Engagements

Zufriedenheit mit der Rollenausübung

Zunächst einmal sind Väter umso zufriedener mit ihrer Rollenausübung, je mehr sie sich an der Betreuung und Versorgung des Kindes beteiligen. Dies gilt allerdings nur für die erstmaligen Väter (Tabelle 4.3.4). Denkbar ist, dass vor allem in dieser frühen Phase der Familienentwicklung beim Vater noch Normen und Erwartungen dominieren, die eine Beteiligung an der Versorgung und Betreuung des Kindes fordern. Entspricht das Engagement des Vaters nicht seinen Vorstellungen, geht das möglicherweise mit dem Gefühl des Bedauerns oder dem Eindruck, etwas Wichtiges zu versäumen, einher oder ist gar Anlass zu Selbstkritik und Schuldeingeständnissen. Im Laufe der folgenden Monate und Jahre scheinen sich die Väter allerdings damit abzufinden, dass sie sich nicht in dem Maße an der Sorge um das Kind beteiligen können, wie sie sich das ursprünglich vorgestellt hatten. Der korrelative Zu-

Tabelle 4.3.4: Zusammenhang zwischen der Beteiligung des Vaters an der Sorge um das Kind und seiner zum gleichen Zeitpunkt erhobenen Zufriedenheit mit der Aufteilung der kindbezogenen Aufgaben

| Beteiligung ... | Zufriedenheit der | |
	Erstväter	Zweitväter
im letzten Schwangerschaftsdrittel	.25*	-.08
4 Monate nach der Geburt	.32**	-.09
18 Monate nach der Geburt	.28**	-.02
34 Monate nach der Geburt	.20+	-.06

Anmerkungen: Erstväter: N=76-89, Zweitväter: N=52-80, $+ - p \leq .10$ $* - p \leq .05$ $** - p \leq .01$
$*** - p \leq .001$ (zweiseitig).

sammenhang zwischen der Beteiligung und der Zufriedenheit fällt drei Jahre nach der Geburt deutlich geringer aus als zu den früheren Messzeitpunkten. Bei Männern, die zum zweiten Mal Vater wurden, mögen diese selbstgestellten Anforderungen von vornherein niedriger ausfallen, weil sich in diesen „älteren" und „erfahreneren" Familien eine traditionellere Rollen- und Aufgabenverteilung zwischen Mann und Frau bereits fest etabliert hat. Möglicherweise konzentriert sich die Beteiligung der Väter in diesen Familien auch stärker auf das ältere Kind, was in unserer Studie nicht erfasst wurde.

Auch für die einzelnen kindbezogenen Tätigkeiten zeigt sich der Zusammenhang zwischen der Beteiligung und der Zufriedenheit: Väter, die sich in den ersten Monaten an der Sorge um das Baby beteiligen („ich und meine Partnerin tun dies beide"), sind zufriedener mit der Aufgabenverteilung als jene Väter, die sie vollkommen ihrer Partnerin überlassen („meine Partnerin tut dies alleine") (siehe Abbildung 4.3.4). Lediglich im Hinblick auf das Organisieren der Kinderbetreuung unterscheiden sich die Väter, die sich gar nicht an der Aufgabe beteiligen, nicht in statistisch bedeutsamen Maße von den Vätern, die sich hieran beteiligen. Eine alleinige Übernahme von Aufgaben rund um das Kind durch den Vater tritt nur in Ausnahmefällen auf, so dass diese Kategorie nicht in die Darstellung mit einbezogen wird.

34 Monate nach der Geburt hat sich das Bild deutlich gewandelt. Noch immer sind zwar Väter, die sich an spezifischen, eher spaßbetonten Tätigkeiten beteiligen, zufriedener mit ihrer Rollenausübung als solche, bei denen die Frau dies allein übernimmt. Auch eine Beteiligung an der Betreuung des kranken Kindes oder beim Anziehen vermittelt dem Vater ein gewissen Ausmaß an Befriedigung. Bei der Mehrzahl der Aufgaben treten jedoch keine statistisch signifikanten Unterschiede zwischen „beteiligten" und „unbeteiligten" Vätern auf. Dies gilt insbesondere für pflegerische Aktivitäten, bei

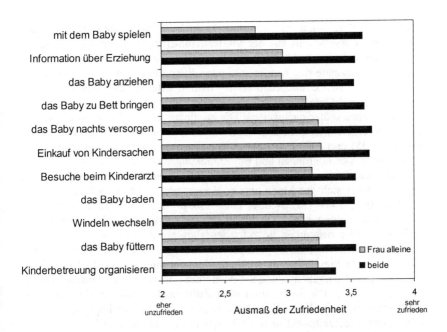

mit dem Baby spielen				
Information über Erziehung				
das Baby anziehen				
das Baby zu Bett bringen				
das Baby nachts versorgen				
Einkauf von Kindersachen				
Besuche beim Kinderarzt				
das Baby baden				
Windeln wechseln				
das Baby füttern			☐ Frau alleine	
Kinderbetreuung organisieren			■ beide	

2   2,5   3   3,5   4

eher unzufrieden   **Ausmaß der Zufriedenheit**   sehr zufrieden

Abbildung 4.3.4: Die Zufriedenheit der erstmaligen Väter vier Monate nach der Geburt des Kindes für die Gruppe derer, die sich nach eigenen Angaben an der Aufgabe beteiligen („wir beide tun dies") und für die Gruppe derer, die die Aufgabe vollständig ihrer Partnerin überlassen („meine Partnerin tut dies alleine"), differenziert nach den einzelnen Tätigkeiten (Antwortskala: 1 = sehr unzufrieden, 2 = eher unzufrieden, 3 = eher zufrieden, 4 = sehr zufrieden)

denen der Zeitpunkt der Erledigung nicht frei gewählt werden kann (die nächtliche Versorgung des Kindes oder auch die Sauberkeitserziehung; sich beim Essen um das Kind kümmern) und für organisatorische Tätigkeiten (Vorbereitungen für Ausflüge, Kinderfeste organisieren, Einkauf von Spielsachen, Kinderbetreuung organisieren). Männer, die die Erledigung dieser Aufgaben völlig ihrer Partnerin überlassen, sind mit diesem Arrangement genauso zufrieden wie die Männer, die ihre Partnerin dabei unterstützen.

Das Ausmaß der väterlichen Partizipation in den ersten Lebensmonaten des Kindes hängt bei Erst- wie Zweitvätern auch mit der Zufriedenheit in der Rolle als Vater zusammen. Je stärker sich der Vater an der Sorge um das Kind beteiligt, desto weniger Gefühle der Frustration berichtet er ($r=-.24$, $p<.01$) und desto mehr Freude am Umgang mit dem Kind hat er ($r=-.29$,

p<.01). Eine Beteiligung des Vaters wirkt auch Gefühlen der Eifersucht und des Ausgeschlossen-Seins aus der Mutter-Kind-Beziehung entgegen (r=-.27, p<.01). Besonders entscheidend scheint zu sein, wie sehr er während der ersten Lebensmonate des Kindes in dessen Pflege und Versorgung einbezogen wird bzw. sich einbeziehen lässt. Positive Effekte einer hohen Beteiligung in dieser frühen Phase auf die Zufriedenheit des Mannes lassen sich noch drei Jahre später nachweisen. Die zu einem frühen Zeitpunkt engagierten Väter verzeichnen auch dann noch mehr Spaß am Kontakt mit dem Kind (r=.21, p<.05) und äußern etwas weniger Frustration über die mit dem Kind verbundenen Veränderungen und Einschränkungen (r=-.17, p<.10).

Auch die Frau ist umso zufriedener mit der praktizierten Aufgabenteilung, je stärker sich der Mann an der Versorgung des Kindes beteiligt (T3: r=.47, p<.001; T4: r=.37, p<.001; T5: r=.36, p<.001). Die Zufriedenheit mit der Aufgabenteilung hängt wiederum eng mit ihrer Zufriedenheit in ihrer Rolle als Mutter zusammen. Je zufriedener sie mit dem Ausmaß der väterlichen Partizipation ist, desto geringer ist ihre Frustration und Depressivität und desto mehr Freude hat sie auch am Umgang mit dem Kind. Ihre Zufriedenheit mit der Aufgabenteilung hat wiederum positive Auswirkungen auf die Partnerbeziehung. Die Korrelation ihrer Zufriedenheit mit der Einschätzung der Partnerschaftsqualität (PFB-Gesamtwert) beider Eltern liegt zum dritten und vierten Messzeitpunkt über r=.35 (p<.001), zum fünften Messzeitpunkt über r=.20 (p<.05). Allerdings ist auch hier wiederum die Richtung des Einflusses nicht eindeutig: Einerseits wird die Zufriedenheit der Frau mit der Rollenaufteilung ein wichtiger Faktor für ihre Zufriedenheit mit der Mutterschaft und Partnerschaft sein. Andererseits hat die Zufriedenheit der Frau mit der Partnerschaftsbeziehung einen Einfluss darauf, wie stark sie ihren Partner in die Sorge um das Kind einbezieht.

Für die Zufriedenheit der Frau in ihrer Rolle als erstmalige Mutter reicht es aber nicht aus, dass der Mann irgendwelche mit dem Kind verbundenen Tätigkeiten und Aufgaben übernimmt. Er muss die richtigen Aufgaben übernehmen. Es ist nicht damit getan, dass er mit dem Kind spielt, es badet, fürs Bett fertig macht, also sogenannte Pleasure-Aktivitäten übernimmt. Wichtig ist vielmehr, dass er sich an organisatorischen und pflegerischen Aufgaben beteiligt (vgl. Tabelle 4.3.5). Das Ausmaß der Partizipation des Vaters an diesen Versorgungsaufgaben und damit der Entlastung der Mutter von diesen Tätigkeiten ist eng verknüpft mit dem Bild, das die Frau von ihrem Partner hat. Ob der Vater mit seinem drei Jahre alten Kind spielt oder nicht, ist für das Urteil der Frau hingegen bedeutungslos. Eine Desillusionierung der Frau aufgrund mangelnder väterlicher Partizipation lässt sich auch im Längsschnitt nachzeichnen. Das ursprünglich meist positive und idealistische Bild, das werdende Mütter von ihrem Partner zeichnen, verschlechtert sich in den drei Jahren nach der Geburt des ersten Kindes umso mehr, je weniger der Mann sie in dieser Zeit bei der Sorge um das Kind (mittlere Beteiligung über die

Tabelle 4.3.5: Zusammenhang zwischen der Beteiligung des Vaters an spaßbetonten Aktivitäten (Pleasure) und Versorgungsaufgaben
rund um das 34 Monate alte Kind und Indikatoren der individuellen und partnerschaftlichen Zufriedenheit

	Ersteltern		Zweiteltern	
	Pleasure	Versorg.	Pleasure	Versorg.
Zufriedenheit in der Elternrolle				
Depressivität der Frau	-.09	-.24*	-.06	-.09
Frust + Freude der Frau	.00	-.20+	.05	-.04
Frust + Freude des Mannes	-.05	-.19+	-.15	-.18
Zufriedenheit mit der Partnerschaft				
Partnerschaftsqualität der Frau	.13	.25*	-.12	.04
Wertschätzung des Partners	.11	.44***	-.08	.01
Partnerschaftsqualität des Mannes	-.09	.06	-.09	.06
Wertschätzung der Partnerin	-.05	.21+	-.06	-.06

Anmerkungen: Erstväter: *N*=76-89, Zweitväter: *N*=52-80,   + - *p*≤.10   * - *p*≤.05   ** - *p*≤.01
       *** - *p*≤.001 (zweiseitig).

drei Messzeitpunkte) unterstützt (*r*=.41, *p*<.001). Für Zweiteltern tritt dieser
Zusammenhang nicht auf. Nun ist allerdings eine aktive Ausübung der Vaterrolle nicht in jedem Fall von der Frau erwünscht. Ob eine engagierte Teilnahme des Vaters an der Sorge um das Kind positive Auswirkungen auf das
Befinden und die Zufrie-denheit der Frau hat, hängt in hohem Maß von der
grundsätzlichen Aufteilung der beruflichen und familiären Verantwortungsbereiche zwischen Mann und Frau ab. Berufstätige Mütter profitieren in
hohem Maße vom Engagement des Mannes. Sie zeigen umso weniger
Anzeichen von Erschöpfung und Überforderung (*r*=-.51, *p*<.01) und sind
umso zufriedener in ihrer Rolle als Mutter (*r*=.53, *p*<.01), je mehr sich der
Mann an der Sorge um das Kind beteiligt. Sie sind außerdem zufriedener mit
der Partnerschaft (*r*=.39, *p*<.05) und haben ein positiveres Bild von ihrem
Partner (*r*=.50, *p*<.01). Ist die Mutter in den drei Jahren nach der Geburt des
ersten Kindes nicht wieder in den Beruf zurückgekehrt, sondern konzentriert
sich zunächst auf die Rolle als „Hausfrau und Mutter", scheint zwar das
gemeinsame Spiel des Vaters mit dem Kind erwünscht, ein großes
Engagement des Vaters bei Versorgungsaufgaben jedoch eher nicht. So
korreliert die Beteiligung des Vaters an Versorgungsaufgaben negativ mit der
Zufriedenheit der Frau in der Mutterrolle (*r*=-.36, *p*<.05). Allerdings lässt
sich nicht eindeutig klären, ob sein Engagement zu ihrer Unzufriedenheit
beiträgt, oder ob eine Entlastung von Seiten des Mannes dann notwendig
wird, wenn sie in ihrer Rolle als Mutter frustriert ist und wenig Freude am
Umgang mit dem Kind hat. Seine Beteiligung an spaßbetonten Aktivitäten

steht zwar nicht im Zusammenhang mit der Zufriedenheit der Frau in der Mutterrolle, korreliert jedoch positiv mit der Wertschätzung, die sie ihrem Partner entgegenbringt ($r=.35$, $p<.05$). Unsere Befunde stützen somit Überlegungen, wonach die Verantwortung und Expertise für das Kind für die Mutter unter bestimmten Umständen auch eine wichtige Quelle persönlicher Befriedigung und Bestätigung darstellt. Insbesondere dann, wenn die Mutterrolle den zentralen Aspekt der Identität der Frau ausmacht, wird eine hohe Beteiligung des Mannes an Aufgaben, die klassischerweise der Mutterrolle zugeordnet werden, und eine kompetente Ausübung seiner Rolle als Vater von der Mutter vermutlich als Bedrohung wahrgenommen. Wenn der Mann zusätzlich zu seiner Berufstätigkeit die „Mutterrolle" genauso gut ausfüllen kann wie die Mutter selbst, worauf soll sie dann noch stolz sein. Vermutlich wird sich die Frau dann bemühen, den Vater aus zentralen Verantwortungsbereichen auszuschließen, um sich so einen eigenen Bereich zu bewahren, in dem sie im Vergleich zum Mann über die größeren Kompetenzen und die größere Macht verfügt.

Entwicklung des Kindes

Eine aktive Ausübung der Vaterrolle und die Beteiligung an der Sorge um das Kind hat auch Auswirkungen auf die Entwicklung des Kindes. Je mehr sich der Mann in den ersten Monaten nach der Geburt an der Sorge um das Baby beteiligt, desto weiter ist dessen Entwicklung nach Einschätzung beider Elternteile vorangeschritten, wenn das Kind 18 Monate alt ist (Tabelle 4.3.6). Förderliche Effekte sind im Hinblick auf die motorische Entwicklung (Grobmotorik: Laufen, Treppensteigen, große Gegenstände aufheben) und die Selbständigkeitsentwicklung (Ess- und Trinkverhalten, Ausziehen von Kleidung) zu verzeichnen, weniger für die Entwicklung der Sprache und des Sozialverhaltens. Diese positiven Effekte sind allerdings nur für die Entwicklung von Jungen zu finden. Die Beteiligung des Vaters an der Betreuung und Versorgung des weiblichen Säuglings hängt nicht mit dessen Entwicklungsstand im Alter von 18 Monaten zusammen. Das gleiche Ergebnismuster erhält man für den Zusammenhang zwischen der Beteiligung des Vaters an der Sorge um das 18 Monate alte Kind und dem zum gleichen Zeitpunkt erhobenen Entwicklungsstand.

Auch die Zufriedenheit des Mannes in seiner Rolle als Vater 6-8 Wochen nach der Geburt, hängt mit der Entwicklung des männlichen Kindes zusammen (vgl. Tabelle 4.3.7). Jungen scheinen insbesondere im Hinblick auf ihre Sprachfertigkeiten, ihr Sozialverhalten, aber auch im Hinblick auf die motorischen Fertigkeiten vom Umgang mit einem Vater zu profitieren, der viel Freude am Kontakt mit dem Kind hat und wenig Frustration in der Elternrolle erlebt.

Tabelle 4.3.6: Zusammenhang zwischen der Beteiligung des Vaters an der Sorge um das Kind und dem Entwicklungsstand des 18 Monate alten Kindes

	Beteiligung							
	Mädchen				Jungen			
	4 Monate		18 Monate		4 Monate		18 Monate	
	r	N	r	N	r	N	r	N
Urteil der Mutter								
Gesamtmaß	-.08	55	-.01	63	.24+	60	.27*	64
Motorik	-.28+	44	-.02	50	.28+	45	.29*	49
Sprache	-.06	38	-.07	43	.18	47	.11	50
Sozialverhalten	.02	38	-.01	44	.16	46	.23	50
Selbständigkeit	-.03	50	-.15	57	.23+	56	.25+	60
Urteil des Vaters								
Gesamtmaß	.07	48	.12	55	.29*	58	.28*	64
Motorik	.07	40	.15	46	.16	44	.15	49
Sprache	.18	35	.03	37	.23	46	.20	50
Sozialverhalten	.25	32	.27+	37	.04	38	-.03	42
Selbständigkeit	-.08	47	.12	54	.44***	57	.38**	61

Anmerkung: $+ - p \leq .10$ $* - p \leq .05$ $** - p \leq .01$ $*** - p \leq .001$ (zweiseitig).

Inwieweit nun der gefundene korrelative Zusammenhang zwischen der Beteiligung des Vaters und dem kindlichen Entwicklungsstand tatsächlich auf den Umgang mit der Person des Vaters zurückgeht, steht auf einem anderen Blatt. Möglicherweise hat nicht der Kontakt als solches positive Auswirkungen auf die kindliche Entwicklung, sondern spezifische Merkmale des engagierten Vaters, wie eine positive Haltung zum Kind, eine wenig traditionelle Geschlechtsrolleneinstellung, hohe Empathie oder auch ein hohes Vertrauen in die eigenen Kompetenzen als Vater. Auch die Auswirkungen einer hohen Beteiligung des Vaters auf das Befinden und die Qualität der Rollenausübung durch die Mutter und auf den Zustand der Partnerschaft könnten letztendlich für den Entwicklungsvorteil von Kindern engagierter Väter verantwortlich sein. Weiterhin ist anzumerken, dass das von uns eingesetzte Verfahren zur Erfassung des Entwicklungsstandes des Kindes kein objektives Verfahren darstellt, sondern wiederum auf den subjektiven Einschätzungen der Eltern basiert. So erscheint es durchaus plausibel, dass engagierte Väter ihr Kind generell als kompetenter und in seiner Entwicklung fortgeschrittener erleben bzw. sie Entwicklungsfortschritte des Kindes früher bemerken als die wenig beteiligten Väter. Gegen diese Erklärung sprechen allerdings zwei Punkte. Zum einen konstatieren auch die Frauen engagierter Väter beim Kind einen weiter fortgeschrittenen Entwicklungsstand als die Frauen wenig beteiligter

Tabelle 4.3.7: Zusammenhang zwischen der Zufriedenheit des Mannes in seiner Rolle als Vater 8 Wochen nach der Geburt und dem Entwicklungsstand des 18 Monate alten Kindes

	Mädchen		Jungen	
	r	N	r	N
Urteil der Mutter				
Gesamtmaß	.00	68	.19	71
Motorik	-.03	54	.21	55
Sprache	-.08	47	.22	55
Sozialverhalten	.04	47	.37**	54
Selbständigkeit	.02	61	.02	65
Urteil des Vaters				
Gesamtmaß	.02	60	.34**	67
Motorik	-.07	49	.23+	50
Sprache	.20	40	.40**	53
Sozialverhalten	.28+	39	.26+	45
Selbständigkeit	.09	60	.20	64

Anmerkungen $+ - p \leq .10$ * - $p \leq .05$ ** - $p \leq .01$ *** - $p \leq .001$ (zweiseitig).

Männer. Zum anderen erscheint es wenig einleuchtend, dass Fortschritte vor allem bei den Jungen entdeckt werden, nicht jedoch bei den Mädchen.

4.3.3 Zusammenfassung und Schlussfolgerungen

Nach wie vor stellt die Sicherung des Lebensunterhaltes die vorrangige Aufgabe des Mannes dar, während die Sorge um das Kind vorwiegend in den Verantwortungsbereich der Frau fällt. Allerdings variiert das Engagement des Mannes in Abhängigkeit von der Art der kindbezogenen Tätigkeit. Während das gemeinsame Spiel mit dem Kind nach wie vor die Domäne der Väter darstellt, liegt die Verantwortung für organisatorische Tätigkeiten und Versorgungsaufgaben fast ausschließlich bei der Mutter.

In welchem Ausmaß der Vater nun in der Familie präsent ist, hängt entscheidend vom zeitlichen Umfang seiner Berufstätigkeit ab. Beruflich hoch engagierte Väter ziehen sich aus dem Verantwortungsbereich der Sorge um das Kind zurück und überlassen diesen nahezu vollkommen der Mutter. Diese Prioritätensetzung zugunsten des Berufs bleibt nicht folgenlos. Ein traditionelles Muster der innerfamilialen Rollenaufteilung trägt entscheidend zur Verschlechterung der Partnerschaftsbeziehung bei, zumindest dann, wenn diese Verteilung von „Kosten" und „Nutzen" nicht den Vorstellungen *beider* Partner entsprechen. Dies ist vor allem dann der Fall, wenn die Frau bald nach der Geburt wieder in den Beruf einsteigt und sich vom Partner Unterstützung erwartet. Sie erhält sie nur dann, wenn der Mann sein eigenes berufliches Engagement zurückfährt. Tut er dies nicht, manifestieren sich bei der Frau deutliche Auswirkungen der Doppelbelastung durch Beruf und Familie: Erschöpfung, Überforderung, Frustration und Partnerschaftsprobleme. Frauen, bei denen die Mutterrolle den zentralen Aspekt ihrer Identität ausmacht, legen hingegen keinen großen Wert auf eine aktive und gleichberechtigte Beteiligung des Vaters an der Sorge um das Kind. Für sie stellt ihre exklusive Expertise als Mutter eine wichtige Quelle für die Bestätigung des eigenen Werts dar.

Die Kenntnis dieser Zusammenhänge kann nun bei der individuellen Lebensplanung, bei der Entscheidung für eine berufliche Laufbahn oder eine bestimmte Berufstätigkeit, genutzt werden. Der Arbeitsplatz, das mit der Stelle verbundene Anforderungsprofil oder auch die konkreten Arbeitsbedingungen können mit Blick auf die Verträglichkeit und Vereinbarkeit mit der Familie beurteilt werden. Sollen innerfamiliale Konflikte, insbesondere Paarkonflikte, vermieden werden, ist es sinnvoll, die Partnerin in den Prozess der Karriereplanung und Entscheidungsfindung einzubeziehen. Die Arbeitsbedingungen selbst sind zudem nicht selten in einem gewissen Maß änderbar und gestaltbar. Diese Spielräume können genutzt werden. Für abhängig Beschäftigte sind diese Gestaltungsmöglichkeiten jedoch beschränkt. Hier stehen die Arbeitgeber in der Verantwortung. In jedem Fall sollte klar sein, dass ein extrem hohes berufliches Engagement – wir sprechen hier von extremen, leider nicht von seltenen Fällen – in der Regel nur auf Kosten der Familie möglich ist.

Die besondere Bedeutung des Verhaltens der Mutter für die Ausübung der Vaterrolle wurde dargestellt. Frauen, die ihren Partner in die Sorge um das Kind einbeziehen und ihm nötigenfalls hierbei Hilfe und Anleitung – nicht zu verwechseln mit Reglementierung – geben, fördern das väterliche Engagement und den Aufbau einer stabilen Vater-Kind-Beziehung. Eine wichtige Rolle spielt hierbei die Kompetenz im Umgang mit dem Kind, die die Mütter ihren Partnern zuschreiben. Müttern, die davon überzeugt, dass ihr Partner auf die Bedürfnisse des Kindes eingehen und das Kind versorgen kann, gelingt es leichter, den Vater in seiner Rollenausübung zu unterstützen. Rollenkompetenz ist aber prinzipiell erwerbbar oder vermittelbar. Frauen, die ihrem Partner den Umgang mit dem Kind nahe bringen und ihm Ermutigung und Selbstsicherheit geben, können so eine stärkere Beteiligung des Vaters an den elterlichen Verantwortung fördern.

Dies ist auch eine Möglichkeit, den Teufelskreis von der Wahrnehmung des Vaters, das Kind sei kompliziert oder „schwierig", und geringem väterlichem Engagement zu durchbrechen. Väter, die sich als kompetent erleben im Umgang mit dem Kind (d.h. die es trösten und beruhigen können; die Wut- und Trotzreaktionen des Kindes auflösen können etc.), werden ihr Bild von dem „schwierigen" Kind unter Umständen revidieren. Das wohlmeinende

„Abnehmen" des schwierigen Kindes durch die Mutter wirkt hingegen dem Kompetenzerwerb entgegen und führt langfristig zu einer Verfestigung des Teufelskreises. Die Situation kann auch dadurch erleichtert werden, dass andere Belastungen und Stressoren reduziert werden. Hier ist nicht nur an den bereits genannten Aspekt der beruflichen Belastung zu denken. Auch eine Verbesserung der Wohnsituation durch eine familien- und kindgerechte Wahl oder Gestaltung von Wohnraum und Wohnumfeld kann zu einer Entspannung führen.

Die Art, in der Männer ihre Vaterrolle ausüben, ist weit weniger vorbestimmt durch kulturelle Normen als die Mutterrolle. Wie Väter ihre Verantwortung für Familie und Kind wahrnehmen, ist in starkem Maße abhängig von individuellen Faktoren wie der Einstellung zur Elternschaft und von äußeren Rahmenbedingungen. Diese Unterschiede zwischen Müttern und Vätern sind zunächst einmal anzuerkennen. Die Vorstellung, Väter könnten das Verhalten von Müttern einfach kopieren, ist unangemessen. Folglich werden Versuche zur Steigerung des väterlichen Engagements, die die Eigenheiten der Vaterrolle nicht beachten, leicht scheitern. Letztlich wird es darauf ankommen, Männer zu einer aktiven Ausgestaltung ihrer Vaterschaft zu motivieren. Dies gelingt leichter, wenn neben den Anforderungen und Erwartungen auch die Chancen einer aktiv ausgeübten Vaterschaft herausgestellt und positive Modelle von Vaterschaft vermittelt werden.

Die Wichtigkeit der Förderung einer aktiven Vaterschaft wird verdeutlicht durch Befunde, wonach speziell männliche Kinder davon profitieren, wenn der Vater sich von Beginn an aktiv an ihrer Versorgung und Pflege beteiligt und eine Beziehung zu ihnen aufbaut. Allerdings kommt es nicht nur darauf an, dass er sich um das Kind kümmert, sondern dass er sich gerne mit dem Kind beschäftigt und mit seiner Ausübung der Vaterrolle zufrieden ist.

Maßnahmen zur Förderung einer aktiven Vaterschaft müssen allerdings frühzeitig einsetzen, da sich die Verhaltensmuster beider Eltern bereits in den ersten Wochen mit Kind einschleifen und zunehmend verfestigen. Die Hoffnung, der Vater werde sich schon mehr um das Kind kümmern, sobald es erst einmal älter und verständiger ist, wird durch unsere Ergebnisse nicht bestätigt.

4.4 Wohnbedürfnisse und Wohnsituation junger Eltern

Wie gut die Eltern die Anforderungen bewältigen, die mit der Geburt eines Kindes einhergehen, und wie zufrieden sie in der Elternrolle sind, hängt auch von ökopsychologischen Rahmenbedingungen ab. Da Familien mit Säuglingen und Kleinkindern in starkem Maße an die Wohnung gebunden sind, hat bei ihnen die Wohnsituation einen nachhaltigen Einfluss auf das Erleben der Elternrolle. Unterschiede im Lebensvollzug zwischen Mann und Frau spiegeln sich in den unterschiedlichen Wohnbedürfnissen und Anforderungen wider, die sie an eine familiengerechte Wohnung stellen. Wie zufrieden die Eltern mit der Wohnsituation sind, hängt jedoch nicht nur von ihren persönlichen Bedürfnissen ab, sondern ganz entscheidend auch von den finanziellen Ressourcen der jungen Familien. Da die Geburt des ersten Kindes häufig mit dem Einstieg ins Berufsleben beim Mann und den damit verbundenen Mobilitätsanforderungen zusammenfällt und zu einem Rückzug der Frau aus dem Erwerbsleben führt, sind die Voraussetzungen für den Konkurrenzkampf auf dem Wohnungsmarkt wenig günstig. Hierbei treten deutliche regionale Unterschiede (städtisches versus ländliches Umfeld) zutage.

In der Wohnung wird ein erheblicher Teil des Lebens verbracht. Sie erfüllt die Bedürfnisse nach Privatheit und Sicherheit. In ihr wird geschlafen, gegessen und ferngesehen. Sie dient der Erholung und ist nicht selten auch Arbeitsplatz. Und in ihr geschehen so wichtige Dinge wie Erziehung und Sozialisation (u.a. Wissenschaftlicher Beirat, 1975). Die Wohnsituation, d.h. nicht nur die Wohnung selbst, sondern auch das Wohnumfeld (Grünflächen, Verkehrsweg, Nachbarschaft), fungiert als Rahmen, innerhalb dessen das Familienleben stattfindet. Sie steuert Kontaktchancen, Kommunikation, Interaktion und trägt zur Ausformung des emotionalen Klimas in der Familie bei.

Gerade für Familien stellt die Wohnung und ihre unmittelbare Umgebung einen zentralen Lebensbereich dar. Mit der Geburt des ersten Kindes kommt es zu einer „Verhäuslichung" des Lebensvollzugs. Die Sorge um den Säugling bzw. das Kleinkind bindet die Eltern in hohem Maße an die Wohnung. Außerhäusliche Freizeitaktivitäten werden stark eingeschränkt (Bauer, 1992; Reichle, 1994). Der Wohnbereich wird insbesondere für die meist nicht berufstätige Mutter und für das kleine Kind zum zentralen Lebensraum.

Die Wohnsituation stellt daher einen wichtigen Kontextfaktor für die Familienentwicklung, insbesondere für die Entwicklung des Kindes, dar. Kleinkinder sind relativ immobil und daher in hohem Maße von ihrer direkten Umwelt abhängig. Die Wohnung stellt *den* zentralen Lern- und Erfahrungsraum für Kleinkinder dar. Ungünstigen Einflüssen ihrer unmittelbaren Umwelt können sie weniger gut ausweichen als ältere Kinder oder Erwachsene. Merkmalen der Wohnung und der unmittelbaren Wohnumgebung kommt daher eine große Bedeutung für die Entwicklung des Kindes zu (zum Überblick Vaskovics, 1988). Weiterhin ist anzunehmen, dass die Wohnsituation auch einen wichtigen Kontextfaktor für die Bewältigung der Herausforderungen, die mit der Elternrolle verbunden sind, und für die Zufriedenheit von Müttern und Vätern darstellt. Dieser Punkt wurde bisher jedoch nur selten zum Gegenstand der Forschung gemacht. Zwar wird bei der Frage nach den Determinanten der Bewältigung des Übergangs zur Elternschaft häufig auf die große Bedeutung von Kontextfaktoren verwiesen,. tatsächlich erfolgt nach Flade und Kulisch (1994) aber in der Regel eine Konzentration auf die Ressourcen der sozialen Umwelt (z.b. soziale Unterstützung), während die Frage nach der Rolle der physischen Umwelt für die Ausübung der Elternrolle bislang kaum gestellt wurde. Das Wissen um die Wohnbedürfnisse von Familien und die Kenntnis der Merkmale, die eine familiengerechte Wohnung ausmachen, stellen jedoch eine entscheidende Grundlage für eine nutzerorientierte Planung und Realisierung von Wohnumwelten für Familien dar. In diesem Kapitel wird nun die Wohnsituation von jungen Familien und die Bedeutung der Wohn- und Wohnumweltbedingungen für die Familienentwicklung näher beleuchtet.

4.4.1 Die Wohnsituation junger Familien

Junge Eltern konkurrieren in zahlreichen Lebenskontexten mit Personen, die keine Verantwortung für Kinder tragen. Dies gilt in besonderem Maße für den Wohnungsmarkt. Im Vergleich mit Doppelverdienerhaushalten ohne Kinder haben sie eindeutig die schlechtere Ausgangssituation: Sie zeichnen sich nicht nur durch einen größeren Platzbedarf aus als Paare ohne Kinder; da die Frau während der ersten Lebensjahre des Kindes häufig ihre Berufstätigkeit aufgibt, verfügen sie außerdem über ein vergleichsweise geringeres Familieneinkommen. In Zeiten knapper werdenden Wohnraums sind es daher gerade die jungen Familien, die immer häufiger kein adäquates und für sie finanzierbares Angebot finden. Infolgedessen weisen Familien deutlich beengtere Wohnverhältnisse auf als kinderlose Personen. Während Ehepaare ohne Kinder im Jahr 1993[1] im Schnitt über 36,9 qm (Mietwohnung) bzw. 52,5 qm (Eigentumswohnung) Wohnfläche pro Person verfügten, lag bei Paaren mit zwei Kindern die durchschnittliche Wohnfläche pro Familienmitglied mit 22,1 qm (Mietwohnung) bzw. 31,5 qm (Eigentumswohnung) deutlich darunter (Bauereiss, Bayer & Bien, 1997). Die flächenmäßige Benachteiligung von Familien wiegt umso schwerer als Familien mit kleinen Kindern stärker als kinderlose Personen an die Wohnung gebunden sind. Infolgedessen verbringen sie wohl nicht nur mehr Zeit in ihrer Wohnung, Famili-

---

1 Die Angaben beziehen sich auf das frühere Bundesgebiet.

enwohnungen müssen auch mehr Funktionen erfüllen als Wohnungen kinderloser Personen. Weiterhin ist anzunehmen, dass sich Familien und Paare ohne Kinder auch im Hinblick auf die Qualität der Wohnungen unterscheiden. Schließlich bestimmt nicht nur die Größe, sondern auch das Alter, die Ausstattung und die Lage der Wohnung den Mietpreis. Gerade in Ballungsgebieten mit hohen Wohnkosten scheint die Verknappung familiengerechten und finanzierbaren Wohnraums dazu zu führen, dass Familien auf das Umland ausweichen. Zuzugsgebiete für die Familienmobilität der 30- bis 49jährigen sind in erster Linie die ländlich geprägten Regionen um Ballungszentren (Bauereiss, Bayer & Bien, 1997).

4.4.2 Wohnbedürfnisse, Wohnqualität und Familienentwicklung

Die psychologische Qualität der Wohnung und der Wohnumgebung und die Zufriedenheit der Bewohner bemisst sich nicht nur an objektiven Kriterien. Nach Walden (1995) weisen objektive Wohnbedingungen, wie die Lage einer Siedlung, ihre Dichte, die Art der Siedlungsstruktur oder auch die Höhe der Hauskomplexe kaum Bezüge zur Zufriedenheit oder zur psychischen Gesundheit der Bewohner auf. Nicht die Merkmale der Wohnung und der Wohnumwelt als solche bestimmen die Wohnqualität, sondern das Ausmaß, in dem sie die Befriedigung der Bedürfnisse ihrer Bewohner erleichtern statt behindern[2] (Flade, 1993a; Walden, 1995). Personen, die in westlichen Industrienationen leben, zeichnen sich nach Flade (1993a, S. 47) durch die folgenden *allgemeinen* Wohnbedürfnisse aus:

- die physiologischen Bedürfnisse nach Wärme, Licht, Ruhe, Erholung und Schlaf,
- das Bedürfnis nach Sicherheit, Beständigkeit, Vertrautheit,
- das Bedürfnis nach Privatheit im Sinne der Zugangskontrolle zum eigenen Selbst (Altman, 1976), d.h. sowohl nach Alleinsein als auch nach Zusammensein,
- das Bedürfnis nach sozialer Anerkennung, Prestige, Status und Ansehen,
- das Bedürfnis nach Selbstentfaltung.

Die konkreten Anforderungen, die an die Wohnung und die Wohnumgebung gestellt werden, hängen von der Lebenssituation bzw. den anstehenden Entwicklungsaufgaben ab (Flade, 1999). Wohnbedürfnisse von Familien sind daher andere als die von kinderlosen Paaren oder älteren Menschen. Hinzu kommt, dass sich die Wohnbedürfnisse auch im Verlauf der Familienentwicklung verändern. So muss eine Wohnung, die optimal für Familien mit Säuglingen oder Kleinkindern ist, nicht auch optimal für Familien mit älteren

---

2 Es ist allerdings anzunehmen, dass bei Nichterfüllung der individuellen Bedürfnisse sowie subjektiv wahrgenommenen oder objektiv existierenden Handlungsbarrieren (z.B. einem geringen Einkommen, das einem Umzug in eine bessere Wohnung entgegensteht) Prozesse der Zufriedenheitsregulation einsetzen. Durch die Reduktion des Anspruchsniveaus, gezielte Top-Down-Vergleiche, Abwertung negativer und Aufwertung positiver Wohnmerkmale wird ein gewisses Ausmaß an Wohnzufriedenheit gewährleistet.

oder schon erwachsenen Kindern sein (Flade & Kulisch, 1994). Ein Kinderzimmer, das direkt neben dem Schlafzimmer der Eltern liegt, mag dem Kleinkind ein Gefühl der Sicherheit und Geborgenheit geben und den Eltern die nächtliche Versorgung des Kindes erleichtern. Dem Jugendlichen wird die große Nähe hingegen das Gefühl vermitteln, von seinen Eltern überwacht zu werden und so Anlass für Auseinandersetzungen liefern. Außerdem ist zu berücksichtigen, dass die spezifischen Wohnbedürfnisse der Familienmitglieder im Zusammenhang mit der jeweils ausgeübten Rolle stehen und sich daher voneinander unterscheiden dürften.

Wie erhält man nun Einblick in die Wohnbedürfnisse der Zielgruppe, in unserem Fall in die Wohnbedürfnisse von Familien? Nach Flade (1993a) gibt es im wesentlich zwei Möglichkeiten.

Eine Möglichkeit besteht in der *direkten Befragung* der künftigen Bewohner und ihrer *Beteiligung* an der Planung und Herstellung ihrer Wohnumwelt. Dieses Vorgehen bietet sich beim Bau von Einfamilienhäusern an. Aber auch die Eigentümer von Einfamilienhäusern überlassen Planung und Bau nicht selten Fachleuten oder beziehen ein fertiges Objekt. Bei größeren Projekten und bei der Siedlungsplanung kennt der Architekt die Gruppe, für die er plant, im Normalfall nicht.

Einen zweiten Zugang bieten *wohnpsychologische Forschungsprojekte*. Die *Befragung von Familien* in unterschiedlichen Phasen der Familienentwicklung nach ihren Wünschen und Erfahrungen mit ihrer Wohnung und ihrer Wohnumwelt ermöglicht die Ableitung von Bedürfnisprofilen. Eine Studie von Flade und Kulisch (1994), in der die Eltern zur Kindgerechtheit ihrer Wohnung befragt wurden, zeigte, dass vor allem Eltern mit Kindern unter drei Jahren ihre Wohnung sehr häufig als wenig kindgerecht beurteilen und gerne umziehen würden. Eltern mit Kindern im Vorschulalter oder Eltern von Schulkindern wiesen im Vergleich dazu eine größere Zufriedenheit auf. Unzufriedenheit löste, unabhängig vom Alter der Kinder, die subjektiv als nicht mehr ausreichend erlebte Wohnungsgröße und die ungünstige Aufteilung der Wohnfläche aus. Auch der Außenbereich vor dem Haus wurde in allen Familienphasen als problematisch erlebt. Am häufigsten wurde in diesem Zusammenhang die mangelnde Verkehrssicherheit bemängelt. Eine Untersuchung von Flade (1993a) ergab, dass Familien geräumige und zentral gelegene Küchen wünschen, die es ermöglichen, Familienleben, Kinderbetreuung und Haushalt zu verbinden. Vor allem (Haus-)Frauen, für die die Wohnung einen „Arbeitsplatz" darstellt, legen großen Wert auf eine geräumige Küche mit Fenster (Flade & Härtel, 1991). Die direkte Befragung von Familien nach ihren Wohnbedürfnissen und ihren Erfahrungen mit ihrer Wohnumwelt scheint allerdings in Deutschland ein bisher wenig praktiziertes Vorgehen zu sein. *Systematische Wohnforschung* liefert Erkenntnisse beispielsweise über die Nutzung von Wohnumwelten oder über die Zusammenhänge zwischen objektiven Wohnumwelten, subjektiven Bewertungen und

Indikatoren der Anpassung. Großes Interesse hat bislang die Frage nach den Einflüssen der Wohnung und der Wohnumgebung auf die Entwicklung des Kindes und das Erziehungsverhalten der Eltern erfahren. Betrachten wir zunächst den Einfluss, den die Merkmale der Wohnung haben, näher.

Merkmale der Wohnung

Ein häufig untersuchtes Merkmal stellt die Wohnfläche, die pro Person zur Verfügung steht, dar. Eine geringe Wohnfläche hat sich als ungünstige Bedingung für die kognitive, motorische und soziale Entwicklung des Kindes erwiesen. Beengte Wohnverhältnisse erhöhen das Risiko für die Entwicklung von sprachlichen Defiziten, von Defiziten im Hinblick auf die Kreativität, von Störungen der Konzentrationsfähigkeit und von Aggressionen und ausagierendem Verhalten (zum Überblick vgl. Vaskovics, 1988; Wachs & Gruen, 1982).

Welche Mechanismen für die negativen Auswirkungen von beengten Wohnverhältnissen verantwortlich sind, ist allerdings nicht völlig geklärt. Im *Überlastungsmodell* wird angenommen, dass eine beengte Wohnverhältnisse aufgrund der mit ihr einhergehenden Überstimulation des Kindes durch Hintergrundgeräusche, Lärm und Unruhe die Aufmerksamkeit und Konzentrationsfähigkeit des Kindes beeinträchtigt (Wohlwill & Heft, 1987, nach Flade, 1994). Im *Störungsmodell* wird davon ausgegangen, dass sich infolge der häufigen Blockierungen und Unterbrechungen von Handlungen beim Kind ein Engegefühl entwickelt (Schultz-Gambard, 1985, nach Flade, 1994). Flade zufolge führt die Erfahrung, dass Aufgebautes sofort wieder weggeräumt werden muss oder dass ein Spiel, das längere Zeit in Anspruch nimmt, nicht zu Ende geführt werden kann, beim Kind zu der Überzeugung, dass die Umwelt nicht kontrollierbar ist und man ihr hilflos ausgeliefert ist.

Ein indirekter Einfluss beengter Wohnverhältnisse über das Erziehungsverhalten der Eltern wird für die kindliche Aggressivität angenommen (Vaskovics, 1988). Herumliegende Spielsachen oder laute Aktivitäten des Kindes stören in einer kleinen Wohnung schneller als in einer Wohnung, in der das Kind in seinem eigenen und ausreichend großen Zimmer spielen kann. Das Kind wird also in einer kleinen Wohnung schneller disziplinierende Reaktionen von Seiten der Eltern provozieren. Steht den Eltern ein eigener Bereich zur Verfügung, können sie sich bei Bedarf zurückziehen, um sich zu erholen, eine Auszeit von der Familie zu nehmen oder ungestört eigenen Interessen nachzugehen. Dies wird einen positiven Effekt auf das Familienklima haben und zu einem entspannteren Umgang mit den Kindern beitragen. Tatsächlich bestehen zwischen Familien, die in ausreichend großen Wohnungen leben und solchen Familien, die beengten Wohnverhältnissen ausgesetzt sind, signifikante Unterschiede im Erziehungsstil der Eltern. Je kleiner die Wohnung ist, desto größer ist die Tendenz der Eltern, ihren Kindern gegenüber bestrafende und kontrollierende Erziehungsmethoden anzuwenden (Vaskovics, 1988).

Ein ähnlicher Mechanismus lässt sich Vaskovics (1988) zufolge auch in Bezug auf die Schallisolierung der Wohnung annehmen. In einer Wohnung mit guter Schallisolierung der einzelnen Räume strahlt der Lärm, den die Kinder verursachen, in geringerem Maße auf die anderen Räume ab, wodurch die Nerven der Eltern geschont werden und sie seltener zu disziplinierenden Maßnahmen greifen. Die geringere Lärmbelästigung der Nachbarn wird außerdem dazu führen, dass die Eltern der Lärmentwicklung in den eigenen vier Wänden toleranter gegenüber stehen und die Kinder nicht wegen der befürchteten Störung der Nachbarn disziplinieren (müssen).

Negative Effekte beengter Wohnverhältnisse können möglicherweise durch die Existenz von Außenanlagen (Terrasse, Garten, Spielflächen in unmittelbarer Umgebung der Wohnung) und eine gute Zugänglichkeit des Außenbereichs abgemildert werden. Eine günstige Wohnumgebung bietet die Möglichkeit, Spannungen, die durch erzwungene und nachhaltige Eltern-Eltern- bzw. Eltern-Kind-Kontakte entstehen, durch eine vorübergehende räumliche Trennung ein Stück weit abzumildern. Beispielsweise strapazieren motorisch unruhige Kinder die Nerven der Eltern in weit geringerem Ausmaß, wenn sie für eine Stunde zum Ballspielen in den Garten geschickt werden können, und nicht den Flur oder das Wohnzimmer als Fußballfeld nutzen.

Merkmale der Wohnumgebung

Die Auswirkungen spezifischer Merkmale der Wohnumgebung auf die Entwicklung des Kindes werden im „Home Range-Konzept" expliziert (Ausführungen nach Flade, 1993b). Im Gegensatz zur Wohnung, die ein Ort der Sicherheit, Behütung, Unterstützung, aber auch der elterlichen Dominanz und Begrenzung ist, stellt die Wohnungsumgebung einen Bereich dar, der sich durch die weitgehende oder völlige Abwesenheit elterlicher Kontrolle und eine gelockerte bis fehlende Behütung durch die Eltern auszeichnet. Dieser Bereich gelockerter elterlicher Kontrolle wird als *home range* bezeichnet. Der home range wächst typischerweise mit zunehmendem Alter des Kindes, wobei dieses Wachstum als entwicklungsfördernd angesehen wird. Durch die sukzessive Erschließung neuer Umweltbereiche macht das Kind neue Erfahrungen und gewinnt an Autonomie und Selbständigkeit.

Der home range, also der Bereich, in dem sich Kinder eigenständig und ohne Kontrolle durch die Eltern und ohne Begleitung Erwachsener bewegen können, hat sich in den vergangenen Jahrzehnten stetig verkleinert. Dieser Umstand ist wesentlich auf die Zunahme des Straßenverkehrs zurückzuführen, der Wohnstrassen zu reinen Verkehrsräumen macht und Wohngebiete zerschneidet. Nach Flade (1993b) spielen Kinder umso weniger draußen, je verkehrsbelasteter die Wohnstrasse ist, in der sie leben und je höher die Eltern das Unfallrisiko einschätzen. Eine Untersuchung, die Ende der 80er Jahre in einem Neubaugebiet in Marburg durchgeführt wurde (Institut Wohnen und Umwelt, 1988, zitiert nach Flade, 1993b), zeigte, dass insbesondere der home range von Kindergartenkindern durch eine mangelnde Verkehrssicherheit stark eingeschränkt wird.

Stehen keine sicheren Spielflächen in unmittelbarer Umgebung der Wohnung zur Verfügung, erfolgt eine stärkere Beschränkung von Spielaktivitäten auf die eigene Wohnung. Außerhäusliche Spielaktivitäten des Kindes müssen geplant werden und unterliegen in stärkerem Ausmaß der elterlichen Kontrolle. Ein kindgerechter Außenbereich (Garten, Wohnhof, Spielplatz in unmittelbarer Umgebung der Wohnung, Verkehrssicherheit) mit Ruf- und Sichtkontakt zum spielenden Kind ermöglicht nicht nur dem Kind einen größeren Freiraum und fördert so die Selbständigkeitsentwicklung. Er erspart auch den Eltern den Aufwand, der mit gemeinsamen Spielplatzbesuchen verbunden ist. Es ist daher anzunehmen, dass eine familienfreundliche Wohnumgebung, die bei der Erledigung der alltäglichen Aufgaben weite Wege und hohen Aufwand erspart, auch zur Zufriedenheit der Eltern, insbesondere der Mutter als primärer Betreuungsperson, beiträgt.

Vaskovics (1988) weist darauf hin, dass Eltern, die familienfreundliche Wohnbedingungen (geräumige Wohnungen mit Garten oder Grünflächen in unmittelbarer Umgebung) durch den Umzug in Stadtrandsiedlungen oder in ländliche Gebiete geschaffen haben, dafür nicht selten mit einer schlechten Infrastruktur (Einkaufsmöglichkeiten, kulturelle Angebote, Institutionen, Angebote für Kinder und Jugendliche) und einer mangelhaften Anbindung an den öffentlichen Personennahverkehr „bezahlen". Diese nachteiligen Begleiterscheinungen werden in den ersten Lebensjahren des Kindes möglicherweise noch nicht offenkundig. Sobald das Kind aber in einem Alter ist, in dem eine Reihe von Freizeitangeboten greifen (z.B. Sportverein, Musikunterricht), wird die Mutter nicht selten zum Chauffeur ihres Kindes.

Sicherlich kommt den Eltern bei der Sozialisation ihres Kindes eine Schlüsselrolle zu, sowohl was die sozialen Einflüsse angeht als auch im Hinblick auf die räumlich-materielle Gestaltung und Ausstattung der Wohnung (Flade, 1994). Sie bestimmen weitgehend, welche Anregungsbedingungen ihr Kind in der Wohnung vorfindet (z.B. Komplexität und Unterschiedlichkeit von Spielmaterialien) und beeinflussen so die kognitive und die sozio-emotionale Entwicklung des Kindes (Schneewind, 1991). Ihr Erziehungsverhalten (kindgerechte Initiierung von Spielaktivitäten, Bereitstellung angemessener Hilfestellungen) stellt einen weiteren zentralen Einflussfaktor für die kindliche Entwicklung dar.

Wie sich Eltern verhalten, welche Anregungsbedingungen innerhalb der Wohnung sie schaffen können und welche Wohnung bzw. Wohnumgebung sie bereitstellen können, hängt wiederum ab von der sozioökonomischen Situation und dem soziokulturellen Niveau der Familie. Eltern mit besserer Ausbildung haben in der Regel auch höhere Einkommen und können sich so familienfreundlichere Wohnungen leisten. Es ist also nicht auszuschließen, dass förderliche Effekte der Wohnumwelt auf einen allgemein entwicklungsförderlichen Erziehungsstil der Eltern zurückgehen oder mit dem Bildungsniveau der Eltern zusammenhängen. Angesichts der Komplexität der angesprochenen Zusammenhänge können daher keine Aussagen über die *isolierte* Wirkung von Wohnungs- bzw. Wohnumweltbedingungen auf die Anpassung der Eltern und die innerfamiliäre Sozialisation gemacht werden. Insgesamt lässt sich jedoch feststellen, dass die Wohnsituation − und zwar sowohl Merkmale der Wohnung als auch der Wohnumgebung − eine wichtige Rahmenbedingung für das Erleben der Elternrolle darstellt und die Aufgabe der Eltern entweder erleichtern oder erschweren kann.

Im Folgenden wird nun die Bedeutung der Wohnsituation für die Zufriedenheit und die Entwicklung der jungen Familie anhand der eigenen Daten beleuchtet. Nach der Darstellung der Wohnsituation unter besonderer Berücksichtigung regionaler Unterschiede werden die Wohnbedürfnisse der Eltern analysiert. Abschließend wird untersucht, welche Merkmale der Wohnung und der Wohnumgebung die Ausübung der Elternrolle erschweren bzw. erleichtern.

4.4.3 Ergebnisse der LBS-Familien-Studie

4.4.3.1 Objektive Wohnbedingungen

Bei der Wohnsituation der Familien bestehen große Unterschiede zwischen den Regionen, insbesondere zwischen dem Raum München als urbanem Umfeld und dem Paderborner Raum als einer eher ländlichen Region. Zu Beginn der Studie verfügen die befragten Familien, die im Raum München leben, im Durchschnitt über 88,4 qm Wohnraum und zahlen hierfür im Schnitt 1.665 Mark monatlich (Gesamtkosten). Den Familien aus dem Raum Paderborn stehen durchschnittlich 105,7 qm zur Verfügung, die Ausgaben hierfür betragen im Schnitt 977 Mark im Monat. Die übrigen Familien, die sich über das gesamte Bundesgebiet verteilen, verfügen zu diesem Zeitpunkt über durchschnittlich 92,2 qm Wohnfläche und zahlen hierfür im Schnitt 1.270 Mark monatlich.

Regionale Unterschiede im Hinblick auf die Wohnungsgröße bestehen bereits vor der Geburt des ersten Kindes: Die Wohnungen der Paderborner Paare, die ihr erstes Kind erwarten („Ersteltern"), fallen zum ersten Messzeitpunkt, also im letzten Drittel der Schwangerschaft, mit 95,4 qm deutlich großzügiger aus als die der Münchner Paare (80,9 qm) und der Paare, die im übrigen Bundesgebiet leben (81,7 qm). Die regionalen Unterschiede treten jedoch besonders deutlich bei den Familien zutage, die bereits ein oder mehrere Kinder haben und ein nachfolgendes Kind erwarten („Zweiteltern"): Während die Münchner Familien mit durchschnittlich 95,5 qm gerade mal über so viel Wohnraum verfügen wie die Paderborner Paare, die ihr erstes Kind erwarten, haben die Paderborner Familien mit 119,1 qm im Schnitt gut 23 qm mehr zur Verfügung. Die Familien aus dem restlichen Bundesgebiet nehmen mit durchschnittlich 102,5 qm eine Mittelstellung ein.

Familienzuwachs zu bekommen ist für viele Familien ein Anlass umzuziehen. 57 Prozent der Familien, von denen zum letzten Messzeitpunkt gültige Angaben vorliegen, sind im Untersuchungszeitraum, also im Zeitraum vom letzten Schwangerschaftsdrittel bis knapp drei Jahre nach der Geburt des Zielkindes, ein oder mehrere Male umgezogen. Am „umzugsfreudigsten" erwiesen sich hierbei die Münchner Ersteltern, von denen mehr als zwei Drittel mindestens einmal umgezogen sind (Paderborner Ersteltern: 57 Prozent; Ersteltern aus dem Bundesgebiet: 58 Prozent), sowie die Zweiteltern aus dem Bundesgebiet, von denen 69 Prozent einen Umzug angeben. Während immerhin noch die Hälfte der Münchner Zweiteltern in den drei Jahren nach der Geburt des Zielkindes umzieht, sind die Paderborner Familien eher sesshaft: nur ein knappes Drittel dieser Familien vermeldet einen Wohnungswechsel.

Neben beruflichen Gründen – die Geburt des ersten Kindes fällt oftmals mit beruflichen Veränderungen für den Mann (wie dem Einstieg ins Berufsleben oder einem Wechsel des Arbeitsplatzes) zusammen, die einen Wechsel des Wohnortes erfordern – dürfte vor allem das Bedürfnis nach einer geräumigeren und kindgerechteren Wohnung ausschlaggebend für den Umzug sein. So ist über den beobachteten Zeitraum insgesamt ein Zuwachs an Wohnraum zu verzeichnen. Drei Jahre nach der Geburt des Zielkindes stehen den Münchner Familien im Mittel 105,9 qm zur Verfügung, für die durchschnittlich 1873 Mark an Kosten anfallen[3]. Die Familien aus dem Bundesgebiet verfügen über ähnlich viel Wohnraum (106,7 qm), tragen aber mit durchschnittlich 1518 Mark deutlich geringere finanzielle Belastungen. Die Familien im Raum Paderborn bewohnen im Schnitt 121,4 qm und zahlen hierfür im Mittel 1160 Mark. Die regionalen Unterschiede im zur Verfügung stehenden Wohnraum bilden sich auch deutlich ab, wenn man die Wohnfläche betrachtet, die jedem Familienmitglied zur Verfügung steht. Den Paderborner Familien stehen mit 33 qm fast fünf Quadratmeter mehr Wohnfläche pro Person zur Verfügung als den Münchner Familien mit 28,1 qm. Die Pro-Kopf-Wohnfläche der Teilnehmer aus dem restlichen Bundesgebiet fällt mit 28,5 qm ähnlich gering aus wie bei den Familien, die im Raum München leben.

---

3 Die Angaben zu den Wohnkosten, die zum fünften Messzeitpunkt anfallen, stellen Schätzungen der Untergrenze der finanziellen Belastung dar, da zwischenzeitliche Mieterhöhungen bei Familien, die im Untersuchungszeitraum nicht umgezogen waren, nicht erfasst wurden.

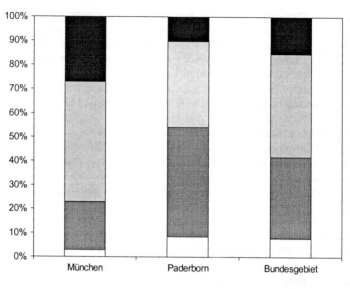

Familieneinkommen: □ unter 2000 ▦ unter 4000 ▨ unter 6000 ■ über 6000

Abbildung 4.4.1: Einkommensverteilung drei Jahre nach der Geburt des
Kindes (T5) (Familiennettoeinkommen), differenziert nach
Regionen

Den deutlich niedrigeren Wohnkosten der Paderborner Familien stehen aber
auch deutlich niedrigere Einkommen gegenüber (vgl. Abbildung 4.4.1).
Während über 50 Prozent der Paderborner Familien drei Jahre nach der
Geburt des Zielkindes mit weniger als 4000 Mark im Monat auskommen
müssen, sind es bei den Münchner Familien nur etwas mehr als 20 Prozent.
Immerhin 27 Prozent der Familien, die im Raum München leben, haben mehr
als 6000 Mark zur Verfügung, bei den Familien aus Paderborn sind es nur 10
Prozent. Die übrigen Familien, die sich auf das gesamte Bundesgebiet verteilen, nehmen mit Blick auf die Einkommenssituation eine mittlere Position
ein.

Geographische Mobilität der Familien

Die räumliche Mobilität der Münchner Familien ist bereits zum ersten Messzeitpunkt höher als die der Paderborner Familien. Dies zeigen die Unterschiede in der durchschnittlichen Entfernung des jetzigen Wohnorts zum
Heimatort der Eltern. 23 Prozent der Frauen und 20 Prozent der Männer, die

im Raum München leben, sind dort auch aufgewachsen. Weitere 27 Prozent der Frauen und 33 Prozent der Männer leben bis zu 100 Kilometer entfernt von ihrem Heimatort. In der Paderborner Teilstichprobe stammen 34 Prozent der Frauen und 29 Prozent der Männer aus dem jetzigen Wohnort. Weitere 34 Prozent der Frauen bzw. 49 Prozent der Männer leben bis zu 100 Kilometer entfernt von ihrem Heimatort. Nimmt man nur die Personen, die *nicht* in ihrem Heimatort leben, und betrachtet die Entfernung des Wohnorts zum Heimatort, ergibt sich folgendes Bild. Bei den Familien, die im Raum München leben, beträgt die Entfernung des Wohnorts zum Heimatort im Schnitt 270 Kilometer (für die Frauen) bzw. 280 Kilometer (für die Männer). Bei den Familien, die im Raum Paderborn leben, beträgt die Entfernung des neuen Wohnorts zum Heimatort im Schnitt 150 (Frauen) bzw. 130 Kilometer (Männer). Die Paderborner Familien wohnen also wesentlich häufiger als die Münchner Familien in ihrem Heimatort oder in dessen Umkreis.

Die vergleichsweise geringere räumliche Mobilität der Paderborner Familien wird auch bei der Betrachtung des Umzugsverhaltens im weiteren Verlauf der Studie deutlich. Die Paderborner Teilnehmer ziehen im betrachteten Drei-Jahres-Zeitraum nicht nur seltener um als die Teilnehmer aus dem Raum München und dem restlichen Bundesgebiet, die neue Wohnung liegt auch häufiger in der Nähe des bisherigen Wohnorts (vgl. Tabelle 4.4.1).

Bei 86 Prozent der Paderborner Familien, die im Untersuchungszeitraum umziehen, ist die neue Wohnung maximal zehn Kilometer von der alten Wohnung entfernt. Bei den Familien aus dem Raum München und dem übrigen Bundesgebiet trifft dies in weniger als der Hälfte der Fälle zu. Etwa ein Drittel dieser Familien verlassen die Region, ziehen also mehr als 30 km vom bisherigen Wohnort weg. Bei den Paderborner Familien gilt dies nur für zehn Prozent der Teilnehmer.

Zusammenfassend lässt sich feststellen, dass die Paderborner Familien eine deutlich geringere geographische Mobilität aufweisen als die Familien

Tabelle 4.4.1: Umzugsverhalten: Entfernung der neuen Wohnung zum früheren Wohnort (zu T1) und Anteil der Personen, die im Untersuchungszeitraum umgezogen sind (Angaben in Prozent)

| | Entfernung zum früheren Wohnort in km | | | | Anteil an Regions-stichprobe |
	bis 10	10-30	30-100	100 +	
München	48	21	10	21	60
Paderborn	86	5	5	5	47
Bundesgebiet	46	18	9	27	64

Anmerkung: Aufgrund von Rundungsfehlern können sich Summen von über 100 Prozent ergeben.

dem Raum München oder dem restlichen Bundesgebiet. Die Familien, die zu Beginn der Studie im Raum Paderborn leben, stammen zu einem größeren Prozentsatz auch aus dieser Region. Ein vergleichsweise geringer Anteil der Paderborner Familien zieht in den folgenden drei Jahren um. Weiterhin bleiben die Familien aus dem Raum Paderborn auch bei einem Umzug in der Mehrheit der Fälle in der Umgebung ihres bisherigen Wohnortes. Diese Ergebnisse lassen vermuten, dass die Familien aus der Region Paderborn sehr viel häufiger Wohneigentum erwerben (z. B. ein Haus bauen) oder auch in geerbten Immobilien leben. Die vergleichsweise geringe Mobilität der Paderborner Teilnehmer ist aber vermutlich nicht nur auf eine größere Verbundenheit dieser Familien zum Heimatort zurückzuführen. Das im Mittel höhere Bildungsniveau der Teilnehmer aus dem Raum München und dem restlichen Bundesgebiet – zwei Drittel dieser aber weniger als die Hälfte der Paderborner Männer weisen einen Hochschulabschluss auf oder befanden sich zu Beginn der Studie noch im Studium – wird mit größeren Anforderungen an die geographische Mobilität bei der Arbeitsplatzsuche verbunden sein. Für die Region München dürften sich in unseren Zahlen weiterhin der angespannte Wohnungsmarkt und die Schwierigkeit widerspiegeln, im Stadtgebiet eine ausreichend große und dennoch erschwingliche Wohnung zu finden.

Konsequenzen geographischer Mobilität

Die räumliche Mobilität ist nicht selten mit Nachteilen für die junge Familie verbunden. Sozialen Beziehungen kommt bei der Bewältigung von Rollenübergangen eine besondere Bedeutung als privates Stützungssystem zu (Ettrich & Ettrich, 1995). Das Meistern der Anforderungen und Aufgaben, die mit diesen Rollenübergängen einhergehen, hängt entscheidend vom Ausmaß der erhaltenen Unterstützung ab. Der Umzug in eine andere Stadt bringt in der Regel Veränderungen in den sozialen Beziehungen und eine Verkleinerung des sozialen Netzwerkes mit sich (Sluzki, 1992). Private Stützungssysteme müssen am neuen Wohnort erst wieder aufgebaut werden, was eine gewisse Zeit in Anspruch nimmt (Starker, 1990). Die Paare sind in dieser Situation nicht selten auf sich allein gestellt. Dies zeigt sich in unserer Studie deutlich, wenn man die Zufriedenheit der Eltern mit der erhaltenen sozialen Unterstützung betrachtet.

Effekte der geographischen Mobilität auf die *Zufriedenheit* mit der erhaltenen sozialen Unterstützung wurden mittels zweifaktorieller Varianzanalysen der zum fünften Messzeitpunkt erfassten Zufriedenheitsindikatoren mit dem zweigestuften Gruppierungsfaktor *Entfernung des Wohnortes T5 zum Wohnort T1* (bis zu 10 km vs. mehr als 10 km) und dem Messwiederholungsfaktor *Geschlecht* (Frauen vs. Männer) überprüft. Auf die gleiche Weise wurden Effekte der Mobilität auf den Unterstützungs*bedarf* überprüft. Tabelle 4.4.2 beinhaltet die Ergebnisse der Varianzanalysen (Mittelwerte sowie F-Werte und Signifikanzniveaus).

Paare, die im Untersuchungszeitraum nicht umgezogen sind oder deren neue Wohnung maximal zehn Kilometer vom bisherigen Wohnort entfernt liegt, verzeichnen drei Jahre nach der Geburt des Zielkindes eine signifikant höhere Zufriedenheit mit der Unterstützung durch andere Personen als Paare, die sich durch den Umzug mehr als zehn Kilometer vom alten Wohnort entfernt haben (vgl. Tabelle 4.4.2). Dies gilt sowohl für Frauen als auch für Männer.

Die Teilnehmer mit geringer räumlicher Mobilität weisen eine höhere Zufriedenheit mit der emotionalen Unterstützung (z. B. Bestätigung und Anerkennung; Trost und Rückhalt bei persönlichen Problemen), die sie von anderen Personen bekommen, auf. Sie berichten außerdem ein höheres Ausmaß an instrumenteller Unterstützung (z. B. Hilfe bei regelmäßig anfallenden Aufgaben) und an kindbezogener Unterstützung (z. B. Hilfe bei der Beaufsichtigung des Kindes). Ein Wechsel des Wohnortes (genauer gesagt: eine Entfernung von mindestens zehn Kilometern zum bisherigen Wohnort) geht mit spürbaren Defiziten im Ausmaß der sozialen Unterstützung, die die jungen Eltern von anderen Personen erhalten, einher.

Tabelle 4.4.2: Die drei Jahre nach der Geburt des Zielkindes erfasste Zufriedenheit mit der erhaltenen Unterstützung und der Bedarf an Unterstützung in Abhängigkeit von der Entfernung des aktuellen Wohnorts vom bisherigen Wohnort

	maximal 10 km		mehr als 10 km				
	Frauen	Männer	Frauen	Männer	Entf.	Geschlecht	IA
	M	M	M	M	F	F	F
Zufriedenheit							
Gesamt	5.69	5.22	4.91	4.62	9.29**	5.82**	<1
Emotionale U.	5.44	4.91	4.58	4.26	10.15**	6.28*	<1
Instrumentelle U.	5.70	5.42	5.05	4.83	5.70*	1.72	<1
Kindbezogene U.	6.07	5.29	5.54	5.14	6.73*	3.54+	1.06
Bedarf							
Gesamt	1.63	1.30	1.73	1.37	<1	22.27***	<1
Emotionale U.	1.86	1.40	1.92	1.66	1.92	13.36***	1.05
Instrumentelle U.	1.11	1.03	1.18	0.92	<1	3.75+	1.04
Kindbezogene U.	1.52	1.26	1.73	1.14	<1	29.21***	4.33*

Anmerkungen: Aus Gründen der Anschaulichkeit erfolgt die Aggregatbildung durch Mittelwertsbildung, nicht durch Summenbildung; *Zufriedenheit*: theoretischer Wertebereich jeweils von 0 („äußerst unzufrieden") bis 8 („völlig zufrieden"); *Bedarf*: theoretischer Wertebereich jeweils von 0 („überhaupt nicht") bis 4 („sehr stark"); Familien, die im Untersuchungszeitraum nicht umgezogen waren, wurden der Gruppe „maximal 10 km" zugeordnet; N=128-131; Teilstichprobe „maximal 10 km": N=97-99; Teilstichprobe „mehr als 10 km": N=31-32; + - $p \leq .10$ * - $p \leq .05$ ** - $p \leq .01$ *** - $p \leq .001$ (zweiseitig).

Befunde anderer Studie weisen darauf hin, dass der Umzug in eine andere Stadt auch mit einem erhöhten Bedarf an sozialer Unterstützung einhergeht (Sluzki, 1992). Demnach wäre nicht nur die mit dem Umzug verbundene Verkleinerung des sozialen Netzwerkes, sondern auch der hohe Unterstützungsbedarf verantwortlich für Defizite im Ausmaß der wahrgenommenen Unterstützung. Diese Überlegung wird durch die Befunde der LBS-Familien-Studie nicht bestätigt. Eltern, die im Untersuchungszeitraum umgezogen sind und deren neue Wohnung mehr als zehn Kilometer von der bisherigen entfernt ist, äußern zum fünften Messzeitpunkt insgesamt keinen höheren Bedarf an sozialer Unterstützung als Eltern, die nicht umgezogen sind bzw. deren neue Wohnung maximal zehn Kilometer von der alten Wohnung entfernt liegt. Lediglich die Frauen äußern nach dem Umzug einen leicht erhöhten Bedarf an kindbezogener Unterstützung. Die beobachteten Unterschiede in der *Zufriedenheit* mit der sozialen Unterstützung zwischen Eltern mit hoher und mit geringer geographischer Mobilität gehen somit nicht auf einen generell größeren *Bedarf* an Unterstützung nach einem Wohnortwechsel zurück.

Ferner zeigen unsere Befunde, dass Frauen im Allgemeinen mit dem Ausmaß an erhaltener sozialer Unterstützung zufriedener sind als Männer, dass sie aber auch einen höheren Bedarf an sozialer Unterstützung haben als diese. Darin stimmen unsere Befunde mit Ergebnissen anderer Untersuchungen überein, wonach Frauen im Vergleich zu Männern umfangreichere soziale Netzwerke besitzen und mehr soziale Unterstützung sowohl suchen als auch bekommen (zum Überblick vgl. Röhrle, 1994).

Zusammenfassend lässt sich festhalten, dass die ersten drei Jahre nach der Geburt eines Kindes eine Phase hoher räumlicher Mobilität darstellen, wobei regionale Unterschiede deutlich werden. Paare, die in der eher ländlich geprägten Region um Paderborn leben, ziehen im Untersuchungszeitraum nicht nur seltener um, sie bleiben auch nach einem Umzug häufiger in der Nähe des bisherigen Wohnortes. Eine hohe geographische Mobilität ist mit einem spürbaren Einschnitt in das soziale Netzwerk und die privaten Stützungssysteme verbunden. Die Eltern weisen dann eine geringere Zufriedenheit mit der emotionalen, instrumentellen und kindbezogenen Unterstützung, die sie von anderen Personen erhalten, auf.

4.4.3.2 Subjektive Wohnzufriedenheit

Betrachten wir als nächstes die subjektive Zufriedenheit der Eltern mit ihrer Wohnsituation. Auch hier fokussieren wir wiederum regionale Unterschiede.

Aufgrund der hohen Mobilität der Teilnehmer ist die ursprüngliche Zuordnung der Teilnehmer zu den drei Regionen (München, Paderborn, Bundesgebiet) für den *fünften* Messzeitpunkt, also drei Jahre nach der Geburt des Zielkindes, nicht mehr zutreffend. Für den vierten Messzeitpunkt hat diese Zuordnung jedoch noch weitgehend Gültigkeit. Zu *diesem Zeitpunkt* liegt der Anteil der Teilnehmer, die nicht mehr in der gleichen Region wie zum ersten Messzeitpunkt leben (bei denen also die Entfernung zum T1-Wohnort mehr als 30 Kilometer beträgt), bei nur knapp sieben Prozent. Die Münchner und Paderborner Familien, für die das zutrifft, werden für die folgenden regionsdifferenzierenden Analysen ausgeschlossen.

Für die Betrachtung der subjektiven Zufriedenheit greifen wir auf die eineinhalb Jahre nach der Geburt erfragten Bewertungen der Wohnsituation zurück. Die Teilnehmer wurden zu diesem Messzeitpunkt gebeten, ihre Wohnung und die Wohnumgebung im Hinblick auf eine Reihe von Kriterien zu beurteilen. Insgesamt waren 17 verschiedene Aspekte vorgegeben, die drei Bereiche der Wohnzufriedenheit abbilden. Dabei handelt es sich um die Zufriedenheit mit der *Größe* der Wohnung, die Zufriedenheit mit dem *Wohnumfeld* und die Zufriedenheit mit der Belastung durch *Lärm und bauliche Mängel*. Außerdem sollten die Befragten angeben, wie zufrieden sie *insgesamt* mit ihrer Wohnsituation sind, und zwar mit der Wohnung selbst, unabhängig von den Wohnkosten.

Welches Bild ergibt sich nun für die Bewertung der einzelnen Aspekte der Wohnsituation? Insgesamt beurteilen die Paare (Mittelwert der Urteile beider Partner) ihre Wohnsituation mit Blick auf die erfragten Aspekte als eher günstig. Im Durchschnitt liegen die Einschätzungen im positiven Bereich der Skala (vgl. Abbildung 4.4.2). Am positivsten fallen die Urteile im Hinblick auf die Erreichbarkeit von Grünanlagen, die Kinderfreundlichkeit der Nachbarn, die Verkehrsanbindung und die Erreichbarkeit der Wohnung aus. Weniger günstig sind die Urteile in Bezug auf die Hellhörigkeit der Wohnung und Spielmöglichkeiten rund ums Haus. Am unzufriedensten sind die Eltern mit der Verkehrssicherheit der Wohnumgebung für Kinder.

Deutliche Unterschiede zwischen den Regionen treten für die Bewertung der Größe und der Gestaltung der Wohnung auf. Die Größe der Wohnung wird von den Paderborner Eltern deutlich günstiger beurteilt als von den Münchner Familien. Gleiches gilt in Bezug auf den Platz, der für das Kind im Wohnbereich zur Verfügung steht. Auch mit der Anordnung der Räume und den Rückzugsmöglichkeiten, die ihnen die Wohnung bietet, sind die Eltern aus dem Raum Paderborn wesentlich zufriedener als die Eltern aus der Umgebung von München. Hier spiegeln sich also die objektiv günstigeren Wohnbedingungen der Familien aus dem ländlichen Raum von Paderborn im subjektiven Urteil wider.

Nicht nur die Wohnung selbst, auch der unmittelbare Außenbereich der Wohnung (Garten, Terrasse, Balkon) wird von den Münchner Müttern und Vätern deutlich negativer eingeschätzt als von den Paderborner Familien. Die Teilnehmer aus dem Bundesgebiet nehmen jeweils eine Mittelstellung ein.

Regionale Unterschiede deuten sich zudem für die Bewertung der Kinderfreundlichkeit der Nachbarn an. Hier sind es überraschenderweise die Münchner Familien, die diesen Aspekt am positivsten beurteilen.

Im Hinblick auf die übrigen Merkmale der Wohnsituation lassen sich

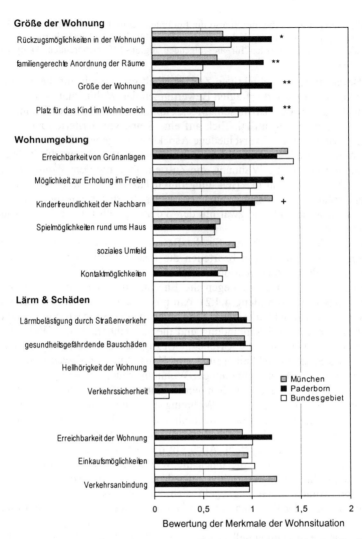

Abbildung 4.4.2: Bewertung unterschiedlicher Merkmale der Wohnsituation, differenziert nach Region (Antwortmöglichkeiten von –2/ „äußerst ungünstig" bis +2/ „optimal"; Unterschiede zwischen den Gruppen[4]: *** - $p<.001$, ** - $p<.01$, * - $p<.05$, + - $p<.10$).

---

4   Durchgeführt wurde eine Reihe von einfaktoriellen Varianzanalysen mit dem dreifach gestuften Gruppierungsfaktor Region (München vs. Paderborn vs. Bundesgebiet).

keine signifikanten Unterschiede zwischen den Regionen feststellen. Unterschiede, die sich für diese Merkmale in der Grafik andeuten, sind statistisch nicht signifikant, sind also als „Zufallsschwankungen" zu werten. Die Münchner Eltern sind ebenso zufrieden (bzw. unzufrieden) wie die Paderborner Eltern oder die Paare aus dem restlichen Bundesgebiet mit der Verkehrssicherheit, mit der Hellhörigkeit der Wohnung, ihrer Erreichbarkeit, der Verkehrsanbindung usw.

Zusammenfassend lässt sich feststellen, dass die Münchner Familien ihre Wohnbedingungen nicht durchgehend als ungünstiger einschätzen als die Paderborner Eltern. Die objektiv existierenden Unterschiede im Hinblick auf die Wohnfläche, die den Familien zur Verfügung steht, spiegelt sich jedoch auch im subjektiven Urteil der Teilnehmer wieder. Die Paare aus der städtischen Region München schätzen das Raumangebot der Wohnung als unbefriedigender ein als die Familien aus dem eher ländlich geprägten Raum um Paderborn.

Determinanten der Wohnzufriedenheit

Welche Merkmale einer Wohnung tragen nun am stärksten zur Zufriedenheit junger Familien mit der Wohnsituation bei? Um dieser Frage nachzugehen, wurde die Bewertung der einzelnen Aspekte der Wohnsituation (Größe, soziales Umfeld etc.) in Beziehung gesetzt zur allgemeinen Wohnzufriedenheit der Eltern. So kann ermittelt werden, welche Wohnungsmerkmale zur Wohnzufriedenheit beitragen und welche Faktoren sich nicht auf die Wohnzufriedenheit auswirken.

Um die Determinanten der Wohnzufriedenheit zu ermitteln, wurde in separaten Regressionsanalysen die Wohnzufriedenheit der Frauen bzw. der Männer eineinhalb Jahre nach der Geburt vorhergesagt anhand ihrer Einschätzungen zu den Merkmalen der Wohnung und der Wohnumgebung. Die Ergebnisse der Regressionsanalysen sind in Tabelle 4.4.3 dargestellt.

Einen Überblick über die Merkmale, die die Zufriedenheit der jungen Eltern mit ihrer Wohnsituation prägen, gibt Tabelle 4.4.4. Festzuhalten ist, dass die Familien nicht gefragt wurden, welche Eigenschaften ihrer Wohnung ihnen als wichtig und welche ihnen als unwichtig erscheinen. Die Punkte, die in der Tabelle als nicht bedeutsam für die Wohnzufriedenheit aufgeführt sind, mögen den Befragten durchaus als wichtig oder als wünschenswert erscheinen. Aspekte, die hier als *bedeutsam* bezeichnet werden, stehen vielmehr in enger Verbindung zur Zufriedenheit der Eltern mit ihrer Wohnsituation. Die Aspekte, die hier als *bedeutungslos* bezeichnet werden, stehen in keinem Zusammenhang zu dieser Zufriedenheit. Die Reihenfolge der Auflistung in Tabelle 4.4.4 entspricht dabei dem Gewicht dieser Faktoren für die Wohnzufriedenheit.

Sowohl bei den Müttern als auch bei den Vätern sind Größe und (geringe) Hellhörigkeit der Wohnung bedeutsame Merkmale. Je mehr Wohnraum der Familie zur Verfügung steht, desto zufriedener sind die Eltern. Ob es in der direkten Umgebung Einkaufsmöglichkeiten gibt oder nicht, spielt dagegen für Mütter und Väter keine Rolle. Offenbar nehmen die Eltern längere Anfahrtswege zu den Geschäften gerne in Kauf, wenn die Wohnung ansonsten familiengerecht ist. In Tabelle 4.4.4 tun sich jedoch auch Unterschiede zwischen Müttern und Vätern auf, die auf unterschiedliche Wohnbedürfnisse und Unterschiede im Wohnverhalten von Müttern und Vätern schließen lassen. Väter sehen die Wohnung demnach vorrangig als Ort der Erholung und Entspannung. Sie legen Wert auf Ruhe (keine hellhörige Wohnung), ausreichend viel Platz (Wohnungsgröße) und Ungestörtheit (Rückzugsmöglichkeit). Dies ist verständlich, wenn man die berufliche Beanspruchung der Väter bedenkt. Für Mütter muss die Wohnung andere Funktionen erfüllen. Neben der Größe der Wohnung ist zusätzlicher Platz im Freien wichtig, der mitgenutzt werden kann (Garten, Terrasse, Balkon). Auch das soziale Umfeld, in dem das Kind aufwächst, ist bedeutsam. Eine praktische und familiengerechte Anordnung der Wohnräume (z. B. Wohnküche mit aus-

Tabelle 4.4.3: Regression der Wohnzufriedenheit auf Merkmale der Wohnung und der Wohnumgebung

Prädiktorvariablen	Mütter beta	Väter beta
Größe der Wohnung	.27*	.26*
Platz für das Kind im Wohnbereich	.09	.12
gesundheitsgefährdende Bauschäden	.09	.08
Lärmbelästigung durch Straßenverkehr	-.07	-.10
Hellhörigkeit von Wohnung und Gebäude	.14*	.25***
Möglichkeit zu Erholung im Freien	.25**	.09
Rückzugsmöglichkeiten innerhalb der Wohnung	.05	13+
familiengerechte Anordnung der Wohnräume	.13+	.08
bequeme Erreichbarkeit der Wohnung	-.02	-.09
Einkaufsmöglichkeiten in der direkten Umgebung	-.07	-.07
Verkehrssicherheit	.10	.20*
soziales Umfeld	.15*	-.03
Kinderfreundlichkeit der Nachbarn	-.01	.12
Kontaktmöglichkeiten	.09	.10
Spielmöglichkeiten rund ums Haus	-.10	.02
Erreichbarkeit von Grünanlagen, Parks etc.	.09	.06
Verkehrsanbindung von Wohngebiet/Wohnort	.04	-.08
	$R^2 = .60$	$R^2 = .64$

Anmerkungen: beta: standardisiertes Regressionsgewicht; R^2: erzielte Varianzaufklärung; Frauen: $N=153$; Männer: $N=137$; + - $p \leq .10$ * - $p \leq .05$ ** - $p \leq .01$ *** - $p \leq .001$ (zweiseitig).

Tabelle 4.4.4: Welche Wohnungsmerkmale prägen die Zufriedenheit junger Eltern mit der aktuellen Wohnsituation?

bedeutsam für die Wohnzufriedenheit	
der Mütter:	**der Väter:**
• Größe der Wohnung	• Größe der Wohnung
• Möglichkeit zu Erholung, Entspannung und Spiel im Freien (Garten, Terrasse, Balkon)	• Hellhörigkeit der Wohnung oder des Gebäudes
• soziales Umfeld, in dem das Kind aufwächst	• Verkehrssicherheit für Kinder (z.B. Spielstraße)
• Hellhörigkeit der Wohnung oder des Gebäudes	• Möglichkeit, sich innerhalb der Wohnung zurückzuziehen
• praktische, familiengerechte Anordnung der Räume	

nicht bedeutsam für die Wohnzufriedenheit	
der Mütter:	**der Väter:**
• Kinderfreundlichkeit der Nachbarn	• Spielmöglichkeiten für Kinder rund ums Haus
• bequeme Erreichbarkeit der Wohnung (z.B. niedriges Stockwerk, Aufzug)	• soziales Umfeld, in dem das Kind aufwächst
• Verkehrsanbindung des Wohngebiets	• Möglichkeit, schnell und ohne viel Aufwand ins Grüne zu kommen
• Möglichkeit, sich innerhalb der Wohnung zurückzuziehen	• praktische, familiengerechte Anordnung der Wohnräume
• Einkaufsmöglichkeiten in der direkten Umgebung (z.B. Geschäfte für den Grundbedarf)	• Einkaufsmöglichkeiten in der direkten Umgebung

reichend Platz für das Kind, leichte Beaufsichtigung des Kindes während der Hausarbeit) trägt ebenfalls zur Wohnzufriedenheit der Mütter bei. Die Wohnbedürfnisse der Mütter sind also sehr viel stärker auf das Kind und seine Betreuung, Beaufsichtigung und Versorgung ausgerichtet. Auch dies ist verständlich, wenn man bedenkt, dass Haushalt und Kinderbetreuung in der Regel Aufgabe der Mutter sind.

Größe, Standard und Funktionalität der Wohnung und damit auch die Wohnzufriedenheit hängen stark von den finanziellen Möglichkeiten der Familie ab.

Die Effekte der Region und der Wohnkosten auf die Wohnzufriedenheit wurden in einer 3 (Region: München vs. Paderborn vs. Bundesgebiet) × 3 (monatliche Wohnkosten: unter 1.200 Mark; unter 1.700 Mark, mehr als 1.700 Mark) × 2 (Geschlecht: Frauen vs. Männer)-faktoriellen Varianzanalyse mit Messwiederholung auf dem letzten Faktor überprüft. Wir finden einen signifikanten Haupteffekt *Region* ($F[2,113]=3.20$; $p<.05$) und einen hochsignifikanten Haupteffekt *Wohnkosten* ($F[2,113]=4.95$; $p<.01$). Außerdem deutet sich ein Haupteffekt *Geschlecht* ($F[1,113]=3.57$; $p<.10$) an: Männer weisen tendenziell eine höhere Wohnzufriedenheit auf als Frauen.

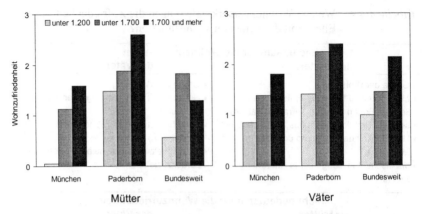

Abbildung 4.4.3: Zufriedenheit der Mütter (links) und Väter (rechts) mit der aktuellen Wohnsituation 18 Monate nach der Geburt des Kindes in Abhängigkeit von Region und Wohnkosten (Antwortmöglichkeiten von „-3/äußerst unzufrieden" bis „+3/äußerst zufrieden")

Kinder- und familiengerechte Wohnungen sind teurer als weniger funktionale Wohnungen. Dieser Zusammenhang ist in Abbildung 4.4.3 dargestellt. Die allgemeine Zufriedenheit mit der Wohnung variiert deutlich mit der Höhe der entstehenden Wohnkosten. So steigt die Wohnzufriedenheit der Eltern mit den Ausgaben für die Wohnung stetig an. Dabei zeigen sich beeindruckende Effekte der Wohnregion, die das deutlich höhere Mietpreisniveau in den städtischen Regionen widerspiegeln: Beispielsweise erzielen Mütter, die in München und Umgebung in sehr teuren Wohnungen leben (mit monatlichen Wohnkosten von 1.700 Mark und mehr) eine Wohnzufriedenheit, wie sie die Paderborner Mütter in der günstigsten Kostenkategorie (weniger als 1.200 Mark) berichten.

4.4.3.3 Auswirkungen der Wohnsituation auf das Erleben der Elternrolle

Welche Rolle spielt die Wohnsituation für das Erleben der Elternrolle und die Bewältigung der damit verbundenen Anforderungen? Um dieser Frage nachzugehen, betrachten wir den korrelativen Zusammenhang zwischen objektiven Merkmalen der Wohnung (Wohnfläche pro Person) und subjektiven Bewertungen der Wohnsituation einerseits und der Zufriedenheit der Eltern in ihrer Rolle als Mutter bzw. als Vater (Depressivität; Frustration und Freude; Ausmaß der Überforderung und Gewaltneigung) sowie ihre Wahrnehmung des Kindes (Kindschwierigkeit) andererseits.

Betrachten wir zunächst die für den vierten Messzeitpunkt gefundenen Zusammenhänge (vgl. Tabelle 4.4.5). 18 Monate nach der Geburt des Kindes zeigt sich kein Zusammenhang zwischen der Wohnfläche, die jedem Familienmitglied zur Verfügung steht, und Indikatoren der Anpassung an die Elternrolle. Lediglich für die Skala *Überforderung und Gewaltneigung* deutet sich ein negativer Zusammenhang an: Je beengter die Wohnverhältnisse sind, desto eher berichten Mütter von Gefühlen der Überforderung und aggressiven Impulsen gegenüber dem Kind. Dieser Zusammenhang erreicht allerdings nicht das konventionelle Signifikanzniveau. Zwischen der *Zufriedenheit* mit der Wohnsituation und der *Anpassung an die Elternrolle* besteht ein positiver Zusammenhang: Eltern, die mit ihrer Wohnung zufrieden sind, weisen insgesamt ein besseres Wohlbefinden auf und erleben die Elternrolle als befriedigender und weniger belastend. Von Bedeutung erscheint hierbei nicht nur die Zufriedenheit mit der *Größe* der Wohnung (Größe, Rückzugsmöglichkeiten, Platz für das Kind etc.) sondern auch mit der *Wohnumgebung* (Spielmöglichkeiten rund ums Haus, Kontaktmöglichkeiten etc.). Bei Müttern, nicht jedoch bei Vätern, hängt die Bewertung der Wohnsituation zudem mit der wahrgenommenen *Schwierigkeit* des Kindes zusammen. Je ungünstiger den Müttern ihre Wohnsituation erscheint (zu wenig Platz, schlechte Wohnumgebung, hohe Belastungen durch Lärm und Bauschäden), desto schwieriger finden sie das Kind zu handhaben. Diese Mütter erleben ihr Kind verstärkt als schlecht gelaunt, schlecht zu trösten, ungehorsam usw. Dass diese Zusammenhänge bei den Väter nicht auftreten, wird verständlich, wenn man bedenkt, dass die

Tabelle 4.4.5: Bivariate Zusammenhänge zwischen Merkmalen der Wohnsituation und der Anpassung an die Elternrolle (T4: 18 Monate nach der Geburt)

| | Wohnfläche | Bewertung der Wohnsituation | | |
	pro Person	Gesamt	Größe	Wohn-umfeld	Lärm+ Bauschäden
Frau					
Depressivität (ADS)	.03	-.18*	-.15+	-.10	-.12
Zufriedenheit (EMKK)	.04	.10	.19*	.07	.00
Überford.+ Gewalt (EMKK)	-.14+	-.18*	-.16*	-.17*	-.11
Kindschwierigkeit	-.02	-.23**	-.21**	-.20**	-.20*
Mann					
Depressivität (ADS)	-.08	-.16+	-.14+	-.12	-.13
Zufriedenheit (EMKK)	.03	.19*	.17*	.27***	.02
Überford.+ Gewalt (EMKK)	-.09	-.15+	-.15+	-.21*	-.08
Kindschwierigkeit	-.02	-.11	-.18*	-.01	-.06

Anmerkungen: Frauen:: N=160-161; Männer: N=147-149; + - $p \le .10$ * - $p \le .05$ ** - $p \le .01$ *** - $p \le .001$ (zweiseitig).

Mütter in dieser frühen Entwicklungsphase des Kindes sehr viel stärker an die Wohnung gebunden sind und dass sie in weit höherem Maße für die Versorgung und Betreuung des Kindes zuständig sind als die Väter.

Mit zunehmendem Alter und wachsender Mobilität des Kindes erweisen sich beengte Wohnverhältnisse vermehrt als Problem. Sie gehen zwar nicht mit einer generell geringeren Zufriedenheit in der Elternrolle einher, tragen allerdings dazu bei, dass den Eltern im Umgang mit ihrem dreijährigen Kind schneller „der Kragen platzt": Je weniger Wohnraum jedem Familienmitglied zur Verfügung steht, desto häufiger berichten beide Eltern von Gefühlen der *Überforderung* und nervöser Erschöpfung, die sich als aggressive Impulse gegenüber dem Kind manifestieren (vgl. Tabelle 4.4.6). Anschlussanalysen zeigen, dass es in erster Linie die Söhne sind, die angesichts beengter Wohnverhältnisse Gefahr laufen, Ziel elterlicher Aggressionen zu werden. Der korrelative Zusammenhang zwischen der für jedes Familienmitglied zur Verfügung stehenden Wohnfläche und der von den Eltern berichteten Überforderung und Gewaltneigung beträgt für die Mütter von Söhnen $r=-.35$ ($p<.01$), für die Väter von Söhnen $r=-.33$ ($p<.01$). Für die Eltern von Töchtern ist ein solcher Zusammenhang nicht zu beobachten ($r=.05$ bzw. $r=-.02$, *n.s.*). Vermutlich lässt sich dieser geschlechtsspezifische Zusammenhang darauf zurückführen, dass die dreijährigen Jungen im Vergleich zu Mädchen von ihren Eltern als motorisch unruhiger, ungehorsamer, trotziger und sozial inkompetenter wahrgenommen werden. Dies sind Verhaltensweisen, die die Geduld der Eltern in hohem Maße strapazieren. Bestehen aufgrund der beengten Wohnverhältnisse keine Möglichkeiten, sich zurückzuziehen und Dampf abzulassen, wird es mit größerer Wahrscheinlichkeit zu einer aggressiven Disziplinierung des Kindes kommen.

Die Zufriedenheit mit den unterschiedlichen Aspekten der Wohnsituation steht zu diesem Erhebungszeitpunkt (drei Jahre nach der Geburt) generell in engem Zusammenhang mit der Anpassung an die Elternrolle (vgl. Tabelle 4.4.6). Eltern, die ihre Wohnsituation insgesamt als eher günstig einschätzen, erleben die Elternschaft in geringerem Maße als Belastung und haben mehr Freude am Kind. Weiterhin nehmen sie ihr Kind als unkomplizierter und leichter zu handhaben wahr und sind (ihren Angaben zufolge) im Kontakt mit dem Kind gelassener und geduldiger. Väter weisen außerdem insgesamt ein besseres Wohlbefinden auf. Während für die Frauen überraschenderweise weniger die Wohnung selbst als vielmehr ein kinderfreundliches Wohnumfeld (Spielmöglichkeiten rund ums Haus, Erreichbarkeit von Grünanlagen, Kontaktmöglichkeiten etc.) und eine gute Infrastruktur mit ihrer Anpassung an die Rolle als Mutter in Zusammenhang steht, stellt für den Vater ein familienfreundlicher Grundriss der Wohnung (Größe, Platz für das Kind, Rückzugsmöglichkeiten innerhalb der Wohnung) einen wichtigen Faktor für das Erleben der Elternrolle dar. Diese Ergebnisse lassen wiederum auf die Unterschiede in den Wohnbedürfnissen von Müttern und Vätern schließen, die sich

Tabelle 4.4.6: Bivariate Zusammenhänge zwischen Merkmalen der Wohnsituation und der Anpassung an die Elternrolle (T5: drei Jahre nach der Geburt)

	Wohnfläche pro Person	Bewertung der Wohnsituation				
		Gesamt	Größe	Wohn-umfeld	Lärm+ Schäden	Infra-struktur
Frau						
Depressivität (ADS)	.02	-.13	-.05	-.13	-.15+	-.14+
Zufriedenheit (EMKK)	-.06	.27***	.16+	.28***	.19*	.21**
Überford.+ Gewalt (EMKK)	-.16*	-.14+	-.06	-.19*	-.12	-.10
Kindschwierigkeit	.10	-.25**	-.17*	-.25**	-.11	-.28***
Mann						
Depressivität (ADS)	-.12	-.32***	-.22**	-.26**	-.12	-.16
Zufriedenheit (EMKK)	.08	.31***	.36***	.22*	.05	.18*
Überford.+ Gewalt (EMKK)	-.18*	-.31***	-.25**	-.14+	-.24**	-.18*
Kindschwierigkeit	.02	-.25**	-.22*	-.11	-.13	-.21*

Anmerkungen: Frauen: N=149-152; Männer: N=129-132; + - $p \leq .10$ * - $p \leq .05$ ** - $p \leq .01$ *** - $p \leq .001$ (zweiseitig).

bereits bei der Analyse der Determinanten der Wohnzufriedenheit (Tabelle 4.4.4) abgebildet haben. Demnach sehen Väter die Wohnung vorrangig als Ort der Entspannung und der Erholung vom Berufsalltag. Kommt dieses Bedürfnis aufgrund ungünstiger Wohnbedingungen zu kurz, erlebt der Mann seine Rolle als Vater eher als Belastung. Die Wohnbedürfnisse der Mütter werden hingegen stärker durch den Alltag mit dem Kind bestimmt. Erlebt die Mutter bei ihren alltäglichen Verrichtungen viele Barrieren und Ärgernisse (beispielsweise aufgrund einer schlechten Erreichbarkeit der Wohnung, einer schlechten Verkehrsanbindung des Wohngebiets oder einer mangelnde Kinderfreundlichkeit der Nachbarn) und sind die alltäglichen Aufgaben und Abläufe mit einem hohen Aufwand verbunden oder erfordern unnötig viel Zeit (kein eigener Garten vorhanden, in dem das Kind spielen kann; keine Spielplätze in der unmittelbaren Umgebung; schlechte Einkaufsmöglichkeiten etc.), wird sie schneller unzufrieden und frustriert in ihrer Rolle als Mutter.

4.4.4 Zusammenfassung und Diskussion

Im vorliegenden Kapitel wurde die Bedeutung der Wohnsituation für die Ausübung der Elternrolle und die Zufriedenheit von Müttern und Vätern näher beleuchtet. Besonderes Augenmerk wurde auf die regionalen Unterschiede in den Wohnbedingungen zwischen der städtischen Region München und dem ländlichen Umfeld von Paderborn gerichtet. Die Familien aus dem restlichen Bundesgebiet stellen eine heterogene Gruppe dar, die Teilnehmer sowohl aus ländlichen als auch aus städtischen Gebieten umfasst, und sind deshalb für regionale Vergleiche weniger geeignet.

Die Familien, die im Raum Paderborn leben, verfügen – zumindest was die Wohnungsgröße und die Wohnkosten angeht – über günstigere Wohnbedingungen als die Familien in München. Sie haben größere Wohnungen und niedrigere Wohnkosten. Allerdings wird das geringere Mietpreisniveau im Raum Paderborn zumindest ein Stück weit durch ein ebenfalls deutlich niedrigeres Einkommensniveau relativiert.

Die Familien, die zu Beginn der Studie im Raum München leben, weisen eine höhere geographische Mobilität auf als die Paderborner Familien. Ein größerer Anteil der Münchner Teilnehmer stammt nicht aus dieser Region, sondern ist zugezogen. Außerdem zieht ein höherer Prozentsatz der Münchner Familien in den drei Jahren nach der Geburt des Kindes um und verlässt dabei auch häufiger die Region. Die höhere Mobilität der Münchner Teilnehmer hat vermutlich mehrere Gründe. Zum einen wird sich bei diesen Familien aufgrund des hohen Mietpreisniveaus die jeweils aktuelle Wohnungsgröße am Mindestbedarf orientieren, so dass eine Vergrößerung der Familie einen Umzug notwendig macht. Paderborner Paare und Familien verfügen hingegen im Durchschnitt über großzügigere Wohnungen, die häufiger noch Platz für ein (weiteres) Kind bieten. Der angespannte Wohnungsmarkt und die Schwierigkeit, im Stadtgebiet von München eine ausreichend große und dennoch erschwingliche Wohnung zu finden, wird bei vielen Familien dazu führen, dass sie das Stadtgebiet zu verlassen. Ein weiterer Faktor ist vermutlich das höhere Bildungsniveau der Münchner Väter, das eine größere geographische Mobilität bei der Arbeitsplatzsuche erfordert.

Eine hohe Mobilität von Arbeitnehmern wird zwar häufig als Ideal propagiert. Unsere Befunde zeigen allerdings, dass sie für junge Familien auch mit hohen Kosten verbunden ist. Ein Umzug in eine andere Wohngegend geht mit einer (zumindest vorübergehenden) Verkleinerung des sozialen Netzwerkes einher. Eltern von Kleinkindern sind jedoch in vieler Hinsicht auf ihr privates Stützsystem angewiesen, so dass die Defizite an sozialer Unterstützung, die infolge eines Umzugs auftreten, für sie deutlich zu spüren sind.

Betrachtet man die Einschätzungen der Teilnehmer zu den unterschiedlichen Aspekten der Wohnsituation, zeigt sich, dass die Eltern ihre Wohnsituation insgesamt eher positiv bewerten. Am häufigsten bemängeln sie eine hohe Hellhörigkeit der Wohnung, eine mangelhafte Verfügbarkeit von Spielmöglichkeiten rund um das Haus und eine geringe Verkehrssicherheit. Beim dreijährigen Kind mag eine geringe Verkehrssicherheit kaum Auswirkungen auf den Lebensvollzug haben, da es die Wohnung vermutlich ohnehin nur in Begleitung Erwachsener verlässt. Langfristig ist allerdings mit negativen

Auswirkungen zu rechnen. Eine geringe Verkehrssicherheit der Wohnumgebung geht typischerweise mit einer größeren Kontrolle und Behütung durch die Eltern einher. Spielaktivitäten werden stärker auf die Wohnung beschränkt. Das Kind darf die Wohnung bis zu einem gewissen Alter nicht allein verlassen. Dadurch werden der Erfahrungsspielraum und die Selbständigkeitsentwicklung des Kindes eingeschränkt (Flade, 1993b) und die Eltern übermäßig beansprucht. Die Erhöhung der Verkehrssicherheit in Wohngebieten, in denen Familien mit Kindern wohnen, erscheint daher als besonders dringliches Anliegen.

Münchner Familien sind außerdem im Vergleich zu den Paderborner Familien deutlich unzufriedener mit der Größe ihrer Wohnung und dem Platzangebot, das sie bietet. Eine ausreichend große Wohnung zu haben, stellt wiederum einen entscheidenden Faktor für die Zufriedenheit mit der Wohnsituation und die Zufriedenheit mit der Elternrolle dar.

Beengte Wohnverhältnisse erweisen sich mit zunehmendem Alter und wachsender Mobilität des Kindes als Problem. Vor allem männliche Kleinkinder laufen angesichts einer hohen Wohndichte Gefahr, zum Ziel aggressiver Sanktionen von Seiten ihrer überforderten Eltern zu werden. Vermutlich hängt dies damit zusammen, dass Jungen in höherem Maße als Mädchen zu externalisierendem Problemverhalten (Unruhe, Ungehorsam, Wut und Trotz) neigen, was die Geduld der Eltern in hohem Maße strapaziert.

Eltern, die mit ihrer Wohnsituation zufrieden sind, erleben die Elternrolle insgesamt als befriedigender und weniger belastend. Eltern, die ihr Kind unter ungünstigen Wohnbedingungen aufziehen müssen, nehmen ihr Kind als schlechter gelaunt, schlechter zu trösten, ungehorsamer usw., insgesamt also als „schwieriger", wahr und neigen zu aggressiven Impulsen und der Anwendung von Gewalt gegenüber dem Kind. Dabei kommt es nicht nur darauf an, ob die Wohnung selbst familienfreundlich ist (ausreichend Platz, geringe Lärmbelastung). Auch eine wenig familiengerechte Wohnumgebung und eine schlechte Infrastruktur können die Elternschaft erschweren.

Unsere Befunde machen deutlich, dass die Wohnbedürfnisse von Müttern andere sind als die von Vätern. Während Väter die Wohnung vorrangig als Ort der Entspannung und der Erholung vom Berufsalltag zu sehen scheinen, werden die Wohnbedürfnisse der Mütter in hohem Maße durch den Alltag mit dem Kind bestimmt. Die Erfüllung der Aufgaben als Mutter wird nicht nur durch ein ausreichendes Platzangebot in der Wohnung erleichtert. Für sie ist auch wichtig, dass die Handlungsabläufe, die mit den Aufgaben einer Mutter (und häufig auch „Hausfrau") verbunden sind, durch ein kinderfreundliches Wohnumfeld und durch eine gute Infrastruktur erleichtert werden. Dieser Umstand sollte bei der Planung und Bewertung von Wohnprojekten für Familien unbedingt berücksichtigt werden.

4.5 Familienplanung, Kinderwunsch und Generativität

Wie verändern die objektiven Rahmenbedingungen der Elternschaft, die Erfahrungen in der Elternrolle und Indikatoren der individuellen und dyadischen Bewältigung die weitere Familienplanung? Führen objektive Einschränkungen und subjektive Belastungsgefühle zu einer Verringerung des Kinderwunsches? Kann der Wunsch nach einem nachfolgenden Kind als Indikator für eine gelungene Bewältigung des Übergangs gewertet werden? Oder stellen nachfolgende Geburten nicht vielmehr das Ergebnis der Wertorientierungen des Paares oder gar gesellschaftlicher Normen im Hinblick auf die idealtypische Kinderzahl dar? Diese Fragen stehen im Zentrum des folgenden Kapitels.

4.5.1 Kinderwunsch und generatives Verhalten: Theoretische Ansätze und empirische Befunde

Der Rückgang der Geburten in den Industrieländern hat der wissenschaftlichen Beschäftigung mit dem Thema der Bevölkerungsentwicklung großen Auftrieb verliehen (Nerdinger, Rosenstiel, Stengel & Spieß, 1984). Nicht nur die Soziologie sondern auch die Psychologie beschäftigt sich seit einigen Jahren verstärkt mit der Frage, von welchen Faktoren es abhängt, ob ein Paar Kinder bekommt und wenn ja, wie viele. Während sich die soziologische Forschung primär auf demographische und gesellschaftliche Einflussfaktoren konzentriert, fokussiert die Psychologie stärker Determinanten und Prozesse der individuellen Entscheidungsfindung. Das wachsende Interesse an dieser Thematik resultiert nicht zuletzt aus dem Umstand, dass die aus dem Geburtenrückgang resultierende Überalterung der Bevölkerung massive Probleme für das bestehende Rentensystem sowie für Kranken- und Pflegeversicherung mit sich bringt und familienpolitische Maßnahmen zur Förderung von Geburten in der Vergangenheit wenig Wirkung gezeigt haben.

Zur Erklärung des Geburtenrückgangs

In Deutschland ist, wie in weiten Teilen Europas, seit dem späten neunzehnten Jahrhundert ein genereller Rückgang der Geburtenziffer (Zahl der Lebendgeborenen pro 1.000 Einwohner in einem bestimmten Jahr) zu verzeichnen. Rückgänge traten vor allem während des ersten Weltkrieges, im Zuge der Weltwirtschaftskrise sowie gegen Ende des zweiten Weltkrieges auf. Diese Entwicklung wurde durch die im Zuge der nationalsozialistischen Familienpolitik ansteigenden Geburtenzahlen unterbrochen. Ein erneuter Anstieg der Geburtenziffer erfolgte in den 50er und frühen 60er Jahren mit dem sogenannten „Baby-Boom". Von 1963 bis Mitte der 70er Jahre ging die Zahl der Geburten erneut drastisch zurück und hat sich seitdem auf einem Niveau eingependelt, das unter dem Niveau der Bestandserhaltung der Bevölkerung liegt (Bauereiss, Bayer & Bien, 1997).

Schwankungen in der Geburtenziffer lassen sich unter anderem zurückführen auf den Altersaufbau der Bevölkerung. Die Altersstruktur, insbesondere die Zahl der Frauen im gebärfähigen Alter, bestimmt die Anzahl potentieller Eltern und damit potentieller Geburten. Beispielsweise geht der vorübergehende leichte Anstieg der Geburtenziffer Ende der 80er Jahre darauf zurück, dass die geburtenstarken Jahrgänge der 60er Jahre in dieser Zeit eigene Familien gegründet haben. Da diesen geburtenstarken wiederum geburtenschwächere Jahrgänge folgten, war ein neuerlicher Rückgang durch die Altersstruktur gleichsam vorprogrammiert (Holzer & Münz, 1996). Die Abnahme der Kinderzahl pro Mutter sowie der Anstieg des Anteils an kinderlosen Frauen hat zu einem weiteren Rückgang der Geburten beigetragen. Individuelle Lebensentwürfe beinhalten nicht mehr „automatisch" die Elternschaft. Auch die geplante Kinderlosigkeit wird als alternativer Lebensentwurf zunehmend salonfähig. Während in den alten Bundesländern Erhebungen von 1960 pro Frau noch die durchschnittliche Anzahl von 2,4 Geburten ergaben, betrug diese Anzahl 1993 nur noch 1,4. In der ehemaligen DDR bewirkten familienpolitische Fördermaßnahmen einen kurzfristigen Wiederanstieg. So brachte nach Daten von 1980 eine Frau dort im Durchschnitt 1,9 Kinder zur Welt, während es im früheren Bundesgebiet im gleichen Jahr nur 1,4 Kinder waren. Bis 1993 fiel diese mittlere Anzahl der Geburten im Osten jedoch mit 0,8 unter die Zahl im Westen (Bauereiss et al., 1997).

Während die Zahl potentieller Eltern durch die Altersstruktur der Bevölkerung vorgegeben ist, hängt es von einer Reihe von Faktoren ab, ob diese potentiellen Eltern tatsächlich auch Kinder bekommen und wie viele Kinder sie bekommen. Für die Familienplanung des einzelnen Paares spielen neben gesellschaftlichen und wirtschaftlichen Rahmenbedingungen zunehmend individuelle Präferenzen und Werthaltungen beider Partner sowie Prozesse der dyadischen Entscheidungsfindung eine wichtige Rolle. Daher muss bei der Analyse generativer Entscheidungsprozesse und der Bedingungen generativen Verhaltens (dem Zeugen und Gebären von Kindern bzw. der Verhinderung von Geburten) differenziert werden zwischen der Einstellungsebene, also dem Wunsch nach einem oder mehreren Kindern, und den tatsächlich auftretenden Schwangerschaften bzw. Geburten. Während die Familie mit zwei Kindern immer noch das Ideal der meisten jungen Paare darstellt (Holzer & Münz, 1996; Schneewind et al., 1992), liegt die erreichte Kinderzahl immer häufiger darunter. Betrachten wir zunächst den Kinderwunsch: Warum wünschen sich Paare überhaupt Kinder?

Der Wert von Kindern

Früher wurden Kinder aus sogenannten *extrinsischen* Gründen gewünscht. Kinder stellten zusätzliche Arbeitskräfte dar und sollten die ökonomische Versorgung der Eltern im Alter gewährleisten. Den gesellschaftlichen Rahmenvorstellungen nach gehörten Kinder zu einer Ehe einfach dazu. Die mangelnde Verfügbarkeit von sicheren Verhütungsmethoden tat das Ihre, diese Vorstellung zu verfestigen und bot kaum Möglichkeiten für eine aktive Familienplanung. Die hinter dem Kinderwunsch stehende Motivation, die häufig unter der Bezeichnung „Wert von Kindern" untersucht wird (vgl. z.B. Fawcett, 1988; Grant, 1992), hat sich in den vergangenen Jahrzehnten jedoch stark gewandelt. Der ökonomische Wandel und die Einführung des staatlich reglementierten Rentensystems hatten zur Folge, dass der direkte Nutzen von Kindern als Altersversorgung sank. Heute basiert der Wunsch nach Kindern vor allem auf sogenannten *intrinsischen*, psychologischen Gründen. Kinder werden als Quelle persönlicher Erfüllung und als sinnstiftender Lebensinhalt gesehen (Schneider & Rost, 1995). Kindern wird neben ihrem emotionalen Wert (Kinder machen Spaß, bringen Abwechslung und halten jung; Kinder sind eine stetige Quelle von Liebe und Zuneigung) auch ein funktionaler Wert zugeschrieben: Sie sollen die Partnerschaftsbeziehung bereichern, als Brücke zur Herkunftsfamilie fungieren und für soziale und gesellschaftliche Anerkennung sorgen (Grant, 1992; zum Überblick vgl. Fawcett, 1988).

Elternschaft ist jedoch nicht nur mit positiven Aspekten verbunden, sondern geht auch mit hohen *Kosten* einher. Zu nennen sind hier zum einen die direkten finanziellen Kosten, die für Nahrung, Kleidung, Wohnraum usw. anfallen (vgl. z.B. Roloff, 1996). Speziell für Frauen eröffnen gestiegene berufliche Qualifikationen und verbesserten Karrierechancen attraktive Alternativen zur Familienkarriere und erhöhen damit indirekt die Kosten von Kindern. Die berufliche Lage von Müttern ist nach wie vor schwierig und eine gute berufliche Ausbildung verliert an Wert durch die mit der Geburt des Kindes häufig verbundene Erwerbsunterbrechung. Trotz des allgemein gestiegenen Bildungsniveaus stellt schon die erste, endgültig aber die zweite Schwangerschaft Frauen vor die Alternative: Familie oder Beruf? Nach der Geburt des zweiten Kindes sind acht von zehn Müttern Hausfrauen, wobei zwei Drittel derer, die „wegen der Kinder" ihren Beruf aufgegeben haben, gerne wieder in den Beruf zurückkehren würden (Buhr, Strack & Strohmeier, 1987). Nach Meier (2000) belaufen sich die Einkommenseinbußen für Frauen mit Hochschulabschluss bei einer 6-jährigen Berufsunterbrechung nach der Geburt eines Kindes unter Berücksichtigung sämtlicher Transferleistungen auf 540.000 DM. Ein stolzer Betrag! Neben den unmittelbaren ökonomischen Nachteilen wird die Unterbrechung der Erwerbstätigkeit zudem oftmals als Verlust von Anerkennung und sozialen Kontakten erlebt. Gerade der Zwang zu größtenteils längerfristigen Berufsunterbrechungen und die unsicheren

Wiedereinstiegsperspektiven werden speziell von Frauen mit hoher beruflicher Qualifikation und hoher Berufsorientierung häufig als ausgesprochen unerwünschte Begleiterscheinungen der Mutterschaft gesehen. Entsprechend wird eine mangelnde Vereinbarkeit von Familie und Beruf deutlich häufiger von Frauen, insbesondere von berufstätigen Frauen, als Argument gegen (weitere) Kinder vorgebracht als von Männern (Holzer & Münz, 1996).

Die Erziehung von Kindern macht nicht immer nur Freude, sondern ist auch mit Ärger, Ängsten, Sorgen und Frustration verbunden. Kinder zu haben bedeutet zudem Verantwortung, einen Verlust von Flexibilität und eine Einschränkung der persönlichen Freiheit. Für die Haltung gegenüber einem nachfolgenden Kind scheinen die Erfahrungen, die Paare in ihrer Rolle als Eltern machen, jedoch eher von untergeordneter Bedeutung zu sein. So werden Schwierigkeiten mit der Erziehung des bereits vorhandenen Kindes ebenso selten als Argument gegen ein weiteres Kind angeführt wie eine unbefriedigende Aufteilung beruflicher und familiärer Rollen zwischen den Partnern (Holzer & Münz, 1996). Weitere „Kosten" stellen die physischen Belastungen dar, die mit Schwangerschaft, Geburt und den ersten Jahren mit Kind verknüpft sind. Eine befürchtete oder tatsächliche Verschlechterung der Partnerschaftsbeziehung weckt speziell bei Männern Vorbehalte gegen die Gründung oder Vergrößerung der Familie (Schneewind, 1998).

Erwartungen im Hinblick auf die positiven und negativen Konsequenzen, die mit einem (weiteren) Kind verbunden sind, basieren im Wesentlichen auf den bisherigen Erfahrungen. Bei kinderlosen Personen speisen sich die Vorstellungen von Familie und vom Leben mit Kindern zu einem wesentlichen Teil aus den in der Herkunftsfamilie gemachten Erfahrungen. Paare, die bereits Eltern geworden sind, leiten ihre Erwartungen, wie das Leben mit einem weiteren Kind wohl sein wird, hingegen wesentlich von den bisher in der Elternrollen gemachten Erfahrungen ab (Fawcett, 1988).

Schwangerschaft und Geburt: Ergebnis eines rationalen Entscheidungsverhaltens?

Der Übergang zur Elternschaft, wie auch die Geburt nachfolgender Kinder und die Kinderlosigkeit, wird heute verbreitet als Ergebnis rationalen Planungs- und Entscheidungsverhaltens betrachtet, bei dem der „Nutzen" eines (weiteren) Kindes gegen die „Kosten", die es verursacht, abgewogen werden. Ob bestimmte Veränderungen (z.B. der berufliche Ausstieg der Frau) als Kosten oder Nutzen eingestuft werden und wie die Gewichtung der einzelnen Nutzen- und Kosten-Aspekte ausfällt, hängt wiederum ab von den individuellen Bedürfnissen (z.B. Ansprüche an den Lebensstandard und an das notwendige Ausmaß an persönlicher Freiheit), Orientierungen und Lebensplänen (z.B. berufliche Ziele der Frau; Ausmaß der Familienorientierung) und den antizipierten und tatsächlichen Konsequenzen der Elternschaft (z.B. Vorstellungen von der Vereinbarkeit von Familie und Beruf, vom Familienleben). Nicht nur die generelle Entscheidung für oder gegen ein (weiteres) Kind, sondern auch das Timing von Schwangerschaft und Geburt wird demnach häufig auf die individuellen Lebenspläne und -situationen abgestimmt.

Das komplexe Zusammenspiel von situativen Rahmenbedingungen und persönlichen Ansprüchen und Orientierungen bei der Abwägung von Kosten und Nutzen wird durch Befunde von Holzer und Münz (1996) verdeutlicht. Da Kinder mit hohen finanziellen Kosten verbunden sind, erscheint die Annahme plausibel, dass das Paar bei der Entscheidung für oder gegen ein (weiteres) Kind seine finanzielle Lage berücksichtigt. Ein hohes Einkommen sollte die Entscheidung für eine Geburt somit erleichtern. Holzer und Münz fanden in einer österreichischen Stichprobe jedoch einen negativen Zusammenhang zwischen dem Einkommen und der Anzahl der gewünschten Kinder. Im Vergleich der Einkommensgruppen wünschten sich Personen mit niedrigem Einkommen besonders häufig mehrere (drei bis vier) Kinder. Der Wunsch kinderlos zu bleiben, war hingegen unter den ökonomisch besser Gestellten mehr als doppelt so weit verbreitet wie in mittleren und unteren Einkommensschichten. Wurden die Personen direkt danach gefragt, welche Gründe aus ihrer Sicht für oder gegen Kinder sprechen, nannten Angehörige mittlerer und hoher Einkommensschichten besonders häufig ökonomische Gründe und den Verlust des aktuellen Lebensstandards als Argumente.

Die persönlichen Einkommensverhältnisse beider Ehepartner, insbesondere die Einkommensdifferenz, bestimmen zu einem wesentlichen Teil aber auch die ehelichen Machtverhältnisse. Der Rückzug der Frau aus dem Beruf und der Verlust ihres Einkommens stellt ein einschneidendes machtveränderndes Ereignis dar. Das eheliche Machtverhältnis verschiebt sich umso mehr zu Ungunsten der Frau, je höher ihr Einkommensverlust ausfällt und je größer infolgedessen die Differenz zum Einkommen ihres Partners ist. Die Position der Frau bei der Aushandlung der innerfamilialen Arbeitsteilung ist infolgedessen ungleich schlechter als die des Mannes. Der Machtverlust der Frau im Binnenverhältnis der Ehepartner stellt für diese somit einen weiteren Kostenfaktor dar. Kohlmann und Kopp (1997) stellten tatsächlich fest, dass die Wahrscheinlichkeit der Geburt eines ersten oder zweiten Kindes umso geringer ausfällt, je höher das Einkommen des Mannes ist. Angesichts der Komplexität dieses Themas verwundert letztendlich nicht, dass der Zusammenhang zwischen dem Einkommen und der Kinderzahl nach von Rosenstiel, Nerdinger, Oppitz, Spiess und Stengel (1986) oftmals eher niedrig oder gar inkonsistent ausfällt.

Die wachsende sexuelle Aufklärung und die bessere Verfügbarkeit und Handhabbarkeit von Verhütungsmitteln ermöglichen zwar prinzipiell eine größere Kontrolle über die Familienplanung. Dennoch bestehen begründete Zweifel daran, dass Schwangerschaften selbst in Zeiten frei verfügbarer, sicherer Verhütungsmittel größtenteils Ergebnis rationalen Entscheidungshandelns sind (Schneider & Rost, 1995, vgl. auch Gloger-Tippelt, Gomille & Grimmig, 1993). Schneider und Rost argumentieren, dass biographische Vorerfahrungen der Eltern, situative Merkmale der aktuellen Lebenssituation und gesellschaftliche Rahmenbedingungen die „Entscheidung" für oder gegen die Elternschaft in einem Maße determinieren können, dass diese Entscheidung letztendlich nicht das Endprodukt einer freien Wahl sei, sondern mit einer individuell schwer beeinflussbaren Zwangsläufigkeit getroffen werde. Für diese Annahme spricht den Autoren zufolge auch, dass infolge unsicherer Entscheidungsgrundlagen, schwer kalkulierbarer Zukunftsentwicklungen und unklarer individueller Perspektiven häufig eine resignative Entscheidungsunfähigkeit entstehe und die Geburt eines Kindes schließlich dem Zufall überlassen werde. Das Paar verhütet dann nur halbherzig und lässt es mehr oder weniger „darauf ankommen", ob die Frau schwanger wird. Schließlich kommt laut der Ergebnisse mehrerer Studien (vgl. Schneider, 1994) circa jede zweite Schwangerschaft ungeplant oder ungewollt zustande. Auch ist Kinderlosigkeit häufig nicht die Konsequenz einer Entscheidung gegen Kinder, sondern das Resultat biologischer, psychosomatischer oder medizinischer Barrieren.

Nicht nur die Volksmeinung, sondern auch Befunde wissenschaftlicher Studien legen nahe, dass zumindest in den westlichen Industrienationen der Frau bei der Entscheidung für oder gegen Kinder letztendlich das größere Gewicht zukommt. Townes, Beach, Campbell und Wood (1980) stellten fest, dass in erster Linie die von der Frau antizipierten positiven oder negativen Konsequenzen einer Geburt die Wahrscheinlichkeit einer Schwangerschaft determinieren. Die Einstellung des Mannes war hingegen von sekundärer Bedeutung (vgl. auch Allemann-Tschopp, 1979; Beckmann 1984). Möglicherweise endet die übergangsbedingte Traditionalisierung der Zuständigkeitsbereiche nicht bei der Arbeitsteilung, sondern reicht bis zur Entscheidung über weitere Schwangerschaften und Geburten. Dafür sprechen auch eigene Befunde der LBS-Familien Studie (vgl. Kapitel 4.2), wonach die Verantwortlichkeit für den Eintritt der ersten Schwangerschaft bei beiden Eltern gesehen wird, die Verantwortlichkeit für den Eintritt der Schwangerschaft mit dem zweiten Kind jedoch von beiden Eltern übereinstimmend der Frau zugeschrieben wird. Ob der größere Einfluss der Frau nicht zuletzt die Folge der Delegation der Zuständigkeit für die Verhütung in den Verantwortungsbereich der Frau darstellt, bleibt offen.

Methodische und forschungsstrategische Anmerkungen

Es gibt gute theoretische Argumente und empirische Befunde, die nahe legen, Fertilitätsentscheidungen für Geburten unterschiedlicher Paritäten separat zu betrachten. Die Motive für den Wunsch nach dem ersten Kind sind vermutlich andere als die für den Wunsch nach einem zweiten oder weiteren Kind. Beispielsweise ist der grundlegende „Nutzen" von Elternschaft, wie das Erreichen des „Erwachsenen-Status" typischerweise schon durch die Geburt des ersten Kindes gegeben. Auch die Determinanten der Geburt des ersten Kindes unterscheiden sich von den Faktoren, die einen Einfluss auf die Geburt eines zweiten oder dritten Kindes haben (Kohlmann & Kopp, 1997).

Bei der Analyse von generativem Verhalten erscheint weiterhin eine Differenzierung zwischen der Einstellungsebene, also dem Wunsch nach einem (weiteren) Kind, und der Verhaltensebene, den tatsächlich auftretenden Schwangerschaften bzw. Geburten, sinnvoll. Im Hinblick auf Letzteres bereiten häufig die notwendigen forschungspraktischen Beschränkungen Probleme. Für eine möglichst zuverlässige Vorhersage der Faktoren, die einen Einfluss auf das generative Verhalten haben, müsste der Untersuchungszeitraum auf den gesamten zeugungsfähigen Lebensabschnitt ausgedehnt werden. Längsschnittlich angelegte Studien umfassen jedoch im Allgemeinen nur wenige Jahren, so dass die befragten Paare im Untersuchungszeitraum ihre generative Phase – den Zeitraum in dem sie Kinder bekommen können – noch nicht abgeschlossen haben (Nerdinger, Rosenstiel, Stengel & Spieß, 1984; Werneck, 1998). Daraus resultiert häufig eine eingeschränkte Aussagekraft der Ergebnisse.

4.5.2 Ergebnisse der LBS-Familien-Studie

Der Start in die Familie

Frauen bekommen ihr erstes Kind immer später. Dieser Trend ist seit Beginn der 70er Jahre zu beobachten und hat sich auch in den 90er Jahren weiter fortgesetzt. Während im Jahre 1970 Frauen bei der Familiengründung im Schnitt 24,3 Jahre alt waren (Bayereiss et al., 1997), betrug 1995 das durchschnittliche Alter der Frau bei der Geburt ihres ersten Kindes 28,1 Jahre (verheiratete Frauen) bzw. 26,8 Jahre (unverheiratete) (Engstler, 1997). 1999 lag das durchschnittliche Alter verheirateter erstgebärender Frauen sogar bei 28,8 Jahren, das der nichtverheirateten bei 27,5 Jahren (Statistisches Bundesamt Deutschland). Der Eintritt in die Familienbildungsphase hat sich also auch in den 90er Jahren innerhalb von vier Jahren im Schnitt um weitere sieben Monate nach hinten verschoben.

Ein Vergleich unserer Daten mit diesen Populationswerten zeigt, dass die Teilnehmer der LBS-Familien-Studie den Eintritt in die Familienbildungsphase später vollzogen haben als der Bevölkerungsdurchschnitt. Diese Feststellung lässt sich zumindest im Hinblick auf die Frauen treffen, für das Alter der Männer fehlen entsprechende Bevölkerungsstatistiken. So waren die Frauen, die zu Beginn der Studie ihr erstes Kind erwarteten, bei der Geburt dieses Kindes im Jahre 1995/96 im Schnitt 29,1 Jahre alt. Das Alter der Männer betrug durchschnittlich 31,2. Die Mehrzahl (84 Prozent) der Zweit-/Dritteltern hatten ihr erstes Kind zwischen 1992 und 1994 bekommen. Diese

Frauen waren bei der Geburt ihres ersten Kindes durchschnittlich 28,4 Jahre, ihre Partner 30,3 Jahre alt. Auch hier belegt der Vergleich mit den entsprechenden Referenzwerten von 1993 eine hinausgeschobene Übernahme der Elternrolle.

Der Zeitpunkt des Eintritts in die Familienbildungsphase hängt von der Ausbildungsdauer (r=.26, p<.05) der Frau ab. Je mehr Zeit die Frau in ihre Ausbildung investiert hat, desto weiter wurde die Familiengründung hinausgeschoben und desto älter ist sie bei der Geburt des ersten Kindes. Da das Alter der Partner hochkorreliert ist (sprich: je älter die Frau ist, desto älter ist typischerweise auch der Mann), hat eine lange Ausbildungsdauer der Frau weiterhin zur Folge, dass auch der Mann später Vater wird. Hingegen hat die Ausbildungsdauer des Mannes für sich genommen keine Auswirkungen auf den Zeitpunkt der Familiengründung.

Dass das „Timing" der ersten Geburt mit dem Qualifikationsniveau der Frau, nicht jedoch mit dem des Mannes zusammenhängt, überrascht kaum. Schließlich bedeutet die Geburt des ersten Kindes und die Übernahme der Mutterrolle für die Frau fast zwangsläufig eine drastische Veränderung ihres Alltags und eine Unterbrechung ihrer Berufstätigkeit, während die berufliche Karriere des Mannes durch die Übernahme der Vaterrolle (typischerweise) nicht beeinträchtigt wird. In Deutschland herrscht noch immer eine Ideologie vor, wonach eine „gute" Mutter zumindest in den ersten Lebensjahren des Kindes keiner außerhäuslichen Erwerbstätigkeit nachgeht. Derartige Vorstellungen werden weiter aufrechterhalten durch fehlende Kinderbetreuungsangebote und eine mangelnde Flexibilität des Arbeitsmarktes sowohl für Mütter als auch für Väter. Gerade Frauen mit höheren Bildungs- und Karriereaspirationen schieben daher die Familiengründung oftmals hinaus, da sie sich erst beruflich konsolidieren und eine geeignete Ausgangsposition für eine spätere Rückkehr in den Beruf schaffen wollen.

Nachfolgende Schwangerschaften und Geburten

Tabelle 4.5.1 gibt einen Überblick über die Auftretensrate generativer Ereignisse bei den teilnehmenden Elternpaaren in den drei Jahren nach der Geburt des Zielkindes. Knapp zwei Drittel der Ersteltern erleben im Untersuchungszeitraum eine weitere gemeinsame Elternschaft. 44 Prozent der Paare haben das Kind zum letzten Messzeitpunkt bereits bekommen, 21 Prozent der Erstmütter sind zu diesem Zeitpunkt schwanger, davon zwei Mütter mit dem dritten Kind. Etwa ein Drittel der Erstelternpaare bekommt im Untersuchungszeitraum kein weiteres Kind. Diese Gruppe beinhaltet sowohl Paare, welche die Familienbildung mit der Geburt des ersten Kindes abgeschlossen haben, als auch Eltern, welche die Geburt eines nachfolgenden Kindes aufschieben und solche Paare, bei denen die Frau entgegen der eigentlichen Planung noch nicht wieder schwanger geworden ist. Von den 67 Zweiteltern-

Tabelle 4.5.1: Auftretensrate generativer Ereignisse im Zeitraum von der Geburt des Zielkindes bis 34 Monate danach (T5) (in Prozent; Mehrfachnennungen möglich)

	Ersteltern	Zweiteltern	Gesamt
irgendein generatives Ereignis	**66,3**	**34,3**	**51,9**
weitere gemeinsame Elternschaft	62,8	28,4	47,4
Geburt eines gemeinsamen Kindes	44,2	25,4	35,7
Geburt eines nicht gemeinsamen Kindes	0	0	0
momentane Schwangerschaft (zu T5)	20,9	4,5	26,6
Abgang, Fehlgeburt, Totgeburt	11,5	6,0	9,1
Schwangerschaftsabbruch	0	3,0	1,3

Paaren (57 dieser Paare hatten zu Beginn der Studie tatsächlich nur ein Kind, waren also „echte" Zweiteltern; zehn Paare hatten bereits zwei Kinder), für die zum fünften Erhebungszeitpunkt Daten vorliegen, haben 17 Paare (25%) ein weiteres Kind bekommen, eine dieser Mütter ist erneut schwanger. Außerdem berichten zwei der verbleibenden 50 Paare zu diesem Messzeitpunkt eine bestehende Schwangerschaft.

Der Wunsch nach einem weiteren Kind

Während der „Kinderwunsch" in vielen Studien als die zu einem bestimmten Zeitpunkt gewünschte Anzahl von Kindern gefasst wird, bevorzugen wir eine Fassung des Kinderwunsches als Ausmaß der aktuellen Befürwortung oder Ablehnung einer weiteren Geburt. Dieses Maß erscheint uns besser geeignet, graduelle Unterschiede und Veränderungen in der Haltung gegenüber weiteren Geburten abzubilden.

Betrachten wir den Verlauf des Kinderwunsches bei Erst- und Zweiteltern exemplarisch für den zweiten (6-8 Wochen nach der Geburt) und fünften Messzeitpunkt (34 Monate nach der Geburt) (Tabelle 4.5.2). Die große Mehrheit der Ersteltern steht einem weiteren Kind wenige Wochen nach der Geburt des ersten Kindes aufgeschlossen gegenüber. Über 80 Prozent sowohl der erstmaligen Mütter als auch der Väter befürworten zu diesem Zeitpunkt ein weiteres Kind, die Hälfte der Ersteltern will „auf jeden Fall" ein zweites Kind. Väter wünschen sich das zweite Kind im Durchschnitt etwas früher (durchschnittlich nach 2,2 Jahren) als Mütter (durchschnittlich nach 2,6 Jahren). Nur 15 Prozent der Ersteltern sind sich 6-8 Wochen nach der Entbindung noch im Unklaren darüber, ob sie ein weiteres Kind wollen. Eine ablehnende Haltung stellt zu diesem Zeitpunkt die Ausnahme dar. Eine deut-

Tabelle 4.5.2: Der Wunsch nach einem weiteren Kind („Bitte geben Sie im folgenden an, ob Sie noch ein weiteres Kind wollen."): absolute Häufigkeiten und Prozente

	„ sicher nicht" -3 N (%)	-2/-1 N (%)	„(noch) unklar" 0 N (%)	1/2 N (%)	„ auf jeden Fall" 3 N (%)	N Gesamt
Ersteltern						
Frauen: 6 Wochen	0 (0)	2 (3)	11 (15)	23 (31)	38 (51)	74
34 Monate	10 (13)	14 (18)	12 (15)	20 (25)	24 (30)	80
Männer: 6 Wochen	1 (1)	1 (1)	12 (16)	21 (28)	39 (53)	74
34 Monate	19 (24)	7 (9)	5 (6)	23 (30)	24 (31)	78
Zweiteltern						
Frauen: 6 Wochen	16 (22)	21 (28)	12 (16)	20 (27)	5 (7)	74
34 Monate	24 (37)	18 (28)	8 (12)	11 (17)	4 (6)	65
Männer: 6 Wochen	15 (20)	26 (35)	13 (18)	16 (22)	4 (5)	74
34 Monate	27 (50)	13 (24)	8 (15)	4 (7)	2 (4)	54

Anmerkungen: 7-stufige Antwortskala von -3 „sicher nicht" über 0 „(noch) unklar" bis 3 „auf jeden Fall"; die Stufen -1 und -2 bzw. 1 und 2 wurden für die Darstellung zusammengefasst; aufgrund von Rundungen kann die Summe der Prozentwerte von 100 abweichen.

liche Verschiebung des Kinderwunsches in Richtung Ablehnung ist erst zum fünften Messzeitpunkt, also 34 Monate nach der Geburt des ersten Kindes, festzustellen. Hier geben etwa ein Drittel der Eltern an, (eher) kein weiteres Kind mehr zu wollen. Diese Verschiebung dürfte vor allem darauf zurückgehen, dass ein Teil der Paare in der Zwischenzeit das zweite Kind bekommen hat und die anvisierte Familiengröße erreicht hat.

Bei einem Großteil der Zweiteltern ist der Familienbildungsprozess mit der Geburt des Zielkindes abgeschlossen. Die Hälfte der Mütter und ein noch größerer Prozentsatz der Väter gibt acht Wochen nach der Geburt dieses Kindes an, kein weiteres Kind zu wollen. Gut 16 Prozent sind noch unentschlossen und immerhin ein Drittel der Mütter und ein Viertel der Väter stehen einem dritten Kind durchaus aufgeschlossen gegenüber, wollen sich aber bei der Umsetzung dieses Wunsches mehr Zeit lassen als die Ersteltern. Die Zweitmütter wünschen sich das Kind im Mittel in 2,9 Jahren, die Zweitväter in durchschnittlich 2,8 Jahren. Der Wunsch nach einem weiteren Kind nimmt bei beiden Eltern im Laufe der Zeit ab. 34 Monate nach der Geburt des Zielkindes geben etwa zwei Drittel der Mütter und drei Viertel der Väter an, sich kein weiteres Kind mehr zu wünschen. Auch diese Verschiebung dürfte zumindest teilweise auf die Realisierung des Kinderwunsches zurückgehen.

Ein Vergleich der Angaben beider Elternteile ermöglicht Aussagen darüber, ob die Partner darin übereinstimmen, ob bzw. wie sehr sie sich ein weiteres Kind wünschen. Die Mehrzahl der Paare sind sich weitgehend einig, ob sie ein weiteres Kind wollen oder nicht. Dies gilt gleichermaßen für erstmalige Eltern wie für Zweiteltern. Je nach Messzeitpunkt und Elterngruppe weichen die Angaben von Mann und Frau bei 74 bis 81 Prozent maximal einen Skalenwert voneinander ab, größere Differenzen treten immerhin bei bis zu einem Viertel der Paare auf. Alltagstheorien gehen zwar davon aus, dass die Frau im Allgemeinen einen im Vergleich zum Mann ausgeprägteren Kinderwunsch hat, diese Stereotype werden durch die Daten der LBS-Familien-Studie jedoch nicht bestätigt. Es ist nicht so, dass sich Frauen stärker ein weiteres Kind wünschen als Männer. Differenzen im Kinderwunsch basieren ebenso häufig auf einem größeren Wunsch der Frau nach einem weiteren Kind wie auf einem größeren Wunsch des Mannes.

Uneinigkeit in der Frage des Kinderwunsches birgt jedoch vor allem für die Paare, die ihr ersten Kind bekommen haben, Zündstoff für die Partnerschaft. Für die junge Mutter scheint es generell ein Problem zu sein, wenn sie und ihr Partner sich über die Kinderfrage uneinig sind. Je größer die Diskrepanzen im Kinderwunsch sechs Wochen nach der Geburt ausfallen (und zwar unabhängig davon, ob die Frau sich das zweite Kind stärker wünscht oder der Mann), desto mehr nehmen Auseinandersetzungen und Konflikte in den nächsten eineinhalb Jahren zu (r=.32, p<.01). Für den Mann ist hingegen vor allem eine nichttraditionelle Konstellation der Kinderwünsche problematisch. Er verzeichnet dann eine drastische Zunahme von Auseinandersetzungen, wenn sein Kinderwunsch ausgeprägter ist als der seiner Partnerin (r=.40, p<.001). Konkret bedeutet das, dass er auf jeden Fall ein zweites Kind will, seine Partnerin sich über diese Frage jedoch noch im Unklaren ist oder gar dazu neigt, es bei einem Kind zu belassen. Möglicherweise verweist dieses wenig traditionelle „Wunschmuster" auf generelle Unverträglichkeiten der Ziele und Orientierungen dieser Eltern. So weiß man aus anderen Zusammenhängen, dass Paare dann häufiger mit Beziehungsproblemen zu kämpfen haben, wenn die Frau dem beruflichen Erfolg eine größere Bedeutung beimisst als der Mann (Felser, Schmitz & Brandstädter, 1998; Rosenkranz & Rost, 1998).

Die Entwicklung des Kinderwunsches in Abhängigkeit vom generativen Verhalten

Der Vermutung, dass die Entwicklung des Kinderwunsches (insbesondere seine Abnahme im Zeitraum zwischen T4 und T5) in engem Zusammenhang mit dem generativen Verhalten steht, wollen wir im nächsten Abschnitt nachgehen. Hier wird der Verlauf des Kinderwunsches in Abhängigkeit vom generativen Verhalten betrachtet. Zum einen lässt sich vermuten, dass der Wunsch nach einem Kind nach seiner Realisierung abnimmt. Weiterhin ist von Interesse, ob die Höhe des Kinderwunsches tatsächlich einen Indikator für das weitere generative Verhalten darstellt und ob der Kinderwunsch – im Sinne einer antizipatorischen Bewältigung - im Verlauf der Schwangerschaft fortschreitend zunimmt (Gloger-Tippelt, 1990).

Abbildung 4.5.1 zeigt die Entwicklung des Kinderwunsches für die unterschiedlichen „Generativitätsgruppen". In die Gruppe „Geburt" fallen die Paare, die in den 34 Monaten nach der Geburt des Zielkindes eine weitere Geburt berichten (21 Ersteltern, 11 Zweiteltern). Der Gruppe „Schwangerschaft" werden die Paare zugeordnet, die zum fünften Messzeitpunkt, also 34 Monate nach der Geburt, eine bestehende Schwangerschaft berichten (10 Erstelternpaare). „Keine Schwangerschaft" umfasst die Elternpaare, die im Untersuchungszeitraum weder eine nachfolgende Geburt noch eine weitere Schwangerschaft berichten (19/25). Die Einteilung der Gruppen birgt natürlich eine gewisse Unschärfe, da auch Paare, bei denen sich die nachfolgende Schwangerschaft ungeplant verzögert hat, den Gruppen „Schwangerschaft" bzw. „keine Geburt" zugeordnet werden.

Betrachten wir zunächst die Ersteltern (linke Abbildung). Sechs Wochen nach der Geburt des Zielkindes stehen nicht nur die Eltern, die im Erhebungszeitraum tatsächlich ein nachfolgendes Kind bekommen oder erwarten, einem weiteren Kind aufgeschlossen gegenüber, sondern auch Paare, die im Untersuchungszeitraum keine weitere Schwangerschaft berichten. Allerdings äußern die Paare, die das zweite Kind zum fünften Erhebungstermin schon bekommen haben, bereits zu diesem frühen Zeitpunkt einen signifikant stär-

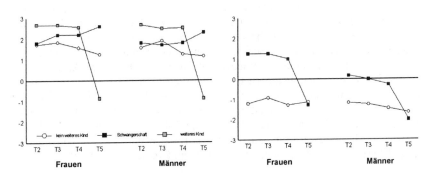

Abbildung 4.5.1:   Der Verlauf des Kinderwunsches in Abhängigkeit vom generativen Verhalten bei Ersteltern (linke Abbildung) und Zweiteltern (rechte Abbildung) („Bitte geben Sie an, ob Sie noch ein weiteres Kind wollen." –3/„sicher nicht"; 0/„noch unklar"; 3/„auf jeden Fall")

keren Kinderwunsch als die Eltern, die „Ersteltern" bleiben. Letztere wünschen sich in den ersten Wochen nach der Geburt im gleichen Ausmaß wie die „Schwangerschaftsgruppe" noch ein Kind.

Einfaktorielle Varianzanalysen des Kinderwunsches der erstmaligen Mütter bzw. Väter zu T2 (6-8 Wochen nach der Geburt des Zielkindes) mit dem dreifach gestuften Gruppierungsfaktor *Generativität* (keine weitere Schwangerschaft/Geburt; weitere Schwangerschaft; weitere Geburt) erbringt für beide Geschlechter einen signifikanten Effekt der Generativität (Erstmütter: $F[2;68]=3.92$; $p<.05$; Erstväter: $F[2;69]=5.09$; $p<.01$). Aposteriori-Vergleiche mit dem Scheffé-Test belegen, dass die Paare, die im Untersuchungszeitraum ein weiteres Kind bekommen haben, bereits wenige Wochen nach der Geburt einen signifikant höheren Kinderwunsch aufweisen als die Eltern, die keine nachfolgende Schwangerschaft berichten.

Im weiteren zeitlichen Verlauf deuten sich jedoch unterschiedliche Entwicklungen an. Bei den Paaren, die in den drei Jahren nach der Geburt des Zielkindes ein zweites Kind bekommen haben, nimmt der Kinderwunsch nach der Realisierung, also nach der Geburt des Kindes, erwartungsgemäß stark ab. Die Frage, ob sie noch ein weiteres Kind wollen, wird dann von der Mehrheit dieser Eltern verneint. Die Familienplanung ist bei diesen Familien somit (vorerst) abgeschlossen.

Bei den Zweiteltern lässt sich die Entwicklung des Kinderwunsches nur für zwei Gruppen nachzeichnen, nämlich für solche Paare, die im Untersuchungszeitraum ein weiteres (meist das dritte) Kind bekommen und für Paare, die in diesem Zeitraum kein weiteres generatives Ereignis verzeichnen. Eine bestehende Schwangerschaft berichten 34 Monate nach der Geburt nur zwei Paare, so dass für diese „Gruppe" auf eine Darstellung verzichtet wird. Die Zweiteltern-Paare, die im Untersuchungszeitraum ein weiteres Kind bekommen, unterscheiden sich im Hinblick auf ihren Kinderwunsch deutlich von denen, die kein weiteres Kind bekommen. Während erstere bereits sechs Wochen nach der Geburt einer Schwangerschaft aufgeschlossen gegenüberstehen, nehmen letztere eine entschieden ablehnende Haltung ein. Auftretende Unterschiede zwischen Männern und Frauen entsprechen hierbei den traditionellen Geschlechtsstereotypen. Die Frau befürwortet eine weitere Schwangerschaft bzw. Geburt, die Haltung des Mannes erscheint eher ambivalent. Möglicherweise fällt die Entscheidung für ein drittes Kind stärker in den Verantwortungsbereich der Frau. Nach der Geburt des dritten Kindes haben auch diese Elternpaare die Familienplanung zu einem Großteil abgeschlossen.

Determinanten des Wunsches nach einem weiteren Kind

Wann wünschen sich Eltern ein weiteres Kind? Zunächst einmal ist davon auszugehen, dass die Motive für ein zweites Kind andere sind als für das erste Kind. Beispielsweise ist der grundlegende „Nutzen" von Elternschaft, wie das Erreichen des Erwachsenen-Status, typischerweise schon durch die Geburt des ersten Kindes gegeben. Ebenso werden sich die Motive für das zweite und dritte Kind unterscheiden. Um zu vermeiden, dass das Kind als Einzelkind aufwächst, reicht schon die Geburt eines weiteren Kindes.

Wir konzentrieren uns daher im folgenden auf die Gruppe der Eltern, die zu Beginn der Studie ihr erstes Kind bekommen haben („Ersteltern"). Im Vordergrund des folgenden Abschnitts stehen zwei Fragen: Wann wünschen sich Eltern ein zweites Kind? Und: Kommt es in der Zeit nach der Geburt des ersten Kindes zu einer erfahrungsgeleiteten Anpassung des Kinderwunsches? Verändern also die in der Elternrolle gemachten Erfahrungen die Haltung gegenüber weiteren Kindern?

Wenden wir uns zunächst der ersten Frage zu: Wovon hängt es ab, ob die Eltern sich bereits wenige Wochen nach der Geburt des ersten Kindes sicher sind, auf jeden Fall ein zweites Kind zu wollen, oder ob sie zu diesem Zeitpunkt einer weiteren Schwangerschaft eher unentschlossen oder ablehnend gegenüberstehen? Hier spielen verschiedene Faktoren zusammen. Tabelle 4.5.3 gibt einen detaillierten Überblick über die korrelativen Zusammenhänge des Kinderwunsches mit diesen Faktoren.

Zunächst einmal äußern sich Eltern auf die Frage nach einem zweiten Kind umso zustimmender, je jünger sie bei der Geburt des ersten Kindes waren bzw. aktuell sind. Das Alter als solches bietet keine Erklärung für diesen Zusammenhang. Befunde anderer Studie belegen jedoch, dass Paare, die ihr erstes Kind in jungen Jahren bekommen, sich durch vergleichsweise traditionellere Vorstellungen in Bezug auf Familie und die Gestaltung des Geschlechterverhältnisses auszeichnen als Paare, die bei der Geburt des ersten Kindes älter sind (Werneck, 1998). Damit geht möglicherweise auch das (traditionelle) Ideal der Mehr-Kind-Familie einher. Der Aufschub der ersten Elternschaft stellt oftmals eine Folge der verstärkten Bildungspartizipation der Frau und der gestiegenen Bedeutung des beruflichen Bereichs für sie dar. Das zweite Kind bedeutet für die Frau aufgrund der geringen Vereinbarkeit von Beruf und Familie typischerweise auf Jahre hinaus die Festlegung auf den familiären Bereich. Daher ist zu erwarten, dass Frauen, die hohe Investitionen in den Beruf getätigt haben und für die der Beruf eine hohe Attraktivität aufweist, der Frage nach einem weiteren Kind distanzierter gegenüberstehen. Dies ist jedoch nicht der Fall. Weder Indikatoren für das Bildungsniveau der Frau (Ausbildungsdauer, höchster erreichter Schulabschluss) noch Merkmale der zuletzt ausgeübten Tätigkeit (beruflicher Status, Wochenarbeitszeit; berufliche Zufriedenheit, Attraktivität der beruflichen Tätigkeit) stehen im Zusammenhang mit ihrer Haltung zu einem zweiten Kind. Lediglich das letzte Einkommen der Frau korreliert leicht negativ mit ihrem Kinderwunsch. Das bedeutet, dass Frauen, die zuletzt recht gut verdient hatten, einem zweiten Kind etwas distanzierter gegenüber stehen. Zusammenfassend lässt sich jedoch feststellen, dass in ihrem Beruf engagierte, erfolgreiche und zufriedene Mütter sich genauso sehr ein zweites Kind wünschen wie Mütter, die weniger Investitionen in ihren Beruf getätigt haben oder deren letzte berufliche Tätig-

Tabelle 4.5.3: Korrelate des Wunsches nach einem zweiten Kind

Kinderwunsch ...	der Frau		des Mannes	
	6 Wochen	4 Monate	6 Wochen	4 Monate
Alter	-.24*	-.21+	-.21+	-.22+
Alter	-.25*	-.41***	-.32**	-.44**
Wohnsituation/Größe	-.04	-.11	-.24*	-.26*
Wohnsituation/Kosten	-.10	-.19	-.21+	-.37**
Bildung und Beruf (T1)				
Ausbildungsdauer	.02	-.10	-.02	-.18
Einkommen[a]	-.17	-.21+	-.21+	-.13
Berufliche Zufriedenheit	.18	.22+	.19	.11
Attraktivität der berufl. Tätigkeit	-.02	.09	.04	.09
Attraktivität der Hausfrauenrolle	.19	.16	.14	.21+
Ausbildungsdauer	.21	.03	.06	-.05
Einkommen [a]	-.13	-.21+	-.11	-.27*
Attraktivität der berufl. Tätigkeit	.01	.10	.12	-.01
Berufliche Zufriedenheit	-.03	.03	.01	-.01
Merkmale der Herkunftsfamilie (T2)				
Geschwisterzahl	.33**	.22+	.05	-.08
Beziehung zur Mutter/Kindheit	.27*	.36**	.31**	.38**
Beziehung zur Mutter/heute	.29*	.28*	.26*	.29*
Beziehung zum Vater/Kindheit	.15	.36**	.20+	.32**
Beziehung zum Vater/heute	.34**	.35**	.08	.13
Geschwisterzahl	.03	.09	.16	.11
Beziehung zur Mutter/Kindheit	-.23+	-.10	-.08	-.13
Beziehung zur Mutter/heute	.08	-.02	.05	.07
Beziehung zum Vater/Kindheit -.12	-.01	-.01	-.00	
Beziehung zum Vater/heute	-.04	-.01	.09	.08
Einschätzungen zur Schwangerschaft mit Zielkind (T1)				
Passung	.05	.05	.26*	.20+
initiale emotionale Bewertung	.18	.20	.17	.37**
Passung	-.07	-.12	.11	.06
initiale emotionale Bewertung .16	.15	.11	.17	
Zufriedenheit mit der Elternrolle (EMKK) (T2)				
Depressivität	-.21	-.14	-.08	-.13
Frustration	-.11	-.13	-.12	-.18
Freude	.29*	.07	.10	.10
Eifersucht	-.05	-.19	-.12	-.07
Frustration	-.01	-.11	-.04	-.09
Freude	.13	.17	.32**	.35**
Schwierigkeit des Kindes (T3)	-.04	.06	-.01	-.00
Schwierigkeit des Kindes	-.12	.02	-.02	..04
Partnerschaft (Veränderungsliste) (T3)				
Positive Veränderung	.09	.23*	.14	.22+
Positive Veränderung	-.08	.04	.05	.16

Anmerkungen: Einschätzungen des Mannes kursiv; T1=letztes Schwangerschaftsdrittel; T2=6-8 Wochen nach der Geburt; T3=4 Monate n. d. G.; N = 69-90; [a] Spearman-Rang-korrelationen; + $p<.10$ * $p<.05$ ** $p<.01$ *** $p<.001$ (zweiseitig).

keit weniger befriedigend war. Das weitgehende Ausbleiben eines Zusammenhangs überrascht. Möglicherweise stellt die Problematik der geringen Vereinbarkeit von Familie und Beruf wenige Wochen nach der Geburt des ersten Kindes für die Frauen noch kein aktuelles und entscheidungsrelevantes Thema dar.

Da die Geburt eines Kindes kaum Auswirkungen auf die berufliche Karriere des Mannes hat und für diesen infolgedessen nicht im gleichen Maße ein Interessenkonflikt zwischen der Verfolgung berufsbezogener Ziele und familienbezogener Ziele entsteht, sollte die Höhe seines Kinderwunsches nicht mit berufsbezogenen Merkmalen zusammenhängen. Es zeigt sich jedoch, dass beide Eltern einer weiteren Schwangerschaft umso ablehnender gegenüberstehen, je mehr der Mann während der ersten Schwangerschaft seiner Partnerin gearbeitet hat und je höher sein Einkommen zu diesem Zeitpunkt war. Insbesondere der negative Zusammenhang mit dem Einkommen überrascht, da eine solide finanzielle Basis eigentlich die Entscheidung für ein weiteres Kind erleichtern sollte. Anschlussanalysen zeigen, dass der Zusammenhang zwischen dem Kinderwunsch und dem Einkommen bzw. der Wochenarbeitszeit auf das Alter des Mannes zurückgeht. Ältere Erstväter sind beruflich besser etabliert und verfügen über ein höheres Einkommen als jüngere Erstväter. Es erscheint plausibel, dass die skeptischere Haltung der Besserverdienenden nicht mit der Wochenarbeitszeit des Mannes oder seinem Einkommen als solchem zusammenhängt, sondern mit dem Alter bzw. den Ansprüchen der Väter an den Lebensstandard.

Ob und wie sehr sich das Paar ein zweites Kind wünscht, hängt eng mit Merkmalen der Herkunftsfamilie zusammen. Die Vorstellungen von Familie, von der Mutter- bzw. der Vaterrolle und die Einstellung zu Kindern werden in der eigenen Kindheit bzw. in der späteren Auseinandersetzung mit den in der Herkunftsfamilie gemachten Erfahrungen aufgebaut. Allerdings scheinen es vor allem die Modelle und Erfahrungen der Frau zu sein, die die Haltung beider Eltern prägen. Der von anderen Wissenschaftlern festgestellte Zusammenhang zwischen der Geschwisterzahl der Frau und der von ihr angestrebten oder tatsächlichen Familiengröße (vgl. z.B. Werneck, 1998) findet sich auch bei uns. Mit je mehr Geschwistern die Frau aufgewachsen ist, desto ausgeprägter ist ihr Wunsch nach einem weiteren Kind. Frauen, die als Einzelkind aufgewachsen sind, neigen umgekehrt eher dazu, es bei einem Kind zu belassen oder sind zu diesem frühen Zeitpunkt (6-8 Wochen nach der Geburt des ersten Kindes) noch unentschlossen. Mit Geschwistern aufgewachsen zu sein bedeutet allerdings nicht in jedem Fall, dass die Frau eine Mehr-Kind-Familie befürwortet. Musste sie in ihrer Kindheit mit Schwester oder Bruder um die Aufmerksamkeit der Eltern konkurrieren, ist ihr Wunsch nach einem zweiten Kind weniger stark ausgeprägt (Konkurrenz um Mutter: $r=-.31$, $p<.01$; Konkurrenz um Vater: $r=-.27$, $p<.05$).

Ebenfalls von Bedeutung für die Einstellung zu weiteren Kindern ist das Verhalten der eigenen Eltern während der Kindheit und seine Bewertung durch die Frau. Wichtig ist nicht nur das frühere Erziehungsverhalten der eigenen Mutter, sondern auch das Verhalten des eigenen Vaters. Je mehr Wärme und Geborgenheit die Frau in ihrer Kindheit erfahren hat, je weniger sie die Strafen ihrer Eltern als hart, ungerecht und demütigend erlebt hat und je weniger sie von ihren Eltern zu Gehorsam und Unterordnung gezwungen wurde, desto stärker ist ihr Wunsch nach einem weiteren Kind. Je schlechter aber die Erinnerungen der Frau an ihre Kindheit und die frühere Beziehung zu ihren Eltern sind, desto eher tendiert sie dazu, es bei einem Kind zu belassen. Möglicherweise haben diese Frauen eine zwiespältige Haltung in Bezug auf das Thema „Familie" und legen stärker Wert auf ein eigenes Leben außerhalb der Mutterschaft. Interessant und überraschend ist allerdings, dass auch die Haltung des Mannes zur Kinderfrage von den Sozialisationserfahrungen seiner Partnerin abhängt, nicht jedoch von seinen eigenen Sozialisationserfahrungen. Es ist also unbedeutend, ob der Mann seine Kindheit und die frühere Beziehung zu seinen Eltern als positiv erlebt hat. Ob er ein zweites Kind will, hängt vielmehr davon ab, ob die Mutter ein positives Bild von Familie hat.

Nicht nur frühere Sozialisationserfahrungen, sondern auch die aktuelle Beziehung der Frau zu den Eltern steht im Zusammenhang mit dem Kinderwunsch der Partner. Hat die Frau aktuell eine gute Beziehung zu ihren Eltern, wünscht sich die junge Familie auf jeden Fall ein zweites Kind. Schließlich stellen vor allem die Eltern der Frau im Übergang zur Elternschaft eine wichtige Quelle für instrumentelle und emotionale Unterstützungsleistungen dar – sofern die Beziehung gut ist.

Die starke Abhängigkeit der Haltung des Mannes zur Kinderfrage von den Erfahrungen der Frau und ihrer Einstellung zur Mutterschaft zeigt sich ebenfalls, wenn man die Schwangerschaft mit dem ersten Kind ins Auge fasst. Je mehr sich die Frau bereits das erste Kind gewünscht hatte und je gelegener es ihr im Hinblick auf verschiedene Aspekte der Lebenssituation kam (Alter, berufliche Situation und Gesundheit beider Elternteile; Zustand der Partnerschaft), desto mehr befürwortet der Mann eine weitere Schwangerschaft. Die eigene Einstellung des Mannes zum ersten Kind steht wiederum nicht im Zusammenhang mit seiner Haltung gegenüber weiteren Kindern. Ob sich die Mutter ein zweites Kind wünscht, hängt weder damit zusammen, wie sehr sie sich das erste Kind gewünscht hatte, noch damit, wie gelegen die erste Schwangerschaft mit Blick auf die Lebensumstände des Paares kam.

Erfahrungen, die die Partner in den ersten Wochen in ihrer Rolle als Eltern machen, scheinen zunächst nur wenig Einfluss auf ihre Haltung zu weiteren Kindern zu haben. Eltern, die ihr erstes Kind in den ersten Lebensmonaten als schwierig wahrnehmen und die ein hohes Ausmaß an Frustration in der Elternrolle erleben, wünschen sich genauso sehr ein zweites Kind wie

> *Beide Eltern wünschen sich vor allem dann ein zweites Kind, ...*
>
> ... wenn beide Partner noch relativ jung sind,
>
> ... wenn die Frau während ihrer eigenen Kindheit eine gute Beziehung zu ihren Eltern hatte und diese Beziehung auch aktuell gut ist,
>
> ... wenn die Frau das Kind als Bereicherung für die Partnerschaft erlebt,
>
> ... wenn beide Eltern sehr viel Freude am Umgang mit dem Kind haben.
>
> *Der Mann wünscht sich außerdem umso mehr ein zweites Kind, ...*
>
> ... je mehr sich die Frau das erste Kind gewünscht hat und je besser die Schwangerschaft der Frau „gepasst" hat mit Blick auf verschiedene Aspekte ihrer aktuellen Lebenssituation und ihrer zukünftigen Pläne
>
> ... je positiver die emotionale Bewertung der ersten Schwangerschaft bei der Frau ausfiel (je größer ihre Freude und ihr Stolz über die Schwangerschaft war und je weniger Gefühle von Ärger und Bedrohung die Schwangerschaft auslöste).

Abbildung 4.5.2: Übersicht über die Faktoren, die einen besonders ausgeprägten Wunsch nach einem zweiten Kind erwarten lassen

wenig frustrierte Eltern mit pflegeleichten Kindern. Allerdings wünschen sich die Eltern umso stärker ein zweites Kind, je mehr Freude sie am Umgang mit dem Neugeborenen haben.

Ein Zusammenhang des Kinderwunsches zeigt sich außerdem mit den von der Frau wahrgenommenen Veränderungen der Partnerschaft seit der Geburt des Kindes. Je mehr positive Veränderungen sie feststellt, desto höher fällt der Kinderwunsch beider Eltern vier Monate nach der Geburt aus. Abbildung 4.5.2 gibt eine Übersicht über die Faktoren, die einen besonders ausgeprägten Wunsch nach einem zweiten Kind erwarten lassen.

Determinanten der Veränderung des Kinderwunsches nach der Geburt des ersten Kindes

Im folgenden Abschnitt geht es um die Frage, ob sich Erfahrungen, die die Partner in ihrer Rolle als Eltern machen, längerfristig auch in ihrer Haltung gegenüber weiteren Kindern niederschlagen. Haben negative Erfahrungen, wie ein hohes Ausmaß an Frustration im Umgang mit dem Kind oder auch eine Verschlechterung der Partnerbeziehung, zur Folge, dass der Wunsch nach einem zweiten Kind abnimmt? Führen andererseits positive Erfahrungen in der Elternrolle, wie Freude am Umgang mit dem Kind, zu einer zunehmenden Aufgeschlossenheit gegenüber einem zweiten Kind?

Für die Untersuchung dieser Fragestellung fokussieren wir Veränderungen in der Haltung gegenüber einem zweiten Kind in den ersten 18 Monaten nach der Geburt des ersten Kindes. Um zu gewährleisten, dass die betrachteten Veränderungen des Kinderwunsches keine Folge einer antizipatorischen Bewältigung einer bereits vorliegenden Schwangerschaft und bevorstehenden Geburt darstellen, gehen in diese Analysen nur die Daten der 52 Erstelternpaare ein, bei denen sich 18 Monate nach der Geburt des ersten Kindes noch kein zweites Kind angekündigt hat. Um Dynamiken der Einstellungsänderung zu untersuchen, werden die korrelativen Zusammenhänge zwischen der *Veränderung* des Kinderwunsches und Indikatoren der in der Elternrolle gemachten Erfahrungen betrachtet. Die Korrelationen sind in Tabelle 4.5.4 zusammengestellt.

Erstmalige Väter, deren *Befindlichkeit* sich seit der Geburt des Kindes verschlechtert hat, stehen einer weiteren Schwangerschaft ihrer Partnerin zunehmend reserviert gegenüber. Fühlt sich der Vater aus der Mutter-Kind-Beziehung zunehmend ausgeschlossen und berichtet er eine wachsende *Eifersucht* auf das Kind, nimmt sein Wunsch nach einem weiteren Kind ebenso ab. Direkte Erfahrungen des Mannes im Umgang mit seinem ersten Kind (wie das Ausmaß der *Freude am Kind* oder der Grad der *Frustration*) haben längerfristig keine Auswirkungen auf seinen Haltung gegenüber einem nachfolgenden Kind. Anders bei der Frau. Ihre Haltung hängt eng mit der *Zufriedenheit in ihrer Rolle als Mutter* und mit den Erfahrungen, die sie im Umgang mit dem ersten Kind macht, zusammen. Der Eindruck, mit der Betreuung und Versorgung des Kindes zunehmend eingeengt, alleingelassen oder gar überfordert zu sein, geht mit einer wachsenden Skepsis gegenüber einer weiteren Schwangerschaft einher. In dem Maße, in dem ihre Freude am Umgang mit dem Kind wächst, nimmt auch ihr Wunsch nach einem zweiten Kind zu. Für die Einstellung der Frau sind aber nicht nur die Erfahrungen im Umgang mit dem Kind von Bedeutung, sondern auch das Ausmaß der Unterstützung durch ihren Partner. Je mehr sich der Mann nach der Geburt des ersten Kindes aus der Hausarbeit zurückzieht, je stärker also die Belastung der Frau zunimmt – faktisch bedeutet das, die Erledigung der Hausarbeit bleibt dann fast vollständig an der Frau hängen –, desto eher beginnt sie zu zweifeln, ob sie wirklich noch ein zweites Kind will.

Die Haltung des Mannes gegenüber einem zweiten Kind hängt in hohem Maße davon ab, wie sich die *Partnerschaftsbeziehung* in den ersten eineinhalb Jahren mit Kind entwickelt. Diesen Zusammenhang finden wir sowohl für die längsschnittlich erfasste Partnerschaftsqualität (PFB) als auch für das retrospektive Urteil (Veränderungsliste). Betrachten wir zunächst die längsschnittlich erfasste Beziehungsqualität: Männer, für die die Geburt des ersten Kindes über einen längeren Zeitraum mit deutlichen Einbußen im Bereich der Sexualität und des Austauschs körperlicher Zärtlichkeiten verbunden ist, revi-

216

Tabelle 4.5.4: Zusammenhang zwischen den in der Elternrolle gemachten Erfahrungen und Veränderungen in der Höhe des Wunsches nach einem zweiten Kind

Veränderung von ...	Veränderung des Kinderwunsches [b]	
	der Frau	des Mannes
Allgem. Depressivität (ADS) [a]	-.17	-.36**
Erfahrungen in der Elternrolle (EMKK)		
Depressivität (Frau)/Eifersucht (Mann) [b]	-.26+	-.27+
Frustration [b]	-.20	-.03
Freude [b]	.36**	-.06
Kindschwierigkeit (T4)	.21	-.02
Merkmale der Partnerschaft		
Anteil der Frau an Hausarbeit [a]	-.37**	.13
Zufriedenheit mit Verteilung der Hausarbeit [a]	.07	-.24
wahrgenommene positive Veränderung der Partnerschaft (Veränderungsliste) (T4)	-.02	.39**
Partnerschaftsqualität (PFB)/Gesamtwert [a]	-.15	.29*
Streit [a]	.19	-.12
Zärtlichkeit [a]	-.12	.33*
Kommunikation [a]	-.03	.17
Unzufriedenheit mit Partner [a]	.19	-.49***

Anmerkungen: Alle Korrelationen bilden intraindividuelle Zusammenhänge ab.
[a] T4/T1-Residuum (T4-Werte nach Auspartialisierung der T1-Ausgangswerte)
[b] T4/T2-Residuum (T4-Werte nach Auspartialisierung der T2-Erstmessung)
N=49-52; $+ p<.10$ $* p<.05$ $** p<.01$ (zweiseitig).

dieren ihren ursprünglichen Wunsch nach einem zweiten Kind immer mehr. Eine Zunahme von Streit und Auseinandersetzungen und ein Verflachen der Paarkommunikation scheinen hingegen keine Bedenken zu wecken. Ein weitgehend entsprechendes Befundmuster erhalten wir, wenn wir die Veränderung des Kinderwunsches mit dem Maß für die rückblickend wahrgenommenen Veränderungen der Partnerschaft korrelieren. Auch hier finden wir, dass die Skepsis des Mannes gegenüber einer nachfolgenden Schwangerschaft in dem Ausmaß zunimmt, in dem die erste Geburt als Ausgangspunkt für eine Verschlechterung der Paarbeziehung gesehen wird. Insbesondere der Rückgang der „Aufmerksamkeit und Zuwendung durch die Partnerin" und ihrer „Zärtlichkeit", aber auch die Abnahme von „Lachen, Spaß und Fröhlichkeit" und eine Zunahme der „Eintönigkeit und Langeweile" wecken die Vorbehalte des Mannes. Lastet er diese negativen Veränderungen seiner Partnerin an und steigt infolgedessen seine Unzufriedenheit mit ihren Eigenarten und Charakterzügen, werden seine Vorbehalte noch stärker. Betrachten wir die entsprechenden Korrelationen für die Mutter, finden wir keinen Zusammen-

Der Wunsch der Mutter nach einem zweiten Kind nimmt umso mehr ab, ...

... je unzufriedener sie in ihrer Rolle als Mutter wird (je mehr sich also ihre physische und psychische Befindlichkeit verschlechtert und je mehr ihre Freude am Umgang mit dem ersten Kind schwindet),

... je mehr der Mann die Erledigung der Hausarbeit nach der Geburt des ersten Kindes seiner Partnerin überlässt.

Der Wunsch des Vaters nach einem zweiten Kind nimmt umso mehr ab, ...

... je mehr sich sein Befinden nach der Geburt des ersten Kindes verschlechtert,

... je mehr sich der Vater aus der Mutter-Kind-Beziehung ausgeschlossen fühlt,

... je deutlicher die Verschlechterung der Partnerschaftsbeziehung infolge der Geburt des ersten Kindes ausfällt (insbesondere im Hinblick auf die Sexualität),

... je mehr Beeinträchtigungen und negative Veränderungen der Partnerschaft seit der Geburt des ersten Kindes er im Rückblick verzeichnet (Rückgang von Spaß und Fröhlichkeit in der Partnerschaft; Zunahme von Eintönigkeit und Langeweile; Abnahme der Zärtlichkeit und der Aufmerksamkeit und Zuwendung durch die Partnerin),

... je mehr seine Unzufriedenheit mit seiner Partnerin (erfasst als Diskrepanz zwischen seinem Wunschbild von der Partnerin und dem, wie er sie tatsächlich sieht) zunimmt.

Abbildung 4.5.3: Übersicht über die Faktoren, die eine Abnahme des Wunsches nach einem zweiten Kind erwarten lassen bzw. begünstigen

hang. Die in der Partnerschaft gemachten Erfahrungen haben also keinen Einfluss darauf, ob und wie sehr sich die Frau ein zweites Kind wünscht.

Unsere Ergebnisse belegen, dass sich der Kinderwunsch tatsächlich in Abhängigkeit von Erfahrungen verändert, die junge Paare in den ersten eineinhalb Jahren als Eltern machen. Objektive Einschränkungen und subjektive Belastungsgefühle führen zu einer Verringerung des Wunsches nach einem zweiten Kind. In Übereinstimmung mit der typischerweise praktizierten traditionellen Aufgaben- und Rollenverteilung sind für Mütter und Väter jedoch unterschiedliche Erfahrungsbereiche ausschlaggebend. Während die Frau immer stärker von einem zweiten Kind abrückt, je unzufriedener sie in ihrer Rolle als Mutter wird, ist für die Haltung des Mannes von größter Wichtigkeit, ob seine Partnerin ihm auch nach der Geburt des ersten Kindes genügend

Aufmerksamkeit, Liebe und Zuwendung schenkt. Einen Überblick über die Faktoren, die zu einem Rückgang des Wunsches nach einem zweiten Kind führen, gibt Abbildung 4.5.3.

Determinanten des generativen Verhaltens

Von welchen Faktoren hängt es nun ab, ob ein Paar ein zweites Kind bekommt oder nicht? Spielen individuelle Vorstellungen und Orientierungen von Mutter und Vater eine Rolle? Haben die in der Elternrolle gemachten Erfahrungen einen Einfluss auf die Entscheidung für oder gegen ein zweites Kind? Kommt es darauf an, wie gut das Paar den Übergang zur Elternschaft bewältigt hat? Hierfür vergleichen wir Paare, die in den drei Jahren nach der Geburt des Zielkindes ein nachfolgendes Kind bekommen haben oder bei denen die Frau zum letzten Messzeitpunkt schwanger war, mit Paaren, die kein weiteres bekommen haben bzw. erwarteten.

Die Analyse der Determinanten generativen Verhaltens erfolgte durch eine Reihe von logistischen Regressionen. Hierbei wird das Ereignis „Geburt" bzw. „keine Geburt" vorhergesagt anhand individueller, dyadischer und kontextueller Faktoren. Die Ergebnisse sind in Tabelle 4.5.5. zusammengefasst.

Nun unterliegen auch die Daten der LBS-Familien-Studie den eingangs erwähnten forschungspraktischen Beschränkungen, da nicht die gesamte generative Phase, sondern nur die ersten drei Jahren nach der Geburt des ersten Kindes abgedeckt werden. Da davon auszugehen ist, dass noch nicht alle Erstelternpaare in diesem Zeitraum den Prozess der Familienbildung abgeschlossen haben, beruhen Aussagen über Faktoren, die die Geburt eines nachfolgenden Kindes, begünstigen bzw. ihr entgegenstehen, somit auf Schätzungen. Für unser Vorgehen sprechen jedoch Zahlen von Schneewind und Kollegen (1996), der auf der Basis einer für Westdeutschland repräsentativen Stichprobe feststellte, dass der durchschnittliche Altersabstand zwischen dem ersten und dem zweiten Kind knapp 2 ½ Jahre betrug und nur bei 23 Prozent mehr als drei Jahre betrug. Man kann also davon ausgehen, dass ein beträchtlicher Anteil der Paare, die in den drei Jahren nach der Geburt des ersten Kindes nicht wieder schwanger geworden sind, kein zweites Kind mehr bekommen werden. Die Daten werden zudem mit Fortschreiten der Studie zunehmend an Zuverlässigkeit und Aussagekraft gewinnen.

Gehen wir zunächst der Frage nach, ob sich anhand des Alters der Eltern vorhersagen lässt, ob ein Paar ein zweites Kind bekommt oder nicht. Wir sehen, dass Frauen, die bei der Geburt des ersten Kindes schon etwas älter sind, eher dazu neigen, es bei einem Kind zu belassen. Dieser Effekt fällt jedoch nicht sonderlich hoch aus und tritt nur für das Alter der Frau auf. Er lässt sich einerseits auf biologische Faktoren zurückführen, wie die mit dem Alter abnehmende Fruchtbarkeit und die zunehmenden biologischen und medizinischen Risiken von Schwangerschaft und Geburt. Andererseits können sich hinter dem Alterseffekt auch andere Faktoren „verstecken". Möglicherweise erleben ältere Elternpaare auch die Einschränkungen des Lebensstandards und der persönlichen Freiheit durch das Kind als gravierender als jüngere Eltern und beschränken sich deswegen auf ein Kind. Plausibel erscheint aber auch die Überlegung, dass Frauen, die den Eintritt in die Familienphase länger hinausschieben, bereits von vornherein eine geringere Familienorientierung und eine größere Bindung an den Beruf aufweisen und ohnehin dazu tendieren, es bei einem Kind zu lassen. Dafür spricht auch, dass diese Frauen der Hausfrauenrolle tendenziell weniger abgewinnen können als die jüngeren Erstmütter (r=-.20, p<.10) und ihre letzte Berufstätigkeit durch größere Eigenverantwortung (r=.33, p<.01) gekennzeichnet war.

Den Präferenzen und Orientierungen der Frau wird häufig eine zentrale Rolle für den Prozess der Familienbildung zugeschrieben (z.b. Schneider & Rost, 1995). Tatsächlich hängt das generative Verhalten des Paares in hohem Maße von der Berufsorientierung der Frau ab. Die Indikatoren für die Berufsorientierung wurden bereits während der Schwangerschaft mit dem ersten Kind erfasst. Allerdings kommt es nicht auf die objektiven Merkmale ihrer letzten Erwerbstätigkeit (wie die Wochenarbeitszeit oder das Einkommen) an oder darauf, wie viel Zeit und Energie sie in ihre Ausbildung investiert hat. Entscheidend ist vielmehr, wie viel Befriedigung die Frau aus ihrer Berufstätigkeit gezogen hat. Je höher der berufliche Status der Frau relativ zu ihrer Ausbildung war (je mehr sie sich also vor dem Eintritt in die Familienphase „hochgearbeitet" hat), je belohnender sie ihre berufliche Tätigkeit empfand und je weniger sie der künftigen Rolle als Hausfrau abgewinnen konnte, desto größer ist die Wahrscheinlichkeit, dass sie in den drei Jahren nach der Geburt des ersten Kindes kein zweites Kind bekommt. Die Bedeutung der beruflichen Orientierung der Frau spiegelt sich auch in dem Vorhersagebeitrag wider, den spezifische Facetten ihres Selbstbildes leisten. Frauen, die sich in hohem Maße als unabhängig, leistungsorientiert, tatkräftig und selbstsicher wahrnehmen, sich also Merkmale zuschreiben, die typischerweise mit der männlichen Geschlechtsrolle in Verbindung gebracht werden, beschränken sich vorerst auf ein Kind. Irrelevant ist hingegen, ob sich die Frau Eigenschaften zuschreibt, die als „typisch weiblich" gelten (gefühlvoll, anpassungsfähig, zärtlich) oder ob sie sich als emotional stabil (gelassen, unkompliziert, wenig nachtragend) einschätzt.

Ebenfalls von Bedeutung für den Prozess der Familienbildung sind die im Rahmen der eigenen Sozialisation erworbenen Leitbilder der jungen Mutter. Frauen, die während ihrer Kindheit von ihrer Mutter ausreichend Liebe, Fürsorge und Aufmerksamkeit erhalten haben und deren Mutter einen wenig kontrollierenden und wenig strafenden Erziehungsstil praktiziert hat, bekommen mit größerer Wahrscheinlichkeit ein zweites Kind als Frauen, die ein negatives Bild vom Erziehungsstil ihrer Mutter haben. Die Mutter der Frau beeinflusst somit indirekt den Prozess der Familienbildung des jungen Paares.

Tabelle 4.5.5: Ergebnisse der logistischen Regressionsanalysen zur Vorhersage des Ereignisses „Geburt eines zweiten Kindes"

Prädiktor	N	df	Modell X^2	Wald	R^a
Alter der Frau	86	1	3.82*	3.56+	-.12
des Mannes	85	1	1.53	1.51	.00
Bildung und Beruf der Frau					
Ausbildungsdauer	85	1	.13	.13	.00
Wochenarbeitszeit	84	1	.62	.60	.00
Einkommen[a]	86	8	12.41	3.97	.00
Status	80	1	3.74+	3.37+	-.11
berufl. Zufriedenheit	82	1	1.72	1.59	.00
Attraktivität der berufl. Tätigkeit	83	1	5.43*	5.05*	-.17
Attraktivität der Hausfrauenrolle	82	1	3.88*	3.56+	.12
Selbstbild der Frau					
Femininität	85	1	.21	.21	.00
Instrumentalität	85	1	5.21*	4.59*	-.15
Emotionale Stabilität	86	1	.50	.49	.00
Merkmale der Herkunftsfamilie					
Geschwisterzahl der Frau	86	1	.41	.40	.00
des Mannes	86	1	1.57	1.48	.00
Frühere Beziehung der Frau zu	83	2	5.91+		
Mutter				4.76*	.16
Vater				.04	.00
Frühere Beziehung des Mannes zu	86	2	.72		
Mutter				.40	.00
Vater				.50	.00
Einschätzungen zur Schwangerschaft mit dem Zielkind					
Passung aus Sicht	75	2	1.95		
der Frau				.69	.00
des Mannes				1.67	.00
Initiale emotionale Bewertung durch	75	2	2.66		
die Frau				1.23	.00
den Mann				2.15	-.04
Erfahrungen in der Elternrolle					
Freude am Kind (EMKK) (T2)	86	2	.62		
der Frau				.35	.00
des Mannes				.14	.00
Veränderung d. Befindens (ADS) (T1-T3)					
der Frau	83	1	.60	.57	.00
des Mannes	82	1	.24	.24	.00
Veränderung d. Partnerschaft (PFB)(T1-T3)					
der Frau	84	1	.08	.08	.00
des Mannes	83	1	.33	.33	.00
Wunsch nach zweitem Kind					
der Frau (Mittelwert T2/T3)	61	1	5.52*	5.19*	.20
des Mannes (Mittelwert T2/T3)	62	1	2.60	2.48	.08

Anmerkungen: [a] = rangskaliert; + $p<.10$ * $p<.05$ ** $p<.01$ (zweiseitig).

Indikatoren für die Qualität der individuellen und dyadischen Anpassung, wie Veränderungen im Befinden oder die Entwicklung der Partnerschaft, haben hingegen keinen Einfluss auf die weitere Familienbildung. Eine negative Entwicklung der Partnerschaft dämpft zwar den Wunsch des Mannes nach einem zweiten Kind (vgl. auch Schneewind et al., 1996), hält das Paar aber letztendlich nicht davon ab, ein zweites Kind zu bekommen. Ebenso wenig lassen unsere Befunde den Schluss zu, dass Eltern sich (vorerst) auf ein Kind beschränken, weil die Elternschaft sich generell nicht so gut in ihre Lebensplanung eingefügt hätte oder weil sie weniger Freude am Umgang mit dem Kind hätten. Beide Faktoren haben keinen Einfluss auf das generative Verhalten.

Wie verbindlich ist nun der von den Eltern wenige Wochen nach der Geburt des ersten Kindes geäußerte Wunsch nach einem zweiten Kind? Hat die Haltung beider Eltern gleichermaßen Einfluss auf das generative Verhalten oder wiederholt sich hier das Bild, dass es vor allem auf die Einstellung und die Präferenzen der Frau ankommt? Unsere Ergebnisse zeigen, dass der Wunsch der Frau tatsächlich das größere Gewicht hat. Während sich anhand des Kinderwunsches des Mannes (statistisch) nicht vorhersagen lässt, ob das Paar in den drei Jahren nach der Geburt des ersten Kindes noch ein zweites Kind bekommt, gelingt eine derartige Vorhersage anhand des von der Mutter geäußerten Wunsches nach einem zweiten Kind sehr wohl. Anders ausgedrückt: Ob das Paar ein zweites Kind bekommt oder nicht, hängt nicht davon ab, ob und wie sehr der Mann sich ein Kind wünscht, sondern wie sehr die Frau dies will. Bei der Interpretation dieses Befundes muss man allerdings bedenken, dass bei den Teilnehmern unserer Studie grundsätzliche Unterschiede (einer der Partner will unbedingt ein Kind, der andere keinesfalls) nicht auftreten. Vorsichtiger ausgedrückt weisen unsere Befunde also darauf hin, dass in Partnerschaften, in denen zwischen den Partnern keine grundsätzlichen Diskrepanzen in der Kinderfrage auftreten, den Präferenzen der Frau letztendlich das größere Gewicht zukommt.

Dieser Befund stimmt sehr gut mit einem anderen Befund der Studie überein: Frauen und Männer, die zu Beginn der Studie bereits ihr zweites Kind erwarteten („Zweiteltern"), schrieben übereinstimmend der Frau die größere Verantwortung und den größeren Beitrag für den Eintritt dieser Schwangerschaft zu. Paare, die zu diesem Zeitpunkt das erste Kind erwarteten, sahen die Schwangerschaft hingegen als gemeinsames Projekt beider Partner an (vgl. Kapitel 4.2, Abbildung 4.2.4 rechts). Möglicherweise gehört also zur übergangsbedingten Traditionalisierung der Aufgaben- und Rollenverteilung auch, dass die Entscheidung darüber, ob und wann weitere Kinder in Frage kommen, stärker dem Einflussbereich der Frau zugeordnet wird. Schließlich ist sie diejenige, die in erster Linie die Konsequenzen tragen muss. Einen Überblick über die Prädiktoren für die Geburt eines zweiten Kindes gibt Abbildung 4.5.4.

> *Die Wahrscheinlichkeit, dass das Paar ein zweites Kind bekommt, ist umso geringer, ...*
>
> ... je älter die Frau bei der Geburt des ersten Kindes war,
>
> ... je höher ihr beruflicher Status vor der Geburt des ersten Kindes war,
>
> ... je attraktiver ihre letzte berufliche Tätigkeit war,
>
> ... je mehr sie sich instrumentelle („typisch männliche") Eigenschaften zuschreibt,
>
> ... je weniger sie bereits vor der Geburt des ersten Kindes der künftigen Rolle als Hausfrau abgewinnen konnte,
>
> ... je negativer sie die Beziehung zu ihrer Mutter während ihrer Kindheit erlebt hat,
>
> ... je distanzierter sie bereits wenige Wochen nach der Geburt des ersten Kindes einer weiteren Schwangerschaft gegenüberstand.

Abbildung 4.5.4: Übersicht über die Faktoren, die erwarten lassen, dass das Paar kein weiteres Kind bekommt

4.5.3 Zusammenfassung und Schlussfolgerungen

Zusammenfassend lässt sich feststellen, dass nicht die Qualität der Bewältigung des Übergangs zur Erstelternschaft entscheidet, ob sich das Paar ein weiteres Kind anschafft. In Übereinstimmung mit Schneider und Rost (1995) lässt sich aus unseren Befunden ableiten, dass es in erster Linie auf die Orientierungen und die Lebensentwürfe der Frau ankommt. Für *familienorientierte* Frauen stellt die Mutterrolle einen zentralen Aspekt ihres Lebensentwurfes dar. Sie haben positive Erinnerungen an die eigene Kindheit und damit verbunden positive Vorstellungen von der Mutterrolle. Der berufliche Bereich ist für diese Frauen hingegen von untergeordneter Bedeutung oder hat gar einen aversiven Charakter, so dass der Ausstieg aus dem Beruf mit geringen persönlichen Kosten verknüpft ist oder gar einen Gewinn darstellt. Die Übernahme der Rolle als Hausfrau und Mutter ist bei ihnen als konsequente Umsetzung ihrer subjektiven Lebensentwürfe und Prioritäten zu sehen. Die Geburt eines zweiten Kindes fügt sich daher gut in die weitere Lebensplanung ein. Aber auch für eher *berufsorientierte* Frauen stellt die Übernahme der Mutterrolle häufig einen wichtigen Aspekt ihrer Lebensplanung dar. Die Ergebnisse der LBS-Familien-Studie zeigen deutlich, dass sich im Beruf engagierte, erfolgreiche und zufriedene Frauen ebenso sehr ein zweites Kind wünschen, wie Frauen, die weniger Zeit und Energie in den Beruf investiert haben oder deren letzte berufliche Tätigkeit wenig befriedigend war. Es ist jedoch anzunehmen, dass die Lebensentwürfe dieser Frauen nicht vorsehen, Berufstätigkeit und Karriereaspirationen zu Gunsten der Mutterschaft völlig aufzugeben. Sie streben vielmehr eine Verknüpfung von Mutterschaft und Erwerbstätigkeit und eine egalitäre Aufteilung der Rollen zwischen den Partnern an. In der Realität werden sie jedoch häufig mit den unzureichenden Möglichkeiten konfrontiert, Familie und Beruf in einer befriedigenden Art und Weise zu vereinbaren. Mit einem Kind kann bei guter Organisation, Ausnutzung der verfügbaren formellen (Krippe, Hort) und informellen (Großeltern) Betreuungsmöglichkeiten eine Erwerbstätigkeit der Mutter häufig noch arrangiert werden. Spätestens die Geburt eines zweiten Kindes würde jedoch den vorläufigen und häufig endgültigen Abschied vom Beruf und eine Festlegung auf die traditionelle Mutterrolle bedeuten – eine Konstellation, die durchaus nicht den Präferenzen und der Persönlichkeit dieser Frauen entspricht. Das Dilemma „Beruf oder zweites Kind" wird folgerichtig sehr häufig zugunsten des Berufs entschieden. Dem Wunsch des Mannes scheint hingegen eine untergeordnete Bedeutung zuzukommen, wenn es um die Entscheidung für oder gegen ein zweites Kind geht.

Bei der Bewertung unserer Ergebnisse ist es wichtig, weitere Hintergrundinformationen mit einzubeziehen. Unsere Aussagen gelten vorerst nur für den Wunsch nach einem zweiten Kind bzw. die Entscheidung für oder gegen ein zweites Kind. Der Übergang zur Elternschaft ist also bereits vollzogen, eine prinzipielle Entscheidung für Kind und Familie ist getroffen. Weiterhin scheint diese Entscheidung für das erste Kind bei der Mehrzahl der teilnehmenden Paare mit recht hoher Einigkeit getroffen worden zu sein. Unsere Daten belegen, dass das erste Kind in der Mehrzahl der Fälle geplant und erwünscht war. Die Teilnehmer unserer Studie stellen außerdem eine Gruppe dar, die generell einem weiteren Kind durchaus aufgeschlossen gegenübersteht.

Wie sehr die Mutter in den ersten Wochen nach der Geburt ihres ersten Kindes eine weitere Schwangerschaft befürwortet, hängt davon ab, ob sie über positive Modelle von Kindheit und Elternschaft verfügt und Elternschaft als ein positives Ereignis erlebt. Überraschenderweise hängt jedoch auch die Haltung des Mannes gegenüber einem weiteren Kind zunächst einmal von der Einstellung der Frau zur Mutterrolle ab. Wenige Monate nach der Geburt des ersten Kindes ist er einer weiteren Schwangerschaft gegenüber umso aufgeschlossener, je mehr sich die Frau die Mutterschaft gewünscht hatte und je besser sie sich auf die Übernahme ihrer Rolle als Mutter eingestellt hatte. Die Güte der Bewältigung des Übergangs zur Erstelternschaft und die in der Elternrolle gemachten Erfahrungen haben einen nachhaltigen Einfluss darauf, ob der Wunsch nach einem zweiten Kind in den ersten eineinhalb Jahren der Elternschaft abnimmt. In Übereinstimmung mit der traditionellen Aufgaben- und Rollenverteilung sind für Mütter und Väter jedoch unterschiedliche Erfahrungsbereiche ausschlaggebend. Während der Kinderwunsch des Mannes durch eine wachsende Erosion der Partnerschaftsbeziehung einen deutlichen Dämpfer erhält, rückt die Frau immer stärker von einem zweiten Kind ab, je unzufriedener sie in ihrer Rolle als Mutter wird. Ob das Paar nun in den drei Jahren nach der Geburt des ersten Kindes ein weiteres Kind bekommt, hängt allein von den Einschätzungen und Orientierungen der Frau ab. Je größer die Berufsorientierung der Frau ist, desto geringer ist die Wahrscheinlichkeit, dass das Paar ein zweites Kind bekommt. Allerdings haben diese Frauen nicht von vornherein einen geringeren Kinderwunsch. Vielmehr scheinen sie keine Möglichkeit zu sehen, Erwerbstätigkeit und Familie miteinander zu vereinbaren. Bei der Diskussion von geeigneten Maßnahmen und Strategien zur Erhöhung der Attraktivität von Elternschaft und zur Förderung von (zweiten) Geburten erscheint es daher unumgänglich, über Möglichkeiten einer besseren Vereinbarkeit von Familie und Beruf für Frauen nachzudenken.

Solange der Mann einem zweiten Kind grundsätzlich aufgeschlossen gegenübersteht und die Verantwortung für die Kinder ohnehin größtenteils in den Zuständigkeitsbereich der Frau fällt, mag es für das Paar eine durchaus funktionale Strategie darstellen, die Entscheidung über nachfolgende Schwangerschaften und Geburten der Frau zu überlassen. Grundsätzliche Unterschiede zwischen den Partner in ihrer Haltung gegenüber weiteren Geburten bergen jedoch Zündstoff für die Paarbeziehung. Negative Auswirkungen dürften vor allem dann auftreten, wenn es den Partnern nicht gelingt, zu einer Einigung zu kommen oder einer der Partner gar versucht, seine Vorstellungen gegen die Wünsche des anderen durchzusetzen. Die Familienplanung stellt somit eine gemeinsame Verantwortung beider Partner und nicht allein Aufgabe der Frau dar.

Welche Schlüsse lassen sich nun aus den hier zusammengetragenen Erkenntnissen ziehen? Bei der Diskussion von Maßnahmen zur Bekämpfung des Geburtenrückgangs scheint es unumgänglich, die Pluralisierung der Lebensentwürfe junger Frauen als Gegebenheit anzuerkennen und über eine Ausdifferenzierung und Flexibilisierung von Fördermodellen nachzudenken. Finanzielle Maßnahmen, wie die Erhöhung des Kindergeldes, mögen von Mittelschichtfamilien zwar als soziale Anerkennung gewertet werden, gehen jedoch bei hoher Berufsorientierung der Frau an deren tatsächlichen Bedürfnissen, nämlich der Verknüpfung von Mutterschaft und Erwerbstätigkeit, vorbei. Erfolgversprechender dürften hier Maßnahmen sein, die auf eine bessere Vereinbarkeit von Familie und Beruf auch für Mütter mit mehr als einem Kind abzielen. Dazu gehört ein ausreichendes Angebot an qualitativ hochwertigen Kinderbetreuungseinrichtungen, deren Öffnungszeiten sich an den Anforderungen des Arbeitsmarktes orientieren. Wichtig ist auch eine Flexibilisierung des Arbeitsmarktes, sowohl was den Umfang der Tätigkeit als auch die Arbeitszeiten angeht.

Nun liegt es zwar nahe, bei der Implementierung von Maßnahmen zur Förderung von Geburten zunächst einmal die Bedürfnisse der Frauen zu berücksichtigen. Schließlich sind es – innerhalb der derzeit existierenden gesellschaftlichen Strukturen – in erster Linie die Mütter, die die Konsequenzen zu tragen haben. Und ihrer Stimme kommt bei der Entscheidung für oder gegen ein zweites Kind im Zweifelsfall auch das größere Gewicht zu als der des Mannes. Die Situation der Väter aus den Augen zu verlieren wäre allerdings ein großer Fehler. Zum einen kann ein bessere Vereinbarkeit von Mutterschaft und Beruf nur dann erreicht werden, wenn auch für Väter flexiblere Modelle zur Verfügung stehen. Zum anderen stellt die Familienplanung grundsätzlich die gemeinsame Verantwortung beider Partner dar. Es ist anzunehmen, dass in dem Moment, in dem Mütter mehr Gestaltungsspielraum haben und Vätern eine Neugestaltung ihrer Rolle abverlangt wird, sich auch die relativen Gewichte, die Mann und Frau bei der Entscheidung über Kinder haben, verschieben. Verbessert man die Situation der Mütter auf Kosten der Väter, sind es möglicherweise irgendwann die Väter, die beim Thema „(zweites) Kind" abwinken.

Letztlich darf eine moderne Familienpolitik nicht nur auf die Steigerung der Geburtenrate abzielen. Sie muss sensibler auf den Prozess der Familien reagieren und Bedingungen schaffen, die eine gesunde Entwicklung von Familien ermöglichen, die Zufriedenheit von Mann und Frau in der Elternrolle fördert und so langfristig zur Stabilisierung der elterlichen Partnerschaft beiträgt.

4.6 Einfluss der Herkunftsfamilie auf die Bewältigung der Geburt des ersten Kindes

Die Familie stellt einen zentralen Sozialisationskontext dar, in dem entscheidende Lebens- und Lernerfahrungen gemacht werden. Die Herkunftsfamilie hat daher auch einen großen Einfluss darauf, wie gut ein Paar den Übergang zur Elternschaft bewältigt. Die Qualität familiärer Beziehungserfahrungen spielt eine bedeutsame Rolle bei der Herausbildung individueller Verhaltensmerkmale und Beziehungskompetenzen. Die eigene Kindheit und die Auseinandersetzung mit der erfahrenen Erziehung prägt entscheidend die individuellen Vorstellungen und Modelle von Partnerschaft und Elternschaft. Darüber hinaus können die eigenen Eltern als bedeutsame Quelle sozialer Unterstützung fungieren und haben so einen Einfluss auf die Bewältigung der Anforderungen, die mit der Geburt eines Kindes verbunden sind. Nachdem die Indikatoren für den Einfluss der Herkunftsfamilie diskutiert wurden und dabei insbesondere auf die Problematik retrospektiver Einschätzungen eingegangen wird, werden die Auswirkungen der früheren und aktuellen Beziehung zu den eigenen Eltern auf die Entwicklung der Partnerschaft und die Übernahme der Elternrolle dargestellt.

Die Geburt des ersten Kindes ist für Eltern oftmals Anlass, sich erneut mit der eigenen Kindheit zu beschäftigen. Erinnerungen an die Zeit als Kind und Jugendlicher werden wieder wach, Erinnerungen an die schönen Seiten der Kindheit, aber auch an weniger schöne. Die werdenden Eltern machen sich vor dem Hintergrund der eigenen Kindheitserfahrungen Gedanken darüber, wie ihr Familienleben aussehen soll und wie sie ihr Kind erziehen wollen. Sie entwickeln Vorstellungen davon, was sie genauso machen wollen, wie die eigenen Eltern, und was sie auf jeden Fall anders machen wollen. Und gar nicht so selten stellen sie schließlich fest, dass sie die eigene Erziehung nicht einfach abstreifen können: sie zeigen als Mutter bzw. Vater oftmals genau die Verhaltensmuster, die sie bei ihren eigenen Eltern abgelehnt haben.

Die Gründung einer Familie führt oft auch zu sichtbaren Veränderungen im Verhältnis zu den eigenen Eltern. Mit der Geburt des ersten Kindes erlangen die erwachsenen Kinder ihren Eltern gegenüber endgültig den Erwachsenenstatus. Die Kontakte zu ihnen werden häufig intensiviert (Cowan & Cowan, 1994; Rost & Schneider, 1995), was zum Teil auf den Einbezug der Großeltern in die Betreuung des Kindes zurückzuführen ist (Schneewind, Vaskovics, Backmund, Buba, Rost, Schneider, Sierwald & Vierzigmann, 1992). Zwar nimmt oftmals im Zuge der Erfahrungen als Mutter bzw. Vater das Verständnis für die eigenen Eltern zu. Das bedeutet allerdings nicht zwangsläufig, dass sich die Beziehung zu ihnen auch verbessert. Insbesondere Versuche der Großeltern, sich in die Kindererziehung einzumischen, bieten neuen Konfliktstoff (Bauer, 1992).

In diesem Kapitel beschäftigen wir uns mit der Frage, welche Rolle die Herkunftsfamilie für die Gestaltung der eigenen Partnerschaft und die Bewältigung des Übergangs zur Elternschaft spielt. Dabei wird unterschieden zwischen dem direkten Einfluss der Herkunftsfamilien beider Partner (die Großeltern als Quelle sozialer Unterstützung oder als Anlass für Auseinandersetzungen) und den indirekten Auswirkungen der in der Herkunftsfamilie gemachten Beziehungserfahrungen.

4.6.1 Die Bedeutung der Herkunftsfamilie – theoretische Ansätze

4.6.1.1 Die Herkunftsfamilie als Sozialisationskontext

Betrachten wir zunächst den indirekten Einfluss der Kindheitserfahrungen von Mann und Frau auf die Gestaltung ihrer eigenen Partnerschaft und auf die Entwicklung der neugegründeten Familie.

Trotz des häufig gefassten Vorsatzes, es besser zu machen bzw. es auf jeden Fall anders zu machen als die eigenen Eltern, scheinen sich bestimmte Verhaltensmuster im Wechsel der Generationen gleichsam zu wiederholen. Dieses Phänomen wird als *intergenerationale Transmission* bezeichnet. Eines der schlimmsten Beispiele dafür stellt die intergenerationale Transmission von Kindesmisshandlung dar. So setzen Eltern, die als Kind selbst häufig Ziel schwerwiegender elterlicher Misshandlungen waren, auch bei der Erziehung ihrer eigenen Kinder mit größerer Wahrscheinlichkeit körperliche Gewalt ein (Oliver, 1993; Wetzels, 1997). Belegt ist auch die „Weitergabe" von Suchterkrankungen, insbesondere von Alkoholismus – Kinder aus suchtkranken Familien weisen ein höheres Risiko für eigene Suchtprobleme auf (Maier, 1995) –, und des Gesundheitsverhaltens (Wickrama, Conger, Wallace & Elder, 1999) von der Elterngeneration an die Kindgeneration. Auch das Scheidungsrisiko wird von Generation zu Generation weitergegeben. Die Ehen von Personen, die selbst aus einer Scheidungsfamilie stammen, enden häufiger mit einer Trennung der Partner als die Beziehungen von Personen, die aus vollständigen Familien stammen oder als Halbwaisen aufwuchsen (Diekmann & Engelhardt, 1995; Hullen, 1998; Rosenkranz & Rost, 1998).

Verhaltensmuster, die von Generation zu Generation weitergereicht werden, sind natürlich nicht auf so extreme Beispiele wie Kindesmisshandlung oder Scheidung beschränkt. Derartige Beispiele stellen vermutlich nur die extremen Endpunkte kontinuierlicher Beziehungen zwischen spezifischen Kindheitserfahrungen und Entwicklungsresultaten im Erwachsenenalter dar. Tatsächlich zeigen sich im Allgemeinen häufig auffällige Parallelitäten zwischen dem in der eigenen Kindheit erlebten familiären Klima und der Atmosphäre in der neuen Familie. So haben Personen, die die Ehe ihrer Eltern als konfliktreich und unglücklich beschreiben, als Erwachsene häufiger Probleme in der eigenen Partnerschaft (Caspi & Elder, 1988; Schumacher, Stöbel-Richter & Brähler, in Druck).

Kindheitserfahrungen der werdenden Eltern in ihrer jeweiligen Herkunftsfamilie, das von ihren Eltern praktizierte Erziehungsverhalten, sowie das Klima zwischen den eigenen Eltern beeinflussen auch die Art und Qualität der Veränderungen, die im Übergang zur Elternschaft auftreten (Belsky & Pensky, 1988b; Fischer, 1988). Belsky und Isabella (1985) konnten zeigen, dass ein – retrospektiv eingeschätztes – warmes und unterstützendes Erziehungsverhalten und eine harmonische Ehe der eigenen Eltern die typische Abnahme der Partnerschaftsqualität im Übergang zur Elternschaft abschwächt. Die Erfahrungen des Vaters in seiner Herkunftsfamilie scheinen hierbei größeres Gewicht zu haben als die der Mutter (Cowan & Cowan, 1994; Cox, Paley & Payne, 1998). Auch Studien, die die Transmission des Scheidungsrisikos untersuchen, finden ein höheres Scheidungsrisiko bei Söhnen geschiedener Eltern als bei Töchtern (Diekmann & Engelhardt, 1995). Möglicherweise können negative Beziehungserfahrungen der Frau in ihrer Herkunftsfamilie durch den Partner zumindest ein Stück weit kompensiert werden, wenn dieser in einer harmonischen Familie aufgewachsen ist. Cowan und Cowan (1994) mutmaßen, dass dieser geschlechtsspezifische Effekt darauf zurückzuführen ist, dass Stimmungen und Verhaltensweisen des Mannes den Zustand einer Partnerschaft stärker beeinflussen als die der Frau. Die Befundlage ist allerdings nicht eindeutig. So stellten Rosenkranz und Rost (1998) in ihrer Studie fest, dass nicht Männer sondern Frauen aus gescheiterten Partnerschaften signifikant häufiger eine Scheidung ihrer Eltern erlebt hatten (vgl. auch Beal & Hochman, 1992). Diese Befunde stützen die Annahme, wonach in erster Linie die Frau für die Beziehungsarbeit zuständig ist und infolgedessen vor allem ungünstige Bedingungen in ihrer Herkunftsfamilie nachteilige Auswirkungen auf die Partnerschaft haben sollten.

Der Transmissionseffekt ist allerdings nicht gleichzusetzen mit einer deterministischen Beziehung. Personen mit ungünstigen Entwicklungsbedingungen in der Kindheit werden nicht zwangsläufig als Erwachsene diese ungünstigen Verhaltensmuster wiederholen, sie werden sie jedoch mit einer *größeren Wahrscheinlichkeit* zeigen. Beispielsweise werden Personen, die als Kind von ihren Eltern häufig und hart bestraft wurden, nicht zwangsläufig bei der Erziehung ihrer eigenen Kinder auf harte körperliche Strafen zurückgreifen. Sie werden es jedoch häufiger tun als Personen, die selbst gewaltfrei erzogen wurden. Es gibt also einerseits Individuen, die diesen „Teufelskreis der Gewalt" durchbrechen, die also trotz der eigenen Erlebnisse bei der Erziehung ihrer eigenen Kinder nicht auf körperliche Strafen zurückgreifen. Auf der anderen Seite gibt es auch Personen, die zwar gewaltfrei erzogen wurden, die aber trotzdem als Erwachsene das eigene Kind misshandeln.

Gleiches gilt auch für andere Bereiche, für die ein Transmissionseffekt belegt ist.

Der Familie bzw. den Eltern kommt zwar wegen ihres im Leben des Kindes früh einsetzenden, umfassenden und langandauernden Einflusses besondere Bedeutung zu. In der Familie werden entscheidende Lebens- und Lernerfahrungen gemacht, die auf andere soziale Beziehungskontexte ausstrahlen. Allerdings spielt für die Entwicklung des Kindes auch eine Rolle, inwieweit alternative Bezugspersonen (z.B. Großeltern, Lehrer, Nachbarn) verfügbar sind. Mit zunehmendem Alter des Kindes gewinnt zudem der Einfluss anderer sozialer Kontexte (Gleichaltrige, Schule) an Bedeutung. Was letztendlich als Resultat der eigenen Erziehung, des Erziehungsverhaltens der eigenen Eltern und deren Partnerbeziehung weitergegeben wird, wird zu einem wesentlichen Teil auch von der gedanklichen Auseinandersetzung mit den in der Kindheit gemachten Erfahrungen abhängen. Weiterhin zeigt sich, dass die Auswirkungen negativer Kindheitserfahrungen auch im Erwachsenenalter noch „abgepuffert" werden können, beispielsweise durch den Partner oder auch durch Mitglieder des sozialen Netzes. Ob negative Kindheitserfahrungen das eigene Erziehungsverhalten beeinträchtigen, hängt beispielsweise auch vom Grad der Unterstützung durch Freunde, Verwandte oder professionelle Helfer ab (Egeland, Jacobvitz & Sroufe, 1988; Rutter, Quinton & Liddle, 1983). Weiterhin kommt dem aktuellen Partner bei der Kompensation der Auswirkungen negativer Kindheitserfahrungen eine zentrale Rolle zu (Minsel & Fthenakis, 2000; Onyskiw, Harrison & Magill-Evans, 1997).

Wie beeinflussen nun die Erfahrungen, die in der Herkunftsfamilie gemacht wurden, die Entwicklung der jungen Familie? Diskutiert werden in erster Linie zwei mögliche Wege, wie sich Erfahrungen, die das Kind mit seinen Eltern gemacht hat, auf das Verhalten und Denken in späteren Beziehungen auswirken: durch die Herausbildung individueller Persönlichkeitsmerkmale und Kompetenzen und durch die Entstehung spezifischer Beziehungsmodelle.

Persönlichkeitsmerkmale und Soziale Kompetenzen

Die familialen Beziehungserfahrungen spielen eine wichtige Rolle für die Herausbildung der *sozialen Kompetenzen* und *Persönlichkeitsmerkmale* einer Person. Diese beeinflussen möglicherweise schon die Partnerwahl, auf jeden Fall aber die Beziehungsgestaltung und das Erziehungsverhalten des Erwachsenen.

In einer großen US-amerikanischen Längsschnittstudie konnte dieser Effekt über mehrere Generationen hinweg nachgezeichnet werden. Personen, deren Kindheit durch ein hohes Konfliktniveau und ein geringes Ausmaß an Offenheit und Wärme zwischen den Eltern gekennzeichnet war und deren Eltern ein ungünstiges (übermäßig rigides oder indifferentes) Erziehungsverhalten praktizierten, wiesen als Erwachsene eine erhöhte *Labilität* auf (Caspi & Elder, 1988). Sie zeichneten sich im Einzelnen durch ein vergleichsweise hohes Niveau an Anspannung und Unruhe, eine hohe Reizbarkeit und eine geringe emotionale Stabilität aus. Diese Persönlichkeitsmerkmale trugen gerade in schwierigen Lebenssituationen wiederum zur Entstehung von Problemen und Auseinandersetzungen zwischen den Ehepartnern bei und führten dazu, dass der betreffende Elternteil im Umgang mit dem eigenen Kind häufig ungeduldig und gereizt reagierte und schneller die Kontrolle verlor.

Ein Einfluss der Sozialisationserfahrungen ist auch für die Entwicklung von *Empathie* belegt. Empathie bezeichnet die Fähigkeit oder Neigung, sich in die Gefühlswelt anderer Personen hineinzuversetzen. Allerdings ergibt sich kein konsistentes Bild in dem Sinne, dass ausschließlich positive Bedingungen in der Herkunftsfamilie zur Entwicklung von Empathie beitragen (zum Überblick vgl. Steins, 1998). Steins kommt zu dem Schluss, dass es zwar förderlich für die Entwicklung von Empathie zu sein scheint, wenn die Mutter sich dem Kind gegenüber ebenfalls empathisch verhält, wenn innerhalb der Familie ein emotionsbetonter Gesprächsstil vorherrscht und wenn bei der Erziehung eine ausbalancierte Kombination von Einsicht und Sanktionen praktiziert wird. Andererseits scheinen aber auch Spannungen zwischen den Eltern zur Entstehung von empathischen Fähigkeiten beim Kind beizutragen.

Familiäre Faktoren spielen auch für die Herausbildung des *Selbstwerts* einer Person eine Rolle. Aus der Reaktion zentraler Bezugspersonen ihm gegenüber lernt das Kind, wie akzeptabel, liebenswert oder kompetent es ist (Bowlby, 1976). Der Selbstwert hat wiederum einen Einfluss auf die Gestaltung der Partnerbeziehung. In ihrem Bemühen, Defizite zu kompensieren, neigen Personen mit geringem Selbstwertgefühl dazu, den Partner und damit auch die Beziehung durch große interpersonale Anforderungen zu belasten (Murstein & Beck, 1972). Der Selbstwert stellt so neben der Fähigkeit zur Perspektivenübernahme, der emotionalen Reife und der emotionalen Stabilität einen wichtigen Einflussfaktor für das Gelingen von Partnerschaften dar (Long & Andrews, 1990; zitiert nach Steins & Wicklund, 1993).

Beziehungsmodelle

Die zentralen Beziehungen in unsere Herkunftsfamilie und die Art des Umgangs der Familienmitglieder liefern uns „Arbeitsmodelle" für unsere aktuellen Beziehungen. Diese Arbeitsmodelle beinhalten Vorstellungen davon, was man von seinem Beziehungspartner erwarten kann, wie sich Mann und Frau in einer Beziehung zu verhalten haben, ob Beziehungen überhaupt von Dauer sind und wie man mit Konflikten umgeht.

Manche Forscher argumentieren nun, dass Kinder aus Scheidungsfamilien nicht deswegen ein höheres Scheidungsrisiko für die eigene Partnerschaft aufweisen, weil sie über schlechtere soziale Kompetenzen verfügen und ihre Partnerschaften weniger gut funktionieren als die von (erwachsenen) Kindern aus vollständigen Familien. Sie nehmen an, dass Personen, deren Eltern sich während ihrer Kindheit trennen, am „Modell" der Eltern lernen, dass Trennung und Scheidung eine Strategie zur Lösung von Konflikten darstellt (vgl. auch Hullen, 1998). Diese Überlegung wird durch Befunde von Rosenkranz und Rost (1998) gestützt. Sie stellten fest, dass die Scheidung der eigenen Eltern zwar die Wahrscheinlichkeit erhöht, dass auch die Ehe des Scheidungskindes vor dem Scheidungsrichter endet. Ihren Befunden zufolge hat die Trennung der eigenen Eltern jedoch keinen Einfluss auf die Zufriedenheit des Scheidungskindes mit der eigenen Beziehung. Sprich: Personen aus Scheidungsfamilien sind in der eigenen Beziehung nicht unbedingt unglücklicher, sie trennen sich jedoch schneller als Personen, die aus vollständigen Familien stammen.

Andere gehen davon aus, dass eine Trennung und Scheidung der eigenen Eltern, insbesondere dann, wenn sie während der Kindheit stattfand, auch die Bindungsbereitschaft und Bindungsfähigkeit von Personen beeinträchtigt. Sie argumentieren, dass „Scheidungskinder" eine generell skeptischere Haltung gegenüber Ehe und Familie entwickeln, die eigene Partnerschaft zu vorsichtig und misstrauisch angehen und von Anfang an wenig in die Beziehung investieren, wodurch die Partnerschaft gleichsam von vornherein zum Scheitern verurteilt sei. Die Annahme einer verringerten Bindungsbereitschaft wird durch Befunde von Heekerens (1987) gestützt. Er verglich eine Gruppe von jungen Frauen im Alter von 15 bis 19 Jahren, die mit beiden Eltern aufgewachsen waren, mit einer Gruppe von gleichaltrigen Mädchen, die seit der Scheidung bei ihrer Mutter lebten. Es zeigten sich keine Unterschiede zwischen den beiden Gruppen im schulischen bzw. beruflichen Ausbildungsstand, im Kinderwunsch und im Wunsch, mit einem Mann zusammenzuleben. Die „Scheidungs-Mädchen" vertrauten allerdings weniger auf die Stabilität von Partnerschaften. Sie standen einer Heirat ablehnender und einer möglichen Ehescheidung aufgeschlossener gegenüber.

Allerdings besagt ein zentrales Ergebnis der Scheidungsforschung, dass nicht das Scheidungserlebnis an sich maßgeblich für eine spätere Fehlentwicklung ist, sondern die Qualität der Eltern-Kind-Beziehung vor und nach der Trennung sowie das Ausmaß der vom Kind erlebten Konflikte zwischen den Eltern (Hetherington, Bridges & Insabella, 1998; zum Überblick Fthenakis, Niesel & Kunze, 1982). Immer wieder aufbrechende Konflikte zwischen den Eltern, ungünstiges Erziehungsverhalten und beeinträchtigte Eltern-Kind-Beziehungen sind nun nicht nur in Familien zu beobachten, in denen sich die Eltern trennen bzw. getrennt haben, sondern auch in Familien, in denen die Eltern zusammenbleiben. Es ist anzunehmen, dass sich derartige

Erfahrungen generell in den Beziehungsmodellen einer Person niederschlagen.

Ungünstige Beziehungsmodelle scheinen jedoch nicht in jedem Fall negative Auswirkungen auf die Paarbeziehung und die Eltern-Kind-Beziehung zu haben. Cox und Kollegen (Cox, Paley & Payne, 1998) zufolge sind Personen in wenig belastenden Situationen häufig noch in der Lage, die erlernten negativen Beziehungsmodelle kritisch zu reflektieren und negative Verhaltensmuster zu durchbrechen. In belastenden Situationen kommen die in der Herkunftsfamilie erlernten Beziehungsmodelle und Verhaltensmuster dann jedoch verstärkt zum Tragen. Dies ist vermutlich darauf zurückzuführen, dass in Belastungssituationen aufgrund der mit ihnen häufig einhergehenden emotionalen Erregung die Fähigkeit zur Informationsverarbeitung vermindert ist (Suedfeld & Tetlock, 1977), wodurch das Auftreten automatisierter Kognitionen und die Ausführung automatisierter Verhaltensmuster begünstigt wird (Gottman, 1993).

In der Herkunftsfamilie erworbene ungünstige Beziehungsmodelle erweisen sich also speziell in Situationen, die emotional belastend sind, als zerstörerisch für die Paarbeziehung. Da der Übergang zur Elternschaft insgesamt ein hohes Belastungspotential in sich birgt, ist zu vermuten, dass negative Kindheitserfahrungen und Beziehungsmodelle im Übergang zur Elternschaft verstärkt durchbrechen und daher gerade bei erstmaligen Eltern Risikofaktoren für die Entwicklung der Partnerschaft darstellen.

Auch die Vorstellungen und Erwartungen bezüglich der positiven und negativen Konsequenzen, die mit einem (weiteren) Kind verbunden sind, dürften wesentlich auf den bisherigen Erfahrungen mit Familie beruhen. Diese Erfahrungen unterscheiden sich naturgemäß für werdende Eltern und solche, die bereits ein Kind haben. Bei erstmaligen Eltern werden sie zu einem großen Teil auf den in der Herkunftsfamilie gelebten Modellen basieren. Paare, die bereits Eltern geworden sind, leiten ihre Erwartungen, wie das Leben mit einem weiteren Kind wohl sein wird, hingegen von den bisher in der Elternrolle gemachten Erfahrungen ab (Fawcett, 1988).

4.6.1.2 Die Großeltern als Quelle sozialer Unterstützung

Neben den beschriebenen indirekten Auswirkungen hat die Herkunftsfamilie auch direkten Einfluss darauf, wie gut Mann und Frau in ihrer Rolle als Eltern zurechtkommen. Der Herkunftsfamilie kommt im Übergang zur Elternschaft eine besondere Bedeutung als Quelle sozialer Unterstützung zu. Soziale Unterstützung unterliegt normalerweise der Reziprozitätsnorm: d.h., wer ein Mitglied seines Freundes- oder Bekanntenkreises unterstützt, erwartet in der Regel, dass er von dieser Person zu gegebener Zeit ein ähnliches Ausmaß an Unterstützung erhält. Die Erfüllung dieser Reziprozitätsnorm ist jedoch im Übergang zur Elternschaft kaum zu leisten, so dass Unterstützungsleistungen bei den jungen Eltern das Gefühl einer Verpflichtung gegenüber dem Helfenden zurücklassen. Innerhalb der eigenen Herkunftsfamilie gilt die Reziprozitätsnorm nicht in gleichem Maße. Junge Familien können Unterstützungsleistungen von Seiten ihrer Eltern annehmen, ohne sich verpflichtet zu fühlen, diese Hilfe in gleicher Form und möglichst bald abgelten zu müssen. Infolgedessen wird lieber auf die Hilfe der eigenen Eltern als auf die Unterstützung von Nichtverwandten zurückgegriffen.

Die jungen Eltern erhalten unterschiedliche Hilfestellungen und Unterstützungsleistungen von ihren Eltern. Die Angehörigen der Elterngeneration befinden sich beim „Übergang zur Großelternschaft" im Allgemeinen auf dem Höhepunkt ihrer beruflichen Laufbahn bzw. haben diesen schon überschritten. Sie verfügen im Vergleich zu ihren Kindern, die häufig am Beginn der beruflichen Karriere stehen und den Ausfall eines Verdienstes kompensieren müssen, über die größeren finanziellen Ressourcen. Nicht selten greift daher die Elterngeneration dem jungen Paar bei der Familiengründung finanziell unter die Arme (Marbach, 1994; Vaskovics, 1989). Neben finanzieller Unterstützung kommt der Hilfe bei der Kinderbetreuung große Bedeutung zu. Die Inanspruchnahme der Großeltern für Betreuungsaufgaben steigt mit der Kinderzahl (Kaiser, 1989). Der intergenerationale Fluss von Hilfe bei der Kinderbetreuung erfolgt entsprechend der traditionellen Rollenaufteilung primär über die weibliche Linie (Templeton & Bauereiss, 1994). Es engagieren sich vor allem die (nicht berufstätigen) Großmütter bei der Betreuung der Kinder ihrer Töchter. Söhne erhalten in geringerem Ausmaß Unterstützung. Die Großväter spielen bei der Kinderbetreuung, unabhängig von ihrem Erwerbsstatus, eine untergeordnete Rolle. Sie leisten nach Templeton und Bauereiss (1994) allenfalls gelegentlich Hilfe, stellen jedoch nur in Ausnahmefällen eine regelmäßige Betreuungsinstanz dar (vgl. auch Petzold, 1991).

Ob die jungen Eltern von den Großeltern gelegentlich oder regelmäßig Hilfe bei der Kinderbetreuung bekommen, hängt entscheidend von der Wohnentfernung der Haushalte ab (Templeton & Bauereiss, 1994). Auch die aktuelle Beziehung zu den eigenen Eltern wird einen Einfluss darauf haben, inwieweit von den nunmehrigen Großeltern Hilfe und Unterstützung angeboten wird und ob die jungen Eltern bereit sind, diese anzunehmen.

Unterstützung von den eigenen Eltern anzunehmen, kann auch seine Schattenseiten haben. Die Unterstützung durch die eigenen Eltern wird nicht in jedem Fall von den jungen Eltern tatsächlich auch als Hilfestellung erlebt. Sie kann zu einer Belastung werden, wenn sie eigentlich nicht benötigt wird oder unerwünscht ist, wenn sie das Gefühl weckt, kontrolliert zu werden (Huwiler, 1995), oder auch wenn man sie von jemandem annehmen muss, zu dem man eine schlechte Beziehung hat. Hinzu kommt, dass die Abschwächung der Reziprozitätsnorm innerhalb der Herkunftsfamilie nicht bedeutet, dass gar keine Gegenleistungen erwartet werden. Durch die Annahme von Unterstützungsleistungen entstehen Loyalitätsbindungen, die zu Gegenleistungen in irgendeiner Form verpflichten. So sind die erwachsenen Kinder gefragte Kommunikationspartner ihrer Eltern, was bei Ersteren gelegentlich zu Gefühlen der Überforderung führt. Auftretende Missstimmungen treffen vor allem die Großmütter, die sich in hohem Maße um ihre erwachsenen Kinder bemühen, indem sie diese z.b. für Gespräche über persönliche Dinge in Anspruch nehmen und dabei auch lästig fallen können (Marbach, 1994).

In der LBS-Familien-Studie wird nun der Frage nachgegangen, ob und wie sich Merkmale der Herkunftsfamilie auf die Bewältigung des Übergangs zur Elternschaft auswirken. Dabei interessiert zum einen, ob negative Kindheitserfahrungen, wie eine unglückliche Paarbeziehung der eigenen Eltern, eine Trennung der Eltern oder eine schlechte Eltern-Kind-Beziehung, tatsächlich Risikofaktoren für die Entwicklung der jungen Familie nach der Geburt des ersten Kindes darstellen. Von Interesse ist weiterhin die Rolle der Großelterngeneration als Quelle sozialer Unterstützung bei der Kinderbetreuung. Hier stehen vor allem drei Fragen im Vordergrund. (1) Wann erhalten junge Eltern Hilfe bei der Kinderbetreuung? (2) Erleichtert die Unterstützung durch die Elterngeneration die Bewältigung des Alltags mit Kind? (3) Lassen sich nachteilige Auswirkungen von sozialer Unterstützung durch die Großeltern feststellen?

4.6.2 Ergebnisse der LBS-Familien-Studie

Widmen wir uns zunächst der Bedeutung früher Kindheitserfahrungen für die eigene Beziehungsgestaltung als Erwachsener. Dazu einige forschungsmethodische Anmerkungen (siehe Kasten).

In der LBS-Familien-Studie wurden die Kindheitserfahrungen der Teilnehmer mit Hilfe des *Kindheitsfragebogens* (Engfer, 1991) zum zweiten Messzeitpunkt (ca. 6-8 Wochen nach der Geburt des Kindes) erfasst. Der Kindheitsfragebogen bildet unterschiedliche Aspekte der früheren Beziehung zur eigenen Mutter bzw. zum eigenen Vater und die Qualität der heutigen Beziehung zu den Eltern ab. Zusätzlich sollten die Teilnehmer einschätzen, wie gut die Ehebeziehung ihrer Eltern während ihrer Kindheit war. Abbildung 4.6.1 gibt einen Überblick über die erfragen Aspekte. Die Beziehungsaspekte wurden für beide Elternteile getrennt erfragt. Neben Werten für die einzelnen Subskalen wurde zusätzlich ein Gesamtwert für die Qualität der Beziehung zur Mutter bzw. zum Vater gebildet. Hierfür wurden die Werte der Skalen *Liebe, Punitivität, Kontrolle, Überforderung* und *Rollenumkehr* zusammengefasst, so dass ein hoher Skalenwert auf eine gute Beziehung zum jeweiligen Elternteil hinweist.

Einschätzungen zur Herkunftsfamilie – Methodische Anmerkungen

Die ideale Vorgehensweise, um Auswirkungen von Kindheitserfahrungen auf das spätere Leben als Erwachsener zu untersuchen, wäre, während der Kindheit dieser Personen Informationen über das Verhalten ihrer Eltern, die Eltern-Kind-Beziehung und (Ehe-)Beziehung der Eltern zu sammeln. Jahre bzw. Jahrzehnte später, wenn diese Kinder erwachsen sind und eigene Familien gründen, könnte man auf der Basis dieser Informationen feststellen, ob und wie sich die frühen Erfahrungen auf das Verhalten als (Ehe-)Partner und Eltern auswirken. Diese Vorgehensweise wird selten gewählt, da sie mit einem immensen Aufwand verbunden ist, der sich erst Jahrzehnte später in Form von Forschungsergebnissen „auszahlt".

Bei den meisten Studien, die sich mit dem Einfluss der Herkunftsfamilie beschäftigen, wird auf retrospektive Aussagen der Erwachsenen über ihre Kindheit zurückgegriffen. Dies ist auch bei uns der Fall. Unproblematisch sind Angaben zu relativ objektiven Merkmalen, wie der Frage, ob bzw. wann sich die eigenen Eltern getrennt haben. Andere im Rückblick vorgenommene Einschätzungen liefern allerdings kein objektives Abbild der damaligen Verhältnisse. Dies gilt beispielsweise für die Beurteilung des früheren Erziehungsverhaltens der eigenen Eltern. Diese Einschätzungen stellen vielmehr das Ergebnis gedanklicher Bearbeitungsprozesse dar und sind somit als individuelle Konstruktionen zu betrachten. Neben einem Realitätsanteil fließen auch Erklärungen oder Rechtfertigungen für aktuelles oder früheres eigenes Verhalten mit ein. So kann das Bemühen, eigenes verwöhnendes Erziehungsverhalten zu rechtfertigen, die Überzeichnung des Erziehungsstils der eigenen Eltern als in hohem Maße strafend oder einengend zur Folge haben. Die eigenen Erfahrungen als Mutter bzw. als Vater können außerdem dazu führen, dass das frühere Verhalten der eigenen Eltern in einem neuen Licht gesehen wird. Auch die aktuelle Stimmung färbt auf solche Urteile ab. Personen, die mit ihrer aktuellen Situation unzufrieden sind und Anzeichen einer depressiven Verstimmung zeigen, neigen dazu, nicht nur ihre Zukunftsaussichten, sondern auch ihre Vergangenheit in einem wenig rosigen Licht zu sehen (Assimilationseffekte). Andererseits kann die Herkunftsfamilie vor dem Hintergrund aktueller Probleme in der neugegründeten Familie als besonders positiv wahrgenommen werden (Kontrasteffekte).

Daher können wir nicht davon ausgehen, dass diese Erinnerungen an die eigene Kindheit und Urteile darüber und über das Verhalten der Eltern die „objektive" Wirklichkeit genau widerspiegeln. Es ist jedoch anzunehmen, dass die zentralen Kindheitserfahrungen und -erinnerungen und das in der Auseinandersetzung mit diesen Erfahrungen letztendlich entstandene Bild, unabhängig von seinem Realitätsgehalt, von großer Bedeutung für das Erleben und Verhalten des Erwachsenen sind.

Aspekt	Beispielitems (Frauenversion - Beziehung zur Mutter)
Liebe:	„Meine Mutter war sehr liebevoll zu mir."
	„Bei meiner Mutter fühlte ich mich geborgen."
Punitivität:	„Meine Mutter hat mich hart bestraft."
	„Meine Mutter hat ihre Launen an mir ausgelassen."
Kontrolle:	„Meine Mutter hat mir ihren Willen aufgezwungen."
	„Meine Mutter erwartete von mir, dass ich immer brav und gehorsam war."
Überforderung	„Meine Mutter hat mich mir ihrem Ehrgeiz überfordert."
durch Ehrgeiz:	„Ich sollte erreichen, was meine Mutter in ihrem Leben nicht erreicht hat."
Rollen-	„Ich hatte als Kind Schuldgefühle, wenn es meiner Mutter nicht gut
umkehr:	ging."
	„Bei Eheproblemen sollte ich immer für meine Mutter Partei ergreifen."
Ehe der Eltern:	„Meine Eltern führten eine sehr glückliche Ehe."
	„Meine Eltern waren sehr liebevoll zueinander."
aktuelle Beziehung	„Die Beziehung zwischen meiner Mutter und mir ist heute ganz
zu den Eltern:	gut."

Abbildung 4.6.1: Kindheitsfragebogen; Subskalen und Beispielitems

4.6.2.1 Familienkonstellationen in der Herkunftsfamilie

Subjektive Einschätzungen zur Herkunftsfamilie

Welches Bild zeichnen nun die jungen Eltern von ihrer früheren Beziehung zu Mutter und Vater? Zunächst einmal lässt sich feststellen, dass die Beziehung zur Mutter im Rückblick insgesamt etwas positiver bewertet wird als die Beziehung zum Vater (Haupteffekt (HE) *Großelterngeschlecht (GG):* F $[1,159]=3.67$, $p<.10$). Dies gilt gleichermaßen für Frauen und Männer [HE *Elterngeschlecht (EG):* $F[1,159]<1$]. Allerdings zeigen sich deutliche Unterschiede bei der Bewertung der unterschiedlichen Aspekte der Beziehung (vgl. Abbildung 4.6.2). Im Einzelnen werden Mütter im Vergleich zu Vätern als liebevoller (HE *GG:* $F[1,159]=105.77$, $p<.001$) und weniger ehrgeizig und überfordernd ($F[1,156]=23.28$, $p<.01$) beschrieben. Die enge Beziehung zur Mutter kann aber auch ihre Schattenseiten haben: Sowohl Männer als auch Frauen geben an, dass die Beziehung zur Mutter stärker durch Rollenumkehr geprägt war als die Beziehung zum Vater (HE *GG:* $F[1,159]=118.98$, $p<.001$). „Rollenumkehr" bedeutet, dass das Kind für das Wohlbefinden des Erwachsenen verantwortlich ist, dass also die Rollen zwischen Elternteil und Kind „vertauscht" sind. Die vergleichsweise höhere Verantwortlichkeit der

Kinder für ihre Mütter kann nun bedeuten, dass Mütter tatsächlich stärker als Väter dazu neigen bzw. die besseren Möglichkeiten haben, zur persönlichen Stabilisierung auf ihre Kinder zurückzugreifen. Sie kann aber auch davon herrühren, dass Kinder ihre Mutter im Vergleich zum Vater möglicherweise als hilfsbedürftiger wahrnehmen und sich deswegen in erster Linie für deren Wohlbefinden verantwortlich fühlen. Vor allem die Frauen erleben sich im Rückblick als „Seelentrösterin" ihrer Mütter, während sie sich in weit geringerem Maße für das Wohlbefinden der Väter zuständig fühlten (Interaktion (IA) $EG \times GG$: $F[1,159]=11.47$, $p<.01$).

Frauen berichten ein signifikant höheres Ausmaß an Zwang und Kontrolle durch die Eltern als Männer (HE EG: $F[1,156]=8.01$, $p<.01$). Insbesondere Väter scheinen dazu zu neigen, von ihren Töchtern mehr Gehorsam und Unterordnung einzufordern als von ihren Söhnen (IA $EG \times GG$: $F[1,156]=4.53$, $p<.05$). Dieser Befund stimmt mit Ergebnissen anderer Studien überein, wonach Väter im Umgang mit ihren Töchtern einen restriktiveren Erziehungsstil praktizieren als im Umgang mit ihren Söhnen. Nur im Hinblick auf das strafende Verhalten der Eltern sind keine Unterschiede festzustellen. Mütter haben – nach Aussagen der Teilnehmer – genauso häufig und hart gestraft wie Väter.

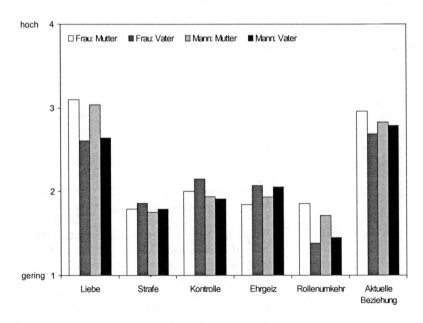

Abbildung 4.6.2: Bewertung des elterlichen Erziehungsverhaltens

Die Einschätzungen der aktuellen Beziehung zu den Eltern legen nahe, dass die geschlechtsspezifischen Beziehungsmuster der Kindheit auch im Erwachsenenalter bestehen bleiben. Das Verhältnis zur Mutter wird insgesamt als enger und besser eingeschätzt als das Verhältnis zum Vater (HE *GG*: $F[1,131]=9.48$, $p<.01$). Allerdings zeigen sich auch hier wieder geschlechtstypische Unterschiede: Während die Männer kaum zwischen den Eltern differenzieren, berichten die Frauen eine deutlich engere und bessere Beziehung zur Mutter im Vergleich zum Vater (IA *EE* × *GG*: $F[1,156]=4.53$, $p<.05$).

Interessanterweise haben Frauen zudem ein kritischeres Bild von der Ehe ihrer Eltern als Männer. Frauen (*M*=2.71) schätzen den Zustand der elterlichen Partnerschaft während ihrer Kindheit schlechter ein als Männer (*M*=2.93; $t[164]=-2.58$, $p<.05$).

Trennungen und Scheidungen in der Herkunftsfamilie

19 Prozent der teilnehmenden Frauen und 17 Prozent der teilnehmenden Männer geben an, dass ihre Eltern getrennt leben bzw. geschieden sind. Die Teilnehmer waren bei der Trennung ihrer Eltern im Schnitt 14,5 (Mädchen) bzw. 14,8 (Jungen) Jahre alt. Ein nicht unbeträchtlicher Teil der Trennungen erfolgte nach der Volljährigkeit des Teilnehmers bzw. der Teilnehmerin. 43 Prozent (Eltern der Frauen) bzw. 50 Prozent (Eltern des Mannes) der Eltern vollzogen die Trennung erst nach dem 18. Lebensjahr des Kindes. Bei diesen Personen kann man also nicht wirklich von „Scheidungskindern" sprechen, da sie mit beiden Eltern aufgewachsen sind. Allerdings treffen Trennungen nun nicht plötzlich bis zu diesem Zeitpunkt glückliche Paare. Der Weg zu einer Trennung oder Scheidung beginnt nicht selten schon Jahre zuvor mit einem unbewussten Auseinanderdriften der Partner (Loidl, 1985). Die Zeit bis zur endgültigen Trennung ist häufig geprägt durch zahlreiche (gescheiterte) Versuche, sich miteinander zu arrangieren, und durch gegenseitige Vorwürfe und heftige Auseinandersetzungen. Insbesondere in dieser Generation – über 90 Prozent der Eltern unserer Teilnehmer wurden vor 1945 geboren –, in der die Barrieren für eine Scheidung (gesellschaftliche Normen, schlechte ökonomische Situation von Frauen etc.) noch deutlich höher lagen als heute, dürften einer Trennung längere Phasen der Erosion vorausgegangen sein. Sprich: Auch wenn die Trennung der Eltern erst spät erfolgte, werden die elterlichen Probleme häufig schon lange Zeit vorher offensichtlich und ihre Auswirkungen für die Kinder zu spüren gewesen sein.

Dass nun die Teilnehmer, die eine Trennung ihrer Eltern berichten, die Partnerbeziehung ihrer Eltern im Rückblick als signifikant schlechter einschätzen als die Teilnehmer, die in vollständigen Familien[1] aufgewachsen

---

1   Nicht berücksichtigt wurden für die nachfolgenden Analysen Personen, bei denen einer oder beide Elternteile vor dem 18. Lebensjahr verstorben waren und die somit nicht in

sind (Frauen: $t[157]=5.91$, $p<.001$; Männer: $t[149]=5.87$, $p<.001$), erscheint trivial. Weniger trivial ist jedoch der Befund, dass sowohl die Männer als auch die Frauen aus Scheidungsfamilien einen signifikant größeren Mangel an Liebe, Aufmerksamkeit und Geborgenheit von Seiten beider Eltern verzeichnen (HE *Trennung*: Frauen: $F[1,155]=14.17$, $p<.001$; Männer: $F[1,150]=10.61$, $p<.01$). Zudem berichten die Frauen, deren Eltern sich getrennt hatten, ein größeres Ausmaß an Rollenumkehr, insbesondere in der Beziehung zur geschiedenen Mutter (IA *Trennung* × *GG*: $F[1,155]=5.09$, $p<.05$). Keine Unterschiede zwischen Personen aus Kernfamilien und solchen aus Scheidungsfamilien bestehen im Hinblick auf das erinnerte Strafverhalten, das Ausmaß an Kontrolle und Zwang und die Anforderungen von Seiten der Eltern. Offensichtlich ist eine Trennung der Eltern für die Kinder nicht so sehr mit einer generellen und dauerhaften Verschlechterung des elterlichen Erziehungsverhaltens verbunden, wohl aber mit Einbußen im Hinblick auf die elterliche Zuwendung. Dies scheint auch langfristige Konsequenzen zu haben: Die „Scheidungskinder" berichten auch als Erwachsene eine weniger gute Beziehung zu beiden Eltern (Frauen) bzw. vor allem zum Vater (Männer) als die Teilnehmer, die aus vollständigen Familien stammen.

4.6.2.2 Der Einfluss der Herkunftsfamilie auf die Entwicklung der Partnerschaft

Auswirkungen von Trennung und Scheidung

Die Hypothese einer Transmission des Scheidungs- bzw. Trennungsrisikos lässt sich bisher aufgrund des eingeschränkten Erhebungszeitraums unserer Studie und der geringen Anzahl von Trennungen in diesem Zeitraum (nur knapp fünf Prozent der Paare, für die zum letzten Messzeitpunkt gültige Angaben vorliegen, hatten sich getrennt) nicht überprüfen. Allerdings können wir der Frage nachgehen, ob die Beziehungen der Paare, bei denen einer oder beide Partner aus einer Scheidungsfamilie stammen, generell schlechter funktionieren oder durch die Geburt eines Kindes stärker beeinträchtigt werden als die Beziehungen von Personen, die in vollständigen Familien aufgewachsen sind. Wir interessieren uns also sowohl für Unterschiede im Ausgangsniveau der Partnerschaftsqualität vor der Geburt des Kindes als auch für Unterschiede im Ausmaß, in dem sich die Partnerschaft nach der Geburt verbessert oder verschlechtert.

Um die Auswirkungen der Familienkonstellation in der Herkunftsfamilie auf die Partnerschaftsentwicklung der jungen Eltern zu überprüfen, wurden zwei dreifaktorielle Varianzanalysen jeweils mit dem zweigestuften Gruppierungsfaktor *Beziehungskonstellation in der Herkunftsfamilie* (Trennung vs. keine Trennung) und den Messwiederholungsfaktoren

---

vollständigen Familien aufgewachsen sind. Dies sind sechs Prozent der Frauen und fünf Prozent der Männer.

Geschlecht (Frauen vs. Männer) und *Erhebungszeitpunkt* (T1: letztes Schwangerschaftsdrittel vs. T5: 34 Monate nach der Geburt) berechnet. In der ersten Analyse wurde der Einfluss der Herkunftsfamilie der Frau, in der zweiten der der Familie des Mannes auf den Verlauf der Partnerschaft (PFB-Gesamt) überprüft. *Herkunftsfamilie der Frau:* Neben dem bereits bekannten[2] hochsignifikanten Haupteffekt (HE) *Erhebungszeitpunkt* ($F[1,113]$=64.78; p<.001), der die Verschlechterung der Partnerschaft belegt, erhalten wir eine signifikante Interaktion *Beziehungskonstellation in der Herkunftsfamilie × Erhebungszeitpunkt* ($F[1,113]$=4.55; p<.05). Das Ausmaß der Verschlechterung variiert also in Abhängigkeit davon, ob die Frau aus einer Scheidungsfamilie stammt oder nicht. Wir finden keinen HE *Beziehungskonstellation* ($F[1,113]$<1). Abbildung 4.6.3 (oben) veranschaulicht die Ergebnisse.

Herkunftsfamilie des Mannes: Es zeigt sich wiederum ein hochsignifikanter HE *Erhebungszeitpunkt* ($F[1,111]$=34.81; p<.001), jedoch weder ein HE *Beziehungskonstellation* ($F[1,111]$<1) noch eine Interaktion *Beziehungskonstellation in der Herkunftsfamilie × Erhebungszeitpunkt* ($F[1,111]$<1). Die Abnahme der Partnerschaftsqualität fällt demnach für beide Konstellationen gleich aus. Die Interaktion *Beziehungskonstellation in der Herkunftsfamilie × Geschlecht* ($F[1,111]$=5.25; p<.05) macht allerdings deutlich, dass auch die Konstellation in der Herkunftsfamilie des Mannes einen Einfluss auf die Partnerschaft hat. Abbildung 4.6.3 (unten) zeigt, dass nicht die Männer, die aus einer Scheidungsfamilie stammen, eine geringere Partnerschaftsqualität berichten, sondern dass es deren Partnerinnen sind, die bereits während der Schwangerschaft mit ihrer Beziehung weniger zufrieden sind.

Betrachten wir zunächst den Einfluss einer Trennung in der Herkunftsfamilie der Frau. Abbildung 4.6.3 (oben) zeigt die Entwicklung der Partnerschaftsqualität in Abhängigkeit von der Beziehungskonstellation in der Herkunftsfamilie der Frau. Paare berichten *generell* eine Abnahme der Partnerschaftsqualität im Zeitraum von der Schwangerschaft bis drei Jahre nach der Geburt des Kindes. Die Verschlechterung der Partnerschaft fällt allerdings bei den 21 Paaren, bei denen die Frau aus einer Trennungsfamilie stammt (rechte Hälfte), stärker aus als bei den 94 Paaren, bei denen die Eltern der Frau sich nicht getrennt hatten (linke Hälfte). Das heißt allerdings nicht, dass die Beziehung bei Ersteren von Beginn an schlechter funktioniert hat. Anschlussanalysen ergeben keinen statistisch bedeutsamen Unterschied zwischen den beiden Gruppen im *Ausgangsniveau* der Partnerschaftsqualität *vor* der Geburt. Vielmehr scheinen diese Paare mit den Belastungen und Veränderungen, die mit der Geburt eines Kindes einhergehen, weniger gut umgehen zu können, was zu einer deutlicheren Verschlechterung der Partnerschaft führt. Ein anderes Bild ergibt sich, wenn man die Herkunftsfamilie des Mannes in den Blick nimmt (Abbildung 4.6.3, unten). Hier fallen die Einbußen der Partnerschaftsqualität für die 95 Paare, bei denen der Mann in einer vollständigen Familie aufgewachsen ist, ähnlich hoch aus, wie für die 18 Paare, bei denen der Mann aus einer Trennungsfamilie stammt. Anschlussanalysen zeigen hier, dass die Partnerinnen dieser (Trennungs-) Männer bereits *vor* der Geburt vergleichsweise unzufriedener mit dem Zustand der Partnerschaft sind.

---

2   vgl. Kapitel 3.2.4.

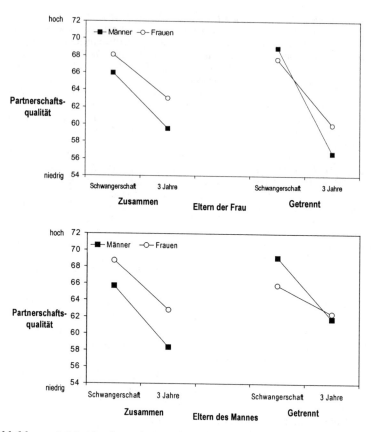

Abbildung. 4.6.3: Abnahme der Partnerschaftsqualität in Abhängigkeit von der Familienkonstellation in der Herkunftsfamilie der Frau (oben) bzw. der Herkunftsfamilie des Mannes (unten)

Eine Grundannahme der Trennungs- und Scheidungsforschung ist, dass weniger die elterliche Trennung als solche einen Risikofaktor für die Entwicklung des Kindes darstellt, sondern die im Kontext einer Trennung häufig beeinträchtigte Eltern-Kind-Beziehung (vgl. Fthenakis et al., 1992). Wir können nun keine Unterschiede zwischen beiden Gruppen im erinnerten Erziehungsverhalten der eigenen Eltern (Kontrolle, Strafe, Ehrgeiz) feststellen. Jedoch verzeichnen die Männer und Frauen, deren Eltern sich getrennt hatten, im Rückblick ein geringeres Ausmaß an Wärme und Zuwendung von Seiten ihrer Eltern. Daher wird im Folgenden überprüft, ob der Vorteil, in einer vollständigen Familie aufgewachsen zu sein, auch dann noch bestehen bleibt, wenn die (erinnerte) Zuwendung ähnlich gering ausfiel wie in den Trennungsfamilien. Für diese Analysen unterteilen (Mediansplit) wir die Gruppe der in vollständigen Familien aufgewachsenen Frauen bzw. Männer jeweils in eine Teilgruppe mit positiv erinnerter Beziehung zu den Eltern und eine Teilgruppe mit schlechter Beziehung zu den Eltern[3].

Analog zu den vorhergehenden Analysen wurden wiederum zwei dreifaktorielle Varianzanalysen mit den Messwiederholungsfaktoren *Geschlecht* (Frauen vs. Männer) und *Erhebungszeitpunkt* (T1: letztes Schwangerschaftsdrittel vs. T5: 34 Monate nach der Geburt) berechnet. Der Gruppierungsfaktor *Beziehungskonstellation in der Herkunftsfamilie* war dreifach gestuft (Trennung vs. keine Trennung/schlechte Beziehung zu den Eltern vs. keine Trennung/gute Beziehung zu den Eltern).

Herkunftsfamilie der Frau: Neben dem hochsignifikanten HE *Erhebungszeitpunkt* ($F[1,111]=76.39$; $p<.001$) ergibt sich eine tendenziell signifikante Interaktion *Beziehungskonstellation in der Herkunftsfamilie* × *Erhebungszeitpunkt* ($F[2,111]=2.35$; $p=.10$), die auf unterschiedliche Partnerschaftsverläufe in Abhängigkeit von der Familienkonstellation, in der die Mutter aufgewachsen ist, hinweist. Abbildung 4.6.4 (oben) veranschaulicht die Interaktion. Der HE *Beziehungskonstellation* wird nicht signifikant ($F[2,111]=1.02$, *n.s.*).

Herkunftsfamilie des Mannes: Auch hier erhalten wir wiederum neben dem hochsignifikanten Haupteffekt *Erhebungszeitpunkt* ($F[1,110]=56.30$; $p<.001$) eine Interaktion *Beziehungskonstellation in der Herkunftsfamilie* × *Geschlecht* ($F[2,110]=2.68$; $p<.10$), jedoch keinen HE *Beziehungskonstellation* ($F[2,110]<1$, *n.s.*). Abbildung 4.6.4 (unten) veranschaulicht die Ergebnisse.

Abbildung 4.6.4 zeigt den Verlauf der Partnerschaftsqualität in Abhängigkeit von der Beziehungskonstellation und der Qualität der Eltern-Kind-Beziehung in der Herkunftsfamilie. Betrachten wir wiederum als Erstes die Herkunftsfamilie der Frau (Abbildung 4.6.4, oben). Wir sehen, dass sich die drei Gruppen nicht im allgemeinen Niveau der Partnerschaftsqualität unterscheiden. Die 47 Paare, bei denen die Frauen aus vollständigen Familien stammen und ein hohes Ausmaß an erfahrener Zuwendung berichten (links), verzeichnen aber tendenziell geringere *Einbußen* der Partnerschaftsqualität über den betrachteten Drei-Jahres-Zeitraum als die 21 Paare, bei denen die Frauen eine Trennung der Eltern angeben (rechts). Die 46 Paare, bei denen sich die Eltern der Frau zwar nicht getrennt hatten, die Frauen als Kinder aber dennoch Wärme und Geborgenheit vermissten (Mitte), nehmen eine Mittelstellung ein. Die Abnahme der Partnerschaftsqualität scheint weniger gravierend auszufallen als bei einer Trennung in der Herkunftsfamilie der Frau und stärker als bei den Paaren, bei denen die Frau aus einer vollständigen Familie stammt und viel Zuwendung erfahren hat. Die Unterschiede zwischen dieser Gruppe und den beiden anderen Gruppen im Verlaufsmuster sind statistisch allerdings nicht bedeutsam.

---

3   Letztere unterscheiden sich in der erinnerten Beziehung zu den Eltern nicht von den Teilnehmern, deren Eltern sich getrennt hatten, beide Gruppen berichten aber im Schnitt ein signifikant geringeres Ausmaß an Wärme und Geborgenheit als die Teilnehmer, die in vollständigen Familien aufgewachsen waren und eine gute Beziehung zu den Eltern hatten.

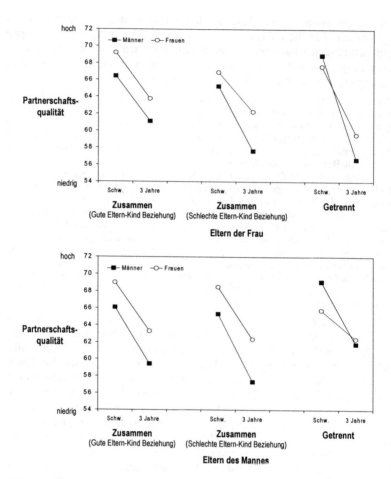

Abbildung 4.6.4: Abnahme der Partnerschaftsqualität in Abhängigkeit von der Familienkonstellation in der Herkunftsfamilie und der als Kind erfahrenen Zuwendung und Geborgenheit (Herkunftsfamilie der Frau: oben; Herkunftsfamilie des Mannes: unten)

Aus diesen Befunden lässt sich nun ableiten, dass die vergleichsweise stärkere Abnahme der Partnerschaftsqualität bei Paaren, bei denen die Frau aus einer Scheidungsfamilie stammt, nicht allein auf die Scheidung als solche zurückgeht. Ein zusätzlicher Faktor ist offenbar tatsächlich der mit einer unglücklichen Ehebeziehung der Eltern und der Trennung häufig verbundene

Mangel an Wärme und Geborgenheit für das Kind. Oder anders ausgedrückt: In einer vollständigen Familie aufgewachsen zu sein, ist nur dann eindeutig von Vorteil, wenn in der Familie der Frau auch eine Atmosphäre von Wärme und Geborgenheit herrschte. Ist die Frau zwar mit beiden Eltern aufgewachsen, hat sie diese aber als eher kühl und distanziert erlebt, bringt sie nicht unbedingt bessere Voraussetzungen für die Entwicklung der eigenen Beziehung mit als eine Frau, deren Eltern sich getrennt hatten.

Im Hinblick auf die Herkunftsfamilie des Mannes deuten unsere Befunde darauf hin, dass eine Trennung in der (Groß-)Elterngeneration der ausschlaggebende Faktor für die Qualität der eigenen Beziehung ist, das Ausmaß an erfahrener Zuwendung und Wärme hingegen eine untergeordnete Rolle spielt. Paare, bei denen die Männer in vollständigen Familien aufgewachsen sind, aber einen Mangel an Zuwendung von Seiten ihrer Eltern konstatieren, weisen das gleiche Muster auf wie Paare, bei denen die Männer aus vollständigen Familien mit guter Eltern-Kind-Beziehung stammen (Abbildung 4.6.4 unten, linke und mittlere Verläufe). Für Paare, bei denen der Mann ein Scheidungskind ist, erhalten wir jedoch ein davon abweichendes Muster (Abbildung 4.6.4 unten, rechts). Effekte der Trennung zeigen sich hier allerdings nicht für den Verlauf der Partnerschaftsqualität sondern für das *Niveau*: Frauen, deren Partner aus Scheidungsfamilien stammen, berichten im Vergleich zu Frauen, deren Partner in vollständigen Familien aufgewachsen sind, eine geringere Zufriedenheit mit der Beziehung. Überraschenderweise sind ihre Partner im Vergleich zu Männern, die mit beiden Eltern aufgewachsen sind, jedoch zufriedener.

Zusammenfassend lässt sich festhalten, dass die in der Herkunftsfamilie gemachten Beziehungserfahrungen auf die eigene Partnerschaft abstrahlen. Ungünstige Bedingungen in der Herkunftsfamilie der Frau resultieren in einer stärkeren Erosion der Partnerbeziehung angesichts der Belastungen und Veränderungen, die die Geburt eines Kindes mit sich bringt. Erfahrungen des Mannes in seiner Herkunftsfamilie haben keinen Einfluss auf die gemeinsame Bewältigung des Alltags mit Kind. Sie stehen jedoch im Zusammenhang mit dem Zustand der Partnerschaft im letzten Schwangerschaftsdrittel, wobei die Richtung des Zusammenhangs nicht ganz den Erwartungen entspricht.

Betrachten wir im Folgenden den Einfluss der Kindheitserfahrungen auf die Partnerschaftsentwicklung der jungen Eltern im Übergang zur Elternschaft näher.

Auswirkungen der Kindheitserfahrungen

Stellen negative Erfahrungen und Modelle in der Herkunftsfamilie nun speziell für erstmalige Eltern Risikofaktoren für die Entwicklung der Partnerschaft im Übergang zur Elternschaft dar? Um diese Annahme zu überprüfen, setzen wir das von den Teilnehmern im Rückblick eingeschätzte Erziehungsverhalten der Eltern bzw. die Beurteilung des damaligen Zustandes der Ehe der Eltern in Beziehung zur Veränderung der Partnerschaftsqualität von der Schwangerschaft bis drei Jahre nach der Geburt des Kindes. Tabelle 4.6.1 zeigt die bivariaten Zusammenhänge separat für erstmalige Eltern und Eltern, die ein nachfolgendes Kind bekamen (Zweiteltern).

Unsere Befunde stützen nur zum Teil die Hypothese, wonach negative Erfahrungen in der Herkunftsfamilie Risikofaktoren für die Bewältigung des Übergangs zur Elternschaft darstellen. Während die Partnerschaftszufriedenheit der erstmaligen Väter enge Bezüge zu Merkmalen der Herkunftsfamilie aufweist, trifft dies für die Zufriedenheit der erstmaligen Mütter nicht zu. Lediglich eine schlechte Beziehung der Frau zu ihrem Vater geht tendenziell mit einer stärkeren Abnahme ihrer Zufriedenheit einher. Auswirkungen der frühen Erfahrungen der Frau spiegeln sich jedoch sehr deutlich in den Einschätzungen des Mannes zur Partnerschaft wider. Je negativer die Frau die Ehe und das frühere Erziehungsverhalten ihrer Eltern (insbesondere das Verhalten ihres Vaters) beurteilt, desto stärker nimmt die Partnerschaftszufriedenheit des Mannes in den drei Jahren nach der Geburt des ersten Kindes ab. Er erlebt seine Frau zunehmend als nörgelig und streitsüchtig und als desinteressiert an körperlichen Zärtlichkeiten und verbalem Austausch. Die Bedeutung dieses Befundes erschließt sich, wenn man berücksichtigt, dass die

Tabelle 4.6.1: Zusammenhang zwischen Einschätzungen zur Herkunftsfamilie (Qualität der Beziehung zur Mutter und zum Vater; Qualität der Ehebeziehung der Eltern) und der Entwicklung der Partnerschaft von der Schwangerschaft bis drei Jahre nach der Geburt

		Herkunftsfamilie der Frau			Herkunftsfamilie des Mannes		
		Beziehung zu ...		Ehe	Beziehung zu ...		Ehe
		Mutter	Vater	der Eltern	Mutter	Vater	der Eltern
Veränderung der Partnerschaftsqualität (PFB)							
der Frau	e	-.03	.22+	.14	.10	.14	.14
	z	-.20	.05	-.06	-.11	-.07	.01
des Mannes	e	.28*	.53***	.32**	.36**	.14	.09
	z	.07	.29*	.08	.15	.08	.22

Anmerkungen: Skala Beziehung zur Mutter/zum Vater: Hohe Werte verweisen auf eine positive Beziehung. Die Veränderung der Partnerschaftsqualität wurde als Autoregression des T5-Wertes der Partnerschaftsqualität auf den T1-Wert berechnet. e: Ersteltern: N=72-89, z: Zweiteltern: N=50-79; + - $p \leq .10$ * - $p \leq .05$ ** - $p \leq .01$ *** - $p \leq .001$ (zweiseitig).

Partnerschaftsqualitäts-Werte des Mannes vor allem auf seiner Einschätzung des Verhaltens seiner Partnerin basieren. Offensichtlich praktizieren Frauen, die ihre Eltern während ihrer Kindheit als rigide und wenig liebevoll erlebt haben bzw. die das damalige Verhalten ihrer Eltern heute in einem wenig günstigen Licht sehen, ihrem Partner gegenüber einen zunehmend negativen Interaktionsstil, ohne selbst Auswirkungen dieses Interaktionsstils wahrzunehmen. Allerdings strahlen nicht nur die Sozialisationsbedingungen in der Herkunftsfamilie der Frau auf die Partnerschaft der jungen Eltern ab. Auch eine (erinnerte) schlechte Beziehung des Mannes zu seiner Mutter sagt langfristig eine ungünstige Entwicklung seiner Beziehungszufriedenheit vorher.

Für die Entwicklung der Partnerschaft nach der Geburt des zweiten Kindes scheint das Bild, das die Eltern von ihrer Kindheit haben, weitgehend bedeutungslos. Lediglich eine schlechte Kindheitsbeziehung der Frau zu ihrem Vater prädiziert eine Verschlechterung der Partnerschaftsqualität des Mannes.

Zusammenfassend lässt sich feststellen, dass vor allem die erstmaligen Väter unter den Konsequenzen eines wenig liebevollen, strafenden und einengenden Erziehungsstils sowohl der eigenen Mutter als auch der Eltern der Partnerin leiden: Sie berichten dann eine zunehmende Verschlechterung der Beziehung. Dass ein distanziertes und rigides Erziehungsverhalten und eine wenig harmonische Partnerschaft der Eltern der Frau zwar zu einer Abnahme der Partnerschaftsqualität des Mannes führen, nicht jedoch das Partnererleben der Frau beeinträchtigen, überrascht allerdings. Schließlich ist die Entwicklung der Zufriedenheit von Mann und Frau und die Art, wie sie mit dem jeweils anderen umgehen, nicht unabhängig voneinander. Je negativer sich die Frau gegenüber ihrem Partner verhält, desto negativer wird auch er sich ihr gegenüber verhalten. (Das Gleiche gilt natürlich auch umgekehrt).

Wie kommt es nun, dass negative Erfahrungen der Frau in ihrer Herkunftsfamilie eine Abnahme der Partnerschaftszufriedenheit des Mannes nach der Geburt des ersten Kindes bewirken? Gemäß den eingangs diskutierten Ansätzen sind mehrere Faktoren oder auch Wirkmechanismen denkbar. Beispielsweise könnten sich ungünstige Kindheitserfahrungen der Frau deswegen nachteilig auf die Partnerschaft auswirken, weil sie zur Entwicklung von Persönlichkeitsmerkmalen (wie einer geringen emotionalen Stabilität) beitragen, die das Auskommen der Partner erschweren. Verantwortlich könnten auch eine ungünstige Partnerwahl der Frau oder überhöhte Ansprüche der Frau an ihren Partner sein, die aus den in der Kindheit gemachten Erfahrungen resultieren. Verantwortlich für die Abnahme der Partnerschaftsqualität sind diesen Überlegungen zufolge also nicht die ungünstigen Kindheitserfahrungen als solche, sondern deren Beitrag für die Entwicklung von Persönlichkeitsmerkmalen, Einstellungen oder Verhaltensmustern, die das Miteinander der Partner erschweren. In der Psychologie spricht man hier von

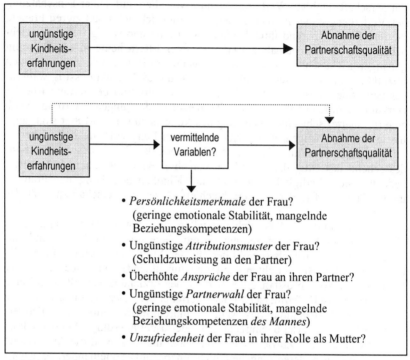

Abbildung 4.6.5: Die Auswirkung von ungünstigen Kindheitserfahrungen der
Frau auf die Abnahme der Partnerschaftsqualität (oben);
hypothetische Vermittlungsprozesse (unten)

„vermittelnden Variablen". Diese Überlegungen lassen sich schematisch
darstellen (Abbildung 4.6.5).

Betrachten wir diese Faktoren im Einzelnen. Da unsere Ergebnisse
darauf hindeuten, dass der Beziehung der Frau zu ihrem Vater für die Entwicklung der Partnerschaftsqualität eine besondere Bedeutung zukommt,
konzentrieren wir uns auf die Vermittlung dieser Beziehung.

1. Persönlichkeitsmerkmale der Frau? In anderen psychologischen
Studien wurde festgestellt, dass eine wenig liebevolle, rigide und straforien-
tierte Erziehung zur Entstehung von Persönlichkeitsmerkmalen beiträgt, die
eine harmonische und erfolgreiche Beziehungsgestaltung erschweren. Überprüfen wir diese Überlegung anhand der eigenen Daten. Der bivariate Zusammenhang zwischen den Kindheitserfahrungen der Frau und ihren (selbsteingeschätzten) Beziehungskompetenzen fällt eher niedrig aus (vgl. Tabelle
4.6.2). Während ungünstige Sozialisationsbedingungen unseren Befunden zu-

folge weder zu verringerten allgemeinen Kompetenzüberzeugungen noch zu einer erhöhten Verletzbarkeit führen, gehen sie unerwarteterweise mit einem ausgeprägteren Einfühlungsvermögen einher. Je schlechter die Beziehung zu Mutter und Vater war und je schlechter die Ehebeziehung der Eltern war, desto höher ist das (selbsteingeschätzte) Einfühlungsvermögen der Frau. Negative Erfahrungen während der Kindheit scheinen das Gespür für die Stimmungen anderer Personen also durchaus zu fördern. Erwartungsgemäß zeichnen Mütter, die ihre Kindheit in einem wenig positiven Licht sehen, sich bereits während der Schwangerschaft durch einen geringeren Selbstwert und eine höhere emotionale Labilität aus, wobei letztere nach der Geburt weiter zunimmt. Allerdings deuten unsere Befunde darauf hin, dass nur die Beziehung zum Vater bzw. die Qualität der Elternbeziehung von Bedeutung ist, nicht jedoch die Beziehung zur Mutter.

Führen ungünstige Kindheitserfahrungen der Frau nun aufgrund der mit ihnen einhergehenden Persönlichkeitsmerkmale der jungen Mutter zu einem Anstieg der Unzufriedenheit des Mannes mit der Beziehung?

Wir finden weder einen Zusammenhang der Partnerschaftszufriedenheit des Mannes mit dem Einfühlungsvermögen der Frau (r=-.18, *n.s.*) noch mit ihrer initialen emotionalen Stabilität (r=.17, *n.s.*) oder ihrem Selbstwert (r=.04, *n.s.*). Seine Unzufriedenheit nimmt in dem Maße zu, wie die emotionale Stabilität der Frau abnimmt (r=.42, p<.001). Allerdings wird der Einfluss der Kindheitserfahrungen der Frau auf die Partnerschaftszufriedenheit des Mannes *nicht* durch die emotionale Stabilität der Frau vermittelt. In einer multiplen Regression, bei der die Veränderung der *Partnerschaftsqualität* des Mannes vorhergesagt wird aus der *Beziehung* der Frau *zum Vater* und der Veränderung ihrer *emotionalen Stabilität,* leisten die Kindheitserfahrungen der Frau (Beziehung zum eigenen Vater; β=.45, p<.001) über die emotionale Stabilität hinaus (β=.30, p<.01) einen signifikanten Beitrag zur Vorhersage der Entwicklung der Partnerschaftszufriedenheit des Mannes[4].

2. Ungünstige Attributionsmuster[5] der Frau? Zeichnen sich Frauen, die das Erziehungsverhalten ihrer Eltern, insbesondere das Verhalten ihres Vaters, in einem wenig positiven Licht sehen, durch ein Attributionsmuster aus, das wenig förderlich für die Harmonie und Zufriedenheit in der Partnerschaft ist?

Wohl alle jungen Eltern machen die Erfahrung, dass die Geburt des ersten Kindes mit einer Reihe von Einschränkungen verbunden ist, dass der Partner einem weniger Aufmerksamkeit widmet oder Unstimmigkeiten zwischen den Partnern häufiger werden. Für die Zufriedenheit und die Harmonie in der Partnerschaft ist nun entscheidend, wie derartige negative Ereignisse von der betroffenen Person „erklärt" oder „attribuiert" werden

---

4 Zur Vorgehensweise bei Mediatoranalysen siehe Baron & Kenny, 1986.
5 Eine detaillierte Diskussion der Konsequenzen unterschiedlicher Attributionsstrategien für die Entwicklung der Beziehungszufriedenheit erfolgt in Kapitel 5.4.

Tabelle 4.6.2: Zusammenhang zwischen den Erfahrungen der *Frau* in ihrer Herkunftsfamilie und Merkmalen beider Partner (Ersteltern)

	Herkunftsfamilie der Frau					
	Beziehung zu ...		Ehe	Beziehung zu ...		Ehe
	Mutter	Vater	der Eltern	Mutter	Vater	der Eltern
	Merkmale der Frau			*Merkmale des Mannes*		
Allg. Selbstvertrauen [a]	.01	-.03	.06	-.11	.01	.20+
Einfühlungsvermögen [a]	-.22*	-.18+	-.21+	-.22*	-.07	.19+
Verletzbarkeit [a]	-.05	-.05	-.03	-.03	-.04	.02
Positivität des Selbstbildes [a]	-.03	.27*	.23*	-.15	.17	-.02
Emotionale Stabilität [a]	.10	.26*	.06	.11	.07	.11
Veränderung der emot. Stabilität [b]	.12	.25*	.30**	-.03	.20+	-.05
Attribution negativer Ereignisse [c]	-.02	-.21+	-.12	-.05	-.22+	-.16
Partnerideal [a]	-.15	.06	.16	.13	.10	-.08

Anmerkungen: Skala *Beziehung zur Mutter/zum Vater*: Hohe Werte verweisen auf eine positive Beziehung; *Attribution negativer Ereignisse*: hohe Werte verweisen auf eine Verantwortlichkeitszuschreibung an den Partner; [a]: erfasst zu T1; [b] Veränderung T1-T5, berechnet als Autoregression des T5-Wertes auf den T1-Wert; [c]: erfasst zu T5; N=72-89; + - $p \leq .10$ * - $p \leq .05$ ** - $p \leq .01$ *** - $p \leq .001$ (zweiseitig).

(vgl. Bradbury & Fincham, 1992). Wird die abnehmende Aufmerksamkeit des Partners auf äußere Gegebenheiten („Seine Arbeit nimmt ihn stark in Anspruch", „Wir sind beide durch die Versorgung des Kindes völlig erledigt"), eigenes Verhalten („Ich bin ihm gegenüber zur Zeit ziemlich abweisend") oder auf Merkmale der Person („Er interessiert sich generell nur für seine eigenen Angelegenheiten") zurückgeführt? Wird dem Partner Absicht oder Egoismus unterstellt? Rechnet die betroffene Person damit, dass sich das Verhalten des Partners wieder bessert? Von der Antwort hängt es ab, ob der Partner für sein Verhalten angeklagt wird, ob ihm Verständnis entgegengebracht wird und wo Veränderungsbemühungen ansetzen. Insbesondere die Neigung, negative Ereignisse auf stabile Persönlichkeitsmerkmale des Partners zurückzuführen und ihm Absicht und egoistische Motive zu unterstellen, erweisen sich als abträglich für die Beziehung.

Möglicherweise prädestiniert eine schlechte Kindheitsbeziehung zum Vater die junge Mutter dafür, die Verantwortung für auftretende Probleme bevorzugt dem Partner zuzuschreiben, was wiederum dazu beitragen dürfte, dass dieser mit der Beziehung zunehmend unzufrieden wird. Zwar schreiben Frauen, die einen Mangel an Wärme und Zuwendung und ein rigides Erziehungsverhalten des eigenen Vaters erinnern, ihrem Partner tatsächlich tendenziell mehr Verantwortung und Schuld für negative Ereignisse und negatives Verhalten zu. Anschlussanalysen zeigen jedoch, dass die Kindheitsbeziehung zum Vater unabhängig vom Attributionsstil der Frau eine Abnahme der Partnerschaftsqualität des Mannes vorhersagt (Multiple Regression: Kindheitserfahrungen der Frau: b=.48, p<.001; Verantwortlichkeitszuschreibung an den Partner: b=-.28, p<.05; aufgeklärte Varianz: R^2=.35). Die Annahme, dass eine schlechte Kindheitsbeziehung der Frau zum Vater deswegen mit einer Abnahme der Partnerschaftsqualität des Mannes einhergeht, weil diese Frauen ihrem Partner verstärkt Schuld und Verantwortung für negative Ereignisse geben, wird durch unsere Daten somit nicht gestützt.

3. Überhöhte Ansprüche der Frau an ihren Partner? Auch die Überlegung, dass Frauen, die ein wenig positives Bild von den eigenen Eltern und der eigenen Kindheit haben, realitätsferne und überhöhte Ansprüche an den Partner stellen und so die eigene Beziehung belasten, wird durch unsere Daten nicht gestützt. Das Wunschbild vom Partner („So hätte ich meinen Partner gerne") hängt nicht mit den Sozialisationserfahrungen der Frau zusammen.

4. Ungünstige Partnerwahl der Frau? Sind Frauen mit ungünstigen Beziehungserfahrungen in der Herkunftsfamilie, insbesondere Frauen, die Defizite in der Beziehung zu ihrem Vater wahrnehmen, weniger „geschickt" bei der Auswahl ihrer Partner? Neigen sie dazu, Partner zu wählen, die aufgrund spezifischer Persönlichkeitsmerkmale mit den Veränderungen, die die Geburt des ersten Kindes mit sich bringt, weniger gut zurecht kommen?

Diese Überlegung wird durch unsere Daten ebenfalls nicht gestützt Wir finden keinen substantiellen Zusammenhang zwischen der erinnerten Beziehung der Frau zum eigenen Vater und Merkmalen ihres Partners (vgl. Tabelle 4.6.2). Frauen, die eine schlechte Beziehung zu ihrem Vater berichten, haben ebenso beziehungskompetente und emotional stabile Partner, wie Frauen, die während ihrer Kindheit eine gute Beziehung zu ihrem Vater hatten. Zwar zeichnen sich die Partner von Frauen mit schlechter Kindheitsbeziehung zum Vater durch eine tendenziell stärkere Zunahme der emotionalen Labilität im Übergang zur Elternschaft aus. Auch weisen diese Männer ein wenig partnerschaftsdienliches Attributionsmuster auf und neigen dazu, ihrer Partnerin die Verantwortung und Schuld für negative Ereignisse und Unstimmigkeiten zuzuschreiben. Eine schlechte Kindheitsbeziehung der Frau zu ihrem Vater leistet jedoch über die emotionale Stabilität und das Attributionsmuster des Mannes einen Beitrag zur Vorhersage seiner Partnerschaftsqualität (Multiple Regression der Veränderung der Partnerschaftsqualität des Mannes auf die Verantwortlichkeitszuschreibung des Mannes an seine Partnerin (β=-.39, p<.001) und die Kindheitserfahrungen der Frau (β =.48, p<.001); aufgeklärte Varianz: R^2=.44; multiple Regression der Veränderung der Partnerschaftsqualität des Mannes auf die Veränderung der emotionalen Stabilität des

Mannes (β=.24, p<.001) und die Kindheitserfahrungen der Frau (β =.48, p<.001); aufgeklärte Varianz: R^2=.33).

Zusammenfassend lässt sich festhalten, dass ungünstige Sozialisationsbedingungen der Frau, insbesondere ein kaltes, rigides und straforientiertes Erziehungsverhalten des eigenen Vaters, eine nachhaltige Abnahme der Beziehungszufriedenheit des Mannes nach der Geburt des ersten Kindes zur Folge haben. Nicht bestätigt wird jedoch die Annahme, dass eine schlechte Kindheitsbeziehung der Frau zu ihrem Vater *deswegen* eine Verschlechterung der Partnerschaft des jungen Paares zu Folge hat, weil sie zur Entwicklung dysfunktionaler Persönlichkeitsmerkmale oder Verhaltensmuster bei der Frau beigetragen hätte. Zwar steht das erinnerte Erziehungsverhalten des Vaters tatsächlich mit Persönlichkeitsmerkmalen der Frau und dem Attributionsstil ihres Partners im Zusammenhang. Allerdings fallen diese Zusammenhänge eher gering aus und sind nicht für die Verschlechterung der Partnerschaft verantwortlich.

4.6.2.3 Der Einfluss der Herkunftsfamilie auf die Anpassung an die Elternrolle

Gehen wir im folgenden Abschnitt der Frage nach, inwieweit die in der Herkunftsfamilie gemachten Erfahrungen die Anpassung an die neue Rolle als Vater bzw. Mutter erleichtern oder erschweren. Hierfür betrachten wir den korrelativen Zusammenhang zwischen den Kindheitserfahrungen von Mann und Frau und ihrer Zufriedenheit in der Elternrolle (Subskala Frustration). Eine hohe Frustration ist gekennzeichnet durch Bedauern über die mit der Geburt des Kindes verbundenen Änderungen und Einschränkungen und sehnsüchtige Gedanken an die Zeit ohne Kind(er).

Die Kindheitserfahrungen der erstmaligen Mütter stehen in engem Zusammenhang mit ihrer Anpassung an die neue Rolle (vgl. Tabelle 4.6.3). Frauen, die das frühere Erziehungsverhalten ihrer Eltern in einem wenig günstigen Licht sehen, erleben auch ihre eigene Rolle als Mutter weniger positiv. Sie sind bereits sechs bis acht Wochen nach der Geburt deutlich unzufriedener und frustrierter in dieser Rolle als Frauen mit einer positiven Kindheitsbeziehung zu ihren Eltern. Ihre Frustration über die mit dem Kind verbundenen Veränderungen und Einschränkungen nimmt außerdem in den folgenden drei Jahren überdurchschnittlich stark zu. Auch eine wenig liebevolle und glückliche Partnerbeziehung der eigenen Eltern (während der Kindheit der Frau) sagt einen Anstieg der Frustration der Mutter in den drei Jahren nach der Geburt des Kindes vorher.

Für die erstmaligen Väter fallen die Zusammenhänge weniger deutlich aus. Eine schlechte Kindheitsbeziehung zur eigenen Mutter geht zwar sechs bis acht Wochen nach der Geburt einher mit einer erhöhten Frustration des Mannes in seiner Rolle als Vater. Ob seine Frustration weiter zu- oder abnimmt, hängt hingegen davon ab, wie gut die Kindheitsbeziehung *beider* Partner zum jeweiligen Vater war. Je weniger Wärme und Geborgenheit beide Partner von ihren Vätern erfuhren, je mehr sie die Strafen der Väter als hart, ungerecht und demütigend erlebten, und je mehr sie von ihren Vätern zu Gehorsam und Unterordnung gezwungen wurden, desto mehr nimmt die Unzufriedenheit des Mannes in den ersten drei Jahren als Vater zu.

Für die Zweiteltern zeigt sich kein konsistenter Zusammenhang zwischen dem erinnerten Erziehungsverhalten der eigenen Eltern und der Zufriedenheit als Vater bzw. Mutter. Lediglich ein – retrospektiv eingeschätztes – distanziertes und rigides Erziehungsverhalten der Eltern des Mannes geht einher mit einem leichten Anstieg der Frustration der Frau in den drei Jahren nach der Geburt des nachfolgenden (d.h. zweiten oder dritten) Kindes.

Zusammenfassend lässt sich festhalten, dass unsere Ergebnisse einen Einfluss der in der Herkunftsfamilie gemachten Beziehungserfahrungen auf die Bewältigung des Übergangs zur Elternschaft belegen. Vor allem den Frauen gelingt die Anpassung an ihre neue Rolle als Mutter umso besser, je positiver sie das frühere Erziehungsverhalten ihrer eigenen Eltern bewerten und je harmonischer das Klima zwischen den eigenen Eltern war. Der Einfluss der Kindheitserfahrungen scheint sich langfristig jedoch zu verlieren. Für die Zweit-/Dritteltern lässt sich ein Zusammenhang der in der Herkunfts-

Tabelle 4.6.3: Zusammenhang zwischen Einschätzungen zur Herkunftsfamilie und Indikatoren der Bewältigung

| | | Eltern der Frau | | | Eltern des Mannes | | |
| | | Beziehung zu ... | | Ehe | Beziehung zu ... | | Ehe |
		Mutter	Vater	der Eltern	Mutter	Vater	der Eltern
Frustration (EMKK) T2							
Frau	e	-.27**	-.30**	-.08	-.06	-.08	-.07
	z	-.21+	-.09	-.09	-.16	-.03	.00
Mann	e	-.05	-.10	.07	-.27*	-.16	.03
	z	-.11	-.00	-.06	-.04	-.12	-.14
Veränderung der Frustration T2-T5							
Frau	e	-.20+	-.27*	-.31**	.01	-.12	-.01
	z	-.05	-.16	-.02	-.29*	-.23+	-.05
Mann	e	-.11	-.23*	-.10	-.06	-.21+	-.08
	z	.12	-.11	-.04	-.06	-.12	-.01

Anmerkungen: Skala: Beziehung zur eigenen Mutter/Beziehung zum eigenen Vater (Liebe, *Strafe, Kontrolle, Ehrgeiz, Rollenumkehr;* kursiv gesetzte Skalen wurden umgepolt): Hohe Werte verweisen auf positive Beziehung; e: Ersteltern: $N=72$-89, z: Zweiteltern: $N=50$-79; + - $p \leq .10$ * - $p \leq .05$ ** - $p \leq .01$ *** - $p \leq .001$ (zweiseitig).

familie gemachten Beziehungserfahrungen mit der Zufriedenheit in der Elternrolle nicht mehr nachweisen.

4.6.2.4 Die Großeltern als Betreuungsinstanz – oder: Glücklich, wer auf seine Eltern zurückgreifen kann?

Die Herkunftsfamilien, insbesondere die Eltern, haben nicht nur indirekten Einfluss auf die Entwicklung der jungen Familie. Sie stellen für das junge Paar eine unmittelbare Ressource für die Bewältigung des Übergangs zur Elternschaft dar. Neben emotionaler und finanzieller Unterstützung ist vor allem ihre Hilfe bei der Betreuung des Kindes von großer Bedeutung.

Betrachten wir zunächst den Einbezug des Verwandtschaftssystems in die Betreuung des Zielkindes – also des Kindes, das zu Beginn der Studie geboren wurde – und des älteren Geschwisters, sofern vorhanden. Zunächst fällt auf, dass die Eltern der Frau häufiger in Anspruch genommen werden als die Eltern des Mannes (vgl. Tabelle 4.6.4). Während etwa jede zweite Familie auf die Hilfe der Eltern der Frau zurückgreift, werden die Eltern des Mannes nur von jeder dritten Familie in die Betreuung des Zielkindes einbezogen. Jedes sechste Paar greift für die Kinderbetreuung auf andere Verwandte zurück. Etwa zwei Dritteln der Paare steht irgendeine Person aus dem Verwandtschaftssystem für die Betreuung des Kindes zur Verfügung.

Die Verwandten, insbesondere die Eltern von Mann und Frau, stellen gerade in den ersten Lebensmonaten des Kindes die wichtigste Quelle für Hilfe bei der Kinderbetreuung dar. In den ersten vier Monaten nach der Geburt greifen die jungen Eltern für die Betreuung des Säuglings fast ausschließlich auf die eigenen Eltern oder andere Verwandte zurück. Vier Monate nach der Geburt decken Verwandte 86 Prozent des gesamten Zeitkontingentes ab. Nur 14 Prozent der Zeit, in der der Säugling von anderen Personen als seinen eigenen Eltern betreut wird, werden in dieser frühen Phase durch Nachbarn, Freunde oder institutionelle oder semiprofessionelle Kontakte abgedeckt. Aber auch wenn das Kind etwas älter ist, greifen die jungen Eltern in hohem Maße auf ihre Eltern und andere Verwandte zurück. 18 Monate nach der Geburt des Kindes decken Verwandte immerhin noch die Hälfte der gesamten Fremdbetreuung ab, beim drei Jahre alten Kind noch 40 Prozent. Der Rückgang ihres Anteils an der Gesamtbetreuung bedeutet nun nicht, dass das absolute zeitliche Engagement der Verwandten in diesen drei Jahren zurückgeht. Vielmehr stehen mit zunehmendem Alter des Kindes vermehrt semiprofessionelle (Tagesmutter, Babysitter) und institutionelle Betreuungsmöglichkeiten (Kinderkrippe, Kindergarten) zur Verfügung, die von den Eltern dann zusätzlich genutzt werden.

Auch für die Betreuung des bereits vorhandenen älteren Kindes werden Großeltern und andere Verwandte gerne in Anspruch genommen. Allerdings gewinnen in dieser Altersgruppe die institutionellen Angebote zunehmend an

Tabelle 4.6.4: Inanspruchnahme der Mitglieder des Verwandtschaftsnetzes für die Betreuung des Zielkindes und des älteren Kindes zu den einzelnen Erhebungszeitpunkten (Anteil der Paare, die auf diese Personen zurückgreifen und durchschnittliche wöchentliche Betreuungsdauer; Angaben der Mütter)

	4 Monate		18 Monate		34 Monate	
	Anteil	Stunden[1]	Anteil	Stunden[1]	Anteil	Stunden[1]
Zielkind (alle Eltern)						
Eltern der Frau	52%	5,8	56%	4,8	46%	7,5
Eltern des Mannes	30%	5,8	37%	5,1	34%	5,7
andere Verwandte	17%	3,4	17%	2,4	17%	3,5
älteres Geschwister (nur Zweiteltern)						
Eltern der Frau	54%	4,1	55%	3,5	39%	4,0
Eltern des Mannes	32%	4,4	41%	4,1	28%	4,1
andere Verwandte	25%	3,9	12%	2,5	12%	2,3

Anmerkungen: [1] durchschnittliche wöchentlich Betreuungsdauer der tatsächlich in Anspruch genommenen Mitglieder der betreffenden Kategorie

Bedeutung. Infolgedessen geht der Anteil der Verwandten am gesamten Betreuungskontingent weiter von 18 Prozent (T3) auf 12 Prozent (T5) zurück.

Die Großeltern sind also gerade in den ersten Monaten mit Kind eine wichtige und oftmals die einzige Hilfe für die Kinderbetreuung. Allerdings wird die bevorzugte Inanspruchnahme der Großeltern nur zum Teil darin begründet sein, dass sie tatsächlich die einzige existierende Möglichkeit der nichtelterlichen Kinderbetreuung darstellen. Den Säugling auch nur für kurze Zeit „abzugeben" stellt für die Eltern einen großen Vertrauensbeweis dar. Fremden Personen oder auch Bekannten, die selbst keine Erfahrung im Umgang mit Kindern haben, wird man sein Kind nur ungern anvertrauen. Bei den eigenen Eltern wird man in der Regel davon ausgehen, dass sie sowohl die notwendigen Kompetenzen als auch das nötige Ausmaß an Liebe und Fürsorge mitbringen. Diese Überlegung wird bestätigt, wenn man die Betreuungspräferenzen der Teilnehmer betrachtet. Auf die Frage, wie gerne sie für die Betreuung ihres vier Monate alten Kindes auf bestimmte Personen (Eltern, Verwandte, Nachbarn etc.) oder Institutionen (Tagesmutter, Kinderkrippe, Krabbelgruppe) zurückgreifen würden, werden am häufigsten die Eltern genannt. Jedoch zeigen sich deutliche Unterschiede in den Präferenzen von Männern und Frauen. So wünschen sich 81 Prozent der Mütter und 74 Prozent der Väter, bei der Betreuung ihres vier Monate alten Kindes auf die Eltern der Frau zurückgreifen zu können. Die Mütter haben einen signifikant stärkeren Wunsch als die Väter. Demgegenüber wünschen sich ebenfalls 81 Prozent der Väter, jedoch nur 50 Prozent der Mütter auf die Eltern des Mannes zurückgreifen zu können. Der Wunsch der Mutter ist hier hochsignifikant schwächer als der des Vaters. Während also beide Partner gleichermaßen eine Präferenz für die jeweils eigenen Eltern zeigen, hat die Frau gegenüber ihren Schwiegereltern deutlich größere Vorbehalte als der Mann gegenüber seinen. Die Frau würde ebenso gerne auf Freunde oder Bekannte wie auf die Schwiegereltern zurückgreifen. Einer Fremdbetreuung des vier Monate alten Kindes durch eine Tagesmutter stehen 17 Prozent der Eltern, die einen Betreuungsbedarf äußern, aufgeschlossen gegenüber, einer Betreuung in der Kinderkrippe lediglich 15 Prozent der Frauen und 19 Prozent der Männer.

Ob die jungen Eltern die Großeltern (vermutlich vor allem die Großmütter) in die Kinderbetreuung einbeziehen, hängt entscheidend von der Verfügbarkeit der Großeltern ab. Der Betreuungsumfang der Großeltern fällt umso größer aus, je geringer die räumliche Entfernung der beiden Haushalte ist (Tabelle 4.6.5). Lebt die Mutter der Frau in der Nähe und ist sie relativ schnell (d.h. innerhalb von 15 Minuten) zu erreichen, kümmert sie sich durchschnittlich 6,4 Stunden in der Woche um ihr Enkelkind. Wohnt sie weiter weg, beträgt ihr mittleres wöchentliches Betreuungskontingent nur 1,3 Stunden. Gleiches gilt für die Mutter des Mannes. Hier beträgt der durchschnittliche Betreuungsumfang in Abhängigkeit von der Entfernung 4,4 (innerhalb von 15 Minuten erreichbar) bzw. 0,7 Stunden[6]. Die räumliche Mobilität junger Paare hat also deutliche Nachteile, wenn die Gründung der eigenen Familie ansteht.

Neben der räumlichen Nähe hat auch die Enge der Beziehung zur eigenen Mutter einen Einfluss darauf, ob und wie sehr sie in die Betreuung des Kindes eingebunden wird bzw. sich einbinden lässt. Pflegen Mann und Frau schon vor der Geburt des Kindes regelmäßigen Kontakt (Besuche, Telefonate) zu den jeweils eigenen Eltern und verstehen sie sich gut mit ihnen, werden sie diese später auch verstärkt für die Betreuung in Anspruch nehmen (Tabelle 4.6.5). Hat man eine gute Beziehung zu seinen Eltern, ist man vermutlich eher bereit, diese um Hilfe zu bitten bzw. deren Unterstützungsangebote anzunehmen. Die Beziehung zu den Großmüttern spielt hierbei eine wichtigere Rolle als die zu den Großvätern. Dies ist vermutlich darauf zurückzuführen, dass es typischerweise vor allem die Großmütter sind, die sich bei der Betreuung des Säuglings und Kleinkindes engagieren.

---

6   Die seltenere Inanspruchnahme der Eltern des Mannes im Vergleich zu denen der Frau ist allerdings nicht auf eine größere Wohnentfernung seiner Eltern zurückzuführen. Zumindest für den ersten Messzeitpunkt, der während der Schwangerschaft stattfand, waren jeweils ca. 30 Prozent der Großeltern bzw. – bei getrennt lebenden Großeltern – der Großmütter innerhalb von 15 Minuten zu erreichen. Wohnentfernungen von mehr als einer Stunde waren zu diesem Zeitpunkt für die Eltern des Mannes in etwa genauso häufig (45 Prozent) wie für die Eltern der Frau (41 Prozent).

Tabelle 4.6.5: Zusammenhang zwischen räumlicher und psychischer Nähe zu den eigenen Eltern und der Beteiligung der Großeltern an der Betreuung des Kindes

| | Umfang der Kinderbetreuung durch die Eltern | | | | | |
| | der Frau | | | des Mannes | | |
	4 Mon.	18 Mon.	34 Mon.	4 Mon.	18 Mon.	34 Mon.
Eltern der Frau						
Entfernung zu den Eltern	-.65***	-.60***	-.57***			
Häufigkeit Kontakt zu Mutter	.47***	.56***	.43***			
Häufigkeit Kontakt zu Vater	.42***	.46***	.39***			
Qualität Beziehung zu Mutter	-.12	.29***	.23**			
Qualität Beziehung zu Vater	-.05	.21*	.07			
Eltern des Mannes						
Entfernung zu den Eltern				-.65***	-.54***	-.57***
Häufigkeit Kontakt zu Mutter				.48***	.35***	.31***
Häufigkeit Kontakt zu Vater				.39***	.24**	.23*
Qualität Beziehung zu Mutter				.21*	.28**	.23**
Qualität Beziehung zu Vater				.11	.14	.18*

Anmerkungen: N=93-147; + - $p \le .10$ * - $p \le .05$ ** - $p \le .01$ *** - $p \le .001$ (zweiseitig).

Positive Aspekte der Unterstützung

Sorgt nun die Hilfe und Unterstützung der Großeltern bei der Betreuung des Kindes für eine spürbare Entlastung der jungen Mutter als primärer Betreuungsperson? Hat das Ausmaß der Unterstützung durch die Großeltern einen Einfluss auf die Bewältigung der Anforderungen, die mit der Geburt eines Kindes verbunden sind? Nicht in jedem Fall. Dies wird deutlich, wenn wir den Umfang der Kinderbetreuung, die von den Großeltern geleistet wird, in Beziehung setzen zum Befinden der Mütter. Für die erstmaligen Mütter zeigt sich kein Zusammenhang, wohl aber für die Mütter, die bereits ein oder zwei Kinder haben und nun ein Weiteres bekommen (vgl. Tabelle 4.6.6). Je stärker die Zweiteltern für die Kinderbetreuung auf die Großeltern zurückgreifen können, desto befriedigender und weniger belastend erlebt die Mutter die Elternschaft. Im Einzelnen ist sie weniger frustriert in ihrer Rolle als Mutter, hat mehr Freude am (jüngsten) Kind, kommt besser mit ihm zurecht und zeigt tendenziell weniger Anzeichen einer depressiven Verstimmung. Wichtig ist für die Mutter mit mehreren Kindern nicht nur Hilfe bei der Betreuung des jüngsten Kindes, sondern auch Entlastung vom älteren Kind oder den älteren Kindern.

Allerdings kommt es darauf an, *wer* die Hilfe leistet. Während Unterstützung durch die eigenen Eltern, vermutlich vor allem durch die eigene

Tabelle 4.6.6: Zusammenhang zwischen dem von den Großeltern geleisteten Betreuungsumfang [a] und dem Befinden der Mütter

| | Umfang der Kinderbetreuung durch die Eltern | | | | | |
| | der Frau | | | des Mannes | | |
	4 Mon.	18 Mon.	34 Mon.	4 Mon.	18 Mon.	34 Mon.
Erstmütter						
Frustration (EMKK)		-.09	.01		-.05	-.04
Freude am Kind (EMKK)		-.04	.07		.02	.07
Kindschwierigkeit	-.04	-.04	-.06	.08	.00	.05
Depressivität (ADS)	.18	.12	.11	.07	-.11	-.14
Zweitmütter						
Frustration (EMKK)		-.28*	-.11		.23+	.28*
Freude am Kind (EMKK)		.12	.35**		-.08	-.13
Kindschwierigkeit	-.04	-.22+	-.13	-.07	.03	.01
Depressivität (ADS)	.07	-.03	-.19+	-.09	-.07	-.01

Anmerkungen: [a] Der Betreuungsumfang bezieht sich bei den Zweiteltern auf den Gesamtumfang der Betreuung beider Kinder; Zusammenhänge zwischen zum gleichen Messzeitpunkt erfassten Variabeln; für den Messzeitpunkt *vier Monate* nach der Geburt kann der Zusammenhang für die Variablen *Frustration* und *Freude* nicht berechnet werden, da sie zu diesem Zeitpunkt nicht erhoben wurden; Ersteltern: N=65-82, Zweiteltern: N=39-70; + - $p \leq .10$ * - $p \leq .05$ ** - $p \leq .01$ *** - $p \leq .001$ (zweiseitig).

Mutter, von der Frau als Entlastung erlebt wird, trifft dies für die Hilfe der Schwiegereltern nicht zu. Hier steht der geleistete Betreuungsumfang in keinem bzw. sogar in einem leicht negativen Zusammenhang mit der Zufriedenheit der Frau in ihrer Rolle als Mutter. Je stärker das Paar für die Kinderbetreuung auf die Eltern des Mannes zurückgreift desto größer ist die Frustration der jungen Mutter. Warum hat nun die Hilfe der eigenen Mutter bei der Kinderbetreuung positive Auswirkungen auf das Befinden der jungen Mutter, die Hilfe der Schwiegermutter jedoch eher negative? Dieser Unterschied in den Auswirkungen von Unterstützung wurde so nicht erwartet. Möglicherweise ist er auf eine vergleichsweise geringere Verbindlichkeit der Reziprozitätsnorm – der Verpflichtung, erhaltene Hilfe wiederum mit Hilfeleistungen abzugelten – in der Beziehung zur eigenen Mutter zurückzuführen. Die Hilfe der eigenen Mutter kann daher von der Frau ohne schlechtes Gewissen und ohne Verpflichtungsgefühle angenommen werden. Unterstützung von Seiten der Schwiegermutter wird hingegen infolge der damit wachsenden Verpflichtung eher als Belastung erlebt. Vergleichbare Zusammenhänge zwischen der Zufriedenheit des Mannes und der Unterstützung durch die Großeltern treten nicht auf. Dies überrascht nicht, da die Zuständigkeit für die Betreuung und Versorgung des Kindes primär bei der Frau liegt.

Zusammenfassend lässt sich feststellen, dass die Unterstützung durch die Großeltern bei den *Erst*eltern keinen nachweisbaren Einfluss auf das Befinden der Mutter hat. Möglicherweise kommt es hier vor allem auf eine gute Koordination von Mann und Frau und eine Unterstützung der Frau durch ihren Partner an. Bei zwei oder mehr Kindern trägt die Entlastung durch die eigenen Eltern durchaus zum Wohlbefinden der Frau bei. Dieser Effekt fällt allerdings nicht sonderlich eng aus und tritt nicht für die ersten Monate nach der Geburt auf. Die Hilfe bei der Kinderbetreuung stellt somit nur einen Faktor unter vielen dar, die den Alltag mit Kind erleichtern.

„Kosten" von Kinderbetreuung

Die Kinderbetreuung durch die Großeltern ist zwar in der Regel nicht mit finanziellen Kosten verbunden. Soziale Unterstützung durch die Herkunftsfamilie kann aber auch ihre Schattenseiten haben, wie der negative Zusammenhang zwischen dem Engagement der Schwiegermutter bei der Betreuung des Kindes und dem Befinden der jungen Mutter zeigt. Vermutlich wird Hilfe und Unterstützung dann zu einer Belastung, wenn man sie von jemandem annehmen muss, zu dem man keine gute Beziehung hat. Diese Überlegung können wir anhand der eigenen Daten überprüfen. Wir gehen davon aus, dass es eine Belastung für das Paar, insbesondere für die Frau, darstellt, bei der Kinderbetreuung auf die Großeltern angewiesen zu sein, wenn die Partner keine gute Beziehung zu ihnen haben. Dies sollte gleichermaßen für die Ersteltern wie für die Zweiteltern gelten.

Es wird also angenommen, dass die aktuelle Beziehung zu den beiden Großmüttern bestimmt, ob die Hilfe bei der Kinderbetreuung von der Frau als Entlastung oder als Belastung erlebt wird. Diese Überlegung wird im Rahmen einer Reihe von bedingten Regressionen geprüft. Das Kriterium *Frustration der Frau* (zu T4 bzw. T5) wird im ersten Schritt vorhergesagt anhand des Umfangs der von den jeweiligen Großeltern zu diesem Messzeitpunkt *geleisteten Kinderbetreuung* und der sechs Wochen nach der Geburt des Kindes erhobenen *aktuellen Beziehung der Mutter bzw. des Vaters zur eigenen Mutter*. Im zweiten Schritt wird der Moderatoreffekt durch das Produkt aus beiden Variablen geprüft. Bei Zutreffen unserer Überlegungen sollte das Beta-Gewicht des Produktterms ein negatives Vorzeichen annehmen. Ein Moderatoreffekt der Beziehungsqualität tritt nur für die Beziehung des Mannes zu seiner Mutter auf (T4: $\beta=-1.20$, $p<.10$; T5: $\beta=-1.26$, $p<.05$; $N=139$, jeweils einseitige Testung). Abbildung 4.6.7 veranschaulicht den Zusammenhang exemplarisch für den fünften Messzeitpunkt.

Zunächst einmal lässt sich feststellen, dass das Verhältnis der Frau zu ihrer Mutter keinen Einfluss darauf hat, ob deren Mithilfe bei der Kinderbetreuung als Entlastung erlebt wird. Der Einbezug der Schwiegermutter in die Betreuung des Kindes ist sowohl für die erstmaligen Mütter als auch für die Zweitmütter jedoch mit psychischen Kosten verbunden, wenn der Mann eine schlechte Beziehung zu seiner Mutter hat. Dieser Zusammenhang deutet sich an, wenn das Kind eineinhalb Jahre alt ist und tritt deutlich zutage, wenn es

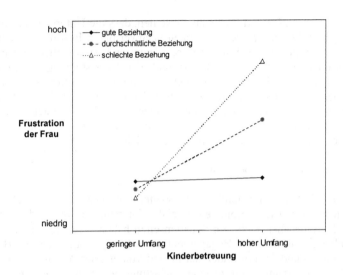

Abbildung 4.6.7: Zusammenhang zwischen dem Umfang der von der Schwiegermutter geleisteten Kinderbetreuung und dem Befinden der jungen Mutter in Abhängigkeit von der Beziehung des Mannes zu seiner Mutter

drei Jahre alt ist. Abbildung 4.6.7 veranschaulicht den Befund. Hat der Mann eine gute Beziehung zu seiner Mutter, hat deren Engagement bei der Kinderbetreuung weder einen positiven noch einen negativen Effekt auf die Zufriedenheit ihrer Schwiegertochter. Ist die Beziehung des jungen Vaters zu seiner Mutter hingegen eher distanziert oder problematisch, ist seine Partnerin umso unzufriedener und frustrierter in ihrer Rolle als Mutter, je stärker sich ihre Schwiegermutter bei der Betreuung des Kindes engagiert. Die Zufriedenheit des Mannes in seiner Rolle als Vater wird dadurch nicht beeinträchtigt.

4.6.3   Zusammenfassung

In vorliegenden Kapitel ging es um den Einfluss der Herkunftsfamilie auf die Gestaltung der eigenen Partnerschaft und die Bewältigung des Übergangs zur Elternschaft. Dabei wurde unterschieden zwischen den direkten Auswirkungen der von den Großeltern geleisteten sozialen Unterstützung und den indirekten Auswirkungen der in der Herkunftsfamilie gemachten Beziehungserfahrungen auf die Entwicklung der jungen Familie.

Die (Groß-)Eltern stellen für die jungen Eltern eine wichtige Quelle sozialer Unterstützung dar. Sie leisten gerade in den ersten Lebensjahren des

Kindes, solange institutionelle Angebote noch nicht in ausreichendem Umfang existieren bzw. die Eltern noch nicht auf derartige Angebote zurückgreifen wollen, einen wichtigen Beitrag zur Betreuung des Kindes. Die Inanspruchnahme der Großelterngeneration hängt hierbei nicht nur von äußeren Gegebenheiten wie der Erreichbarkeit der Großeltern ab, sondern auch von der Qualität der Beziehung zu ihnen. Der intergenerationale Fluss von Hilfe bei der Kinderbetreuung erfolgt entsprechend der traditionellen Rollenaufteilung primär über die weibliche Linie. Die Eltern der Frau werden gegenüber den Eltern des Mannes bevorzugt in Anspruch genommen. Dies wird zum einen auf die subjektiven Präferenzen der jungen Mutter zurückgehen. Es ist aber auch anzunehmen, dass die erwachsenen Kinder von ihren eigenen Eltern in erster Linie Hilfe bei der Ausübung *ihrer* Rolle – die bei der jungen Mutter entscheidend die Betreuung des Kindes beinhaltet – erhalten.

Die vorherrschenden traditionellen Rollenmuster zeichnen sich auch deutlich ab, wenn man die Auswirkungen der gewährten Unterstützung betrachtet. Hilfe bei der Betreuung des Kindes hat nur einen Effekt auf die Zufriedenheit der Frauen in ihrer Rolle als Mutter, nicht jedoch auf die Zufriedenheit der Männer. Allerdings wird das Engagement der Großeltern nicht in jedem Fall von der jungen Mutter als Entlastung erlebt. Unterstützung von Seiten der Schwiegereltern in Anspruch nehmen zu müssen, scheint für die Mutter eine Belastung darzustellen, insbesondere dann, wenn ihr Partner eine schlechte Beziehung zu seiner Mutter hat.

Neben dem direkten Einfluss der sozialen Unterstützung durch die Großeltern wurde der Frage nachgegangen, inwieweit die in der Herkunftsfamilie gemachten Beziehungserfahrungen auf die Entwicklung der eigenen Familie, insbesondere auf die Entwicklung der Paarbeziehung, abstrahlen. Im Gegensatz zu anderen Forschern (z.B. Rosenkranz & Rost, 1998), die davon ausgehen, dass eine Scheidung der eigenen Eltern während der Kindheit nicht die Qualität der Partnerschaft des erwachsenen Kindes beeinträchtigt, sondern lediglich zu einer erhöhten Trennungsbereitschaft führt, finden wir sehr wohl einen Zusammenhang zwischen einer Trennung in der Herkunftsfamilie und der Qualität der Partnerschaft des erwachsenen Kindes. Allerdings sind Paare, bei denen ein Partner ein Scheidungskind ist, nicht generell unzufriedener mit ihrer Beziehung. Beziehungen, bei denen die Frauen aus Scheidungsfamilien stammen, erweisen sich jedoch als vergleichsweise weniger in der Lage, mit den Belastungen und Einschränkungen zurechtzukommen, die mit der Geburt eines Kindes einhergehen. Sie weisen einen stärkeren Abfall der Partnerschaftsqualität im Zeitraum von der Schwangerschaft bis drei Jahre nach der Geburt des Kindes auf. Ob der Mann aus einer Scheidungsfamilie oder einer vollständigen Familie stammt, scheint in dieser Familienphase für die Entwicklung der Partnerschaftszufriedenheit hingegen ohne Bedeutung zu sein.

Der Vorteil, in einer vollständigen Familie aufgewachsen zu sein, verschwindet allerdings weitgehend, wenn man die Qualität der Kindheitsbeziehung zu den eigenen Eltern berücksichtigt. Paare, bei denen die Frau in einer vollständigen Familie aufgewachsen ist, weisen nur dann einen deutlich günstigeren Partnerschaftsverlauf auf als Paare, bei denen die Frau ein Scheidungskind ist, wenn die Frau während ihrer Kindheit auch eine gute Beziehung zu ihren Eltern hatte. Verzeichnete sie ebenso wie Scheidungsmädchen einen Mangel an Wärme und Geborgenheit von Seiten ihrer Eltern, fällt die Verschlechterung der Partnerschaftsqualität ähnlich hoch aus wie für Paarbeziehungen von Frauen aus Scheidungsfamilien. Weniger die Trennung als solche, sondern die im Zuge einer Trennung häufig beeinträchtigte Eltern-Kind-Beziehung scheint somit einen Risikofaktor für die Entwicklung der eigenen Partnerschaft in der frühen Phase der Familienentwicklung zu sein.

Ungünstige Kindheitserfahrungen eines oder beider Partner (ein distanziertes, kontrollierendes und rigides Erziehungsverhalten der eigenen Eltern und eine unglückliche Partnerbeziehung der eigenen Eltern) beeinträchtigen nicht grundsätzlich das Funktionieren der Partnerschaft. Ungünstige Erfahrungen auf Seiten der Frau erschweren allerdings die Anpassung des Paares an die neue Rolle als Eltern und erweisen sich so gerade im Übergang zur Elternschaft als Risikofaktor für die Entwicklung der Partnerbeziehung. Die daraus resultierenden Probleme manifestieren sich für Mann und Frau jedoch in unterschiedlichen Bereichen der Elternschaft. Während beide Partner eine wachsende Unzufriedenheit in ihrer Rolle als Mutter bzw. Vater verzeichnen, stellen die Männer außerdem eine Erosion der Partnerschaftsbeziehung fest.

Im Gegensatz zu den Ergebnissen anderer Studien (z.B. Cox, Paley & Payne, 1998; Cowan & Cowan, 1994) deuten unsere Befunde darauf hin, dass die Beziehungserfahrungen der Frau in ihrer Herkunftsfamilien für die Anpassung beider Partner an die neue Rolle als Eltern von größerer Bedeutung sind als die Erfahrungen des Mannes. Möglicherweise ist dies darauf zurückzuführen, dass die Geburt des ersten Kindes für die Frau mit größeren unmittelbaren Veränderungen und Belastungen verbunden ist als für den Mann (vgl. Kapitel 3). Folgt man den Überlegungen von Cox und Kollegen (1998), denen zufolge erlernte negative Verhaltensmuster in Belastungssituationen verstärkt durchbrechen, könnte dadurch der größere Einfluss der Kindheitserfahrungen der Frau erklärt werden.

Warum bzw. auf welchem Weg eine negativ erinnerte Kindheitsbeziehung der Frau zu ihren Eltern eine schlechtere Anpassung an die neue Situation als Eltern bewirkt, können wir auf der Basis unserer Daten letztlich nicht klären. Wir fanden keine Belege für die Annahme, dass ungünstige Kindheitserfahrungen der Frau *deswegen* einen Risikofaktor für die Beziehung darstellen, weil sie zur der Entwicklung von problematischen Persönlichkeitsmerkmalen oder Verhaltensmustern auf Seiten der Frau beitragen.

Die gefundenen Auswirkungen der Kindheitserfahrungen auf die Beziehungsentwicklung der jungen Eltern sind nun nicht gleichzusetzen mit deterministischen Beziehungen. Negative Beziehungserfahrungen der Frau in ihrer Herkunftsfamilie haben keinesfalls zur Folge, dass das Paar an der Aufgabe der Elternschaft zwangsläufig scheitern wird oder dass es in jedem Fall Partnerschaftsprobleme erleben wird. Der Start in die Familie ist jedoch für diese Paare schwieriger und mit größeren Risiken verbunden.

Einschränkend muss allerdings angemerkt werden, dass unsere Erkenntnisse zum Einfluss der Herkunftsfamilie auf *retrospektiven* Aussagen der Teilnehmer basieren. Daher stellt sich natürlich die Frage nach dem Realitätsgehalt derartiger Aussagen (vgl. auch Schumacher et al., in Druck): Spiegeln die Einschätzungen der Teilnehmer das früher tatsächlich praktizierte Erziehungsverhalten der Eltern und die eigenen Gefühle und Gedanken als Kind realistisch wider? Oder handelt es sich bei ihnen um subjektive Konstruktionen, die neben einem „Realitätsanteil" auch einen „Fehleranteil" beinhalten. „Fehler" bei der Einschätzung des früheren Verhaltens der Eltern und der eigenen Gefühle und Gedanken können beispielsweise eine Folge von Gedächtniseffekten oder Stimmungseffekten darstellen oder aus der Rechtfertigung des eigenen Verhaltens resultieren. Eine Abschätzung des Realitätsgehalts der retrospektiven Einschätzungen unserer Teilnehmer können wir nicht leisten. Dies ist unserer Auffassung nach allerdings auch nicht notwendig. In Übereinstimmung mit Schumacher und Kollegen (in Druck; vgl. auch Gloger-Tippelt, 2001) gehen wir davon aus, dass weniger die tatsächlichen früheren Verhältnisse als die subjektiven Repräsentationen der Teilnehmer (also das Bild, das die Teilnehmer vom Verhalten der Eltern und der damaligen Beziehung zu ihnen haben) entscheidend für das Erleben und Verhalten des erwachsenen Kindes sind. Die Frage, ob die Einschätzungen der Teilnehmer ein realistisches Abbild der früheren Verhältnisse zeichnen oder subjektive Repräsentationen darstellen, erscheint daher von untergeordneter Bedeutung.

Die Relevanz unserer Befunde für die psychologische Prävention und Intervention wollen wir für zwei zentrale Erkenntnisse unserer Studie beispielhaft verdeutlichen:

Zum einen belegen unsere Befunde, dass eine schlechte Kindheitsbeziehung eines oder beider Partner zu den eigenen Eltern, insbesondere ein distanziertes, strafendes, ehrgeiziges und kontrollierendes Erziehungsverhalten der Eltern, einen Risikofaktor für die Bewältigung des Übergangs zur Elternschaft darstellt. Vorbeugende Maßnahmen sind daher bei werdenden Eltern, die mit diesem Risikofaktor behaftet sind, von großer Wichtigkeit. Die während der Kindheit gemachten negativen Beziehungserfahrungen lassen sich im Nachhinein natürlich nicht mehr aus der Welt schaffen. Doch lassen sich destruktive Beziehungsmodelle immerhin bewusst machen und teilweise auch umgestalten durch Reflexion dieser Erfahrungen und das Wissen um ihren Einfluss auf die aktuelle Beziehung. Da sich erlernte ungünstige Verhaltensmuster in Belastungssituationen häufig verselbständigen, dürfte eine gedankliche Auseinandersetzung mit den Kindheitserfahrungen alleine aber nicht ausreichen. Zusätzlich gilt es, die Automatismen zu durchbrechen und eingespielte negative Denkmuster und Verhaltensmuster im Umgang mit dem Partner durch günstigere zu ersetzen. Da derartige Prozesse eine gewisse Zeit in Anspruch nehmen, sollten präventive Maßnahmen bereits einige Monate vor der Geburt einsetzen. In dieser Zeit können beispielsweise im Rahmen von Paargruppen die Auswirkungen der Beziehungsmodelle der Partner für den Umgang mit übergangstypischen Belastungssituationen aufgezeigt und Alternativen eingeübt werden. (Ein präventives Programm, das derartige Elemente beinhaltet, stellt beispielsweise der von Reichle (1999) entwickelte Kurs „Wir werden Familie" dar.) Eine weiterreichende Verdeutlichung der destruktiven Auswirkungen negativer Beziehungs- und Verhaltensmodelle und das Einüben und die Stabilisierung alternativer Verhaltensstrategien wird jedoch erst unter hinreichender Belastung möglich sein. Gerade bei Risikogruppen sollten solche Maßnahmen daher nur von Fachkräften mit dem entsprechenden Hintergrund durchgeführt werden. Nach der Geburt können dann die veränderten Beziehungs- und Verhaltensmodelle unter realen Bedingungen weiter stabilisiert werden.

Unsere Befunde zeigen weiterhin, dass Mütter, deren Eltern ein distanziertes und strafendes Erziehungsverhalten praktizierten, sich in besonders hohem Maße durch das Kind eingeengt und belastet fühlen. Möglicherweise benötigen diese Frauen in stärkerem Maße Freiräume und legen stärker Wert auf ein eigenes Leben außerhalb von Familie und Mutterschaft. Für diese Vermutung spricht, dass diese Mütter nach der Geburt des ersten Kindes frühzeitig wieder in den Beruf zurückkehren (Report 1/98) und mit geringerer Wahrscheinlichkeit ein zweites Kind bekommen (vgl. Kapitel 4.5). Gutgemeinte Appelle, die ein mutterzentriertes Familienbild beschwören, sind hier nicht angebracht. Vielmehr sollten im Rahmen von präventiven bzw. korrektiven Maßnahmen die Vorstellungen beider Partner von der Gestaltung der Mutterrolle und der Vaterrolle geklärt werden und nach Alternativen gesucht werden, die diesen Frauen eine befriedigende Balance zwischen familiären Aufgaben und eigenen Freiräumen (z.B. Berufstätigkeit) ermöglichen und die von ihren Partnern mitgetragen werden.

4.7   Partnerschaft, Elternschaft und kindliche Entwicklung

Der Einfluss, den die Partnerschaftszufriedenheit der Eltern auf die Entwicklung des Kindes hat, hat in den vergangenen Jahren wachsende Aufmerksamkeit erfahren. Es kann als gesicherter Befund gelten, dass die Qualität der elterlichen Partnerschaft auf die soziale Entwicklung des Kindes abstrahlt. Kontrovers diskutiert wird allerdings die Frage, ob eine unglückliche Paarbeziehung der Eltern generell einen Risikofaktor für das Kind darstellt, oder ob es speziell chronische Konflikte und ein dysfunktionales Streitverhalten sind, die für die negativen Folgen verantwortlich sind. Nicht vollständig geklärt ist bisher auch die Frage, auf welche Weise Ehebeziehungen die Entwicklung von Kindern stützen oder beeinträchtigen und ob die Auswirkungen für Jungen und Mädchen gleich sind. Im vorliegenden Kapitel werden diese Fragen anhand der eigenen Daten näher beleuchtet.

In den vergangenen Jahren hat die Frage nach der Bedeutung der Familie als Kontext für die Sozialisation des Kindes und für die Entstehung von Verhaltensproblemen nicht nur in der psychologischen Forschung, sondern auch in der öffentlichen Diskussion wachsende Aufmerksamkeit gefunden. In der Öffentlichkeit finden vor allem extreme familiäre Konstellationen Beachtung. So wird häufig nach Auffälligkeiten in der Herkunftsfamilie des „problematischen" oder gar straffälligen Kindes oder Jugendlichen als möglicher Ursache für die Probleme gesucht. Gewalt als probates Mittel zur Lösung von Konflikten zwischen den Eltern oder auch zwischen Eltern und Kind, ein strafender Erziehungsstil der Eltern, die Trennung der Eltern oder auch die langjährige Alkoholabhängigkeit eines oder beider Elternteile erscheinen dann als naheliegende und einfache Erklärung für das abweichende Verhalten des Kindes. Allerdings ist eine solche Koinzidenz nicht gleichzusetzen mit einem kausalen Zusammenhang. Verhaltensauffälligkeiten des Kindes stellen vielmehr das vorläufige Endprodukt langjähriger Entwicklungsprozesse dar, bei dem individuelle, familiale und kontextuelle Faktoren ineinander greifen.

4.7.1   Die soziale Entwicklung des Kindes – Einflussfaktoren

Die Entwicklungspsychologie und die familienpsychologischen Forschung fokussieren nun nicht primär derartige extreme Entwicklungsresultate und die Auswirkungen klinischer Konstellationen in der Herkunftsfamilie. Ziel ist vielmehr die Identifikation der Auswirkungen „normaler" bzw. „normativer" Gestaltungsformen familialer Beziehungen auf die kognitive, soziale und emotionale Entwicklung des Kindes über die verschiedenen Alters- und Entwicklungsstufen hinweg. Oftmals erfolgt hierbei eine Konzentration auf das Grundschulalter und die Adoleszenz, seltener auf die ersten Lebensjahre des

Kindes. Der Einfluss familialer Faktoren sollte hier jedoch besonders deutlich zutage treten, da die Familie in den ersten Lebensjahren den bedeutsamsten Sozialisationskontext für das Kind darstellt. Dabei darf jedoch nicht vergessen werden, dass die Richtung des Einflusses keiner Einbahnstraßenregelung folgt. Nicht nur die Persönlichkeit der Eltern, ihre Partnerbeziehung und ihr Erziehungsverhalten wirken sich auf die Entwicklung des Kindes aus. Auch Merkmale des Kindes haben nachweislich einen Einfluss darauf, wie sich die Eltern ihm gegenüber verhalten. So ist beispielsweise aggressives Verhalten des Kindes nicht nur als Reaktion auf körperliche Bestrafung durch die Eltern zu interpretieren. Schläge erscheinen frustrierten und hilflosen Eltern oftmals als letzte Zuflucht, um aggressives Verhalten beim Kind zu reduzieren.

4.7.1.1 Das Temperament des Kindes

Kinder unterscheiden sich schon sehr früh in grundlegenden Merkmalen. So gibt es Säuglinge, die schon bald relativ stabile Zyklen (Wach-Schlaf-Rhythmus) entwickeln, während bei anderen das Verhalten weniger gut vorhersagbar ist. Manche Kinder erscheinen von Anfang an ruhig und ausgeglichen, sind gegenüber neuen Situationen relativ robust, schreien wenig und lassen sich schnell beruhigen. Andere sind in hohem Maße irritierbar, quengeln viel und schreien häufig, ausdauernd und fordernd und lassen sich nur schwer trösten. Derartige problematischen Verhaltensweisen von Kindern werden oft Temperamentsmerkmalen – genauer gesagt: dem sogenannten „schwierigen" Temperament – zugeschrieben und damit als Ausdruck endogener, angeborener Merkmale des Kindes betrachtet.. Ein Kind mit einem schwierigen Temperament zeichnet sich im Einzelnen aus durch eine negative Grundstimmung, eine hohe Intensität emotionaler Reaktionen, eine geringe Regelmäßigkeit des Schlaf-Wach-Rhythmus und der biologischen Funktionen und eine geringe Anpassungsfähigkeit an neuartige Situationen (Thomas & Chess, 1980).

Das Temperament des Kindes scheint eine gewisse Stabilität aufzuweisen und lässt Vorhersagen über spätere Verhaltensauffälligkeiten zu. Kinder mit einem schwierigen Temperament stellen eine Risikogruppe für Fehlanpassungsprozesse dar (Rende, 1993). Eine Erklärung dafür könnte sein, dass schwierige Kinder bei Erwachsenen mit größerer Wahrscheinlichkeit negative Reaktionen hervorrufen als „Sonnenkinder". Verhaltensweisen des Neugeborenen, die für ein „schwieriges" Temperament sprechen (wie ein hohes Maß an Unvorhersagbarkeit biologischer Funktionen, eine hohe Intensität emotionaler Reaktionen, eine geringe Ansprechbarkeit auf Beruhigungsversuche, negative Stimmungslage), provozieren bei den Eltern häufig Gefühle von Ärger und Frustration und punitive Tendenzen (Engfer & Schneewind, 1982) und beeinträchtigen so die Eltern-Kind-Beziehung. Dies ist vor allem dann der Fall, wenn bei den Eltern zusätzliche Belastungsfaktoren (akuter Stress, problematische Persönlichkeit) hinzukommen (Belsky, 1984; Hetherington, 1989). Ein schwieriges Temperament des Kindes erschwert dem Paar weiterhin die Anpassung an die Situation als Eltern und belastet die Partnerbeziehung (Engfer, 1988). Dies sind wiederum Faktoren, die die Entstehung von Verhaltensproblemen beim Kind begünstigen.

Zwar wird im Allgemeinen davon ausgegangen, dass Temperamentsmerkmale genetisch bzw. biologisch determiniert sind und deswegen eine hohe zeitliche Stabilität und eine hohe Resistenz gegenüber äußeren Einflussfaktoren aufweisen. Forschungsbefunde von Belsky (1991) unterstreichen jedoch die Variabilität und Beeinflussbarkeit kindlicher Temperamentsmerkmale durch elterliches Verhalten.

4.7.1.2 Die Persönlichkeit der Eltern

Persönlichkeitsmerkmale der Eltern werden als weiterer Einflussfaktoren auf die Eltern-Kind-Interaktion und das Kindverhalten in Betracht gezogen. So geht eine hohe emotionale Stabilität, hohe Extraversion, hohe Verträglichkeit, ausgeprägte internale Kontrollüberzeugungen und ein hoher Selbstwert der Eltern einher mit einem unterstützenden Erziehungsverhalten (Belsky, 1991; Heinicke, Diskin, Ramsey-Klee & Oates, 1986; Woodworth, Belsky & Crnic, 1996). Eine hohe Depressivität der Eltern geht hingegen mit einem für die kindliche Entwicklung nachteiligen Erziehungsverhalten einher und hat Auswirkungen auf das Selbstwertgefühl des Kindes (Herlth, Böcker & Ossyssek, 1995).

4.7.1.3 Die Partnerschaftsbeziehung der Eltern

Sehr viel Aufmerksamkeit haben in den vergangenen Jahren die Auswirkungen der Partnerschaftsbeziehung der Eltern auf die Entwicklung des Kindes erfahren. Daher wird im Folgenden auf diesen Punkt näher eingegangen.

Risikofaktor Ehebeziehung

Nach den bislang vorliegenden Forschungsbefunden stellt eine schlechte Ehebeziehung der Eltern einen Risikofaktor für die Entwicklung des Kindes dar (zum Überblick Fincham, Grych & Osborne, 1994; Snyder, 1998). Insbesondere häufige und schwerwiegende Auseinandersetzungen zwischen den Eltern scheinen die soziale und emotionale Entwicklung des Kindes nachhaltig zu beeinträchtigen. Eheliche Konflikte werden als eine Ursache für die Entwicklung von sogenanntem externalisierendem Problemverhalten, wie hoher kindlicher Aggressivität, gesehen. Gut belegt ist aber auch ihre Bedeutung für die Entstehung von internalisierendem Problemverhalten, wie hoher Depressivität und Ängstlichkeit des Kindes, für die Entwicklung seiner sozialen Fertigkeiten und seiner Beziehung zu Gleichaltrigen und für sein Selbstkonzept (Bishop & Ingersoll, 1989). Weiterhin steht die Partnerschaftsqualität im Zusammenhang mit der Bindung des Kleinkindes an die Eltern (Howes & Markman, 1989, Isabella & Belsky, 1985, Owen & Cox, 1997). Allerdings führen eine geringe Partnerschaftsqualität und ein hohe Konflikthäufigkeit nicht zwangsläufig zu Auffälligkeiten beim Kind. Ob Effekte elterlicher Auseinandersetzungen auftreten und wie deutlich diese ausfallen, hängt entscheidend davon ab, wie belastend und bedrohlich die elterlichen Konflikte für das Kind sind. Das Ausmaß der Belastung hängt nicht nur von der Häufigkeit ab, mit der Konflikte zwischen den Eltern auftreten, sondern auch von der Art der Konflikte sowie den Strategien der Konfliktbewältigung (Fincham et al, 1994). Besonders belastend sind Auseinandersetzungen für das Kind dann, wenn ...

- sie häufig in Anwesenheit des Kindes ausgetragen werden (Hetherington, Cox & Cox, 1982),
- die Partner verbale und physische Aggression als Mittel einsetzen, um den Streit auszutragen (Fincham et al., 1994; Katz & Gottman, 1993),
- die Auseinandersetzungen beendet werden, ohne dass die Eltern zu einer gemeinsamen Lösung gekommen sind (Fincham et al., 1994; Katz & Gottman, 1993),
- die Eltern über das Kind (über Erziehungspraktiken, Zuständigkeit für das Kind etc.) streiten, das Kind also (vorgeblich) der Anlass für die Konflikte der Eltern ist (Grych & Fincham, 1993),
- die Eltern versäumen dem Kind zu vermitteln, dass es keine Schuld am Konflikt der Eltern trägt (Grych & Fincham, 1993).

Offene Feindseligkeiten zwischen den Eltern erweisen sich als besonders nachteilig für die Anpassung des Kindes. Kinder sind aber außerdem bereits sehr früh sensibel für das affektive Klima in der Familie (Dickstein & Parke, 1988). Die Annahme, das Kind merke nicht, dass zwischen den Eltern Konflikte bestehen, solange man diese nicht in seiner Anwesenheit austrage, stellt eine Fehleinschätzung dar. Konflikte auf der Elternebene stellen nun nicht in jedem Fall einen Risikofaktor für die Entwicklung des Kindes dar. Sind die Auseinandersetzungen zeitlich begrenzt und die Eltern in der Lage, die partnerschaftlichen Konflikte zur beiderseitigen Zufriedenheit zu lösen, sind sie wenig belastend für das Kind und können ihm sogar ein gutes Modell für den Umgang mit Differenzen bieten (Easterbrooks, Cummings & Emde, 1994).

Während Einigkeit besteht, *dass* sich chronisch konfliktbelastete Partnerbeziehungen nachteilig auf Kinder auswirken[1], ist nach wie vor nicht völlig

---

1 Allerdings ist anzumerken, dass der Zusammenhang zwischen der Qualität der elterlichen Partnerschaft und der sozialen und affektiven Entwicklung des Kindes zwar klar belegt ist, in seiner Höhe allerdings moderat ausfällt. So werden nach Fincham (1994) in den meisten Studien Korrelationen von $r=.25$ bis $r=.40$ berichtet. Die Forschungsbefunde dürfen also

geklärt, *warum* und vor allem *wie* sie sich auswirken. Unklar ist bisher auch, ob es nur die elterlichen Konflikte sind, die sich nachteilig auswirken, oder ob schlechte Paarbeziehungen generell nachteilige Effekte auf die soziale Entwicklung von Kindern haben, wie Befunde von Howes und Markman (1989) nahe legen. Hinzu kommt, dass die Mehrzahl der Forschungsarbeiten zu diesem Themenkreis ältere Kinder und Jugendliche fokussieren, während die ersten Lebensmonate und -jahre des Kindes bislang eher vernachlässigt wurden bzw. allenfalls unter bindungstheoretischen Aspekten untersucht worden sind (Howes & Markman, 1989; Jouriles, Pfiffner & O'Leary, 1988; Owen & Cox, 1997).

Wirkmechanismen

Die Frage, *wie* sich elterliche Konflikte auf die Entwicklung des Kindes auswirken, wird von verschiedenen theoretischen Ansätzen unterschiedlich erklärt.

Die *soziale Lerntheorie* (Bandura, 1976, 1979) geht davon aus, dass das Kind viele Verhaltensweisen durch Beobachtung anderer Personen erlernt. Kinder neigen schon früh dazu, das Verhalten ihrer Eltern zu beobachten und nachzuahmen. Auch die Art, wie die Eltern miteinander umgehen, wie sie kommunizieren, wie sie Gefühle äußern oder auch wie sie Konflikte lösen, wird häufig von den Kindern übernommen (Belsky, 1981). Einige Forscher gehen davon aus, dass vor allem häufig auftretende Auseinandersetzungen zwischen den Eltern dem Kind ein schlechtes „Modell" liefern und so dazu beitragen, dass das Kind seinerseits ungünstige und vor allem aggressive Strategien zur Lösung von Konflikten mit den Eltern aber auch mit Gleichaltrigen einsetzt (z.B. Grych & Fincham, 1990). Auf der Basis dieser Theorie kann man die Entstehung externalisierender Verhaltensprobleme (wie Aggressivität) infolge von Konflikten auf der Elternebene erklären. Dies gelingt nicht für die Entstehung anderer Arten von Anpassungsproblemen, wie beispielsweise einer hohen Ängstlichkeit des Kindes.

Konflikte zwischen den Partnern können zu einer *Beeinträchtigung der Eltern-Kind-Beziehung* führen und so zur Entstehung von Anpassungsproblemen beim Kind beitragen. Diese Überlegung basiert auf der Vorstellung, dass die Familie eine Art System darstellt (z. B. Minuchin; 1974), in dem die einzelnen Familienmitglieder und ihre Beziehungen eng miteinander verknüpft sind. Funktioniert die Beziehung zwischen den Eltern nicht, wirkt sich dies auch nachteilig auf die Beziehung von Mutter und Vater zum Kind aus. Nach Snyder (1998) lassen sich im Wesentlichen drei Wege identifizieren,

---

nicht dahingehend interpretiert werden, dass die Qualität der Paarbeziehung der Eltern die soziale und affektive Entwicklung des Kindes *determiniert*. Sie verdeutlichen jedoch, wie wichtig es ist, zu verstehen, unter welchen Bedingungen Partnerschaftsprobleme auf das Kind abstrahlen, und wie derartigen Abstrahleffekten entgegengewirkt werden kann.

wie sich Konflikte zwischen den Eltern auf die Eltern-Kind-Beziehung auswirken:

1. „Überschwappen" negativer Gefühle: Negative Gefühle, wie Ärger, Frustration, Aggression oder Traurigkeit, die im Zuge einer unbefriedigenden oder konfliktbelasteten Partnerschaftsbeziehung entstehen, können auf die Beziehung zum Kind überschwappen (Engfer, 1988). So neigen Eltern, die ihre Ehekonflikte in einer aggressiven Art und Weise ausgetragen, häufig auch zu aggressiven und heftigen Reaktionen auf Regelverstöße und Fehlverhalten des Kindes (Fincham et al., 1994). Wird das Kind außerdem von einem Elternteil in eine Allianz gegenüber dem anderen Elternteil eingebunden oder versucht es, in den Streit der Eltern einzugreifen und zwischen ihnen zu vermitteln, kann es schnell zum Ziel elterlichen Ärgers und elterlicher Aggression werden (Margolin, 1981).

2. Beeinträchtigung des Erziehungsverhaltens: Eltern, die unter einer konflikthaften Partnerbeziehung leiden, praktizieren häufig einen ineffektiven und inkonsistenten Erziehungsstil (zum Überblick vgl. Stocker & Younglade, 1999). Inkonsistenzen können sich im Verhalten *eines* Elternteils zeigen (Am einen Abend tobt der Vater mit dem Kind umher, wenn er von der Arbeit kommt. Am nächsten Tag fährt er es an der Haustür schon gereizt an.) oder *zwischen* den Eltern auftreten (Die Mutter verbietet Süßigkeiten vor dem Abendessen, der Vater erlaubt sie.). Größere Inkonsistenzen im Hinblick auf Regeln, Erwartungen an das Verhalten des Kindes und Reaktionen auf kindliches Verhalten führen zu Anpassungsproblemen auf Seiten des Kindes (Margolin, 1981). Zwar ist inkonsistentes Erziehungsverhalten nicht nur bei unglücklichen und belasteten Eltern zu beobachten, es tritt bei ihnen aber häufiger und in verschärfter Form auf. Werden in glücklichen Paarbeziehungen Unterschiede in den Erziehungsvorstellungen und -praktiken toleriert oder aufgelöst, kämpfen Eltern in unglücklichen Beziehungen verstärkt gegen die abweichenden Vorstellungen und -praktiken des Partners an. Dies kann eine zusätzliche Belastung für das Kind darstellen, sofern es sich als Anlass für die Konflikte der Eltern erlebt (Grych & Fincham, 1993).

*3. Beeinträchtigung der affektiven Eltern-Kind-Beziehung: Eine chro-*nisch konflikthafte Partnerschaftsbeziehung beeinträchtigt die affektive Qualität der Eltern-Kind-Beziehung. Die ungelösten Konflikte, die häufigen Auseinandersetzungen und die ständige gedankliche Beschäftigung mit der unglücklichen Partnerschaftsbeziehung laugen die Eltern physisch und psychisch aus. Infolgedessen sind Mutter und Vater nicht mehr in der Lage, die Bedürfnisse ihres Kindes wahrzunehmen und angemessen auf sie zu reagieren (Goldberg & Easterbrooks, 1984). Cox und Kollegen (Cox, Owen, Lewis & Henderson, 1989) stellten fest, dass Mütter, deren Partnerschaft sich bereits vor der Geburt des ersten Kindes durch ein Defizit an Intimität und Kommunikation auszeichnete, im Umgang mit ihrem drei Monate alten Säugling ein geringeres Ausmaß an Wärme und Sensibilität aufwiesen. Bei ihren Partnern war eine weniger positive Einstellung gegenüber dem Säugling zu beobachten. Männer, die in ihrer Partnerschaft unglücklich sind, neigen im Allgemeinen dazu, sich von ihrem Kind zurückzuziehen (Dickstein & Parke, 1988; Howes & Markman, 1989). Kinder fassen die mangelnde Verfügbarkeit und Ansprechbarkeit von Mutter oder Vater nicht selten als Ablehnung ihrer Person auf (Fincham et al, 1994). Ein geringes Ausmaß an Wärme, Einfühlungsvermögen und Responsivität von Seiten der Eltern wird zudem als Faktor für die Entwicklung einer unsicheren Bindung des Kindes an seine Eltern betrachtet (Ainsworth, Blehar, Waters & Wall, 1978).

Durchaus plausibel erscheinen allerdings auch Überlegungen, wonach weniger die elterlichen Konflikte als solche für Verhaltensprobleme des Kindes verantwortlich sind, als Persönlichkeitsmerkmale der Eltern. Diesen Überlegungen zufolge beeinträchtigen spezifische Persönlichkeitsmerkmale der Eltern, wie eine geringe emotionale Stabilität oder ein geringer Selbstwert, sowohl die Gestaltung der Partnerbeziehung als auch die Gestaltung der Eltern-Kind-Beziehung.

Geschlechtseffekte

Eine schlechte Partnerschaftsbeziehung der Eltern scheint sich auf die soziale Entwicklung von Jungen anders auszuwirken als auf die Entwicklung von Mädchen. Meistens wurde gefunden, dass Jungen stärker belastet werden als Mädchen (Porter & O'Leary, 1980). Allerdings ist nicht völlig geklärt, ob eine schlechte Beziehung der Eltern tatsächlich die soziale Entwicklung von Jungen stärker beeinträchtigt als die von Mädchen, oder ob das externalisierende Problemverhalten von Jungen (Aggressivität) nur stärker auffällt als das für Mädchen typische internalisierende Problemverhalten (Depressivität, Schüchternheit).

Fokussiert man nicht nur die Auswirkungen elterlicher Konflikte auf die soziale Entwicklung des Kindes, sondern rückt man die Eltern-Kind-Beziehung stärker in den Blickpunkt, gewinnt das Bild weiter an Komplexität. Die bisherige Befundlage deutet darauf hin, dass das Erziehungsverhalten von Vätern und die Vater-Kind-Beziehung stärker durch eheliche Konflikte beeinträchtigt wird, als das Erziehungsverhalten von Müttern. Männer in unglücklichen Ehebeziehungen neigen dazu, sich nicht nur von ihrer Frau, sondern auch von ihren Kindern zurückzuziehen, während das mütterliche Engagement der Frau nicht vom Zustand der Paarbeziehung abhängt (Thompson & Walker, 1989). Dies lässt sich zum einen darauf zurückführen, dass Männer größeren Spielraum haben als Frauen, was das elterliche Engagement betrifft. Hinzu kommt, dass Mütter vor allem in den ersten Lebensjahren des Kindes eine „Türsteher-Funktion" einnehmen: sie regulieren den Zugang des Vaters zum Kind und können so den Vater-Kind-Kontakt fördern oder unterminieren. Frauen, die unzufrieden mit ihrer Partnerschaft sind, lassen es vermutlich am notwendigen Ausmaß an Bestärkung und Förderung mangeln oder tendieren gar dazu, der Entwicklung einer engen und intensiven Vater-Kind-Beziehung entgegen zu wirken.

Weiterhin sind Interaktionseffekte zwischen Elterngeschlecht und Kindgeschlecht zu beobachten. Partnerschaftskonflikte wirken sich auf die Mutter-Tochter-Beziehung anders aus als auf die Mutter-Sohn-Beziehung und auf die Vater-Tochter-Beziehung anders als auf die Vater-Sohn-Beziehung (z.B. Osborne & Fincham, 1996). Zwar sind die meisten Eltern vermutlich der Überzeugung, dass das Geschlecht ihres Kindes nicht ihr Erziehungsverhalten beeinflusst, dass sie Mädchen und Jungen also gleich behandeln, zumindest solange das Kind noch klein ist. Befunde US-amerikanischer Studien deuten darauf hin, dass die Beeinträchtigung des elterlichen Erziehungsverhaltens in Abhängigkeit vom Geschlecht des Kindes unterschiedlich ausfällt. Eine Studie von Kerig, Cowan und Cowan (1993) ergab, dass Mütter in unglücklichen Partnerschaften auf negative Gefühlsäußerungen des Sohnes gereizter reagierten als auf negative Äußerungen der Tochter. Außerdem stellten sie dann an Söhne höhere (und möglicherweise unangemessene) Entwicklungsanforderungen als an Töchter (Goldberg, 1990). Väter differenzieren im Erziehungsverhalten generell deutlicher zwischen Söhnen und Töchtern als Mütter dies tun. Beispielsweise pflegen sie im Umgang mit ihren Töchtern einen autoritäreren Erziehungsstil (Cowan & Cowan, 1994). Derartige geschlechtsspezifische Unterschiede im Erziehungsverhalten des Vaters (im Sinne einer schlechteren Behandlung von Töchtern) gewinnen zusätzlich an Prägnanz, je stärker die eheliche Beziehung durch Konflikte belastet ist (Cowan, Cowan & Kerig, 1993). Eine hohe Zufriedenheit mit der Partnerschaftsbeziehung färbt daher in erster Linie auf die Beziehung zur Tochter ab, nicht jedoch auf die Beziehung zum Sohn: Glückliche Väter weisen ein besonders hohes Ausmaß an Selbstvertrauen auf und können gut mit ihren dreijährigen Töchtern umgehen (Kerig et al., 1993). Die Töchter wiederum gehorchen dem Vater besser. Töchter von glücklich verheirateten Männern weisen außerdem eine engere und sicherere Bindung an den Vater auf als Töchter von unglücklich verheirateten Männern (Goldberg & Easterbrooks, 1984). Vater-Sohn-Beziehungen scheinen hingegen gegenüber einer schlechten Partnerschaftsbeziehung der Eltern eher unempfindlich zu sein (Booth & Amato, 1994). Kerig, Cowan und Cowan (1993) nehmen an, dass ein „Überschwappen" negativer Impulse von der Partnerebene auf die Eltern-Kind-Ebene für die geschlechtsspezifischen Reaktionen der Eltern verantwortlich ist. Sie vermuten, dass die negativen Gefühle und Einstellungen dem Partner gegenüber in erster Linie auf das gegengeschlechtliche Kind übertragen werden. Das gegengeschlechtliche Kind wird gleichsam als „kleine Version" des Partners wahrgenommen und behandelt. Geschlechtsspezifische Tendenzen zeigen sich allerdings auch im Verhalten des Kindes: Während Jungen bei Konflikten auf der Elternebene zu einer Solidarisierung mit dem Vater neigen, ergreifen Mädchen eher Partei für die Mutter (Angerer, 1989).

Im Folgenden wird der Beitrag der elterlichen Partnerschaftsbeziehung für die Entwicklung des Kindes, genauer gesagt, für die Entwicklung schwieriger Verhaltensweisen des Kindes aus Sicht der Eltern, anhand der eigenen Daten beleuchtet. Dabei stehen vier Fragen im Vordergrund.

1. Welche Merkmale bzw. Verhaltensweisen des Kindes werden von den Eltern als schwierig erlebt und gehen mit Gefühlen der Frustration und punitiven Tendenzen einher?

2. Lassen sich die Befunde, wonach eine unglückliche Paarbeziehung der Eltern einen Risikofaktor für die Entwicklung des Kindes darstellt, anhand der eigenen Daten bestätigen? Ist speziell ein hohes Konfliktniveau problematisch für die Entwicklung des Kindes oder trägt eine schlechte Partnerschaftsqualität generell zur Entwicklung von Verhaltensproblemen beim Kind bei?

3. Lassen sich die in anderen Studien beobachteten „Cross-Gender-Effekte" finden? Führen Probleme in der Paarbeziehung in erster Linie zu Schwierigkeiten in der Beziehung zum gegengeschlechtlichen Kind?

4. Welche empirisch abgesicherten Erklärungen lassen sich für den Zusammenhang zwischen der Partnerschaftsqualität und der Schwierigkeit des Kindes finden?

4.7.2 Befunde der LBS-Familien-Studie

Die „Kindschwierigkeit", also Verhaltensweisen des Kindes, die von den Eltern typischerweise als frustrierend und belastend erlebt werden, wurde durch einen Fragebogen erfasst. Hierfür wurden die Eltern zu drei Zeitpunkten, nämlich vier Monate, 18 Monate und 34 Monate nach der Geburt des Kindes, gebeten, eine Reihe von Einschätzungen zu Verhaltensweisen ihres Kindes abzugeben. Dabei wurden unterschiedliche Aspekte des kindlichen Verhaltens berücksichtigt, wie Verhaltensweisen, die für das körperliche Gedeihen wichtig sind (Nahrungsaufnahme, Verdauung), das Wohlbefinden des Kindes (Laune, Anpassung, Tröstbarkeit), aggressive Verhaltenstendenzen des Kindes (Gehorsam, Wut und Trotz, Unruhe) oder auch Verhaltensbeschreibungen, die einen Hinweis darauf geben, wie erfreulich oder belohnend der direkte Umgang mit dem Kind für die Eltern ist (Schmusigkeit, Responsivität). Neben den *Werten für die einzelnen Verhaltensaspekte* wurde zusätzlich ein *Summenwert der Kindschwierigkeit* gebildet. Details sind Kapitel 2.1 zu entnehmen. Der Fragebogen wurde zu den einzelnen Messzeitpunkten in altersspezifischen Versionen vorgelegt und von den Eltern getrennt voneinander beantwortet. Für jedes Kind erhielten wir somit zwei Perspektiven: Die Perspektive der Mutter und die des Vaters.

Ein Vergleich der Angaben beider Eltern zeigt, dass Mutter und Vater ihr Kind recht unterschiedlich wahrnehmen. So korreliert das Summenmaß der von der Frau eingeschätzten Kindschwierigkeit mit der vom Mann eingeschätzten zu den drei Messzeitpunkten nur zwischen $r=.51$ und $r=.56$ (jeweils $p<.001$). Die Enge des Zusammenhangs zwischen den Einschätzungen von Mutter und Vater variiert für die einzelnen Merkmalsbereiche. Für solche Merkmale, die in hohem Maße die Beziehung zwischen dem betreffenden Elternteil und dem Kind charakterisieren bzw. die Kompetenzen des jeweiligen Elternteils widerspiegeln, fällt der korrelative Zusammenhang eher niedrig aus. Dazu gehören die Responsivität ($r=.18$, $p<.05$), Schmusigkeit ($r=.33$, $p<.001$) und Tröstbarkeit ($r=.31$, $p<.001$) des vier Monate alten Kindes bzw. die Tröstbarkeit[2] ($r=.22$, $p<.01$) und Trennungsangst ($r=.30$, $p<.001$) des 34 Monate alten Kindes. Im Hinblick auf diese Merkmale nehmen Mütter und Väter ihr Kind also eher unterschiedlich wahr. Bei der Beurteilung solcher Merkmale und Verhaltensweisen des Kindes, die stärker vom Beziehungsaspekt losgelöst sind, stimmen die Eltern hingegen weitaus mehr überein. Dies sind die Verdauung ($r=.66$, $p<.001$) und das Aufmerksamkeitsverlangen ($r=.62$, $p<.001$) des vier Monate alten Kindes bzw. Schlafschwierigkeiten ($r=.75$, $p<.001$) und Essverhalten ($r=.73$, $p<.001$) des 34 Monate alten Kindes.

Die beobachteten Unterschiede zwischen Mutter und Vater bei der Beschreibung des gleichen Kindes machen deutlich, dass die subjektiven Wahrnehmungen der Eltern *kein* perfektes, kein objektives Abbild des beobachteten Verhaltens und der Merkmale des Kindes sind. Sie sind vielmehr mitgefärbt von der persönlichen Einstellung zu Kindern, den Kompetenzen und der aktuellen Stimmung der Eltern und der Beziehung zwischen dem betreffenden Elternteil und dem Kind.

Das Bild, das die Eltern von ihrem Kind zeichnen, ist über den beobachteten Drei-Jahres-Zeitraum mäßig stabil. Mütter und Väter, die ihr drei Monate altes Kind in vielen Merkmalen als schwierig wahrnehmen, berichten auch häufiger schwierige Verhaltensweisen beim Kind, wenn es knapp drei Jahre alt ist (Frauen: $r=.50$, $p<.001$; Männer, $r=.43$, $p<.001$).

4.7.2.1 Welche Merkmale kennzeichnen ein „schwieriges Kind"?

Was macht nun ein „schwieriges Kind" aus? Genauer gesagt: Welche Merkmale und Verhaltensweisen des Kindes werden von den Eltern als schwierig erlebt, provozieren bei Ihnen also Gefühlen der *Frustration* und *punitive Tendenzen* und gehen mit einer Beeinträchtigung des *Befindens* einher? Hier-

---

2   Der geringe Zusammenhang zwischen den Elterneinschätzungen geht für dieses Merkmal zum Teil sicherlich auch auf die geringe Reliabilität dieser Skala zurück.

für betrachten wir die bivariaten Zusammenhänge zwischen Merkmalen des Kindes und Indikatoren der Anpassung der Eltern. *Drei bis vier Monate nach der Geburt* sind Frauen umso frustrierter in ihrer Rolle als Mutter, je häufiger das Kind schreit ($r=.38$, $p<.001$) und je schlechter sie es trösten können ($r=.32$, $p<.001$). Weiterhin provozieren eine geringe Anpassungsfähigkeit des Kindes an neue Situationen und an Veränderungen des Tagesablaufs ($r=.23$, $p<.01$), ein ständiges Verlangen nach Aufmerksamkeit und Zuwendung ($r=.20$, $p<.01$), sowie Verdauungsprobleme ($r=.26$, $p<.001$) und Schlafschwierigkeiten ($r=.19$, $p<.05$) bei der Mutter Gefühle von Ärger und Frustration. Eine schlechte Tröstbarkeit des Kindes ($r=.24$, $p<.01$) und Verhaltensweisen, die Gedeihprobleme indizieren (schlechtes Trinken, schlechte Verdauung und schlechtes Schlafen), gehen bei der Mutter außerdem mit Anzeichen einer depressiven Verstimmung einher ($r=.16-.20$, $p<.05$). Beim Vater führen nur Verdauungsprobleme ($r=.21$, $p<.05$), häufiges Schreien ($r=.20$, $p<.01$) und eine schlechte Tröstbarkeit ($r=.26$, $p<.01$) des Säuglings zu Gefühlen von Frustration, letzteres zudem zu einer leichten Beeinträchtigung seines Wohlbefindens ($r=.17$, $p<.05$). Während also das Befinden und die Zufriedenheit der Mutter in den ersten Lebensmonaten des Kindes mit einer *ganzen Reihe* von Kindmerkmalen im Zusammenhang steht, erlebt der Vater nur *einzelne Aspekte* des kindlichen Verhaltens als beeinträchtigend. Dieses Zusammenhangsmuster spiegelt die geschlechtstypische Aufteilung der Sorge um den Säugling wider. Da sich der Kontakt der Mutter zum Kind in der Regel nicht auf bestimmte Zeiten und Situationen beschränkt, hängt ihr Wohlbefinden und ihre Zufriedenheit im Gegensatz zum Vater nicht nur von spezifischen Merkmalen sondern von einem breiten Spektrum kindlicher Verhaltensweisen ab.

Mit fortschreitendem Alter des Kindes steht das rein körperliche Gedeihen zunehmend weniger im Zentrum der elterlichen Aufmerksamkeit und Sorge. Mit der wachsenden Selbständigkeit und Mobilität des Kindes werden die Eltern jedoch mit neuen potentiell schwierigen Verhaltensweisen konfrontiert. Beim *knapp drei Jahre alten Kind* stellen zusätzlich zu den bisher berichteten Aspekten (negative Grundstimmung, schlechte Ansprechbarkeit auf Beruhigungsversuche, hohes Aufmerksamkeitsverlangen und eine geringe Anpassungsfähigkeit) ein hohes Aktivitätsniveau, mangelnder Gehorsam und ausgeprägtes Trotzverhalten in Kombination mit Wutanfällen und ein Defizit an prosozialem Verhalten eine Belastung für die Eltern dar. Sie gehen sowohl bei der Mutter als auch beim Vater mit einem verschlechterten Wohlbefinden, Gefühlen von Frustration und Überforderung und einer Neigung zu körperlichen Strafen einher (vgl. Tabelle 4.7.1). Im Gegensatz zur ersten Zeit nach der Geburt hängen also 34 Monate nach der Geburt das Befinden und die Zufriedenheit des Mannes ebenso wie die der Frau mit externalisierendem Problemverhalten des Kindes zusammen. Ein motorisch unruhiges und häufig missgestimmtes Kind, das seinen Eltern nicht gehorcht und sich durch heftige

Tabelle 4.7.1: Zusammenhang zwischen Merkmalen des 34 Monate alten Kindes und Indikatoren der Anpassung (EMKK-Frustration; EMKK-Überforderung mit Gewaltneigung; ADS-Depressivität) der Frau (linker Block) bzw. des Mannes (rechter Block)

| | **Frauen** | | | **Männer** | | |
	Frustr.	Überford. + Gewalt	Depr.	Frustr.	Überford. + Gewalt	Depr.
Schwierigkeit Gesamt	.39***	.38***	.21**	.35***	.26**	.23**
Schlafen	.19*	.10	.07	-.04	.02	.01
Essen	-.03	-.06	.01	.10	.04	.23**
Laune	.24**	.37***	.17*	.32***	.26**	.25**
Schmusigkeit	-.04	.07	.00	.06	.13	-.05
Tröstbarkeit	.18*	.28***	.14+	.37***	.36***	.17*
Anpassungsfähigkeit	.23**	.11	.09	.28**	.26**	.20*
Aufmerksamkeitsverlangen	.39***	.29***	.24**	.32***	.07	.21*
Allgemeine Schwierigkeit	.30***	.29***	.24**	.35***	.24**	.12
Unruhe	.40***	.41***	.25**	.22*	.22*	.18*
Gehorsam	.37***	.38***	.20*	.25**	.25**	.10
Wut und Trotz	.46***	.42***	.31**	.41***	.35***	.21*
Trennungsangst	.04	-.05	.18*	.02	-.14	.09
Schüchternheit	.07	.01	-.02	.11	.02	.06
Explorationsverhalten	-.10	-.05	-.15+	.02	.09	-.15+
Prosoziales Verhalten	.15+	.39***	-.07	.24**	.19*	.14

Anmerkungen: Die Polung des Gesamtwertes und der Subskalen der Kindschwierigkeit erfolgte derart, dass hohe Werte auf eine hohe Schwierigkeit hinweisen (also geringe Regelmäßigkeit, schlechtes Schlafen, geringes Explorationsverhalten, niedriges Ausmaß an prosozialem Verhalten). N=129-152; + - $p<.10$ * - $p<.05$ ** - $p<.01$ *** - $p<.001$ (zweiseitig).

Wutanfälle auszeichnet, strapaziert nicht nur in hohem Maße die Geduld der Eltern, sondern weckt bei diesen auch den Impuls, das Kind mit körperlicher Bestrafung zur Raison zu bringen. Internalisierendes Problemverhalten, wie eine hohe Trennungsangst, eine große Schüchternheit des Kindes und ein gering ausgeprägtes Explorationsverhalten beeinträchtigt die Zufriedenheit der Eltern und ihr Befinden jedoch nicht.

4.7.2.2 Risikofaktor unglückliche Partnerschaft?

Nach den bislang vorliegenden Forschungsbefunden stellt eine schlechte Ehebeziehung der Eltern einen Risikofaktor für die emotionale und soziale Entwicklung des Kindes dar. Kontrovers diskutiert wird allerdings die Frage, ob speziell ein hohes elterliches Konfliktniveau mit der Entwicklung problematischer kindlicher Verhaltensweisen und Merkmale einhergeht, oder ob eine schlechte Partnerbeziehung der Eltern generell einen ungünstigen Entwicklungskontext für das Kind darstellt. Dieser Frage gehen wir in den folgenden Abschnitten anhand der eigenen Daten nach. Hierfür werden die nach der Geburt des Kindes erfassten Aspekte der Partnerschaftsqualität (Streit, Zärtlichkeit/Intimität, Kommunikation) in Beziehung gesetzt zu den Merkmalen des Kindes.

Die Schwierigkeit des drei Monate alten Kindes

Betrachten wir zunächst die bivariaten Zusammenhänge zwischen dem Zustand der Partnerschaft drei bis vier Monate nach der Geburt und den zu diesem Zeitpunkt von den Eltern wahrgenommen Kindschwierigkeit (intraindividuelle Zusammenhänge).

Frauen: Erwartungsgemäß steht das von der Frau berichtete *Konfliktniveau* im Zusammenhang mit der Schwierigkeit des Kindes: Je häufiger die Partner miteinander streiten und je unfairer der Streit ausgetragen wird, desto schwieriger ist das Kind insgesamt für die Frau zu handhaben ($r=.26$, $p<.01$). Es schreit dann häufig, lässt sich nur schwer beruhigen und verlangt ständig nach der Aufmerksamkeit der Mutter. Allerdings weist nicht nur das Konfliktniveau, sondern auch das von der Frau berichtete *Kommunikationsniveau* Bezüge zur Kindschwierigkeit auf: Je weniger die Partner miteinander reden, desto komplizierter ist das drei Monate alte Kind ($r=-.29$, $p<.01$). Die Mutter beschreibt das Kind dann im Einzelnen als wenig responsiv und schmusig, leicht irritierbar, quengelig, nur schwer zu trösten und problematisch beim Füttern. Der Grad an *Intimität und Zärtlichkeit* zwischen den Partnern weist keinen Zusammenhang mit der Einschätzung des Kindes als schwierig oder unkompliziert auf ($r=-.13$, *n.s.*).

Männer: Für den Mann fallen die Zusammenhänge weniger deutlich aus. Entgegen den Erwartungen zeigt sich kein Zusammenhang zwischen dem von ihm eingeschätzten *Konfliktniveau* und seiner Wahrnehmung des zu diesem Zeitpunkt drei bis vier Monate alten Kindes ($r=.08$, *n.s.*). Allerdings finden wir (tendenziell) signifikante Zusammenhänge der Kindschwierigkeit mit der vom Vater eingeschätzten *Kommunikation* ($r=-.16$, $p<.05$) und *Zärtlichkeit/ Intimität* ($r=-.15$, $p<.10$). Je weniger die Partner miteinander reden und je größer sein Defizit an Zärtlichkeit von Seiten seiner Partnerin ist, desto schlechter kommt der Mann mit seinem Kind zurecht. Er erlebt das Kind dann als häufig missgestimmt und gegenüber Tröstungsversuchen eher resistent.

Ein Zusammenhang zwischen der Qualität der elterlichen Beziehung und Merkmalen des Kindes lässt sich also schon sehr früh, in den ersten Lebensmonaten des Kindes, nachweisen. Je unglücklicher die Partner in ihrer Beziehung sind, als desto schwieriger erleben sie ihr Neugeborenes. Problematisch ist allerdings nicht nur ein hohes elterliches Konfliktniveau. Auch eine mangelhafte Kommunikation zwischen Frau und Mann geht mit dem Auftreten schwieriger Verhaltensweisen des Kindes einher.

Diese querschnittlichen Zusammenhänge (sowohl die Qualität der Partnerschaft als auch die Kindmerkmale wurden zum gleichen Zeitpunkt erfragt, nämlich als das Kind drei bis vier Monate alt war) müssen nun nicht zwangsläufig bedeuten, dass die Schwierigkeit des Kindes eine *Folge* der niedrigen Partnerschaftsqualität ist. Man könnte sie auch dahingehend interpretieren, dass ein schwieriges kindliches Temperament eine *Ursache* der niedrigen Partnerschaftsqualität ist: Die Betreuung eines schwierigen Säuglings ist ausgesprochen strapaziös, liefert Anlass für Auseinandersetzungen über Erziehungspraktiken und trägt – so die Überlegung – zu einer Verschlechterung des Interaktionsverhaltens zwischen den Partnern bei. Tatsächlich lässt sich die zweite Deutungsmöglichkeit nicht ausschließen. Eltern mit einem schwierigen Säugling berichten tatsächlich eine deutlichere Verschlechterung der Partnerschaftsqualität im Zeitraum vom letzten Schwangerschaftsdrittel bis ca. vier Monate nach der Geburt. Allerdings tritt ein derartiger Zusammenhang nur dann auf, wenn man die Beschreibung des Kindes durch die Frau heranzieht, nicht jedoch für die Beschreibung des Kindes durch den Mann. Je schwieriger die Frau den Säugling wahrnimmt, desto stärker nimmt nach Aussagen beider Partner die Kommunikation ab ($r=-.21$, $p<.01$ (Frau) bzw. $r=-.17$, $p<.05$ (Mann)), und desto streitsüchtiger ($r=.22$, $p<.01$) und tendenziell weniger zärtlich ($r=-.15$, $p<.10$) erlebt der Mann seine Partnerin.

Aber auch für die Deutung, dass der Verhaltensstil des Säuglings durch den Zustand der elterlichen Partnerschaft *beeinflusst* wird, finden wir Belege. Bereits der Zustand der Partnerschaft vor der Geburt, also bevor ein schwieriges Temperament des Kindes die elterliche Beziehung beeinflusst haben konnte, steht im Zusammenhang mit Merkmalen des etwa drei Monate alten Säuglings. Frauen und Männer, die bereits während der Schwangerschaft weniger miteinander redeten, häufiger stritten und weniger körperliche Zärtlichkeiten austauschten als andere Paare, berichteten später vergleichsweise größere Probleme im Umgang mit dem Säugling. Eine Veränderung der Partnerschaftsqualität in den ersten Lebensmonaten des Kindes scheint hingegen – mit Ausnahme des Kommunikationsniveaus – für die Entwicklung der Kindmerkmale weitgehend irrelevant.

Der spezifische Beitrag der vor bzw. nach der Geburt erfassten Partnerschaftsqualität wurde anhand einer Reihe von hierarchischen Regressionen abgeklärt. Wird die Schwierigkeit des vier Monate alten Kindes vorhergesagt anhand der im ersten Schritt eingegebenen vorgeburtlich erfassten Beziehungsqualität und der im zweiten Schritt eingegebenen nachgeburtliche Qualität der Partnerschaftsbeziehung, so leistet die nachgeburtliche Partnerschaftsqualität über die vor der Geburt erhobene keinen eigenen Beitrag zur Vorhersage der Kindschwierigkeit. Dies gilt für alle drei erfassten Facetten der Partnerschaftsqualität, mit Ausnahme der von der Frau eingeschätzten Kommunikation. Die nach der Geburt erfasste Kommunikation klärt über das vorgeburtliche Niveau hinaus weitere fünf Prozent

Varianz im Kriterium der Kindschwierigkeit auf. Die maximale durch die Partnerschafts-qualität erzielte Varianzaufklärung im Kriterium beträgt allerdings nur 9 Prozent.

Zusammenfassend lässt sich festhalten, dass sich bereits zu einem sehr frühen Zeitpunkt, nämlich dann, wenn das Kind drei Monate alt ist, der erwartete Zusammenhang zwischen der Qualität der elterlichen Partnerschaft und Merkmalen des Kindes feststellen lässt. Je schlechter der Zustand der Partnerschaft ist, desto schwieriger wird der Säugling wahrgenommen. Insbesondere die Partnerschaftszufriedenheit der Mutter steht im Zusammenhang mit Merkmalen des Kindes, für den Vater fallen die Zusammenhänge weniger deutlich aus. Dass das Erleben und die Zufriedenheit der Mutter einen stärkeren Einfluss auf die kindliche Entwicklung haben, ist vermutlich darauf zurückzuführen, dass die Mutter im Allgemeinen in den ersten Lebensmonaten die primäre Bezugsperson des Kindes ist. Je zufriedener sie mit der Partnerschaftsbeziehung ist, desto ausgeglichener, geduldiger und belastbarer wird sie im alltäglichen und -nächtlichen Umgang mit ihrem Kind sein. Die größere Ausgeglichenheit der Mutter dürfte einerseits zur Folge haben, dass die Mutter „schwieriges" Verhalten des Kindes als weniger beeinträchtigend erlebt. Der geduldigere und einfühlsamere Umgang der ausgeglichenen Mutter mit ihrem Kind wird sich wiederum positiv auf das Verhalten des Kindes auswirken.

Allerdings tragen „schwierige" Merkmale des Kindes ihrerseits auch zu einer Verschlechterung des Interaktionsverhaltens der Partner bei. Die Mutter verzeichnet eine Verschlechterung des Kommunikationsverhaltens (die Partner reden seltener miteinander und interessieren sich weniger für die Belange des anderen), der Vater zusätzlich eine Zunahme destruktiven Streitverhaltens bei seiner Partnerin (sie bricht häufiger Streit vom Zaun und verhält sich bei Auseinandersetzungen unfairer).

Die Schwierigkeit des drei Jahre alten Kindes

Betrachten wir als nächstes die langfristigen Auswirkungen der Partnerschaftsqualität auf die Entwicklung des Kindes. Hierfür werden die von den Eltern wahrgenommenen Merkmale des drei Jahre alten Kindes (statistisch) vorhergesagt anhand des Zustands der elterlichen Partnerschaft drei Monate nach der Geburt. Da sich für die Einschätzung der Partnerschaftsqualität aus Sicht der Frau und aus Sicht des Mannes im wesentlichen das gleiche Bild ergibt, werden die Partnerschaftsqualitäts-Werte beider Partner gemittelt und mit den Indikatoren der Kindschwierigkeit korreliert. Tabelle 4.7.2 gibt einen Überblick über die korrelativen Zusammenhänge.

Der Zustand der elterlichen Partnerschaft drei Monate nach der Geburt leistet einen signifikanten Beitrag zur Vorhersage der Schwierigkeit des knapp drei Jahre alten Kindes. Während Eltern, deren Partnerschaft in den ersten Monaten nach der Geburt des Kindes gut funktionierte, später mit größerer Wahrscheinlichkeit unkomplizierte und freundliche Kinder haben,

Tabelle 4.7.2: Längsschnittlicher Zusammenhang zwischen der dyadischen Partnerschaftsqualität (PFB) zu T3 (4 Monate nach der Geburt) und der von der Frau (linker Block) bzw. vom Mann (rechter Block) perzipierten Merkmale des 34 Monate alten Kindes

	Mutter			Vater		
	Streit	Zärtlichkeit	Kommunik.	Streit	Zärtlichkeit	Kommunik.
Merkmale des 34 Monate alten Kindes						
Gesamt	.20*	-.15+	-.26***	.14	-.21*	-.26**
Schlafen	.10	-.02	-.08	.10	-.06	-.17+
Essen	.07	-.04	-.11	.08	-.03	-.07
Laune	.17*	-.12	-.25**	.10	-.19*	-.22**
Schmusigkeit	.01	-.09	-.15+	-.11	-.09	-.09
Tröstbarkeit	.06	-.06	-.16+	.00	-.18*	-.28***
Anpassungsfähigkeit	.05	-.15+	-.15+	.09	-.12	-.16+
Aufmerksamkeitsverlangen	.14+	-.06	-.11	.17+	-.07	-.07
Allgemeine Schwierigkeit	.22**	-.14+	-.22**	.05	-.14+	-.09
Unruhe	.28***	-.18*	-.15+	.16+	-.18*	-.23**
Gehorsam	.08	-.16+	-.07	-.08	-.15+	-.11
Wut und Trotz	.33***	-.19*	-.22**	.15+	-.23**	-.28***
Trennungsangst	.09	-.02	-.11	.11	-.05	-.02
Schüchternheit	-.01	-.03	-.15+	-.05	-.03	-.07
Explorationsverhalten	-.16+	-.05	-.07	.02	-.13	-.15+
Prosoziales Verhalten	.03	-.03	-.09	.02	-.08	-.08

Anmerkungen: Die Polung des Gesamtwertes und der Subskalen der Kindschwierigkeit erfolgte derart, dass hohe Werte auf eine hohe Schwierigkeit hinweisen (also geringe Regelmäßigkeit, schlechtes Schlafen, geringes Explorations-verhalten, niedriges Ausmaß an prosozialem Verhalten). N=126-152; + - $p \leq .10$ * - $p \leq .05$ ** - $p \leq .01$ *** - $p \leq .001$ (zweiseitig).

berichten Eltern, die in dieser Zeit Beziehungsprobleme hatten, später auch häufiger von Schwierigkeiten im Umgang mit ihren dreijährigen Kindern. Das Kind erscheint beiden Eltern dann häufig als schlecht gelaunt, motorisch unruhig und zu ausgeprägtem Trotzverhalten und häufigen Wutanfällen neigend. Dem Vater gelingt es dann außerdem nur schwer, sein Kind zu trösten. Damit stimmen unsere Befunde mit den Erwartungen überein, wonach eine schlechte Ehebeziehung der Eltern einen Risikofaktor für die soziale und emotionale Entwicklung des Kindes darstellt. Allerdings deuten unsere Ergebnisse darauf hin, dass nicht speziell ein hohes Konfliktniveau problematisch ist. Vielmehr scheint sich vor allem eine mangelhafte Kommunikation zwischen den Eltern ungünstig auf die soziale Entwicklung des Kindes und die Eltern-Kind-Beziehung auszuwirken. Darüber hinaus führt eine destruktive Streitkultur langfristig zu Problemen in der Mutter-Kind-Beziehung, während das Vater-Kind-Verhältnis infolge eines Mangels an Intimität und Zärtlichkeit zwischen den Eltern leidet.

4.7.2.3 Vater-Tochter, Mutter-Sohn: Ist die Beziehung zum gegengeschlechtlichen Kind besonders gefährdet?

Befunde anderer Studien belegen, dass sich elterliche Konflikte auf die soziale Entwicklung von Jungen anders auswirken als auf die soziale Entwicklung von Mädchen. Hinzu kommt, dass die Beziehungen von Mutter bzw. Vater zu Tochter bzw. Sohn nicht gleichermaßen unter einer schlechten Partnerbeziehung der Eltern leiden. Konflikte auf der Elternebene scheinen in erster Linie die Beziehung zum gegengeschlechtlichen Kind (Vater-Tochter, Mutter-Sohn) zu gefährden. Dieses Phänomen wird als „Cross-Gender-Effekt" bezeichnet (z.B. Snyder, 1998). Kerig et al. (1993) nehmen an, dass negative Gefühle und Einstellungen dem Partner gegenüber bevorzugt auf das gegengeschlechtliche Kind übertragen werden.

Um dieser Frage nachzugehen berechnen wir die bivariaten Zusammenhänge zwischen der drei Monate nach der Geburt erfassten dyadischen Partnerschaftsqualität und der von der Frau bzw. vom Mann perzipierten Schwierigkeit des 34 Monate alten Kindes getrennt für Mädchen und Jungen. Das Zusammenhangsmuster entspricht weitgehend den Erwartungen (vgl. Tabelle 4.7.3). Eine schlechte Ehebeziehung der Eltern trägt langfristig vor allem zur Wahrnehmung des *gegen*geschlechtlichen Kindes als schwierig bei Während eine geringe Partnerschaftsqualität die Entwicklung der Mutter-Tochter-Beziehung nicht berührt (oberer linker Quadrant), prädiziert sie gravierende Probleme in der Mutter-Sohn-Beziehung[3]. (unterer linker Quadrant). Je mehr das Paar in den ersten Monaten nach der Geburt miteinander streitet, je weniger Zärtlichkeiten es austauscht, vor allem aber je weniger die Partner miteinander reden, desto problematischer verläuft die soziale und emotionale Entwicklung des Sohnes aus Sicht der Mutter. Während ein hohes Streitniveau speziell mit externalisierendem Problemverhalten (motorische Unruhe, Wut und Trotz, Quengeligkeit und schlechte Laune) in Verbindung steht, prädiziert eine eingeschränkte partnerschaftliche Kommunikation Probleme in

---

3   Bei der Interpretation unserer Ergebnisse muss allerdings berücksichtigt werden, dass die Ergebnisse zur Eltern-Tochter-Beziehung und die Ergebnisse zur Eltern-Sohn-Beziehung nicht anhand der gleichen Familien gewonnen wurden. Unsere Befunde besagen (streng genommen) also nicht, dass die Beziehung der Mutter zu ihrem Sohn unter den Beziehungsproblemen der Eltern leidet, während die Beziehung der gleichen Mutter zu ihrer Tochter dadurch nicht beeinträchtigt wird. Sie besagen vielmehr, dass Mütter von Söhnen infolge von Beziehungsproblemen auf der Elternebenen auch mehr Probleme in der Beziehung zum Kind verzeichnen als Mütter von Töchtern.

nahezu allen erfassten Verhaltensbereichen. Die Mutter erlebt ihren dreijährigen Sohn dann nicht nur als oftmals schlecht gelaunt und quengelig, motorisch unruhig, trotzig und wenig anpassungsfähig. Sie beschreibt ihn darüber hinaus als wenig verschmust, schüchtern, desinteressiert an seiner Umgebung und konstatiert Defizite im Sozialverhalten ihres Sohnes gegen über anderen Kindern.

Auch für die Väter tritt das erwartete geschlechtsspezifische Muster auf, fällt jedoch nicht ganz so deutlich aus wie für die Mütter. Eine schlechte partnerschaftliche Kommunikation führt langfristig sowohl zu Problemen in der Vater-Sohn- (unterer rechter Quadrant) als auch in der Vater-Tochter-Beziehung (oberer rechter Quadrant). Den Sohn erlebt er dann als quengelig, trotzig und nur schlecht zu trösten, die Tochter außerdem als unruhig und ungehorsam. Interessanterweise steht die spätere Schwierigkeit der kleinen Tochter außerdem im Zusammenhang mit dem Ausmaß an körperlicher Nähe zwischen den Partnern. Je größer die körperliche Distanz zwischen den Partnern in den Monaten nach der Geburt war, desto distanzierter und problematischer ist später auch die Beziehung des Vaters zu seiner Tochter. Er erlebt die Dreijährige als wenig verschmust, nur schwer zu trösten und beschreibt externalisierendes Problemverhalten, wie hohe motorische Unruhe, Ungehorsam und eine ausgeprägte Neigung zu Wutanfällen und Trotzreaktionen.

Auch hier zeigen sich wiederum Unterschiede in der Bedeutung der unterschiedlichen Facetten der Partnerschaftsqualität. Zusätzlich zum allgemeinen negativen Effekt einer geringen Kommunikation der Partner, trägt zu einer schlechten Mutter-Sohn-Beziehung ein hohes Ausmaß an Streit und Konflikten in der Partnerschaft bei, zur schlechten Vater-Tochter-Beziehung hingegen ein Mangel an Zärtlichkeit und körperlicher Zuwendung der Partner.

Unsere Ergebnisse bestätigen somit bisherige Forschungsbefunde, denen zufolge Probleme auf der Elternebene die emotionale und soziale Entwicklung des Kindes, insbesondere die Beziehung des Kindes zum gegengeschlechtlichen Elternteil beeinträchtigen. Im Gegensatz zu anderen Forschern (z. B. Cowan & Cowan, 1994), die die Entwicklung von Mädchen in besonderem Maße durch Eheprobleme gefährdet sehen, aber in Übereinstimmung mit Befunden von Porter und O'Leary (1980) legen unsere Ergebnisse nahe, dass das Entwicklungsrisiko für Jungen größer ist. Während ein Mädchen, dessen Eltern Beziehungsprobleme haben, im Kleinkindalter immerhin noch mit einem Elternteil – nämlich der Mutter – gut klar kommt, stehen für den Jungen die Chancen auf eine gute Beziehung zu auch nur einem Elternteil deutlich schlechter. Bei ihnen berichten *beide* Eltern von Problemen im Umgang mit dem Kind.

Tabelle 4.7.3: Längsschnittlicher Zusammenhang zwischen der drei Monate nach der Geburt erfassten dyadischen Partnerschaftsqualität (PFB) und der von der Mutter bzw. vom Vater perzipierten Schwierigkeit des 34 Monate alten Mädchen bzw. Jungen

	Mutter Zärtlichkeit			Vater Zärtlichkeit		
	Streit		Kommun.	Streit		Kommun.
Mädchen						
Schwierigkeit Gesamt	.14	-.01	-.03	.18	-.34**	-.27*
Schlafen	.13	.07	-.05	.20	-.06	-.22+
Essen	.23+	-.07	-.11	.11	.01	-.06
Laune	.07	.06	-.01	.10	-.18	-.08
Schmusigkeit	-.09	-.03	.03	-.05	-.30*	-.12
Tröstbarkeit	-.03	-.01	-.09	.13	-.26*	-.26*
Anpassungsfähigkeit	.01	-.08	-.01	.14	-.13	-.15
Aufmerksamkeitsverl.	.12	-.05	-.01	.13	-.19	-.11
Allgemeine Schwierigkeit	.11	.03	.00	-.04	-.17	.00
Unruhe	.17	-.16	-.11	.20	-.33**	-.32*
Gehorsam	.00	-.15	-.03	-.04	-.41**	-.32*
Wut und Trotz	.30*	-.21+	-.19	.21	-.41**	-.26*
Trennungsangst	-.03	.11	.06	.14	-.02	-.03
Schüchternheit	-.11	.15	.04	-.12	-.00	.03
Explorationsverhalten	-.23+	.06	.10	.03	-.18	-.12
Prosoziales Verhalten	-.02	.14	.23+	.14	-.24+	-.11
Jungen						
Schwierigkeit Gesamt	.24*	-.27*	-.45***	.11	-.12	-.27*
Schlafen	.05	-.13	-.11	.00	-.08	-.12
Essen	-.16	.03	-.09	.06	-.07	-.09
Laune	.23+	-.25*	-.40***	.08	-.20	-.34**
Schmusigkeit	.10	-.14	-.30*	-.16	.11	-.08
Tröstbarkeit	.12	-.10	-.22+	-.15	-.11	-.27*
Anpassungsfähigkeit	.08	-.22+	-.26*	.02	-.11	-.15
Aufmerksamkeitsverl.	.15	-.07	-.17	.20	.03	-.02
Allgemeine Schwierigkeit	.33**	-.33**	-.44***	.13	-.14	-.17
Unruhe	.41***	-.23+	-.22+	.14	-.06	-.17
Gehorsam	.17	-.19	-.12	-.12	.02	.05
Wut und Trotz	.37**	-.20+	-.28*	.11	-.12	-.33**
Trennungsangst	.19	-.11	-.22+	.07	-.08	.01
Schüchternheit	.09	-.22+	-.34**	.03	-.05	-.18
Explorationsverhalten	-.08	-.17	-.26*	.02	-.06	-.20+
Prosoziales Verhalten	.08	-.19	-.37**	-.07	.02	-.09

Anmerkungen N=60-74; + - $p<.10$ * - $p<.05$ ** - $p<.01$ *** - $p<.001$ (zweiseitig).

4.7.2.4 Wie wirkt sich die Qualität der elterlichen Partnerschaft auf die soziale Entwicklung des Kindes aus? – Vermittelnde Prozesse

Im Folgenden wird der Frage nachgegangen, *auf welchem Weg* Probleme in der Paarbeziehung der Eltern zur Entstehung von schwierigem Verhalten und schwierigen Merkmalen beim Kind beitragen. Es geht also um eine empirisch abgesicherte *Erklärung* der gefundenen Zusammenhänge zwischen der Partnerschaftsqualität und der Kindschwierigkeit. In der Psychologie spricht man hier von vermittelnden Prozessen Im Rahmen dieses Beitrags werden verschiedene Erklärungsansätze überprüft und diskutiert, die mit Blick auf den eingangs dargestellten Forschungsstand nahe liegen. Ziel ist allerdings *nicht*, sämtliche vermittelnden Mechanismen zu identifizieren. Es sollen vielmehr verschiedene Einflussmechanismen anhand der eigenen Daten überprüft und geschlechtsspezifische Vermittlungsprozesse näher beleuchtet werden. Aus Gründen der Übersichtlichkeit werden die Erklärungsansätze nacheinander in getrennten Modellen überprüft. Weiterhin werden die Modelle auch dann für beide Kindgeschlechter dargestellt, wenn negative Auswirkungen einer schlechten Partnerschaftsqualität in erster Linie für die Beziehung zum gegengeschlechtlichen Kind zu beobachten sind.

In welchem Maß der Einfluss der Partnerschaftsqualität auf die Kindschwierigkeit, den wir in Tabelle 4.7.3 nachgewiesen haben, durch die diskutierten Mechanismen vermittelt wird, lässt sich pfadanalytisch anhand einer Reihe von multiplen Regressionen überprüfen, die jeweils die spezifischen, „reinen" Effekte der Partnerschaftsqualität und der angenommenen vermittelnden Variablen zeigen (zur Vorgehensweise bei der Pfadanalyse vgl. z. B. Baron & Kenny, 1986; Brandtstädter & Bernitzke, 1976). Um die Vermittlung der Cross-Gender-Effekte aufzuklären, werden die Pfadanalysen getrennt für Mädchen (N=69) und Jungen (N=63) durchgeführt und dargestellt. Angegeben werden jeweils die standardisierten Regressionsgewichte Beta, der Anteil an aufgeklärter Varianz im Kriterium und in Klammern die bivariaten Ausgangskorrelationen zwischen der Partnerschaftsqualität und der Kindschwierigkeit. Die zentralen Befunde werden in den Abbildungen 4.7.1. bis 4.7.3 graphisch veranschaulicht. Da die Pfadanalyse auf korrelativen Daten fußt, prüft sie natürlich nur die Vereinbarkeit der Daten bzw. der korrelativen Beziehungen zwischen den Daten mit dem postulierten Kausalmodell und nicht die Richtigkeit des Kausalmodells als solches.

„Überschwappen" negativer Impulse und Einstellungen von der Paarebene auf die Elternebene?

Gehen wir als erstes der Frage nach, inwieweit ein geschlechtsspezifisches *Überschwappen negativer Impulse und Einstellungen* von der Paarebenen auf die Elternebene (vgl. Kerig et al., 1993) für die nachteiligen Auswirkungen einer geringen Partnerschaftsqualität verantwortlich ist. Dieser Überlegung zufolge werden negative Einstellungen und Gefühle dem Partner gegenüber, die im Zuge von Auseinandersetzungen entstehen, auf das gegengeschlechtliche Kind übertragen und tragen so zu Problemen in der Beziehung zu diesem Kind bei.

Inwieweit lässt sich nun der gefundene Zusammenhang zwischen dem partnerschaftlichen Konfliktniveau und den Problemen in der Mutter-Sohn-Beziehung durch diesen Mechanismus erklären? Die Ergebnisse der Pfadanalysen belegen, dass negative Einstellungen der Mutter gegenüber dem Partner erwartungsgemäß in erster Line auf den Sohn übertragen werden und so zu Problemen im Umgang mit diesem Kind führen. Abbildung 4.7.1 veranschaulicht die Zusammenhänge: Je mehr und je unfairer die Partner in den ersten Monaten nach der Geburt miteinander streiten, desto unzufriedener ist die Frau in dieser Zeit mit der Person ihres Partners (desto größere Diskrepanzen zeigen sich zwischen dem Idealbild vom Partner und dem, wie sie ihn tatsächlich sieht). Dies gilt gleichermaßen für Mütter von Töchtern als auch für Mütter von Söhnen. Die Vorbehalte gegenüber dem Partner schlagen langfristig jedoch nur auf die Wahrnehmung des Sohnes durch (Abbildung 4.7.1, oben), nicht jedoch auf die Wahrnehmung der Tochter (Abbildung 4.7.1, unten). Je unzufriedener die Frau mit dem Partner ist, desto schwieriger erlebt sie ihren Sohn. Nach Berücksichtigung des Partnerbildes der Frau hat das Konfliktniveau für sich genommen keinen Effekt mehr auf die Schwierigkeit des Sohnes.

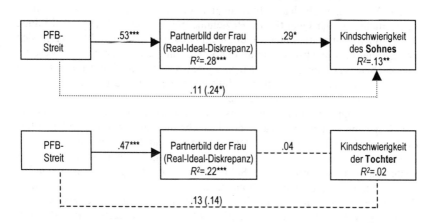

Abbildung 4.7.1: Pfadmodell: Vermittlung des Zusammenhangs zwischen Streit (T3, Dyadisches Maß) und der von der Frau eingeschätzten Kindschwierigkeit (T5) durch das Partnerbild der Frau (T3); Mütter von Söhnen (oben) und Mütter von Töchtern (unten).

Unsere Befunde belegen somit, dass ein Überschwappen negativer Impulse von der Partnerebene auf die Beziehung zum gegengeschlechtlichen Kind einen Mechanismus darstellt, wie ein hohes partnerschaftliches Konfliktniveau die Beziehung der Mutter zu ihrem Sohn beeinträchtigt. Die Vorbehalte gegenüber dem Partner, die bei der Frau im Zuge der Auseinandersetzungen mit ihrem Partner entstehen, werden auf das gegengeschlechtliche Kind – also auf den Sohn – übertragen und sorgen so für Probleme in der Mutter-Sohn-Beziehung.

Rückzug des Mannes von der Sorge um das Kind?

Wenden wir uns als nächstes der Frage zu, ob die *Beteiligung des Mannes an der Sorge um das Kind* den Zusammenhang zwischen der Partnerschaftsqualität und der Kindschwierigkeit erklärt. Männer neigen bei niedriger Partnerschaftsqualität dazu, sich vom Kind zurückzuziehen bzw. werden dann von der Frau nicht in die Sorge um das Kind einbezogen. Die geringe Verfügbarkeit des Vaters könnte einerseits vom Kind als Ablehnung empfunden werden und so zu Problemen in der Vater-Kind-Beziehung beitragen. Andererseits könnte eine mangelnde Routine des Vaters auch den Umgang mit spezifischen Erziehungssituationen (z.B. Trotzverhalten des Kindes) erschweren und zu einer Wahrnehmung des Kindes als „schwierig" beitragen. Unsere Ergebnisse stützen diese Hypothese nicht. Wie sehr der Vater sich in den ersten Monaten nach der Geburt an der Versorgung der Tochter beteiligt, hängt nicht von der Qualität der Beziehung zur Partnerin ab (vgl. Abbildung 4.7.2, oben). Sprich: Väter in unglücklichen Beziehungen beteiligen sich ebenso viel bzw. ebenso wenig an der Versorgung von Töchtern wie Väter in glücklichen Beziehungen. Ein Rückzug des Vaters vom Kind kommt somit als Erklärung für den negativen Effekt einer geringen Partnerschaftsqualität auf die Vater-Tochter-Beziehung nicht in Frage.

Zwar hängt das Kommunikationsniveau mit der Beteiligung des Vaters an der Sorge um den Sohn zusammen: Je mehr die Partner miteinander reden, desto mehr kümmert sich der Vater um seinen Sohn. Sein Engagement in den ersten Lebensmonaten des Kindes trägt allerdings nicht dazu bei, dass er später auch besser mit seinem Sohn zurechtkommt (vgl. Abbildung 4.7.2, unten). Ebenso wenig hat das hohe Engagement des Vaters zur Folge, dass die Mutter besser mit ihrem Sohn zurecht kommt, ihn also als weniger schwierig wahrnimmt (Kommunikation: β=-.44, p<.01; Beteiligung des Vaters: β=.03, n.s.). Eine geringe Beteiligung des Vaters an der Sorge um das Kind ist somit auch bei Söhnen nicht für die beobachteten negativen Auswirkungen einer geringen Partnerschaftsqualität auf die soziale Entwicklung des Kindes verantwortlich.

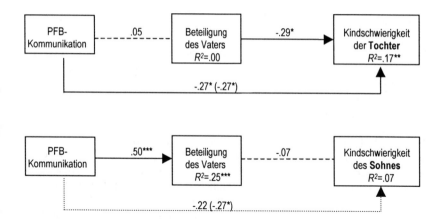

Abbildung 4.7.2: Pfadmodell: (Keine) Vermittlung des Zusammenhangs zwischen der Kommunikation (T3, Dyadisches Maß) und der vom Mann eingeschätzten Kindschwierigkeit (T5) durch die Beteiligung des Vaters an der Sorge um das Kind (T3); Väter von Töchtern (oben) und Väter von Söhnen (unten)

Diskrepanzen zwischen den Elternschaftskonzepten von Mutter und Vater?

Ein weiterer Erklärungsansatz betont die problematischen Auswirkungen von Diskrepanzen zwischen Mutter und Vater im Hinblick auf ihre Erziehungsvorstellungen und ihr Erziehungsverhalten für die Anpassung des Kindes.

Wie Eltern ihr Kind erziehen, hängt stark von den subjektiven Elternschaftskonzepten, also den persönlichen Vorstellungen über Elternschaft ab. Solche Vorstellungen betreffen nicht nur die Ansprüche an das eigene Erziehungsverhalten, sondern umfassen auch Erwartungen und Ansprüche an die Rollenausübung des Partners. Auffassungen darüber, welche Aufgaben oder Funktionen zur Verantwortung einer Mutter bzw. eines Vaters gehören, stützen sich wesentlich auf Überzeugungen zur Entwicklung von Kindern, Überzeugungen zur Beeinflussbarkeit von Entwicklungsprozessen sowie Überzeugungen zur Instrumentalität spezifischer Erziehungspraktiken. Diskrepanzen zwischen den Auffassungen von Mutter und Vater manifestieren sich auf der Verhaltensebene und dürften in einem ineffektiven Erziehungsverhalten und geringer gegenseitiger Unterstützung resultieren (Belsky, Crnic & Gable, 1995), mit negativen Folgen für das Kind (Belsky, Putnam & Crnic, 1996). Während vermutlich die wenigsten Elternpaare völlig in ihren Erziehungsvorstellungen übereinstimmen, verschärfen sich Diskrepanzen typischerweise in belasteten Beziehungen. Die Partner sind dann kaum mehr bereit, sich konstruktiv über Erziehungsfragen auszutauschen, sich die Auffassungen und Praktiken des Partners zu eigen zu machen, sie zu unterstützen oder auch nur zu tolerieren.

Im Folgenden soll nun überprüft werden, inwieweit die negativen Effekte einer geringen Partnerschaftsqualität auf das Kind auf Diskrepanzen zwischen den subjektiven Elternschaftskonzepten von Mutter und Vater zurückgehen. Um die subjektiven Elternschaftskonzepte zu erfassen, wurden die Eltern drei Jahre nach der Geburt des Kindes gefragt, inwiefern unterschiedliche Aufgaben oder Funktionen zur Verantwortung eines *Vaters* bzw. einer *Mutter* gehören. Die Elternschaftskonzepte wurden in Bezug auf vier Bereiche erfragt: (1) *Interesse am Kind* (z.B. „sich Zeit nehmen für das Kind"), (2) *reflektiertes Erziehungsverhalten* (z.B. „konsequent sein"), (3) *Erhalt eines positiven Familienklimas* (z.B. „die Erziehungsmaßnahmen des Partners unterstützen") und schließlich (4) (traditionelle) *Geschlechtsrollen* (z.B. „eigene Karrierepläne zugunsten des Kindes zurückstellen").

Erwartungsgemäß gehen Diskrepanzen[4] zwischen beiden Partnern im Hinblick auf das *Vaterschaftskonzept* mit der Einschätzung des Kindes als schwierig einher: je stärker die Vorstellungen der Eltern über die Verantwortung des Vaters divergieren, desto schwieriger schätzen sowohl Väter von Söhnen (r=-.29, p<.05) als auch Väter von Töchtern (r=-.37, p<.01) ihr Kind ein. Überraschenderweise tritt ein derartiger Zusammenhang für die Einschätzung der Kindschwierigkeit durch die Frau nicht auf (Mädchen: r=-.20, n.s.; Jungen: r=-.25, n.s.). Diskrepanzen zwischen den Partnern im Hinblick auf die subjektiven *Mutterschaftskonzepte* (also im Hinblick auf die Aufgaben und Funktionen einer Mutter) stehen nicht mit der Wahrnehmung des Kindes im Zusammenhang und kommen somit nicht als vermittelnde Variable in Betracht.

Sind die Diskrepanzen in den Auffassungen von der Vaterschaft nun tatsächlich verantwortlich für die negativen Auswirkungen einer geringen Partnerschaftsqualität? Betrachten wir als Erstes die *Vater-Tochter-Beziehung* (Abbildung 4.7.3., oben). Je weniger die Partner miteinander reden, desto stärker klaffen tatsächlich ihre Vorstellungen von den Aufgaben und Zuständigkeiten eines Vaters auseinander. Dies trägt wiederum zu Schwierigkeiten im Umgang des Vaters mit seiner Tochter bei. Die Kommunikation als solche leistet dann keinen eigenen Beitrag mehr zur Vorhersage der Schwierigkeit der drei Jahre alten Tochter.

---

4   Das dyadische Maß der Diskrepanzen zwischen den Mutterschafts- bzw. der Vaterschaftskonzepten beider Partner errechnet sich als *Fisher's Z*-transformierte Profilähnlichkeit zwischen dem Mutterschaftskonzept der Frau und dem Mutterschaftskonzept des Mannes bzw. den Vaterschaftskonzepten beider Partner. *Hohe* Werte verweisen auf eine *geringe Diskrepanz.*

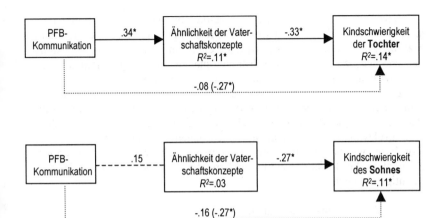

Abbildung 4.7.3: Pfadmodell: Vermittlung des Zusammenhangs zwischen der Kommunikation (T3, Dyadisches Maß) und der vom Mann eingeschätzten Kindschwierigkeit (T5) durch die Ähnlichkeit der Vaterschaftskonzepte von Frau und Mann (T5). Väter von Töchtern (oben) und Väter von Söhnen (unten).

Für die Vater-Sohn-Beziehung finden wir entgegen der Erwartung keinen vermittelnden Effekt einer geringen Ähnlichkeit der Vaterschaftskonzepte. Zwar kommt der Vater besser mit seinem Sohn zurecht, wenn beide Partner ähnliche Vorstellungen von der Rollenausübung des Vaters haben. Ein hohes Kommunikationsniveau leistet in diesen Fällen aber keinen signifikanten Beitrag zur Klärung der Zuständigkeiten und Verantwortlichkeiten des Vaters (Abbildung 4.7.3., unten). Zwar deutet sich auch hier ein positiver Zusammenhang an, wird aber nicht signifikant.

Zusammenfassend lässt sich feststellen, dass eine hohe Übereinstimmung der Vorstellungen beider Partner von den Aufgaben und Zuständigkeiten des Vaters für diesen den Umgang mit seinem Kind erleichtert. Aber nur dann, wenn es um die Tochter geht, trägt eine bessere Kommunikation zur Klärung der Zuständigkeiten bei. Ob die Eltern gleiche oder unterschiedliche Vorstellungen von der Verantwortung einer Mutter haben, ist hingegen für die soziale Entwicklung des Kindes irrelevant.

Warum bereitet nun die Uneinigkeit der Eltern im Hinblick auf die Verantwortung und Pflichten des Vaters, nicht aber im Hinblick auf die Verantwortung der Mutter Probleme? Die Antwort liegt vermutlich in der typischerweise praktizierten traditionellen Aufteilung der Zuständigkeiten für das Kind. Da der Vater bei der Kinderbetreuung und Erziehung in der Regel nur

„die zweite Geige" spielt, wird er in stärkerem Maße als die Mutter darauf angewiesen sein, dass seine Partnerin sein Engagement und seine Erziehungspraktiken unterstützt. Und dies wird sie dann tun, wenn sie seine Vorstellungen von der Vaterrolle teilt. Vertritt sie hingegen eine gegensätzliche Auffassung, wird sie seine Bemühungen tagtäglich unterlaufen.

Die gefundenen Zusammenhänge bedeuten nun allerdings *nicht*, dass ausschließlich diese Mechanismen für die problematischen Folgen einer geringen Partnerschaftsqualität verantwortlich sind und andere Vermittlungsmechanismen irrelevant wären. Vielmehr verdeutlichen sie beispielhaft Wege, *wie* Konflikte zwischen den Partnern bzw. eine schlechte partnerschaftliche Kommunikation die Beziehung zum Kind bzw. die Entwicklung des Kindes beeinträchtigen können.

4.7.3 Zusammenfassung und Diskussion

Der Einfluss der Paarbeziehung auf die Entwicklung des Kindes hat in den vergangenen Jahren wachsende Aufmerksamkeit erfahren. Es kann als gesicherter Befund gelten, dass eine unglückliche Partnerbeziehung der Eltern nachteilige Auswirkungen auf die soziale Entwicklung des Kindes hat und langfristig zur Entstehung von Verhaltensauffälligkeiten beiträgt. Allerdings sind eine Reihe von Fragen noch ungeklärt und werden kontrovers diskutiert. Dazu gehört die Frage, ob eine unglückliche Paarbeziehung der Eltern generell einen Risikofaktor für das Kind darstellt, oder ob es speziell chronische Konflikte und ein dysfunktionales Streitverhalten sind, die für die destruktiven Folgen verantwortlich sind. Ein weiterer Punkt betrifft das Auftreten von Geschlechtsunterschieden. So gibt es Hinweise darauf, dass Probleme auf der Paarebene in erster Linie die Beziehung zum gegengeschlechtlichen Kind gefährden. Nicht vollständig geklärt ist bisher auch die Frage, auf welche Weise Ehebeziehungen die Entwicklung von Kindern stützen oder beeinträchtigen. Im vorliegenden Kapitel wurden diese Fragen anhand der eigenen Daten näher beleuchtet. Hierfür wurden drei Facetten der Partnerschaftsqualität – das partnerschaftliche Konfliktniveau, der Grad der Intimität und Zärtlichkeit und das Ausmaß an Kommunikation – in Beziehung gesetzt zu von den Eltern eingeschätzten „schwierigen" Merkmalen des Kindes.

Betrachtet man zunächst diese von den Eltern eingeschätzten Merkmale des Kindes näher, zeigt sich, dass die Eltern ihr Kind teils recht unterschiedlich wahrnehmen. Bei Merkmalsbereichen, die in hohem Maße die Kompetenzen der Eltern und die individuelle Beziehung zum Kind widerspiegeln, fällt die Übereinstimmung zwischen den Eltern eher gering aus. Hingegen stimmen die Einschätzungen beider Eltern bei Merkmalsbereichen, die stärker vom Beziehungsaspekt losgelöst sind, relativ gut überein. Die subjektiven Wahrnehmungen der Eltern von ihrem Kind stellen somit kein perfektes, kein objektives Abbild des Verhaltens und der Persönlichkeit des Kindes dar, sondern spiegeln auch das Befinden der Eltern, ihre Kompetenzen und ihre Beziehung zum Kind wieder. Dies muss bei der Interpretation unserer Ergebnisse berücksichtigt werden.

Zunächst einmal bestätigen unsere Befunde die Erkenntnisse anderer Forschungsarbeiten, wonach eine geringe Partnerschaftsqualität nachteilige Auswirkungen auf die soziale Entwicklung des Kindes hat. Der erwartete Zusammenhang zeigt sich bereits zu einem sehr frühen Zeitpunkt, nämlich wenn der Säugling drei Monate alt ist. Je schlechter die Qualität der Partnerschaft zu diesem Zeitpunkt ist, desto schwieriger ist der Säugling vor allem für die Mutter zu handhaben. Eine niedrige Partnerschaftsqualität geht aber nicht nur aktuell mit einer hohen Kindschwierigkeit einher, sondern sagt auch längerfristig Anpassungsprobleme voraus: je schlechter die Partnerschaft in den ersten Monaten Lebensmonaten des Kindes funktioniert, desto häufiger berichten die Eltern knapp drei Jahre später externalisierende Verhaltenssauffälligkeiten ihres Kindes. Dazu gehören eine negative Grundstimmung, motorische Unruhe, heftige Wutanfälle und ausgeprägtes Trotzverhalten. Entgegen den gängigen Annahmen weisen unsere Befunde jedoch darauf hin, dass in dieser frühen Entwicklungsphase nicht nur ein hohes Konfliktniveau problematisch ist, sondern vor allem eine mangelhafte partnerschaftliche Kommunikation einen Risikofaktor für die soziale Entwicklung des Kindes und den Aufbau der Eltern-Kind-Beziehung darstellt.

Schwierigkeiten entstehen allerdings in erster Linie in der Beziehung zum gegengeschlechtlichen Kind. Hat das Paar eine Tochter, belasten Probleme auf der Paarebene die Beziehung des Vaters zu seiner Tochter. Die Beziehung der Mutter zur Tochter wird durch die Eheprobleme jedoch nicht beeinträchtigt. Hat das Paar einen Sohn, berichten in belasteten Partnerschaften beide Elternteile Schwierigkeiten im Umgang mit dem Sohn. Die Beziehung der Mutter zu ihrem Sohn erscheint jedoch in stärkerem Maße beeinträchtigt als die Vater-Sohn-Beziehung.

Wieso führt eine geringe Partnerschaftsqualität zu Problemen in der Vater-Sohn, nicht jedoch in der Mutter-Tochter-Beziehung? Möglicherweise stellt dieses Befundmuster eine Folge der traditionellen Rollenverteilung – die Zuständigkeit für das Kind liegt in der Regel bei der Frau – dar. Der kleine Junge lernt daher grundsätzliche Verhaltens- und Beziehungsmuster in der Interaktion mit der Mutter. Erlernte dysfunktionale Beziehungsmuster, die sich infolge einer geringen Partnerschaftsqualität in der Mutter-Sohn-Beziehung etabliert haben, werden vom kleinen Jungen vermutlich auch in der Interaktion mit dem Vater reproduziert und bereiten diesem Schwierigkeiten. Die Schwierigkeiten des Vaters im Umgang mit seinem Sohn wären diesen Überlegungen zufolge ein Abstrahleffekt der problematischen Mutter-Sohn-Beziehung. Allerdings ist diese Überlegung zum jetzigen Zeitpunkt hochspekulativ und erfordert weitere Überprüfung.

Unabhängig davon, welcher Mechanismus für die Beeinträchtigung der Vater-Sohn-Beziehung verantwortlich ist, legen unsere Befunde nahe, dass Probleme auf der Paarebene für Jungen ein größeres Entwicklungsrisiko in sich bergen als für Mädchen. Während ein Mädchen, dessen Eltern Beziehungsprobleme haben, im Kleinkindalter immerhin mit der Mutter eine funktionierende Beziehung unterhält, ist dies bei kleinen Jungen nicht der Fall. Hier berichten beide Eltern von Schwierigkeiten im Umgang mit dem Kind.

Entgegen der häufig zitierten Annahme, stellen wir fest, dass nicht speziell ein hohes Konfliktniveau mit negativen Entwicklungsresultaten beim Kind verbunden ist. Neben dem Ausmaß an Intimität und Zärtlichkeit zwischen den Partner kommt vor allem der partnerschaftlichen Kommunikation in den ersten Lebensjahren des Kindes eine wichtige Rolle für seine soziale und emotionale Entwicklung und den Aufbau der Eltern-Kind-Beziehung zu. Möglicherweise ist die große Bedeutung der Kommunikation darauf zurückzuführen, dass die Versorgung und Betreuung eines Säuglings und Kleinkindes in höherem Maße die Kooperation der Eltern erfordern als die Erziehung eines Jugendlichen (Margolin, Gordis & John, 2001).

Während nun der Nachweis eines Zusammenhangs zwischen der Qualität der elterlichen Partnerschaft und der Entwicklung des Kindes als gesichert betrachtet werden kann, bleibt die empirisch abgesicherte Erklärung dieses Zusammenhangs nach wie vor ein wichtiges Anliegen. In der vorliegenden Arbeit wurden exemplarisch drei Erklärungsansätze anhand der eigenen Daten überprüft. Während unsere Ergebnisse die Hypothese eines geringen väterlichen Engagements als Erklärungsfaktor für die Entwicklung schwieriger Kindmerkmale nicht stützen, ergeben sich Hinweise auf zwei andere vermittelnde Mechanismen. Der Zusammenhang zwischen dem Konfliktniveau und der Schwierigkeiten in der Mutter-Sohn-Beziehung lässt sich durch ein Überschwappen der Vorbehalte der Mutter gegenüber dem Partner auf ihren Sohn erklären. Die Probleme, die eine mangelhafte Kommunikation für die Vater-Kind-Beziehung bereitet, lässt sich bei Vätern von Töchtern nicht jedoch bei Vätern von Söhnen auf das Auseinanderklaffen der Vaterschaftskonzepte von Mann und Frau zurückführen. Allerdings werfen diese Ergebnisse mindestens eben so viele Fragen auf, wie sie beantworten. Sie verdeutlichen aber die Notwendigkeit, bei der Suche nach Erklärungsmechanismen für die negativen Auswirkungen einer geringen Partnerschaftsqualität sowohl das Geschlecht des Elternteils auch das Geschlecht des Kindes zu berücksichtigen.

Zusammenfassend lässt sich feststellen, dass unsere Ergebnisse darauf hindeuten, dass bereits sehr früh ein Fundament für die soziale Entwicklung des Kindes gelegt wird. Allerdings bedeutet dies nicht, dass die familiäre Konstellation bzw. die Atmosphäre zwischen den Eltern in den ersten Lebensmonaten des Kindes die weitere Entwicklung des Kindes determiniert. Die Zusammenhänge sind zwar signifikant, d.h. es kann ein Einfluss der Partnerschaftsqualität nachgewiesen werden. Allerdings erklären Unterschiede in der Qualität der elterlichen Partnerschaft die Unterschiede, die zwischen den Kindern auftreten, nur zum Teil. Die Partnerschaftszufriedenheit stellt somit nur einen Faktor in einem Gefüge von Faktoren dar, die die kindliche Entwicklung beeinflussen.

Offen bleibt zum jetzigen Zeitpunkt, (1) inwieweit Auswirkungen der frühen elterlichen Beziehungsqualität über das dritte Lebensjahr des Kindes hinaus festgestellt werden können und (2) ob negative Auswirkungen auch auf die Beziehung zu anderen Personen (z.B. Peers, Erzieherinnen) generalisieren. Diese Fragen werden wir jedoch mit Fortschreiten der Studie beantworten können.

4.8 Das geschlechtsrollenbezogene Selbstkonzept: Femininität und Maskulinität

Traditionelle Geschlechtsstereotype gehen davon aus, dass sich Männer und Frauen in bestimmten Eigenschaften unterscheiden. Dem Mann werden Durchsetzungsfähigkeit, Selbstbewusstsein, Unabhängigkeit und Rationalität (sogenannte *maskuline* oder auch *instrumentelle* Eigenschaften), der Frau hingegen Warmherzigkeit, Anpassungsfähigkeit, Einfühlungsvermögen und eine hohe interpersonale Orientierung (sogenannte *feminine* oder auch *expressive* Eigenschaften) zugeschrieben. Diese – angenommenen – Unterschiede im „Wesen" von Männern und Frauen dienen häufig als Begründung der geschlechtstypischen Arbeits- und Rollenverteilung. Im folgenden Kapitel werden diese Geschlechtsstereotype unter die wissenschaftliche Lupe genommen: Sind Frauen tatsächlich „femininer" und Männer „maskuliner"? Hat die Selbstzuschreibung geschlechtstypischer Eigenschaften Auswirkungen auf die Rollenverteilung zwischen den Partnern und auf die Ausgestaltung der Elternschaft? Und welche Eigenschaften sind für eine erfolgreiche Entwicklung der Partnerschaft von Bedeutung?

Traditionelle Geschlechtsstereotype gehen davon aus, dass sich Männer und Frauen in bestimmten Eigenschaften unterscheiden. Dem Mann werden Eigenschaften wie Durchsetzungsfähigkeit, Selbstbewusstsein, Unabhängigkeit, Ehrgeiz und Rationalität (sogenannte *instrumentelle* Eigenschaften) zugeschrieben. Die Frau zeichnet sich diesen Stereotypen zufolge vor allem durch Merkmale wie Warmherzigkeit, Anpassungsfähigkeit, Einfühlungsvermögen, Emotionalität und eine hohe interpersonale Orientierung (sogenannte *expressive* Eigenschaften) aus. Mit diesen – angenommenen – Unterschieden im „Wesen" von Männern und Frauen wurde (und wird auch heute noch) die geschlechtstypische Arbeits- und Rollenverteilung begründet: Durchsetzungsfähigkeit, Selbstbewusstsein und Rationalität prädestinieren den Mann für das Berufsleben und die materielle Absicherung der Familie. Für häusliche Aufgaben und die Sorge um das (Klein-)Kind ist er hingegen aufgrund seines Mangels an expressiven Eigenschaften ungeeignet. Die Frau bringt mit ihrer ausgeprägten Anpassungsfähigkeit, ihrer Warmherzigkeit und ihrem Einfühlungsvermögen die optimalen Voraussetzungen für die Versorgung von Kindern, die sozioemotionale Unterstützung des Partners und den Erhalt eines harmonischen Familienklimas mit. Ihr Defizit an instrumentellen Eigenschaften macht ein berufliches Fortkommen hingegen wenig wahrscheinlich und die Berufstätigkeit als solche wenig erstrebenswert. Soweit die Stereotype. Auch wenn sie hier etwas überzeichnet dargestellt werden, prägen sie in mehr oder weniger deutlicher Form unser Denken und Handeln.

Existieren nun tatsächlich Unterschiede zwischen Männern und Frauen im Hinblick auf wichtige Persönlichkeitsmerkmale? Sind Männer dominanter und durchsetzungsfähiger als Frauen? Sind Frauen dafür verständnisvoller, zärtlicher und anpassungsfähiger als Männer? Prädestinieren diese Unterschiede – sofern es sie gibt – Frauen für die Kindererziehung und Haushaltsführung, während es in der „Natur" des Mannes liegt, sich im beruflichen Konkurrenzkampf zu behaupten und das Einkommen der Familie zu sichern? Kommen Frauen, die sich in hohem Maße „typisch weibliche" Eigenschaften zuschreiben, besser in ihrer Rolle als Mutter zurecht, als Frauen, deren Selbstbild nicht den gängigen Geschlechtsstereotypen entspricht? Gilt Entsprechendes auch für die Übernahme der Vaterrolle durch den Mann? Diesen Fragen gehen wir in diesem Kapitel nach.

4.8.1 Theoretischer Überblick

4.8.1.1 „Femininität" und „Maskulinität" – Was ist das?

Bis Anfang der 70er Jahre ging man nach Sieverding und Alfermann (1992) in der psychologischen Forschung davon aus, dass „feminine" und „maskuline" Persönlichkeitsmerkmale einander ausschließen. D. h. es wurde angenommen, dass Personen sich entweder durch Warmherzigkeit, Emotionalität und eine hohe Orientierung auf soziale Beziehungen (also eine hohe „Femininität") oder durch Rationalität, Selbstbewusstsein und eine Orientierung auf zielgerichtetes Handeln (also eine hohe „Maskulinität") auszeichnen, jedoch nicht über Merkmale beider Komplexe verfügen können. Damit einher ging die Annahme, dass Personen nur dann im Leben gut zurechtkommen, wenn sie die für ihr Geschlecht typische Persönlichkeitsstruktur aufweisen. (Auf diese Überlegungen werden wir in Abschnitt 4.8.1.4 zurückkommen.) Inzwischen hat sich die Erkenntnis durchgesetzt, dass Maskulinität und Femininität nicht zwei Pole einer Dimension darstellen, sondern zwei Dimensionen, deren Ausprägungen voneinander unabhängig sind. Personen können demnach in hohem Maße sowohl über maskuline als auch über feminine Eigenschaften verfügen, und zwar unabhängig von ihrem Geschlecht.

Die Maskulinität und die Femininität einer Person wird üblicherweise anhand ihrer Selbsteinschätzungen bestimmt. Die in der psychologischen Forschung hierfür am häufigsten verwendeten Instrumente sind die Fragebögen von Bem (1974; deutsche Version Schneider-Düker & Kohler, 1988) und von Spence und Helmreich (1978; deutsche Version Runge, Frey, Gollwitzer, Helmreich & Spence, 1981). Die Person soll sich anhand einer Liste von vorgegebenen Eigenschaften beschreiben. Eigenschaften, die in hohem Maße als erwünscht oder charakteristisch für die „typische Frau" gelten (z. B. gefühlsbetont, hilfreich, freundlich, verständnisvoll, sanft), bilden die Subskala *Femininität*. Eigenschaften, die gemeinhin als charakteristisch für den „typischen Mann" betrachtet werden (z. B. unabhängig, aktiv, selbstsicher, überlegen, hartnäckig), werden der Subskala *Maskulinität* zugeordnet. Die Werte einer Person auf den Subskalen geben Aufschluss darüber, in welchem Ausmaß sie sich „typisch weibliche" und wie sehr sie sich „typisch männlich" Eigenschaften zuschreibt.

Die Begriffe *Maskulinität* und *Femininität* haben in der Psychologie somit eine andere Bedeutung als in der Umgangssprache. In der Umgangssprache werden diese Begriffe üblicherweise verwendet, um die äußere Erscheinung einer Person und ihr verbales und nonverbales Ausdrucksverhalten zu charakterisieren. Häufig weisen sie zusätzlich noch eine sexuelle Komponente auf. In der Psychologie bezeichnen sie hingegen, inwieweit sich eine Person instrumentelle und expressive Eigenschaften zuschreibt, die entsprechend traditionellen Geschlechtsstereotypen als typischer für einen Mann oder für eine Frau gelten (Sieverding & Alfermann, 1992). Da die Begriffe Maskulinität und Femininität in der Vergangenheit häufig zu Missverständnissen geführt haben, haben sich stattdessen seit einiger Zeit die Bezeichnungen *Instrumentalität* und *Expressivität* bzw. *instrumentelles* und *expressives Geschlechtsrollenselbstkonzept* eingebürgert.

Die Kombination der Femininitäts- und Maskulinitätswerte erlaubt zudem eine Unterscheidung von vier „Geschlechtsrollenselbstkonzept-Typen" (vgl. Abbildung, 4.8.1).

		Subskala *Maskulinität*	
		niedriger Wert	hoher Wert
Subskala	niedriger Wert	undifferenziert	maskulin
Femininität	hoher Wert	feminin	androgyn

Abbildung 4.8.1: Geschlechtsrollenselbstkonzept-Typen (nach Spence und Helmreich, 1978)

Vergleicht man nun die Selbstbeschreibungen von Frauen mit der von Männern, zeigt sich, dass sich Frauen im Durchschnitt tatsächlich mehr expressive und weniger instrumentelle Eigenschaften zuschreiben als Männer (Hannover, 1997; Langis, Sabourin, Lussier & Mathieu, 1994; Lenz, Soeken, Rankin & Fischman, 1985; Orlofsky & O'Heron, 1987; Schneider-Dücker & Kohler, 1988). In den Selbstbeschreibungen von Personen scheinen sich somit tatsächlich die gängigen Geschlechtsstereotype zu bestätigen. Allerdings gibt es bei beiden Geschlechtern auch Personen, die sich wenig geschlechtstypisch beschreiben, die sich also beide Facetten in hohem Ausmaß (androgynes Geschlechtsrollen-Selbstkonzept) bzw. beide Facetten in geringem Ausmaß (undifferenziertes Geschlechtsrollen-Selbstkonzept) zuschreiben. Und es gibt Personen, die die für das andere Geschlecht „typischen" Eigenschaften als zutreffend und die für das eigene Geschlecht „typischen"

Eigenschaften als wenig zutreffend für sich selbst einschätzen (z. B. Orlofsky & O'Heron, 1987; Reigber, 1994).

4.8.1.2 Warum sind Frauen „femininer" und Männer „maskuliner"?

Interessant und aufschlussreich sind in diesem Zusammenhang Befunde experimenteller Studien, die zeigen, dass die Ausübung von geschlechtsrollenrelevanten Aufgaben und Tätigkeiten einen Einfluss sowohl auf die *Selbst*wahrnehmung und -zuschreibung von geschlechtsrollenrelevanten Eigenschaften hat (Hannover, 1997), als auch auf deren Wahrnehmung und Zuschreibung an *andere* Personen (Bless, et al., 1992; Etaugh & Study, 1989).

Bless und Kollegen (1992) untersuchten den Einfluss geschlechtsrollendiskrepanten Verhaltens auf die Zuschreibung von Eigenschaften bei fiktiven anderen Personen. Sie legten Urteilern, zusammen mit einem Bild von einem Mann oder einer Frau, eine kurze Personenbeschreibung vor und baten sie, sich einen Eindruck von dieser Person zu machen. Die Person wurde stets als Mutter (Vater) von zwei Kindern im Alter von zwei und drei Jahren beschrieben, die entweder eine geschlechtsrollenkonforme (Hausfrau/ Abteilungsleiter) oder eine geschlechtsrollendiskrepante (Abteilungsleiter*in*/ Haus*mann*) Tätigkeit ausübt. Die Forscher stellten fest, dass die Ausübung einer wenig rollenkonformen Tätigkeit (Haus*mann*, Abteilungsleiter*in*) die verstärkte Zuschreibung von geschlechtsrollen*diskrepanten* Eigenschaften anstieß. Abteilungsleiterinnen wurden im Vergleich zu Hausfrauen mehr instrumentelle Eigenschaften zugeschrieben. Hausmänner wurden als expressiver beschrieben als Abteilungsleiter. Die Ausübung der geschlechtsrollendiskrepanten Tätigkeit führte jedoch nicht zu einer verringerten Zuschreibung von geschlechtsrollen*konformen* Eigenschaften. Hausmänner wurden im Allgemeinen nicht als weniger instrumentell oder maskulin angesehen als berufstätige Männer, Abteilungsleiterinnen nicht als weniger feminin als Hausfrauen. Einschränkend muss allerdings angemerkt werden, dass es sich bei den Urteilern um studentische Versuchpersonen handelte, die vermutlich im Vergleich zur Gesamtbevölkerung (im Schnitt) weniger traditionelle Geschlechtsrolleneinstellungen[1] vertraten. Wurde die Geschlechtsrolleneinstellung der Urteiler berücksichtigt, zeigte sich nämlich, dass Personen mit traditionellen Einstellungen dem Hausmann doch „typisch männliche" Eigenschaften absprachen. Die Reaktion auf Hausmänner und auf erwerbstätige

---

1 Der Begriff *Geschlechtsrolleneinstellung* bezeichnet die moralische Wertung einer Person, wie sich Männer und Frauen verhalten sollen, und ihre Einstellung zur (Un-) Gleichbehandlung der Geschlechter im Beruf und innerhalb der Familie. Personen mit traditioneller Geschlechtsrolleneinstellung sehen die soziale Rolle der Frau hauptsächlich als Hausfrau und Mutter, die des Mannes als Brotverdiener. Personen mit einer liberalen Geschlechtsrolleneinstellung vertreten die Ansicht, dass keine Unterschiede zwischen den sozialen Rollen und der Behandlung von Männern und Frauen vorhanden sein sollten (Krampen, 1979).

Frauen wird also in hohem Maße von den Wertvorstellungen des Individuums über eine angemessene oder wünschenswerte Rollenaufteilung von Frauen und Männern beeinflusst (Bless et al., 1992).

Hannover (1997) konnte nachweisen, dass auch die Selbstzuschreibung geschlechtsrollenrelevanter Eigenschaften durch die Ausübung geschlechtsrollenrelevanter Tätigkeiten beeinflusst wird. In ihrer Studie wurden Mädchen und Jungen entweder zu einer „maskulinen Tätigkeit" (Nägel einschlagen) oder zu einer „femininen Tätigkeit" (Babypuppe wickeln) aufgefordert. Anschließend sollten sie sich durch möglichst schnelles Bedienen einer „Ja"- oder „Nein"-Taste anhand von expressiven und instrumentellen Eigenschaften beschreiben. Im Vergleich zu einer Kontrollgruppe (in der sich Mädchen expressive Eigenschaften häufiger und schneller sowie instrumentelle seltener und langsamer zuschrieben als Jungen) beurteilten Mädchen und Jungen nach der „femininen Tätigkeit" expressive und nach der „maskulinen Tätigkeit" instrumentelle Eigenschaften häufiger und schneller als charakteristisch für die eigenen Person.

Hannover (1997) argumentiert nun, dass die häufig beobachteten geschlechtstypischen Unterschiede in der Selbstbeschreibung von Frauen und Männern dadurch ausgebildet und aufrechterhalten werden, dass Mädchen (bzw. Frauen) häufiger zu „typisch weiblichen" Tätigkeiten und Jungen (bzw. Männer) häufiger zu „typisch männlichen" Tätigkeiten angeregt werden. Mädchen und Jungen werden bereits im Kleinkindalter von ihren Eltern besonders zu „geschlechtsrollentypischen" Aktivitäten ermuntert, wobei sich die Förderung geschlechtstypischer Beschäftigungen im Jugendalter fortsetzt. Geschlechtstypische Unterschiede zwischen Männern und Frauen im Hinblick auf ihre Selbstbeschreibungen stellen demzufolge weniger eine Konsequenz biologischer Unterschiede als eine Folge der Geschlechtsrollensozialisation dar.

Durch die Elternschaft und die damit verbundene Traditionalisierung der Aufgaben- und Rollenverteilung vertiefen sich die Differenzen sowohl in den Anforderungen an Frauen und Männer als auch in ihren Tätigkeiten. Frauen geben ihren Beruf in der Regel zumindest vorübergehend auf und widmen sich vorrangig dem Kind und der Hausarbeit. Männer intensivieren unter dem Druck der gestiegenen Verantwortung des Alleinverdieners oftmals noch ihr berufliches Engagement. Diese Rollenaufteilung bildet sich zum Teil auch im geschlechtsrollenbezogenen Selbstkonzept ab: Frauen schätzen sich nach der Geburt im Vergleich zur Schwangerschaft als expressiver ein, während instrumentelle Eigenschaften an Bedeutung zu verlieren scheinen. Interessanterweise nimmt aber auch bei den Männern infolge der Elternschaft die Selbstzuschreibung expressiver Eigenschaften zu (Abrams, Feldman & Nash, 1978; Feldman & Aschenbrenner, 1983).

Cunningham und Antill (1984) konnten allerdings keinen Hinweis darauf finden, dass das Vorhandensein von Kindern einen Einfluss auf das Ausmaß der Instrumentalität oder Expressivität von Männer und Frauen hat. Sie stellten jedoch fest, dass berufstätige Mütter im Vergleich zu Hausfrauen höhere Instrumentalitätswerte aufwiesen. Demnach scheint in erster Linie eine geschlechtsrollen*diskrepante* Ausübung der Mutterrolle Veränderungen im Selbstbild anzustoßen (vgl. Bless et al., 1992). Da die Befunde von Cunningham und Antill auf Querschnittsdaten beruhen, lässt sich allerdings nicht entscheiden, ob die erhöhten Instrumentalitätswerte der Frau die Ursache oder die Folge der Berufstätigkeit darstellten.

4.8.1.3 Der Einfluss instrumenteller und expressiver Eigenschaften auf die Rollenausübung

Hat die Ausstattung einer Person mit expressiven bzw. instrumentellen Eigenschaften einen Einfluss auf ihr Rollen*verhalten*? Zeigen sich Zusammenhänge zwischen der Ausstattung einer Person mit expressiven Attributen und der Ausübung der Familienrolle als „klassisch weiblicher" Rolle bzw. ihrer Ausstattung mit instrumentellen Attributen und der Ausübung der Berufsrolle als „klassisch männlicher" Rolle?

Nach Sieverding und Alfermann (1992) fallen die Zusammenhänge zwischen dem Geschlechtsrollenselbstkonzept und dem Rollenverhalten eher gering aus. Die Autorinnen führen dies auf die Stärke traditioneller Geschlechtsrollenerwartungen zurück. Demnach erfolgt die Zuordnung von „männlichen" und „weiblichen" Rollen häufig entsprechend dem (biologischen) Geschlecht, unabhängig von der persönlichen Eignung oder den Präferenzen einer Person. Frauen sind grundsätzlich die Hauptverantwortlichen für das Kind und den Haushalt. Männer sind in erster Linie dafür zuständig, den Lebensunterhalt der Familie zu sichern (vgl. auch Kapitel 4.2). Ein Rollentausch wird nur in Ausnahmefällen praktiziert, wie die geringe Inanspruchnahme von Erziehungsurlaub durch Männer belegt. Normative Geschlechtsrollenerwartungen stecken auch den Rahmen für berufliche Optionen ab und erschweren Frauen die Ausübung „klassisch" männlicher Berufsrollen. So werden angehende Ärztinnen in der Berufseintrittsphase oft auf eine traditionelle weibliche Rolle festgelegt, die es ihnen besonders schwer macht, sich in der hierarchischen Organisation des Krankenhauses zu behaupten (Sieverding, 1993).

Innerhalb der Grenzen, die in unserer Gesellschaft durch die gängige geschlechtstypische Arbeitsteilung gesteckt werden, gibt es Sieverding und Alfermann (1992) zufolge jedoch durchaus Verhaltensoptionen, aus denen in Abhängigkeit vom instrumentellen und expressiven Selbstkonzept gewählt wird. So unterbrechen Frauen zwar typischerweise nach der Geburt des ersten Kindes ihre Erwerbstätigkeit, ob sie aber wieder in den Beruf zurückkehren wollen, hängt mit dem Ausmaß ihrer Instrumentalität zusammen. In einer (unveröffentlichten) Studie von Alfermann (1991, zitiert nach Sieverding &

Alfermann, 1992) zeigte sich, dass Mütter, die nach der Geburt des ersten Kindes wieder in den Beruf zurückkehren wollten, höhere Instrumentalitätswerte aufwiesen als Mütter, die nicht in den Beruf zurückkehren wollten. Die selbstzugeschriebene Instrumentalität weist bei Frauen im Allgemeinen einen engen Zusammenhang mit Indikatoren für die berufliche Orientierung und den beruflichen Erfolg auf. Frauen, die sich als tatkräftig, durchsetzungsfähig, ehrgeizig usw. beschreiben, sind im Beruf erfolgreicher als Frauen, die sich diese Eigenschaften eher absprechen (Andrae, 1999; Betz & Fitzgerald, 1987).

Auch die Übernahme „typisch weiblicher" und „typisch männlicher" Haushaltsaufgaben erfolgt in Abhängigkeit von der Ausstattung einer Person mit expressiven bzw. instrumentellen Merkmalen. Kurdek (1998a) konnte zeigen, dass Männer und Frauen, die im ersten Ehejahr hohe Instrumentalitätswerte aufwiesen, vier Jahr später häufiger den Lohnsteuerjahresausgleich erledigten als Personen mit niedrigen Instrumentalitätswerten. Eine hohe initiale Expressivität ging jedoch nur bei den Frauen mit einer verstärkten Zuständigkeit für „typisch weibliche" Hausarbeiten (Wäsche waschen, Kaffee kochen, etc.) einher.

Zusammenfassend lässt sich feststellen, dass für Frauen der Zusammenhang zwischen der Instrumentalität und der Übernahme „klassisch männlicher" Aufgaben als gut belegt gelten kann. Der Zusammenhang zwischen ihrer Expressivität und der Ausübung der expressiven Rolle fällt allerdings weniger eindeutig aus (Betz & Fitzgerald, 1987). Ob das Geschlechtsrollenselbstkonzept einen Einfluss auf das Rollenverhalten von Männern hat, ist eine bisher weitgehend vernachlässigte Fragestellung, so dass hier keine gesicherten Erkenntnisse vorliegen.

4.8.1.4 Femininität, Maskulinität und psychische Gesundheit

Die Ausstattung einer Person mit expressiven und instrumentellen Qualitäten ist auch mit ihrer psychischen Gesundheit[2] assoziiert. Wie dieser Zusammenhang nun genau aussieht und ob es auf die expressive oder instrumentelle Komponente ankommt, dazu existieren unterschiedliche Annahmen (zum Überblick Orlofsky & O'Heron, 1987).

Das *Kongruenzmodell* (z.B. Whitley, 1983) geht davon aus, dass eine Übereinstimmung zwischen dem geschlechtsrollenbezogenen Selbstbild und dem biologischen Geschlecht eine wichtige Vorraussetzung für die psychische Gesundheit einer Person darstellt. Für Männer wird eine hohe Instrumentalität bei gleichzeitig geringer Expressivität als günstig angesehen.

---

2   Als Indikatoren für die psychische Gesundheit einer Person werden üblicherweise ihr Selbstwertgefühl, ihre emotionale Befindlichkeit, ihre Lebenszufriedenheit oder auch ihre Anpassungsfähigkeit herangezogen.

Frauen sollten diesem Modell zufolge dann psychisch gesünder sein, wenn sie über eine hohe Expressivität, aber nur über geringe Instrumentalität verfügen. Personen, die in hohem Maße die für *ihr* Geschlecht typischen Persönlichkeitsmerkmale aufweisen, so die Annahme, sind auch besser in der Lage, die Rolle auszuüben, die ihnen aufgrund ihres biologischen Geschlechts zugeordnet wird. Infolgedessen zeichnen sie sich durch eine bessere psychische Gesundheit und ein besseres Wohlbefinden aus.

Zwar wird mit der zunehmenden Beteiligung der Frau am Berufsleben die traditionelle Rollenaufteilung immer mehr aufgebrochen und die geschlechtstypische Zuordnung der Rollen durch eine erhöhte Wahlfreiheit ersetzt. Mit der Geburt des ersten Kindes ist jedoch im Allgemeinen die bereits beschriebene Rückkehr zur traditionellen Aufteilung zu beobachten. Dem Kongruenzmodell zufolge sollten „feminine" Frauen (vgl. Abbildung 4.8.1) besser in der Lage sein, ihre Rolle als Hausfrau, Mutter und Partnerin zu erfüllen, als „maskuline", „undifferenzierte" oder „androgyne" Frauen. Männer sollten ihrer Rolle als Brotverdiener dann am besten gerecht werden, wenn sie ein maskulin-typisiertes Geschlechtsrollenselbstkonzept aufweisen.

Eine Reihe von Studien liefern Belege für das Kongruenzmodell. Die Umverteilung der Hausarbeit nach der Geburt des Kindes und der Anstieg des Anteils der Frau, führt bei Frauen, die sich in geringem Maße expressive Eigenschaften zuschreiben, zu einer besonders deutlichen Abnahme der Partnerschaftszufriedenheit (Belsky, Lang & Huston, 1986). Eine unerwartet traditionelle Aufteilung der Sorge um das Kind führt bei „maskulinen" und „androgynen" Frauen zu einer stärkeren Unzufriedenheit als bei „femininen" Frauen (Hackel & Ruble, 1992). Frauen, die sich zum Zeitpunkt der Eheschließung durch expressive Merkmale auszeichnen und Männer, die sich instrumentelle Eigenschaften zuschreiben, sind acht Jahre später in ihrer Rolle als Mutter bzw. Vater zufriedener als Eltern, die ein wenig geschlechtstypisiertes Selbstkonzept aufgewiesen hatten (Kurdek, 1998a).

Das *Androgynitätsmodell* behauptet im Gegensatz zum Kongruenzmodell, dass nicht geschlechtstypisierte Personen (also „feminine" Frauen und „maskuline" Männer) sondern „androgyne" Personen psychisch am gesündesten sind. Dem zugrunde liegt die Überlegung, dass Personen, die über ein hohes Ausmaß sowohl an maskulinen als auch an femininen Eigenschaften verfügen, die unterschiedlichen Anforderungen, die an sie gestellt werden, besser bewältigen können als geschlechtstypisierte Personen (Ickes, 1985). Auch für das Androgynitätsmodell lassen sich eine Reihe von Belegen finden (Alfermann, Reigber & Turan, 1999; Orlofsky & O' Heron, 1987, Sieverding, 1990).

Häufig weisen „androgyne" Personen zwar ein höheres Ausmaß an psychischer Gesundheit auf als „undifferenzierte" oder „feminine" Personen. Sie sind aber in der Regel psychisch nicht gesünder als „maskuline" Personen (Sieverding, 1999; Sieverding & Alfermann, 1992; Whitley, 1988). Die meisten Befunde sprechen für das *Maskulinitätsmodell* (z.B. Antill & Cunningham, 1979; Orlofsky & O'Heron, 1987; Patterson & McCubbin, 1984; Sharpe, Heppner & Dixon, 1995; Whitley, 1988). Demzufolge ist sowohl für Männer als auch für Frauen in erster Linie die Instrumentalitätskomponente ausschlaggebend für die psychische Gesundheit.

Wie lässt sich der Vorteil instrumenteller Eigenschaften erklären? Sieverding und Alfermann (1992; vgl. auch Sieverding, 1999) vermuten, dass feminine Eigenschaften, wie Warmherzigkeit und eine hohe interpersonale Orientierung, zwar sozial geschätzt werden, aber wenig Gratifikation bringen. Vielmehr bergen sie die Gefahr in sich, dass die Person sich für andere „aufopfert". Maskuline Eigenschaften seien hingegen in höherem Maße mit Erfolg und gesellschaftlicher Anerkennung verbunden.

Zusammenfassend lässt sich feststellen, dass es im Allgemeinen für eine Person von Vorteil ist, wenn sie in hohem Ausmaß über instrumentelle Eigenschaften verfügt, während ihre Expressivität von untergeordneter Bedeutung ist. Für die Bewältigung des Übergangs zur Elternschaft scheint dies allerdings nicht zuzutreffen. Eine hohe Ausstattung mit instrumentellen Merkmalen erschwert hier die Anpassung der Frau an die sich üblicherweise etablierende traditionelle Aufgaben- und Rollenverteilung, ein „feminines" Geschlechtsrollenselbstkonzept erleichtert hingegen die Anpassung.

4.8.1.5 Die Bedeutung expressiver Qualitäten für das Gelingen von Partnerschaften

Die Expressivität einer Person ist von großer Bedeutung, wenn es um soziale Beziehungen geht. Im Hinblick auf den Partner stehen expressive Eigenschaften hoch im Kurs. Sowohl Männer als auch Frauen wünschen sich einen Partner, der über expressive Qualitäten wie Einfühlsamkeit, Verständnis und Sensibilität verfügt (Sieverding, 1988). Frauen und Männer, die dem Partner diese Eigenschaften zuschreiben, sind wesentlich zufriedener als solche, die ihren Partner als wenig expressiv erleben (Gerber, 1993; Lamke, 1989; Lamke, Sollie, Durbin & Fitzpatrick, 1994). Nach Sieverding und Alfermann (1992) erweisen sich entgegen populären Annahmen gerade die geschlechtstypisierten Paare (feminine Frau, maskuliner Mann) als am wenigsten glücklich und die androgynen Paare als am glücklichsten.

Die Wichtigkeit expressiver Merkmale für die Partnerschaft wird deutlich, wenn man den Zusammenhang zwischen der selbstzugeschriebenen Expressivität bzw. Instrumentalität und der Partnerschaftszufriedenheit betrachtet. Eine Reihe von Studien konnte zeigen, dass Personen, die sich als einfühlsam, anpassungsfähig, warmherzig usw. beschreiben, in ihrer Beziehung zufriedener sind und auch zufriedenere Partner haben. Ob sie sich eine hohe Durchsetzungsfähigkeit, hohen Ehrgeiz und hohe Selbstsicherheit zuschreiben, scheint für die Beziehungszufriedenheit hingegen keine Rolle zu spielen

(Bradbury & Fincham, 1988; Kurdek, 1989). Lenz, Soeken, Rankin und Fischman (1985) stellten außerdem fest, dass sowohl für expressive Frauen als auch für expressive Männer die Geburt des ersten Kindes in geringerem Maße mit einer Beeinträchtigung der Paarbeziehung verbunden ist.

Kurdek (1998a) nimmt an, dass der positive Effekt der Expressivität darauf beruht, dass expressive Personen sich durch eine größere Kompromissbereitschaft und Nachgiebigkeit auszeichnen. Beziehungspartner unterscheiden sich häufig in ihren Auffassungen, Wünschen und Bedürfnissen. Bei gering ausgeprägter Kompromissbereitschaft werden derartige Unterschiede oftmals zu Streit und einer Verhärtung der Positionen führen. Eine hohe Kompromissbereitschaft wird hingegen einen konstruktiven Umgang mit diesen Unterschieden begünstigen. Auf der anderen Seite ist es aber auch vorstellbar, dass eine hohe Kompromissbereitschaft zwar aktuell die Beziehungszufriedenheit sichert, langfristig jedoch zu einer Abnahme der Zufriedenheit beiträgt. Werden Lösungen vorschnell beschlossen, ohne dass beide Partner dahinter stehen, oder fühlt sich der nachgebende Partner chronisch benachteiligt, werden die ungelösten Konflikte immer wieder und mit wachsender Heftigkeit aufbrechen. Möglicherweise sind also eine hohe interpersonale Orientierung, ein hohes Einfühlungsvermögen und eine hohe Anpassungsfähigkeit langfristig nur dann von Vorteil für die Beziehung, wenn sie mit einem gewissen Ausmaß an Durchsetzungsvermögen, Selbstsicherheit und Offenheit gepaart sind (Lamke, Sollie, Durbin & Fitzpatrick, 1994, vgl. auch Sieverding, 1999).

Einige Befunde sprechen für diese Annahme (Bentler & Newcomb, 1978; Langis, Mathieu & Sabourin, 1991, zitiert nach Langis et al., 1994). Die Androgynität der Partner, also eine hohe Ausprägung femininer und maskuliner Eigenschaften, scheint vor allem dann von Vorteil zu sein, wenn das (Eltern-)Paar eine egalitäre Rollenaufteilung praktiziert. Cooper, Chassin und Zeiss (1985) konnten zeigen, dass Paare, die ein Kind im Vorschulalter haben und bei denen beide Partner voll berufstätig sind, von einer hoch ausgeprägten Androgynität profitieren. Sowohl die androgynen Frauen und Männer selbst als auch deren Partner wiesen im Vergleich zu undifferenzierten oder geschlechtstypisierten Personen das höchste Ausmaß an Wohlbefinden und Partnerschaftsqualität auf. Den Vorteil einer hoch ausgeprägten Androgynität begründen die Autoren damit, dass androgyne Personen ein flexibleres Rollenrepertoire aufweisen und sich sowohl bei der Ausübung rollenkonformer als auch rollendiskrepanter Aufgaben wohlfühlen. Vermutlich sind androgyne Personen aber auch besser in der Lage, befriedigende Kompromisse zu erarbeiten, bei denen die Wünsche und Bedürfnisse beider Partner berücksichtigt werden.

Im Folgenden werden nun unterschiedliche Aspekte des Geschlechtsrollenselbstkonzepts anhand der eigenen Daten beleuchtet. Dabei stehen drei Fragenkomplexe im Vordergrund: (1) Lassen sich geschlechtstypische Unterschiede im Ausmaß der selbstzugeschriebenen Maskulinität und Femininität feststellen? Finden sich bei uns Belege für eine Vertiefung dieser geschlechtstypischen Unterschiede nach der Geburt des ersten Kindes? (2) Hat das Geschlechtsrollenselbstkonzept einen Einfluss auf die Rollenausübung? Prädiziert speziell die Selbstwahrnehmung geschlechtsrollendiskrepanter Merkmale eine Übernahme geschlechtsrollendiskrepanter Aufgabenbereiche? (3) Hat die Ausstattung der Partner mit expressiven und instrumentellen Merkmalen einen Einfluss auf die individuelle und dyadische Anpassung an die Elternrolle?

4.8.2 Ergebnisse der LBS-Familien-Studie

Die selbstzugeschriebene *Expressivität* und *Instrumentalität* wurden als Aspekte des Selbstbildes jeweils anhand von sechs Eigenschaftsbegriffen erfasst (*Expressivität:* gefühlvoll verständnisvoll, mitteilsam, hilfsbereit, anpassungsfähig, zärtlich; *Instrumentalität:* dominant, selbstsicher, offen/direkt, durchsetzungsfähig, erfahren, tatkräftig). Die Teilnehmer sollten auf einer elfstufigen Skala angeben, in welchem Ausmaß sie die einzelnen Eigenschaften besitzen (0/überhaupt nicht; 10/in höchstem Maß) (Eine detaillierte Beschreibung des Instrumentes findet sich in Kapitel 2.1). Die Angaben wurden jeweils zu einem Mittelwert der Expressivität bzw. der Instrumentalität zusammengefasst.

4.8.2.1 Expressive Frauen und instrumentelle Männer – Stereotyp oder Realität?

Gehen wir zunächst den Fragen nach, ob (1) sich geschlechtstypische Unterschiede im geschlechtsrollenbezogenen Selbstkonzept feststellen lassen (Weisen Frauen eine höhere Expressivität und eine geringere Instrumentalität auf als Männer?) und (2) es infolge der Traditionalisierung der Aufgaben- und Rollenverteilung nach der Geburt des ersten Kindes zu einer Vertiefung der geschlechtstypischen Unterschiede im Selbstkonzept kommt (Fallen die Unterschiede zwischen Männern und Frauen im Hinblick auf die Expressivität und Instrumentalität nach der Geburt größer aus als vor der Geburt?).

Um diese Annahmen zu prüfen, wurden in zwei separaten Analysen die Expressivitätswerte und die Instrumentalitätswerte einer 2 (Elterngruppe: Ersteltern vs. Zweit-/Dritteltern) × 2 (Geschlecht: Frauen vs. Männer) × 3 (Erhebungszeitpunkt: T1; T4; T5)-faktoriellen Varianzanalyse mit Messwiederholung auf den letzten beiden Faktoren unterworfen. Da anzunehmen ist, dass sich Effekte der Traditionalisierung erst längerfristig im Selbstbild niederschlagen, wurde der dritte Messzeitpunkt (3-4 Monate nach der Geburt) nicht in die Analyse mit einbezogen.

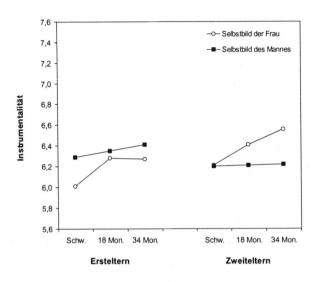

Abbildung 4.8.2: Veränderung im Ausmaß der selbstzugeschriebenen Instrumentalität

Für die selbstzugeschriebene *Instrumentalität* finden wir entgegen unseren Erwartungen keinen Geschlechtseffekt (Haupteffekt *Geschlecht:* $F[1,122]<1$): Frauen schreiben sich also im gleichen Ausmaß instrumentelle Merkmale zu wie Männer. Ebenso stützen unsere Befunde nicht die Annahme, dass Frauen nach der Geburt des ersten Kindes eine Abnahme der Instrumentalität aufweisen (Interaktion Geschlecht × Gruppe × Zeitpunkt: $F[2,244]<1$). Vielmehr ist sowohl bei Frauen als auch bei Männern eine leichte Zunahme der selbstzugeschriebenen Instrumentalität festzustellen (Haupteffekt Zeitpunkt: $F[2,244]=4.71$; $p<.05$). Die Ergebnisse sind in Abbildung 4.8.2 veranschaulicht.

Betrachten wir als Nächstes die Ergebnisse für den Bereich der Expressivität (vgl. Abbildung 4.8.3). Erwartungsgemäß schreiben sich Frauen in höherem Ausmaß expressive Eigenschaften zu als Männer (Haupteffekt Geschlecht: $F[1,120]=7.02$; $p<.01$). Allerdings fallen entgegen unseren Erwartungen die Unterschiede zwischen Männern und Frauen bei den Ersteltern tendenziell größer aus als bei den Zweiteltern (Interaktion Elterngruppe × Geschlecht: $F[1,120]=2.73$ $p=.10$). Auch ist keine Zunahme der Expressivität bei erstmaligen Müttern festzustellen. Vielmehr nimmt die selbstzugeschriebene Expressivität sowohl bei den Ersteltern als auch bei den Zweiteltern im Zeitraum von der Schwangerschaft bis drei Jahre nach der Geburt des Kindes ab (Haupteffekt Zeitpunkt: $F[2,240]=5.09$; $p<.01$).

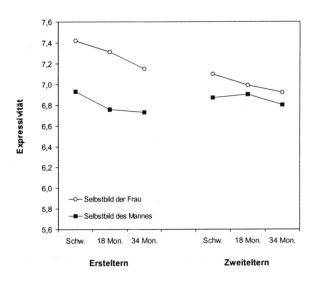

Abbildung 4.8.3: Veränderung im Ausmaß der selbstzugeschriebenen Expressivität

Zusammenfassend lässt sich feststellen, dass unsere Befunde die Annahme geschlechtstypischer Unterschiede in den Selbstbeschreibungen von Männer und Frauen nur teilweise stützen. Zwar schreiben sich Frauen mehr expressive Eigenschaften zu als Männer. Allerdings weisen sie ebenso hohe Instrumentalitätswerte auf wie Männer. Die Annahme, dass die Traditionalisierung der Rollenverteilung nach der Geburt des ersten Kindes zu einer Vertiefung der geschlechtstypischen Unterschiede führt, lässt sich nicht bestätigen. Weder ist für die Expressivitätskomponente eine Zunahme der Unterschiede zwischen Männern und Frauen zu beobachten, noch treten für die Instrumentalitätskomponente derartige Unterschiede überhaupt auf. Die ungleichen Erfahrungen, die Männer und Frauen in ihrer Rolle als Eltern machen, schlagen sich offensichtlich in ähnlicher Weise im Geschlechtsrollenselbstkonzept nieder.

Männer sind somit nicht „maskuliner" als Frauen. Frauen weisen allerdings tatsächlich mehr „feminine" Eigenschaften auf als Männer – zumindest wenn man die Selbstbeschreibungen zugrunde legt. Unterschiede in der Selbstzuschreibung expressiver Merkmale dürfen jedoch nicht als Beleg für tatsächlich existierende Unterschiede gewertet werden. Ob Frauen nun tatsächlich einfühlsamer, zärtlicher, verständnisvoller, warmherziger und anpassungsfähiger sind als Männer, ist eine andere Frage[3]. Sie sind aber im Vergleich zu Männern in höherem Maße der Meinung, über diese Eigenschaften zu verfügen.

4.8.2.2 Der Einfluss des Geschlechtsrollenselbstkonzeptes auf die Rollenverteilung

Lassen sich nun Zusammenhänge zwischen dem Geschlechtsrollenselbstkonzept und der Rollenverteilung zwischen Mann und Frau feststellen? Die grundlegende Zuordnung der familiären und beruflichen Rollen erfolgt in erster Linie in Abhängigkeit vom Geschlecht. Eine geschlechtsrollendiskrepante Selbstzuschreibung hoher Instrumentalität durch die Frau bzw. hoher Expressivität durch den Mann wird daher nicht zu einem „Rollentausch" führen. Innerhalb des bestehenden Spielraums sollte die Ausgestaltung der Rolle als Mutter bzw. als Vater jedoch von spezifischen Aspekten des Geschlechtsrollenselbstkonzeptes abhängen.

Wir nehmen an, dass die Ausgestaltung der Mutterrolle durch die Frau abhängt vom Ausmaß ihrer Instrumentalität. Wir erwarten, dass Frauen, die sich vor der Geburt des Kindes als tatkräftig, durchsetzungsfähig, dominant usw. wahrnehmen, mit größerer Wahrscheinlichkeit in den drei Jahren nach der Geburt wieder in den Beruf zurückkehren als Frauen, die sich diese leistungsbezogenen Merkmale nicht zuschreiben. Die Wiederaufnahme einer Erwerbstätigkeit vor dem Eintritt des Kindes in den Kindergarten entspricht nicht dem traditionellen Stereotyp der Vollzeitmutter. Eine frühe Rückkehr der Frau in den Beruf sollte daher auch umgekehrt zu einer verstärkten Selbstzuschreibung instrumenteller Merkmale führen. Postuliert wird also ein Anstieg der Instrumentalitätswerte bei Berufsrückkehrerinnen. Für die Expressivität wird kein Zusammenhang mit der Berufstätigkeit erwartet.

Für den Mann erwarten wir einen Zusammenhang der Expressivität mit der Ausgestaltung der Vaterrolle. Es wird erwartet, dass Männer, die sich bereits vor der Geburt durch ein hohes Ausmaß an expressiven Eigenschaften auszeichnen, sich später stärker an der Versorgung und Pflege des Kindes beteiligen als wenig expressive Männer. Die intensive Beteiligung an Aufgaben, die als „typisch weiblich" gelten, sollte wiederum dazu führen, dass sich diese Väter drei Jahre nach der Geburt verstärkt expressive Merkmale zuschreiben.

---

3   Zumindest im Hinblick auf das Einfühlungsvermögen sprechen die Befunde einer Reihe von empirischen Studien dafür, dass kein Zusammenhang zwischen dem selbstberichteten Einfühlungsvermögen und der faktischen Performanz einer Person existiert (Davis & Kraus, 1997; Ickes, 1993). Performanzvorteile von Frauen scheinen weniger darauf zurückzugehen, dass Frauen über bessere empathische *Fähigkeiten* verfügen, sondern darauf, dass sie stärker *motiviert* sind, Empathie zu zeigen: Frauen fühlen im Allgemeinen stärker als Männer verpflichtet, einfühlsam zu reagieren und auf den Partner einzugehen (Graham & Ickes, 1997).

Um diese Annahmen zu prüfen, wurden die Expressivitäts- bzw. Instrumentalitätswerte der Frau separaten 2 (beruflicher Status zu T5: nicht berufstätig vs. berufstätig) × 2 (Messzeitpunkt: T1 vs. T5)-faktoriellen Varianzanalysen mit Messwiederholung auf dem Messzeitpunkt unterworfen. Für die Instrumentalität ergab sich neben dem bereits bekannten Haupteffekt Messzeitpunkt ($F[1,119]=12.35$; $p<.01$) der erwartete Haupteffekt für den beruflichen Status ($F[1,119]=4.47$; $p<.05$), allerdings keine Interaktion zwischen dem Messzeitpunkt und dem beruflichen Status. Für die Expressivität trat erwartungsgemäß weder ein Haupteffekt des beruflichen Status noch eine Interaktion zwischen dem Status und dem Messzeitpunkt auf. Der sich andeutende Haupteffekt Messzeitpunkt ($F[1,122]=3.90$; $p<.10$) verweist auf die bereits bekannte generelle Abnahme der Expressivitätswerte. Die Befunde werden in Abbildung 4.8.4 veranschaulicht.

Für die Expressivitäts- bzw. Instrumentalitätswerte des Mannes wurden 3 (Beteiligung an Versorgungsaufgaben: niedrig, mittel, hoch) × 2 (Erhebungszeitpunkt: T1 vs. T5)-faktorielle Varianzanalysen mit Messwiederholung auf dem Faktor Messzeitpunkt gerechnet. Für die Expressivität ergab sich, neben dem Haupteffekt Messzeitpunkt ($F[1,122]=3.73$; $p<.10$), der erwartete Haupteffekt für den Grad der Beteiligung an Versorgungsaufgaben ($F[2,122]=3.54$; $p<.05$). Männer, die sich in hohem Ausmaß an Versorgungsaufgaben beteiligen, weisen im Mittel höhere Expressivitätswerte auf ($M= 7.12$) als Männer, die sich durchschnittlich ($M=6.62$), $t(81)=2.36$, $p<.05$ oder wenig ($M=6.63$), $t(84)=2.26$, $p<.05$ beteiligen. Die postulierte Interaktion zwischen Messzeitpunkt und Beteiligung zeigte sich nicht. Für die Instrumentalität zeigten sich in Übereinstimmung mit unseren Erwartungen weder Haupteffekte noch ein Interaktionseffekt. Abbildung 4.8.5 veranschaulicht die Befunde

Unsere Überlegungen zu den Bedingungen des beruflichen Wiedereinstiegs von Frauen werden durch unsere Daten gestützt. Mütter, die innerhalb der ersten drei Jahre nach der Geburt ihres Kindes wieder eine Erwerbstätigkeit aufnehmen, weisen bereits vor der Geburt im Schnitt höhere Instrumentalitätswerte auf als Mütter, die vorerst nicht wieder ins Berufsleben zurückkehren (Abbildung 4.8.4, rechte Hälfte). Die Expressivität im Selbstbild der Frau steht hingegen nicht im Zusammenhang mit der Wiederaufnahme einer Erwerbstätigkeit (Abbildung 4.8.4, linke Hälfte). Mütter, die früh wieder in den Beruf zurückkehren, zeichnen sich gegenüber den Vollzeitmüttern also nicht durch einen Mangel an „weiblichen" Eigenschaften, sondern durch ein vergleichsweise höheres Ausmaß an „männlichen", instrumentellen Eigenschaften aus. Dieser Befund stimmt mit Überlegungen von Spence und Helmreich (1980) überein, die vermuteten, dass in erster Linie das Fehlen von Instrumentalität verantwortlich ist, wenn Frauen sich für die traditionelle weibliche Rolle entscheiden.

Die Hypothese, dass die frühe Wiederaufnahme einer Berufstätigkeit zu einer verstärkten Zuschreibung instrumenteller Eigenschaften führt, wird durch unsere Befunde jedoch nicht gestützt. Zwar ist im Zeitraum von der Schwangerschaft bis drei Jahre nach der Geburt ein Anstieg der Instrumentalitätswerte zu beobachten, dieser tritt allerdings gleichermaßen bei erwerbstätigen Frauen und Vollzeitmüttern auf.

Welchen Einfluss haben nun expressive und instrumentelle Merkmale des Mannes darauf, wie er seine Rolle als Vater ausübt? Tatsächlich steht das

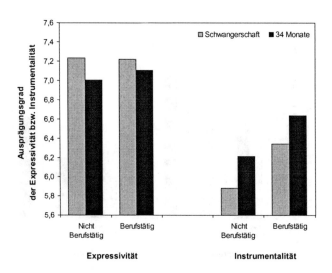

Abbildung 4.8.4: Selbstzuschreibung expressiver und instrumenteller Eigenschaften durch die Frau in Abhängigkeit von ihrem beruflichen Status 34 Monate nach der Geburt

Ausmaß, in dem sich der Mann während der Schwangerschaft seiner Partnerin expressive Merkmale zuschreibt, im Zusammenhang mit seiner Beteiligung an den Pflege- und Versorgungsaufgaben, die rund um das dreijährige Kind anfallen (z.B. Sauberkeitserziehung; sich nachts ums Kind kümmern; Besuche beim Kinderarzt wahrnehmen). Die Väter, die sich später besonders engagiert an Versorgungstätigkeiten beteiligen, zeichnen sich bereits während der Schwangerschaft durch höhere Expressivitätswerte aus als Väter, die sich durchschnittlich oder wenig beteiligen (Abbildung 4.8.5, linke Hälfte).

Für die Instrumentalität zeigt sich erwartungsgemäß kein Zusammenhang mit der Beteiligung (Abbildung 4.8.5, rechte Hälfte). Männer, die sich nicht mit der traditionellen Rolle des Brotverdieners begnügen, sondern aktiv Anteil an der Entwicklung ihres Kindes nehmen, sind also nicht etwa „Softies", denen es an „maskuliner" Durchsetzungsfähigkeit und Tatkraft mangelt. Vielmehr weisen sie im Vergleich zu ihren traditionelleren Geschlechtsgenossen eine überdurchschnittlich hohe interpersonale Orientierung auf.

Analog zu den Frauen führt auch bei den Männern eine geschlechtsrollendiskrepante Ausgestaltung der Elternrolle nicht zu einer verstärkten Zuschreibung geschlechtsrollendiskrepanter Merkmale. Stark engagierte Väter weisen ebenso wie durchschnittlich oder wenig engagierte Väter eine leichte Abnahme der Expressivitätswerte im Zeitraum von der Schwangerschaft bis drei Jahre nach der Geburt auf.

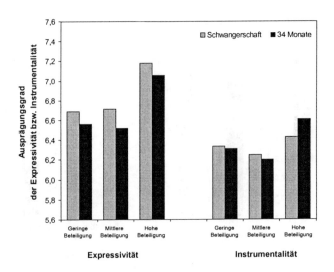

Abbildung 4.8.5: Selbstzuschreibung expressiver und instrumenteller Eigenschaften durch den Mann in Abhängigkeit vom Grad seiner Beteiligung an kindbezogenen Versorgungsaufgaben 34 Monate nach der Geburt

4.8.2.3 Der Einfluss des Geschlechtsrollenselbstkonzeptes auf die individuelle Anpassung an die Elternrolle und die Entwicklung der Partnerschaft

Welche Rolle spielen die Expressivität und die Instrumentalität für die individuelle Anpassung an die Elternrolle und die Entwicklung der Paarbeziehung? Finden sich Belege für die Annahme, dass eine geringe Expressivität und eine hohe Instrumentalität der Frau die Anpassung an die Mutterrolle erschwert (*Kongruenzmodell*)? Oder ist eine hohe Instrumentalität auch dann noch von Vorteil, wenn sich traditionelle Rollenmuster etablieren (*Maskulinitätsmodell*)? Hängt das Gelingen der Partnerschaft in erster Linie von den expressiven Qualitäten von Mann und Frau ab? Oder kommt es nicht vielmehr auf die Androgynität der Partner, also eine hohe Ausprägung expressiver wie instrumenteller Eigenschaften, an (*Androgynitätsmodell*)?

Um diesen Fragen nachzugehen wurden für die einzelnen Indikatoren der individuellen und dyadischen Anpassung 2 (*Expressivität*: niedrig vs. hoch) × 2 (*Instrumentalität*: niedrig vs. hoch)-faktorielle Varianzanalysen berechnet. Hierfür wurden die Expressivitäts- und Instrumentalitätswerte medianichotomisiert. Zunächst wurde der Zusammenhang des zu T1 erfassten Geschlechtsrollenselbstkonzepts mit Indikatoren der zum gleichen Messzeitpunkt erhobenen individuellen (ADS-Depressivität) und dyadischen Anpassung (PFB-Partnerschaftsqualität, Gesamtwert) überprüft. Anschließend wurde der Frage nachgegangen, ob sich anhand des expressiven und des instrumentellen Selbstkonzeptes die individuelle und dyadische Bewältigung der Geburt und die Anpassung an die Elternrolle im Zeitraum bis drei Jahre nach der Geburt vorhersagen lässt. Hierfür wurde das zu T1 erfasste Geschlechtsrollenselbstkonzepts mit Veränderungsmaßen für die individuelle und dyadische Anpassung bzw. mit der zu T5 erfassten Zufriedenheit in der Elternrolle in Beziehung gesetzt. Um eine Vergleichbarkeit der querschnittlichen und längsschnittlichen Zusammenhänge zu gewährleisten, wurden nur die Personen in die Auswertung mit einbezogen, für die sowohl für den ersten als auch für den fünften Messzeitpunkt gültige Werte vorlagen. Die Ergebnisse der Varianzanalysen sind in Tabelle 4.8.1 aufgelistet.

Betrachten wir zunächst Indikatoren für die *individuelle Anpassung* von Mann und Frau: das Wohlbefinden (ADS-Depressivität) und die Zufriedenheit in der Elternrolle.

Individuelles Wohlbefinden: Bei der Frau steht das Wohlbefinden zum ersten Messzeitpunkt (letztes Schwangerschaftsdrittel) nicht in Zusammenhang mit der selbstzugeschriebenen Femininität oder Maskulinität. Weder geht ein hohes Ausmaß an Femininität mit einer erhöhten Depressivität, noch ein hohes Ausmaß an Instrumentalität mit einer verringerten Depressivität einher. Langfristig zeigen sich jedoch *nachteilige* Auswirkungen einer hohen Femininität: Je anpassungsfähiger, einfühlsamer, zärtlicher und hilfsbereiter sich die Frau zum ersten Messzeitpunkt erlebt, desto stärker verschlechtert sich ihr Befinden in den drei Jahren nach der Geburt. Irrelevant ist, inwieweit sie sich instrumentelle Merkmale zuschreibt. Während eine hohe Expressivität also zum Befinden vor der Geburt tatsächlich keinen Beitrag leistet, scheint sie die langfristige Bewältigung der mit der Geburt eines Kindes verbundenen Veränderungen und Belastungen zu erschweren.

In Übereinstimmung mit Befunden anderer Studien (Orlofsky & O'Heron, 1987) finden wir für den Mann einen Zusammenhang des instrumentellen Selbstkonzeptes mit dem Befinden. Je mehr instrumentelle Merkmale der Mann besitzt, desto geringer ist seine Depressivität. Keine Rolle spielt das Ausmaß der selbstzugeschriebenen Expressivität für sein Befinden. Im Hinblick auf die langfristige Anpassung ist weder ein Einfluss der Instrumentalität noch der Expressivität festzustellen.

Zufriedenheit in der Elternrolle: Die *Frustration* der Eltern lässt sich nicht aus dem während der Schwangerschaft erfassten Geschlechtsrollenselbstkonzept vorhersagen. Sprich: Wenig expressive Frauen und Männer sind drei Jahre nach der Geburt genauso (wenig oder viel) frustriert über die mit der Geburt des Kindes verbundenen Änderungen und Einschränkungen wie expressive Frauen und Männer. Gleiches gilt in Bezug auf die Instrumentalität.

Ob die Eltern *Freude* am Umgang mit dem dreijährigen Kind haben werden, lässt sich jedoch sehr wohl aus der Expressivitätskomponente des Selbstkonzeptes vorhersagen. Sowohl Frauen als auch Männer, die in hohem Maße über expressive Qualitäten verfügen (sich als gefühlvoll, zärtlich, ver-

Tabelle 4.8.1: 2 (Femininität) × 2 (Maskulinität) Manova unterschiedlicher Indikatoren individueller und dyadischer Anpassung (Mittelwerte und F-Werte)

	F-M-	F-M+	F+M-	F+M+	F	M	F×M	N
Geschlechtsrollenselbstkonzept der Frau								
Anpassung der Frau								
Depressivität (ADS)(T1)	13.57	12.71	13.60	12.10	<1	<1	<1	143
Anstieg d. Depressivität [a]	-1.44	-1.80	2.48	.50	5.20*	<1	<1	143
Frustration (T5)	19.55	19.19	20.03	19.59	<1	<1	<1	143
Freude (T5)	19.16	19.44	20.44	20.39	9.31**	<1	<1	143
Partnerschaftsqualität (PFB) (T1)	65.65	65.57	68.46	71.60	6.50*	<1	<1	136
Anstieg d. Partnerschaftsqualität [a]	2.09	1.04	-.41	-1.72	3.05+	<1	<1	136
Anpassung des Mannes								
Partnerschaftsqualität (PFB) (T1)	64.29	65.25	64.79	71.58	4.02*	5.19*	2.93+	124
Anstieg d. Partnerschaftsqualität [a]	.56	-1.38	.52	-.77	<1	<1	<1	124
Geschlechtsrollenselbstkonzept des Mannes								
Anpassung des Mannes								
Depressivität (ADS) (T1)	11.02	8.10	11.39	7.98	<1	8.41**	<1	131
Anstieg d. Depressivität	-1.30	-.36	1.04	.80	1.84	<1	<1	131
Frustration (T5)	19.38	18.58	18.68	18.48	<1	<1	<1	128
Freude (T5)	19.27	19.05	20.03	20.07	5.67*	<1	<1	131
Partnerschaftsqualität (PFB) (T1)	64.82	62.72	67.38	69.24	6.39*	<1	1.21	120
Anstieg d. Partnerschaftsqualität [a]	-.23	-.22	-1.62	1.22	<1	<1	<1	120
Anpassung der Frau								
Partnerschaftsqualität (PFB) (T1)	66.45	65.24	72.37	68.30	6.43*	2.22	<1	132
Anstieg d. Partnerschaftsqualität [a]	.79	-.70	1.48	-1.51	<1	1.97	<1	132

Anmerkung: [a]: T5/T1- Residuum (T5-Werte nach Auspartialisierung der T1-Messung);   F: Femininität; F-: niedrige Werte; F+: hohe Werte; M: Maskulinität; M-: niedrige Werte; M+: hohe Werte ;   + - $p \leq .10$ * - $p \leq .05$ ** - $p \leq .01$ *** - $p \leq .001$ (zweiseitig)

ständnisvoll) wahrnehmen, fühlen sich im Umgang mit ihrem Kind als sehr sicher und erleben den Kontakt zum Kind als ausgesprochen belohnend.

Auch im Hinblick auf die *Partnerschaft* (PFB) zeigt sich die besondere Bedeutung der Expressivität für Beziehungen. Frauen und Männer, die sich im letzten Schwangerschaftsdrittel als interpersonal orientiert, fürsorglich und einfühlsam wahrnehmen, sind zu diesem Zeitpunkt mit ihrer Partnerschaft wesentlich zufriedener als solche, die sich als wenig expressiv erleben. Auch die Partner expressiver Personen weisen eine deutlich höhere Partnerschaftszufriedenheit auf als die Partner wenig expressiver Frauen und Männer. Der Mann scheint an seiner Partnerin allerdings nicht nur ihre expressiven, sondern auch ihre instrumentellen Qualitäten zu schätzen. Er ist dann besonders zufrieden in seiner Beziehung, wenn seine Partnerin ein androgynes Geschlechtsrollenselbstkonzept hat, wenn sie also sowohl verständnisvoll, zärtlich und hilfsbereit als auch selbstsicher, offen und tatkräftig ist.

Betrachtet man die längsschnittliche Entwicklung der Partnerschaft, ist kein Einfluss expressiver oder instrumenteller Qualitäten mehr festzustellen. Lediglich für die selbstzugeschriebene Expressivität der Frau deutet sich ein Zusammenhang mit der Beziehungsentwicklung an: Expressive Frauen erleben im betrachteten Dreijahreszeitraum eine etwas *stärkere* Abnahme der Partnerschaftsqualität als wenig expressive Frauen.

Zusammenfassend lässt sich also feststellen, dass unsere Befunde weder im Hinblick auf die individuelle Anpassung an die Elternschaft noch in Bezug auf die Entwicklung der Paarbeziehung klar für eines der Modelle sprechen. Deutlich wird, dass die Expressivität von Mann und Frau für die Gestaltung der sozialen Beziehungen innerhalb der Familie von großer Bedeutung ist. Eine hohe Expressivität trägt aktuell nicht nur zur Zufriedenheit mit der Paarbeziehung bei. Personen, die sich ein hohes Ausmaß an Fürsorglichkeit zuschreiben, sind anscheinend auch besser dazu in der Lage, eine gute Beziehung zu ihrem Kind aufzubauen. Sie haben das Gefühl, die Bedürfnisse ihres Dreijährigen gut zu erkennen und kompetent auf sie reagieren zu können und haben viel Spaß an der Beschäftigung mit dem Kind. Dieser Zusammenhang ist um so bedeutsamer, als die Expressivität bereits *vor* der Geburt des Kindes erfragt wurde. Der Zusammenhang kommt also nicht dadurch zustande, dass Eltern, die gut mit ihrem Kind zurecht kommen, sich deswegen auch als einfühlsamer und zärtlicher wahrnehmen. In Bezug auf den Zusammenhang zwischen der im letzten Schwangerschaftsdrittel erfassten Expressivität und der zum gleichen Messzeitpunkt erhobenen Partnerschaftsqualität lässt sich diese Lesart hingegen nicht völlig ausschließen. Hier besteht durchaus die Möglichkeit, dass die hohe selbstzugeschriebenen Expressivität nicht die *Ursache*, sondern eine *Folge* der hohen Beziehungszufriedenheit ist. Personen, die in funktionierenden Beziehungen leben (d.h. in Beziehungen, in denen die Partner wenig streiten, viel miteinander reden und in hohem Maße verbale und physische Zärtlichkeiten austauschen), wer-

den sich infolgedessen auch als einfühlsamer, verständnisvoller, anpassungsfähiger, zärtlicher etc. erleben.

Bemerkenswert ist nun allerdings, dass eine hohe Expressivität der Frau
langfristig zu einer leichten Abnahme ihrer Partnerschaftszufriedenheit führt.
Dies stützt die Vermutung, dass eine hohe interpersonale Orientierung und
eine hohe Fürsorglichkeit für die Frau auch mit persönlichen Kosten verbunden sein kann (vgl. auch Sieverding, 1999). Die eigene Zufriedenheit und das
eigene Wohlbefinden wird auf Dauer darunter leiden, wenn den Bedürfnissen
der anderen Familienmitglieder stets Vorrang vor den eigenen Bedürfnissen
gegeben wird. Für diese Interpretation spricht auch, dass die langfristigen
negativen Auswirkungen einer hohen Expressivität auf das Wohlbefinden der
Frau noch deutlicher ausfallen als die auf die Partnerschaftsqualität. Frauen,
die sich während der Schwangerschaft als ausgesprochen expressiv charakterisieren, verzeichnen in den drei folgenden Jahren einen Anstieg depressiver
Symptome. Dazu gehören Gefühle der Einsamkeit, Verunsicherung, körperliche Erschöpfung, Selbstabwertung und Niedergeschlagenheit. Eine hohe
Expressivität des Mannes ist jedoch nicht mit derartigen negativen Konsequenzen verbunden. Dies ist möglicherweise darauf zurückzuführen, dass
seine Rolle als Ernährer im geringeren Ausmaß eine „Selbstaufopferung" für
die emotionalen Belange der Familie verlangt.

Unerwarteterweise fallen die Zusammenhänge zwischen der Instrumentalität und den Indikatoren der individuellen und dyadischen Anpassung recht
gering aus. Lediglich das Befinden des Mannes zum Zeitpunkt der Schwangerschaft steht im positiven Zusammenhang mit der Zuschreibung instrumenteller Merkmale. Männer, die sich zu diesem Zeitpunkt als durchsetzungsfähig, selbstbewusst und tatkräftig erleben, berichten insgesamt ein
besseres Befinden als Männer, die sich diese Merkmale nur in geringem
Maße zuschreiben. Die langfristige Bewältigung der Geburt und die Zufriedenheit in der Rolle als Vater zeigt jedoch keinen Zusammenhang mit der
Instrumentalität des Mannes. Gerade in Bezug auf den Umgang mit dem
Kind sind vielmehr seine expressiven Eigenschaften entscheidend.

4.8.3 Zusammenfassung

Aus den Ergebnissen unserer Studie geht hervor, dass sich in den Selbstbeschreibungen von Müttern und Vätern die traditionellen Geschlechtsstereotype nur zum Teil widerspiegeln. Zwar nehmen sich Frauen als verständnisvoller, zärtlicher, anpassungsfähiger und gefühlvoller wahr als Männer. Sie
schreiben sich aber nicht weniger Selbstsicherheit, Durchsetzungsfähigkeit
und Tatkraft zu als ihre Partner. Dieses Befundmuster widerspricht zwar
Studien, die vergleichsweise höhere Instrumentalitätswerte bei Männern fest-
stellten, stimmt aber mit Ergebnissen von Untersuchungen überein, wonach
zwar das Selbstideal von Männern, nicht jedoch das Selbstideal von Frauen

den traditionellen Geschlechtstereotypen entspricht. Während Jungen instrumentelle Attribute für sich selbst als ausreichend und die Aneignung expressiver Fertigkeiten als wenig notwendig ansehen, halten Mädchen die Aneignung sowohl expressiver als auch instrumenteller Eigenschaften für erstrebenswert (Trautner, Helbing, Sahm, Penning & Degenhardt, 1989). Wir können nun nicht entscheiden, inwieweit unser Befundmuster auf objektiv existierenden Verhältnissen beruht und wie sehr es Unterschiede in den Idealbildern von Männern und Frauen widerspiegelt.

Die Frage, ob das Selbstbild der Teilnehmer nun ein exaktes Abbild der Realität ist oder ob es durch Geschlechtsstereotype oder durch das Wunschbild von der eigenen Person verzerrt ist, scheint allerdings von untergeordneter Bedeutung. In der Selbstkonzeptforschung wird davon ausgegangen, dass es die subjektive Realität des Individuums ist, die zählt, nicht die objektive Realität.

Die Wahrnehmung der eigenen Instrumentalität und Expressivität hat (und zwar vermutlich unabhängig vom Realitätsgrad der Selbsteinschätzung) nun einen Einfluss auf die Ausgestaltung der Rolle als Mutter bzw. als Vater. Frauen, die sich im letzten Schwangerschaftsdrittel in hohem Maße instrumentelle Eigenschaften (z.B. tatkräftig, durchsetzungsfähig, selbstsicher) zuschrieben, kehrten in den folgenden drei Jahren mit größerer Wahrscheinlichkeit wieder in den Beruf zurück als Frauen, die sich diese Eigenschaften abschrieben. Männer, die sich vor der Geburt des Kindes durch ein besonders hohes Maß an expressiven Eigenschaften (z.B. zärtlich, gefühlvoll, verständnisvoll, anpassungsfähig) auszeichneten, beteiligten sich stärker an der Versorgung und Pflege des dreijährigen Kindes als durchschnittlich oder wenig expressive Männer. Entscheidend für eine „moderne" Ausübung der Elternrolle ist also das Ausmaß, in dem sich Männer und Frauen solche Eigenschaften zuschreiben, die *nicht* dem traditionellen Geschlechtsstereotyp entsprechen. Allerdings beeinflusst das Geschlechtsrollenselbstkonzept zwar die Ausgestaltung der Mutter- bzw. Vaterrolle, hat jedoch keine Auswirkungen auf die grundsätzliche Aufteilung beruflicher und familialer Verantwortungsbereiche zwischen Mann und Frau.

Nicht bestätigt hat sich die Vermutung, dass eine Ausgestaltung der Elternrolle, die vom traditionellen Stereotyp abweicht, eine Änderung des Selbstbildes in Richtung einer verstärkten Zuschreibung geschlechtsrollendiskrepanter Eigenschaften *bewirkt*. Berufstätige Mütter zeigen keine stärkere Zunahme von Instrumentalität und keine stärkere Abnahme von Expressivität als nicht berufstätige Mütter. Väter, die in besonders hohem Ausmaß Pflege- und Versorgungsaufgaben rund um das Kind übernehmen (also Aufgaben, die typischerweise in den Zuständigkeitsbereich der Mutter fallen), verzeichnen deswegen keinen Verlust an „Maskulinität" und keine Zunahme an „Femininität". Wieso bleibt der erwartete Effekt aus? Berufstätigkeit bei Müttern und hohes innerfamiliäres Engagement bei Vätern entsprechen zwar nicht den traditionellen Rollenauffassungen. Allerdings bleibt die grundsätzliche geschlechtstypische Aufteilung der Rollen trotz leichter Variationen auch in diesen Familien erhalten: Die Mutter ist in erster Linie für das Kind verantwortlich, der Vater für die finanzielle Absicherung der Familie. Vermutlich wird die Berufstätigkeit von den Müttern bzw. das Engagement für das Kind vom Vater nicht als „abweichend" oder „ungewöhnlich" genug erlebt, um die Zuschreibung geschlechtsdiskrepanter Eigenschaften anzustoßen.

Was das Wohlbefinden der Eltern angeht, ihre Anpassung an die Elternrolle und die Entwicklung der Partnerschaft, können wir auf der Basis unserer Befunde keinem der diskutierten Modelle (Kongruenzmodell, Androgynitätsmodell, Maskulinitätsmodell, Femininitätsmodell) den Vorzug geben. Interessant erscheint uns vor allem der Befund, dass eine hohe Expressivität zwar für die Gestaltung der sozialen Beziehungen in der Familie von Vorteil ist, für die Frau jedoch auch mit „Kosten" verbunden zu sein scheint. Frauen, die sich vor der Geburt als besonders verständnisvoll, gefühlvoll, anpassungsfähig und zärtlich charakterisieren, weisen in den folgenden drei Jahren eine deutliche Verschlechterung ihres Befindens und eine leichte Abnahme der Partnerschaftsqualität auf.

Frauen befinden sich somit in einem Dilemma: Einerseits werden von außen Erwartungen an sie herangetragen, die ihre Femininität in den Vordergrund stellen (Sieverding, 1988). Bei einer maskulinen Ausrichtung droht soziale Zurückweisung (Bierhoff-Alfermann, 1989). Andererseits ist aber eine Orientierung an und eine Identifizierung mit traditionellen Geschlechtsstereotypen für die Frau offensichtlich mit Risiken im Hinblick auf das eigene Wohlbefinden und die persönliche Zufriedenheit verbunden.

5 Partnerschaftsentwicklung

5.1 Die Traditionalisierung der Geschlechtsrollen als Zündstoff für die Partnerschaft

Mit der Geburt des ersten Kindes ändert sich die Lebenssituation der Partner ganz erheblich. Neben direkten Auswirkungen der Elternschaft auf das Befinden der Partner und die Partnerschaft (Erschöpfung, Zeitmangel, Verlust der Zweisamkeit) trägt insbesondere die geschlechtsgebundene Umverteilung von sozialen Rollen und Verantwortungsbereichen zu einer Beeinträchtigung der Partnerschaft bei. Diese Auswirkungen der Neubestimmung der Paarbeziehung auf das individuelle Befinden und auf die Qualität der Partnerschaft werden ausführlich beschrieben. Die Zusammenhänge zwischen praktizierter Rollenverteilung, erlebter Ungerechtigkeit und Unzufriedenheit mit der Partnerschaft werden näher betrachtet.

Ob und in welchem Umfang Mann und Frau berufstätig sind; wie viel Zeit, Aufmerksamkeit und Bedeutung sie unterschiedlichen Lebensbereichen zumessen; welche Aufgaben und Funktionen sie im Interesse beider übernehmen – all dies ist wichtig für das Funktionieren der Partnerschaft, und zwar aus mehreren Gründen. Zunächst ist mit der Nutzung der individuellen Zeitbudgets der Partner vorgegeben, wieviel Zeit für gemeinsame Aktivitäten verbleibt. Darüber hinaus sind soziale Rollen auch mit Macht und Status verbunden, die Rollenverteilung zwischen den Partnern prägt also die Macht- oder Abhängigkeitsverhältnisse in der Partnerschaft. Schließlich beeinflussen die Erfahrungen in unterschiedlichen Rollen oder Lebensbereichen auch die Zufriedenheit der Partner, was sich ebenfalls auf die Beziehung auswirkt. Folglich kann es kaum verwundern, wenn die Umverteilung familiärer und beruflicher Rollen nach der Geburt des ersten Kindes heftige Auswirkungen hat auf die Qualität der Partnerschaft.

5.1.1 Die Beeinträchtigung der Partnerschaft durch eine unausgewogene Verteilung von Rollen und Aufgabenbereichen: Der aktuelle Kenntnisstand

Berufstätigkeit, Einkommen und Zufriedenheit

Die Berufstätigkeit trägt ganz entscheidend zum individuellen Wohlbefinden bei, insbesondere bei Frauen (vgl. Menaghan, 1989; Moen, 1997; Rosenfield,

1989; Thoits, 1983; zum Überblick: Hoffman, 1989; Repetti, Matthews & Waldron, 1989; Spitze, 1988; zu Effekten der Arbeitslosigkeit: Dew, Penkower & Bromet, 1991; Goldsmith, Veum & Darity, 1997; Lennon, 1999; Perrucci & Perrucci, 1990; Price, Friedland & Vinokur, 1998; Viinamaeki, Koskela & Niskanen, 1996). Frauen, die neben der Mutterrolle berufstätig sind, zeigen ein besseres Befinden als nicht erwerbstätige Mütter (Keith & Schafer, 1998; Kessler & McRae, 1982; Roxburgh, 1999; Waldron & Jacobs, 1989), wozu jedoch auch Selektionseffekte beitragen. Denn es gehen bevorzugt solche Frauen in den Beruf, denen es insgesamt besser geht (Waldron & Jacobs, 1989). Zudem sind die positiven Effekte der Berufstätigkeit auf das individuelle Befinden weiter zu spezifizieren. Hierzu tragen vor allem Studien bei, die nicht nur berufstätige mit nicht berufstätigen Frauen vergleichen, sondern die positive Merkmale des ausgeübten Berufs (Autonomie und Kontrolle, Abwechslung und Herausforderung, Anerkennung, soziale Unterstützung im Beruf, zufriedenstellende Vergütung) und negative Aspekte (Überlastung, Zeitdruck, fehlende Anleitung oder Unterstützung, konfligierende Anforderungen, Gesundheitsgefährdung) berücksichtigen (vgl. Barnett & Marshall, 1991; Lennon, 1994).

In einer amerikanischen Studie, die Barnett und Marshall (1991) vorstellen, wurden 403 berufstätige Frauen aus sozialen Berufen nach bestimmten belastenden und bereichernden Merkmalen ihres Berufs gefragt. Außerdem wurde das psychische Befinden der Untersuchungsteilnehmerinnen erfasst. Die Ergebnisse verdeutlichen, wie die Erfahrungen in unterschiedlichen Rollen oder Lebensbereichen das Wohlbefinden prägen. So hängt bei kinderlosen berufstätigen Frauen das Befinden (Angst, Depressivität) ab vom Ausmaß der Entscheidungsmacht im Beruf (weniger Distress bei größerem Handlungsspielraum). Bei berufstätigen Müttern ist diese Abhängigkeit nicht gegeben. In ähnlicher Weise hängt das Befinden der Frauen ohne Partner davon ab, wie sehr das Hilfebedürfnis dieser Frauen gefordert wird (anderen zu helfen, gebraucht zu werden, anderen das Leben erleichtern zu können), während Frauen mit Partner in ihrem Befinden unabhängig sind von diesem Merkmal des Berufs. Komplexere Analysen, die im Rahmen dieser Studie durchgeführt wurden, belegen, dass Frauen mit wenigen Rollen (betrachtet wurden neben dem Beruf die Elternschaft und die Partnerschaft) stärker von Problemen in einem Rollenbereich beeinträchtigt werden als Frauen mit vielfältigerem Rollen- und Erfahrungsspektrum (vgl. auch Carr, 1997; Coleman, Antonucci & Adelmann, 1987; Crosby, 1991; Gove & Zeiss, 1987; Moen, 1997; Thoits, 1983; 1986). Dabei prägt weniger die Zahl der ausgeübten Rollen das Befinden als vielmehr die in den verschiedenen Bereichen gewonnene Erfahrung (Barnett, Marshall, Raudenbush & Brenan, 1993; Baruch & Barnett, 1987; Gove & Zeiss, 1987; Greenberger & O'Neil, 1993).

Neben diesen positiven Effekten der Berufstätigkeit werden jedoch auch negative Folgen diskutiert. Besonders für die Männer kann die Erwerbsbeteiligung der Frau Probleme aufwerfen. Schon Durkheim (1893/1984) sieht in der Berufstätigkeit der Frau und der damit gegebenen Abweichung vom traditionellen Rollenmuster eine Belastung für die Ehe. Und Parsons (1942) nimmt an, ein Beruf der Frau von gleichem oder höherem Status als dem des Mannes beeinträchtige die Partnerschaft, weil beide Partner um ihren Status wetteifern. Andere Forscher betonen die Vorteile für die Partnerschaft, wenn sich Mann und Frau auf die traditionell komplementären Rollen des Brotverdieners und der Hausfrau und Mutter spezialisieren (Becker, 1981; Hiller & Philliber, 1982). Während insbesondere Studien aus den 60er und 70er Jahren negative Zusammenhänge zwischen der Berufstätigkeit der Frau und dem Funktionieren der Partnerschaft finden konnten, fördern neuere Untersuchungen durchaus auch Vorteile der Berufstätigkeit der Frau für die Partnerschaft zutage (vgl. Spitze, 1988; Wilkie, Ferree & Ratcliff, 1998). So stützt die Erwerbsbeteiligung der Frau gerade bei Familien mit niedrigem Haushaltseinkommen durchaus die Partnerschaft (Conger et al., 1990). Die Berufstätigkeit ihrer Partnerinnen wird insbesondere solchen Männern zum Problem, die selbst viel verdienen, das zweite Einkommen also nicht benötigen (Hood, 1983). Andere Daten deuten gar darauf hin, dass in Familien aus der oberen Mittelschicht die Berufstätigkeit der Frau den Selbstwert der Männer mindert (Fendrich, 1984). Junge Väter mit erwerbstätigen Partnerinnen sind den Ergebnissen einer Vergleichsstudie zufolge weniger zufrieden mit ihrem Beruf, ihrer Partnerschaft und ihrem Leben als alleinverdienende junge Väter (Stanley, Hunt & Hunt, 1986).

Der Zusammenhang zwischen dem Einkommen der Frau und der Partnerschaftsqualität wurde mehrfach untersucht. Wie bei vielen Zusammenhangshypothesen bleiben gesicherte Kausalaussagen schwierig. Beide Verursachungsrichtungen sind plausibel: Mit zunehmendem Einkommen der Frau steigt ihre Macht und sinkt ihre Abhängigkeit von dem Mann, was das Auftreten oder offene Austragen von Partnerschaftsproblemen fördern kann (Hiedemann, Suhomlinova & O'Rand, 1998). Andererseits können Frauen in unglücklichen Partnerschaften besonders daran interessiert sein, finanziell unabhängig zu werden oder außerhalb der Familie Abwechslung und Erfüllung zu finden. Die Längsschnittdaten von Rogers (1999) belegen, dass berichtete Partnerschaftsprobleme die Wahrscheinlichkeit beeinflussen, mit der nicht erwerbstätige Frauen acht Jahre später erwerbstätig sind.

Längsschnittdaten zur Veränderung des individuellen Wohlbefindens von Frauen in Abhängigkeit vom Erwerbsmuster zeigen, dass der berufliche Wiedereinstieg oder eine Ausweitung der Berufstätigkeit mit einem günstigeren Depressionsverlauf einhergeht (Wethington & Kessler, 1989). Andere Befunde zeigen, dass der Verzicht auf die Erwerbstätigkeit bei zuvor berufstätigen Frauen die Anpassung an die Mutterrolle erschwert (Pistrang, 1984).

Eine längsschnittlich angelegte Studie zur Befindlichkeitsveränderung in den ersten Monaten nach der Geburt des Kindes, die sich auf mehrere Indikatoren des individuellen Wohlbefindens stützt, findet positive Effekte einer früh wiederaufgenommenen Berufstätigkeit auf den Depressivitätsverlauf der Frau, sofern die Tätigkeit als bereichernd erlebt wird. Der Umfang der Wochenarbeitszeit und die Kinderzahl (als Maße des Belastungsgrades) haben keinen – also insbesondere keinen negativen – Effekt auf den Depressivitätsverlauf (Hyde, Klein, Essex & Clark, 1995).

Hausarbeit

Der Einfluss der Hausarbeit und ihrer Aufteilung zwischen den Partnern auf die individuelle Zufriedenheit und auf die Qualität der Partnerschaft wurde in den letzten Dekaden intensiv erforscht. Schon bei kinderlosen Paaren ist regelmäßig eine höhere Belastung der Frau mit der Hausarbeit und stärkere Unzufriedenheit der Frau mit der Verteilung zu beobachten (z. B. Pittman, Teng, Kerpelman & Solheim, 1999; Sanchez, 1994). Die Belastung der Frau durch die Hausarbeit korreliert mit der wahrgenommenen Fairness bzw. mit der Zufriedenheit (Benin & Agostinelli, 1988; Mederer, 1993). Aufschlussreich sind auch Befunde, wonach die Zufriedenheit der Frau stark abhängt von der Verteilung der Hausarbeit, die Zufriedenheit des Mannes jedoch nicht (Robinson & Spitze, 1992) oder in deutlich geringerem Ausmaß beeinflusst wird von der perzipierten Aufgabenallokation (Wilkie, Ferree & Ratcliff, 1998). Dies deutet darauf hin, dass die Männer – zumindest mit Blick auf die Hausarbeit – typischerweise die Profiteure in Partnerschaftsbeziehungen sind. Den Berechnungen von Sanchez (1994, p. 542) zufolge ist der Effekt von einer Stunde Hausarbeit des Mannes (mit zunehmender Beteiligung des Mannes sinkt die wahrgenommene Ungerechtigkeit) dreimal so groß wie der umgekehrte Effekt einer Stunde Hausarbeit der Frau (mit zunehmender Beteiligung der Frau steigt die wahrgenommene Ungerechtigkeit weiter an).

Weitere Zusammenhänge der Allokation der Hausarbeit bestehen zur Depressivität der Frau und zur Partnerschaftsqualität (Barnett & Baruch, 1987; Perry-Jenkins & Folk, 1994; Ross, Mirowsky & Huber, 1983) sowie zum Gesundheitszustand (Bird & Fremont, 1991). Studien, die statt der tatsächlichen Verteilung der Hausarbeit („Wer tut was?") die subjektive Zufriedenheit mit der Aufteilung familiärer Aufgaben erfragen, finden sehr enge Bezüge dieser Einschätzungen zur Partnerschaftszufriedenheit, insbesondere bei Frauen (Dancer & Gilbert, 1993; Erickson, 1993; Staines & Libby, 1986; Suitor, 1991; Wicki, 1999; Yogev & Brett, 1985). Dementsprechend beeinflusst weniger die absolute Verteilung der Hausarbeit die Depressivität der Frau als vielmehr die subjektive Zufriedenheit hiermit bzw. das Erleben von Ungerechtigkeit (Glass & Fujimoto, 1994; Lennon, 1998; Robinson & Spitze, 1992). Gleiches gilt für die Effekte der Aufgabenallokation auf die Partnerschaftszufriedenheit, die ebenfalls über das Gerechtigkeitserleben vermittelt werden (Wilkie, Ferree & Ratcliff, 1998).

Die Abhängigkeit der Partnerschaftsqualität von der Ausgewogenheit der Aufgabenbelastung zeigt sich indirekt auch darin, daß Männer in Zweitehen deutlich mehr Hausarbeit übernehmen als in Erstehen (Ishii-Kuntz & Coltrane, 1992; vgl. auch Buunk & Mutsaers, 1999), offenbar weil sie aus der gescheiterten Ehe gelernt haben.

Mehrere Autoren behandeln die symbolische Valenz der Hausarbeit (Thompson, 1991; Thompson & Walker, 1989): Feministisch orientierte Arbeiten betonen die negative symbolische Bedeutung der Hausarbeit. Hausarbeit gilt als besonders unerquicklich, als minderwertig und typisch weiblich. Frauen schätzen und würdigen es daher ganz besonders, wenn der Mann bereit ist, Hausarbeit zu übernehmen (Ross, Mirowsky & Huber, 1983; Sanchez, 1994). Auch die Auslegung der Beteiligung des Mannes als Hilfe und Unterstützung trägt zur Partnerschaftszufriedenheit bei (Piña & Bengtson, 1993).

Elternrolle

Auch die Allokation der Aufgaben, die mit der Elternrolle verknüpft sind, beeinflusst das individuelle Befinden und die elterliche Partnerschaft. Paare mit egalitärer Verteilung der Sorge um das Kind sind zufriedener mit der Rollenallokation (Fish, New & Van Cleave, 1992). Angesichts der typischen Mehrbelastung von Frauen steigt mit der Beteiligung des Vaters an der Sorge um das Kind die Partnerschaftszufriedenheit an (Deutsch, Lozy & Saxon, 1993; De Luccie, 1996), was zu einer Stabilisierung der Beziehung beiträgt (Kalmijn, 1999). Diese positiven Effekte hoher väterlicher Beteiligung auf die Partnerschaft wurden auch in Beobachtungsstudien bestätigt (Levy-Shiff, 1994). Mit zunehmender Kinderzahl und zunehmender Belastung durch die Sorge um die Kinder steigt die Häufigkeit von alltäglich erlebtem Ärger und Zorn an, insbesondere bei Frauen (Ross & Van Willigen, 1996). Von einem größeren Engagement des Vaters profitiert also vorwiegend die Mutter. In Familien mit zwei berufstätigen Eltern reduziert die Beteiligung des Vaters an der Sorge um das Kind die Depressivität der Mutter (Ross & Mirowsky, 1988; Steil & Turetsky, 1987). Doch auch das Befinden der Männer hängt von der wahrgenommenen Rollenverteilung ab. So korrelieren bei Vätern mit berufstätigen Partnerinnen unterschiedliche Zufriedenheitsindikatoren (Zufriedenheit mit ihren Arbeitszeiten, Zufriedenheit mit ihrer gesamten Zeiteinteilung) mit dem Ausmaß der Beteiligung der Mutter an der Kinderbetreuung (Barnett & Baruch, 1987).

Die Auswirkungen der praktizierten Aufgabenteilung bzw. der wahrgenommenen Fairness auf die Zufriedenheit und die Partnerschaft fallen unterschiedlich stark aus, je nachdem wie sehr die jeweiligen Erfahrungen den eigenen Einstellungen entsprechen oder widersprechen. Voydanoff und Donnelly (1999) nutzen die Daten von 970 verheirateten Müttern und 895 verheirateten Vätern, die an einer US-amerikanischen Erhebung teilgenommen hatten, um die Beziehungen zwischen der wahrgenommenen Fairness der Rollenverteilung (Erwerbsarbeit, Hausarbeit und Kinderbetreuung) und dem individuellen Befinden sowie der Partnerschaftsqualität zu untersuchen. Wie zu erwarten geht die wahrgenommene Übervorteilung der eigenen Person mit höherer psychischer Belastung und niedrigerer Partnerschaftsqualität einher. Das Erleben von Ungerechtigkeit in der Verteilung der Hausarbeit verschärft bei den Müttern die Beziehung zwischen Belastung und Befinden, insbesondere für wiederverheiratete Frauen und für Frauen mit egalitären Rolleneinstellungen. Einen ähnlichen Befund berichten Piña und Bengtson (1993), bezogen nur auf die Hausarbeit. Sie finden eine Wechselwirkung der tatsächlichen Verteilung der Hausarbeit (egalitär vs. traditionell) und der Einstellung der Frau zu den Geschlechtsrollen (egalitär vs. traditionell) auf die Zufriedenheit der Frau mit der Hilfe und Unterstützung durch den Partner. Frauen mit egalitären Geschlechtsrollen-Einstellungen sind demnach eher zufrieden mit der Hilfe und Unterstützung des stark partizipierenden Partners als Frauen mit traditionellen Einstellungen. Direkte Einflüsse der Rolleneinstellungen auf die Partnerschaft lassen sich ebenfalls nachweisen, sie sind jedoch stark geschlechtsspezifisch. Während Männer eine höhere Partnerschaftszufriedenheit berichten, wenn das Paar eine egalitären Aufgabenteilung präferiert, zeigen Frauen eine höhere Partnerschaftszufriedenheit bei nicht-egalitären Normvorstellungen (Lye & Biblarz, 1993). Auch hierin spiegelt sich die Ungleichheit der Geschlechter. Frauen können die ungleiche Lastenverteilung besser verwinden, wenn sie traditionelle Rolleneinstellungen vertreten. Unzufriedenheit mit der Rollenverteilung belastet die Partnerschaft.

Mehrere Studien belegen den Hang beider Partner, die eigenen Beiträge zur Hausarbeit und zur Kinderbetreuung zu überschätzen (z. B. Deutsch, Lozy & Saxon, 1993; Pittman, Teng, Kerpelman & Solheim, 1999). Dieses Phänomen gleicht der aus der Leistungsattribution bekannten Zuschreibungsasymmetrie ('attributional egotism'; vgl. Snyder, Stephan & Rosenfield, 1978; Zuckerman, 1979) und sorgt dafür, dass aufkommende Partnerschaftskonflikte zusätzlich angeheizt werden durch die divergierenden Wahrnehmungen und Einschätzungen.

Rollenallokation und Zufriedenheit im Übergang zur Elternschaft

Sehr gut belegt ist die Verschlechterung der Partnerschaftsqualität im Übergang zur Elternschaft. Bereits frühe, krisentheoretisch ausgelegte Studien bemerkten eine Beeinträchtigung der Paarbeziehung durch die Geburt des ersten Kindes (Dyer, 1963; Hobbs, 1965; LeMasters, 1957). Die Abnahme der Partnerschaftsqualität nach der Familiengründung wurde seither immer wieder bestätigt, sowohl mit amerikanischen Daten (Belsky & Rovine, 1990; Belsky, Rovine & Fish, 1992; Belsky, Spanier & Rovine, 1983; Cox, Paley, Burchinal & Payne, 1999; Hackel & Ruble, 1992; Mercer, Ferketich & DeJoseph, 1993; Monk et al., 1996; Ryder, 1973; Tomlinson, 1987; Waldron & Routh, 1981; Wallace & Gotlib, 1990; Wright, Henggeler & Craig, 1986) als auch mit Daten aus dem europäischen Kulturkreis (Bleich, 1996; El-Giamal, 1999; Engfer, Gavranidou & Heinig, 1988; Gloger-Tippelt, Rapkowitz, Freudenberg & Maier, 1995; Levy-Shiff, 1994; Quaiser-Pohl, 1996; Werneck, 1998). Studien mit sehr kleinen Stichproben, kurzen Erhebungsintervallen oder einem qualitativem Forschungsansatz liefern gelegentlich Negativbefunde oder mehrdeutige Ergebnisse (Bauer, 1992; Brüderl, 1989; Schuchts & Witkin, 1989).

Ausführlich diskutiert wurde die Frage, ob die regelmäßig beobachtete Verschlechterung der Paarbeziehung von der Schwangerschaft über die ersten Jahre nach der Familiengründung hinweg ein bloßer Zeiteffekt ist, wie er auch bei stabil kinderlosen Paaren zu beobachten ist (Belsky & Pensky, 1988; Ryder, 1973; Schumm & Bugaighis, 1986; White & Booth, 1985). Längsschnittliche Vergleichsstudien mit kinderlosen Paaren und Elternpaaren weisen gelegentlich den Zeiteffekt bei beiden Gruppen nach, belegen jedoch auch hiervon unabhängige Übergangseffekte (Belsky, Lang & Rovine, 1985; Bleich, 1996; P.A. Cowan & C.P. Cowan, 1988; Gloger-Tippelt et al., 1995; Kurdek, 1998b; McHale & Huston, 1985; Negativbefunde bei MacDermid, Huston & McHale, 1990). Weitere Diskussionen kreisen um die Frage, ob die in den Studien zum Übergang zur Elternschaft gewonnenen Erstmessungen, die typischerweise in der Schwangerschaft vorgenommen werden, valide Schätzungen der Baseline liefern. Tatsächlich mehren sich die Hinweise darauf, dass insbesondere die mit der Erstelternschaft verbundene Schwangerschaft eine besonders glückliche Partnerschaftsphase ist. Der Vorher-Nachher-Unterschied in der Partnerschaftszufriedenheit könnte damit eine Rückkehr zur Baseline darstellen und keine echte Verschlechterung durch die Geburt des Kindes (Raush, Barry, Hertel & Swain, 1974; Ruble, Fleming, Hackel & Stangor, 1988). Hiergegen spricht jedoch, dass der lineare Veränderungstrend nach der Geburt des ersten Kindes über mehrere Jahre anhält (Belsky & Rovine, 1990). Und Paare, die ihr zweites Kind erwarten („Zweiteltern"), liegen mit ihren Indikatoren der Partnerschaftsqualität und subjektiver Partnerschaftszufriedenheit auf einem deutlich verringerten Niveau (Brüderl, 1989; Quaiser-Pohl, 1996). Selbst wenn also unmittelbar vor der Geburt des ersten Kindes die Partnerschaftsqualität besonders hoch ist, kann trotzdem von einem anschließenden Rückgang und insgesamt von einer Beeinträchtigung der Partnerschaft durch die Elternschaft gesprochen werden.

Die Verschlechterung der elterlichen Beziehung wird primär mit der Umverteilung von Rollen und Aufgaben nach dem Eintritt in die Elternschaft in Zusammenhang gebracht. So korreliert die längsschnittlich erfasste Abnahme der Partnerschaftszufriedenheit mit der Stärke des Aufgabenzuwachses für die Frau (Belsky, Lang & Huston, 1986). Die Unzufriedenheit der Frau mit der Beteiligung des Mannes an der Hausarbeit trägt entscheidend zur Verschlechterung der Partnerschaftsqualität im Übergang zur Elternschaft bei (Terry, McHugh & Noller, 1991). Die Abnahme der Zuneigung und Zunahme der Negativität infolge eines übergangsbedingten, geschlechtsstereotypen

Aufgabenzuwachses fallen dann besonders deutlich aus, wenn sich die Frau typisch feminine Attribute abspricht (Belsky, Lang & Huston, 1986). Äußerst interessant sind die Ergebnisse einer bereits zitierten amerikanischen Studie, die durch ihre methodische Finesse besticht (MacDermid et al., 1990). Die Forschungsgruppe untersucht an einer Übergangsstichprobe die Effekte der faktischen Rollenverteilung (traditionell vs. egalitär, definiert über die Beteiligung des Mannes an Hausarbeit und Kinderbetreuung) und der Einstellungen zu den Geschlechtsrollen (traditionell vs. egalitär, definiert über die 'Attitudes toward Women Scale'; Spence & Helmreich, 1973) auf die elterliche Partnerschaft. Väter, die sich trotz ihrer traditionellen Rolleneinstellungen stärker an den familiären Aufgaben beteiligen, bewerten ihre Partnerschaft schlechter (geringere Liebe, mehr Konflikte). Selbst bei den Frauen findet sich derselbe Interaktionseffekt: Mütter mit traditionellen Einstellungen, deren Partner sich stärker an der Hausarbeit und an der Kinderbetreuung beteiligen, schildern die Partnerschaft schlechter. Hier zeigt sich also erneut das komplexe Zusammenspiel von tatsächlichen Erfahrungen und subjektiven Präferenzen.

Neben der generellen Haltung zu den traditionellen Geschlechtsrollen spielen die konkreten Erwartungen zur Rollenverteilung nach der Familiengründung eine wichtige Rolle. Denn Einstellungen sind weit weniger auf die eigene Lebenssituation zugeschnitten als solche Erwartungen. So mag eine Frau zwar egalitäre Rollenvorstellungen vertreten und diese Einstellungen auch mit ihrem Partner teilen. Wenn die Lebensumstände eine hohe Beteiligung des Partners in der Familie verhindern – das Paar führt beispielsweise ausgerechnet in der Phase der Familiengründung eine Wochenendehe, weil der Mann aus beruflichen Gründen vorübergehend an einem anderen Ort lebt –, muss dies nicht die Partnerschaftszufriedenheit der Frau beeinträchtigen. Enttäuschung wird sich jedoch einstellen, wenn die Frau eine hohe Beteiligung erwartet, der Mann diese Erwartungen aber nicht erfüllt.

Ähnlich wie der Begriff der Norm (vgl. Brandtstädter, 1977) bedarf auch der Begriff der Erwartung einiger klärender Anmerkungen. Von Erwartungen sprechen wir einmal in einem probabilistischen Sinn. Wir bezeichnen damit subjektive Wahrscheinlichkeiten („Ich tippe, das Geschirr ist bereits abgespült, wenn ich nach Hause komme") oder Antizipationen künftiger Ereignisse („Ich rechne damit, dass mein Partner sich viel mit dem Kind beschäftigen wird"). Hiervon abzuheben sind normative Erwartungen, also Forderungen oder Ansprüche („Ich erwarte von meinem Partner, dass er mich entlastet"). Während probabilistische Erwartungen mit Blick auf jederlei Ereignisse formuliert werden können („Ich erwarte, dass es morgen regnet"), beziehen sich normative Erwartungen auf Handlungen von Akteuren. Sie stützen sich auf Werthaltungen und Setzungen. Leider wird in manchen Studien nicht sauber zwischen beiden Begriffsverwendungen unterschieden, so dass unklar bleibt, ob die negativen Wirkungen von unzutreffenden Erwartungen oder ob die Auswirkungen von Erwartungsverletzungen untersucht werden (z. B. Belsky, Ward & Rovine, 1986; Nicolson, 1990; Ruble, Fleming, Hackel & Stangor, 1988).

Belsky und Mitarbeiter interessierten sich für den Einfluss unrealistischer oder verletzter Erwartungen auf die Partnerschaftsentwicklung im Übergang zur Elternschaft (Belsky, Ward & Rovine, 1986). In ihrer Studie, an der 61 Erstelternpaare teilnahmen, fragten sie die werdenden Eltern während der Schwangerschaft nach den erwarteten Auswirkungen der Geburt des Kindes auf ihr Leben (auf die Partnerschaft; auf ihre Selbstsicht; auf ihre sonstigen Familien- und Freundschaftsbeziehungen) sowie nach der erwarteten späteren Aufgabenteilung (Beteiligung beider Partner an der Versorgung des Säuglings). Drei Monate nach der Geburt des Kindes wurden die Eltern erneut befragt, nun zu ihren tatsächlichen Erfahrungen (beobachtete Auswirkungen bzw. praktizierte Aufgabenteilung).[1] Die Daten zeigen, dass sich die Väter nicht im erwarteten Umfang an der Kinderbetreuung beteiligen. Das Ausmaß der Erwartungsverletzung ist zudem verknüpft mit der Beziehungsentwicklung: Die Partnerschaftszufriedenheit nimmt in dem Maße ab in dem sich herausstellt, dass die initialen Erwartungen unrealistisch waren.

Vergleichbare Befunde liefert eine Studie, die in den Vereinigten Staaten und Kanada durchgeführt wurde (Ruble et al., 1988). Erwähnenswert ist diese Untersuchung, weil hier längsschnittliche Verlaufsbeobachtungen (von der Schwangerschaft bis drei Monate nach der Entbindung) mit querschnittlichen Gruppenvergleichen kombiniert werden (Vergleich von werdenden Müttern und kinderlosen Frauen mit starkem Kinderwunsch). Die Ergebnisse dieser Studie dokumentieren, dass schwangere Frauen eine egalitärere Arbeitsteilung erwarten als sie von Müttern tatsächlich berichtet wird. Die initialen Erwartungen der Frau zur Beteiligung des Mannes an der Hausarbeit interagieren mit der später beobachteten tatsächlichen Beteiligung in ihrem Effekt auf den wahrgenommenen negativen Einfluß des Kindes: Solche Frauen erleben die geringste Beeinträchtigung, die vor der Geburt niedrige Erwartungen hatten, deren Partner sich jedoch später stark beteiligen.

Angesichts solcher Befunde zur Wirkung verletzter Erwartungen zur Aufgabenteilung auf die Beziehung (vgl. auch Moss, Bolland, Foxman & Owen, 1987; Reichle, 1994) interessieren die zugrundeliegenden Wahrnehmungs- und Urteilsprozesse, die das Erleben von Enttäuschung und Ungerechtigkeit steuern.

---

1   Die Autoren lesen aus dem Prä-Post-Vergleich von initialen Erwartungen und späteren Erfahrungen die Stabilität bzw. den Wandel der Lebenssituation heraus. Dies ist natürlich vollkommen unsinnig, denn hinter einer perfekten Kongruenz von Erwartungen und Erfahrungen (vermeintliche „Stabilität") kann sich die zutreffende Antizipation von erheblichen Veränderungen verbergen; die Divergenz von Erwartungen und Erfahrungen (vermeintlicher „Wandel") kann auf dem unerwarteten Ausbleiben von Veränderungen beruhen.

Verteilung, Ungerechtigkeit, Unzufriedenheit: theoretische Modelle

Die Sozialpsychologie beschäftigt sich seit jeher mit der Frage, welche Austauschprozesse und Verteilungsregeln Beziehungen zusammenhalten (zum Überblick: Mikula, 1992). Schon früh wurde erkannt, dass der persönliche Nutzen, den eine Person aus einer Beziehung zieht, die subjektive Zufriedenheit bestimmt. Zwei prominente theoretische Ansätze stimulierten die Forschung nachhaltig. Das Motiv der Nutzenmaximierung und seine Bedeutung für Sozialbeziehungen steht im Mittelpunkt der *Austauschtheorie* (Blau, 1964; Homans, 1961; Thibaut & Kelley, 1959). Ihre Kernannahme lautet, dass Personen umso zufriedener mit einer Beziehung sind, je mehr Gewinn sie erzielen. Unter hohem Gewinn wird dabei, ganz im ökonomischen Sinne, eine möglichst positive Bilanz von Kosten (Aufwand, Anstrengungen, Belastungen) und Nutzen verstanden (Vorteile, lohnende Erfahrungen, Bereicherungen). Da bei dyadischen Beziehungen stets die Interessen zweier Personen im Spiel sind, ist es für das Gelingen und den Fortbestand der Beziehung entscheidend, dass beide Beteiligte auf ihre Kosten kommen. Mit Blick auf die Verteilung von Aufgaben oder Lasten zwischen zwei Partnern lässt sich die Hypothese ableiten, dass die Zufriedenheit bei geringer eigener Belastung mit leidigen Aufgaben wie der Hausarbeit (und bei entsprechend hoher Aufgabenbelastung des Partners) besonders groß ist. Die Unzufriedenheit sollte in dem Maße ansteigen, in dem die eigene Belastung anwächst (und die Beteiligung des Partners abnimmt). Demgegenüber behauptet die *Equity-Theorie* (Walster, Walster & Berscheid, 1978), dass die Beziehungszufriedenheit weniger von dem reinen persönlichen Nutzen (möglichst hoher Ertrag bei möglichst geringem Aufwand) als vielmehr von der erlebten Gerechtigkeit oder Fairness der Beziehung abhängt. Gerechtigkeit bezeichnet dabei die Verhältnismäßigkeit der Kosten-Nutzen-Bilanzen beider Partner. Hohe Zufriedenheit stellt sich demnach bei ausgewogenen Kosten-Nutzen-Bilanzen für beide Partner ein. Zufrieden könnte so auch sein, wer in einer bestimmten Situation trotz hohen Einsatzes wenig erhält, solange der andere nicht ungerechtfertigt mehr Nutzen erzielt. Unzufriedenheit sollte auftreten bei der Benachteiligung jedweden Partners, also sowohl bei einer wahrgenommenen Übervorteilung der eigenen Person als auch bei wahrgenommener Übervorteilung des anderen.

Aus mehreren Gründen ist es sinnvoll, zwischen der Zufriedenheit mit der Verteilung spezifischer Arbeiten oder Belastungen (bereichsspezifische Zufriedenheit) und der Zufriedenheit mit der Beziehung insgesamt (globale Beziehungszufriedenheit) zu unterscheiden. So weist die Investment-Theorie (Rusbult, 1980; 1983) darauf hin, dass die Beziehungszufriedenheit auch von den bisherigen Investitionen in die Beziehung abhängt. Investitionen erhöhen die Verluste, die bei einer Trennung entstehen, und binden daher die Partner aneinander (vgl. auch Becker, 1960). Die strikte Überprüfung austausch- und gerechtigkeitstheoretischer Annahmen am Maßstab der globalen Beziehungszufriedenheit ist schier unmöglich, da Negativbefunde – hohe Beziehungszufriedenheit trotz ungünstiger oder ungerechter Austauschverhältnisse – stets damit erklärt werden können, dass die

Personen in anderen, nicht berücksichtigten Bereichen auf ihre Kosten kommen. Dennoch ist es sinnvoll, das Erleben von Gerechtigkeit oder Ungerechtigkeit auf die Beziehung insgesamt zu beziehen und nicht etwa nur auf die Verteilung der Hausarbeit oder der Kinderbetreuung. Hierauf werden wir gleich zurückkommen.

Die dyadische Konstellation in engen Beziehungen oder Lebensgemeinschaften bietet Forschern, die das Erleben von Gerechtigkeit verstehen möchten, einzigartige Möglichkeiten, solche Modellannahmen auf ihre Stichhaltigkeit hin zu überprüfen (vgl. Lerner & Mikula, 1994). Hierbei sind die Besonderheiten enger Beziehungen zu berücksichtigen, etwa die für Partnerschaften grundlegende Bereitschaft, neben einer rein hedonistischen Grundhaltung auch die Erwartungen und Bedürfnisse des anderen zu treffen (Grote & Clark, 1998; Van Lange et al., 1997). Familienforscher, die speziell am Übergang zur Elternschaft interessiert sind, greifen diese Ansätze zunehmend auf, nachdem sich herausgestellt hat, dass dem Gerechtigkeitserleben eine zentrale Rolle für die Entwicklung der elterlichen Partnerschaft zukommt (z. B. Benin & Agostinelli, 1988; Pleck, 1985; Reichle, 1994).

Anhand einer psychologischen Definition von Ungerechtigkeit – Ungerechtigkeit zu erleben bedeutet, dass eine Person sich nicht so behandelt sieht, wie es ihr zusteht – unterscheidet Reichle (1996) fünf Komponenten, die bei der Verteilung von Kosten oder Nutzen in Partnerschaften näher in den Blick zu nehmen sind: 1. das *Opfer*, das Ungerechtigkeit erlebt; 2. den *Akteur*, der die ungerechte Behandlung zu verantworten hat; 3. den *Gegenstand* des Anspruchs; 4. die angewendete *Verfahrensnorm*; 5. die angewendete *Verteilungsnorm*. Die ersten beiden Komponenten sind bei dem prototypischen Fall des Ungerechtigkeitserlebens in Partnerschaften eindeutig bestimmt: Einer der Partner erlebt eine ungerechte Behandlung durch den anderen Partner (andere Fälle bleiben ausgespart: ein Mutter oder Vater machen das Kind verantwortlich für die erlebte Ungerechtigkeit oder fühlen sich in der Gesellschaft benachteiligt). Die Gegenstände, die die Partner in engen Beziehungen beanspruchen können, sind vielfältig (vgl. Traupmann, Peterson, Utne & Hatfield, 1981). Typische innerdyadische Verteilungskonflikte im Übergang zur Elternschaft kreisen um die Verteilung der Hausarbeit, die Verteilung der Kinderbetreuung sowie um die Verteilung der Erwerbstätigkeit (andere strittige Verteilungsgegenstände sind denkbar und plausibel, etwa die persönliche Freizeitgestaltung oder die Verwendung des Haushaltseinkommens, bleiben aber ebenfalls ausgeklammert). Interessant sind nun die verschiedenen Normtypen, nach denen Gerechtigkeitsurteile gefällt werden.

Unter den *Verteilungs- oder Allokationsregeln* ist das Leistungsprinzip sicher die bekannteste (zum Überblick: Reichle, 1996; Reis, 1984; Törnblom, 1992). Demnach sollen Kosten und Nutzen (verstanden als Beteiligung an unliebsamen Verpflichtungen bzw. als Gewinn von Vorteilen, Befriedigung oder Erfüllung) einander entsprechen (Homans, 1961). Das Gleichheitsprinzip fordert die Gleichverteilung des Nutzens unabhängig von den Kosten. Das

Bedürftigkeitsprinzip sieht schließlich vor, dass sich die Zuweisung des Nutzens am individuellen oder aktuellen Bedarf der Person orientiert. Sehr gut lassen sich diese Allokationsregeln an der Verteilung von Geld veranschaulichen: Dem Leistungsprinzip entspräche eine Entlohnung gemäß Arbeitseinsatz (z. B. Arbeitszeit) oder Arbeitsqualität (z. B. Qualifikation). Dem Gleichheitsprinzip entspräche die gleiche Entlohnung der Arbeit (Pauschalbeträge). Das Bedürftigkeitsprinzip wäre berücksichtigt bei der Förderung finanziell besonders belasteter Gruppen (z. B. kinderreicher Familien).

Auf den ersten Blick scheinen Leistungs-, Gleichheits- und Bedürftigkeitsprinzip problemlos anwendbar auf die Allokation von beruflichen und familiären Aufgaben innerhalb der Partnerschaft. Bei näherem Hinsehen ist dies gar nicht so selbstverständlich, jedenfalls dann, wenn neben der Gerechtigkeit der gesamten Beziehung die Gerechtigkeit spezifischer Rollenallokationen analysiert werden soll.

Bezogen auf die Hausarbeit läßt sich die Kostenseite durchaus bestimmen. Prinzipiell kann ermittelt werden, welcher Partner wie viele Aufgaben übernimmt, wie viel Anstrengung oder Zeit er hierbei investiert und wie unbequem oder belastend die einzelnen Tätigkeiten sind. Wie sieht es aber aus mit dem Nutzen der Hausarbeit? Variiert dieser Nutzen überhaupt interindividuell? Freut sich ein Partner mehr als der andere über den gedeckten Tisch oder über den gefüllten Kühlschrank? Genießt ein Partner stärker als der andere eine aufgeräumte Wohnung (z. B. derjenige, der sich länger in der Wohnung aufhält)? Sofern der Nutzen für beide Partner gleich groß ist, reduziert sich die Frage nach der gerechten Verteilung der Hausarbeit bei Anwendung des Leistungsprinzips auf die Frage, wer welche Lasten übernimmt. Echte Kosten-Nutzen-Erwägungen kommen erst in Betracht, wenn die Vor- und Nachteile, die die Partner aus der Beziehung ziehen, bilanziert und verglichen werden. Noch widersinniger ist die Anwendung des ursprünglichen Gleichheitsprinzips auf die Verteilung der Hausarbeit („Gleichverteilung des Nutzens unabhängig von den Kosten"): Der Nutzen eines gemachten Bettes oder eines geputzten Bads ist für jeden Partner gleich groß (sofern das Paar in einem Bett schläft und ein Bad benutzt). Dem Gleichheitsprinzip wäre also stets genüge getan, egal wer die Hausarbeit ausführt.

Um die Anwendung gerechtigkeitstheoretischer Überlegungen auf Partnerschaften zu ermöglichen, wurden daher die Gerechtigkeitskonzepte modifiziert (vgl. Mikula, 1992). Als ausgewogen im Sinne der Equitytheorie gelten Beziehungen dann, wenn die Kosten-Nutzen-Bilanzen (sprich: die „Netto-Erträge") beider Partner als gleich wahrgenommen werden. Als gerecht im Sinne des Gleichheitsprinzips sollten solche Beziehungen gelten, bei denen die Kosten gleich verteilt sind (gleiche Beteiligung beider Partner an der ungeliebten Hausarbeit). Nimmt man neben der Gleichverteilung der Kosten die Gleichverteilung des Nutzens hinzu zur Definition des Gleichheitsprinzips (z. B. gleicher subjektiver Gewinn beider Partner aus der eigenen Berufstätigkeit), beschreiben Gleichheitsprinzip und Leistungsprinzip dieselben Konstellationen als gerecht. Gerecht im Sinne des Bedürftigkeitsprinzips sind solche Beziehungen, in denen die individuellen Bedürfnisse oder Vorlieben beider Partner erfüllt werden (vgl. Reichle, 1996). Für das Erleben von Ungerechtigkeit ist dabei nicht eine irgendwie zu ermittelnde *tatsächliche* („objektive") Ausgewogenheit oder Gleichheit der Beziehung von Interesse. Ungerechtigkeit wird vielmehr jede Person erleben, die eine Anspruchsverletzung *wahrnimmt*.

Törnblom und Vermunt (1999) unterscheiden zwischen der Bewertung des Verteilungsgegenstands und der Bewertung des Verteilungsergebnisses.[2] Erstere bezeichnet die Erwünschtheit (Valenz) des zu verteilenden Objekts[2], letztere die Erwünschtheit des Ergebnisses. Positive Ergebnisse können hierbei auch negative Verteilungsgegenstände (Ausschalten oder Abwenden von Unerwünschtem), negative Ergebnisse durchaus auch positive Ressourcen betreffen (Entzug oder Verlust von Erwünschtem). Für Gerechtigkeitsurteile ist die Valenz des Verteilungsergebnisses entscheidend. So wurde mehrfach bestätigt, dass negative Ergebnisse stärker zu Buche schlagen als positive.

Als ungerecht werden nicht nur bestimmte Verteilungsresultate erlebt, sondern auch Entscheidungsprozeduren, die zu einer bestimmten Lösung führen. Solche *Verfahrensnormen*, nach denen eine Verteilung erfolgt, finden zunehmend Beachtung (zum Überblick: Arts & van der Veen, 1992; Reichle, 1996; vgl. auch Luhmann, 1969). Im Mittelpunkt steht hierbei die Beteiligung der Partner an der Entscheidungsfindung bzw. der Einfluss der Beteiligten auf das Ergebnis. Gerade in Partnerschaften gilt das Aushandeln als das ideale Verfahren zur Lösung von Verteilungskonflikten. In einer solchen Verhandlung kann jeder die eigenen Wahrnehmungen und Einschätzungen schildern, die individuellen Bedürfnisse anmelden, Ansprüche an den Partner formulieren, kurzum seine eigenen Interessen vertreten. Die Beteiligung beider Partner an der Entscheidungsfindung ist groß und die Chancen zur Einflussnahme auf das Ergebnis sind für beide Kommunikationspartner idealerweise gleich. Eine weniger aufwändige Verfahrensalternative stellen Verlosungsmodelle dar. Der Münzwurf ist eine klassische Methode zur Entscheidungsfindung. Hier sichert der Zufall, dass die Lösung nicht prädestiniert ist und keiner der Partner einen größeren Einfluss auf das Ergebnis hat als der andere. Die Beteiligung am Prozess der Lösungsfindung reduziert sich auf die Zustimmung zur Anwendung dieser Prozedur. Bei extrem bedeutungsvollen und gewichtigen Entscheidungen sind Vorbehalte gegenüber einem Losmodell zu erwarten. So wird kaum jemand die Regelungen eines Ehevertrags dem Los überlassen und auch für politische Entscheidungen bleibt das Losmodell die Ausnahme.[3] Als Sonderfall des Losmodells kann das Abwechseln gelten. Mieter praktizieren das Abwechseln, wenn die Mietparteien nacheinander auf dem Putzplan für das Treppenhaus erscheinen. Selbst die Regelungen zum Erziehungsurlaub sehen seit Einführung dieser familienpolitischen Maßnahme die Möglichkeit des Abwechseln vor. Dieses Angebot wird in den meisten Familien allenfalls

---

2 Hierzu zitieren die Autoren eine pragmatische Definition: Positiv oder erwünscht ist das, wovon man mehr haben möchte. Negativ ist das, wovon man weniger oder nichts haben möchte (Törnblom & Vermunt, 1999, p. 42).

3 Ein Koalitionsvertrag, auf den sich die Landesregierung von Rheinland-Pfalz stützte, bemühte das Los für alle strittigen Bundesratsentscheidungen.

erwogen, jedoch nur selten tatsächlich genutzt.[4] Wie Reichle (1996) berichtet, spielt das Verlosen keine große Rolle bei der Entscheidungsfindung in Partnerschaften. In den Interviews, die wir im Rahmen unserer Studie durchgeführt haben, fanden wir jedoch Bereiche, in denen Paare sehr wohl auf solche Verfahren zurückgreifen. Ein typischer Fall ist die Namensgebung, bei der durchaus das Los entscheidet oder bei der sich beide Partner Abwechseln (ein Partner entscheidet über den Namen des ersten, der andere über den Namen des zweiten Kindes).

Neuere Forschungen untersuchen das Zusammenspiel (Interaktionseffekte) sowie die wechselseitige Abhängigkeit (Interdependenz) von Allokationsnormen und Verfahrensnormen (z. B. Törnblom & Vermunt, 1999). Wir nehmen an, dass dem Opfer Fragen nach dem Verfahren, das zu der jeweiligen Verteilung geführt hat, umso stärker in den Sinn kommen, je ungerechter das Ergebnis erscheint. Hierfür sollte insbesondere die spontane Ursachensuche verantwortlich sein, die insbesondere von negativen Ereignissen ausgelöst wird (Weiner, 1985; Wong & Weiner, 1981).

Normative Erwartungen zur Rollenausübung oder Beteiligung bilden den Maßstab für Gerechtigkeitsurteile (Peterson, 1990). Wird die persönliche Nutzenmaximierung verfolgt, bildet der größtmögliche erreichbare Vorteil den Erwartungshorizont. Für langfristige Partnerschaften mit gemeinsamer Beziehungsgeschichte und einer antizipierbaren wechselseitigen Abhängigkeit kristallisieren sich im Prozess der persönlichen Nutzenmaximierung mehr oder weniger stabile Reziprozitätserwartungen heraus: Die Partner sind freundlich, entgegenkommend und hilfsbereit, solange sie bei anderer Gelegenheit entsprechende Gegenleistungen erwarten dürfen. Entscheidungstheoretische Gerechtigkeitsmodelle postulieren demgegenüber, dass die unterschiedlichen Gerechtigkeitsprinzipien je nach aktueller Motivationslage variabel angewendet werden: Um Eintracht und Harmonie herzustellen, bemühen die Partner das Gleichheitsprinzip. Um möglichst produktive Leistungen zu erzielen, wählen die Partner das Prinzip der Verhältnismäßigkeit der Erträge. Gerade in Partnerschaften findet außerdem das Bedürftigkeitsprinzip Anwendung, wonach derjenige bei der Verteilung zum Zuge kommt, der am bedürftigsten ist (Desmarais & Lerner, 1994). In Partnerschaften werden sich die eigenen Interessen und Bedürfnisse mit denen des anderen mischen, so dass gemeinsame Orientierungen Raum greifen und sich die Partner mit dem anderen identifizieren. Hierzu trägt auch die zunehmende Interdependenz und Nähe in Partnerschaften bei. Diese Interdependenz ist jedoch zweischneidig. Einerseits steigt mit wachsender Nähe und Interdependenz die Bereitschaft, auch die Interessen des anderen im Blick zu haben und sich gegenseitig zu ergänzen. Andererseits kann die Routinisierung des Verhaltens in der Partnerschaft dazu führen, dass die Beiträge und Leistungen

---

4 Der britische Premierminister Tony Blair hatte kurz vor der Geburt seines vierten Kindes Leo mit dem Gedanken kokettiert, in Erziehungsurlaub zu nehmen. Auch er hat diese Idee bekanntlich nicht umgesetzt.

des anderen zunehmend als selbstverständlich erachtet werden, was die Anerkennung und Wertschätzung dieser Beiträge mindert oder auch die Reziprozitätsnorm außer Kraft setzt (Steil & Makowski, 1989). Änderungen der Verhaltensroutinen, die etwa von veränderten Lebensumständen angestoßen werden, können außerdem schwerer zu verkraften sein, wenn rigide Erwartungsmuster etabliert sind. Den Vorteilen hoher Interdependenz, Toleranz und Loyalität stehen also gewichtige Nachteile gegenüber (Holmes & Levinger, 1994).

In der individuellen Handlungsplanung können ebenfalls divergierende Normen wirksam werden, etwa wenn berufstätige Mütter ihre beruflichen und familiären Rollen koordinieren (Stohs, 1994). Gerechtigkeitsurteile sind schließlich auch abhängig von den Maßstäben oder Vergleichsstandards, die zur Anwendung kommen. So betrachten Frauen, die neben ihrer Ehe keine anderen wichtigen Lebensbereiche besitzen und die somit über wenige Alternativen zur Ehe verfügen, eine gegebene Aufteilung der Hausarbeit als gerechter verglichen mit Frauen, die über ein breites Spektrum von persönlich wichtigen Lebensbereichen und Handlungsalternativen verfügen (Lennon & Rosenfield, 1994). Dieser Zusammenhang wird schon von der Austauschtheorie, einem frühen theoretischen Modell sozialer Beziehungen, postuliert. Doch auch die erlebte Abhängigkeit hat einen Einfluss darauf, ob und wie sehr die unausgewogene Lastenverteilung als ungerecht betrachtet wird. Bei starker Abhängigkeit der Frau von ihrem Partner erscheint die Verteilung der familiären Aufgaben gerechter, bei geringer Abhängigkeit als ungerechter (Sanchez & Kane, 1996). Hier kommen die unterschiedlichen theoretischen Modelle (Austauschtheorie, Interdependenztheorie, kognitive Emotionstheorien) also zu ähnlichen Vorhersagen.

Die Verteilung von Aufgaben und Verantwortungsbereichen in der Partnerschaft wird von demjenigem Partner als ungerecht erlebt, der sich selbst ungerecht behandelt fühlt – typischerweise also von der Frau. Damit ist die Perspektive des „Opfers" interessant. Das Erleben von Ungerechtigkeit aus der Perspektive des „Täters" lässt sich bei gravierenden und eindeutig erkennbaren (salienten) Normverstößen relativ gut untersuchen. Die Unterscheidung beider Perspektiven ist bei der Erforschung des subjektiven Erlebens von Ungerechtigkeit zentral, zumal systematische Perspektiveneffekte auftreten (Mikula, 1994). Für die Erforschung des Partnerschaftsgeschehens im Umfeld von Hausarbeit, Kinderbetreuung und Sicherung des Familieneinkommens ist es sicher angebracht, die Bezeichnung „Täter" mit Vorsicht zu verwenden. In vielen Fällen wird die Person, der das Opfer einen Normverstoß vorwirft – etwa der im Haushalt teilnahmslose Mann – das eigene Tun nicht als ungerecht ansehen. Die Rede von Tätern und Opfern muss also gerade bei der Analyse von uneindeutigen Verteilungsgegenständen (Ansprüchen) und Verteilungsnormen (Allokationsnormen) klar unterscheiden zwischen unstrittigen Konstellationen – beide Partner sehen übereinstimmend den einen als Opfer und den anderen als Täter – und strittigen Fällen. Denn erstens täuscht eine allein über Begriffe vorgenommene Identifikation von Täter und Opfer vor, dass die tatsächliche („objektive") Situation bekannt wäre. Zweitens liefert eine genauere Differenzierung dyadischer Konstellationen der Situationswahrnehmung Erkenntnisse, die für das Verständnis des Partnerschaftsgeschehens wichtig sind.

Ungerechtigkeitserfahrungen spielen in der Partnerschaft eine Rolle, sobald einer der Partner eine Normverletzung erkennt, also sich selbst oder den anderen als Opfer einer verletzten Gerechtigkeitsnorm oder Begeher einer solchen Normverletzung wahrnimmt. Kombiniert man die drei prinzipiell möglichen Einschätzungen beider Partner (ich sehe mich selbst als Opfer, als Täter oder weder als Täter noch als Opfer), resultiert eine 3×3-Matrix mit acht verschiedenen Konstellationen des Ungerechtigkeitserlebens in Partnerschaften (siehe Abbildung 5.1.1).

Im Gegensatz zur juristischen Aufarbeitung von Normverstößen ist die psychologische Analyse von Ungerechtigkeitserfahrungen weniger an der Frage interessiert, welcher Partner *tatsächlich* den anderen ungerecht behandelt hat. Die Beziehung wird auch dann beeinflusst, wenn einer der Partner sich benachteiligt sieht, die Umstände jedoch nicht darauf hinweisen oder wenn von außen betrachtet kein Anlass hierzu besteht. In der Taxonomie sind die Wahrnehmungsalternativen des fokussierten Erlebnissubjektes zeilenweise und die des anderen Partners spaltenweise eingetragen. In den Zellen ist die resultierende Konstellation aus Sicht des fokussierten Subjektes beschrieben. Von besonderem Interesse für das Erleben von Ungerechtigkeit in Partnerschaften sind die ersten drei Konstellationen.

Die entwickelte Taxonomie von dyadischen Bedingungskonstellationen des Ungerechtigkeitserlebens ist insofern sinnvoll, als unter den verschiedenen Informationslagen unterschiedliche Emotionen (Sprecher, 1986; Traupmann et al., 1981) und unterschiedliche Interaktionsverläufe (Sprecher & Schwartz, 1994) zu erwarten sind. Notwendig ist auch die Berücksichtigung der aufeinandertreffenden Wahrnehmungen beider Partner. Dyadische Wechselwirkungseffekte werden selbst in der Partnerschaftsforschung allzu häufig vernachlässigt (vgl. aber Hochschild, 1989). Die vorgelegte Systematik taugt übrigens nicht allein zur Beschreibung von Konfliktanlässen (z. B. Erleben fehlender Unterstützung durch den anderen), sondern kann auch spätere Interaktionssequenzen erhellen (z. B. Erleben ungerechtfertigter Schuldvorwürfe als ein Angriff, dem man selbst zum Opfer fällt).

Fruchtbar für das nähere Verständnis des Ungerechtigkeitserlebens ist die Spezifikation gerechtigkeitsthematischer Emotionen (Frijda, 1986; Reichle, 1994). Erkennt die fokussierte Person eine Verletzung ihrer Ansprüche durch den Partner, die dieser eingesteht, liegt eine unstrittige Täter-Opfer-Konstellation vor, die aus Sicht des Opfers analysiert werden kann (Abbildung 5.1.1, Konstellation ❶). Typische selbstbezogene Emotionen, die mit dieser kogni-

		Selbstwahrnehmung des anderen		
		Täter	Opfer	weder - noch
eigene Wahrnehmung	Opfer	unstrittige Täter-Opfer-Konstellation (Perspektive des Opfers) ❶	gegensätzliche Wahrnehmung der Partner (wechselseitige Vorwürfe) ❷	vom Partner abgestrittene Normverletzungen (Ignoranz) ❸
	Täter	Selbstbeschuldigungen beider Partner ❹	unstrittige Täter-Opfer-Konstellation (Perspektive des Täters) ❺	eigene Selbstbeschuldigungen ❻
	weder – noch	Ungerechtfertigte bzw. unnötige Selbstbeschuldigungen des Partners ❼	ungerechtfertigte Vorwürfe des Partners ❽	

Abbildung 5.1.1: Konstellationen des Ungerechtigkeitserlebens in Partnerschaften

tiven Strukturierung der Situation verknüpft sind, sind Enttäuschung, Trauer und Selbstmitleid. Typische partnergerichtete Emotionen sind Wut und Empörung über die Normverletzung. Diese Konstellation kann auch aus der Perspektive des Täters analysiert werden (Konstellation ❺). Gesteht er die Normverletzung ein, wird sein Erleben geprägt von Schuld und Reue, was Bestrebungen zum Wiedergutmachen und zur Aussöhnung fördert.

Die Wahrnehmung einer Benachteiligung der eigenen Person durch den Partner muss von dem anderen nicht geteilt werden. Dieser kann sich selbst benachteiligt fühlen (Konstellation ❷) oder bestreiten, dass überhaupt eine Verletzung von Gerechtigkeitsnormen in der Partnerschaft vorliegt (Konstellation ❸ mit dem Pendant ❽). Gegenvorwürfe des Partners und das ignorante Bestreiten einer Normverletzung rufen verschiedene Emotionen wach und provozieren so unterschiedliche Reaktionen des fokussierten Subjektes. Bestreitet der vermeintliche Täter, ein Unrecht begangen zu haben, und beharrt er auf dieser Sicht, dürfte dies zu besonders heftigen Reaktionen der Wut und Empörung führen und den Konfliktverlauf insgesamt verschärfen. Gegenvorwürfe des Partners können als Angriff wahrgenommen werden; die Vorwürfe selbst gilt es dann zu entkräften. Gegensätzliche Ansichten münden häufig in Streitgesprächen, die mit dem Ziel geführt werden, die vermeintlich wahre Darstellung zu durchzusetzen. Ein Bestreiten jeder Normverletzung ermöglicht es dem angeschuldigten Partner, sich gar nicht näher mit dem Problem zu befassen.

Die drei verbleibenden Konstellationen (❹, ❻, ❼) beschreiben Selbstbeschuldigungen, wie sie allenfalls zu Beginn einer Partnerschaft zu erwarten sind. Für bereits seit längerem bestehende Paarbeziehungen und für Konflikte, die die Aufteilung von Aufgaben und sozialen Rollen betreffen, sind solche Selbstvorwürfe untypisch.

Strittige Situationsschilderungen (Konstellation ❸, ❽ und ❷) münden leicht in eskalierende Konflikte. Unstrittige Handlungsbeschreibungen erlauben beiden Partnern den Rückgriff auf Entschuldigungs- und Aussöhnungsrituale (Konstellationen ❶ und ❺), die den Konflikt entschärfen oder auflösen. Für Partnerschaften dürften die ersten drei Konstellationen (❶ bis ❸) sowie die letzte Kombination (❾) prototypische Konfliktwahrnehmungen darstellen.

Für die Entwicklung und den Bestand der Partnerschaft ist entscheidend, welchen Einfluss die Erfahrung von Ungerechtigkeit auf die Zufriedenheit mit der Beziehung hat. Einige Forscher vertreten die einfache Annahme, dass die Partnerschaftszufriedenheit dann hoch ist, wenn die Partner sich zu gleichen Teilen an der Hausarbeit beteiligen (z. B. Piña & Bengtson, 1993). Diese Annahme ist völlig unplausibel, da die Partnerschaft ja nicht nur von der Hausarbeit bestimmt wird. Zufriedenheitsurteile zur Partnerschaft basieren auf Bilanzierungen der Gewinne und Kosten und auf Vergleichen dieser Bilanz mit anderen möglichen Lebenslagen (Leben als Single, Leben mit einem anderen Partner, früheres Leben in anderen Beziehungen usf.). In die Bilanzierungen fließen dabei neben dem Bereich der Hausarbeit noch viele andere Kosten und Erträge in anderen Lebensbereichen (Freitzeitgestaltung oder Freundeskreis, materielle Lage und Lebensstandard, gemeinsame Elternschaft). Die angemessenere, jedoch wesentlich komplexere Annahme, wonach hohe Partnerschaftszufriedenheit gegeben ist bei insgesamt ausgewogenen Kosten-Nutzen-Bilanzen unter Berücksichtigung der unterschiedlichsten (relevanten) Beiträge und Erträge hat den Nachteil, schlichtweg empirisch nicht prüfbar zu sein. Die Liste möglicher Kosten- und Nutzen-Faktoren ist schier unendlich. Theoretische Modelle zum Gerechtigkeitserleben und zur Zufriedenheitsregulation scheitern an der Komplexität von Lebenslagen, die nicht mit den Laborbedingungen experimenteller Studien vergleichbar sind.

Betrachtet man die Auswirkungen des Ungerechtigkeitserlebens auf die Paarbeziehung, stößt man auf deutliche Geschlechtsunterschiede. So schätzen Frauen und Männer nicht nur unterschiedliche Dinge als wertvoll, erstrebenswert oder belohnend ein (Major, 1987), sie wenden offenbar auch unterschiedliche Gerechtigkeitsprinzipien an. Frauen stellen stärker die Bedürftigkeit anderer Personen in Rechnung und bleiben so trotz offensichtlicher Ungleichbehandlungen relativ zufrieden (Major, 1993). Wird die Beziehung jedoch als ungerecht erlebt, beeinträchtigt dies für Frauen sehr viel stärker das weitere Verhalten in der Partnerschaft als für Männer. So hängen bei Frauen die wahrgenommene Intimität der Beziehung, das reibungslose Zusammenwirken in der Beziehung, der Selbstwert und die erlebte Gemeinsamkeit stark davon ab, ob die Beziehung als gerecht oder ungerecht erlebt wird. Bei den Männern finden sich keine vergleichbaren Zusammenhänge (Larson, Hammond & Harper, 1998). Geschlechtsunterschiede bestehen auch hinsichtlich der zugeschriebenen Zuständigkeit für Aufgabenbereiche (Goodnow, 1998). Neben der Frage „Wer tut was im Haushalt?" spielt damit auch die Frage eine Rolle „Wessen Sache ist es, die Hausarbeit zu erledigen?". Konflikte zwischen den Partner beginnen häufig nicht erst bei der unterschiedlichen Darstellung der Aufgabenverteilung („Ich hab gestern erst alles erledigt!"), sondern schon bei der Definition der Zuständigkeiten und Verantwortungsbereiche.

5.1.2 Ergebnisse der LBS-Familien-Studie

In welcher Weise junge Eltern die beruflichen und familiären Rollen organisieren und zwischen den Partnern aufteilen, hat weitreichende Auswirkungen auf das individuelle Wohlbefinden der Betroffenen und auf die Qualität und den weiteren Verlauf der Paarbeziehung.

Zur Abhängigkeit des individuellen Befindens von der Rollenverteilung

Die Paare, die an der LBS-Familien-Studie „Übergang zur Elternschaft" teilnehmen, wurden über mehrere Jahre hinweg untersucht. Bereits vor der Geburt des Kindes, also beim ersten Befragungstermin, wurde neben der Rollenverteilung auch die Zufriedenheit in den jeweiligen Rollen erfragt. Hierbei stießen wir auf erste Befunde, die auf die Abhängigkeit des individuellen Befindens von der praktizierten Rollenverteilung hinweisen: Im Vergleich zu kinderlosen Frauen und zu kinderlosen Männern sowie Vätern zeigten berufstätige Mütter eine erstaunlich hohe Zufriedenheit mit dem Beruf. Dies mag jedoch mit daran liegen, dass Frauen, die Beruf und Familie verknüpfen, deutlich geringere Wochenarbeitszeiten haben als die genannten Vergleichsgruppen. Offenbar kommt der Berufstätigkeit gerade bei Müttern eine besondere Bedeutung zu.

Aussagekräftig sind die Verlaufsdaten des individuellen Befindens der Frauen, wenn sie in Beziehung gesetzt werden zum längsschnittlichen Erwerbsmuster. Wir nutzen hierzu die Daten des Zeitintervalls von der Schwangerschaft (T1) bis 18 Monate nach der Geburt des Kindes (T4). Zu T1 hatten die Frauen angegeben, ob sie beim Eintritt der Schwangerschaft berufstätig waren oder nicht. Für T4 verfügen wir über die Information, ob

| | | War die Frau eineinhalb Jahre nach der Geburt des Kindes berufstätig? (T4) | |
		nein	ja
War die Frau vor der Schwangerschaft berufstätig?	nein	*„Hausfrau & Mutter"*	*„Wiedereinstieg"*
(T1)	ja	*„Ausstieg"*	*„Beruf & Familie"*

Abbildung 5.1.2: Taxonomie der Erwerbsmuster von Frauen im Übergang zur Elternschaft

die Frauen erwerbstätig sind oder nicht. Verknüpft man beide Angaben, lassen sich vier Erwerbsmuster unterscheiden (siehe Abbildung 5.1.2):

1. Frauen, die weder beim Beginn der Schwangerschaft noch eineinhalb Jahre nach der Geburt berufstätig waren. Wir nennen diesen Verlaufstyp „Hausfrau & Mutter". Insgesamt zeigen 29 Prozent der untersuchten Frauen dieses Erwerbsmuster. Es ist typisch für Frauen, die ein nachfolgendes Kind bekommen (Zweitmütter).
2. Frauen, die beim Beginn der Schwangerschaft noch berufstätig waren, eineinhalb Jahre nach der Geburt des Kindes jedoch nicht mehr berufstätig sind. Wir nennen diesen Verlaufstyp „Ausstieg". 28 Prozent der untersuchten Frauen zeigen dieses Erwerbsmuster. Besonders typisch ist es für jene Frauen, die ihr erstes Kind bekommen (Erstmütter).
3. Frauen, die zunächst nicht berufstätig waren, wohl aber später. Dieses Muster bezeichnen wir als „Wiedereinstieg". 11 Prozent der Frauen weisen dieses Erwerbsmuster auf.
4. Das Erwerbsmuster von Frauen, die zu beiden Zeitpunkten berufstätig waren, nennen wir „Beruf & Familie". 33 Prozent der Frauen unserer Stichprobe zeigen im betrachteten Zeitintervall dieses Muster.

Verfolgt man nun die Entwicklung des individuellen Befindens über die Zeitspanne vom Beginn der Schwangerschaft bis 18 Monate nach der Geburt für diese vier Gruppen von Frauen, stößt man auf eine ganz bemerkenswerte Besonderheit. Als Indikator des Befindens wählen wir die Depressivität (sensu ADS; Hautzinger & Bailer, 1993). Typischerweise erleben die Mütter eine Abnahme der Depressivität im Übergang zur Elternschaft. Dies trifft für drei der vier Erwerbsmuster zu. Sowohl die dauerhaft nicht berufstätigen Frauen („Hausfrau & Mutter") als auch diejenigen Frauen, die eine kontinuierliche Erwerbskarriere vorweisen („Beruf & Familie") und schließlich auch die Frauen, die in den Beruf zurückkehren („Wiedereinstieg"), zeigen eine deutliche Verbesserung ihres Befindens. Lediglich jene Frauen, die ihre Berufstätigkeit zugunsten der Familie aufgegeben haben („Ausstieg"), erfahren eine drastische Verschlechterung ihres Befindens, also einen deutlichen Anstieg der Depressivität (siehe Abbildung 5.1.3).

Bemerkenswert ist außerdem, dass die Verbindung von Beruf und Familie mit einer insgesamt niedrigeren Depressivität einhergeht, wohingegen die Konzentration auf die familiären Aufgaben (Erwerbstyp „Hausfrau & Mutter") insgesamt mit einer erhöhten Depressivität der Frau verknüpft ist. Alle diese Ergebnisse machen deutlich, dass die Berufstätigkeit ganz erheblich zum Erhalt von Zufriedenheit und Wohlbefinden bei Müttern beitragen kann.

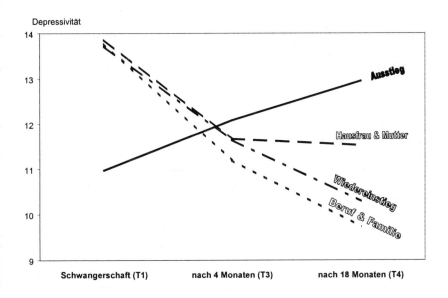

Abbildung 5.1.3: Verlauf der Depressivität der Mutter von der Schwangerschaft bis 18 Monate nach der Geburt des Kindes in Abhängigkeit vom realisierten Erwerbsmuster

Dieser Befund kann auch inferenzstatistisch abgesichert werden. In einer $4 \times (3)$-Varianz-analyse der ADS-Depressionswerte der Frauen mit dem vierfach gestuften Gruppenfaktor *Erwerbsmuster* und dem dreifach gestuften Messwiederholungsfaktor *Messzeitpunkt* wird neben dem Haupteffekt für den Faktor Messzeitpunkt (F [2, 276] = 3.88; $p < .05$) die Interaktion der beiden Faktoren signifikant (F [6, 276] = 2.43; $p < .05$). Ein Haupteffekt des Gruppenfaktors zeigt sich nicht (F [3, 138] = 0.10; n. s.).

Bei der Interpretation dieser Graphen ist zu beachten, daß die Frauen der dargestellten Gruppen sich nicht nur in ihrem Erwerbsmuster unterscheiden. Somit hängen die unterschiedlichen Befindlichkeitsverläufe auch nicht allein von der Berufsbeteiligung der Frauen ab. Es ist beispielsweise nicht zu erwarten, daß die Frauen, die tatsächlich die Rolle der „Hausfrau und Mutter" wählen (d.h. die weder zu Beginn der Schwangerschaft noch 18 Monate nach der Geburt des Kindes berufstätig sind) eine ähnlich starke Verbesserung erleben würden wie die Frauen, die den „Wiedereinstieg" wählen, wenn sie nun ebenfalls in den Beruf zurückgingen. Festzuhalten ist allerdings, daß der Wiedereinstieg in den Beruf mit einer deutlichen Verbesserung des Wohl-befindens der Mütter einhergeht. Frauen, die ihre Berufstätigkeit nach der Geburt des Kindes für längerfristig aufgeben, erleben typischerweise einen Anstieg der Niedergeschlagenheit und Verstimmung. Bei der Bewertung dieser Ergebnisse ist schließlich zu betonen, daß alle diese Befindlichkeits-schwankungen auf einem Niveau stattfinden, das klinisch unauffällig bleibt. Die erhöhten Depressivitätswerte sprechen z. B. nicht für einen therapeuti-schen Behandlungsbedarf.

Mit dem Umfang der Berufstätigkeit der Frau sinkt der „ungedeckte" *Bedarf* an emotionaler Unterstützung durch andere Personen (siehe Tabelle 5.1.1). Hierunter fällt der Wunsch nach Bestätigung und Anerkennung, nach Trost und Rückhalt bei persönlichen Problemen oder auch nach Anregungen zum Nachdenken und zum Meinungsaustausch. Einzige, sehr plausible Aus-nahme ist der Bedarf an Hilfe und Unterstützung bei beruflichen Problemen. Er steigt mit dem Ausmaß des beruflichen Engagements an. Die Unterstüt-zung durch den Partner ist bei allen diesen Fragen ausgeklammert; im Mittel-punkt steht die gewünschte bzw. erhaltene Unterstützung durch außenstehen-de Dritte. Ebenfalls geht mit stärkerem beruflichen Engagement der Frau ihr Bedarf an materieller oder informationeller Unterstützung hinsichtlich der Elternschaft bzw. hinsichtlich des Kindes zurück. Gleichzeitig steigt die *Zufriedenheit* mit der in diesem Bereich erhaltenen sozialen Unterstützung.

Diese Ergebnisse zeigen auf, welche Funktionen die Berufstätigkeit für Frauen besitzt, die sich nicht allein auf ihre familiären Aufgaben beschränken wollen. Der Vergleich mit den Männer zeigt, dass der Gewinn an Unabhän-gigkeit von der Hilfe und Unterstützung durch Dritte, der mit einer eigenen Erwerbstätigkeit einhergeht, geschlechtsspezifisch ist. Insbesondere bei Müt-tern liefert die Berufstätigkeit eine Erweiterung der Handlungsspielräume und fördert so das allgemeine Wohlbefinden.

Tabelle 5.1.1: Zusammenhänge zwischen dem Umfang der Berufstätigkeit (Wochenarbeitszeit in Stunden) und dem Bedarf bzw. Ertrag an sozialer Unterstützung drei Jahre nach der Geburt des Kindes (T5)

	F r a u e n Bedarf Zufr.		**M ä n n e r** Bedarf Zufr.	
Instrumentelle Unterstützung (aggregiert)	**-.09**	**.14**	**.18***	**-.04**
Hilfe bei regelmäßig anfallenden Aufgaben	.07	.21**	.19*	-.06
Kurzfristige Hilfe in dringenden Fällen	-.14	.09	.17*	.02
Ratschläge und Informationen bei praktischen Dingen	-.14	-.01	.04	-.09
Emotionale Unterstützung (aggregiert)	**-.17***	**.08**	**.09**	**-.01**
Bestätigung und Anerkennung	-.10	.07	.09	-.02
Möglichkeit, persönliche Angelegenheiten zu besprechen	-.21*	.05	.04	.01
Möglichkeit, etwas mit anderen zu unternehmen	-.09	.09	.06	.02
Trost und Rückhalt bei persönlichen Problemen	-.16*	.04	.06	-.05
Anregungen zum Nachdenken und Meinungsaustausch	-.18*	.12	.07	.02
Unterstützung bei Streit oder Konflikten	-.08	-.01	.02	-.05
Hilfe und Unterstützung bei beruflichen Problemen	.22**	.07	.03	-.02
Kindbezogene Unterstützung (aggregiert)	**-.16***	**.17***	**.12**	**.00**
Ratschläge bei Fragen, die das Kind betreffen	-.17*	.07	.04	-.04
Überlassen oder Schenken von Dingen für das Kind	-.16*	-.01	-.04	.10
Finanzielle oder materielle Zuwendungen	-.15	.13	-.05	-.02
Hilfe bei der Beaufsichtigung des Kindes	-.02	.21*	.14	.01
Kurzfristige Hilfe bei der Kinderbetreuung in Notfällen	-.08	.16*	.25**	-.03

Anmerkungen: $N \geq 143$ (Frauen) bzw. $N \geq 135$ (Männer)   * $p < .05$ ** $p < .01$ (zweiseitig)

Zusätzlich zur Erwerbsbeteiligung der Frau interessiert die Aufteilung solcher Aufgaben, die im familiären Umfeld anfallen. Auch hier variiert die Zufriedenheit der Frau klar mit der praktizierten Verteilung. Um dies darzustellen, betrachten wir die selbst wahrgenommene Verteilung der Hausarbeit und bilden drei Indikatoren: (1) die Anzahl der selbst übernommenen Aufgaben, (2) die Anzahl der von dem anderen Partner übernommenen Aufgaben sowie (3) die Anzahl der gemeinsam erledigten Aufgaben. Alle Zählvariablen beziehen sich auf eine Liste von 19 Haushaltstätigkeiten (vgl. Tabelle 4.2.2).

Werfen wir zuerst einen Blick auf die Veränderung dieser Einschätzungen von der Schwangerschaft (T1) bis drei Jahre nach der Geburt des Kindes

Tabelle 5.1.2: Selbsteingeschätzte Anzahl der selbst übernommenen Hausarbeiten, der vom Partner übernommenen Aufgaben sowie der gemeinsam ausgeführten Aufgaben nach Geschlecht und Untersuchungszeitpunkt (Mittelwerte)

	Anzahl selbst übernommener Aufgaben	Anzahl vom Partner übernommener Aufgaben	Anzahl gemeinsam erledigter Aufgaben	N
Einschätzungen der Frauen:				
Schwangerschaft (T1)	6.1	2.7	10.0	176
nach 4 Monaten (T3)	7.2	2.8	8.7	142
nach 18 Monaten (T4)	8.0	2.8	7.9	155
nach 3 Jahren (T5)	8.3	2.6	7.8	147
Daten der Männer:				
Schwangerschaft (T1)	3.0	4.7	10.9	176
nach 4 Monaten (T3)	3.2	5.4	10.2	138
nach 18 Monaten (T4)	3.2	6.2	9.4	150
nach 3 Jahren (T5)	3.2	6.3	9.3	134

Anmerkungen: Anzahl der Aufgaben bezogen auf eine Liste von 19 Haushaltstätigkeiten

(T5). Tabelle 5.1.2 liefert diese Information. Auffällig ist die relativ weitgehende Übereinstimmung der Einschätzungen von Frauen und Männern zu T1 und die zunehmende Divergenz der Wahrnehmungen im weiteren Verlauf. Die Frauen beobachten eine stärkere Ungleichverteilung der Hausarbeit und einen fortschreitenden Rückzug des Partners aus diesem Tätigkeitsfeld. Hiermit einher geht eine zunehmende eigene Belastung mit der Hausarbeit. Die Männer beschreiben die Zahl der von ihnen selbst übernommenen Aufgaben konstant als höher verglichen mit den Schilderungen der Frauen und geben weiter an, dass sich auch die Zahl der gemeinsam erledigten Aufgaben kaum verändert. Zu beachten ist bei diesen Daten, dass Gruppenmittelwerte aufgelistet sind. Das Ausmaß der Übereinstimmung oder Divergenz der Einschätzungen beider Partner wird später betrachtet.

In welchem Zusammenhang stehen nun aber die Wahrnehmungen und Einschätzungen der praktizierten Aufgabenteilung zu den Zufriedenheitsurteilen? Wie aus Tabelle 5.1.3 hervorgeht, variiert die Zufriedenheit der Frau deutlich und zu allen vier Untersuchungszeitpunkten gleichermaßen mit der wahrgenommenen Aufgabenteilung in der Partnerschaft: Je mehr Tätigkeiten an der Frau hängenbleiben, desto unzufriedener ist sie; je mehr Aufgaben

Tabelle 5.1.3: Zusammenhänge zwischen Indikatoren der innerfamiliären Aufgabenteilung und der Zufriedenheit mit der Aufgabenteilung für unterschiedliche Untersuchungszeitpunkte

	Anzahl selbst übernommener Aufgaben	Anzahl vom Partner übernommener Aufgaben	Anzahl gemeinsam erledigter Aufgaben	N
Daten der Frauen:				
Schwangerschaft (T1)	-.42***	.25**	.28***	176
nach 4 Monaten (T3)	-.36***	.28**	.17*	141
nach 18 Monaten (T4)	-.42***	.26**	.29***	155
nach 3 Jahren (T5)	-.33***	.19*	.25**	147
Daten der Männer:				
Schwangerschaft (T1)	-.04	.09	-.03	176
nach 4 Monaten (T3)	.04	-.04	.00	137
nach 18 Monaten (T4)	.12	-.03	-.05	150
nach 3 Jahren (T5)	.06	.04	-.06	134

Anmerkungen: * $p < .05$ ** $p < .01$ *** $p < .001$ (zweiseitige Tests)

vom Partner übernommen werden, desto zufriedener ist sie; und je mehr Aufgaben gemeinsam erledigt werden, desto größer ist die Zufriedenheit. Die Frauen leiden also unter einer fehlenden Entlastung durch den Partner, goutieren andererseits jedoch auch dessen Beteiligung. Demgegenüber ist die Zufriedenheit der Männer mit der Verteilung der Hausarbeit völlig unabhängig von der wahrgenommenen Aufteilung. Dies ist allein deshalb verständlich, weil die Hausarbeit faktisch von den Frauen übernommen wird. Bemerkenswert ist, dass es keinerlei Anzeichen dafür gibt, dass Männer bei eingestandener Untätigkeit Unbehagen empfinden. Mit Blick auf die Hausarbeit sind die Männer also die Profiteure in der Beziehung.

Rollenverteilung und Beziehungsqualität

Die Umverteilung von Rollen und Aufgaben innerhalb der Partnerschaft dürfte nicht allein das persönliche Befinden der Benachteiligten berühren, sondern auch die Qualität der Partnerschaft. Zu erwarten sind sowohl zeitgleiche (querschnittliche) Zusammenhänge als auch zeitabhängige (längsschnittliche) Effekte.

Bei den zu einem bestimmten Zeitpunkt feststellbaren Zusammenhängen kann unterschieden werden zwischen Beziehungen unter solchen Variablen, die von einer Person stammen (*intraindividuelle* Zusammenhänge) und Beziehungen unter Variablen, die von beiden Partnern stammen (*intradyadische* Zusammenhänge). Letztere sind besonders aufschlussreich, weil sie nicht nur das subjektive Erleben des einzelnen wiedergeben, sondern das Geschehen in der Partnerschaft widerspiegeln. Ein Blick auf die Daten verdeutlicht dies (siehe Tabelle 5.1.4).

Die Zufriedenheit der Frau mit der Verteilung der Hausarbeit variiert systematisch und im erwarteten Sinne mit der von ihr geschilderten Qualität der Paarinteraktion: Je zufriedenstellender die Aufgabenteilung aus Sicht der Frau, desto stärker ist der Austausch zwischen den Partnern und die erlebte Gemeinsamkeit (PFB-Skala „Kommunikation") und desto zärtlicher und intimer ist die Beziehung aus Sicht der Frau (PFB-Skala „Zärtlichkeit"). Weniger deutlich, jedoch in der erwarteten Richtung, ist der Zusammenhang zum Konfliktniveau (PFB-Skala „Streit"). Weniger stark sind die Zusammenhänge

Tabelle 5.1.4: Abhängigkeit der Qualität der Paarinteraktion (PFB-Werte) von der Zufriedenheit mit der Verteilung der Hausarbeit für unterschiedliche Untersuchungszeitpunkte

	Partnerschaftserleben der Frau			Partnerschaftserleben des Mannes		
	Streit	Zärtlichkeit	Kommunikation	Streit	Zärtlichkeit	Kommunikation
Zufriedenheit der Frau						
Schwangerschaft (T1)	-.15*	.33***	.37***	-.11	.23**	.29***
nach 4 Monaten (T3)	-.19*	.32***	.43***	-.16	.34***	48***
nach 18 Monaten (T4)	-.10	.26**	.37***	-.29***	.27**	.39***
nach 3 Jahren (T5)	-.11	.19*	.33***	-.09	.17	.24**
Zufriedenheit des Mannes						
Schwangerschaft (T1)	-.02	.09	.12	-.20**	.17*	.32***
nach 4 Monaten (T3)	-.03	.16	.12	-.16	.14	.21*
nach 18 Monaten (T4)	-.19*	.08	.10	-.14	.01	.19*
nach 3 Jahren (T5)	.00	-.06	.14	-.10	-.01	.24**

Anmerkungen: T1: $N \geq 169$; T3: $N \geq 136$; T4: $N \geq 146$; T5: $N \geq 124$
  * $p < .05$ ** $p < .01$ *** $p < .001$ (zweiseitige Tests)

zwischen der Zufriedenheit des Mannes mit der Verteilung der Hausarbeit und der von ihm geschilderten Qualität der Paarinteraktion. Das Partnerschaftserleben des Mannes hängt stärker ab von der Zufriedenheit der Frau als von der eigenen Zufriedenheit. Dieses Befundmuster belegt, dass die Frau Anlass hat, ihre Unzufriedenheit zu äußern und dass diese Botschaft auch bei ihrem Partner ankommt. Dass die Zusammenhänge über alle vier Untersuchungszeitpunkte hinweg auftreten, belegt wiederum die Stärke und Gewissheit (Robustheit) dieses Effekts.

Die Traditionalisierung der Geschlechtsrollen wurde als ein Prozess geschildert, der im Übergang zur Elternschaft und damit über die Zeit hinweg auftritt. Mit der veränderten Rollenzuweisung sollte sich demnach auch die Partnerschaftsqualität ändern. Wir untersuchen daher in längsschnittlich angelegten Analysen, ob die Veränderung der Zufriedenheit der Frau mit Veränderungen der Paarinteraktion einhergeht. Die bislang vorgestellten Ergebnisse lassen erstens solche Abhängigkeiten erwarten und legen zweitens nahe, dass Veränderungen in der Zufriedenheit des Mannes mit der Aufgabenteilung *keine* vergleichbaren Effekte zeigen. Um die auftretenden Veränderungen in der Partnerschaft möglichst differenziert zu erfassen, unterteilen wir das gesamte Erhebungsintervall in zwei etwa gleich lange Zeitabschnitte und differenzieren zwischen dem Geschehen beim eigentlichen Übergang zur Elternschaft (Ersteltern) und den Veränderungen bei einer nachfolgenden Geburt (Zweiteltern). Wir betrachten jeweils zunächst die Veränderungen vom letzten Drittel der Schwangerschaft bis 18 Monate nach der Geburt des Kindes (T1 bis T4) und zusätzlich die weitere Entwicklung bis drei Jahre nach der Geburt des Kindes (T4 bis T5). Die entsprechenden Zusammenhänge sind in Tabelle 5.1.5 wiedergegeben.

Die in der Tabelle aufgeführten Korrelationswerte geben Stärke und Richtung der linearen Zusammenhänge an. Positive Korrelationswerte kennzeichnen die gleichsinnige Veränderung zweier Größen: Die Zunahme der Zufriedenheit mit der Hausarbeit geht einher mit einer Zunahme des entsprechenden Merkmals der Partnerschaftsqualität; eine Abnahme der Zufriedenheit geht einher mit einer Abnahme des entsprechenden Merkmals. Negative Korrelationswerte bedeuten die gegenläufige Veränderung zweier Größen: Die Zunahme der Zufriedenheit mit der Hausarbeit geht einher mit einer Abnahme des entsprechenden Merkmals der Partnerschaftsqualität; eine Abnahme der Zufriedenheit geht einher mit einer Zunahme des entsprechenden Merkmals. Alle Veränderungen, die hier zueinander in Beziehung gesetzt werden, beziehen sich auf dieselben Zeitintervalle. Die Korrelationstabelle zeigt recht deutlich, dass die stärksten Zusammenhänge bei der Gruppe der Ersteltern auftreten, und zwar unmittelbar beim Übergang zur Elternschaft. Dabei sind die Effekte geschlechtsspezifisch. Die Abnahme der Zufriedenheit der Frau mit der Verteilung der Hausarbeit schlägt heftig durch auf das Partnerschaftserleben des Mannes. Je unzufriedener die Frau von der Schwanger-

Tabelle 5.1.5: Die Veränderung der PFB-Partnerschaftsqualität in Abhängigkeit von Veränderungen der Zufriedenheit mit der Verteilung der Hausarbeit, differenziert für Ersteltern (oberer Block) und Zweiteltern (unterer Block)

	Veränderungen im Partnerschaftserleben der Frau Zunahme von...			Veränderungen im Partnerschaftserleben des Mannes Zunahme von...		
	Streit	Zärtlichkeit	Kommunikation	Streit	Zärtlichkeit	Kommunikation
ERSTELTERN						
Veränderung der Zufriedenheit der Frau im Zeitraum von...						
T1 bis T4	.01	.16	.16	-.36**	.23*	.36**
T4 bis T5	-.15	.00	.20+	-.02	.06	.07
Veränderung der Zufriedenheit des Mannes im Zeitraum von...						
T1 bis T4	-.05	.03	.12	-.15	-.12	.13
T4 bis T5	.01	-.06	.08	-.24*	.10	.21+
ZWEITELTERN						
Veränderung der Zufriedenheit der Frau im Zeitraum von...						
T1 bis T4	-.02	.06	.19	.04	.01	.04
T4 bis T5	-.10	.12	-.03	.01	.05	-.10
Veränderung der Zufriedenheit des Mannes im Zeitraum von...						
T1 bis T4	-.22+	-.04	-.01	.10	-.13	.07
T4 bis T5	.08	-.28+	.18	.20	.13	.27+

Anmerkungen: Nutzung von Residualvariablen als Veränderungsmaße.
$N \geq 70$ (Ersteltern) bzw. $N \geq 47$ (Zweiteltern);
+ $p < .10$ * $p < .05$ ** $p < .01$ (zweiseitige Tests)

schaft bis eineinhalb Jahre nach der Entbindung wird, desto deutlicher empfindet der Mann eine Zunahme von Streit und Konflikten, eine Abnahme der Zärtlichkeit und eine Abnahme der Kommunikation. Die Veränderung der Partnerschaftsqualität für den Mann hängt dabei stärker von der wachsenden Unzufriedenheit der Partnerin ab als von der eigenen Zufriedenheitsentwicklung. Diese Befunde machen zweierlei deutlich: Die stärksten Veränderungen treten unmittelbar nach der Geburt des ersten Kindes auf, also beim eigentlichen Übergang in die Elternschaft. Und die zunehmende Unzufriedenheit der Frau bestimmt den Verlauf der Partnerschaftsqualität. Die Frauen geraten also tatsächlich in die Rolle des Opfers oder des Übervorteilten. Ihre Partner erleben sie immer häufiger als streitsuchend und heftig streitend, wobei jedoch die Partnerschaftsqualität insgesamt leidet. Neben der Zunahme von Streit und Konflikten erleben die Männer einen Rückgang der Kommunikation und Einbußen der Zärtlichkeit in der Beziehung.

Tabelle 5.1.6: Wahrgenommene Veränderungen der Paarbeziehung seit der Geburt des Kindes in Abhängigkeit von der Zufriedenheit der Partner mit der Verteilung der Hausarbeit (Daten der Ersteltern für den Untersuchungszeitpunkt T4)

	Zufriedenheit der Frau		Zufriedenheit des Mannes	
	× Wahrnehmung der Frau	× Wahrnehmung des Mannes	× Wahrnehmung der Frau	× Wahrnehmung des Mannes
positive Erfahrungen:				
Zeit füreinander	.10	.11	-.02	.14
Möglichkeiten zur gemeins. Erholung und Entspannung	.33**	.04	.22*	.05
Lachen, Spaß, Fröhlichkeit	.50***	.32**	.17	.30**
Abwechslung und Anregung durch den Partner	.47***	.25*	.11	.28*
Eintönigkeit und Langeweile in der Partnerschaft	-.42***	-.12	-.12	-.18
Übereinstimmung in Gedanken und Gefühlen	.27*	.23*	.04	.04
Sexuelle Freude aneinander	.10	.33**	-.01	-.03
Zärtlichkeit	.36**	.20+	.05	-.09
erlebte Entlastung:				
Hilfe und Unterstützung	.36**	.25*	.30**	.00
Aufmerksamkeit und Zuwendung des Partners	.28**	.21+	.16	-.05
negative Erfahrungen:				
Mißstimmungen und Spannungen in der Partnerschaft	-.15	-.15	-.17	-.25*
Streit und Auseinandersetzungen	-.07	-.05	-.11	-.08
Versöhnungsbereitschaft des Partners	.23*	.28*	.20+	.05
Unfreiheit und Einschränkungen in der Partnerschaft	-.17	-.08	-.19+	-.01
Eifersucht des Partners	-.08	-.30**	-.31**	-.30**
Gesamtmaß der wahrgenommenen				
Verschlechterungen seit der Geburt	**-.49***	**-.32****	**-.22***	**-.15**

Anmerkungen: $N \geq 83$ + $p < .10$ * $p < .05$ ** $p < .01$ *** $p < .001$ (zweiseitige Tests)

Aufschlussreich ist auch ein weiteres Maß für die Veränderung der Partnerschaftsqualität, die direkt wahrgenommenen, retrospektiv eingeschätzten Veränderungen in der Beziehung. Die Teilnehmer schätzten 18 Monate nach der Geburt des Kindes ein, in welchem Ausmaß unterschiedliche Verhaltensweisen und Empfindungen seit der Geburt des Kindes zugenommen bzw. abgenommen haben. Die Zusammenhänge dieser Wahrnehmungen zur zeitgleich erfassten Zufriedenheit mit der Verteilung der Hausarbeit sind in Tabelle 5.1.6 aufgeführt. Auch hier lassen sich neben den intraindividuellen Verbindungen – beide Einschätzungen kommen von derselben Person – interindividuelle Variablenverknüpfungen prüfen.

Die behandelten Veränderungen der Paarbeziehung lassen sich gruppieren in *positive Partnerschaftserfahrungen* (z. B. füreinander Zeit zu haben, Abwechslung und Anregung durch den Partner, sexuelle Erfüllung), in Aspekte der erlebten *Zuwendung und Entlastung* (z. B. Hilfe und Unterstützung) und in *negative Partnerschaftserfahrungen* (z. B. Streit u. Auseinandersetzungen, erlebte Eifersucht des Partners). Zudem können die einzelnen Veränderungseinschätzungen zu einem Gesamtmaß der wahrgenommenen Verschlechterungen der Paarbeziehung zusammengefasst werden. Die Korrelationstabelle macht deutlich, dass die Bewertung der Paarbeziehung (im Sinne wahrgenommener Verschlechterungen) bei den Frauen wesentlich enger verknüpft ist mit der eigenen Bewertung der praktizierten Aufgabenteilung ($r = -.49$; $p < .001$) als bei den Männern ($r = -.15$; n. s.). Ob und wie stark die Männer Verschlechterungen in ihrer Partnerschaft beklagen, hängt jedoch stark ab von der Zufriedenheit der Frau mit der Verteilung der Hausarbeit ($r = -.32$; $p < .01$). Diese Ergebnisse belegen erneut, dass der Zufriedenheit der Frau mit der Rollenverteilung entscheidende Bedeutung für den Verlauf der Paarbeziehung zukommt. Die von der Frau vermisste Beteiligung des Partners an der Hausarbeit geht einher mit wahrgenommenen Einbußen an positiven Partnerschaftserfahrungen und einem wahrgenommenen Rückgang der erlebten Entlastung durch den Partner.

Von der erlebten Ungerechtigkeit zur Erosion der Beziehungszufriedenheit

Sich selbst als benachteiligt, ausgenutzt und übervorteilt zu sehen, birgt erheblichen Zündstoff für die Zufriedenheit in der Beziehung. Sich dauerhaft ungerecht behandelt zu fühlen, untergräbt die Liebe und Wertschätzung für den Partner. Dies trifft besonders dann zu, wenn der Partner die Situation völlig anders einschätzt, also keine Verletzung von Gerechtigkeitsnormen erkennt. Solch strittige Konstellationen der Situationswahrnehmung wurden anhand der vorgestellten Systematisierung von Gerechtigkeitskonflikten näher beschrieben (vgl. Abbildung 5.1.1). Diese rein theoretischen Ausführungen sollen nun ergänzt werden um einige empirische Befunde, die ein Licht werfen auf solche Mechanismen der Gerechtigkeitswahrnehmung und Zufriedenheitsentwicklung in Partnerschaften.

Die Auswirkungen der ungleichen Aufgabenteilung auf die Zufriedenheit lassen sich im zeitlichen Verlauf nachweisen. So geht der typische Zuwachs der Aufgabenbelastung der Frau von der Schwangerschaft bis 18 Monate nach der Geburt des Kindes mit einer deutlichen Steigerung ihrer Unzufriedenheit einher: Je größer die Belastungssteigerung beim Übergang zur Elternschaft, desto größer der Zufriedenheitsabfall. Und je größer die Entlastung von Arbeiten, die im Haushalt anfallen, desto größer die Zufriedenheitssteigerung. Dieser negative Zusammenhang ist in Abbildung 5.1.4 illustriert (mittlere Regressionsgerade).

Wie aus der Abbildung ebenfalls hervorgeht, hängt der Einfluß der veränderten Aufgabenbelastung auf die Entwicklung der Zufriedenheit der Frau entscheidend davon ab, ob der Partner die Leistungen der Frau zur Kenntnis nimmt (hohe Würdigung der Leistungen der Frau durch den Partner) oder ob der dies ignoriert (niedrige Würdigung). So sinkt die Zufriedenheit der Frau besonders drastisch, wenn die Zunahme der Belastung durch häusliche Arbeiten vom Partner ignoriert wird.

Zur Berechnung der Aufgabenbelastung der Frau zu den jeweiligen Untersuchungszeitpunkten (hier: T1 = im letzten Drittel der Schwangerschaft; T4 = 18 Monate nach der Geburt des Kindes) wurden Skalenwerte gebildet. Hierzu wurde die 19 Einschätzungen der Frau zur Verteilung der Hausarbeit zwischen den Partnern aufaddiert (Beispielfrage: „Wer übernimmt das Aufräumen, Saubermachen und Putzen?"; Antwortmöglichkeiten und Kodierung: „ich selbst"/3, „wir beide"/2, „mein Partner"/1). Die Summenwerte können rein theoretisch zwischen den Werten 19 und 57 variieren, schwanken tatsächlich jedoch in einem engeren Wertebereich von 32 bis 54. Die Veränderung der Aufgabenbelastung der Frau wurde als eine Differenzvariable kalkuliert: Zieht man von der resultierenden Belastung (T4-Skalenwert) die Ausgangsbelastung (T1-Skalenwert) ab, so bezeichnen positive Differenzwerte eine Zunahme der Belastung der Frau mit der Hausarbeit und negative Differenzwerte eine eingetretene Entlastung durch den Partner.

Die Zufriedenheit der Frau mit der Verteilung der Hausarbeit wurde für die einzelnen Aufgabenbereiche separat erfragt („Wie zufrieden sind Sie mit dieser Aufteilung?" jeweils als Anschlussfrage an die oben geschilderten Einschätzungen; vier Antwortmöglichkeiten von „sehr unzufrieden" bis „sehr zufrieden"). Diese 19 aufgabenspezifischen Zufriedenheitseinschätzungen wurden zu Indexvariablen aggregiert. Die Veränderung der Zufriedenheit der Frau mit der Verteilung der Hausarbeit von der Schwangerschaft bis 18 Monate nach der Geburt des Kindes wurde durch eine regressionsstatistische Partialisierungstechnik erfasst. Hierbei werden die T4-Zufriedenheitsscores autoregressiv geschätzt anhand der T1-Zufriedenheitsscores; die resultierende Residualvariable enthält die Veränderungsinformation (Zufriedenheit zu T4 bei statistischer Kontrolle bzw. Standardisierung der T1-Ausgangswerte: positive Werte bezeichnen einen Anstieg, negative Werte einen Abfall der Zufriedenheit). Ausführliche Angaben zu dieser Technik liefern Cohen & Cohen (1983).

Das Ausmaß der Anerkennung bzw. Wertschätzung, die der Mann seiner Partnerin für die von ihr geleistete Hausarbeit zollt, lässt sich anhand der Angaben beider Partner zur praktizierten Aufgabenteilung (also anhand der Konstellation der dyadischen „Situationsschilderungen" gemäß Abbildung 5.1.1) bestimmen. Hierzu werden die Wahrnehmungen der Frau mit den Einschätzungen des Mannes abgeglichen. Will man das Gerechtigkeits-

bzw. Ungerechtigkeitserleben der Frau näher erschliessen, muss man ihre subjektiven Einschätzungen zur Aufgabenteilung als Maßstab nehmen und die Angaben des Mannes als konvergierende oder abweichende Situationsdarstellungen behandeln. Anerkennung und Wertschätzung erfährt die Frau dann, wenn der Partner ihre Leistungen relativ zur Selbstwahrnehmung der Frau *überschätzt*; Missachtung und Ignoranz ihrer Leistungen erfährt die Frau in dem Maße, in dem der Partner ihre Leistungen *unterschätzt*. Die Wertschätzung kann für jede einzelne Tätigkeit anhand der folgenden Matrix bestimmt werden:

		SITUATIONSSCHILDERUNG DER FRAU		
		„ich selbst"	„wir beide"	„mein Partner"
SCHILDERUNG	„ich selbst"	-2	-1	0
DES	„wir beide"	-1	0	+1
MANNES	„meine Partnerin"	0	+1	+2

In der Hauptdiagonalen ist die übereinstimmende Situationsschilderung eingetragen; sie wird mit dem Wert 0 kodiert. Konstellationen der relativen Überschätzung der Beiträge der Frau bekommen positive Werte, Konstellationen der Unterschätzung ihrer Leistungen hingegen negative Werte zugewiesen. Die in der Matrix eingetragenen aufgabenspezifischen Indices lassen sich wiederum zu einer Aggregatvariablen der Wertschätzung des Mannes zusammenfassen. Alle diese Werte wurde anhand der T1-Daten gebildet.

Die Prüfung des Interaktionseffekts von Belastungsveränderung und Würdigung der Leistungen der Frau durch den Partner auf die Zufriedenheitsentwicklung geschieht in einer Moderatoranalyse (vgl. Baron & Kenny, 1986). In einer hierarchischen Regressionsanalyse werden die Zufriedenheitsresiduen (Kriteriumsvariable) zunächst vorhergesagt anhand der Belastungsveränderung für die Frau (Differenzwerte als Prädiktorvariable) und der Würdigung der Leistungen der Frau durch den Partner (zweite Prädiktorvariable, im weiteren betrachtet als Moderator). In einem zweiten Regressionsschritt wird der Produktterm von Prädiktor- und Moderatorvariable zusätzlich eingeführt. Das Regressionsgewicht des Interaktionsterms gibt Aufschluss über Vorliegen, Stärke und Art (Richtung) der Moderationsbeziehung. Die bedingten Regressionen lassen sich an der gesamten Stichprobe berechnen; die Abbildung enthält also *nicht* etwa die Werte einzelner Untergruppen. Hierzu wurden für die Prädiktorvariable (Veränderung der Belastung der Frau) das empirische Minimum bzw. Maximum und für die Moderatorvariable (Würdigung durch den Partner) drei Ausprägungen (niedrige Würdigung: $M - 2\ SD$; mittlere Würdigung: M; hohe Würdigung: $M + 2\ SD$) in die Regressionsgleichung eingesetzt und die so geschätzten Werte der Kriteriumsvariablen (Zufriedenheitsänderung) grafisch veranschaulicht.

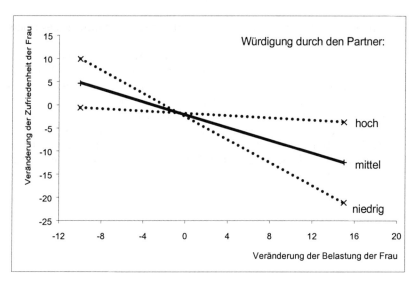

Abbildung 5.1.4: Zusammenhang zwischen der Veränderung der Aufgabenbelastung der Frau (Zuwachs bzw. Entlastung) und der
Zufriedenheitsänderung (Zufriedenheitssteigerung bzw.
-abnahme) von der Schwangerschaft bis 18 Monate nach
der Geburt des Kindes bei hoher, durchschnittlicher und
niedriger Würdigung des Beitrags der Frau durch den Mann

Die genauere Inspektion der Grafik ist lohnenswert. Zunächst ist auffällig,
dass die auftretenden Veränderungen der Belastung der Frau eher in Richtung
einer Zunahme fallen. Dies wird durch den tatsächlich beobachteten
Wertebereich auf der X-Achse deutlich. Bei einem Aufgabenzuwachs für die
Frau sinkt ihre Zufriedenheit, bei einer Entlastung steigt ihre Zufriedenheit.
Bei konstant bleibender Belastung ändert sich die Zufriedenheit der Frau
kaum. Dieser einfache Zusammenhang wird durch die durchgezogene Gerade
repräsentiert.

Besonders weitreichend sind die Auswirkungen der Umverteilung der
Hausarbeit zu Lasten der Frau, wenn der Mann die Leistungen seiner Frau
nicht anerkennt, sondern bestreitet und ignoriert (niedrige Würdigung). Unter
dieser Bedingung sinkt die Zufriedenheit der Frau mit der Aufgabenteilung
mit wachsender Belastung rapide ab (rechter Ast der Geraden). Interessanterweise steigt die Zufriedenheit der Frau in betrachteten Zeitintervall an, wenn
der Mann ihre Leistung initial unterschätzt bzw. missachtet hat, er seine Partnerin dann jedoch stärker entlastet (linker Ast der Geraden). Hier bildet die
ursprüngliche Ungerechtigkeitserfahrung offenbar einen günstigen Kontrast,

349

vor dem die später erfahrene Hilfe und Beteiligung des Mannes als besonders positiv erlebt wird.

Erhellend ist auch die Wirkung einer hohen Würdigung und Anerkennung von Seiten des Mannes. Schätzt der Mann die Leistungen der Partnerin hoch ein, puffert dies die negativen Wirkungen einer Umverteilung der Aufgaben ab. Die Zufriedenheit der Frau bleibt selbst bei wachsender Mehrbelastung durch Hausarbeit erhalten. Der Grund hierfür mag die Belohnung und Befriedigung sein, die die Frau durch diese Wertschätzung ihrer Arbeit erfährt. Denkbar ist jedoch auch, dass der Mann, der die Leistungen seiner Frau wahrnimmt und anerkennt, seine Partnerin in anderen Bereichen entlastet oder belohnt.

5.2 Veränderungen der Lebenssituation und ihre subjektive Bewertung: individuelle Bewältigungs- und Anpassungsprozesse

Die einschneidenden Veränderungen der gesamten Lebenssituation, die mit der Geburt des ersten Kindes verbunden sind, finden ihren Niederschlag im psychischen Befinden der Eltern (besonders der Mütter). Ob sich die Eltern längerfristig mit der neuen Lage arrangieren können, ob sie den Anforderungen der Elternrolle gewachsen sind und ob sie zufrieden bleiben in der gewandelten Situation, hängt von einer ganzen Reihe von Bedingungen ab. Bedeutsam ist die Passung von individuellen Lebensplänen, Werthaltungen und Kompetenzen einerseits und situativen Anforderungen und Handlungsspielräumen anderseits. Frustration in der Elternrolle, Überforderung durch das Kind oder geringe Erfüllung in den neuen Aufgaben sind Anzeichen für ungünstige Passungskonstellationen.

In welchem Ausmaß die Ankunft eines Kindes das Leben der jungen Eltern beeinträchtigt oder ob die Familiengründung gar zur Krise führt, hängt davon ab, unter welchen Bedingungen der Übergang in die Elternschaft erfolgt, ob also das Kind gewünscht war und ob die aktuelle Lebenssituation günstig oder eher erschwerend ist. Wie gut sich die Eltern in die neue Rolle einfinden und ob sie eintretende Krisen bewältigen, hängt hingegen stark vom Verhalten der Betroffenen in der neuen Rolle ab. Die Bedingungen des Übergangs lassen sich in Begriffen von *Passungskonstellationen*, die weiteren Bewältigungsversuche als *Anpassungsprozesse* fassen (Kalicki, Peitz, Fthenakis & Engfer, 1999). Bevor wir die eigenen Daten und Erkenntnisse vorstellen, sollen zunächst diese beiden Aspekte näher beleuchtet werden.

5.2.1 Belastungen und Beeinträchtigungen durch die Geburt eines Kindes

Mit dem Kind kommen zahlreiche, gravierende Beeinträchtigungen und Belastungen auf die Eltern zu. Dies herauszustellen und näher zu betrachten bedeutet nicht, die Vorteile und Gewinne zu missachten, die die Elternschaft ebenfalls bedeutet. Auch muss dem Einwand begegnet werden, aus der Thematisierung von Anforderungen und Belastungen könne herausgelesen werden, dass die Elternschaft insgesamt mehr Nachteile als Vorteile mit sich bringe. Solchen Einwänden begegnet man, wenn man stärker die Risiken als und weniger die Chancen dieses Lebensereignisses anspricht.

Schon die ersten Arbeiten zu diesem Thema liefern umfangreiche Sammlungen der einzelnen Belastungen, die junge Eltern kurz nach der Geburt ihres Kindes berichten (Dyer, 1963; LeMasters, 1957; Russell, 1974). Die typischen Beeinträchtigungen und Belastungen für die Mutter umfassen...

- die ständige Beanspruchung durch die Versorgung des Kindes,
- Schlafmangel, chronische Müdigkeit oder Erschöpfung,
- Unzufriedenheit mit dem eigenen Aussehen (z. B. Gewichtszunahme),
- Verzicht auf den Beruf mit dem Verlust der dort erhaltenen Befriedigung, Abwechslung und Bestätigung, Wegfall der Einkünfte aus dieser Erwerbstätigkeit, starke Gebundenheit ans Haus mit einer Einschränkung der sozialen Kontakte, Verzicht auf andere Interessen (z. B. in der Freizeitgestaltung),
- Mehrarbeit im Haushalt (zusätzliches Waschen und Bügeln), Selbstvorwürfe wegen nachlassender Ansprüche an die Hausarbeit,
- Selbstkritik und Selbstzweifel wegen der eigenen Rollenausübung,
- Selbstvorwürfe wegen der Vernachlässigung des Partners,
- Abklingen des Hochgefühls in der Elternrolle.

Da die Elternrolle in den 50er und 60er Jahren noch sehr viel ausgeprägter als heute primär die Aufgabe der Frau war, berichteten in diesen frühen Studien insbesondere die Frauen von diesen Belastungen. Als spezifische Erfahrungen der Männer wurden folgende Punkte notiert:

- Umstoßen von Zeitplänen und Alltagsroutinen,
- finanzieller Druck durch Wegfall der Verdienste der Frau und durch die neu entstehenden Kosten mit Kind,
- gesunkenes sexuelles Interesse der Frau,
- Einschränkungen bei den Sozialkontakten, Verzicht auf andere Interessen,
- Kontakt zu Großeltern und anderen Verwandten,
- Verärgerung über zweite Schwangerschaft im direkten Anschluß,
- Unkenntnis bzw. Unterschätzung des erforderlichen Arbeits- und Zeitaufwands für das Kind, allgemeine Ernüchterung bzgl. der Vaterrolle.

Neuere Studien zeigen, dass dieser Katalog von Anforderungen und erlebten Nachteilen auch heute noch in vielen Punkten aktuell ist (vgl. Belsky & Pensky, 1988; Bleich, 1997; Crawford & Huston, 1993; El-Giamal, 1999; Fedele, Golding, Grossman & Pollack, 1988; Harriman, 1983; Monk et al., 1996; Petzold, 1991; Reichle, 1994; Werneck, 1997). Angesichts rückläufiger Geburtenzahlen, eines Zerfalls der Großfamilie und einer zunehmenden Marginalisierung der Familie dürften die Belastungen, denen sich junge Eltern ausgesetzt sehen, in den vergangenen Jahren sogar eher angestiegen sein.

Zu einzelnen der aufgeführten Belastungen liegen sehr aufschlussreiche Studien vor, in denen recht ausgefeilte Methoden der Datengewinnung zur Anwendung kamen. Monk und Kollegen (1996) ließen die Teilnehmer ihrer

Längsschnittstudie mehrmals im Übergang zur Elternschaft (im zweiten Drittel der Schwangerschaft, ein Monat nach der Geburt des Kindes, nach vier Monaten und erneut nach 12 Monaten) protokollieren, wann sie welche Aktivitäten ausführten. Im Mittelpunkt dieser Studie standen die Veränderung der Zeitstruktur des Tagesablaufs und die damit verbundenen Änderungen in den Alltagsroutinen der Eltern. Die Autoren beobachten deutliche *Verschiebungen im Zeitplan* der Eltern kurz nach der Geburt des Kindes – die Mütter stehen spät aus dem Bett auf, frühstücken wesentlich später und verlassen spät am Tag zum erstenmal das Haus; Mütter und Väter kehren am Abend wesentlich früher nach Hause zurück – sowie *Änderungen im Zusammensein* – die Mütter führen wesentlich weniger Aktivitäten ganz allein, Mütter und Väter weniger Aktivitäten nur mit dem Partner aus.

El-Giamal (1999) erfasst die Alltagsbelastungen von Ersteltern und die Veränderungen im Tagesprogramm. Die Protokollierung des Alltags erfolgt über mehrere Messzeitpunkte im Übergang zur Elternschaft, also nicht nachträglich (retrospektiv). Damit sind auch diese Daten äußerst wertvoll. Die Erstmütter erleben eine Verschiebung ihrer Aktivitäten von berufs- und partnerschaftsbezogenen hin zu familien- und kindbezogenen Tätigkeiten. Acht Wochen vor der Geburt des Kindes sind die werdenden Mütter am meisten mit Hausarbeit und anderen Arbeiten, Erledigungen und Verpflichtungen beschäftigt (z. B. Mahlzeiten, eigene Körperpflege, Fahrten und Wege); diese „Obligationen" machen zusammen 45 Prozent der erfassten Tätigkeiten aus. Der Beruf beansprucht 17 Prozent der Aktivitäten. Vier Monate nach der Entbindung entfallen 44 Prozent der erfassten Alltagsaktivitäten der Frauen auf Hausarbeit und andere Verpflichtungen, 3 Prozent auf den Beruf und 23 Prozent auf kindgerichtete Tätigkeiten (z. B. Wickeln, Füttern, Schmusen, Trösten). Die Erstväter investieren acht Wochen vor der Geburt des Kindes 37 Prozent ihrer Aktivitäten in Hausarbeit und andere Verpflichtungen, 30 Prozent in den Beruf. Vier Monate nach der Geburt des Kindes beanspruchen Hausarbeit und andere Obligationen 31 Prozent der Aktivitäten der Männer; der Beruf fordert 28 Prozent. Neu hinzu kommen auch für die Erstväter Aktivitäten mit dem Kind oder für das Kind. Sie machen jedoch nur 8 Prozent aus. Neben der Neugewichtung von Aktivitäten – einzelne Routinen werden häufiger oder seltener ausgeführt – sorgt also insbesondere das Hinzukommen neuer Tätigkeiten für eine Umstrukturierung des Tagesablaufs.

Die Untersuchung von El-Giamal (1999) nutzt die Methode des *Time-Samplings*, um das Verhalten der Eltern in natürlichen Situationen zu protokollieren. Hierbei werden die Untersuchungsteilnehmer zu zufällig ausgewählten Tageszeiten (Zeit-Stichprobe) aufgefordert, die aktuell ausgeführte Tätigkeit (z. B. Einkaufen), zentrale Situationsmerkmale (Ort, Anwesenheit anderer Personen) und ausgesuchte Situationsbewertungen (z. B. Belastungsgrad) schriftlich festzuhalten. Zusätzlich wurden in dieser Studie die unternommenen Bewältigungsversuche protokolliert. Dieses Vorgehen der Datengewinnung hat gegenüber rückblickenden Erfahrungsschilderungen oder Urteilen zu hypothetischen Situationen den Vorteil, die Lebenswelt der befragten Eltern genauer und zuverlässiger abzubilden.

Die einzelnen Belastungen, denen die jungen Eltern ausgesetzt sind, können deren Stimmung ganz erheblich trüben und damit ihr allgemeines Wohlbefinden mindern (Grossman, 1988). So trägt der Rückgang der Zeit, die die Mutter allein verbringt, zu dem beobachtbaren Anstieg der Depressivität bei (Monk et al., 1996). Nicht wenige Mütter erleben in den ersten Wochen nach der Entbindung eine merkliche Eintrübung der Stimmung, starke Müdigkeit und Antriebsarmut oder weitere Symptome einer Postpartum- oder Wochenbett-Depression (Campbell & Cohn, 1991; O'Hara, Zekoski, Philipps & Wright, 1990). Auftrittswahrscheinlichkeit und Stärke dieser Störung variieren u. a. mit dem Befinden der Frau während der Schwangerschaft (Mothander, 1992), mit der Neigung der Frau zu negativem Denken (Affonso et al., 1991), aber auch mit dem Verlauf der Entbindung (Bergant, Moser, Heim & Ulmer, 1998).

Von den frühen Studien noch nicht berücksichtigt wurden die Auswirkungen der Familiengründung auf die Erwerbsbiographien der Frauen. Ursache hierfür ist der rasante soziale Wandel, der insbesondere die traditionellen Geschlechtsrollen verändert hat. Der Beruf ist heutzutage nicht mehr nur für Männer ein wichtiger Lebensbereich und eine Quelle für Lebenszufriedenheit und Wohlbefinden (Baruch & Barnett, 1986; Staines & Libby, 1986; Wright, 1978; zum Überblick: Law, Steinwender & Leclair, 1998). Folglich kann der Ausstieg aus dem Beruf nach der Geburt des ersten Kindes das Wohlbefinden stark beeinträchtigen.

Gleichwohl wirken sich die zahlreichen Anforderungen und Veränderungen erst in dem Maße auf das Befinden aus, in dem sie tatsächlich als Einschränkungen oder Belastungen erlebt werden (vgl. auch die Negativbefunde von Fleming, Ruble, Flett & Van Wagner, 1990). Interviewdaten weisen darauf hin, dass dieselben Veränderungen durchaus unterschiedlich wahrgenommen und erlebt werden können (Bauer, 1992). Entscheidend für das persönliche Wohlbefinden sind also nicht besonders schwierige Umstände und Bedingungen des Übergangs in die Elternschaft (vgl. die Überblicksarbeit von Parke & Beitel, 1988, zur Bewältigung des Übergangs in die Elternschaft unter erschwerten Bedingungen wie Frühgeburt oder Behinderung des Kindes), sondern insbesondere die subjektive Bewertung und Verarbeitung der neuen Anforderungen. Wir kommen damit zu den Anpassungs- und Bewältigungsleistungen, die der Übergang zur Elternschaft erfordert.

5.2.2 Die Bewältigung des Übergangs zur Elternschaft: theoretische Modelle und empirische Befunde

Die Frage, wie Menschen Lebenskrisen meistern, beschäftigt die psychologische Forschung in ihren verschiedenen Disziplinen. Die klinische Psychologie versucht, die Entstehungsbedingungen psychischer Störungen zu erfassen und Wege zu erkunden, die herausführen aus solchen Krisen (z. B. Horwitz &

Scheid, 1999). Auch die Entwicklungspsychologie befasst sich mit Situationen, die die Person in besonderem Maße fordern und nicht selten überfordern (Filipp, 1995; Liepmann & Stiksrud, 1984; Montada, Filipp & Lerner, 1992). Denn Lebenskrisen bergen auch Chancen zum Lernen und zur Weiterentwickung. Über die gesamte Lebensspanne hinweg lassen sich Wendepunkte oder biographische Übergänge ausmachen, die die Menschen regelmäßig und zu bestimmten Alterszeitpunkten mit neuen Aufgaben und Anforderungen konfrontieren (Bühler, 1933; Havighurst, 1974; Levy, 1977). Entwicklungsprobleme, die bei diesen Rollen- oder Statusübergängen auftreten, werden daher als „normative Krisen" bezeichnet. Anders als einschneidende, kritische Lebensereignisse, die die Menschen eher zufällig und überraschend ereilen (z. B. Verkehrsunfall, Tod des Partners), sind Entwicklungsübergänge und die damit verbundenen Entwicklungsaufgaben vorhersehbar (z. B. Einschulung, Heirat, Berufsstart oder eben die Elternschaft). Sie betreffen zudem prinzipiell jeden oder zumindest noch sehr viele andere. Zwar gibt es Menschen, die nie heiraten oder nie einen Beruf ergreifen. Doch trotz dieser Ausnahmen und trotz der generellen Aufweichung der Normalbiographie und der Pluralisierung von Lebensformen bleiben diese Wendepunkte im Lebenslauf die Norm (Kalicki, 1996).

Sowohl die *Reaktionen* auf Krisenlagen als auch der *Erfolg* von Anpassungsprozessen werden (alltagssprachlich und auch in der psychologischen Fachliteratur) als „Bewältigung" bezeichnet. Als eine mögliche Bewältigungsreaktion gilt beispielsweise die Suche nach sozialer Unterstützung (Cohen & Wills, 1985; Laireiter, 1993; Röhrle, 1994). Ob aber der Rückgriff auf ein soziales Netzwerk hilfreich (funktional) ist zur Überwindung psychischer Krisen, hängt von weiteren Bedingungen ab. So hat die Abhängigkeit von der Hilfe und Unterstützung anderer insbesondere langfristig durchaus auch negative Effekte. Wenn im Folgenden der Begriff der Bewältigung oder Bewältigungsreaktion verwendet wird, bezeichnet dies die verwendete Strategie, nicht das Resultat der Anpassungsbemühungen.

Problemlagen im Übergang zur Elternschaft: Was wird bewältigt?

Kaum ein Ereignis verändert die Lebenssituation so grundlegend und nachhaltig wie die Geburt des ersten Kindes. Die Übernahme der Elternschaft bringt also eine Fülle neuer Aufgaben und Anforderungen. Die wichtigsten Belastungen für die frischen Eltern wurden bereits beschrieben. Hinsichtlich der konkreten Problemkonstellation bestehen verständlicherweise deutliche Unterschiede zwischen den Betroffenen: Der eine Vater geht auf in der Beschäftigung mit dem Kind, der andere erlebt den Säugling ausschließlich als störend und lästig. Für die eine Mutter ist die Familiengründung der willkommene Anlass, aus dem Beruf auszuscheiden, für die andere Mutter bedeutet der Ausstieg aus dem Beruf einen großen Verlust. Kann man angesichts dieser großen Unterschiede in den Lebenslagen junger Eltern überhaupt von „dem" Übergang zur Elternschaft sprechen? Und lassen sich die Problemstellungen und Reaktionen der Eltern überhaupt zusammenfassend beschreiben? Klar ist, dass jede Verallgemeinerung die Realität notwendigerweise vereinfacht und verkürzt wiedergibt. Ausgereifte allgemeine Anpassungs- und Bewältigungsmodelle haben andererseits aber den Vorteil, die entscheidenden Situationsfacetten und Reaktionsmuster aufzuzeigen.

Einige erschwerende Bedingungskonstellationen zum Zeitpunkt der Familiengründung und ungünstige Kontexteinflüsse wurden früh thematisiert und intensiv erforscht. So gilt die gleichzeitige Übernahme mehrerer Rollen als extrem schwierig (vgl. das Konzept des *'Life cycle squeeze'* von Oppenheimer, 1974). Schon Parsons (1951) sieht in der zeitlichen Trennung und Entzerrung verschiedener Rollen ein Weg zur Vermeidung von Konflikten, die aus unverträglichen Rollenanforderungen erwachsen. Immer wieder wird auch die hohe Belastung für berufstätige Mütter hervorgehoben, für die die Regelung der Kinderbetreuung schwierig ist und die allein verantwortlich sind für das Kind (z. B. Hyde, Klein, Essex & Clark, 1995; Ross & Mirowsky, 1988; Negativbefund: DeJoseph, 1992). Auch prägen Persönlichkeitsmerkmale die Anpassung an die Elternrolle. So puffern „traditionelle" Personmerkmale der Frau (hohe Expressivität, niedrige Instrumentalität) die negativen Effekte enttäuschter Erwartungen ab (Hackel & Ruble, 1992). Wechselwirkungseffekte von Einstellungen und praktiziertem Verhalten auf die Partnerschaftsqualität wurden mehrfach nachgewiesen (MacDermid, Huston & McHale, 1990; McHale & Crouter, 1993).

Aus einer handlungstheoretischen Perspektive wird verständlich, unter welchen Bedingungen die Elternschaft schwer zu meistern ist und besondere Anpassungsleistungen erfordert. Von zentraler Bedeutung sind die individuellen Lebenspläne und Zielorientierungen der Eltern. Hiermit verknüpft ist die Attraktivität der unterschiedlichen Rollen (z. B. Arbeitnehmer, Partner, Vater). Bezogen auf die Elternrolle lässt sich diese subjektive Wichtigkeit der Elternschaft ablesen etwa an der Erwünschtheit und Geplantheit der Schwangerschaft. Ob der Übergang zur Elternschaft leicht oder schwer zu bewältigen ist, hängt also von dem Zusammenwirken (wissenschaftlich: von der Wechselwirkung) von Ereignismerkmalen und persönlichen Präferenzen ab. Solche Wechselwirkungseffekte wurden häufig nachgewiesen (z. B. Clinton & Kelber, 1993; Glenn & McLanahan, 1982; Gloger-Tippelt, 1988; Russell, 1974; Wright, Henggeler, & Craig, 1986). Beispielsweise beschäftigen sich diejenigen Väter mehr mit dem Kind, die schon während der Schwangerschaft ihrer Partnerinnen weniger Zeit in den Beruf investiert hatten (Cowan, Cowan, Coie & Coie, 1983). Offenbar fällt es Männern leichter, sich in die Vaterrolle einzufinden, denen der Beruf weniger wichtig ist. Und auch die Berufstätigkeit trägt in dem Maße zum Wohlbefinden bei, in dem sie gewollt und geschätzt wird (Ross, Mirowsky & Huber, 1983; Spade, 1994). Der fehlende Beruf wird dann schmerzlich erlebt, wenn dieser Lebensbereich hohe subjektive Wichtigkeit besitzt (Benin & Nienstedt, 1985).

Die unterschiedlichsten Problemkonstellationen lassen sich übereinstimmend als Ist-Soll-Diskrepanzen fassen. Der Ist-Zustand bezeichnet dabei die *tatsächliche* Lebenssituation einer Person, wie sie sich im subjektiven Erleben des Betroffenen darstellt. Als Soll-Zustand gilt die *gewünschte* Situation. Anpassungs- oder Bewältigungsbedarf besteht für die Person nun in dem Maße, in dem die tatsächliche Situation und der gewünschte Zielzustand auseinanderklaffen und Barrieren die Zielerreichung behindern (Brandtstädter, 1989). Ist-Soll-Diskrepanzen ohne Barrieren haben den Charakter von reinen Aufgaben, die es zu erledigen gilt (vgl. auch die Unterscheidung von Aufgaben und Problemen bei Dörner, 1979).

Zahlreiche Befunde deuten darauf hin, dass eine solche, handlungstheoretische Konzeption der Bewältigung des Übergangs zur Elternschaft sinnvoll ist. In einer Längsschnittstudie, in der 2624 Frauen über einen Zeitraum von 17 Jahren untersucht wurden, konnte nachgewiesen werden, dass das Verfehlen von Lebenszielen – betrachtet wurde in dieser Untersuchung die Diskrepanz von initialen Karrierewünschen und tatsächlich realisierter Karriere – das Befinden dieser Frauen beeinträchtigt (Carr, 1997). Auch das Fehlen von klaren Lebensplänen oder Unklarheit über die eigenen beruflichen Aspirationen sagt ein schlechteres späteres Befinden (im Sinne von Erleben von Erfüllung und Zielorientierung) vorher. Andere Daten belegen, dass die Qualität der Ausübung der Elternrolle (‚Caregiving‘, Spielverhalten, Zuwendung) umso höher ist, je positiver die Einstellung der Eltern zur Elternschaft schon vor der Geburt des Kindes war (Levy-Shiff, 1994).

Problemzentrierte versus emotionszentrierte Bewältigung

Zahlreiche der vorliegenden Bewältigungsmodelle unterscheiden zwei grundlegende Reaktionsmodi, problemzentrierte und emotionszentrierte Antworten (z. B. Brandtstädter & Renner, 1992; Heckhausen & Schulz, 1995; Rothbaum, Weisz & Snyder, 1982). Während problemgerichtete Bewältigungsversuche darauf abzielen, die Situation aktiv zu verändern und hierbei alle verfügbaren Ressourcen der Person (Kompetenzen, Wissensbestände, Aufmerksamkeits- und Energiekapazitäten) ausnutzen, beziehen sich emotionszentrierte Reaktionen stärker auf das Krisenerleben selbst. Ein Beispiel für situationszentrierte Bewältigungsversuche ist die Informationssuche, die dazu dient, das Problem genauer zu verstehen und effektive Handlungsalternativen zu entwickeln. Ein Beispiel für emotionszentrierte Bewältigungsversuche ist die positive Umbewertung einer zunächst negativen Situation. Problemgerichtete Lösungsversuche werden so lange beibehalten oder variiert, wie das Ziel erreichbar erscheint. In aussichtslosen Problemlagen greifen hingegen subjektive Umdeutungs- und Anpassungsprozesse, die das fragliche Problem eher neutralisieren als lösen.

Beide Verarbeitungsmodi müssen nicht als Antagonismen aufgefasst werden. Vielmehr wechseln sie sich offenbar ab und spielen so ihre Vorteile und Funktionen in komplementärer Weise aus: Individuelle Entwicklungsprobleme stoßen zunächst aktive Lösungsversuche an; die hierfür nötige Motivation erhält die Person durch Aufmerksamkeits-, Wahrnehmungs- und Urteilsprozesse, die das Problem in seiner Bedeutung maximieren. Scheitern die Bewältigungsversuche, setzen Verarbeitungsprozesse ein, die das unlösbare Problem in seiner Reichweite minimieren (Taylor, 1991). Eine Phase der erlebten extremen Hilflosigkeit, Orientierungslosigkeit und Depression scheint dabei notwendig und funktional, um den Wechsel von problemgerichteten hin zu personseitigen Regulationsmechanismen zu ermöglichen.

Prozesse und Mechanismen der Anpassung

Unterschiedliche Bewältigungsversuche der Person, die eine aktive Problemlösung anstreben, wurden bislang identifiziert. Die Erforschung dieser Reaktionsweisen wurde angestoßen von theoretischen Modellen zur Kontrolle (z. B. Bandura, 1989; Carver & Scheier, 1981). Insbesondere aber handlungstheoretische Ansätze taugen zur näheren Analyse solcher Regulationsprozesse (z. B. Brandtstädter & Lerner, 1999; Heckhausen & Dweck, 1998; Lerner & Busch-Rossnagel, 1981). Gemeinsam haben diese Bewältigungsformen, dass „eine Beseitigung subjektiver Ist-Soll-Diskrepanzen durch eine Veränderung der Ist-Komponente, also durch direkte Veränderung der Lebens- und Entwicklungsumstände versucht wird, die vor dem Hintergrund persönlicher Ziele und Ambitionen als unbefriedigend erlebt werden" (Rothermund, Dillmann & Brandtstädter, 1994).

– *Instrumentelle Aktivitäten:* Hierzu zählen alle Handlungen, mit denen die Person aktiv gegen das Problem ankämpft. Welche Wege zur Problemlösung im einzelnen eingeschlagen werden, hängt naturgemäß vom Problemtyp und der jeweiligen Problemkonstellation ab. Problemlösende Handlungen bestehen aus bestimmten Schritten, (1) der Informationssuche; (2) der Bestimmung von Unterzielen sowie der Entwicklung von Handlungsalternativen, (3) aus Effektivitätsabschätzungen für diese Alternativen, (4) der Ausführung der Handlung mit Verlaufskontrolle. Ineffektive Lösungsversuche werfen die Person zurück und erfordern neue, wiederholte Durchgänge. Gegebenenfalls müssen fehlende Handlungskompetenzen erst erworben werden. Instrumentelle Aktivitäten können zudem auch die Nutzung oder Erschließung externer Unterstützungssysteme einschließen.

- *Selbstkorrektive Handlungen:* Auch das eigene Handeln und die persönliche Lebensführung können so korrigiert werden, dass die für die Person wichtigen Ziele besser erreicht werden können.
- *Kompensatorische Maßnahmen:* Selbst wenn negative Veränderungen nicht beseitigt werden können, gelingt es u. U., die unerwünschten oder störenden Auswirkungen dieser Veränderungen abzuschwächen oder ganz abzustellen. Auch diese Bewältigungsform stellt sicher, dass die Person an ihren ursprünglichen Zielen festhalten kann, ohne dauerhaft unzufrieden zu werden.

Diese aktiven, problemzentrierten Versuche, die unbefriedigende Situation zu verändern, erfordern ein Zutrauen in die eigenen Handlungspotentiale. Selbstsicherheit und Selbstvertrauen werden angesichts bedrohlicher Erfahrungen abgestützt durch Wahrnehmungs- und Urteilsprozesse, die dem Gewinn oder der Sicherung von Kontrolle dienen (Taylor, 1983; Taylor & Brown, 1988).

Gelingt es nicht, das Problem zu lösen, greifen akkommodative Bewältigungsmechanismen. Sie werden kaum bewußt gewählt, sondern setzen automatisch ein – eine Tatsache, die Bezeichnungen wie „Bewältigungsstrategien" oder „sekundäre Kontrolle" leicht verdecken (Brandtstädter, 2000). Auch hier lassen sich verschiedene Prozesse unterscheiden, die alle darauf hinwirken, die Zieldiskrepanz durch eine Veränderung des Soll-Wertes aufzulösen.

- *Ziel- und Präferenzanpassungen:* Blockierte Ziele, die nicht erreichbar sind, können in ihrer Bedeutung abgewertet werden oder durch andere Ziele ersetzt werden. Erfüllung und Zufriedenheit findet die Person dann in dem Maße, in dem die neu aufgebauten Zielperspektiven realisiert werden.
- *Anspruchsverschiebungen:* In vielen Fällen sind die Kriterien der Zielerfüllung hinreichend vage, um Anspruchsverschiebungen zuzulassen. Wurden die Ansprüche und Bewertungsmaßstäbe reduziert, können zuvor unerreichte Ziele als realisiert gelten.
- *Positive Umbewertung der Problemsituation:* Negative Ereignisse, Verluste oder Belastungen verlieren vor allem dann ihren Problemcharakter, wenn es gelingt, sie in einem positiveren Licht zu sehen. Was anfänglich als extrem störend und aversiv erlebt wird, wird somit erträglich. Hierbei ist die radikale Neubewertung initial negativer Ereignisse oder Problembereiche als positiv und erwünscht gar nicht notwendig. Probleme verlieren bereits ihre Schärfe und Brisanz, wenn sie als weniger störend bewertet werden.
- *Soziale Abwärtsvergleiche und andere kontrafaktische Kontraste:* Ein besonderer Mechanismus der Umbewertung ist der Vergleich mit noch schlechteren Alternativen. Hier zählen Vergleiche mit anderen Personen, denen es noch schlechter geht („soziale Abwärtsvergleiche"; vgl. Wills,

1987), aber auch Vergleiche mit bereits erlebten schlimmeren Lebenslagen oder zurückliegenden gravierenderen Problemen (ipsative temporale Vergleiche; Filipp, Ferring, Mayer, & Schmidt, 1997). Entlastend ist auch der Vergleich mit denkbaren schlimmeren Ausgängen, besonders dann, wenn sich diese negativeren Szenarios geradezu aufdrängen („kontrafaktische Vergleiche"; Johnson, 1986; Kahneman & Miller, 1986).

– *Sinnkonstruktionen:* Negative Ereignisse erscheinen auch in einem anderen Licht, wenn ihnen positive Aspekte abgewonnen werden können, die diese Erfahrung als sinnvoll ausweisen. Widrige Erlebnisse und Schicksale können leichter akzeptiert werden, wenn sie trotz aller Einschränkung oder Belastung auch nützliche Funktionen erfüllen und wenn sie eingebettet werden können in einen subjektiv stimmigen Erklärungsrahmen (Dittmann-Kohli, 1990). Zur Sicherung von Selbstwert und Lebenszufriedenheit ist es nicht selten nötig, das Erlebnis umzuschreiben und zu verfälschen (Greenwald, 1980).

– *Bilanzierungen:* Kritische Lebensereignisse haben für den Betroffenen in aller Regel ein Bündel positiver und negativer Folgen. Die Lebenslage, in der sich die Person wiederfindet, erscheint weniger schlimm und wird erträglich, wenn die Nachteile, Belastungen oder Kosten wenigstens zum Teil aufgewogen werden durch die erzielten Vorteile oder Gewinne. Die subjektive Gewichtung der Gewinne und Verluste entscheidet letztlich darüber, wie die Bilanz ausfällt.

Die dargestellten Bewältigungsformen wurden hier prototypisch beschrieben. Die Typologie schließt jedoch nicht aus, dass unterschiedliche akkommodative Mechanismen der flexiblen Zielanpassung ineinandergreifen, also kombiniert werden. Diese allgemeine und abstrakte Beschreibung der verschiedenen Reaktionsweisen auf Probleme bleibt solange blass, wie sie nicht mit konkreten Problemlagen und Praxisbeispielen verdeutlicht wird. Daher spielen wir die individuellen Bewältigungsmechanismen für drei typische Problemkonstellationen im Übergang zur Elternschaft durch (siehe Tabelle 5.2.1).

Eine häufige Erfahrung junger Eltern ist die Überforderung durch das Kind, das als extrem anstrengend und fordernd erlebt wird (Levy-Shiff, 1999; Sheeber & Johnson, 1992; Sirigano & Lachman, 1985; Wolkind & DeSalis, 1982). Wie diese Belastungen bewältigt werden, hat nicht zuletzt Auswirkungen auf die elterliche Partnerschaft (Wallace & Gotlib, 1990). Als Formen der problemorientierten Bewältigung können alle Versuche gelten, die Situation zu meistern. Dies kann zum einen geschehen durch die Veränderung des kindlichen Problemverhaltens (z. B. häufiges oder heftiges Schreien, schlechtes Schlafverhalten, leichte Irritierbarkeit und schlechte Tröstbarkeit) oder durch die Verbesserung der eigenen Kompetenzen im Umgang mit dem Kind. Neue Problemlagen erfordern häufig zunächst die Suche nach Information. Dies gilt auch für die Anpassung an die Elternschaft

(Deutsch, Ruble, Fleming, Brooks-Gunn & Stangor, 1988; Ruble, 1994). Als Informationsquellen können professionelle Helfer (Kinderarzt, Hebamme, Ratgeberliteratur) ebenso dienen wie andere, erfahrene Eltern (Stillgruppe, eigene Mutter). Zielgerichtete Handlungen zur Bewältigung des Erziehungsstresses sind beispielsweise Änderungen im Tagesablauf des Kindes (z. B. regelmäßige Schlafzeiten, Beruhigungs- und Einschlafrituale) oder eine veränderte Gestaltung der Wohnumgebung (ruhigeres Schlafzimmer, Verzicht aufs Fernsehen). Wenn erkannt wurde, dass das schwierige Verhalten des Kindes auf Krankheiten, falsche Ernährung oder mangelnde Pflege zurückzuführen ist, lassen sich die entsprechende Gegenmaßnahmen planen und ausprobieren. Auch die Nutzung von Unterstützung durch Dritte, etwa durch Freunde oder Verwandte oder durch eine bezahlte Kraft, kann die Situation erleichtern (Cochran & Niergo, 1995; Koeske & Koeske, 1990). Das verfolgte Ziel ist stets die Versorgung des Kindes ohne das Erleben von Überforderung und Auszehrung. Als selbstkorrektive Handlungen, die es erleichtern, dieses Ziele zu erreichen, können die Einübung von Gelassenheit im Umgang mit dem Kind oder die Technik der „Auszeiten" (Time-out) gelten, bei der die überfordernde Situation kurz verlassen wird, um neue Kraft zu schöpfen. Zur Kompensation der Belastungen in der Elternrolle kann sich die Person sonstigen „Ausgleich verschaffen" – diese Redewendung hat sich bis in die Alltagssprache durchgesetzt –, sei es in sozialen Rollen (z. B. im Beruf) oder durch Befriedigung anderer Bedürfnisse (z. B. im Kauf- und Konsumverhalten).

Wenn diese Bewältigungsversuche scheitern, bleiben personseitige Anpassungs- und Bewältigungsprozesse, die das Problem aufheben oder erträglicher machen. Wird die Elternrolle deshalb als extrem belastend und fordernd erlebt, weil sie zu wenig Raum lässt für andere Vorlieben (z. B. Freizeitinteressen), so trägt die Abwertung dieser Interessen und Ziele dazu bei, die erlebte Diskrepanz zwischen Wunsch und Wirklichkeit (Ist-Soll-Diskrepanz) zu verringern (vgl. auch Salmela-Aro, Nurmi, Saisto & Halmesmäki, 2000). Anspruchsverschiebungen mindern die Kriterien für die Zielerreichung bis auf die erreichbaren Maße hin ab. Wenn die Vorstellungen davon, wann man ausgeschlafen hat, etwa von zehn Stunden Nachtschlaf auf sechs Stunden reduziert werden, erscheint die durch das Kind verkürzte Nachtruhe als weniger drastisch. Ein Beispiel für die positive Umbewertung der Problemsituation ist die Beschreibung des anstrengenden Kindes als lebhaft, wodurch die positiven Aspekte der initial schwierigen Problemsituation betont werden. Bei entlastenden Vergleichen baut die Person einen negativen Kontrast auf, vor dem die tatsächliche Situation als vergleichsweise günstig erscheint. So mag es die genervte Mutter beruhigen und entlasten, wenn sie ihre Situation mit der einer Mutter vergleicht, die ein echtes Schreikind hat. Sinnkonstruktionen geben selbst extrem negativen Ereignissen eine positive Bedeutung, sei es durch die nützlichen Funktionen, die diesem widri-

Tabelle 5.2.1: Individuelle Bewältigungsformen in drei exemplarischen Problemlagen (Erläuterungen im Text)

	1. Problembeispiel: Überforderung durch ein anstrengendes Kind	2. Problembeispiel: Finanzielle Nöte der Familie	3. Problembeispiel: Mangelnde Beteiligung des Partners an der Hausarbeit
Aktive Zielverfolgung			
Instrumentelle Aktivitäten (Informationssuche, Bestimmung von Unterzielen, Entwicklung von Handlungsalternativen, Abschätzen der Effektivität, Ausführung und Verlaufskontrolle)	Hinzuziehen von Kinderarzt u. Ratgeberliteratur, Austausch mit anderen Eltern, Ernährung od. Tagesrhythmus umstellen, Pflege des Kindes verbessern, Kinderbetreuung als Entlastung	Kontrolle der Ausgaben im Haushaltsbuch, Information über staatliche Förderung, Verzicht auf Urlaube, Großeltern als Babysitter, Nebenerwerb	Partner auffordern und anweisen, feste Absprachen über Aufgabenverteilung, Drohen und Vergelten
Selbstkorrektive Handlungen	Auszeiten, Gelassenheit üben	Sparsamkeit einüben	Dinge liegenlassen
Kompensatorische Maßnahmen	,Ausgleich' suchen		Putzfrau engagieren
Flexible Zielanpassung			
Zielanpassungen	Abwertung v. Freizeitinteressen	Aufwerten der Harmonie	Aufwerten der Ernährerfunkt.
Anspruchsverschiebungen	Ruhe- u. Schlafbedarf senken	Discounter- statt Markenware	gesenkte Sauberkeitsanspr.
Positive Umbewertungen	Deutung als „lebhaftes Kind"	Genügsamkeit als Tugend	Stolz auf eigene Domäne
Vergleichsprozesse	Vergleich mit Schreikindern	Vergleich mit Überschuldeten	Vergleich mit eigenen Eltern
Sinnkonstruktionen	„jedes Kind ist anders"	Opfer u. Verzicht fürs Kind	Förderung der beruf. Karriere
Bilanzierungen	eigenes als das schönste Kind	Kind als Bereicherung	Partner als guter Vater

gen Umstand zugeschrieben werden, oder sei es dadurch, dass das Schicksal verständlich und erklärbar wird. Schließlich sind es die vollkommen unverständlichen, scheinbar willkürlichen Schicksalsschläge, die so schwer zu akzeptieren sind. Eine stark überforderte Mutter oder ein äußerst beanspruchter Vater mögen sich beispielsweise sagen, dass jedes Kind anders ist. Solche Sinnfindungsprozesse entdramatisieren und normalisieren die Situation und beantworten quälende Fragen nach dem „Warum" (Silver & Wortman, 1980). Bilanzierungen der Gewinne und Verluste, die eine Situation mit sich bringt, beeinflussen schließlich ebenfalls die Problembewertung. Viele Eltern teilen die Ansicht, dass das eigene Kind trotz aller Schwierigkeiten, die es machen mag, das schönste und liebste Kind ist. Auch diese allgemeine Erfahrung ist schon sprichwörtlich. Dass solche Bewältigungs- und Anpassungsprozesse greifen zeigt sich eindrucksvoll darin, dass selbst Mütter mit ungewollten Schwangerschaften längerfristig kein schlechteres Befinden aufweisen als gewollt schwangere Mütter (Najman et al., 1991).

Finanzielle Sorgen und Nöte der Familie stellen ein weiteres typisches Problem im Übergang zur Elternschaft dar (Voydanoff, 1990; vgl. auch Ross & Huber, 1985). Ausgelöst werden sie durch den höheren Finanzbedarf der Familie, also durch die anfallenden Ausgaben für das Kind, durch den Umzug in eine größere Wohnung usf. Verschärft wird diese Situation sehr häufig durch den Wegfall des Einkommens der Frau. Die Verantwortung für das Familieneinkommen lastet in aller Regel auf dem Mann. Denkbare instrumentelle Aktivitäten zur Bewältigung von finanziellen Problemen sind die Kontrolle der Ausgaben, die Information über finanzielle Förderungen, Kosteneinsparungen durch den Verzicht auf Urlaube, den Rückgriff auf die kostenlosen Dienste der Großeltern. Die Steigerung des Haushaltseinkommens durch eine Nebenerwerbstätigkeit ist eine weitere Alternative. Als selbstkorrektive Handlung kann die Einübung der Sparsamkeit zählen. Die flexible Zielanpassung greift dort, wo materieller Wohlstand und hoher Lebensstandard zugunsten anderer Ziele wie innerfamiliäre Harmonie abgewertet werden. Anspruchsverschiebungen, etwa von Markenwaren hin zu günstigeren Produkten, erleichtern ebenfalls die Anpassung. Die Geldknappheit kann positiv umgedeutet werden, indem Genügsamkeit und Askese als wünschenswerte Tugenden erachtet werden. Der Vergleich mit schlimmeren Fällen (z. B. mit überschuldeten Familien) lässt die eigenen Probleme wiederum als relativ klein erscheinen. Werden Verzichtleistungen als sinnvolle Opfer für das Kind gewertet, fallen diese Einbußen leichter. Sprichwörtlich ist dann auch die Bezeichnung des Kindes als eine Bereicherung – eine Betrachtung, die selbst Eltern in Armut übernehmen können.

Als drittes Problembeispiel wählen wir die mangelnde Beteiligung des Partners an der Hausarbeit, die bekanntlich stark zur Unzufriedenheit der Frau beiträgt. Als aktive Maßnahme zur Änderung der Situation wird die Frau ihren Partner auffordern, sie stärker zu entlasten. Sie kann ihn immer wieder anweisen, bestimmte Aufgaben zu übernehmen, oder klare Absprachen über die Aufgabenverteilung anstreben. Auf wiederholte Verstöße gegen solche Absprachen kann sie mit Drohen oder Vergelten reagieren. Sich selbst kann sie zwingen, Dinge öfter liegenzulassen. Als Ausgleich der fehlenden Unterstützung des Mannes kann sie eine Putzfrau engagieren, sofern das Budget der Familie dies zulässt. Problem neutralisierende Prozesse betreffen die Anpassung der individuellen Ziele und Präferenzen, also die Abwertung blockierter Ziele und die gleichzeitige Aufwertung erreichbarer oder bereits erreichter Ziele. So mag die von ihrem Partner enttäuschte Frau dessen Ernährerfunktion aufwerten, um weiterhin zufrieden zu bleiben. Sie mag ihre Ansprüche an Ordnung und Sauberkeit im Haushalt bis zu einem gewissen Grad zurückschrauben. Oder sie mag die eigene Belastung mit der Hausarbeit positiv umdeuten und diesen Aufgabenbereich als ihre persönliche Domäne akzeptieren und wertschätzen. Vergleiche, z. B. mit der Rollenverteilung, die die eigenen Eltern praktiziert hatten, wirken ebenfalls entlastend. Die Sinnfindung gelingt dort, wo die unausgewogene Aufgabenverteilung als Förderung der beruflichen Karriere des Mannes gesehen wird. Positive Bilanzierungen liegen vor, wenn die gute Ausübung der Vaterrolle durch den Mann dessen fehlende Beteiligung im Haushalt aufwiegt.

Die Auflistung dieser Reaktionsmöglichkeiten hat rein exemplarischen Charakter, sie ist also nicht erschöpfend. Auch wird sich erst in der konkreten Problemsituation erweisen, welche Bewältigungsform die angemessene ist. Klar ist jedoch, dass eine Vielzahl individueller Regulationsprozesse darauf hinwirken, die aufkeimende Unzufriedenheit mit einzelnen Aspekten der Lebenssituation abzubauen.

Auch hierzu liefert die bereits vorgestellte Studie von El-Giamal (1999) neue Erkenntnisse. Wie die Einschätzungen zu den nach Zufall gezogenen Situationen zeigen, wirken sich insbesondere solche Belastungsepisoden negativ auf das Befinden aus, die als wiederkehrend, in ihrem Verlauf gut antizipierbar und als kaum regulierbar eingeschätzt werden. Belastungen von diesem Typ lösen insgesamt kaum Bewältigungsreaktionen der Person aus. Offenbar führen sie die Betroffenen in einen Zustand der Hilflosigkeit; selbst die Suche nach sozialer Unterstützung durch Dritte wird unterdrückt.

5.2.3 Ergebnisse der LBS-Familien-Studie

Erste Erfahrungen in der Elternrolle

Vom ersten Tag an, den die neuen Eltern mit ihrem Kind zu Hause verbringen, ändert sich der Alltag komplett. Für die Eltern, die ihr erstes Kind bekommen, stellen sich eine ganze Fülle neuer Aufgaben und Herausforderungen ein. Da eigene Erfahrungen in der neuen Rolle fehlen, schwingt mit der

Aufgabenfülle und der permanenten Beanspruchung durch den Säugling häufig eine große Unsicherheit mit. Wie erleben die Eltern diese Situation?

Recht genaue Informationen über die Zufriedenheit der Eltern in der neuen Rolle liefern die EMKK-Fragebögen (Codreanu & Engfer, 1984), die den Eltern sechs Wochen nach der Geburt des Kindes erstmals vorgelegt wurden. Dieser bislang unveröffentlichte Fragebogen erfasst das Erleben der frühen Phase der Elternschaft und fokussiert Symptome der „Depression und Erschöpfung", Anzeichen der „Frustration in der Elternrolle", Merkmale der „Überfürsorge" sowie weitere Aspekte des Rollenerlebens, etwa die „Freude am Kind". In Tabelle 5.2.2 ist dargestellt, wie viele Frauen sechs Wochen nach der Geburt ihres ersten Kindes die entsprechenden Erfahrungen äußern.

Eine starke Erschöpfung spürt fast jede zweite Frau. Weitere Symptome einer depressiven Verstimmung wie innere Anspannung, Weinen oder fehlende Tatkraft berichten nur ein Drittel der untersuchten Erstmütter. Diese Zahl deckt sich mit einem Befund, den wir später darstellen werden (vgl. Abbildung 5.2.1). Auch Anzeichen der Frustration in der Elternrolle sind keine Seltenheit. So fühlt sich jede zweite Frau durch das Kind angebunden. Ebenso viele Frauen denken, dass Eltern mit kleinen Kindern es schwer haben, und geben zu, die Anstrengungen unterschätzt zu haben. Jede dritte Frau gesteht, ihr Kind manchmal leid zu sein. Doch nur eine verschwindende Zahl von Müttern bereut zuweilen, sich überhaupt ein Kind zugelegt zu haben.

Starke Besorgnis um das Kind zeigen sehr viele Mütter. Jede zweite Frau überfällt dann, wenn das Kind krank ist, die Befürchtung, das Kind zu verlieren. Etwa gleich viele Frauen schauen nachts manchmal nach, ob das Kind noch atmet. Nur knapp jede fünfte Mutter lebt mit der ständigen Sorge, ihr Kind könnte krank sein.

Diese Befindlichkeitsäußerungen der Mütter geben einen Einblick in die Seelenlage der Frauen wenige Wochen nach der Geburt des Kindes. Unterschiedlichste Empfindungen von Erschöpfung, Enttäuschung und Besorgnis mischen sich und fordern unterschiedliche Kompensations- und Anpassungsleistungen. Insgesamt tragen sie zu einer merklichen Beeinträchtigung des Befindens bei, wenngleich nur die Minderzahl der Frauen in eine ernsthafte Krise gerät. Erstmütter und Zweitmütter unterscheiden sich dabei nicht im Ausmaß der betrachteten Befindlichkeitsmerkmale.

Um die Erfahrungen der Männer einzufangen, wurde eine Version des EMKK-Bogens für Väter entwickelt. Anstelle der Depressionsskala enthält dieses Instrument die Skala „Eifersucht, finanzielle Sorgen", um die spezifischen Belastungen und Einschränkungen der Männer aufzunehmen. Ansonsten unterscheidet sich dieser Bogen nicht von dem für die Frauen. Die Verbreitung der unterschiedlichen Erfahrungen der Männer kurz nach der Geburt des Kindes ist in Tabelle 5.2.3 wiedergegeben.

Tabelle 5.2.2: Befindlichkeitsäußerungen von Frauen sechs Wochen nach
der Geburt des ersten Kindes (Erstmütter, T2)

	Zustimmung
Depression und Erschöpfung	
„Ich fühle mich recht erschöpft."	47%
„Seit das Baby da ist, fühle ich mich innerlich angespannt."	39%
„In der letzten Zeit weine ich viel häufiger. "	36%
„Es macht mir große Mühe, überhaupt noch Pläne zu machen und in die Tat umzusetzen."	33%
„Manchmal würde ich am liebsten nur noch schlafen und alle Probleme vergessen."	28%
„Ich fühle mich oft am Ende meiner Kraft."	27%
„Im Grunde fühle ich mich mit meinen Problemen allein gelassen, weil sich niemand wirklich um mich kümmert."	8%
Frustration in der Elternrolle	
„Ich fühle mich durch das Baby sehr angebunden."	53%
„Eltern mit kleinen Kindern haben es schwer."	49%
„Ich hätte nie gedacht, dass das Leben mit kleinen Kindern so anstrengend ist."	45%
„Nach einem wirklich schlimmen Tag habe ich manchmal das Gefühl, mein Baby fast leid zu sein."	32%
„Manchmal wünsche ich mir insgeheim, ich könnte ein paar Tage ohne mein Baby verbringen."	19%
„Manchmal denke ich, dass ich mir besser kein Kind angeschafft hätte."	5%
Überfürsorge	
„Bei Krankheiten des Babys überfällt mich plötzlich der Gedanke, dass mir mein Baby wieder genommen werden könnte."	52%
„Ich schaue nachts manchmal nach, ob mein Baby noch atmet."	46%
„Ich bin ständig in Sorge, dass meinem Baby etwas zustoßen könnte."	25%
„Ich werde den Gedanken nicht los, dass mein Baby krank sein könnte."	17%

Anmerkungen: Die Antwortmöglichkeiten lauteten „trifft überhaupt nicht zu", „trifft eher nicht zu", „trifft eher zu" und „trifft vollkommen zu". Die letzten beiden Kategorien wurden zusammengefasst und als Zustimmung gewertet.

Tabelle 5.2.3: Befindlichkeitsäußerungen von Männern sechs Wochen nach der Geburt des ersten Kindes (Erstväter, T2)

	Zustimmung
Eifersucht, finanzielle Sorgen	
„Seit das Baby da ist, kommen meine Bedürfnisse nach Zärtlichkeit und Erotik entschieden zu kurz."	42%
„Seit der Entbindung ist meine Partnerin nur noch für das Baby da."	35%
„Ich mache mir häufig Sorgen, ob wir mit dem Geld auskommen werden.	23%
„Es belastet mich, dass unsere finanzielle Situation vor allem von meinem Einkommen abhängt."	21%
„Ich wünschte mir, dass sich meine Partnerin mehr um mich kümmert."	15%
„Ich leide darunter, dass sich unsere sexuelle Beziehung verschlechtert hat, seit das Baby da ist."	14%
„Ich trauere den Zeiten nach, als ich meine Partnerin noch für mich allein hatte."	3%
Frustration in der Elternrolle	
„Eltern mit kleinen Kindern haben es schwer."	56%
„Ich fühle mich durch das Baby sehr angebunden."	38%
„Ich hätte nie gedacht, dass das Leben mit kleinen Kindern so anstrengend ist."	32%
„Manchmal wünsche ich mir insgeheim, ich könnte ein paar Tage ohne mein Baby verbringen."	15%
„Nach einem wirklich schlimmen Tag habe ich manchmal das Gefühl, mein Baby fast leid zu sein."	7%
„Manchmal denke ich, dass ich mir besser kein Kind angeschafft hätte."	1%
Überfürsorge	
„Ich schaue nachts manchmal nach, ob mein Baby noch atmet."	37%
„Bei Krankheiten des Babys überfällt mich plötzlich der Gedanke, dass mir mein Baby wieder genommen werden könnte."	19%
„Ich bin ständig in Sorge, dass meinem Baby etwas zustoßen könnte."	16%
„Ich werde den Gedanken nicht los, dass mein Baby krank sein könnte."	8%

Anmerkungen: Die Antwortmöglichkeiten lauteten „trifft überhaupt nicht zu", „trifft eher nicht zu", „trifft eher zu" und „trifft vollkommen zu". Die letzten beiden Kategorien wurden zusammengefasst und als Zustimmung gewertet.

367

Eifersucht auf das Kind und das Vermissen von Zärtlichkeit und Sexualität erleben etwa ein Drittel der Männer. Die Verantwortung für das Familieneinkommen belastet gut ein Fünftel der jungen Väter. Doch nur drei Prozent sehnen sich zurück nach der kinderlosen Partnerschaft und nur ein Prozent der Erstväter bereut es zuweilen, sich ein Kind angeschafft zu haben. Insgesamt ist die Frustration der Männer sechs Wochen nach der Geburt des Kindes deutlich niedriger als die der Frauen. Und die Männer zeigen auch seltener ein überfürsorgliches Verhalten.

In der varianzanalytischen Betrachtung der Skalenwerte unterscheiden wir den Gruppenfaktor *Elternstatus* (erstes Kind vs. nachfolgendes Kind) und den messwiederholten Faktor *Elterngeschlecht* (abhängige Stichproben: Frauen vs. Männer). Die 2×(2)-MANOVA der Frustrations-Scores liefert lediglich einen hoch signifikanten Geschlechtseffekt (F [1, 166] = 11.74; $p < .01$), der auf höhere Frustrationswerte der Frauen zurückgeht. Hierin spiegelt sich die ungleiche Beanspruchung von Müttern und Vätern nach der Geburt eines Kindes. Verantwortlich hierfür dürfte neben der geschlechtsabhängigen Aufteilung von beruflichen und familiären Rollen auch der Umstand sein, dass zahlreiche Mütter ihr Kind stillen – eine Aufgabe, die die Väter ihren Partnerinnen nicht abnehmen können.

Die 2×(2)-MANOVA der Skalenwerte für die „Überfürsorge" liefert neben einem hoch signifikanten Geschlechtseffekt (F [1, 163] = 20.37; $p < .001$), der auf eine größere Überfürsorge der Mütter zurückgeht, einen signifikanten Gruppeneffekt (F [1, 163] = 6.28; $p < .05$). Sowohl die Erstmütter als auch die Erstväter sind wesentlich besorgter um ihren Säugling als die erfahrenen Eltern. Hierin äußert sich die große Unsicherheit und fehlende Routine der neuen Eltern kurz nach der Familiengründung.

Eine zusätzlich mitgeführte EMKK-Skala „Freude am Kind" erfasst das Erleben von Kompetenz in der Elternrolle (Itembeispiele: „Ich weiß genau, womit ich mein Baby trösten kann, wenn es unglücklich ist und weint", „Am Schreien des Babys merke ich sofort, was ihm fehlt") sowie die Freude am Kind („Es macht mich glücklich, wenn sich mein Baby in meiner Gegenwart sichtlich wohlfühlt", „Fortschritte in der Entwicklung meines Babys sind für mich die größte Freude"). Die 2×(2)-MANOVA der EMKK-Freude fördert neben einem heftigen Geschlechtseffekt – die Mütter freuen sich stärker als die Väter (F [1, 166] = 20.19; $p < .001$) – einen Wechselwirkungseffekt von Gruppen- und Geschlechtsfaktor zu Tage (F [1, 166] = 10.75; $p < .01$).

Wie in Abbildung 5.2.1 illustriert, sind die Frauen stärker frustriert als die Männer und zeigen in stärkerem Maß ein überfürsorgliches Verhalten. Ihre Freude am Kind ist jedoch ebenfalls stärker als die der Männer. Dieser letzte Geschlechtsunterschied tritt bei den Paaren, die ihr zweites oder drittes Kind bekommen haben, besonders deutlich auf: Diejenigen Mütter, die ein nachfolgendes Kind bekommen, erleben eine extrem hohe Freude. Die Zweitväter bekommen diese positiven Aspekte der Elternschaft kaum mit.

Die erlebte „Schwierigkeit" des Kindes als Belastungsfaktor

Die Belastungen, die mit der Pflege und Versorgung des Kindes verbunden sind, lassen sich indirekt erfassen, indem Merkmale der Kindschwierigkeit abgefragt werden. Denn Beschreibungen des Kindes als „schwierig" können immer auch gelesen werden als erlebte Überforderung der Eltern. Inwiefern

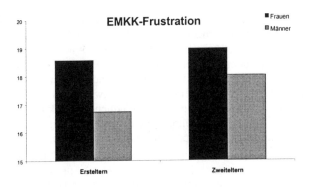

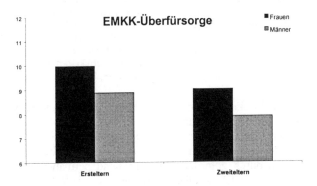

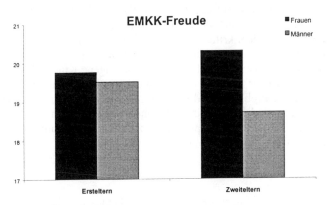

Abbildung 5.2.1: EMKK-Frustration, EMKK-Überfürsorge und EMKK-
Freude sechs Wochen nach der Geburt des Kindes

dies auf Verhaltensmerkmalen oder Entwicklungsproblemen des Kindes beruht oder aber durch Merkmale der Eltern verursacht ist (mangelnde Kompetenz, geringe Belastbarkeit, besondere Sensitivität für bestimmte Stressoren), ist dabei zunächst irrelevant. Die Kindschwierigkeit wurde in umfänglichen Skalen und beginnend drei Monate nach der Entbindung (T3) im Fragebogen erfasst (Fragebogen zur Kindschwierigkeit nach Engfer, 1986). Die Verhaltensmerkmale in unterschiedlichen Funktionsbereichen (Essen, Verdauung, Schlafen, Regelmäßigkeit, Responsivität, Aufmerksamkeitsverlangen, Schmusigkeit, Anpassungsfähigkeit, Laune, Tröstbarkeit, allgemeine Schwierigkeit) lassen sich zu einem Gesamtwert aggregieren.

Anhand der Aggregatvariablen der Kindschwierigkeit können Mittelwertsunterschiede zwischen den Einschätzungen beider Elternteile vorgenommen und Gruppenunterschiede zwischen Ersteltern und Zweiteltern überprüft werden. Zusätzlich kann das Geschlecht des Kindes betrachtet werden. In der 2×2×(2)-MANOVA der Kindschwierigkeit mit den Gruppenfaktoren *Elternstatus* (Ersteltern vs. Zweiteltern) und *Kindgeschlecht* (Mädchen vs. Jungen) und dem Messwiederholungsfaktor *Elterngeschlecht* (abhängige Stichproben: Mütter vs. Väter) lassen sich zudem Wechselwirkungseffekte testen. Haupteffekte für die Faktoren Elternstatus (F [1, 146] = 1.97; n.s.) und Kindgeschlecht (F [1, 146] = 2.64; n.s.) bleiben aus, ebenso jedwede Interaktion. Allein ein Haupteffekt des Elterngeschlechts taucht auf (F [1, 146] = 5.95; $p < .05$): Die Väter erleben, verglichen mit den Müttern, ihre Kinder als schwieriger.

Welche schwierigen Merkmale sind es nun, die die Eltern typischerweise an ihrem drei Monate alten Kind wahrnehmen? In Tabelle 5.2.4 sind die Auftrittsraten einzelner Verhaltenscharakteristika aufgelistet, die die Ersteltern drei Monate nach der Geburt des Kindes beobachten. Knapp drei Viertel aller Eltern sehen sich dadurch gefordert, dass ihr Kind permanent unterhalten werden möchte. Etwa die Hälfte aller Eltern berichtet, jede Nacht von dem Säugling gestört zu werden. Die Mehrheit der Mütter und Väter erlebt das Schreien ihres Kindes als laut und fordernd. Dies sind also schwierige kindliche Verhaltensweisen, mit denen die Eltern in dieser Phase zu rechnen haben. Andere, besonders kritische und belastende Merkmale treten seltener auf. Nur elf Prozent der Mütter und Väter erleben ihr Baby als ein „Schreikind". Äußerst selten ist die Erfahrung, dass das eigene Kind auf Ansprache abweisend reagiert oder nicht im Arm gehalten werden möchte. Es sind also weniger spezifische Problemverhaltensweisen, denen die Eltern dreimonatiger Kinder ausgesetzt sind. Üblich ist vielmehr die hohe Beanspruchung, die dadurch entsteht, dass das Kind prinzipiell zu allen Tages- und Nachtzeiten der Aufmerksamkeit, Zuwendung und Betreuung bedarf.

Entwicklung der Befindlichkeit

Wenn wir die Auswirkungen der Geburt des Kindes auf das Befinden der Eltern untersuchen wollen, werden mehrere Unterscheidungen nötig. Zwingend ist die getrennte Betrachtung von Müttern und Vätern. Es sind die Frau-

Tabelle 5.2.4: Auftrittsraten ausgesuchter „schwieriger" Merkmale des drei Monate alten Kindes nach Auskunft von Müttern und Vätern (nur Ersteltern, T3)

	Wahrnehmung der Mutter	Wahrnehmung des Vaters
„Mein Kind möchte am liebsten ständig unterhalten werden."	72 %	73 %
„Es dauert immer eine Weile, bis mein Kind sein Bäuerchen gemacht hat."	63 %	55 %
„Mein Kind wacht praktisch jede Nacht auf und meldet sich."	56 %	50 %
„Mein Kind schreit sehr laut und fordernd."	54 %	54 %
„Mein Kind hat oft Blähungen."	47 %	37 %
„Mein Kind quengelt und ist unzufrieden, wenn man sich nicht mit ihm beschäftigt."	44 %	51 %
„Mein Kind ist nur zufrieden, wenn man sich mit ihm beschäftigt."	30 %	27 %
„Mein Kind erbricht oft die Milch nach dem Trinken."	29 %	35 %
„Manchmal schreit mein Kind und ist durch nichts zu beruhigen."	24 %	21 %
„Mein Kind reagiert empfindlich und irritiert, wenn sich an seinem gewohnten Tagesablauf etwas ändert."	23 %	26 %
„Es gibt Tage, an denen mit meinem Kind nichts anzufangen ist."	19 %	8 %
„Mein Kind spuckt häufig aus, was ich ihm gebe."	17 %	18 %
„Mein Kind hat einen unruhigen Schlaf."	17 %	13 %
„Mein Kind leidet häufiger unter Verstopfung."	14 %	14 %
„Mein Kind schreit sehr viel."	11 %	11 %
„Auf fremde Leute reagiert mein Kind oft negativ."	6 %	8 %
„Mein Kind quengelt den ganzen Tag."	5 %	5 %
„Mein Kind reagiert eher abweisend, wenn man es anspricht."	5 %	0 %
„Mein Kind ist selten aufmerksam und ansprechbar."	4 %	4 %
„Ich glaube, mein Kind ist viel schwieriger als andere Kinder im gleichen Alter."	4 %	2 %
„Mein Kind trinkt sehr schlecht."	4 %	2 %
„Mein Kind macht sich steif und dreht sich weg, wenn ich es im Arm halten will."	4 %	1 %
„Mein Kind wehrt sich dagegen, im Arm gehalten zu werden."	2 %	4 %
„Mein Kind verweigert oft die Nahrung."	2 %	2 %

Anmerkungen: Die Antwortmöglichkeiten zu den wahrgenommenen Kindmerkmale lauten „trifft überhaupt nicht zu", „trifft eher nicht zu", „trifft eher zu" und „trifft vollkommen zu". Die beiden letzten Kategorien wurden zusammengefasst und als Auftreten gewertet.

en, die die Schwangerschaft durchstehen und die das Kind zur Welt bringen. Und auch die nach wie vor wirksamen Rollenvorstellungen und -erwartungen weisen der Mutter die stärkere Verantwortung für das Kind zu (siehe Kapitel 4.2). Folglich werden die Frauen wesentlich stärker in ihrem Wohlbefinden von dem Ereignis der Geburt des Kindes berührt als die Männer. Die zweite Unterscheidung betrifft die erstmalige bzw. die wiederholte Erfahrung der Elternschaft. Neue, unbekannte Ereignisse sind bedrohlicher, beschäftigen uns stärker und verlangen größere Lern- und Anpassungsleistungen als vertraute Ereignisse. Demnach sollten Frauen, die ihr erstes Kind bekommen, die Veränderungen ihres Wohlbefindens besonders stark spüren. Für Frauen, die bereits ein Kind haben und nun ein weiteres bekommen, stellt sich die Situation etwas anders dar; sie sind nur in gewisser Hinsicht vergleichbar mit den neuen Müttern. Denn sie bekommen nicht nur ihr neues Baby, sie haben nach wie vor ein älteres Kind zu betreuen. Für sie ist die Herausforderung die, diese verschiedenen Anforderungen zu erfüllen.

Betrachten wir den Verlauf der Depressivität von der Schwangerschaft bis 18 Monate nach der Geburt des fokussierten Kindes (Zielkind), finden wir die erwarteten Gruppenunterschiede (siehe Abbildung 3.7 in Kapitel 3): Die Frauen zeigen in dieser Phase deutliche Schwankungen der Depressivität, während die Männer kaum beeindruckt sind von dem Familienereignis. Und die erste Elternschaft hat andere Auswirkungen auf das Befinden der Mütter als die Geburt eines weiteren Kindes. Um die Veränderungen beim Übergang zur Elternschaft genauer zu verstehen, nehmen wir die Erstgebärenden (also die „Erstmütter") schärfer in den Blick.

Für die gesamte Gruppe der Erstmütter zeigt sich ein umgekehrt U-förmiger Verlauf der Depressivität: Von der Schwangerschaft (T1) bis sechs Wochen nach der Entbindung (T2) steigt die Depressivität an, drei Monate nach der Entbindung (T3) zeigt sich bereits eine deutliche Erholung. Dieses Verlaufsmuster täuscht etwas über die Vielfalt der individuellen Verläufe und über die generelle Konstanz des Befindens hinweg. Dies wird deutlich, wenn man die Gruppe der Erstmütter weiter aufbricht. Wir bilden hierzu drei etwa gleich große Untergruppen von Erstmüttern: eine Gruppe von Frauen, denen es zu dem kritischen Zeitpunkt sechs Wochen nach der Entbindung besonders gut geht (ADS-Depressionsscores unter 10); eine zweite Gruppe von Frauen mit mittlerer Depressivität (ADS-Werte zwischen 10 und 16) und eine Gruppe von Frauen mit hoher Depressivität (ADS-Werte über 16).

Diese drei Gruppen von Erstmüttern unterscheiden sich nicht nur im Niveau der Depressivität, sie weisen auch grundverschiedene Verlaufsmuster auf (siehe Abbildung 5.2.2). Die Frauen mit niedriger Depressivität zeigen dieses gute Befinden konstant; nach der Entbindung kommt es sogar eher zu einer weiteren Verbesserung. Die Frauen mit mittlerer Depressivität erleben ebenfalls kaum Schwankungen; ab dem Zeitpunkt von 6 Wochen nach der Entbindung zeigt sich eine leichte, kontinuierliche Erholung. Die Frauen mit

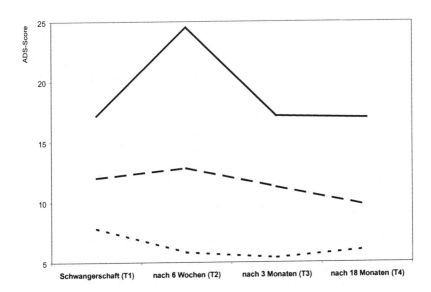

Abbildung 5.2.2: Verlauf der ADS-Depressivität von der Schwangerschaft bis 18 Monate nach der Geburt des Kindes für Erstmütter mit niedriger Depressivität (*N* = 29), mittlerer Depressivität (*N* = 26) und hoher Depressivität (*N* = 27)

generell schlechtem Befinden zeigen einen heftigen Ausschlag der Depressivitätkurve gleich nach der Geburt des Kindes. Diese relativ kleine Gruppe von Frauen – wir sprechen von einem Drittel der Erstmütter – ist also verantwortlich für das Gesamtbild, das in der Übersicht geschildert wurde.

Eine zweifaktorielle Varianzanalyse der ADS-Depressivitätswerte der Erstmütter mit dem Gruppenfaktor *Depressivitätsniveau* (niedrig, mittel, hoch) und dem Messwiederholungsfaktor *Zeitpunkt* (T1 bis T4) fördert neben dem Haupteffekt des Niveaus (F [2, 79] = 72.09; $p <$ .001 – dieser Befund ist trivial) und einem Zeiteffekt (F [3, 237] = 8.20; $p <$ .001) eine hoch signifikante Interaktion beider Faktoren zutage (F [6, 237] = 5.27; $p <$ .001). Die Depressivität entwickelt sich also sehr unterschiedlich für die drei Gruppen von Erstmüttern.

Dieses Ergebnis belegt die relativ hohe Stabilität des Befindens der Frauen im Übergang zur Elternschaft: Die Frauen, denen es während der Schwangerschaft gut geht, bleiben positiv gestimmt und gesund. Die Frauen, die bereits in der Schwangerschaft belastet und in ihrem Befinden beeinträchtigt sind, sind auch später depressiver. Sie sind außerdem empfindlicher für Belastungen und fallen gleich nach der Geburt des Kindes in eine Krise. Die Stabilität der Befindlichkeit wird ihre Ursachen auch in der Stabilität der sonstigen Bedingungen haben. Was die Frau schon während der Schwangerschaft belastet – Partnerschaftsprobleme, Unzufriedenheit mit der beruflichen Situation, Selbstzweifel hinsichtlich der eigenen Fähigkeiten als Mutter – wird die Frau auch nach der Ankunft des Kindes beschäftigen.

Die unterschiedlichen Verläufe zeigen jedoch auch die differenzielle Wirksamkeit von Bewältigungsprozessen. Der Anstieg der Depressivität löst bei den betroffenen Frauen Regulations- und Anpassungsmechanismen aus, die dann offenbar greifen. In die gleiche Richtung weist übrigens der negative Zusammenhang zwischen der Veränderung der Depressivität im ersten Zeitabschnitt (von T1 bis T2) und der Veränderung der Depressivität im zweiten Zeitabschnitt (von T2 bis T3): Je größer der Anstieg, desto größer die nachfolgende Abnahme der Depressivität.

Die Übernahme der Elternrolle unter problemverschärfenden Bedingungen

Lassen sich Faktoren ausmachen, die die Situation für die Mütter kurz nach der Entbindung weiter erschweren? Nimmt man die Depressivität der Frauen sechs Wochen nach der Geburt des Kindes als Maßstab, zeigen sich die Nachwirkungen eines schwierigen und komplikationsreichen Schwangerschaftsverlaufs. Die Frauen, bei denen sich über die Schwangerschaft hinweg viele Beschwerden und Komplikationen eingestellt hatten, zeigen nach der Entbindung eine erhöhte Depressivität ($r = .44$; $p < .001$). Demographische oder biographische Merkmale wie das Alter der Frau, die Dauer der Partnerschaftsbeziehung, die Höhe des Familieneinkommens oder die Wohnungsgröße zeigen hingegen keinerlei Verbindung zum Ausmaß der Depressivität zu diesem Zeitpunkt. Auch Angaben, die sich auf die Schwangerschaft und Geburt richten, wie die subjektive Erwünschtheit der Schwangerschaft oder das Geburtsgewicht des Kindes stehen nicht in Zusammenhang zur Depressivität der Mutter.

Betrachten wir die langfristigen Wirkungen dieser potentiellen Belastungsfaktoren, tauchen interessante Zusammenhänge auf (Tabelle 5.2.5). So weisen jene Mütter, die einen schwierigen Schwangerschaftsverlauf erlebt hatten, noch drei Jahre nach der Geburt des Kindes (T5) erhöhte Depressivitätswerte auf. Andere Belastungen zeigen erst über dieses Zeitintervall von gut drei Jahren ihre Wirkung: Die Höhe des während der Schwangerschaft erfragten Familieneinkommens steht in negativer Verbindung zur späteren Depressivität der Frau. Die Übernahme der Elternrolle in einer finanziell angespannten Situation mindert also auf längere Sicht das Wohlbefinden der Mütter. Auch das Alter der Mutter steht in negativem Zusammenhang zur Depressivität der Mutter: Je älter die Mutter, desto niedriger die Depressivität drei Jahre nach der Geburt des Kindes. Offenbar fördert die Lebenserfahrung die Anpassung an die gewandelte Lebenssituation. Umgekehrt benötigen sehr

Tabelle 5.2.5: Korrelation von Befindlichkeitsindikatoren der Frau (T5 = drei Jahre nach der Geburt des Kindes) mit Belastungs- und Resilienzfaktoren

	Depressivität	Selbstdiskrepanz	Selbstvertrauen
Biographische Daten:			
Alter der Frau	-.18*	-.21*	.21**
Partnerschaftsdauer	-.15	-.09	-.04
Belastungsfaktoren:			
Haushaltseinkommen (T1)[a]	-.25**	-.12	.05
Wochenarbeitszeit des Partners (T1)	-.07	.05	.05
Stressigkeit des eigenen Berufs (T1)	.36***	.19*	-.13
Schwangerschaftsbeschwerden (T1)	.38***	.37***	-.26**
‚Schwierigkeit' des Kindes (KIM, T3)	.21*	.24**	-.27***
Entwicklungsstand des Kindes (MFE, T4)	.11	.00	.11
Individuelle Lebenspläne:			
Geplantheit der Schwangerschaft (T5)[a]	-.19*	-.01	.03
Erwünschtheit des Kindes (T1)	-.06	-.07	-.02
emotionale Reaktion (T1)	-.05	-.01	-.08
berufliche Zufriedenheit (T1)	-.12	-.12	.16
Attraktivität der Hausfrauenrolle (T1)	-.07	-.12	-.04
Traditionelle Rollenauffassungen (SEK, T5)	-.08	-.11	.12
Kontroll- und Kompetenzerleben:			
allgemeines Selbstvertrauen (SEBE-SK, T1)	-.29***	-.33***	*.64***
rollenspez. Kompetenzüberzeug. (VKE, T1)	-.04	-.26**	.30***
attributive Verantwortungsübernahme (T1)	-.24**	-.04	.04
Persönlichkeitsmerkmale:			
Instrumentalität (T1)	-.11	-.34***	.50***
Expressivität (T1)	.10	.06	.05
emotionale Stabilität (T1)	-.30***	-.37***	.33***
Selbstdiskrepanz (T1)	.34***	*.59***	-.34***
Hartnäckigkeit der Zielverfolgung (TEN, T3)	-.07	-.19*	.33***
Flexibilität der Zielanpassung (FLEX, T3)	-.17*	-.36***	.34***
Soziale und familiale Ressourcen:			
familiäre Sozialisationserfahrung (KIMI-KE, T2)	.01	.11	.12
Rollenkompetenz des Partners (VKE, T1)	.00	-.06	.11
Unterstützung durch den Partner (T5)	-.22**	-.17*	.09
Soziale Netzwerke (T1)	-.24*	-.13	.26**

Anmerkungen: Die Stabilitätskoeffizienten sind kursiv gesetzt.   [a] Spearman-Rangkorrelation
$N = 114$-152   * $p < .05$ ** $p < .01$ *** $p < .001$ (zweiseitige Tests)

junge Mütter u. U. eine gezielte Förderung und Unterstützung. Die Hinweise auf die langfristigen Auswirkungen eingeschränkter finanzieller Ressourcen beim Übergang in die Elternschaft drängen nach familienpolitischen Unterstützungsleistungen für diese Zielgruppe junger Eltern.

Bewältigungsprozesse

Belastungen, also Stressoren, Einschränkungen oder Verluste, werden von den Menschen unterschiedlich verarbeitet. Die Qualität oder Effektivität der Belastungsverarbeitung lässt sich an Indikatoren der Befindlichkeit messen, wobei die langfristige Anpassung an dem resultierenden Befinden drei Jahre nach der Geburt des Kindes abgelesen werden kann. Das Befinden lässt sich einmal allgemein oder bereichsübergreifend fassen. Wir betrachten hierzu die *Depressivität* (erfasst über die „Allgemeine Depressionsskala" ADS), die *Selbstdiskrepanz* (definiert als Diskrepanz zwischen gewünschtem und tatsächlichem Selbstbild) und das *allgemeine Selbstvertrauen* der Person (modifizierte SEBE-Skala) drei Jahre nach der Geburt des Kindes. Daneben ist jedoch auch das Erleben und die Bewältigung der Elternrolle von Interesse. Als bereichsspezifische Befindlichkeits- und Bewältigungsindikatoren betrachten wir die *Unzufriedenheit in der Elternrolle* (EMKK-Items zur Frustration in der Elternrolle und zur mangelnden Freude am Kind), die EMKK-Skalen *Überprotektives Verhalten* und *Überforderung mit Gewaltneigung* sowie die *Bewertung der eigenen Rollenausübung* (gewichtetes SEK-Maß).

In Tabelle 5.2.5 sind die korrelativen Zusammenhänge der allgemeinen Befindlichkeitsindikatoren zu wichtigen Belastungs- und Resilienzfaktoren aufgeführt. Ein schlechteres allgemeines Befinden der Mütter drei Jahre nach der Geburt des Kindes lässt sich vorhersagen anhand von niedrigem Haushaltseinkommen vor der Geburt, hoher Stressigkeit des (zuletzt) ausgeübten Berufs, vielfältigen und häufigen Schwangerschaftsbeschwerden und hoher wahrgenommener Schwierigkeit des Kindes. Die Verträglichkeit der Elternrolle mit den individuellen Lebensplänen und Zielperspektiven der Mutter steht dagegen in keinem Zusammenhang zum späteren allgemeinen Befinden. Lediglich die niedrige Geplantheit der Schwangerschaft geht mit höherer späterer Depressivität einher. Aufschlussreich ist die Wirkung des Kontroll- und Kompetenzerlebens der Mutter auf die Qualität der Anpassung: Ein geringes allgemeines Selbstvertrauen, niedrige selbstzugeschriebene Rollenkompetenz sowie die fehlende Identifikation mit der Elternschaft (verstanden als attributive Übernahme der Verantwortung für den Eintritt der Schwangerschaft) lassen eine schlechtere allgemeine Anpassung der Frau erwarten.

Differentielle Anpassungseffekte zeigen eine ganze Reihe von Persönlichkeitsmerkmalen. So sagt eine hohe Instrumentalität der Frau eine bessere Bewältigung des Übergangs voraus. Eine ausgeprägte emotionale Stabilität sowie eine geringe Selbstdiskrepanz gelten ebenfalls als protektive Faktoren. Diese letztgenannten Merkmale beschreiben ihrerseits bereits das Befinden; die längsschnittlich gefundenen Korrelationen verweisen somit auch auf die Stabilität der allgemeinen Anpassung: Frauen, die bereits während der Schwangerschaft zu den Zufriedeneren, Ausgeglicheneren und Handlungsfähigeren gehören, weisen auch Jahre später ein besseres allgemeines Befinden auf. Auch die dispositionellen Bewältigungsstile der hartnäckigen Zielverfolgung und der flexiblen Zielanpassung zeigen ihre Adaptivität. Die Neigung, gesetzte Ziele auch angesichts von Schwierigkeiten und Barrieren weiter zu verfolgen, geht mit einer niedrigeren resultierenden Selbstdiskrepanz und einem höheren resultierenden Selbstvertrauen einher. Insbesondere aber die Fähigkeit, die eigenen Lebensziele flexibel an die Situation anzupassen, auch negativen Erfahrungen positive Bedeutungen zuzuschreiben und selbst in Niederlagen und Verlusten Sinn zu finden, fördert die Anpassung drei Jahre nach dem Übergangsereignis. Insgesamt kommt den dispositionellen Bewältigungsmustern eine große Rolle für die Befindlichkeitsentwicklung zu. Vergleichsweise mäßig, aber dennoch nachweisbar, sind die Entlastungswirkungen unterschiedlicher Formen der sozialen Unterstützung. Sowohl die Unterstützung durch den Partner als auch die Hilfe durch das soziale Netzwerk der Frau tragen zu einem langfristig besseren Befinden bei.

Die Anpassung an die Aufgaben und Herausforderungen der Elternrolle lässt sich anhand der bereichsspezifischen Befindlichkeitsindikatoren bestimmen. In Tabelle 5.2.6 ist zusammengestellt, inwiefern die betrachteten Belastungs- und Resilienzfaktoren die Bewältigung der Mutterrolle drei Jahre nach der Geburt des Kindes vorhersagen. Hier nehmen wir zunächst die *Unzufriedenheit der Frau* in den Blick (hohe Frustration in der Mutterrolle, geringe Freude am Kind). Einen ersten überraschenden Befund liefert das Haushaltseinkommen: Je höher das Einkommen der Familie vor dem Übergangsereignis, desto größer ist die spätere Unzufriedenheit der Frau in ihrer Elternrolle. Dieser merkwürdige Zusammenhang lässt sich durch das hohe berufliche Engagement der Männer in diesen Familien erklären. Denn der Zeitumfang, in dem der Mann sich dem Beruf widmet, korreliert ebenfalls deutlich mit der Unzufriedenheit der Frau in der Mutterrolle (nicht aber mit ihrem allgemeinen Befinden; vgl. Tabelle 5.2.5). Erlebt die Frau schon die Schwangerschaft als beschwerdenreich oder erlebt sie schon das drei Monate alte Kind (T3) insgesamt als schwierig, setzt sich dies leicht in einer schlechten Rollenanpassung fort. Von prognostischem Wert für das spätere Rollenerleben ist außerdem, inwiefern die Elternschaft in die persönliche Lebensplanung der Frau hineinpasst. Eine positive emotionale Reaktion auf die Kenntnis der Schwangerschaft, eine hohe Attraktivität der Hausfrauenrolle sowie traditionelle Geschlechtsrollenauffassungen der Frau (Brotverdiener-Funktion des Mannes, familiäre Aufgaben für die Frau) gehen mit einer geringen Unzufriedenheit drei Jahre später einher. Als weitere protektive Faktoren erweisen sich stark ausgeprägte rollenspezifische Kompetenzüberzeugungen sowie geringe Selbstzweifel. Der akkommodative Bewältigungsstil, also die Fähigkeit, die eigenen Handlungs- und Entwicklungsziele an die faktisch vorgegebenen Beschränkungen und Grenzen anzupassen, zeigt erneut seine Wirkung. Die flexibleren Mütter sind drei Jahre nach der Geburt des Kindes deutlich zufriedener in der neuen Rolle. Schließlich prägen auch die sozialen und familialen Ressoucen den Anpassungserfolg. Die erinnerte eigene Sozialisationserfahrung – erfasst wurde hier ein Erziehungsstil, der durch hohe elterliche Kontrolle und starken Ehrgeiz gekennzeichnet ist – wirkt sich demnach auf die Zufriedenheit in der selbst ausgeübten Elternrolle aus. Daneben erleichtert die Unterstützung durch ein schon vor dem Übergang verfügbares soziales Netzwerk die langfristige Anpassung.

Zwei weitere Facetten des Erlebens und Verhaltens in der Elternrolle beleuchten unterschiedliche Formen der Unsicherheit und Überforderung. *Überprotektives Verhalten* meint die Neigung zu ungerechtfertigter und übertriebener Sorge um das Kind, die als belastend erlebt wird. *Überforderung mit Gewaltneigung* bezeichnet die Tendenz, aggressive Impulse gegen das Kind tatsächlich auszuagieren. Die gleichförmigen Korrelationsmuster, die diese beiden Indikatoren in Bezug auf die Belastungs- und Resilienzfaktoren aufweisen, deuten darauf hin, dass dieselben Bedingungen zu verschiedenen Fehlanpassungen und Problemen führen können. Als Risikofaktor gilt die Wahrnehmung des Kindes als allgemein schwierig. Weitere Bedingungen dieser beiden Problemverhaltensweisen sind niedrige allgemeine und rollenbezogene Kompetenzüberzeugungen, eine geringe emotionale Stabilität und hohe Selbstdiskrepanz, geringe akkommodative Flexibilität sowie geringe soziale Unterstützung durch Dritte. Eine spezifische Bedingung der späteren Überfürsorge ist das Ausmaß der Schwangerschaftsbeschwerden, was vermuten lässt, dass Mutter oder Kind aufgrund medizinischer Risiken womöglich der besonderen Vorsicht und Behutsamkeit bedürfen, oder dass die Frau durch den schwierigen Schwangerschaftsverlauf in besonderer Weise für jedwede Gefährdung des Kindes sensibilisiert ist. Spezifische Faktoren, die die Gewaltneigung der Mutter fördern, sind nicht-traditionelle normative Rollenvorstellungen sowie eine niedrige Instrumentalität.

Mit Blick auf die Bewertung der eigenen Rollenausübung erweisen sich traditionelle Rollenerwartungen, hohes allgemeines und rollenspezifisches Selbstvertrauen, hohe Instrumentalität, hohe Expressivität, geringe Selbstdiskrepanz, akkommodative Flexibilität sowie soziale Unterstützung als günstig.

Die Bewältigung der Vaterschaft analysieren wir dementsprechend. In Tabelle 5.2.7 sind die Prognosefaktoren für die allgemeine Befindlichkeit der Männer drei Jahre nach der Geburt des Kindes zusammengetragen. Die resultierende *Depressivität* des Mannes korreliert positiv mit dem Ausmaß der initialen beruflichen Belastung (hoher beruflicher Stress, niedrige berufliche Zufriedenheit), jedoch negativ mit dem Umfang der Berufstätigkeit. Dieses

Tabelle 5.2.6: Korrelation ausgewählter Indikatoren der Anpassung der Frau an die Elternrolle (T5 = drei Jahre nach der Geburt des Kindes) mit Belastungs- und Resilienzfaktoren

	Erleben der Elternrolle (EMKK)			Bewertung der eigenen Rollenausübung (SEK)
	Unzufriedenheit	Überprot.	Gewalt	
Biographische Daten:				
Alter der Frau	.00	-.17*	-.10	.04
Partnerschaftsdauer	-.05	.00	-.15	.07
Belastungsfaktoren:				
Haushaltseinkommen (T1)[a]	.18*	-.07	-.02	.02
Wochenarbeitszeit des Partners (T1)	.20*	-.15	.00	.05
Stressigkeit des eigenen Berufs (T1)	.09	.14	.12	-.08
Schwangerschaftsbeschwerden (T1)	.22**	.35**	.13	-.12
‚Schwierigkeit' des Kindes (KIM, T3)	.22**	.24**	.21*	-.12
Entwicklungsstand des Kindes (MFE, T4)	-.06	.09	-.13	.06
Individuelle Lebenspläne:				
Geplantheit der Schwangerschaft (T5)[a]	-.04	-.09	-.14	.09
Erwünschtheit des Kindes (T1)	-.14	.02	.06	-.03
emotionale Reaktion (T1)	-.23**	.11	.01	-.04
berufliche Zufriedenheit (T1)	-.03	-.08	-.15	.03
Attraktivität der Hausfrauenrolle (T1)	-.26**	-.05	-.08	.15
Traditionelle Rollenauffassungen (SEK, T5)	-.24**	-.03	-.17*	.30***
Kontroll- und Kompetenzerleben:				
allgemeines Selbstvertrauen (SEBE-SK, T1)	-.12	-.29***	-.23**	.19*
rollenspez. Kompetenzüberzeug. (VKE, T1)	-.34***	-.29***	-.41***	.25**
attributive Verantwortungsübernahme (T1)	.08	-.05	-.03	-.08
Persönlichkeitsmerkmale:				
Instrumentalität (T1)	-.04	-.07	-.24**	.22**
Expressivität (T1)	-.13	.02	-.15	.17*
emotionale Stabilität (T1)	-.22	-.32***	-.18*	.14
Selbstdiskrepanz (T1)	.17*	.32***	.23**	-.25**
Hartnäckigkeit der Zielverfolgung (TEN, T3)	.03	.07	-.15	.06
Flexibilität der Zielanpassung (FLEX, T3)	-.27**	-.19*	-.22**	.30***
Soziale und familiale Ressourcen:				
famil. Sozialisationserfahrung (KIMI-KE, T2)	.24**	.01	.08	-.04
Rollenkompetenz des Partners (VKE, T1)	-.15	-.08	-.12	.11
Unterstützung durch den Partner (T5)	-.15	-.01	-.10	.30***
Soziale Netzwerke (T1)	-.33***	-.19*	-.20*	.33***

Anmerkungen: [a] Rangkorrelation. $N = 114-154$ $*\,p < .05$ $**\,p < .01$ $***\,p < .001$ (zweiseitig)

379

Ergebnis bleibt erklärungsbedürftig, zumal Wochenarbeitszeit und Berufszufriedenheit unkorreliert sind ($r = .04$; n. s.). Das allgemeine Vertrauen des Mannes in die eigene Person wie das Zutrauen, den Anforderungen der Vaterrolle gerecht werden zu können, sagen eine niedrige Depressivität voraus. Gleiches gilt für die emotionale Stabilität sowie das Fehlen von Identitätsbzw. Selbstbildproblemen (Selbstdiskrepanz). Unter den sozialen und familialen Ressourcen treten die kindlichen Sozialisationserfahrungen des Mannes (Fehlen eines von Kontrolle und Ehrgeiz geprägten elterlichen Erziehungsstils) sowie die Entlastung durch die Partnerin (zugeschriebene Rollenkompetenz der Frau, erhaltene Unterstützung) als Schutzfaktoren hervor.

Wählt man das allgemeine Selbstvertrauen des Mannes als Indikator für dessen Befinden drei Jahre nach der Geburt des Kindes, zeigen sich insgesamt ähnliche Zusammenhänge. Die Erfahrungen im Beruf können, so sie positiv ausfallen (niedriger Stress, hohe Zufriedenheit), als eine Ressource wirken, die das Selbstvertrauen stärkt. Negative Erfahrungen in der Berufsrolle (hoher Stress, geringe Zufriedenheit) können das Selbstvertrauen unterminieren. Die Kompatibilität der Elternrolle mit den Lebensplänen, den Handlungs- und Rollenpräferenzen des Mannes ist ebenfalls bedeutsam für das spätere Selbstvertrauen des Vaters. Hohe initiale Erwünschtheit des Kindes und traditionelle Einstellungen zu den Geschlechtsrollen lassen ein hohes Selbstvertrauen des Mannes erwarten. Die enge Verknüpfung zwischen dem Zutrauen in die eigene Rollenkompetenz und dem drei Jahre später erfassten allgemeinen Selbstvertrauen verweisen (wegen der thematischen Nähe beider Merkmale) eher auf die Validität der Erhebungsinstrumente und (wegen der zeitversetzten Messzeitpunkte) auf die normative Stabilität dieser Merkmale. Erwartungskonform und substanziell sind die längsschnittlichen Korrelationen des Selbstvertrauens zu sämtlichen fokussierten Persönlichkeitsmerkmalen. Sehr hoch fallen die Bezüge zur Instrumentalität, zur Selbstkongruenz (Übereinstimmung von Wunschbild und tatsächlicher Selbstwahrnehmung) sowie zur assimilativen Hartnäckigkeit aus. Deutlich nachweisbar sind auch die Wirkungen aller in dieser Analyse berücksichtigten sozialen und familiären Ressourcen auf das Selbstvertrauen des Mannes.

Durchweg erwartungsgemäß, wenngleich tendenziell schwächer sind die Beziehungen der identifizierten Belastungs- und Resilienzfaktoren auf die *Selbstdiskrepanz* des Mannes drei Jahre nach dem Ereignis. Dieses Merkmal ist dabei über das Zeitintervall von rund drei Jahren bei Frauen und Männern gleich stabil.

Wie lässt sich nun aber die bereichsspezifisch erfasste Anpassung der Männer anhand der Faktorenliste vorhersagen? Die Korrelationswerte sind in Tabelle 5.2.8 aufgelistet. Die spätere *Unzufriedenheit in der Vaterrolle* variiert deutlich mit der initialen beruflichen Belastung, der recht früh wahrgenommenen Schwierigkeit des Kindes und der damaligen Haltung des werdenden Vaters zur Elternschaft (Erwünschtheit der Schwangerschaft).

Tabelle 5.2.7: Korrelation ausgewählter Indikatoren der Befindlichkeit des Mannes (T5 = drei Jahre nach der Geburt des Kindes) mit Belastungs- und Resilienzfaktoren

	Depressivität	Selbstdiskrepanz	Selbstvertrauen
Biographische Daten:			
Alter des Mannes	-.15	-.02	.03
Partnerschaftsdauer	-.07	.00	.06
Belastungsfaktoren:			
Haushaltseinkommen (T1) [a]	-.17	-.13	.01
Wochenarbeitszeit (T1)	-.20*	-.05	-.04
Stressigkeit des Berufs (T1)	.32***	.07	-.29**
berufliche Zufriedenheit (T1)	-.31***	-.13	.30***
‚Schwierigkeit' des Kindes (KIM, T3)	.16	.14	-.11
Entwicklungsstand des Kindes (MFE, T4)	-.07	-.07	.02
Individuelle Lebenspläne:			
Geplantheit der Schwangerschaft (T5) [ab]	-.07	-.06	-.03
Erwünschtheit des Kindes (T1)	-.13	-.18*	.27**
emotionale Reaktion (T1)	-.14	-.12	.15
Traditionelle Rollenauffassungen (SEK, T5)	-.08	.04	.25**
Kontroll- und Kompetenzerleben:			
allgemeines Selbstvertrauen (SEBE-SK, T1)	-.31***	-.29***	*.65***
rollenspez. Kompetenzüberzeugungen (VKE, T1)	-.25**	-.35***	.40***
attributive Verantwortungsübernahme (T1)	.04	.00	.06
Persönlichkeitsmerkmale:			
Instrumentalität (T1)	-.06	-.22*	.41***
Expressivität (T1)	.04	-.15	.20*
emotionale Stabilität (T1)	-.17*	-.24**	.27**
Selbstdiskrepanz (T1)	.26**	*.60***	-.42***
Hartnäckigkeit der Zielverfolgung (TEN, T3)	-.17	-.31***	.45***
Flexibilität der Zielanpassung (FLEX, T3)	-.04	-.25**	.29**
Soziale und familiale Ressourcen:			
familiäre Sozialisationserfahrung (KIMI-KE, T2)	.27**	.07	-.23**
Rollenkompetenz der Partnerin (VKE, T1)	-.26**	-.21*	.31***
Unterstützung durch die Partnerin (T5)	-.39***	-.27**	.33***
Soziale Netzwerke (T1)	-.16	-.33**	.32**

Anmerkungen: Stabilitätskoeffizienten kursiv.   [a] Rangkorrelation   [b] Angaben der Partnerin
   $N = 88-138$ * $p < .05$ ** $p < .01$ *** $p < .001$ (zweiseitige Tests)

Eine wichtige Komponente für das Aufkommen von Unzufriedenheit ist das Erleben von Kontrolle bzw. Hilflosigkeit. Je niedriger das Zutrauen des werdenden Vaters in die eigenen Fähigkeiten und in die eigenen Fähigkeiten als Vater, desto größer die nachfolgende Unzufriedenheit. Eine gering ausgeprägte Expressivität des Mannes, niedrige emotionale Stabilität und hohe Selbstdiskrepanz sagen zusätzlich eine höhere Unzufriedenheit voraus. Eindeutig zeigt sich wieder die adaptive Funktion sowohl der dispositionellen Tendenz, gesetzte Ziele hartnäckig zu verfolgen, als auch der Fähigkeit, diese Ziele entsprechend ihrer Realisierungsmöglichkeiten flexibel aufzugeben oder anzupassen. Außerdem trägt die Unterstützung durch die Partnerin dazu bei, Unzufriedenheit des Mannes in seiner Vaterrolle abzuwehren.

Die Bedingungen, unter denen überfürsorgliches Verhalten und die Neigung zu Gewalt auftreten, sind bei den Vätern unterschiedlich. *Überfürsorge* des Vaters resultiert unseren Befunden zufolge in Abhängigkeit von beruflichem Stress, geringem Selbstvertrauen und niedriger emotionaler Stabilität. Eine *Überforderung mit der Neigung zu Gewalt* entsteht hingegen bei einer kontinuierlich kritischen Haltung zur Elternschaft und zum Kind (niedrige Erwünschtheit sowie negative emotionale Bewertung der Schwangerschaft, hohe perzipierte Schwierigkeit des drei Monate alten Kindes, geringe eigene Rollenkompetenz). Weitere Risikofaktoren der Gewaltneigung sind eine geringe berufliche Zufriedenheit, niedrige Expressivität (Fehlen sozial-emotionaler Persönlichkeitszüge), hohe Selbstdiskrepanz, schwach ausgeprägte assimilative und akkommodative Bewältigungskompetenzen sowie die fehlende erlebte Unterstützung durch die Partnerin.

Die *Bewertung der eigenen Ausübung der Vaterrolle* variiert mit der initialen Haltung zur Elternschaft (Erwünschtheit und emotionale Bewertung der Schwangerschaft), der Präferenz für eine traditionelle Rollenverteilung zwischen den Partnern, einem günstigen Kompetenz- und Kontrollerleben (allgemeine und rollenbezogene Fähigkeiten), der Expressivität und emotionalen Stabilität des Mannes und dem Fehlen von Identitätsproblemen, einem assimilativen Bewältigungsstil sowie dem Ausmaß der verfügbaren familialen Ressourcen (erfahrener Erziehungsstil, faktische Unterstützung durch die Partnerin).

Zusammenfassend lassen sich also sehr viele Faktoren ausmachen, die für die Bewältigung der Elternschaft maßgeblich sind. Die zentralen Bedingungsfaktoren einer erfolgreichen Anpassung konnten identifiziert werden. Bewältigungskompetenzen und soziale Ressourcen sind insbesondere dann gefragt, wenn die Belastungen und Stressoren extrem auf die Person einwirken. Individuelle oder soziale Ressourcen schirmen die Person gegen widrige Einflüsse ab, tragen also zum Erhalt eines positiven Befindens bei.

Zur empirischen Prüfung einer solchen Pufferwirkung empfiehlt sich die Moderatoranalyse (Baron & Kenny, 1986). In einer hierarchischen Regressionsanalyse wird das Kriterium in einem ersten Schritt vorhergesagt anhand

Tabelle 5.2.8: Korrelation ausgewählter Indikatoren der Anpassung des Mannes an die Elternrolle (T5 = drei Jahre nach der Geburt des Kindes) mit Belastungs- und Resilienzfaktoren

	Erleben der Elternrolle (EVKK)			Bewertung der eigenen
	Unzufriedenheit	Überprot.	Gewalt	Rollenausübung (SEK)
Biographische Daten:				
Alter des Mannes	-.06	-.03	-.12	.04
Partnerschaftsdauer	-.16	-.08	-.10	-.05
Belastungsfaktoren:				
Haushaltseinkommen (T1) [a]	-.06	-.06	-.13	.09
Wochenarbeitszeit (T1)	-.17	-.01	.02	-.07
Stressigkeit des Berufs (T1)	.18*	.29**	.08	-.04
berufliche Zufriedenheit (T1)	-.19*	-.07	-.19*	.11
‚Schwierigkeit' des Kindes (KIM, T3)	.24**	.17	.24**	-.17+
Entwicklungsstand des Kindes (MFE, T4)	-.17	.00	-.05	.05
Individuelle Lebenspläne:				
Geplantheit der Schwangerschaft (T5) [ab]	-.07	.04	-.06	.00
Erwünschtheit des Kindes (T1)	-.18*	.03	-.26**	.25**
emotionale Reaktion (T1)	-.11	-.01	-.21*	.26**
Traditionelle Rollenauffassungen (SEK, T5)	-.01	.06	.02	.45***
Kontroll- und Kompetenzerleben:				
allgemeines Selbstvertrauen (SEBE-SK, T1)	-.24**	-.17*	-.10	.23**
rollenspez. Kompetenzüberzeug. (VKE, T1)	-.26**	-.09	-.21*	.20*
attributive Verantwortungsübernahme (T1)	-.05	-.02	.01	.06
Persönlichkeitsmerkmale:				
Instrumentalität (T1)	-.15	.09	-.09	.06
Expressivität (T1)	-.25**	.06	-.21*	.20*
emotionale Stabilität (T1)	-.14	-.27**	-.01	.18*
Selbstdiskrepanz (T1)	.17*	.11	.18*	-.21*
Hartnäckigkeit der Zielverfolgung (TEN, T3)	-.32***	.07	-.30**	.15+
Flexibilität der Zielanpassung (FLEX, T3)	-.23**	-.15	-.19*	.24**
Soziale und familiale Ressourcen:				
famil. Sozialisationserfahrung (KIMI-KE, T2)	.13	.05	.03	-.17+
Rollenkompetenz der Partnerin (VKE, T1)	-.15	-.02	-.15	.08
Unterstützung durch die Partnerin (T5)	-.30***	-.08	-.28**	.26**
Soziale Netzwerke (T1)	-.15	-.08	-.20	-.24*

Anmerkungen: Stabilitätskoeffizienten kursiv.   [a] Rangkorrelation   [b] Angaben der Partnerin
$N = 88\text{-}137$ * $p < .05$ ** $p < .01$ *** $p < .001$ (zweiseitige Tests)

des Belastungsfaktors (Prädiktor) und des Schutzfaktors (Moderator). Die Regressionsgewichte für Prädiktor und Moderator geben Aufschluss über die Haupteffekte dieser Faktoren. Im zweiten Schritt wird die Prädiktorenliste ergänzt um den Produktterm von Prädiktor- und Moderator. Das Regressionsgewicht für diese Produktvariable repräsentiert die Interaktion beider Faktoren. Zur graphischen Veranschaulichung einer Moderationsbeziehung werden die bedingten Regressionen der Kriteriumsvariablen auf die Prädiktorvariable für unterschiedliche Ausprägungen der Moderatorvariablen berechnet und illustriert (z. B. Abb. 5.2.3). Alternativ hierzu können diese bedingten Regressionen auch über das Regressionsgewicht für die Prädiktorvariable dargestellt werden, da die Stärke des Zusammenhangs mit der Ausprägung der Moderatorvariablen variiert.

Die Ergebnisse der mit den Daten der Frauen durchgeführten Moderatoranalysen belegen die protektive Wirkung einer ganzen Reihe von Faktoren (Tabelle 5.2.9). So steigt die Depressivität der Frau drei Jahre nach der Ge-

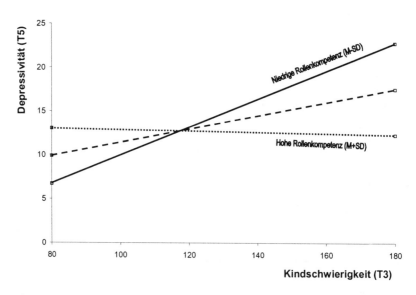

Abbildung 5.2.3: Die Abhängigkeit der Depressivität der Frau (T5) von der wahrgenommenen Schwierigkeit des Kindes (T3) bei Müttern mit niedriger, durchschnittlicher und hoher selbsteingeschätzter Rollenkompetenz

Tabelle 5.2.9: Regression von Befindlichkeitsindikatoren der Frau drei Jahre nach der Geburt des Kindes (Kriterium) auf Belastungsindikatoren (Prädiktor) moderiert durch protektive Faktoren (Moderator)

	1. Schritt		2. Schritt		
	$b_{Präd.}$	$b_{Mod.}$	$b_{P \times M}$	R^2	N
Kriterium: Depressivität (T5)					
Präd.: Kindschwierigkeit (T3); Mod.: Rollenkompetenz	.21*	-.03	-1.47*	.07*	146
Kriterium: Selbstdiskrepanz (T5)					
Präd.: Beschwerden (T1); Mod.: Geplantheit der Schw.	.37***	.04	-1.99***	.20***	145
Präd.: Beschw. (T1); Mod.: Rollenkompetenz	.37***	-.04	-1.21+	.16***	150
Präd.: Beschw. (T1); Mod.: Trad. Rollenauffassungen	.38***	-.15+	-1.49+	.18***	148
Präd.: Beschw. (T1); Mod.: Verantwortungsübernahme	.37***	.02	-1.17*	.17***	150
Präd.: Beschw. (T1); Mod.: Flexibilität	.35***	-.32***	-1.70**	.29***	144
Präd.: Kindschwierigkeit (T3); Mod.: Trad. Rollenauff.	.25**	-.13	-1.28+	.09**	144
Präd.: Kindschw. (T3); Mod.: Selbstvertrauen	.18*	-.31***	-1.47*	.17***	143
Präd.: Kindschw. (T3); Mod.: Instrumentalität	.12	-.32***	-1.10+	.15***	141
Präd.: Kindschw. (T3); Mod.: Flexibilität	.15+	-.31***	-1.22**	.19***	146
Präd.: Kindschw. (T3); Mod.: Soziale Unterstützung	.31**	-.05	-1.74*	.15***	109
Präd.: Hausarbeit (T3); Mod.: Flexibilität	.06	-.39***	-2.06+	.18***	130
Selbstbewertung der Rollenausübung (T5)					
Beschwerden (T1); Geplantheit der Schwangerschaft	-.09	.07	1.29*	.04	145
Beschw. (T1); Erwünschtheit der Schwangerschaft	-.12	-.02	1.34*	.04	150
Beschw. (T1); Verantwortungsübernahme	-.13	-.10	.97+	.04	150
Zufriedenheit mit der Verteilung der Hausarbeit (T5)					
Hausarbeit (T5); Attraktivität der Hausfrauenrolle	-.38***	-.18*	2.00*	.20***	141

Anmerkungen: R^2 Varianzaufklärung im vollständigen Modell.
+ $p < .10$ * $p < .05$ ** $p < .01$ *** $p < .001$ (zweiseitige Tests)

burt des Kindes mit dem Ausmaß der wahrgenommenen ‚Schwierigkeit' des Kindes an. Dieser Zusammenhang fällt bei niedriger selbstzugeschriebener Rollenkompetenz der Mutter deutlich aus, verschwindet bei hoher Rollenkompetenz jedoch völlig (siehe Abbildung 5.2.3). Hilflosigkeit angesichts eines Kindes, das schwierig zu betreuen ist, mündet also leicht in einer depressiven Symptomatik. Die Fähigkeit zur kompetenten Ausübung der Mutterrolle schützt vor dieser Entwicklung.

Die Bewältigung des Übergangs in die Elternschaft wird bereits durch den Schwangerschaftsverlauf vorbestimmt. Ausmaß und Häufigkeit der Beschwerden, mit denen die Schwangere zu kämpfen hat, wirken sich auf die Zufriedenheit mit der eigenen Person aus. Je beschwerlicher und belastender die Schwangerschaft verläuft, desto größer die Selbstwert- und Identitätsprobleme (verstanden als mangelnde Übereinstimmung von gewünschtem und tatsächlichem Selbstbild). Ob sich die Belastung durch einen komplizierten Schwangerschaftsverlauf in einer hohen Unzufriedenheit mit der eigenen Person widerspiegelt, hängt nun ganz entscheidend von der Geplantheit dieser Schwangerschaft ab (Abbildung 5.2.4). Nur diejenigen Mütter zeigen drei Jahre nach der Entbindung größere Selbstbildprobleme, die trotz Verhütungsversuchen schwanger geworden waren. War die Schwangerschaft geplant und gezielt herbeigeführt, besitzen die Schwangerschaftsbeschwerden keinerlei Auswirkungen auf die Selbstbewertung. In ähnlicher Weise prägt die Geplantheit der Schwangerschaft auch den Einfluss von Schwangerschaftsbeschwerden auf die spätere Selbstbewertung der Rollenausübung durch die Mutter.

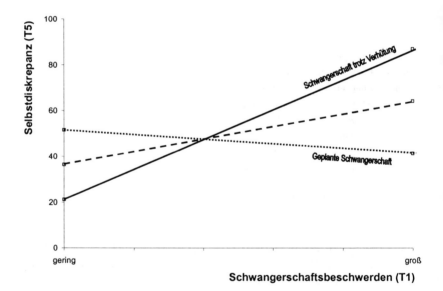

Abbildung 5.2.4: Der Einfluss von Schwangerschaftsbeschwerden (T1) auf die resultierende Selbstdiskrepanz der Frau (T5) bei unterschiedlichen Graden der Geplantheit der Schwangerschaft (Schwangerschaft trotz Verhütung; in Kauf genommene Schwangerschaft; geplante Schwangerschaft)

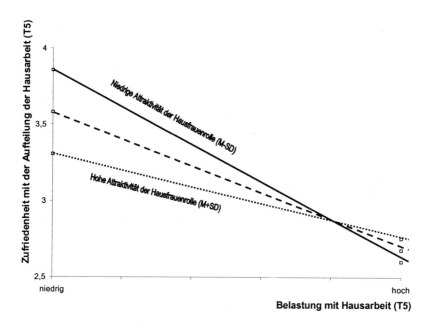

Abbildung 5.2.5: Die Zufriedenheit der Frau mit der Aufteilung der Hausarbeit (T5) in Abhängigkeit von der tatsächlichen Belastung der Frau mit der Hausarbeit (T5) bei Frauen, für die die Hausfrauenrolle unterschiedlich attrakiv ist

Ein weiteres Ergebnis aus den in der Tabelle zusammengefassten Moderatorbefunden ist bemerkenswert. Die Passung von Aufgaben und Beschränkungen, die mit der Mutterrolle verbunden sind, und den persönlichen Rollenpräferenzen zeigt sich eindrucksvoll in der Zufriedenheit mit der Allokation der Hausarbeit (Abbildung 5.2.5). Je stärker die Hausarbeit allein an der Frau hängenbleibt, desto niedriger ihre Zufriedenheit. Je mehr sich der Partner an der Hausarbeit beteiligt und die Belastung der Frau sinkt, desto größer ihre Zufriedenheit. Dieser allgemeingültige Zusammenhang verschärft sich bei niedriger Attraktivität der Hausfrauenrolle: Je aversiver die Hausfrauenrolle für die Frau ist, desto stärker trägt die Entlastung durch den Partner zur Zufriedenheit der Frau bei.

Die Mutterrolle bringt vielerlei Belastungen und Beschränkungen mit sich, wozu die Traditionalisierung des Geschlechterverhältnisses nach der Geburt des Kindes wesentlich beiträgt. Angesichts der Schwierigkeit, diesen gesellschaftlichen und kulturellen Restriktionen in der individuellen Lebensführung entgegenzuwirken, kommt der Fähigkeit, sich flexibel an die faktischen Handlungsmöglichkeiten anzupassen, große Bedeutung für den Erhalt eines positiven Selbstbilds zu. Dies bestätigen auch die mehrfachen Moderatorbefunde, die wir kurz vorstellen und diskutieren wollen.

Wir bereits angesprochen, prägt bereits der Schwangerschaftsverlauf die langfristige Anpassung an die Mutterrolle. Je gravierender (sprich: vielfältiger und häufiger) die Beschwerden, die die Schwangere belasten, desto unzufriedener ist die Frau drei Jahre später mit ihrer eigenen Person. Ihre Selbstwahrnehmung („So sehe ich mich selbst") weicht stärker von ihrem Wunschbild der eigenen Person ab („So wäre ich gerne"), wenn die Mutterschaft unter derart ungünstigen Bedingungen startet. Die negativen Wirkungen dieses ungünstigen Einstiegs in die Mutterschaft werden verschärft, wenn der Frau die Fähigkeit zur flexiblen Anpassung der eigenen Lebensziele an die Möglichkeiten und Grenzen, die die aktuelle Lebenssituation setzt, abgeht. Eine beschwerliche Schwangerschaft mündet also vor allem dann in Selbstzweifeln und Selbstkritik, wenn die Frau auftretende Einschränkungen und Belastungen nicht positiv umdeuten kann, wenn sie momentan unerreichbare Ziele nicht abwerten oder durch erreichbarere Ziele ersetzen kann. Verfügt die Frau jedoch über eben diese Fähigkeiten, kann sie die Übernahme der Mutterrolle und die damit verbundenen Einschränkungen und Belastungen besser bewältigen. Die Abhängigkeit der resultierenden Selbstdiskrepanz vom Ausmaß der Schwangerschaftsbeschwerden ist bei hoher akkommodativer Flexibilität der Frau deutlich abgemildert (siehe Abbildung 5.2.6, obere Grafik).

Ein zweiter Moderationseffekt der flexiblen Zielanpassung lässt sich bei den Auswirkungen der perzipierten Kindschwierigkeit auf die Selbstdiskrepanz nachweisen (Abbildung 5.2.6, mittlere Grafik). Für wenig flexible Frauen fällt die Unzufriedenheit mit der eigenen Person umso größer aus, je schwieriger das Kind zu haben ist (im Sinne schlechter Beruhigbarkeit, Tröstbarkeit, allgemein schlechter Laune des Kindes usf.). Die äußerst kritische Selbstsicht der Mutter mag aus der erlebten Überforderung ober auch aus einer Unzufriedenheit mit der gesamten eigenen Lebenssituation resultieren. Bei Frauen mit dispositioneller Tendenz zur flexiblen Zielanpassung kann die Konfrontation mit ‚schwierigen' Verhaltensmerkmalen des Kindes sogar zu einer hohen Selbstkongruenz führen, etwa weil die gelungene akkommodative Bewältigung Gefühle von Stolz auf die eigenen Leistungen aufkommen lässt.

Die vollständige Kompensation von Belastungen und Stressoren durch eine flexible Anpassung von Zielen und Bewertungsstandards zeigt sich auch bei der Hausarbeit (Abbildung 5.2.6, untere Grafik). Mit zunehmender Belastung durch die Hausarbeit steigt die Selbstdiskrepanz der Mutter. Dies trifft insbesondere Frauen mit geringer akkommodativer Flexibilität: Hohe Belastung gepaart mit niedriger akkommodativer Anpassungsfähigkeit führt zu erheblichen Selbstbild- und Identitätsproblemen. Bei niedriger Belastung

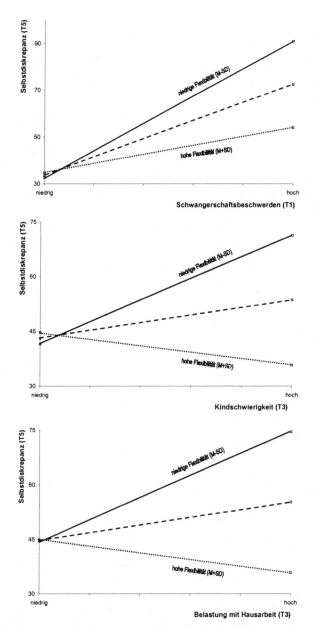

Abbildung 5.2.6: Die Abhängigkeit der Selbstdiskrepanz der Frau von Belastungsfaktoren unter niedriger, durchschnittlicher und hoher Flexibilität der Zielanpassung

unterscheiden sich hoch Flexible und wenig Flexible nicht im Grad der resultierenden Zufriedenheit bzw. Unzufriedenheit mit der eigenen Person.

In Tabelle 5.2.9 finden sich weitere Interaktionsbefunde, die nicht grafisch illustriert werden. Sie sollen jedoch kurz aufgelistet werden, da sie das Bild abrunden:

- Die Selbstdiskrepanz der Frau drei Jahre nach der Geburt des Kindes (T5) variiert mit dem Ausmaß der erlebten Schwangerschaftsbeschwerden (T1). Je beschwerdenreicher und komplizierter die Schwangerschaft verlaufen war, desto größer ist die spätere Unzufriedenheit der Mutter mit der eigenen Person. Dieser Zusammenhang fällt bei niedriger selbstzugeschriebener Rollenkompetenz der Frau noch deutlicher aus; hohe Rollenkompetenz hebt den Zusammenhang auf.
- Der berichtete Zusammenhang wird außerdem durch nicht-traditionelle Einstellungen zu den Geschlechtsrollen verschärft. Traditionelle Rollenauffassungen puffern die Selbstsicht gegen die abträglichen Wirkungen hoher Schwangerschaftsbeschwerden ab.
- Die Selbstdiskrepanz der Frau drei Jahre nach der Geburt des Kindes (T5) variiert mit der wahrgenommenen Schwierigkeit des Kindes (T3). Diese Abhängigkeit wird durch nicht-traditionelle Rollenauffassungen verschärft und traditionelle Rollenauffassungen der Frau jedoch aufgehoben.
- Der letztgenannte Zusammenhang wird außerdem durch mangelndes allgemeines Selbstvertrauen der Frau verschärft und durch hohes Selbstvertrauen abgepuffert.
- Ausgeprägte Instrumentalität der Frau wirkt in ähnlicher Weise als Schutzfaktor, der die Zufriedenheit mit der eigenen Person angesichts hoher Kindschwierigkeit sichert.
- Hohe Zufriedenheit der Frau mit der Unterstützung, die sie von ihrem sozialen Netzwerk erhält, schützt ihre Selbstsicht angesichts der Belastungen durch ein ‚schwieriges‘ Kind.
- War die Schwangerschaft ungeplant, schlägt die Belastung durch einen komplizierten Schwangerschaftsverlauf auf die spätere Bewertung der eigenen Rollenausübung (Ausübung der Mutterrolle) durch.
- Ähnliche Bedeutung kommt der initialen Erwünschtheit der Schwangerschaft zu: Kam die Schwangerschaft zu einem subjektiv unpassenden Zeitpunkt bzw. unter ungünstigen Bedingungen, wirkt sich ein komplizierter Schwangerschaftsverlauf negativ auf die Selbstbewertung der eigenen Rollenausübung drei Jahre nach der Geburt des Kindes aus.
- Schließlich fördert auch die attributive Übernahme der Verantwortung für den Eintritt der Schwangerschaft die positive Selbstbewertung der Frau (Selbstkongruenz; Selbstbewertung der eigenen Rollenausübung) angesichts eines als kompliziert und belastungsreich erlebten Schwangerschaftsverlaufs.

Auch bei den Männern entscheiden *Passungskonstellationen* und *Anpassungsprozesse* über die erfolgreiche Bewältigung des Übergangs (Kalicki et al., 1999). Die Ergebnisse der entsprechenden Moderatoranalysen, die mit den Daten der Männer durchgeführt wurden, sind in Tabelle 5.2.10 zusammengetragen. Die geprüfte Hypothese lautet auch hier ganz allgemein, ob einzelne protektive Faktoren die Belastungswirkung von Stressoren auf das Befinden abmildern oder gar umkehren.

Passen die neuen Aufgaben, die der Vater übernehmen muss, zu dessen persönlichen Einstellungen und Lebensplänen, kann er glücklich werden in der veränderten Situation. Widersprechen die geforderten Aufgaben jedoch den persönlichen Vorlieben und Überzeugungen, schlägt die einstellungsdiskrepante Rollenausübung auf das Befinden der Person durch. So steigt für Männer mit traditionellen Einstellungen zu den Geschlechtsrollen – der Vater

Tabelle 5.2.10: Regression von Befindlichkeitsindikatoren des Mannes drei Jahre nach der Geburt des Kindes (Kriterium) auf Belastungsindikatoren (Prädiktor) moderiert durch protektive Faktoren (Moderator)

	1. Schritt		2. Schritt		
	$b_{Präd.}$	$b_{Mod.}$	$b_{P \times M}$	R^2	N
Kriterium: Depressivität (T5)					
Präd.: Kindschwierigkeit (T3); Mod.: Berufl. Zufriedenheit	.15+	-.35***	-1.37*	.18***	125
Hausarbeit (T3); Traditionelle Rollenauffassungen	.00	-.06	3.36***	.10**	114
Selbstdiskrepanz (T5)					
Kindschwierigkeit (T3); Berufl. Zufriedenheit	.13	-.13	-2.00**	.09**	124
Überfürsorge (T5)					
Kindschwierigkeit (T3); Emotionale Stabilität	.15+	-.25**	-1.71*	.12***	130
Überforderung mit Gewaltneigung (T5)					
Kindschwierigkeit (T3); Emotionale Reaktion	.21*	-.18*	1.39*	.12**	123
Zufriedenheit mit der eigenen Rollenausübung (T5)					
Beteiligung an der Sorge (T3); Selbstdiskrepanz	.11	-.23*	-1.83**	.13**	113
Zufriedenheit mit der Verteilung der Hausarbeit (T5)					
Hausarbeit (T3); Selbstdiskrepanz	-.08	-.08	-2.58**	.07*	114
Hausarbeit (T3); Flexibilität	-.08	.10	2.71*	.05+	113
Unzufriedenheit mit der Partnerin (T5)					
Rollenausübung der Partnerin (T5); Selbstdiskrepanz	-.24**	.33***	-.63*	.23***	131

Anmerkungen: R^2 Varianzaufklärung im vollständigen Modell.
   + $p < .10$ * $p < .05$ ** $p < .01$ *** $p < .001$ (zweiseitige Tests)

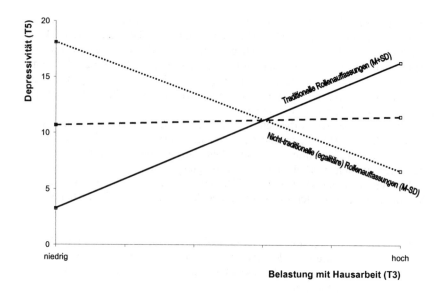

Abbildung 5.2.7: Die Abhängigkeit der Depressivität des Mannes (T5) von
der Beteiligung an der Hausarbeit (T3) bei Männern mit
ausgesprochen traditionellen, durchschnittlich traditionellen
und nicht-traditionellen Rollenauffassungen

hat die Rolle des Brotverdieners auszufüllen, die Frau ist zuständig für den
Haushalt und für das Kind – die Depressivität mit dem Ausmaß der eigenen
Beteiligung an der Erledigung der Hausarbeit. Für Männer, die egalitäre Rollenauffassungen vertreten, sinkt die Depressivität hingegen mit dem Ausmaß
der eigenen Beteiligung (Abbildung 5.2.7).

Unter hoher Beanspruchung durch ein schwieriges, anstrengendes, quen-
geliges Kind kommt der Haltung des Mannes zur gesamten Elternschaft eine
kritische Bedeutung zu. Dies lässt sich an der Neigung des Vaters, auf das
Kind aggressiv zu reagieren, festmachen. Aggressive Impulse und Gewalt-
handlungen des Vaters (z. B. Schlagen des Kindes) treten generell in dem
Maße auf, in dem das Kind als anstrengend und schwierig erlebt wird (Abbildung 5.2.8; mittlere Gerade). Bei Vätern, die schon die Nachricht von der
Schwangerschaft verhalten, kritisch oder negativ aufgenommen hatten (geringe Freude, geringer Stolz, deutlicher Ärger, Ängste), ist die Gewaltneigung
insgesamt erhöht, also selbst bei geringer wahrgenommener Schwierigkeit des
Kindes (obere Gerade). Väter mit initial positiver Haltung zur Schwangerschaft und zur gesamten Elternschaft zeigen bei niedriger perzipierter Kindschwierigkeit kaum Neigungen zu aggressiven Impulsen (untere Gerade).

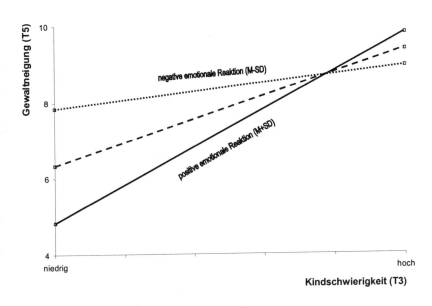

Abbildung 5.2.8: Die Abhängigkeit der Gewaltneigung des Mannes (T5) von der wahrgenommenen Kindschwierigkeit (T3) bei unterschiedlich positiver emotionaler Reaktion (T1)

Mitgeprägt wird die Bewältigung der Vaterschaft auch von den Erfahrungen des Mannes in den sonstigen Rollen, die sein Leben prägen. Der Beruf stellt für Männer einen wichtigen Lebensbereich dar. Positive Erfahrungen im Beruf können zum Erhalt eines positiven Befindens auch angesichts von Belastungen in anderen Lebensbereichen beitragen. Die Befunde, die in Abbildung 5.2.9 dargestellt sind, stützen diese Aussage. So schlägt die wahrgenommene Schwierigkeit des Kindes unter niedriger beruflicher Zufriedenheit des Mannes durch auf dessen Depressivität: Je schwieriger das Kind, desto größer die depressive Verstimmung des Mannes. Hohe berufliche Zufriedenheit des Mannes schirmt dessen allgemeines Wohlbefinden gegen diesen widrigen Einfluss ab: Die Depressivität bleibt auch bei erhöhter perzipierter Kindschwierigkeit gering.

Die Adaptivität einer hohen emotionalen Stabilität des Mannes (erfasst über Selbstkennzeichnungen als „gelassen", „tolerant", „ausgeglichen", „unkompliziert" u. ä.) erweist sich mit Blick auf die Neigung zur Überfürsorge. Unter niedriger emotionaler Stabilität variiert das Ausmaß überprotektiven Verhaltens mit der wahrgenommenen Schwierigkeit des Kindes. Unter hoher emotionaler Stabilität enthält sich der Vater solch überfürsorglicher Reaktionen, selbst wenn er das Kind als extrem schwierig erlebt (Abbildung 5.2.10).

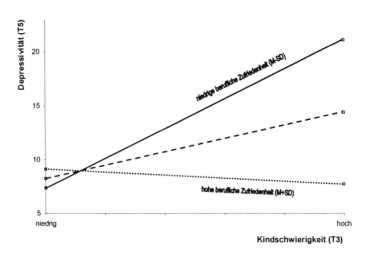

Abbildung 5.2.9: Die Abhängigkeit der Depressivität des Mannes (T5) von der wahrgenommenen Kindschwierigkeit (T3) bei unterschiedlichen Graden der beruflichen Zufriedenheit

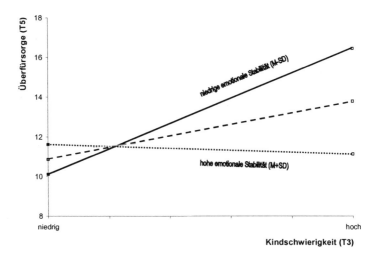

Abbildung 5.2.10: Überprotektives Verhalten des Vaters (T5) in Abhängigkeit von der perzipierten Kindschwierigkeit (T3) bei unterschiedlichen Graden der emotionalen Stabiliät

Schließlich profitiert auch die elterliche Paarbeziehung von der protektiven Wirkung individueller Resilienzfaktoren. Das kann an der subjektiven Partnerschaftszufriedenheit des Mannes aufgezeigt werden. Die generelle, situations- und bereichsübergreifende Zufriedenheit des Mannes mit seiner Partnerin (operationalisiert als Kongruenz bzw. Diskrepanz von gewünschtem und faktischem Partnerkonzept) variiert zunächst in Abhängigkeit von der Beurteilung des Mannes, wie gut oder schlecht die Partnerin ihre Mutterrolle ausübt (Abbildung 5.2.11; mittlere Gerade). Hohe Selbstdiskrepanz des Mannes verschärft diesen Zusammenhang: Bei extremer Unzufriedenheit mit der eigenen Person äußert sich die kritische Bewertung der Rollenausübung in einer generellen Unzufriedenheit mit der Partnerin (obere Gerade). Hohe Selbstkongruenz bewahrt hingegen die Zufriedenheit mit der Partnerin selbst angesichts einer kritischen Beurteilung von deren Ausübung der Mutterrolle (untere Gerade).

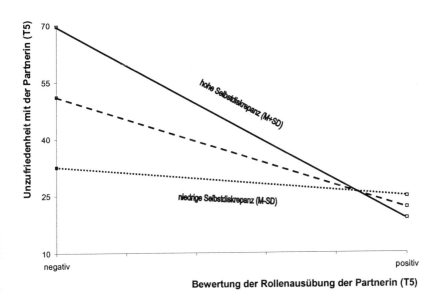

Abbildung 5.2.11: Die Zufriedenheit des Mannes mit seiner Partnerin (T5) in Abhängigkeit von der Bewertung der Rollenausübung der Partnerin (T5) unter hoher, durchschnittlicher und niedriger Selbstdiskrepanz

Neben den ausführlich dargestellten Moderatorbefunden, die mittels der Daten der Männer gewonnen wurden (vgl. Tabelle 5.2.10), können weitere Ergebnisse festgehalten werden:

- Hohe perzipierte Kindschwierigkeit lässt tendenziell eine größere Unzufriedenheit des Mannes mit sich selbst (Selbstdiskrepanz) erwarten. Dies gilt insbesondere bei niedriger beruflicher Zufriedenheit des Mannes.
- Die Zufriedenheit des Vaters mit seiner eigenen Ausübung der Vaterrolle steigt tendenziell mit dem Ausmaß des väterlichen Engagements an. Dieser Zusammenhang tritt unter Selbstkongruenz deutlich hervor; unter Selbstdiskrepanz profitiert die eigene Zufriedenheit nicht von einem stärkeren Engagement des Vaters.
- Die Zufriedenheit des Mannes mit der Aufteilung der Hausarbeit sinkt mit zunehmender eigener Beteiligung. Hohe Selbstdiskrepanz verstärkt diesen Effekt.
- Hohe Flexibilität in der Zielanpassung hebt diesen Effekt auf.

5.3 Die Neubestimmung der Paarbeziehung: dyadische Passungskonstellationen und Abstimmungsprozesse

Da Elternschaft in der gemeinsamen Verantwortung beider Eltern liegt, die Normen der Chancengleichheit und Gleichstellung der Geschlechter an Bedeutung gewonnen haben und die Abstimmung der Möglichkeiten und Interessen beider Partner gefordert ist, ist auch das Zusammenspiel bzw. die Verträglichkeit der Ziele, Handlungsmöglichkeiten und wechselseitigen Verhaltenserwartungen der Partner von Belang. Die Unzufriedenheit mit der eigenen Lebenssituation ist besonders quälend, wenn der Partner Teil des Problems ist. Unterschiedliche Passungskonstellationen sowie längsschnittlich beobachtete Anpassungsprozesse, die die Überwindung oder die Verschärfung von Unzufriedenheit mit einzelnen Aspekten der Lebenssituation bestimmen, werden in diesem Kapitel näher beleuchtet.

Bei der Bewältigung des Übergangs zur Elternschaft kommen nicht nur individuelle, sondern auch dyadische Anpassungsprozesse zum Tragen. Bedeutsam ist mithin nicht allein, welche individuellen Kompetenzen, Wissensbestände, Lebensziele oder Einstellungen die einzelnen Partner in die Beziehung einbringen. Von Bedeutung ist auch, welche Persönlichkeiten (also Fähigkeiten, Kenntnisse, Zielorientierungen und Überzeugungen) hier aufeinandertreffen und wie das Paar diese Orientierungen aufeinander abstimmt. Die Forderung nach einer systemischen Sicht, die solche dyadischen Konstellationen berücksichtigt und genauer analysiert, ist mittlerweile ein Allgemeinplatz innerhalb der Familienpsychologie (Schneewind, 1995). Die Fülle der vorliegenden empirischen Befunde ist beeindruckend. Im Vergleich zur individuen- bzw. subjektzentrierten Psychologie mangelt es der systemisch ausgerichteten psychologischen Forschung jedoch vielfach – von Ausnahmen abgesehen (z. B. Bodenmann, 2000a) – an überzeugenden theoretischen Konzepten, die die systemischen Effekte erklären könnten.

Im folgenden Teil werden die berichteten Theorien und Befunde zur dyadischen Passung und zu dyadischen Anpassungsprozessen gesichtet und systematisiert, bevor dann eigene Daten vorgestellt und diskutiert werden.

5.3.1 Konzepte und Befunde zur Passung von Partnermerkmalen

Die Verträglichkeit der Persönlichkeitsmerkmale beider Partner wurde ausgiebig erforscht, sowohl mit Blick auf die Partnerwahl als auch hinsichtlich des Beziehungsverlaufs (Hassebrauck, 1990; zum Überblick: Neyer, im Druck). Aus handlungstheoretischer Perspektive scheint insbesondere die *Übereinstimmung beider Partner in wichtigen Lebens- und Entwicklungszie-*

len für den Erfolg der Beziehung bedeutsam (Brandtstädter, Krampen & Heil, 1986). Dies ist verständlich, da bei gemeinsamer Ausrichtung der Partner auf ein Ziel die Anstrengungen des einen Partners zur Zielerreichung (z. B. hoher Lebensstandard; politisches oder soziales Engagement) von dem anderen Partner nicht behindert, sondern eher gefördert werden. Die Beiträge des anderen zur Zielerreichung fördern die eigene Entwicklungsbilanz. Kritisch werden gemeinsam geteilte Zielorientierungen nur dann, wenn hieraus eine Wettbewerbs- oder Rivalitätssituation resultiert. Dies ist beispielsweise der Fall, wenn für beide Partner das persönliche Fortkommen im Beruf sehr wichtig ist. Hier konfligieren die Interessen der Partner leicht, etwa wenn die Berufe hohes zeitliches Engagement oder räumliche Mobilität fordern.

Die gemeinsame Stressbewältigung des Paares wurde unter dem Konzept des dyadischen Copings näher untersucht (Bodenmann, 2000a). Im Mittelpunkt dieser Anpassungsprozesse stehen die *instrumentelle Entlastung* sowie die *emotionale Unterstützung*, die sich beide Partner wechselseitig und bedarfsgerecht geben.

Aus den Studien zur Familiengründung und weiterer Familienentwicklung lassen sich zahlreiche Befunde zusammentragen, die die Auswirkungen dyadischer Passungskonstellationen und Anpassungsprozesse illustrieren. Die übliche Traditionalisierung der Rollenverteilung zwischen Frau und Mann sorgt insbesondere bei den Frauen für Enttäuschung. Wie die Daten einer Interviewstudie mit werdenden Eltern beiderlei Geschlechts zeigen, rechnen die Betroffenen durchaus mit einem Verlust an Freiheit, mit eingeschränkten Freizeitaktivitäten und Sozialkontakten. Auch die Unterbrechung der Berufstätigkeit der Frau und Mehrarbeit im Haushalt werden antizipiert. Diese Erwartungen künftiger Veränderungen können auch begründet werden. Hierbei werden finanzielle Notwendigkeiten und die berufliche Situation der Partner genannt (Endepohls, 1989). Doch sind die Erwartungen vieler schwangerer Frauen an die spätere Beteiligung des Partners an Hausarbeit und Kinderversorgung häufig unrealistisch und bleiben unerfüllt (Ruble, Fleming, Hackel & Stangor, 1988). Selbst in Familien mit zwei berufstätigen Eltern übernimmt primär die Frau die familiären Aufgaben. Sie erhält weniger Unterstützung vom Partner bei Hausarbeit und Kinderbetreuung als der Mann (Phillips-Miller, Campbell & Morrison, 2000). Doch trotz der ungleichen Verteilung der Hausarbeit sind die meisten Frauen relativ zufrieden mit der Aufteilung bzw. mit der Unterstützung durch die Männer (Benin & Agostinelli, 1988; Lennon, 1998; Milkie & Petrola, 1999; Pleck, 1985; Robinson & Spitze, 1992; Stohs, 1995). Hierfür sind nicht allein individuelle Bewältigungs- und Anpassungsprozesse aufseiten der Frau, sondern auch dyadische Austausch- und Abstimmungsprozesse verantwortlich.

Dynamiken bei der Zuweisung der Hausarbeit

Die Aufteilung der Rollen und Beiträge beider Partner geschieht in wechselseitiger Abstimmung und zugeschnitten auf die Anforderungen der jeweiligen Lebenssituation. So fällt die Beteiligung des Mannes an der Versorgung des Kindes nach einem Kaiserschnitt oder nach einer Frühgeburt höher aus als nach einer normalen Geburt (Parke & Tinsley, 1981). Die Beteiligung des Mannes ist zudem abhängig vom Machtgefüge in der Partnerschaft. Bei Berufstätigkeit der Frau partizipiert der Mann stärker an den familiären Aufgaben (Hiller & Philliber, 1986; vgl. auch Blumstein & Schwartz, 1991). Doch offenbar verändert noch nicht die Teilzeitarbeit, sondern nur die Vollzeit-Berufstätigkeit der Frau die Machtverteilung innerhalb der Partnerschaft, was sich dann in einer ausgewogeneren Verteilung der Hausarbeit, einer gemeinsamen Verwaltung der Finanzen und einer gleichberechtigten Verfügung beider Partner über das Geld (Dancer & Gilbert, 1993; Presser, 1994; Stier & Lewin-Epstein, 2000; Vogler & Pahl, 1993) widerspiegelt.

Ein Wechselwirkungseffekt von tatsächlicher Verteilung der Hausarbeit (egalitäre vs. traditionelle Aufteilung) und Erwerbsstatus der Frau (berufstätig vs. nicht berufstätig) findet sich auch mit Blick auf die Zufriedenheit der Frau. Vollzeit erwerbstätige Frauen sind eher zufrieden mit der Hilfe und Unterstützung des stark partizipierenden Partners als nicht vollerwerbstätige Frauen (Piña & Bengtson, 1993).

Einen interessanten Hinweis auf die Rollen- und Machtverteilung in der elterlichen Partnerschaft liefert ein Befund von Dancer und Gilbert (1993). Die Autorinnen untersuchten die Verteilung familiärer Aufgaben bei *Single-Earner*-Familien (traditionelle Rollenverteilung: Mann als vollerwerbstätiger Brotverdiener, Frau nicht berufstätig oder teilzeitbeschäftigt), *Dual-Earner*-Familien (beide Partner voll erwerbstätig, Karriereorientierung des Mannes und Job-Orientierung der Frau) und *Dual-Career*-Familien (beide Partner voll erwerbstätig, Karriereorientierung beider Partner). Sie fanden heraus, dass in Familien, in denen beide Eltern eine Berufskarriere verfolgen, Mütter stärker für die Ausübung von Disziplin gegenüber dem Kind zuständig sind, während in traditionellen Familien mit dem Mann als Brotverdiener diese Funktion stärker vom Vater ausgeübt wird.

Dass sich die Partner über ihre wechselseitigen Wünsche und Erwartungen verständigen, bestätigen Befunde, wonach neben den eigenen Rollenerwartungen auch die Kenntnis der Vorstellungen und Erwartungen des anderen Vorhersagen über die tatsächliche Aufteilung erlaubt (Hiller & Philliber, 1986). Die Regelung der Rollenaufteilung erfolgt nicht unbedingt explizit, sondern häufig in einer Art „verdecktem Vertrag" (Sager, 1976). Die Kenntnis der drohenden geschlechtsspezifischen Umverteilung von Aufgaben und Rollen und der geschlechtsstereotypen Rollenerwartungen ist offenbar nötig, um hiergegen anzugehen. So sehen viele Forscher insbesondere die

Frauen gefordert, gegen die Rollentraditionalisierung in ihrer Partnerschaft anzukämpfen (Komter, 1989; Thompson, 1993).

Die perzipierte Unterstützung durch den Partner prägt entscheidend die Partnerschaftsqualität, sowohl für Frauen wie für Männer (Burley, 1995). Die Forderungen der Frauen nach mehr Beteiligung ihrer Männer bleiben häufig erfolglos, nicht zuletzt aufgrund ambivalenter Einschätzungen der Frauen (Dempsey, 1996). Negative Überzeugungen und Erwartungen der Mütter bezüglich der väterlichen Beteiligung an Hausarbeit und Kinderbetreuung entmutigen Männer, in der Familie mehr Verantwortung zu übernehmen, und treiben Frauen dazu, die Dinge zu managen, Standards zu setzen und die Beteiligungsversuche der Männer zu regulieren (Schipani, 1994). Dies kann als ein dyadischer Erwartungseffekt gelesen werden (zum Überblick: Miller & Turnbull, 1986).

Die fortlaufende Abstimmung der Allokation der Hausarbeit erfolgt lang- und kurzfristig in Abhängigkeit von der jeweiligen Situation: Erstens prädiziert ein stärkerer Beitrag der Frau zum Haushaltseinkommen eine stärkere Beteiligung des Mannes an der Hausarbeit (Hiller & Philliber, 1986). Zweitens triggern soziale Rhythmen wie Wochentag/Wochenende die Erledigung und Verteilung der Hausarbeit (Manke, Seery, Crouter & McHale, 1994; Pittman, Kerpelman & Solheim, 1999). Und drittens bestimmt auch der aktuelle Belastungsgrad der Partner die bedarfsabhängige Entlastung (Bolger, DeLongis, Kessler & Worthington, 1989; Gjerdingen & Chaloner, 1994; Pittman, Solheim & Blanchard, 1996). Die dyadische Abstimmung zeigt dabei geschlechtsspezifische Muster. So beteiligen sich Männer vorwiegend am Wochenende an familiären Aufgaben, Frauen erledigen dies werktags und am Wochenende. Männer entlasten am Wochenende stärker ihre Partnerinnen, damit diese Freizeit haben, doch insgesamt passen die Frauen ihren Zeitplan stärker dem des Mannes an als umgekehrt (Clarke, Allen & Salinas, 1986; Shaw, 1988).

Eine interessante Studie von Smith und Reid (1986) findet Geschlechtsunterschiede in den Begründungsmustern für eine egalitäre Verteilung von beruflichen und familiären Aufgaben. Die Untersuchungsteilnehmer erhielten eine Vignette, in der das Szenario einer egalitären Aufteilung sämtlicher Aufgaben geschildert wurde. Erfragt wurden anschließend Begründungen für die hohe Beteiligung des Mannes. Männer nennen häufig die Sorge um das Wohl des Kindes als Grund für die Beteiligung an der Kinderbetreuung bzw. die Sorge um das Wohl der Frau als Grund für die Beteiligung an der Hausarbeit. Frauen begründen die hohe Beteiligung des Mannes häufig mit dem Druck, den sie selbst ausüben („weil die Frau darauf besteht", „damit seine Frau umgänglicher ist", „für eine reibungslose Partnerschaft"). Frauen sind also häufig der Meinung, dass sie die Beteiligung und Unterstützung des Mannes einfordern müssen.

Mit Blick auf die faktische Aufteilung der Hausarbeit zwischen den Partnern kommt auch der persönliche Definition der Hausarbeit, ihrer subjektiven Wichtigkeit und Dringlichkeit eine zentrale Bedeutung zu (Mederer, 1993). Frauen mit Kind sehen insbesondere die typisch weiblichen Aufgaben wie Wäsche waschen und Bügeln, kochen oder Besorgungen machen als ihre unweigerliche Aufgabe oder Pflicht an, wohingegen kinderlose Frauen dies eher als freiwillig übernommene Aufgaben betrachten (Perkins & DeMeis, 1996). Daneben prägen die persönlichen Standards für die Qualität der Ausführung einzelner Tätigkeiten das Partnerschaftsgeschehen (Gunter & Gunter, 1991). Frauen führen die Hausarbeit unabhängig von ihren Sauberkeitsstandards aus, Männer jedoch abhängig von solchen Standards (Gunter & Gunter, 1991). Standards für die Qualität der Ausführung einer Aufgabe bestimmen die Beurteilung der Leistung (Hawkins, Marshall & Meiners, 1995; Hernandez, 1990; Smith & Reid, 1986). Generell besitzen Frauen offenbar höhere Standards als Männer (Pittman, Teng, Kerpelman & Solheim, 1999; vgl. auch Robinson & Milkie, 1998). Divergierende Standards der Partner können eine Konfliktquelle darstellen. Manche Frauen berichten, dass sie ihre hohen Ansprüche bewusst reduzieren, auch um die Männer weiter einzubinden in die Hausarbeit (Smith & Reid, 1986).

Die Verteilung der Erwerbstätigkeit

Die Dominanz und Änderungsresistenz der Berufsrolle des Mannes wurde mehrfach herausgestellt (siehe Kapitel 4.2 in diesem Band). Beobachtbare Veränderungen des beruflichen Commitments und der Wochenarbeitszeit von Männern im Übergang zur Elternschaft, die in Abhängigkeit von den persönlichen Einstellungen des Mannes auftreten, spielen sich durchweg auf einem hohen Niveau ab (Kaufman & Uhlenberg, 2000). Männer sehen in ihrer eigenen Berufstätigkeit die Übernahme der Verantwortung für das Familieneinkommen und betrachten die Berufstätigkeit der Frau als unterstützend oder als persönliches Projekt der Frau zur Selbstverwirklichung bzw. Erfüllung (Weiss, 1987). Insbesondere Männer mit hoher Ausbildung und anspruchsvollen Berufen sehen eher in dem Wunsch ihrer Partnerin nach einer beruflichen Karriere eine Belastung bzw. einen Stressor als in ihren eigenen Karriereplänen (Baruch & Barnett, 1986). Die Frau bzw. die Karrierewünsche der Frau üben allgemein nur einen geringen Einfluss auf die Berufsentscheidung des Mannes aus (Gill & Haurin, 1998). In anderen Bereichen passen sich jedoch die Männer stärker an die Vorlieben und Erwartungen ihrer Partnerin an als umgekehrt, etwa bei der veränderten Freizeitgestaltung nach der Geburt des ersten Kindes (Crawford & Huston, 1993).

Die Frage nach der Allokation der Erwerbstätigkeit und nach der Vereinbarung von Familie und Beruf stellt sich also typischerweise als eine Frage nach der Berufstätigkeit der Frau. Die Begründungen für die Berufstätigkeit der Frau variieren mit der finanziellen Lage der Familie: Je höher das Einkommen des Mannes, desto unwichtiger sind finanzielle Motive und desto wichtiger werden intrinsische Motive (Spade, 1994). Passend zu diesem Ergebnis variiert das berufliche Commitment berufstätiger Frauen (operationalisiert als Wunsch, auch dann weiter zu arbeiten, wenn dies finanziell nicht notwendig ist) mit dem Elternstatus (Vorhandensein von Kindern) bzw. mit dem Alter der Kinder. Insbesondere bei Frauen mit Berufskarrieren, die durch Vollzeit-Erwerbstätigkeit gekennzeichnet sind, sinkt mit dem Vorhandensein jüngerer Kinder das berufliche Commitment, während bei Frauen mit Berufskarrieren, die durch Teilzeitbeschäftigung gekennzeichnet sind, mit dem Vorhandensein jüngerer Kinder das berufliche Commitment kaum absinkt. Außerdem ist das Commitment stärker, wenn die Frau einen statushöheren oder qualifizierteren Beruf ausübt (Moen & Smith, 1986). Hieraus ist zu ersehen, dass die beruflichen Aspirationen und Pläne der Frau stark an der aktuellen Lebenssituation ausrichtet sind.

Interessant sind unter Passungsgesichtspunkten auch die Konsequenzen der mütterlichen Erwerbstätigkeit für die einzelnen Partner und für die Paarbeziehung. Von außenstehenden Dritten wird eine geschlechtsrollendiskrepanten Aufteilung von beruflichen und familiären Rollen allgemein negativ bewertet (Riggs, 1997). Ehemänner mit berufstätigen Frauen weisen eine erhöhte Depressivität auf (Kessler & McRae, 1982; Rosenfield, 1980), besonders wenn sie dagegen sind, dass ihre Partnerin arbeitet (Ross, Mirowsky & Huber, 1983). Hoffman und Youngblade (1999) sichten die vorliegenden Studien zum Zusammenhang von mütterlicher Erwerbstätigkeit und Partnerschaftsqualität und fassen die Ergebnisse so zusammen: Negative Effekte sind nachweisbar bei traditionellen Einstellungen zu den Geschlechtsrollen (sprich: wenn das Verhalten der Frau einstellungsdiskrepant ist), wenn einer der Partner diese Berufstätigkeit ablehnt, bei niedrigerer Sozialschicht und bei Vätern als befragten Untersuchungsteilnehmern. Positive Effekte sind wahrscheinlich bei höherer Bildung oder Mittelschicht-Stichproben, dem Wunsch der Mutter nach Berufstätigkeit (sprich: freiwillige Berufstätigkeit, Einstellungskongruenz des Verhaltens), bei Teilzeitarbeit der Frau und bei Müttern als befragten Untersuchungsteilnehmern. Das eigene Erwerbseinkommen der Frau mindert deren ökonomische Abhängigkeit vom Partner, womit eine wichtige Trennungs- und Scheidungsbarriere wegfällt (Ruggles, 1997; eingehender hierzu: Kopp, 1994).

Die Gestaltung der elterlichen Sorge

Auch die Aufteilung der Aufgaben und Verpflichtungen, die bei der Versorgung des Kindes anfallen, richtet sich nach Merkmalen der Elternpersonen und situativen Anforderungen der Lebenslage, in der sich die Familie aktuell befindet. Insbesondere bei Vätern mit *berufstätigen* Frauen steigt mit der

Beteiligung an der Elternrolle – betrachtet wird das Ausmaß der Vater-Kind-Interaktion relativ zum Ausmaß der Mutter-Kind-Interaktion – das erlebte Involvement in der Vater-Kind-Beziehung, das Kompetenzerleben in der Vaterrolle und der allgemeine Selbstwert. Die Beteiligung dieser Männer an der Elternrolle geht jedoch mit niedrigeren Einschätzungen zur Gerechtigkeit der Aufgabenverteilung in der Partnerschaft einher (Barnett & Baruch, 1987). Unter Umständen vergleichen sich die engagierten Männer eher mit Familien, in denen die Väter weniger Engagement zeigen, und gelangen so zu dem Eindruck der eigenen Übervorteilung. Wechselwirkungseffekte der Haltung beider Partner zu traditionellen Geschlechtsrollen auf die väterliche Beteiligung an der Sorge um das Kind wurden mehrfach nachgewiesen (Baruch & Barnett, 1981; Pleck, 1983).

Passungseffekte zeigen sich auch bei den Auswirkungen unterschiedlicher Allokationen auf das individuelle Befinden und auf die elterliche Partnerschaft. Beispielsweise prädiziert die Übereinstimmung bzw. Nichtübereinstimmung der Partner in egalitären Rolleneinstellungen die Partnerschaftszufriedenheit im Übergang zur Elternschaft (Yang, Nickel, Quaiser & Vetter, 1994). In Familien mit zwei berufstätigen Eltern reduziert die Beteiligung des Vaters an der Sorge um das Kind die Depressivität der Mutter (Steil & Turetsky, 1987). Thoits (1987) beobachtet in jenen Familien das niedrigste Stress-Niveau, bei denen beide Partner berufstätig sind, beide Partner dies auch möchten und beide Partner sich Hausarbeit und Kinderbetreuung teilen. Das höchste Stress-Niveau zeigen Familien, bei denen die Frau entgegen ihrem Willen erwerbstätig ist und voll verantwortlich ist für die Familienarbeit. In die gleiche Richtung weisen Befunde von Ross und Mirowsky (1988): Berufstätige Mütter, für die die Regelung der Kinderbetreuung schwierig ist und die allein verantwortlich sind für das Kind, haben demnach höhere Depressionswerte. Frauen haben dann allerdings keine höheren Depressionswerte als die Männer, wenn sie keine Schwierigkeiten haben bei der Suche nach Kinderbetreuungsmöglichkeiten und wenn sich ihr Partner an der Versorgung des Kindes beteiligt. Levy-Shiff (1994) berichtet einen stärkeren Rückgang der Partnerschaftszufriedenheit von Frauen im Vergleich zu Männern im Übergang zur Elternschaft. Hohe Beteiligung des Vaters an der Betreuung und Versorgung des Kindes wirkt jedoch als eine protektive Größe, möglicherweise wegen der Erfüllung mütterlicher Erwartungen zur Arbeitsteilung oder aber wegen der besseren Integration des Mannes in die Familie.

Geschlechtsspezifische Zusammenhänge zwischen der Rollenallokation und der Zufriedenheit deuten auf massiv ungleiche Verteilungen – einige Autoren sprechen von einer strukturellen Diskriminierung von Frauen (z. B. Major, 1987) – sowie auf Geschlechtsunterschiede in den angelegten Gerechtigkeitsstandards hin (Sanchez, 1994). Solche geschlechtsspezifische Zusammenhänge lassen sich als dyadischer Passungen genauer analysieren.

5.3.2 Ergebnisse der LBS-Familien-Studie

Die Frage, wer welche Rollen übernimmt, stellt sich für das Elternpaar in mehreren Lebensbereichen. Und diese Frage stellt sich immer wieder, denn mit der sich wandelnden Lebenssituation kommen stets neue Anforderungen auf die Eltern zu. Mit steigendem Alter des Kindes gewinnen gerade die Mütter wieder Handlungsspielräume und ihre Optionen nehmen zu. Welche Lösungen die einzelnen Familien finden, berufliche und familiale Aufgaben zu organisieren, untereinander zu verteilen und zu bewältigen, hängt dabei von einer Vielzahl von Bedingungen ab. Unter dem Gesichtspunkt der dyadischen Passung interessieren alle Hinweise darauf, wie das Zusammenwirken der Zielorientierungen, Fähigkeiten und Ressourcen beider Partner die Anpassung des einzelnen und des Paares prägt.

Die Realisierung beruflicher Pläne der Frau

Die Familiengründung bedeutet für nahezu alle Frauen einen Ausstieg aus dem Beruf. Und selbst drei Jahre nach der Geburt des Kindes ist die Berufstätigkeit der Mutter nicht die Regel. Wenn die Frau wieder erwerbstätig ist, ist diese Berufstätigkeit zeitlich stark reduziert (vgl. Kapitel 4.2). Um zu erfahren, wann die Frauen Beruf und Familie verknüpfen können, betrachten wir die Zusammenhänge (Korrelationen) des zeitlichen Umfangs, in dem die Frauen drei Jahre nach der Geburt des Kindes berufstätig sind, zu einer ganzen Reihe möglicher Bedingungsfaktoren. Anpassungs- und Aushandlungsprozesse des Elternpaares können dann weiter untersucht werden, indem dyadische Konstellationen zur Vorhersage des realisierten Erwerbsverhaltens der Frau herangezogen werden.

Der Umfang der Erwerbstätigkeit der Frau lässt sich für die Berufstätigen anhand ihrer Wochenarbeitszeit bestimmen. Die Gesamtgruppe der Mütter kann berücksichtigt werden, wenn nicht berufstätige Mütter eine Wochenarbeitszeit von Null Stunden zugewiesen bekommen (Tabelle 5.3.1). Für diese Gesamtgruppe zeigen sich substantielle Bezüge der Erwerbstätigkeit zum Bildungsgrad beider Partner: Je höher die schulische und berufliche Bildung, desto geringer die Erwerbstätigkeit. Dass diese Zusammenhänge bei der Teilstichprobe der Berufstätigen nicht auftreten, bedeutet, dass die Mütter mit hohem Bildungshintergrund häufiger nicht erwerbstätig sind. Das Alter der Partner steht in keinerlei Zusammenhang zur Erwerbstätigkeit der Mütter. Die Rollenerfahrungen, nicht aber die Rollenorientierungen der Frau variieren mit dem Erwerbsverhalten. Je höher der berufliche Status der Frau vor der Geburt des Zielkindes (relativ zur individuellen beruflichen Qualifikation), desto stärker ist das spätere berufliche Engagement der Mutter. Dies gilt auch, wenn wir nur die tatsächlich erwerbstätigen Mütter betrachten. Statusgewinn fördert offenbar ein stärkeres berufliches Engagement. Die Zufriedenheit im

Beruf entscheidet stärker über die Kontinuität der Erwerbsbiographie: Mütter, die vor der Geburt des Kindes unzufrieden waren in ihrem Beruf, sind drei Jahre später häufiger nicht wieder berufstätig. Unser Instrument zur Erfassung des „Berufsprofils" bildet diese Zusammenhänge nicht ab, was auf Schwächen dieses Verfahrens hinweist. Erwartungskonform sind die Zusammenhänge der mütterlichen Erwerbstätigkeit zur erfragten Attraktivität der Hausfrauenrolle. Zu erwarten ist, dass jene Frauen, für die die Hausfrauenrolle aversiv besetzt ist, stärker in den Beruf ausweichen. Die Daten stützen diese Annahme: Je attraktiver die Hausfrauenrolle, desto geringer ist der Umfang der Erwerbstätigkeit. Vom Zeitpunkt vor der Entbindung stammen Angaben der Frauen zu ihren beruflichen Ausstiegsplänen, die zeitlich abgestuft waren (Fortsetzung der Berufstätigkeit ohne Unterbrechung; Wiederaufnahme des Berufs nach dem Mutterschutz; Wiedereinstieg nach dem Erziehungsurlaub; Wiedereinstieg nach einigen Jahren; noch längere Unterbrechung; endgültiger Ausstieg aus dem Beruf). Neben dem negativen Korrelationskoeffizient für die Gesamtgruppe finden wir auch für die Gruppe der berufstätigen Mütter diesen Zusammenhang. Dies besagt, dass die zeitlichen Vorstellungen der Schwangeren bezüglich einer Fortsetzung der Berufskarriere nicht nur den späteren Erwerbsstatus, sondern auch den Umfang der späteren Beschäftigung erahnen lassen. Dagegen steht keiner der Indikatoren, die die Haltung der Frau zur Mutterrolle erfassen, in Verbindung zum späteren Erwerbsverhalten. Mütterliche Erwerbstätigkeit ist gekoppelt an die Persönlichkeitseigenschaft der Instrumentalität und an den damit verwandten assimilativen Bewältigungsstil (proaktive Zieldurchsetzung). Doch auch akkomodative Flexibilität der Frau wird gefordert bzw. gefördert, wenn beide Rollen ausgeübt werden (reaktive Zielanpassung). Die Unterstützung durch den Partner und die Rollenauffassungen des Partners erweisen sich in diesem Kontext als irrelevant. Deutlicher sind die Verknüpfungen des Erwerbsverhaltens der Frau zu Situations- und Kontextmerkmalen: Je mehr Kinder die Familie hat, desto eher ist die Mutter nicht berufstätig. Einkommen und Wochenarbeitszeit des Mannes korrelieren negativ mit dem Erwerbsverhalten der Mutter. Hohes Einkommen aus der Erwerbstätigkeit des Mannes macht eine zusätzliche Berufstätigkeit der Frau verzichtbar, niedriges Einkommen des Mannes macht sie jedoch u. U. erforderlich. Hohe Wochenarbeitszeit des Mannes setzt der Erwerbstätigkeit der Frau Grenzen, womöglich weil die Betreuung des Kindes gewährleistet sein muss. Mit dem Umfang der Berufstätigkeit der Mutter steigt die Inanspruchnahme von Fremdbetreuung des Kindes. Fehlende Betreuungsmöglichkeiten können also verhindern, dass die Mutter ihre beruflichen Pläne realisiert. Die Erwerbskarriere der Frau hängt also sehr stark von der Lebenssituation ab, aber auch von den Erfahrungen, die die Frau im Beruf gesammelt hat. Daneben besitzt die Bildung beider Partner eine Weichenfunktion.

Tabelle 5.3.1: Korrelation des Umfangs der Berufstätigkeit der Frau drei Jahre nach der Geburt des Kindes (T5) mit ausgewählten Größen

	Nur Berufstätige [1]	Gesamtgruppe [2]
Demographische Daten		
Alter der Frau	-.02	-.01
Alter des Mannes	.09	.05
Bildungsinvestitionen der Frau (in Jahren)	-.21+	-.26**
Bildungsgrad der Frau [3]	-.14	-.25**
Bildungsgrad des Mannes [3]	.03	-.30***
Rollenerfahrungen und -orientierungen der Frau		
Beruflicher Status (T1)	.23+	.22**
Berufliche Zufriedenheit (T1)	.08	.20*
Berufsprofil: Anregungsgehalt u. Stressigkeit (T1)	.12	-.06
Attraktivität der Hausfrauenrolle (T1)	-.23*	-.24**
Berufliche Ausstiegspläne (T1) [3]	-.29*	-.25**
Traditionelle Rollenauffassungen	.06	.08
Zufriedenheit in der Mutterrolle (T2)	-.05	.07
Erlebte Kindschwierigkeit (T3)	.00	-.01
Elternschaftskonzept: Verantwortung der Mutter	-.07	.00
Weiterer Kinderwunsch (T5)	.10	.13
Persönlichkeitsmerkmale der Frau		
Instrumentalität (T1)	.12	.17*
Expressivität (T1)	.12	.06
Emotionale Stabilität (T1)	.21*	.07
Assimilative Hartnäckigkeit	.12	.16+
Akkommodative Flexibilität	.24*	.20*
Beziehungsmerkmale		
Erlebte Unterstützung durch den Partner (T5)	.11	-.05
Traditionelle Rollenauffassungen des Partners	.00	-.08
Situations- und Kontextmerkmale		
Kinderzahl, dreigestuft (T5) [3]	-.18	-.38***
Wochenarbeitszeit des Mannes (T5)	-.29*	-.21*
Einkommen des Mannes (T5) [3]	-.31*	-.23**
Zahl kritischer Lebensereignisse (T1 bis T5)	.04	.11
Größe des sozialen Netzes der Frau (T1)	-.15	-.05
Fremdbetreuung des Zielkindes (T5, in Stunden)	.41***	.41***

Anmerkungen: [1] Wochenarbeitszeit der Berufstätigen ($N \geq 60$). [2] Für nicht berufstätige Frauen: Wochenarbeitszeit = 0 ($N \geq 129$). [3] Rangkorrelation. $+ p < .10$ $* p < .05$ $** p < .01$ $*** p < .001$ (zweiseitig)

Die Aufteilung der Hausarbeit zwischen den Partnern

Die Arbeiten, die im Haushalt anfallen, sind generell ungleich verteilt: Die Frauen übernehmen deutlich mehr Aufgaben als die Männer. Diese unausgewogene Lastenverteilung nimmt nach der Familiengründung weiter zu (Kapitel 4.2 in diesem Band). Wie an anderer Stelle ausführlich behandelt wird, entlasten diejenigen Männer, die die Bedürfnisse ihre Partnerin besser abschätzen können, weil sie sie besser kennen, die Frau stärker bei der Hausarbeit (Peitz, 2002). Diese kompensatorische Unterstützung trägt insbesondere dann zum Wohlbefinden der Frau und zum Erhalt der Beziehungsqualität bei, wenn die Frau in besonderem Maße belastet ist.

Aufschlussreich für das Verständnis von Abstimmungs- und Aushandlungsprozessen innerhalb der Partnerschaft ist zudem ein Moderationsbefund zur allokationsabhängigen Zufriedenheitsentwicklung der Frau (Abb. 5.1.4 in Kapitel 5.1). So sinkt mit der Zunahme der Belastung der Frau deren Zufriedenheit mit der praktizierten Aufteilung der Hausarbeit ab; bei Abnahme der Belastung steigt die Zufriedenheit an. Der Zusammenhang zwischen diesen beiden Veränderungsmaßen verschärft sich, wenn der Partner seinen eigenen Anteil an der Erledigung der Hausarbeit überschätzt, die Beiträge der Partnerin folglich missachtet. Die Abhängigkeit der Zufriedenheitsveränderung bei der Frau von der praktizierten Umverteilung der Belastung wird jedoch völlig aufgehoben, wenn der Partner die Leistungen der Frau honoriert und wertschätzt. Dies kann als Hinweis auf eine für beide Seiten zufriedenstellende Aushandlung der Lastenverteilung gelesen werden: Der Partner, der wahrnimmt und honoriert, welche Mühen seine Frau übernimmt, kann diesen Profit, den er aus der Aufgabenverteilung zieht, in anderen Bereichen der Partnerschaft zurückgeben.

Die gemeinsame Wahrnehmung der elterlichen Sorge

Auch die Bedingungen und Folgen einer aktiv ausgeübten Vaterschaft wurden an anderer Stelle detailliert beschrieben (Kapitel 4.3 in diesem Band). Aus systemischer Perspektive ist interessant, wie die Ähnlichkeit bzw. Verträglichkeit der wechselseitigen Verhaltenserwartungen beider Partner zum einen die *Ausübung* der elterlichen Sorge und zum anderen die *Zufriedenheit* mit dem eigenen Engagement sowie der Rollenausübung des Partners prägen.

Ähnlich wie die Hausarbeit fällt auch die Betreuung und Pflege des Kindes vorwiegend in den Aufgabenbereich der Frau. Im Rahmen der LBS-Familien-Studie gaben die Eltern für eine Liste von 19 Aufgaben, die bei der Versorgung und Betreuung des dreijährigen Kindes anfielen, an, wer die jeweilige Tätigkeit ausführt. Die befragten Eltern konnten dabei angeben, ob die Mutter oder der Vater die Tätigkeit alleine übernimmt oder ob sich beide Eltern die Aufgabe teilen. Wie die übereinstimmenden Angaben von Frauen und Männern zeigen, übernehmen die Mütter durchschnittlich jede zweite der Aufgaben alleine; ebenso viele Aufgaben werden von beiden Eltern erledigt (jeweils 9,1 von 19). Durchschnittlich nur eine halbe Aufgabe übernimmt ausschließlich der Vater – jeder zweite Vater erledigt also eine der 19 Aufgaben komplett, jeder zweite Vater ist für *keine* Aufgabe allein verantwortlich. Die tatsächliche Ausübung der Elternschaft hängt nun von Kontextfaktoren ab – die Wochenarbeitszeit des Vaters setzt seiner Beteiligung enge Grenzen –, sie hängt ab von den Rollenkonzepten des Mannes sowie von dem Zutrauen der Frau in die Rollenkompetenzen ihres Partners (eingehender hierzu: Kalicki, Peitz & Fthenakis, 2002). Zwei weitere Faktoren, die die elterliche Partnerschaft beschreiben, wirken sich auf die praktizierte Rollenteilung aus. Dies ist erstens die *Ähnlichkeit der Rollenkonzepte beider Partner*. Je ähnlicher die Ansprüche, die Vater und Mutter an ihre eigene Rollenausübung haben, desto mehr Aufgaben der elterlichen Sorge üben sie gemeinsam aus und desto weniger Aufgaben werden nur einem Elternteil zugewiesen. Der zweite Bedingungsfaktor ist *die vom Mann erlebte Partnerschaftsqualität*. Je positiver der Mann die Beziehung einschätzt, desto mehr kümmern sich beide Eltern gemeinsam um ihr Kind. Es sind also nicht etwa allein die Rollenvorstellungen der einzelnen Elternteile verantwortlich für die faktische Ausgestaltung der Elternschaft. Vielmehr beeinflusst das Gefüge der Rollenerwartungen beider Partner ihr Verhalten: Die gemeinsam verantwortete Elternschaft stützt sich auf geteilte normative Vorstellungen und Überzeugungen von den elterlichen Aufgaben.

Die Erwartungen und Überzeugungen der Partner hinsichtlich ihrer Verantwortung als Eltern prägen nicht nur ihr tatsächliches Verhalten als Mutter oder Vater, sondern auch die Zufriedenheit mit der Partnerschaft. Eine solche Mediationsbeziehung wurde nachgewiesen: Je ähnlicher der Mann Vaterschaft und Mutterschaft definiert (sprich: je „androgyner" seine subjektiven Elternschaftkonzepte), desto zufriedener ist die Frau mit der Partnerschaft. Dieser Zusammenhang wird über die Zufriedenheit der Frau mit der Rollenausübung des Mannes vermittelt (Kalicki, Peitz & Fthenakis, 2002).

Typischerweise mangelt es am Engagement des Vaters in der Familie, also bei der Erledigung der Hausarbeit und bei der Sorge um das Kind. Die Zufriedenheit der Eltern mit der praktizierten Rollenverteilung hängt nicht nur allein von der faktischen Beteiligung des Vaters ab. Gerade bei geringem Engagement des Vaters kommt es auch darauf an, aus welchen Gründen er sich in der Familie zurücknimmt. Anhand mehrerer Moderationsbefunde können diese Konstellationseffekte aufgewiesen werden, wobei wiederum die Passung von Einschätzungen und Verhaltensmerkmalen beider Partner zum Tragen kommen (Tabelle 5.3.2).

Die Zufriedenheit der Frau mit der Aufteilung der Aufgaben, die bei der Betreuung des dreijährigen Kindes anfallen, variiert zunächst erwartungskonform mit der faktischen Beteiligung des Vaters. Je höher die relative Belas-

Tabelle 5.3.2: Regression der Zufriedenheit der Frau mit der Beteiligung des Mannes an der Versorgung des Kindes auf die faktische Belastung der Frau mit der elterlichen Sorge moderiert durch die selbstperzipierte Rollenkompetenz des Mannes (1. Moderatoranalyse); Regression der Zufriedenheit der Frau mit der Beteiligung des Mannes an der Versorgung des Kindes auf die faktische Belastung der Frau mit der elterlichen Sorge moderiert durch die Ansprüche des Vaters an die eigene Rollenausübung (2. Moderatoranalyse); Regression der Zufriedenheit des Mannes mit seiner Beteiligung auf die faktische Beteiligung moderiert durch seine Wochenarbeitszeit (3. Moderatoranalyse)

| | 1. Schritt | | 2. Schritt | | |
	$b_{Präd.}$	$b_{Mod.}$	$b_{P \times M}$	R^2	N
1. Moderatoranalyse	-.42***	.18*	1.75*	.25***	140
2. Moderatoranalyse	-.38***	.02	-2.51*	.18***	127
3. Moderatoranalyse	.08	-.06	.94+	.03	129

Anmerkungen: R^2 Varianzaufklärung im vollständigen Modell. $+ p < .10$ $* p < .05$ $*** p < .001$ (zweiseitig)

tung der Frau, desto unzufriedener ist sie mit dieser Lösung. Beruht das mangelnde Engagement des Vaters auf fehlenden Kompetenzen des Mannes zur Sorge um das Kind, wird dieser Zusammenhang verstärkt: Eine geringe Beteiligung des inkompetenten Vaters ist besonders belastend für die Frau – sie mag es besonders ärgerlich finden, die ganze Verantwortung für das Kind alleine tragen zu müssen –, eine hohe Beteiligung des inkompetenten Vaters steigert die Zufriedenheit der Frau etwas. Mangelt es jedoch nur an der Rollenperformanz des Vaters, nicht aber an dessen Kompetenz, bleibt die Unzufriedenheit der Frau in Maßen. Hier mag die geringe Beteiligung des Mannes durch andere Faktoren erzwungen sein (siehe Abbildung 5.3.1, obere Grafik).

Auch die Ansprüche des Vaters an seine eigene Vaterrolle beeinflussen die Belastungswirkung geringer Beteiligung für die Frau. Vertritt der Mann die Auffassung, dass ein Vater in hohem Maße verantwortlich ist für sein Kind (subjektive Vaterschaftskonzepte des Mannes), sorgt das einstellungsdiskrepante geringe Engagement des Mannes für geringe Zufriedenheit (sprich: hohe Unzufriedenheit) der Frau. Das einstellungskongruente hohe Engagement des Mannes führt hingegen zu hoher Zufriedenheit der Frau (Abbildung 5.3.1 unten, durchgezogene Linie). Bei insgesamt niedrigen Ansprüchen des Mannes an seine eigene Vaterrolle ist dieser Zusammenhang deutlich abgeschwächt (selbe Grafik, gepunktete Linie). Offenbar ist es für die Frau besonders enttäuschend, wenn ihr Partner zwar die Meinung vertritt, er sei in hohem Maße verantwortlich für sein Kind, sein tatsächliches Verhalten als Vater jedoch zurückbleibt hinter diesen hohen Ansprüchen.

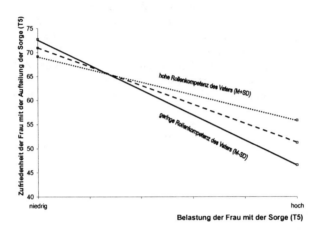

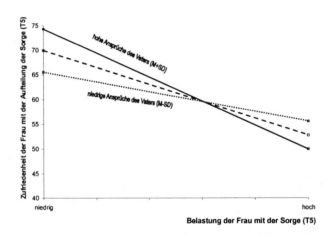

Abbildung 5.3.1: Abhängigkeit der Zufriedenheit der Frau mit der Aufteilung der Sorge um das Kind (T5) von der eigenen Belastung (T5) bei variierender selbstperzipierter Rollenkompetenz des Mannes [obere Grafik] und variierenden Ansprüchen des Mannes an die Vaterrolle [untere Grafik]

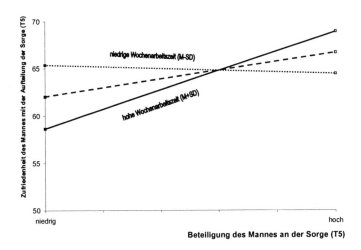

Abbildung 5.3.2: Abhängigkeit der Zufriedenheit des Mannes mit der Aufteilung der Sorge um das Kind (T5) von der eigenen Beteili-
gung (T5) bei niedriger, durchschnittlicher und hoher
Wochenarbeitszeit des Mannes

Ein dritter Moderationsbefund belegt, dass auch die Zufriedenheit des Mannes mit der Allokation der kindbezogenen Aufgaben zunächst mit der praktizierten Verteilung variiert – je größer die väterliche Beteiligung, desto zufriedener ist der Vater –, aber auch von Kontextbedingungen abhängt. Bei hoher
Wochenarbeitszeit des Mannes variiert die Zufriedenheit stark mit der
eigenen Beteiligung, bei niedriger Wochenarbeitszeit ist der Zusammenhang
aufgehoben (Abbildung 5.3.2). Die Väter, denen wegen ihres hohen beruflichen Engagements kaum Zeit bleibt für die Beschäftigung mit dem Kind,
bedauern dies und machen sich selbst u. U. entsprechende Vorwürfe. In dem
Maße, in dem es dem Vater gelingt, sich trotz hoher beruflicher Beanspruchung um das Kind zu kümmern, steigt die Zufriedenheit des Mannes. Für die
Väter, die wegen ihrer vergleichsweise geringen beruflichen Belastung prinzipiell die Möglichkeit haben, sich stärker an der Sorge um das Kind zu beteiligen, ist die Zufriedenheit mit der Aufgabenverteilung nicht gekoppelt an das
faktische Engagement in der Vaterrolle. Wir lesen auch diesen Befund als
einen dyadischen Passungseffekt, da die Allokation beruflicher und familiärer
Aufgaben stets die Rollenverteilung zwischen den Partnern beschreibt. Väter,
die sich stark und einseitig auf den Beruf und die Sicherung des Familieneinkommens konzentrieren, leiden unter dieser Konstellation der Aufgabenverteilung zwischen Frau und Mann.

Die Bewältigung von Ängsten vor der Entbindung

Betrachten wir den Zusammenhang der Ängste der Schwangeren bzw. des Partners vor der Entbindung („Geburtsangst") als Indikator der antizipatorischen Belastungsverarbeitung, können wir studieren, inwiefern der Erfolg dieser präventiven Bewältigung von Bedingungsfaktoren aufseiten der Person und aufseiten des Partners abhängt. Als *personseitige Faktoren* gelten dabei alle subjektiven Einschätzungen zur Situationsbewertung (z. B. Erwünschtheit der Schwangerschaft) und zur Bewertung der eigenen Ressourcen (z. B. allgemeine oder bereichsspezifische Kompetenzen). Als *partnerseitige Bedingungsfaktoren der Anpassung* fassen wir Situationsbewertungen des Partners (z. B. Erwünschtheit der Schwangerschaft aus Sicht des Partners), dessen Abschätzungen der eigenen Ressourcen (z. B. Kompetenzen) und auch Einschätzungen des Bewältigungssubjekts zu den Ressourcen des Partners (z. B. zugeschriebene Rollenkompetenz des anderen). Wie aus Tabelle 5.3.3 hervorgeht, variiert das Ausmaß der präpartalen Geburtsängste der Frau primär mit den eigenen Einschätzungen bzw. mit Einschätzungen des Partners, die sich auf die eigene Person richten. Je größer das allgemeine Selbstvertrauen der Schwangeren, je größer die selbstperzipierte Rollenkompetenz, je größer die emotionale Stabilität sowie die akkommodative Flexibilität der Frau, je größer die Instrumentalität und die assimilative Hartnäckigkeit, je erwünschter die Schwangerschaft und je größer die attributive Verantwortungsübernahme für den Eintritt der Schwangerschaft, desto geringer sind die Ängste der Frau vor der Entbindung. Auch die fremdeingeschätzte Rollenkompetenz der Frau korreliert negativ mit dem Ausmaß der Geburtsangst der Schwangeren, was die Bedeutung der Rollenkompetenz der Frau unterstreicht (validiert). Unter den partnerseitigen Bedingungsfaktoren treten nur zwei Variablen in Beziehung zur Geburtsangst der Frau. Die Angst der Frau ist umso niedriger, je größer die selbsteingeschätzte Rollenkompetenz des Partners ausfällt (ein Zusammenhang, der in der Fremdeinschätzung *nicht* validiert wird) und je größer die emotionale Stabilität des Partners ist. Diese Verknüpfungen der Ängste der Frau mit den partnerseitigen Bedingungsfaktoren sind deutlich schwächer als die Verknüpfungen mit den personseitigen Faktoren. Demgegenüber hängt das Ausmaß der Geburtsängste des Mannes sehr stark von Situationseinschätzungen und Verhaltensmerkmalen der Partnerin ab. Ein günstiges Kontrollerleben der Schwangeren (allgemeine und bereichsspezifische Kompetenzüberzeugungen) wie auch das Zutrauen des Mannes in die Rollenkompetenz der Frau mindern ganz offensichtlich die Ängste des Mannes. Auch die selbsteingeschätzte Instrumentalität der Frau, ihre Tendenz zur assimilativen und auch zur akkommodativen Bewältigung tragen ebenfalls zur Angstreduktion bei. Unerwartet ist der positive korrelative Zusammenhang zwischen der Geburtsangst des Mannes und der Erwünschtheit der Schwangerschaft aus Sicht der Frau: Je gelegener die Schwangerschaft und anstehen-

Tabelle 5.3.3: Korrelation der präpartalen Geburtsängste von Frauen und Männern (T1) mit personseitigen Bedingungsfaktoren (eigene Einschätzungen bzw. eigene Verhaltensmerkmale) und mit partnerseitigen Bedingungsfaktoren (Einschätzungen bzw. Verhaltensmerkmale des Partners)

| | Geburtsangst der Frau | | Geburtsangst des Mannes | |
	eigene Einschätzung	Einschätzung d. Partners	eigene Einschätzung	Einschätzung d. Partnerin
Verantwortungsübernahme	-.20**	.12	.10	-.12
Erwünschtheit der Schwangerschaft	-.21**	-.12	-.11	.17*
Emotionale Bewertung d. Schw.	-.07	-.06	.08	.06
eigene Rollenkompetenz	-.37***	-.16*	-.19*	-.17*
Rollenkompetenz des Partners	-.12	-.23**	-.21**	-.04
Allgemeines Selbstvertrauen	-.40***	-.11	-.19*	-.22**
Instrumentalität	-.23**	-.13	-.05	-.21**
Expressivität	-.03	-.11	-.10	-.02
Emotionale Stabilität	-.30***	-.16*	-.24**	-.13
Assimilative Hartnäckigkeit	-.21**	-.11	-.09	-.16*
Akkommodative Flexibilität	-.33***	-.14	-.15	-.17*

Anmerkungen: Produkt-Moment-Korrelation. $N = 152$-174 $* p < .05$ $** p < .01$ $*** p < .001$ (zweiseitig)

de Elternschaft für die Frau eintrat (mit Blick auf unterschiedliche Aspekte der aktuellen Lebenssituation), desto größer die Angst des Mannes vor der Entbindung. Dieser Zusammenhang, der übrigens nicht von der subjektiven Erwünschtheit der Schwangerschaft aus Sicht des Mannes moderiert wird, bleibt erklärungsbedürftig.

Die antizipatorische Bewältigung von Geburtsängsten stützt sich beim Mann auf subjektiv perzipierte und faktische Kompetenzen und Ressourcen der Partnerin. Diese anpassungsfördernden Faktoren kommen insbesondere dann zum Tragen, wenn die Schwangerschaft ungeplant war. In Moderatoranalysen zeigt sich dieser dyadische Interaktionseffekt (Tabelle 5.3.4). Das Zutrauen der Frau in ihre eigenen Fähigkeiten, der Mutterrolle gerecht zu werden, aber auch das Zutrauen, das die Frau in ihren Partner steckt, mindern die Ängste des Mannes vor einer ungeplant anstehenden Geburt. Geringe Selbstdiskrepanz bzw. ein hoher Selbstwert der Frau (positive Selbstsicht) sowie ausgeprägte Instrumentalität zeigen eine ähnliche Pufferwirkung.

Tabelle 5.3.4: Regression der Ängste des Mannes vor der Geburt (Kriterium) auf die Geplantheit der Schwangerschaft (Prädiktor) moderiert durch ausgewählte protektive Faktoren (Moderator)

	1. Schritt		2. Schritt		
	$b_{Präd.}$	$b_{Mod.}$	$b_{P \times M}$	R^2	N
selbstperzipierte Rollenkompetenz der Frau	-.03	-.17*	-1.62**	.08**	146
fremdperzipierte Rollenkompetenz des Mannes	-.03	-.07	-1.32*	.03	146
Selbstdiskrepanz der Frau	-.03	.12	.40+	.04	145
Selbstwert der Frau („Positivität" des Selbstkonzepts)	-.02	-.22**	-2.18***	.12***	145
Instrumentalität der Frau	-.04	-.26**	-1.03*	.11**	143

Anmerkungen: R^2 Varianzaufklärung im vollständigen Modell.
  $+ \ p < .10$ $* \ p < .05$ $** \ p < .01$ $*** \ p < .001$ (zweiseitige Tests)

Anhand der grafischen Illustration dieser bedingten Abhängigkeiten sind die ungünstigen Passungskonstellationen klar auszumachen. Unter niedriger Rollenkomptenz der Frau steigen die Ängste, Sorgen und Befürchtungen des Mannes mit zunehmender Geplantheit der Schwangerschaft an (Abbildung 5.3.3, gepunktete Linie). Hier mag die Tatsache, dass die Partnerin absichtlich und gewissermaßen sehenden Auges mit der Mutterschaft eine Rolle übernimmt, die sie überfordern wird, die Ängste des Mannes verstärken. Hohe Geplantheit der Schwangerschaft gepaart mit hoher Rollenkompetenz der Frau reduzieren dagegen die Ängste des Mannes (selbe Grafik, durchgezogene Linie). Hier wird er dadurch entlastet und beruhigt, dass die Partnerin ganz offensichtlich die Situation im Griff hat. Ähnlich sieht das Interaktionsmuster aus, wenn die von der Frau eingeschätzte Rollenkompetenz des Mannes, wenn die Selbstwertmaße der Frau und wenn die Instrumentalität der Frau als moderierende Größen eingesetzt werden. Diese gleichlaufenden Befunde belegen die Robustheit der geschilderten Effekte.

Kontrolltheoretische Bewältigungsmodelle postulieren eine Angst reduzierende Wirkung der attributive Übernahme von Verantwortung für den Eintritt eines bedrohlichen Ereignisses (Heckhausen & Schulz, 1998; Taylor, 1983). Die Rekonstruktion der Ereignisverursachung im Sinne hoher Kontrolle und Verantwortung erleichtert es, die Herausforderung aktiv anzugehen und auch mit widrigen Ereignisfolgen fertig zu werden. Tatsächlich trägt die Verantwortungsübernahme der schwangeren Frau zu einer Angstreduktion bei: Je größer die attributive Verantwortungsübernahme der Frau, desto niedriger sind ihre Ängste vor der Entbindung (Abbildung 5.3.4, mittlere Linie). Tatsächlich wirkt sich jedoch die gemeinsam betrachtete Ereigniserklärung der beiden Partner erheblich auf das Befinden des Mannes aus. Als

414

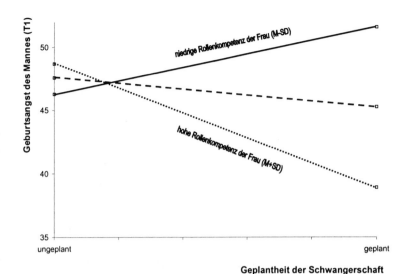

Abbildung 5.3.3: Abhängigkeit der Geburtsangst des Mannes (T1) von der
selbsteingeschätzten Rollenkompetenz der Partnerin (T1)
bei ungeplanter, in Kauf genommener und geplanter
Schwangerschaft

eine besonders günstige Passungskonstellation stellt sich die Verantwortungsübernahme durch beide Partner heraus. Besonders ungünstig für die Angst-
reaktion der Frau und auch für die spätere Anpassung an die Elternrolle ist
die einseitige Verantwortungsübernahme des Mannes, die bestätigt wird
durch eine Verantwortungsdelegation durch die Frau. Diese Rollenzuweisung,
die einer traditionellen Zuweisung der Geschlechtsrollen entgegenläuft, ist
kontraadaptiv sowohl für das individuelle Befinden der Eltern als auch für
deren Paarbeziehung.

Neben der Verantwortungsübernahme beider Partner spielen auch die
wechselseitigen Kompetenzzuschreibungen eine wichtige Rolle bei der Eindämmung geburtsbezogener Ängste und Befürchtungen der Schwangeren. So
fallen die Ängste dann besonders gering aus, wenn beide Partner Zutrauen in
die Kompetenzen und Fähigkeiten des anderen besitzen, der anstehenden
Elternschaft gewachsen zu sein (Abbildung 5.3.5). Der Nachweis solcher
dyadischen Bedingungsfaktoren von Anpassungsprozessen ergänzt den Blick
auf die individuelle Bewältigung. In den dyadischen Passungseffekten spiegelt sich die extreme Interdependenz der Partner im Übergang zur Elternschaft.

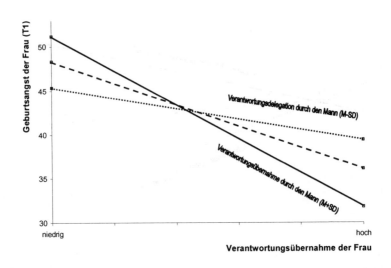

Abbildung 5.3.4: Abhängigkeit der Geburtsangst der Schwangeren (T1) von
der eigenen Verantwortungsübernahme (T1) unter variie-
rendem Attributionsmuster des Mannes

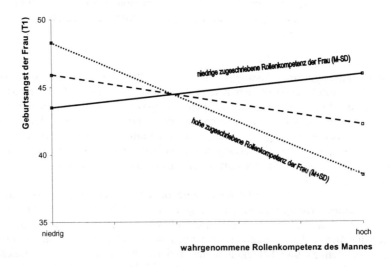

Abbildung 5.3.5: Der Zusammenhang zwischen der Geburtsangst der Frau
und der wahrgenommenen Rollenkompetenz des Partners in
Abhängigkeit von der fremdeingeschätzten Rollenkompetenz der Frau

Die Bewältigung der Elternrolle

Die wachsende Abhängigkeit der Partner voneinander äußert sich auch in der Anpassung an das Leben mit Kind. Hinweise auf eine schlechte Anpassung sind Wahrnehmungen und Zuschreibungen, das Kind sei „schwierig" (launisch, kaum zu beruhigen oder zu trösten), denn auch diese Begriffe kennzeichnen Passungen: Das Kind ist schwierig, z. B. für den Vater, relativ zu dessen individuellen Kompetenzen und Bewertungsmaßstäben. Von den zahlreichen Belegen für dyadische Passungseffekte, die wir mit Blick auf die Anpassung an die Elternschaft gefunden haben, sollen einige ausgewählte Ergebnisse dargestellt werden. Insgesamt belegen die Daten recht deutlich, dass das Gefüge der Handlungsorientierungen und Ressourcen beider Partner die Bewältigung dieses Übergangs steuert.

Die von der Mutter erlebte Kindschwierigkeit drei Monate nach der Geburt des Kindes variiert neben anderem mit der Geplantheit der Schwangerschaft, die am damaligen Verhütungsverhalten abgelesen werden kann, und mit der assimilativen Hartnäckigkeit (Tenazität) des Mannes. Bei ungeplanter Schwangerschaft ist die von der Mutter perzipierte Kindschwierigkeit etwas erhöht. Fehlt dem Mann die Bewältigungstendenz, bei auftretenden Schwierigkeiten hartnäckig zu kämpfen, um das Ziel zu erreichen, erlebt die Mutter das Kind als deutlich schwieriger. Verfügt der Partner jedoch über diese Fähigkeit zur hartnäckigen Zielverfolgung, betrachtet die Mutter das Kind als einfach zu haben (Abbildung 5.3.6).

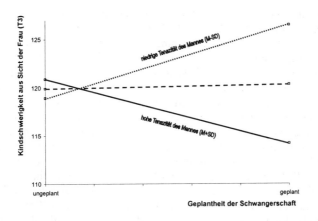

Abbildung 5.3.6: Der Zusammenhang zwischen der von der Frau berichteten Kindschwierigkeit (T3) und der Geplantheit der Schwangerschaft (T1) in Abhängigkeit von der assimilativen Hartnäckigkeit des Mannes

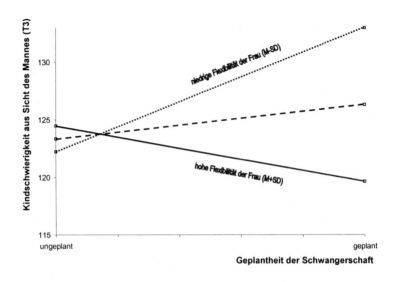

Abbildung 5.3.7: Der Zusammenhang zwischen der vom Mann berichteten Kindschwierigkeit (T3) und der Geplantheit der Schwangerschaft (T1) in Abhängigkeit von der akkommodativen Flexibilität der Frau

Betrachten wir, unter welchen Bedingungen Väter drei bis vier Monate nach der Geburt des Zielkindes das Kind als insgesamt ‚schwierig' erleben. In Abbildung 5.3.7 werden zwei Bedingungsfaktoren kombiniert, die Geplantheit der Schwangerschaft und die akkommodative Flexibilität der Frau. Die Väter erleben das Kind dann als besonders schwierig, wenn die Elternschaft ungeplant auf das Paar zugekommen war und die Frau extrem unflexibel ist. Betrachtet man die beiden letzten Moderationsbefunde zusammen, so fällt auf, dass die Anpassung an die Elternschaft vom Mann insbesondere die Fähigkeit zur aktiven Zieldurchsetzung erfordert (assimilative Hartnäckigkeit) und von der Frau insbesondere die Fähigkeit zur reaktiven Problemneutralisierung (akkommodative Flexibilität), was wiederum an die traditionellen Geschlechtsrollen und Geschlechtsstereotype erinnert. Dies stimmt überein mit den vielfältigen Hinweisen darauf, dass mit dem Übergang zur Elternschaft die traditionellen Rollenmuster an Bedeutung gewinnen (Kapitel 4.2 in diesem Band). Interessant ist auch der Befund, dass gerade die geplante Schwangerschaft bzw. Elternschaft Gefahren birgt, nämlich dann, wenn die personalen Ressourcen der Partner nicht ausreichen, die vielfältigen neuen Herausforderungen zu meistern. Solche überraschende Befunde lassen sich erst aufspüren, wenn komplexe Bedingungskonstellationen betrachtet werden.

Der Erhalt von Beziehungsqualität und Partnerschaftszufriedenheit

Um zu erfahren, welche Passungskonstellationen für das Gelingen der elterlichen Partnerschaft bedeutsam sind, betrachten wir zunächst die einfachen (bivariaten) Zusammenhänge zwischen der von den einzelnen Partnern berichteten Beziehungsqualität und verschiedenen Bedingungsfaktoren. Auch hier unterscheiden wir in personseitige und partnerseitige Bedingungsfaktoren des Partnerschaftserlebens, ergänzt um einige kontextuelle Faktoren. Dargestellt sind nur die signifikanten Variablenverknüpfungen (Tabelle 5.3.5).

Hinter der Kinderzahl verbergen sich Zeiteffekte – unter den Familien mit nur einem Kind sind zahlreiche junge Paare, die in der Zukunft noch ein weiteres Kind bekommen werden – und Generativitätseffekte – die Kinderzahl zu diesem Zeitpunkt enthält auch Information darüber, wie viele Kinder die Familie letztendlich haben wird. Die Kinderzahl drei Jahre nach der Geburt des Zielkindes korreliert positiv mit der Partnerschaftsqualität aus Sicht der Frau: Je mehr Kinder, desto weniger streiten die Partner und desto besser funktioniert die sexuelle Beziehung. Anders das Erleben des Mannes; mit zunehmender Zahl der Kinder fällt das Urteil des Mannes über die sexuelle Beziehung schlechter aus. Dies entspricht dem längsschnittlichen Verlaufsmuster der vom Mann berichteten Zärtlichkeit (siehe Abbildung 3.9). Die Zahl der kritischen Lebensereignisse, von denen die Familie seit der Geburt des Zielkindes betroffen war, hängt positiv mit dem vom Mann berichteten Streitverhalten zusammen (erfasst sind hier vornehmlich destruktive Verhaltensweisen der Partnerin). Unter der Belastung durch kritische Ereignisse verfallen die Mütter demnach leicht in destruktive Versuche der Konfliktlösung. Mit dem Haushaltseinkommen steht ein weiterer Kontextfaktor in Verbindung zur Beziehungsqualität. Je höher die finanziellen Ressourcen der Familie, desto positiver schätzt die Frau die sexuelle Beziehung ein.

Bei den weiteren aufgeführten Bedingungsfaktoren können die Beziehungen der Einschätzungen bzw. Merkmale der Frau zu ihrem eigenen Partnerschaftserleben drei Jahre nach der Geburt des Kindes mit den Beziehungen derselben Faktoren zum Partnerschaftserleben des Partners verglichen werden. Und dementsprechend können die Beziehungen der Einschätzungen des Mannes zu dessen Partnerschaftserleben verglichen werden mit den Beziehungen derselben Fakoren zum Partnerschaftserleben der Frau. Um solche Vergleiche zu erleichtern, sind in Tabelle 5.3.5 die intraindividuellen Variablenverknüpfungen hervorgehoben. Besonders interessant sind unter Passungsgesichtspunkten die personübergreifenden (intradyadischen) Beziehungen zwischen Bedingungsfaktoren und Kriterien der dyadischen Anpassung.

Die intraindividuellen Zusammenhänge zwischen den verschiedenen Angaben der Frau fallen insgesamt deutlich und überwiegend erwartungsgemäß aus. Vor allem das Ausmaß der positiven Paarkommunikation variiert

Tabelle 5.3.5: Korrelation der PFB-Partnerschaftqualität (Skalen „Streit", „Zärtlichkeit", „Kommunikation"; Einschätzungen von T5) mit ausgewählten Bedingungsvariablen

	Erleben der Frau			Erleben des Mannes		
	Streit	Zärtl.	Komm.	Streit	Zärtl.	Komm.
Kontextuelle Faktoren						
Kinderzahl (T5)[1]	-.16+	.15+			-.15+	
Zahl kritischer Ereignisse (T1 bis T5)				.19*		
Haushaltseinkommen (T5)[1]			.19*			
Einschätzungen, Merkmale der Frau						
Bildungsgrad[1]		-.20*				
Selbstdiskrepanz (T1)						
Geplantheit der Schwangerschaft						.20*
emotionale Reaktion (T1)						.25**
eigene Rollenkompetenz (T1)				-.16+		.19*
Rollenkompetenz des Partners (T1)			.22**			.25**
erlebte Kindschwierigkeit (T3)	.24**		-.20*			-.15+
Attraktivität der Hausfrauenrolle			.19*			.16+
Erwerbsstatus (T5)[2]	.17*		-.15+			
Zufriedenheit/Hausarbeit (T5)			.16+			
Zufriedenheit/Versorg.d.Kindes (T5)		.24**	.33**		.17+	.26**
Unterstützung durch den Partner (T5)	-.51**	.53**	.57**	-.37**	.28**	.43**
Einschätzungen, Merkmale des Mannes						
Bildungsgrad[1]	-.15+	.14+				
Selbstdiskrepanz (T1)	.21*	-.20*	-.19*	.23**	-.20*	-.29**
emotionale Reaktion (T1)	-.17+			-.15+	.23*	.25**
eigene Rollenkompetenz (T1)	-.15+			-.17+		.22*
Rollenkompetenz der Partnerin (T1)	-.17*			-.32**		.25**
erlebte Kindschwierigkeit (T3)			-.15+			-.21*
Zufriedenheit/Hausarbeit (T5)			.15+			.22*
Zufriedenheit/Versorg.d.Kindes (T5)						.21*
Unterstützung durch die Partnerin (T5)	-.31**	.28**	.50**	-.63**	.39**	.52**
berufliche Zufriedenheit (T5)			.19*	-.40**	.23*	.22*

Anmerkungen: [1] Spearman-Rangkorrelation. Die intraindividuellen Variablenzusammenhänge sind fettiert.
[2] Dichotome Kodierung (0 = nicht erwerbstätig, 1 = erwerbstätig).
$N \geq 122$ $+ p < .10$ $* p < .05$ $** p < .01$ (zweiseitige Tests)

mit individuellen Merkmalen der Frau. Die Paarkommunikation aus Sicht der Frau ist umso besser...

- je zufriedener die Frau mit der vom Partner erhaltenen Unterstützung ist (dieser Zusammenhang ist trivial, denn beide Maße repräsentieren Bewertungen der Partnerschaft);
- je zufriedener die Frau mit der Allokation der familiären Aufgaben ist (Betreuung und Versorgung des Kindes, Hausarbeit);
- je stärker die Frau schon in der Schwangerschaft ihrem Partner zugetraut hatte, ein guter Vater zu sein;
- je unkomplizierter und einfacher zu versorgen das drei Monate alte Kind war und
- je attraktiver die Hausfrauenrolle für die Frau ist und je eher die Frau nicht erwerbstätig ist.

Deutlich sind auch die Wirkungen dieser Bedingungsfaktoren auf das Partnerschaftserleben des Mannes. Die von der Frau perzipierte Unterstützung variiert am deutlichsten mit der vom Mann eingeschätzten Beziehungsqualität. Neben den bereits aufgelisteten Faktoren tun sich weitere hervor, wobei sich die Kommunikationseinschätzung wiederum als der sensitivste Indikator erweist. So ist die von dem Mann geschilderte Paarkommunikation drei Jahre nach der Geburt des Kindes umso besser...

- je stärker die Schwangerschaft von der Frau geplant war;
- je positiver die emotionale Reaktion der Frau auf den Eintritt der Schwangerschaft ausgefallen war (Freude, Stolz, keine Verärgerung, geringe Ängste) und
- je positiver die rollenspezifischen Kompetenzeinschätzungen der Schwangeren aussahen.

Überforderungsantizipationen der Frau (geringe Kompetenzüberzeugungen) lassen zudem ein höheres späteres Konfliktniveau bzw. destruktiveres Streitverhalten der Frau erwarten.

Nutzt man die Einschätzungen und Merkmale des Mannes als Prädiktoren der Partnerschaftsqualität, zeigen sich diese Korrelationsbeziehungen nicht nur mit Blick auf die Qualität der Paarkommunikation, sondern auch mit Blick auf das Streitverhalten des Paares. Von prognostischem Wert für das Partnerschaftserleben des Mannes drei Jahre nach der Geburt des Kindes sind folgende Faktoren:

- Selbstbild- und Identitätsprobleme, die der Mann schon vor der Geburt des Kindes zeigt, lassen insgesamt eine schlechte Beziehungsqualität erwarten. Dieser Zusammenhang zeigt sich bei allen drei Aspekten der Paarinteraktion und sowohl in den Einschätzungen der Beziehungsqualität durch den Mann als auch in den Einschätzungen der Frau.

- Die emotionale Reaktion des Mannes auf die Nachricht von der Schwangerschaft sowie die selbstbezüglichen und partnergerichteten Kompetenzüberzeugungen variieren mit dem späteren Konfliktniveau und mit dem Ausmaß der positiven Paarkommunikation.
- Die erlebte Schwierigkeit des drei bis vier Monate alten Kindes hängt negativ mit dem Ausmaß der Paarkommunikation zusammen.
- Alle weiteren hier aufgeführten Bedingungsfaktoren aufseiten des Mannes, die ebenfalls drei Jahre nach der Geburt des Kindes erhoben wurden, variieren systematisch mit der vom Mann berichteten Beziehungsqualität. Im Einzelnen sind dies die erlebte Unterstützung durch die Partnerin, die Zufriedenheit mit der Allokation der familiären Aufgaben sowie die berufliche Zufriedenheit des Mannes.

Die Einschätzungen und Merkmale des Mannes sagen auch das spätere Partnerschaftserleben der Frau voraus, insbesondere das perzipierte Konfliktniveau und die Qualität der Paarkommunikation bzw. das Ausmaß der Gemeinsamkeiten. Initial hohe Selbstdiskrepanz des Mannes beeinträchtigt offensichtlich die gesamte Partnerschaft. Sehr bedeutsam ist die erlebte Unterstützung. Und auch die berufliche Zufriedenheit des Mannes schlägt sich im Erleben der Partnerin nieder.

Mit steigendem Bildungsgrad wird das Streit- und Konfliktverhalten der Partner (besonders des Mannes) günstiger. Dies kann als ein echter Bildungs- und Sozialisationseffekt gedeutet werden. Je höher der Bildungsgrad, desto kultivierter trägt das Paar seine Konflikte aus. Mit dem Bildungsgrad des Mannes steigt auch die von der Frau berichtete Zärtlichkeit in der Partnerschaft an.

Die negative Wirkung von Belastungsfaktoren auf die Beziehungsqualität kann durch andere Faktoren, die die dyadische Anpassung fördern, ausgeschaltet werden. Zwei Beispiele sollen dies verdeutlichen. Wie bereits angesprochen, sagt die emotionale Reaktion des Mannes auf den Eintritt der Schwangerschaft die spätere Qualität der elterlichen Beziehung voraus. Je positiver der Mann die Nachricht von der Schwangerschaft aufnimmt, desto weniger verschlechtert sich die Paarkommunikation. Dieser Effekt wird jedoch durch das Zutrauen des werdenden Vaters in die Fähigkeiten der Frau zur Bewältigung der Mutterschaft aufgewogen. Bei geringem Zutrauen des Mannes in seine Partnerin tritt der Effekt deutlich hervor (Abbildung 5.3.8). Die Kombination von negativer Einstellung des Mannes zur Elternschaft und als gering eingeschätzter Rollenkompetenz der Frau ist ungünstig für den Beziehungserfolg.

Die verschärfte traditionelle Rollenverteilung zwischen Frau und Mann nach dem Übergang zur Elternschaft bewirkt, dass die Familie die primäre Erfahrungswelt der Frau ist, während der Beruf der wichtigste Lebensbereich des Mannes darstellt. Bedeutsam für die Beziehung beider Partner ist nun, welche Erfahrungen beide Eltern in ihren jeweils dominierenden Rollen ma-

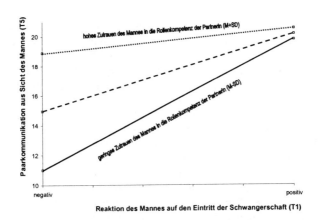

Abbildung 5.3.8: Der Zusammenhang zwischen der emotionalen Reaktion des
Mannes (T1) und der Qualität der Paarkommunikation (T5)
in Abhängigkeit von der vom Mann eingeschätzten Rollenkompetenz der Frau

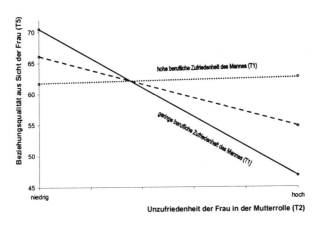

Abbildung 5.3.9: Der Zusammenhang zwischen der Unzufriedenheit der Frau
in der Mutterrolle (T2) und der Beziehungsqualität (PFB-
Gesamtmaß zu T5) in Abhängigkeit von der beruflichen
Zufriedenheit des Mannes

423

machen. Je schlechter die Anpassung der Frau an die Mutterrolle wenige Wochen nach der Geburt des Kindes ist, desto stärker leidet die Beziehung. Die Wirkung der mütterlichen Unzufriedenheit wird aber von der beruflichen Zufriedenheit des Mannes abgefedert (Abbildung 5.3.9). Die elterliche Partnerschaft wird also von den Erfahrungen beider Partner in ihren jeweiligen Lebenswelten und Rollenkontexten geprägt.

Schließlich hängt die Entwicklung der Paarbeziehung nicht allein von der realisierten Verteilung der Rollen und Aufgabenbereiche zwischen den Partnern und der Zufriedenheit der einzelnen Partner in ihren Rollen ab, sondern auch von Bewertungen, die die Rollenausübung des anderen betreffen. Ein Beispiel hierfür ist die Zufriedenheit der Frau mit der Beteiligung ihres Partners an der Betreuung und Versorgung des Kindes (quantitativer Aspekt) und ihre Beurteilung des Erziehungsstils des Partners (qualitativer Aspekt). Je zufriedener die Frau mit dem Umfang der väterlichen Beteiligung an der Sorge um das Kind ist, desto besser funktioniert die Partnerschaft – abgelesen am Ausmaß der Zärtlichkeit drei Jahre nach der Geburt des Kindes. Die Zufriedenheit mit dem Umfang der Beteiligung ist jedoch irrelevant für die Beziehungsqualität, wenn die Qualität des väterlichen Engagements für die Frau zufriedenstellend ist. Mangelndes Engagement gepaart mit einem schlecht bewerteten Erziehungsstil des Partners führt zu einer verminderten Partnerschaftsqualität (Abbildung 5.3.10).

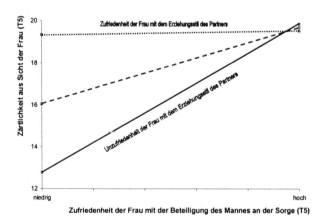

Abbildung 5.3.10: Der Zusammenhang zwischen der Zufriedenheit der Frau mit der Beteiligung des Mannes an der Sorge um das Kind (T5) und der Beziehungsqualität (PFB-Zärtlichkeit zu T5) in Abhängigkeit von der Zufriedenheit der Frau mit dem Erziehungsstil des Partners

5.4 Unzufriedenheit mit der Lebenssituation, Konfliktlösen und der Erhalt der Partnerschaftszufriedenheit: konstruktive und destruktive Verläufe

Die von der Geburt des Kindes angestoßenen Veränderungen, Belastungen und Störungen von Alltagsroutinen fordern wohl für alle Betroffenen eine Anpassung an die veränderte Lebenssituation, die mit dem Erwerb neuen Wissens und neuer Kompetenzen, einer Revision früherer Lebenspläne und anderen Umstellungen verbunden sind. Viele neue Herausforderungen stellen sich auch als ein Partnerschaftsproblem dar, da sie die Frage aufwerfen, wer welche Aufgaben übernimmt, wer welche Kompromisse eingeht oder wer wo zugunsten der Familie Verzicht leistet. Mit der gemeinsamen Verantwortung für das Kind wächst die Abhängigkeit der Partner ganz erheblich, was aufkommenden Konflikten eine eigene Dynamik verleiht. Für das Gelingen der Partnerschaft ist es daher von zentraler Bedeutung, wie solche Konflikte angegangen und gelöst werden. Der Partnerschaftsverlauf wird entscheidend dadurch geprägt, wie die Partner auf negative Verhaltensweisen des anderen reagieren. Anhand der Daten unserer Studie werden konstruktive und destruktive Formen des Konfliktverhaltens dargestellt. Die zugrundeliegenden Mechanismen und Einflussfaktoren werden ausführlich dargestellt.

Der Wechsel von der kinderlosen Partnerschaft zur Familie bringt eine Menge von Veränderungen, die das allgemeine Wohlbefinden und die Lebenszufriedenheit der jungen Eltern beeinträchtigen (Harriman, 1986; Hock, Schirtzinger, Lutz & Widaman, 1995). Angesichts der einschneidenden Veränderungen wird es wohl kaum zu vermeiden sein, dass die Partner zumindest zeitweise äußerst unzufrieden sind und damit auch die Beziehung belasten. Denn wegen der wechselseitigen Abhängigkeit der Eltern voneinander stellen sich zahlreiche Anpassungs- und Bewältigungsprobleme der einzelnen Elternpersonen als Partnerschaftskonflikte dar. Dies ist der Fall, wo die eigene Überforderung als fehlende Unterstützung und Entlastung durch den Partner gelesen wird. Oder dies finden wir dort, wo die Erziehungspraktiken beider Eltern divergieren. Im Übergang zur Elternschaft sind insbesondere *Verteilungskonflikte* zu erwarten (Kluwer, Heesink & Van der Vliert, 1996; Komter, 1989; Stohs, 1995). Paradoxerweise mindert die egalitäre Rollenallokation keineswegs Auftretenswahrscheinlichkeit oder Intensität solcher Konflikte (Benin & Agostinelli, 1988; Hoffman, 1989; Volling & Belsky, 1991). Passend hierzu beobachten Shelton und John (1993), dass sich verheiratete Paare, die bekanntlich eine stärkere Rollen- und Aufgabensegregation praktizieren, seltener über die Hausarbeit streiten als unverheiratet zusammenlebende Paare. Streit über die Aufgabenverteilung kann sich entzünden aufgrund unterschiedlicher Qualitätsstandards der Ausführung (Wilkie, Ferree & Ratcliff, 1998) oder auch, weil das Einfordern von Hilfe und Unterstützung nötig wird. Wenn sich solche Konflikte nicht gänzlich vermeiden lassen, ist es aber von entscheidender Bedeutung für den Verlauf der Partnerschaft, wie diese Konflikte angegangen und gelöst werden (Hawkins, Marshall & Allen, 1998; zum Überblick: Belsky & Hsieh, 1998).

Die sozialpsychologische Forschung beschäftigt sich seit langem intensiv mit Prozessen der Konfliktlösung. Wir stellen im Folgenden drei Theorien und Forschungsprogramme vor, die unser Verständnis von Partnerschaftskonflikten entscheidend geprägt haben. Anschließend greifen wir schematische Erklärungs- und Interpretationsschemata heraus, die für die konstruktive Lösung von Partnerschaftskonflikten und die Verhinderung negativer Interaktionsspiralen wichtig sind. Die theoretischen Ausführungen werden im Anschluss wiederum ergänzt um eigene Befunde aus unserer Studie.

5.4.1 Theorien zum Gelingen und Scheitern von Partnerschaften

Bahnbrechende Arbeiten zu Konflikten und zur Konfliktlösung stammen von dem amerikanischen Psychologen Morton Deutsch. Gerade die frühen Arbeiten aus den 60er Jahren des 20. Jahrhunderts thematisieren die Bedingungen für eine erfolgreiche Lösung interpersonaler (sozialer) Konflikte (Deutsch, 1976; 1990). Die theoretischen Überlegungen wurden auch mit Blick auf den Ost-West-Konflikt, der im sogenannten „Kalten Krieg" kulminierte, entwickelt (Deutsch, 1969). Sie lassen sich sehr gut auf Partnerschaftskonflikte übertragen. Die spieltheoretischen Arbeiten zum Verhalten von Menschen unter Kooperations- und Wettbewerbsbedingungen – weithin bekannt ist etwa das „Gefangenendilemma" (Deutsch, 1960) – erweisen sich als weit weniger übertragbar auf natürliche Situationen.

Produktive und destruktive Konflikte

Unter einem Konflikt versteht der Forscher das Auftreten unvereinbarer (inkompatibler) Handlungen, wobei der Konflikt intrapersonal oder interpersonal sein kann. Unvereinbarkeit einer Handlung mit einer anderen heißt, dass sie die andere verhindert, ihr entgegenläuft, sie verletzt oder ihre Auftretenswahrscheinlichkeit oder Effektivität verringert. Die Entstehung von Konflikten kann zurückgehen auf Unterschiede in Informationslagen oder Überzeugungen; auf Unterschiede in Interessen, Wünschen oder Werthaltungen; auf die Knappheit von Ressourcen (z. B. Geld, Zeit, Raum, Status) oder auf eine Rivalität zwischen Personen. Eine zentrale Unterscheidung ist die zwischen konstruktiven (oder „produktiven") Konfliktverläufen und destruktiven Entwicklungen (Deutsch, 1969). Destruktiv sind Konflikte, bei denen die Konfliktparteien im Ergebnis unzufrieden sind und sich gleichermaßen als Verlierer sehen. Produktiv sind hingegen solche Konflikte, die zufriedenstellende Lösungen liefern und die von den Beteiligten als Gewinn betrachtet werden.

Destruktive Konflikte haben die Eigenschaft, sich auszuweiten und zu eskalieren. Der eigentliche Anlass gerät schnell aus dem Blick und der Konflikt setzt sich fort, selbst wenn die Ursache bedeutungslos geworden oder in Vergessenheit geraten ist. Die Ausweitung des Konflikts kann in mehrere Richtungen erfolgen: sie kann die Anzahl und Tragweite der unmittelbaren Konfliktthemen betreffen; die Größe der Kosten oder Opfer, die die Konfliktparteien im Streit zu erbringen bereit sind; die Intensität negativer Einstellungen oder Absichten usf. Die Ausweitung des Konflikts geht einher mit einem verstärken Bauen auf eine Machtstrategie, die Drohungen, die Ausübung von Druck oder Zwang sowie Täuschungsmanöver einschließen kann. Lösungsversuche wie Überreden, Nachgeben, Minimieren von Meinungsunterschieden, das Aufbringen von Verständnis und gutem Willen werden aufgegeben zugunsten eines Beharrens auf der eigenen Meinung, auf der Führerschaft und auf Einfluss und Kontrolle. Drei verschiedene Prozesse führen zur Konflikteskalation. Sie sind untereinander verknüpft, treten also nicht unabhängig voneinander auf, sondern verstärken sich gegenseitig:

– Als *Wettstreit um den Sieg* kann man die Erwartung bezeichnen, dass eine Konfliktpartei als Sieger aus dem Konflikt hervorgeht, während die andere Partei zum Schluss als der Verlierer dasteht. Diese Haltung fördert die Konfliktausweitung, da keine Limits oder Schranken den Konflikt stoppen. Als Folgen der Wettbewerbsorientierung stellen sich eine knappe und verarmte Kommunikation zwischen den Konfliktpartnern, Misstrauen gegenüber den Äußerungen des anderen, Einschüchterungsversuche, Missverständnisse aufgrund der reduzierten Kommunikation, sowie die Bestätigung vorgefertigter Erwartungen im Sinne sich selbst erfüllender Vorhersagen (Pygmalion-Effekt) ein. Die Stärkung der eigenen Position und die Schwächung des anderen werden Ziel der eigenen Bestrebungen. Die misstrauische und feindselige Haltung gegenüber dem anderen erhöht die Sensitivität für Unterschiede und bedrohliche Situationsaspekte und mindert die Wahrnehmung von Gemeinsamkeiten. Schließlich verlieren auch soziale Normen, die das Spektrum akzeptabler Verhaltensweisen eingrenzen, ihre Bedeutung. Heftige Angriffe und Ausfälle werden möglich.

– *Fehlwahrnehmungen und Wahrnehmungsverzerrungen* tragen zum Fortbestehen des Konflikts bei. Die eigenen Motive und Handlungen scheinen weniger negativ und stärker gerechtfertigt als die des anderen. Mögliche Kompromisse werden eher als zum eigenen Nachteil angesehen, was eine Einigung erschwert. Die Urteilsverzerrung zeigt sich auch in der Wirkung erwartungsdiskrepanter Reaktionen des anderen auf eigenes Vertrauen bzw. Misstrauen. Missbrauchtes Vertrauen schlägt schnell um in Misstrauen; ungerechtfertigtes eigenes Misstrauen erzeugt wesentlich langsamer ein Vertrauen in den anderen. In ähnlicher Weise ist der Schritt von der Kooperation zum Wettbewerb wesentlich leichter getan als der Schritt vom Wettbewerb zur Kooperation. Stress und Anspannung verstärken diese Wahrnehmungs- und Urteilsverzerrungen. Das Gesichtsfeld ist verengt auf wenige Alternativen, die Situationswahrnehmung ist begrenzt auf die unmittelbaren Handlungsfolgen und die Bewertungen geschehen polarisiert und vereinfacht anhand einfacher Gut-Schlecht- oder Richtig-Falsch-Schemata.

– Prozesse der *Versteifung auf eine Strategie* (Commitment-Prozesse) resultieren aus dem Zwang zu kognitiver und sozialer Konsistenz. Kognitive Konsistenz bezeichnet die Stimmigkeit und Widerspruchsfreiheit eigener Überzeugungen, Äußerungen und Handlungen. Die psychologischen Grundlagen sind in Festingers (1957) Theorie der kognitiven Dissonanz beschrieben und werden in neueren Modellen der Selbstregulation erneut aufgegriffen (Aronson, 1992). Die Festlegung auf eine Ansicht oder Handlung fordert es gleichsam, hieraus ableitbaren Ansichten oder Handlungen ebenfalls zuzustimmen. Die Fortsetzung des eigenen Konfliktverhaltens trägt zur Rechtfertigung früherer Entscheidungen und Handlungen bei. Soziale Konsistenz erwächst aus der allgemeinen Erwartung, geäußerte oder gezeigte Positionen nicht beliebig aufzugeben, sondern als verpflichtend aufzufassen. Die Motive der Selbstbehauptung und Selbstaufwertung gewinnen im Verlauf destruktiver Konflikte die Oberhand (Rugel, 1992). Es werden vornehmlich solche Belege für die eigene Situationswahrnehmung gefunden, nur solche frühere Erfahrungen mit dem Konfliktpartner und nur solche Argumente zur Erklärung des Konflikts konstruiert, die die eigene Position stärken. Das Ziel, das eigene Gesicht zu wahren, kann so die Fortsetzung des Konfliktverhaltens erzwingen.

Dem gegenüber stehen *produktive Konflikte*, die durch andersartige Prozesse und Orientierungen gestützt werden. Entgegen landläufiger Auffassungen können Konflikte durchaus nützlich sein, denn sie verhindern Stagnation, stoßen Veränderungen an und fördern sinnvollere Lösungen. Produktive Konflikte sind gekennzeichnet durch die Suche nach Lösungen, die für alle Beteiligten zufriedenstellend sind. Sie erfordern kreatives Denken sowie Offenheit für neue und unerwartete Ideen. Aus mehreren Gründen trägt die Kooperation beider Konfliktpartner zu produktiven Lösungen bei. Erstens erleichtert eine kooperative Haltung die offene und freie Kommunikation der für die Konfliktlösung relevanten Information. Hierzu zählt der unverfälschte Austausch der Ansichten, Interessen und Absichten beider Konfliktparteien, die Nutzung des Wissens beider Partner. Zweitens bestärkt eine kooperative Haltung die Einschätzung, dass die Interessen beider Konfliktpartner legitim sind. Die Beachtung auch der Bedürfnisse und Interessen des anderen schafft aber erst die Möglichkeit, ausgewogene und konsensfähige Lösungsvorschläge zu entwickeln. Versuche der Einflussnahme beschränken sich auf Anstrengungen, den anderen zu überzeugen. Drittens fördert die Kooperation eine vertrauensvolle und freundliche Einstellung dem anderen gegenüber, was den Blick für Ähnlichkeiten und gemeinsame Interessen ermöglicht. Allerdings steckt in der vorschnellen Einigung eine weit verbreitete Gefahr, da diese Lösungen häufig unausgegoren und unausgereift sind. Eine kooperative Haltung beider Konfliktparteien ist keineswegs eine Gewähr für erfolgreiche Problemlösungen. Weitere Faktoren wie die Erfahrung, Flexibilität und Ausdauer der Partner sind ebenfalls von Bedeutung. Ist die kooperative Beziehung jedoch hinreichend stark, lassen sich auch Rückschläge verkraften oder auftretende Konflikte zurückstellen, bis eine produktive Lösung möglich ist.

Ob ein auftretender Konflikt eine produktive oder eine destruktive Wendung nimmt, hängt nun von einer ganzen Reihe von Bedingungen ab, die sich ebenfalls näher bestimmen lassen. Die Qualität und Stärke der Beziehung prägt die Bereitschaft zur Kooperation. Bedeutsam sind etwa übergeordnete gemeinsame Ziele, einander ergänzende Interessen, geteilte Überzeugungen und Werte der Partner. Ähnliche Annahmen werden von der Investment-Theorie formuliert (Rusbult, 1980; 1983). Auch die Erfahrung, frühere Konflikte kooperativ angegangen zu sein und produktiv gelöst zu haben, bestärkt die Bereitschaft zur erneuten Kooperation mit diesem Konfliktpartner. Auch Eigenschaften des fraglichen Konfliktes beeinflussen die Chancen für einen konstruktiven oder destruktiven Verlauf. Ausmaß und Bedeutung des Konflikts im Sinne seiner Reichweite und seiner Wichtigkeit (Zentralität) für die Beteiligten und ihre Beziehung sind von Belang. Die Schwierigkeit (Rigidität) des Inhalts oder Gegenstands des Konflikts determiniert ebenfalls das Verhalten der Beteiligten bei der Problemlösung. Daneben haben auch Merkmale der beteiligten Konfliktparteien einen Einfluss auf den Konfliktverlauf, etwa ihr Wissen um die Dynamiken von Konflikten oder ihre Kompetenzen im Lösen zwischenmenschlicher (interpersonaler) Konflikte.

Akkommodationsprozesse zum Erhalt der Beziehung

Eine zweite Theorie greift die Frage auf, wie es angesichts im Partnerschaftsalltag unvermeidlicher Erfahrungen von Verletzung, Zurückweisung und Übervorteilung durch den anderen dennoch gelingt, destruktive Konfliktverläufe abzuwenden. Die Akkommodationstheorie von Caryl Rusbult (1987; Rusbult, Bissonnette, Arriaga & Cox, 1998; Rusbult, Verette, Whitney, Slovic & Lipkus, 1991) beschreibt und erklärt Anpassungs- und Regulationsmechanismen, die nicht erst bei gravierenden Partnerschaftsproblemen einsetzen, sondern die auch die Verarbeitung kleiner und nichtiger Ärgernisse steuern. Letzteres ist insofern wichtig, als auch Nichtigkeiten die Stimmung trüben, Gegenschläge auslösen und Konfliktspiralen in Gang setzen können.

Der Begriff der Akkommodation wird in unterschiedlichen theoretischen Modellen mit unterschiedlicher Bedeutung verwendet. Prominent sind die Arbeiten von Piaget zur Denkentwicklung bei Kindern. Hier bezeichnet Akkommodation die Anpassung von kognitiven Strukturen und begrifflichen Kategorien an die Struktur oder Logik einer Aufgabe (z. B. Piaget, 1974). Im Rahmen der Sprachanpassungstheorie umschreibt Akkommodation die Konvergenz der sprachlichen Muster zweier Interaktionspartner (Giles & Smith, 1979). Das Zwei-Prozess-Modell der Entwicklungsregulation meint mit Akkommodation alle Prozesse, die der Auflösung von Problemen durch personseitige Anpassungs- und Bewältigungsprozesse dienen (Brandtstädter & Renner, 1992; siehe auch Kapitel 5.2 i.d.B.).

Ausgangspunkt der Theorie ist die Klassifikation der möglichen Reaktionen eines Partners bei Unzufriedenheit. Eine erste Unterscheidung betrifft die Wirkung auf die Partnerschaft: die Unterscheidung zwischen konstruktiven und destruktiven Antworten. Eine zweite Unterscheidung berücksichtigt den Grad der aktiven Stellungnahme in dieser Reaktion: die Unterscheidung zwischen aktiven und passiven Verhaltensweisen. Aus dieser Systematik ergibt sich die ‚Exit-Voice-Loyalty-Neglect'-Typologie der Reaktionen auf Unzufriedenheit in engen Beziehungen (Rusbult, Zembrodt & Gunn, 1982).

–   *Exit:* Alle aktiven und destruktiven Reaktionen auf negative Partnerschaftserfahrung bezeichnen die Forscher mit der Kategorie „Ausstieg". Beispiele sind die Trennung (ober auch schon das Androhen einer Trennung), der Auszug aus der gemeinsamen Wohnung, die aktiv betriebene Scheidung, das Anschreien oder Anbrüllen des Partners und alle weiteren Formen der grausamen Behandlung.
–   *Voice:* Die Kategorie „Ausdruck" umfasst alle aktiven und zugleich konstruktiven Verhaltensweisen. Das Problem direkt ansprechen und diskutieren; Hilfe von außen suchen; konkrete Lösungen vorschlagen; das eigene Verhalten ändern oder Verhaltensänderungen des Partnes fordern, dies alles sind Beispiele für diese Verhaltensklasse.
–   *Loyalty:* Unter dem Begriff „Loyalität" werden alle Reaktionen zusammengefasst, die konstruktiv, jedoch passiv sind. Abzuwarten und zu hoffen, dass sich die Dinge von alleine bessern; dem Partner bei Kritik von außen beizustehen; für eine Besserung beten, dies sind Beispiele für das loyale Verhaltensmuster.
–   *Neglect:* Die Kategorie „Missachtung" beschreibt alle passiv destruktiven Verhaltensantworten auf negative Erfahrung in der Partnerschaft. Den Partner ignorieren; ihm aus dem Weg gehen und weniger Zeit mit ihm verbringen; Paargespräche vermeiden; im Gespräch ausweichen oder vom Thema ablenken, um Kritik abzuweisen, das sind alles Beispiele für solche Reaktionen.

Diese Systematik erlaubt nun die genauere Analyse von Partnerschaftsdynamiken in potentiellen Konfliktsituationen. Denn für den Erhalt der Partnerschaftsqualität sind die Mechanismen von zentraler Bedeutung, die das Muster der negativen Beantwortung negativer Erfahrung (negative

Reziprozität) verhindern, sehr früh stoppen oder auch noch im fortgeschrittenen Konfliktverlauf durchbrechen.

Die Erfahrung, vom Partner schlecht behandelt, verletzt oder angegriffen zu werden, weckt automatisch negative Verhaltenstendenzen und bahnt somit Reaktionen vom Muster der negativen Reziprozität. Impulsive (unkontrollierte und unüberlegte) Reaktionen zielen auf die Vergeltung der Verletzung oder Attacke. Diese ersten, einfachen Verhaltenstendenzen werden durch Akkommodationsprozesse jedoch transformiert. Diese Umwandlung einfacher, primitiver Motivationen geschieht in der emotionalen und kognitiven Bewertung der negativen Erfahrung und ist geprägt von der allgemeinen Haltung zum Partner und zur Partnerschaft (Liebe versus Hass), von der Abwägung langfristiger Ziele (etwa dem Wunsch nach Erhalt der Beziehung), von überdauernden Verhaltensstilen (z. B. der Tendenz zur Konfliktvermeidung) und von impliziten und expliziten Normen des Paares (z. B. der Regel, dem anderen auch in schwierigen Zeiten beizustehen). Sofern die negative Erfahrung noch Überraschung und Aufmerksamkeit hervorruft – beispielsweise in einer frühen Phase der Partnerschaft –, erfolgt die Akkommodation über bewusstes Abwägen und Entscheiden. Die Verhaltensanpassung bei wiederholten, bekannten, eingespielten Interaktionsmustern erfolgt dagegen automatisch im Sinne gelernter, gewohnheitsmäßiger Reaktionen.

Die Akkommodationstheorie beschreibt nicht nur die verschiedenen Reaktionsmuster mit den begleitenden Situationseinschätzungen, sie benennt auch zentrale Determinanten der Akkommodation. Ein erster wichtiger Einflussfaktor ist die *subjektive Partnerschaftszufriedenheit*. Hohe Wertschätzung der Beziehung liegt dann vor, wenn die individuelle Kosten-Nutzen-Bilanz für den Beurteiler günstig ausfällt (siehe auch Kapitel 5.1 in diesem Band). Eine hohe Wertschätzung für den Partner lässt sich an einem positiven Partnerbild ablesen. Schließlich kann die hohe Partnerschaftszufriedenheit auch aus niedrigen Ansprüchen und Erwartungen an Partnerschaft und Partner resultiert. Je größer die Partnerschaftszufriedenheit, desto wahrscheinlicher ist die Umwandlung negativer, destruktiver Impulse in eine konstruktive Reaktionsbereitschaft. Ein zweiter Faktor ist die *Bindung an die Partnerschaft und an den Partner* (Commitment). Gefühle der Bindung und Verpflichtung, aber auch die Sorge um eine gute Beziehung sind hiermit angesprochen. Das Ausmaß der Bindung an den Partner und an diese Partnerschaft hängt davon ab, wie viel die Person bereits hineingesteckt hat in die Beziehung, aber auch von der Ersetzbarkeit dieser Beziehung durch eine andere (sprich: von den verfügbaren Alternativen). Die Bindung an die Beziehung wird häufig auch durch präskriptive Normen und Erwartungen gestützt, die den Ausstieg aus der Partnerschaft erschweren. Nach der Familiengründung stellt die gemeinsame Verantwortung der Eltern für das Kind bzw. für die Kinder eine wichtige Trennungsbarriere dar.

Der Begriff der Bindung hat in der psychologischen Literatur z. Zt. Hochkonjunktur. Unsere Übersetzung des Commitment-Konzepts rekurriert nicht auf bindungstheoretische Annahmen (Bowlby, 1969; Ainsworth, Blehar, Waters & Wall, 1978), sondern meint die Bindung durch frühere Investitionen, deren Ertrag durch den Erhalt der Beziehung gesichert wird (Becker, 1960).

Als dritte Determinante von Akkommodationsprozessen führen Rusbult und Mitarbeiter die *subjektive Wichtigkeit der Partnerschaft* an. Die Wichtigkeit oder Zentralität eines Ziels innerhalb des Systems persönlicher Lebenspläne und Entwicklungsziele beeinflusst die proaktive Handlungsplanung, also die Wahl zielführender Maßnahmen (vgl. auch Brandtstädter, 1984; Little, 1983; Nurmi, 1992). Ein letzter Faktor, der die Akkommodation behindern kann, ist die *Selbstzentrierung* der viktimisierten Person. Facetten der Selbstzentrierung sind Egozentrismus, Machiavellismus (Egoismus), Empathie und die Fähigkeit zur Perspektivenübernahme sowie kognitive Rigidität. In ihrem Prozessmodell der Akkommodation weisen die Autoren dem *erlebten Commitment* als vermittelnde Größe (Mediator) eine zentrale Rolle zu. Die individuellen Faktoren (z. B. Beziehungsorientierungen, Selbstwert, Perspektivenübernahme der Person) wirken auf die Beziehungsfaktoren (z. B. Investitionen, Alternativen), die ihrerseits das Ausmaß des erlebten Commitments bestimmen. Die Bereitschaft zur Akkommodation hängt direkt vom erlebten Commitment und indirekt von den vorgeschalteten Einflussfaktoren ab. Da das Partnerschaftsgeschehen von der Akkommodation beider Partner geprägt wird, ergänzen die Autoren ihr Modell um Annahmen zu dyadischen Anpassungsprozessen: Die *Relation* des Commitments beider Partner entscheidet darüber, welcher Partner sich stärker anpasst (z. B. unterordnet). Die Interdependenz der Partner fördert zudem die *Wechselseitigkeit* des Commitments sowie die *gemeinsame Akkommodation* beider Partner: Realisiert die Person die Akkommodation des Partners – der Partner zeigt „guten Willen" –, steigert dies das *Vertrauen* und damit die Bereitschaft zur eigenen Akkommodation.

Die kaskadische Eskalation von Partnerschaftskonflikten

Die Verschlechterung der Paarbeziehung vom Aufkommen erster Konflikte bis hin zur Auflösung der Beziehung beschreibt und analysiert John Gottman (1994) in seinem Modell der Partnerschaftsentwicklung. Im Unterschied zu den beiden behandelten Ansätzen von Deutsch und Rusbult fußen die Annahmen und Erkenntnisse von Gottman und Mitarbeitern weitaus stärker auf der detaillierten und methodisch exakten Beobachtung und Auswertung von Paarinteraktionen.

Die Studien dieser Forschergruppe sind so angelegt, dass das betrachtete Paar einen konkreten Partnerschaftskonflikt miteinander bespricht, diese Gesprächsepisode als Video mitgeschnitten und hinterher penibel analysiert wird. Die Auswertung geschieht mit Blick auf das Problemlöseverhalten der

Partner, mit Blick auf Affektäußerungen, auf Machtverhalten und Beeinflussungsversuche sowie auf situationsübergreifende Themen und Muster der Interaktion. Ein entscheidender Vorteil solcher Beobachtungsstudien liegt in der Möglichkeit, Interaktionssequenzen analysieren zu können. Im Mittelpunkt der Auswertung steht also nicht die Auftrittshäufigkeit positiver oder negativer Reaktionen, sondern die Wahrscheinlichkeit für einzelne Interaktionsfolgen (z. B. die Abfolge „negative Reaktion von A – negative Reaktion von B"). Im Zusammenhang unserer eigenen Studie sind insbesondere die Annahmen Gottmans zur Funktionalität von Konflikten interessant. Demnach hängt die Nützlichkeit bzw. Gefährlichkeit von Partnerschaftskonflikten für den Bestand der Beziehung davon ab, inwiefern gemeinsame und für die Beziehung grundlegende Partnerschaftsüberzeugungen gefährdet werden. Die Sprengkraft selbst rein symbolischer Konflikte, die sich an absoluten Nichtigkeiten entzünden, hängt ab von der Bedeutung oder Zentralität des symbolischen Bildes für die Person. Inferenztheoretisch formuliert, entscheidet also die Diagnostizität offenbar trivialer Konfliktgegenstände für zentrale partnerschaftskonstitutive oder identitätsstiftende Merkmale über die Riskanz des Themas. Die Partnerschaftsstabilität ist abhängig von der Bedrohung oder Erosion der Grundlagen einer Beziehung und vom Verhältnis positiver und negativer Interaktionen. Sie ist weit weniger abhängig vom Grad der Emotionalität des Konfliktverhaltens. Symbolische Konflikte werden typischerweise ausgelöst durch Drohen und dann fortgesetzt durch den wechselseitigen und verstärkten Rückgriff auf Drohungen, Zwang, Nötigung und Täuschung. Dieses Interaktionsmuster erzeugt ein defensives Verhalten der Partner und mündet in aller Regel in dem Verlust der Erfahrungsoffenheit (‚closed mind'). In diesem Endstadium suchen die Partner nicht mehr den Austausch ihrer Ansichten und Einschätzungen. Der Gewinn von Erfahrung („Was will der andere?") wird ersetzt durch die eigene Konstruktion von Antworten, also durch die Zuschreibung von Wahrnehmungen, Motiven und Absichten („Er will ja bloß..."). Erfahrung wird in gewissem Sinne obsolet. Die Bedeutung eines Konflikts ist keineswegs konstant, sie variiert vielmehr in Abhängigkeit von Kontextfaktoren. So lassen sich „kalte" und „heiße" Konfliktthemen eines Paares unterscheiden sowie günstigere und ungünstigere Zeitpunkte für Konflikte ausmachen. Die Zentralität von Konfliktthemen ändert sich über verschiedene Phasen der Partnerschaft hinweg. Als extrem destruktiv erweisen sich unflexible und rigide Muster des Konfliktverhaltens.

In einem Kaskadenmodell der Partnerschaftsauflösung beschreiben die Forscher den prototypischen Verlauf gescheiterter Beziehungen. In einer ersten Phase dominiert das Klagen und Kritisieren. Können die anstehenden Konflikte nicht gelöst werden, schleichen sich Muster von offen gezeigter Geringschätzung und Verachtung ein. Im nächsten Stadium wechseln die Partner zu defensivem Interaktionsverhalten. Das Endstadium der Beziehung ist schließlich gekennzeichnet von einem „Mauern". Nachdem in unseren modernen Gesellschaften zahlreiche Trennungsbarrieren weggefallen sind, die beispielsweise noch vor 50 Jahren selbst extrem unglückliche Paare davon abgehalten hatten, sich zu trennen, endet diese Distanz- und Isolationskaskade heutzutage regelmäßig in der Trennung. Spätere Trennungen und Scheidungen lassen sich dabei mit hoher Gewissheit anhand einzelner Muster des Konfliktverhaltens vorhersagen. Hoch trennungs- und scheidungsprädiktive Verhaltensweisen sind zum einen der Ausdruck von *Verachtung und Abscheu* – dies wird dargeboten als Satthaben, Überdruss, Ekel sowie als Beleidigen, Spotten, Sarkasmus, Verachten, Wut, Herabsetzungen –, zum anderen die *Defensivität* im Sinne des Versuchs, sich vor wahrgenommenem Angriff zu schützen. Der defensive Selbstschutz äußert sich im Leugnen von Verantwortung, als Gegenvorwurf, Jammern sowie als ‚negatives Gedankenlesen‘, das häufig begleitet wird von Generalisierungen wie „immer" und „nie".

Geschlechtsunterschiede im Streit- und Konfliktverhalten wurden vielfach dokumentiert (z. B. Eells & O'Flaherty, 1996; zum Überblick: Thompson & Walker, 1989). So scheinen Frauen allgemein expressiver und gefühlvoller zu sein als Männer. Sie äußern sich öfter negativ oder positiv, während Männer öfter neutrale Aussagen machen. Frauen gebrauchen häufiger Gefühlsausbrüche und Zwang; Männer bleiben eher ruhig, problemorientiert und versöhnlich und suchen stärker die Vertagung oder den Abbruch von Streitgesprächen. Frauen beeinflussen stärker die Stimmung oder Atmosphäre, die während eines Streits herrscht. Sie schaffen normalerweise ein Klima der Übereinstimmung oder aber sie beruhigen oder steigern den Konflikt mit ihren sprachlichen und nichtsprachlichen Attacken. Die Aussagen und Emotionsäußerungen der Männer sind in der Regel weniger wichtig für den Verlauf eines Streits (Gottman, 1979). Frauen beobachten das Partnerschaftsgeschehen sensitiver und versuchen stärker, das Geschehen zu erklären oder zu verstehen (Holtzworth-Munroe & Jacobsen, 1985). Frauen thematisieren stärker die anstehenden Probleme und gehen das Konfliktthema direkter an (Huston & Ashmore, 1986). Die recht komplexen geschlechtsspezifischen Verhaltensmuster – die Unzufriedenheit der Frau mit der Verteilung der Hausarbeit provoziert ein forderndes Verhalten der Frau und dies wiederum ein Rückzugsverhalten des Mannes – sind dabei allgemein bekannt, werden also auch von psychologischen Laien erwartet (Kluwer, 1998).

In der Synopse der Akkommodationstheorie von Caryl Rusbult und Mitarbeitern, der Arbeiten von Morton Deutsch zum Konfliktlösen sowie des Kaskadenmodells von Gottman fallen die starken Übereinstimmungen auf. Alle drei Ansätze postulieren destruktive versus konstruktive Interaktionsverläufe und identifizieren ähnliche Einflussfaktoren (z. B. kognitive Verarbeitungsschemata; die Entstehung von Vertrauen). Während Deutsch die Wirkung und den Verlauf mehr oder minder stark umrissener Konflikte thematisiert, expliziert die Akkommodationstheorie auch kleinere, weniger dramatische Gefährdungen und die entsprechenden Reparaturmechanismen im Verhaltensstrom der Paarinteraktion. Das Verlaufsmodell hin zur Partnerschaftsauflösung von Gottman nimmt schließlich die Entstehung und den Verlauf gescheiterter Partnerschaften umfassend in den Blick und benennt die Marker, die die letztendliche Trennung vorhersagen lassen.

Schematische Erklärungsmuster für negatives Partnerverhalten

Beobachtete Verhaltensweisen und Handlungen sind prinzipiell offen für unterschiedliche Beschreibungen und Interpretationen (Lenk, 1978; Rommelveit, 1980). Für Partnerschaften birgt dies einerseits Zündstoff, wenn die Wahrnehmungen und Interpretationen, die beide Partner für das Verhalten eines Partner (oder beider) vorlegen, divergieren. Andererseits ermöglicht diese Mehrdeutigkeit von beobachteten Verhaltensweisen die wohlwollende, für die Partnerschaft günstige Bewertung und Einordnung selbst sehr kritischer Reaktionen der Partner. Alltagspsychologische Verhaltens- und Handlungserklärungen stehen im Mittelpunkt der sozialpsychologischen Attributionsforschung (zum Überblick: Hewstone, 1989; Weary, Stanley & Harvey, 1989). Für die direkte Paarinteraktion, aber auch für die eher distanzierte Beurteilung der eigenen Partnerschaft spielen Attributionsprozesse eine entscheidende Rolle (Bradbury & Fincham, 1990; 1992; Kalicki, im Druck).

Negative Partnerschaftserfahrung kann so ausgelegt werden, dass die Zufriedenheit mit der Beziehung und mit dem Partner erhalten bleibt, ja dass nicht einmal die aktuelle Stimmung in dieser Situation beeinträchtigt wird. Bei dem Versuch, das negative Ereignis zu erklären, bietet sich mehrfach die Alternative zwischen einer negativen, den Partner belastenden Sichtweise und einer positiven, den Partner entlastenden Deutung (siehe Tabelle 5.4.1). Nehmen wir das Beispiel einer Frau, die von ihrem Partner bei einer Verabredung versetzt wird (ein anderes Beispiel findet sich bei Kalicki, 2002). Die Ursache für das negative Erlebnis kann entweder beim Partner gefunden werden oder aber in der Situation bzw. bei der eigenen Person festgemacht werden. Bleibt die Person des Partners bei der Ursachensuche völlig außen vor – die Frau mag sich selbst bei dem Termin vertan haben –, beeinträchtigt die negative Erfahrung überhaupt nicht die Partnerschaftszufriedenheit, sondern allenfalls die aktuelle Stimmung oder die Zufriedenheit mit der eigenen Person. Ein zweites wichtiges Merkmal der wahrgenommenen oder vermuteten Ursache ist deren Stabilität. Sofern das negative Ereignis tatsächlich dem Partner zugeschrieben wird – er war es, der den Termin verpasst hat –, ist diese Ursache entweder variabel (sodass ich nicht damit rechnen muss, demnächst dasselbe nochmal zu erfahren) oder aber stabil (sodass ich auch künftig mit solchen Ärgernissen rechnen muss). Einer dritter Gesichtspunkt bei der Ursachenanalyse ist die Reichweite der Ursache. Die erkannte Ursache kommt entweder nur bei bestimmten Situationen oder Anlässen ins Spiel – Unpünktlichkeit des Partners als Ursache betrifft nur dessen Zeitnutzung – oder sie wirkt sich bei den unterschiedlichsten Gelegenheiten aus – Unzuverlässigkeit des Partners als Ursache zeigt sich auch im Einhalten von Versprechen, beim Umgang mit Geld usf. Im ersten Fall werde ich vielleicht gut damit leben können, sofern die Anlässe selten sind oder ich mich hierauf einstellen kann. Im anderen Fall wird diese Ursache mich häufig

Tabelle 5.4.1: Die positive, den Partner entlastende sowie die negative, den Partner belastende Attribution von *negativer Partnerschaftserfahrung* in der Gegenüberstellung

	Positive Attribution	Negative Attribution
Lokalisation (Verortung) der Ursache	Die Ursache liegt nicht beim Partner, sondern in der Situation oder bei der eigenen Person. *(externale oder internalselbstbezügliche Kausalattribution)*	Die Ursache liegt beim Partner. *(internal-partnergerichtete Kausalattribution)*
Stabilität der Ursache	Die Ursache ändert sich. *(Variabilität)*	Die Ursache ändert sich nicht. *(Stabilität)*
Globalität der Ursache	Die Ursache ist situationsgebunden. *(Spezifität)*	Die Ursache ist nicht situationsabhängig. *(Globalität)*
Intentionalität des Verhaltens	Das Verhalten war unbeabsichtigt. *(keine Zuschreibung von Intentionalität)*	Das Verhalten war beabsichtigt. *(Zuschreibung von Intentionalität)*
Motivation der Handlung	Der Beweggrund war weder Eigennutz noch Feindseligkeit. *(keine egoistische oder feindselige Motivation)*	Der Beweggrund war Eigennutz oder gar Feindseligkeit. *(egoistische oder feindselige Motivation)*
Moralische Bewertung der Handlung	Die Handlung ist nicht verwerflich. *(kein Schuldvorwurf)*	Die Handlung ist verwerflich. *(Schuldvorwurf)*

belästigen, unter Umständen muss ich bei allen denkbaren Anlässen und Gelegenheiten erwarten, dass sie zum Tragen kommt. Die Verortung der Ursache, die Einschätzung ihrer Stabilität und die Beurteilung ihrer Globalität bilden die drei klassischen Dimensionen zur Klärung der Verursachung eines Ereignisses (Kausalattribution). Die Kennzeichnung der Attributionen als Dimensionen macht deutlich, dass neben den beiden gegensätzlichen Urteilsalternativen jeweils auch abgestufte Einschätzungen möglich sind.

Sofern die Ursache des negativen Erlebnisses dem Partner zugeschrieben wird, also als Folge seines Verhaltens gewertet wird, stellt sich die Frage nach der Absichtlichkeit dieses negativen (verletzenden oder schädigenden) Partnerverhaltens. Hier kommt die günstige, den Partner entlastende Auslegung zu dem Schluss der fehlenden Intentionalität – der Partner mag die Verabredung schlicht vergessen haben. Die kritische, den Partner belastende Sicht unterstellt dem Partner jedoch Absichtlichkeit des negativen Verhaltens – mein Partner hat es gewollt oder zumindest bewusst in Kauf genommen, mich zu versetzen. Bei der Bewertung von absichtlichem Verhalten, also von Handlungen der Person (zum Handlungsbegriff vgl. Greve, 1994), schließt sich die Frage nach den Beweggründen oder Motiven des Akteurs an. Ungünstig für die Beziehung ist es, wenn dem Partner egoistische Motive zugeschrieben werden. Äußerst belastend ist es, wenn dem Partner sogar böser Wille unterstellt wird, also feindselige Absichten erkannt werden. Eine wohlwollendere, glimpflichere Beurteilung verzichtet auf solche Schlüsse. So kann selbst ein eindeutiger und gezielter Angriff oder eine klar beabsichtigte Verletzung entschuldbar erscheinen, wenn die Handlung durch andere gute Gründe gerechtfertigt ist. Im Beispiel mag der Mann seine Partnerin bewusst versetzt haben, um ihr damit eine Lektion zu erteilen oder um sie absichtlich zu ärgern und zu kränken. Dient dies der Selbstbehauptung und vergleichsweise harmlosen Vergeltung, weil seine Partnerin ihn zuvor grob verletzt hat – sie hat ihm vielleicht seinen Verdacht bestätigt, dass sie seit einiger Zeit eine Affäre hat –, ist die Reaktion entschuldbar. Fehlt diese Rechtfertigung einer egoistischen oder feindseligen Handlung, mündet die Auslegung des Vorkommnisses nahezu zwangsläufig in Anklagen und Schuldvorwürfen. Intentionalitätseinschätzung, die Zuschreibung moralisch valenter Motive sowie der Schuldvorwurf bilden die Klasse der Verantwortlichkeitsattributionen (Fincham & Bradbury, 1992; Fincham & Jaspars, 1980).

Wie verkraftet die Paarbeziehung Verletzungen, Angriffe, Übervorteilungen, rücksichtsloses Verhalten oder, um es zusammenzufassen, negative und schädigende Handlungen? Gelangt die Person, die sich als Opfer derartiger Angriffe oder Übergriffe sieht, zu der negativen, den Partner belastenden Auslegung ihrer Erfahrung, stellen sich bei ihr Gefühle der Entfremdung ein mit der Tendenz, sich von dem Partner zu distanzieren (McCullough, Worthington & Rachal, 1997). Diese Krisenlage der Beziehung kann durch ein Schuldeingeständnis des Akteurs (Täters), durch gezeigte Reue und explizites Vergeben überwunden werden (Baumeister, Stillwell & Heatherton, 1994; Weiner, Graham, Peter & Zmuidinas, 1991). Diese Schritte der Aussöhnung erfolgen typischerweise eher vorsichtig und behutsam. Das Paar kann seine Beziehung in aller Regel nicht übergangslos dort fortsetzen, wo sie unmittelbar vor dem Vorfall war.

Interessant und bedeutsam für das Funktionieren von Partnerschaften ist nun, dass sich glückliche und unglückliche Paare systematisch in der Art der

Auslegung von negativer und positiver Partnerschaftserfahrung unterscheiden (Bradbury & Fincham, 1990; Fiedler & Ströhm, 1995; Kalicki, 2002; Schütz, 1999). *Glückliche Partner* neigen dazu, die Bedeutung positiver Verhaltensweisen ihres Partners positiv herauszustellen. Dies leistet die internal-partnergerichtete, stabile und globale Kausalattribution, die Zuschreibung von Intentionalität und altruistischen Motiven und das Loben des Partners. Negative Verhaltensweisen des anderen werden von glücklichen Partnern hingegen in ihrer attributiven Bedeutung heruntergespielt. Das Erklärungs- und Bewertungsmuster ist gekennzeichnet durch die externale, variable und spezifische Kausalattribution, das Absprechen von Intentionalität und egoistischen oder gar feindseligen Motiven sowie den Verzicht auf Schuldvorwürfe. Dagegen zeigen *unglückliche Partner* konträre Attributionsmuster. Sie übersehen, ignorieren oder bestreiten positive Implikationen positiver Verhaltensweisen und Handlungen des anderen und betonen die negativen Aspekte negativer Erfahrung. Die negative, den Partner belastende Interpretation negativer Beziehungserfahrung stützt sich dabei auf vorgefertigte Erklärungsschemata.

Die Überlegungen und Befunde zur Attribution negativer Partnerschaftserfahrung erläutern und erklären die kognitive Erfahrungsverarbeitung, die den destruktiven Konfliktverlauf tragen. Denn es ist exakt dieser negative Attributionsstil, der das von Gottman (1994) beschriebene unflexible und rigide Muster des Konfliktverhaltens stützt. Gottman spricht von „negativem Gedankenlesen", von ungerechtfertigten Generalisierungen, von Vorwürfen und Gegenvorwürfen, wenn er das destruktive Konfliktverhalten beschreibt. Und er schildert den Wechsel vom Austragen der Konflikte im heftigen Streit hin zum Mauern und zur fehlenden Erfahrungsoffenheit. Anhand der Attributionsmuster glücklicher und unglücklicher Paare lässt sich dieser Wechsel nachzeichnen und weiter entschlüsseln.

5.4.2 Ergebnisse der LBS-Familien-Studie

Die Bedeutung von Konflikten und ihrer Lösung für das Funktionieren von Partnerschaften lässt sich an dem Datensatz der vorliegenden Studie in mehrfacher Hinsicht untersuchen. Zunächst wurde postuliert, dass die Veränderungen, die von dem Übergang in die Elternschaft angestoßen werden, zu einer Häufung von Konfliktthemen und Konfliktanlässen führen. Dies sollte sich im Streitverhalten, aber auch in der erlebten Nähe bzw. Distanz der Partner niederschlagen. Konstruktive Formen der Konfliktlösung sollten diese widrigen Einflüsse abwehren. Insbesondere die wohlwollende Auslegung negativer Partnerschaftserfahrung sollte die Zufriedenheit mit der Partnerschaft und mit dem Partner auch angesichts faktischer Verletzungen oder Enttäuschungen durch den Partner sichern.

Veränderungen im Streitverhalten

Wie sich die Partner während eines Konfliktes verhalten, wurde m..
Streit-Skala des Partnerschaftsfragebogens erfasst. Die zehn Einschätzungen
protokollieren in konkreten, verhaltensnahen Beschreibungen unterschiedlicher dysfunktionaler Reaktionen die Häufigkeit, mit der die Partner das entsprechende Muster zeigen. Veränderungen des Streit- und Konfliktverhaltens
im Übergang zur Elternschaft können nun anhand der Daten der Ersteltern-
paare geprüft und analysiert werden.

Wir unterziehen hierzu die Daten der Ersteltern einer zweifaktoriellen Varianzanalyse mit
dem vierfach messwiederholten Faktor *Zeitpunkt* (T1 = im letzten Schwangerschaftstrimester; T3 = drei bis vier Monate nach der Geburt des Kindes; T4 = nach 18 Monaten; T5
= nach 34 Monaten) und dem Messwiederholungsfaktor *Beurteilergeschlecht* (abhängige
Stichproben: Frauen vs. Männer). Die Resultate diese Berechnungen sind in Tabelle 5.4.2
zusammengestellt. Insgesamt finden wir deutliche, z. T. hochsignifikante Zeit- bzw. Übergangseffekte. Geschlechtseffekte sowie Interaktionseffekte treten nur vereinzelt auf.

Die Zunahme der negativen Verhaltensmuster des Konfliktlösens von der
Schwangerschaft bis drei Jahre nach der Geburt des ersten Kindes betrifft
sowohl den *Einstieg in Streitgespräche* („Er/sie bricht über Kleinigkeiten
einen Streit vom Zaun") als auch das *Verhalten während des Streitens*
(Anschreien, Beschimpfen, verletzendes Kritisieren, abfällige Bemerkungen,
Schuldvorwürfe) und die *Beendigung der Konfliktepisode* („Wenn wir uns
streiten, können wir nie ein Ende finden"). Im Allgemeinen – die geschilderten Daten sind Gruppenmittelwerte, vernachlässigen also Unterschiede zwischen den Paaren – bewirkt die Familiengründung demnach eine Verschlechterung der Umgangsformen. Streit wird zunehmend heftiger ausgetragen; die
Muster der Schuldzuschreibungen, Vorwürfe und Gegenvorwürfe, des „negativen Gedankenlesens" tauchen in vielen Beziehungen auf. Insgesamt bleibt
das Konfliktniveau jedoch vergleichsweise niedrig. Im Vergleich zu Paaren
aus der Normalbevölkerung (und erst recht im Vergleich zu Paaren, die professionelle Hilfe aufsuchen), liegen die berichteten Werte über das gesamte
Zeitintervall sehr niedrig (vgl. Hinz, Stöbel-Richter & Brähler, 2001).

Neben dem ausgefüllten Partnerschaftsfragebogen liegen für die Erhebungen, die nach der Geburt des Kindes durchgeführt wurden, zusätzlich Einschätzungen zu den wahrgenommenen Veränderungen der Partnerschaft seit
der Geburt vor. Die Schilderungen, die das veränderte Streit- und Konfliktverhalten der Partner betreffen, sind in Tabelle 5.4.3 zusammengefasst. Wir
beobachten bei den Ersteltern, dass sich der retrospektive Eindruck einer
Zunahme von Streit und Konflikten über die betrachtete Zeitspanne von
knapp drei Jahren verstärkt (Streit und Auseinandersetzungen, Missstimmungen und Spannungen, Eifersucht). Gleiches gilt für Indikatoren der Distanzierung, die ebenfalls verstärkt wahrgenommen werden (weniger Zeit füreinander, weniger Aufmerksamkeit und Zuwendung usf.).

Tabelle 5.4.2: (4×2)-MANOVA der Schilderungen destruktiven Streit- und Konfliktverhaltens der Ersteltern-Paare mit den Messwiederholungsfaktoren *Zeitpunkt* (T1; T3; T4; T5) und *Beurteiler* (Frau vs. Mann)

	Zeitpunkt	Beurteiler	Z × B	N
Er/sie wirft mir Fehler vor, die ich in der Vergangenheit gemacht habe	4.58**	< 1	< 1	71
Er/sie bricht über Kleinigkeiten einen Streit vom Zaun	6.10**	2.11	2.41+	72
Wenn wir uns streiten, beschimpft er/sie mich	1.99	< 1	1.41	71
Wenn wir uns streiten, können wir nie ein Ende finden	1.94	7.24** (w)	2.92*	62
Er/sie kritisiert mich in einer verletzenden Art und Weise	2.91*	1.11	< 1	72
Er/sie äußert sich abfällig über eine von mir geäußerte Meinung	6.86***	< 1	< 1	72
Er/sie gibt mir die Schuld, wenn etwas schiefgegangen ist	5.51**	< 1	< 1	72
Während eines Streits schreit er/sie mich an	7.14***	< 1	1.43	72
Wenn wir uns streiten, verdreht er/sie meine Aussagen ins Gegenteil	1.89	< 1	< 1	70
Er/sie schränkt mich in meiner persönlichen Freiheit ein	5.72**	10.37** (m)	< 1	70

Anmerkungen: + *p* < .10 * *p* < .05 ** *p* < .01 *** *p* < .001   w = höhere Werte für Frauen; m = höhere Werte für Männer

Tabelle 5.4.3: (3×2)-MANOVA der retrospektiv wahrgenommenen Veränderungen im Streit- und Konfliktverhalten der Erstelternpaare mit den Messwiederholungsfaktoren *Zeitpunkt* (T3; T4; T5) und *Beurteiler* (Frau vs. Mann)

	Zeitpunkt	Beurteiler	Z × B	N
Indikatoren für Streit und Konflikte				
Streit und Auseinandersetzungen	7.80** (Z)	<1	1.45	76
Missstimmungen und Spannungen in der Partnerschaft	6.15** (Z)	<1	1.67	74
Versöhnungsbereitschaft des Partners	2.24	5.14* (w)	<1	75
Eifersucht des Partners	3.92* (Z)	1.28	1.74	75
Unfreiheit und Einschränkungen in der Partnerschaft	<1	1.32	1.62	74
Indikatoren der Distanzierung				
Zeit füreinander	11.97*** (A)	<1	<1	76
Aufmerksamkeit und Zuwendung des Partners	22.86*** (A)	5.05* (w)	1.39	76
Abwechslung und Anregung durch den Partner	25.31*** (A)	16.54*** (m)	<1	76
Übereinstimmung in Gedanken und Gefühlen	4.04* (A)	<1	1.21	76
Eintönigkeit und Langeweile in der Partnerschaft	20.78*** (Z)	3.77+ (w)	<1	74

Anmerkungen: Fünfstufige Veränderungsskala (-2/,,hat deutlich abgenommen"; -1/,,hat etwas abgenommen"; 0/,,ist gleich geblieben"; +1/,,hat etwas zugenommen"; +2/,,hat deutlich zugenommen". A = Abnahme; Z = Zunahme; w = höhere Werte für Frauen; m = höhere Werte für Männer auf dieser Skala. $+ p < .10$ $* p < .05$ $** p < .01$ $*** p < .001$

Entlastende Attributionen als Schutzmechanismus

Die protektive Funktion des wohlwollenden Attributionsmodus für die Beziehungszufriedenheit angesichts negativer Erfahrungen der Person wurde im einleitenden Teil dieses Kapitels detailliert herausgearbeitet. Um die unterstellten Regulationsprozesse auch empirisch prüfen zu können, wurde im Rahmen dieses Forschungsprojekts ein diagnostisches Instrument zur Erfassung schematischer Attributionsmuster der Partner entwickelt (Kalicki, 2002). Dieses Fragebogenverfahren wurde erstmals drei Jahre nach der Geburt des Zielkindes eingesetzt (T5).

Die Annahme einer Puffer- oder Schutzwirkung des wohlwollenden Attributionsstils entspricht einer Moderationshypothese. Zur Prüfung solcher bedingten (moderierten) Variablenzusammenhänge ist das Verfahren der Moderatoranalyse, eine Variante der hierarchischen Regression, angezeigt (Baron & Kenny, 1986). Hierbei wird das Kriterium – wir wählen die Unzufriedenheit mit dem Partner als Indikator der subjektiven Partnerschaftszufriedenheit (vgl. Kalicki et al., 1999) – in einem ersten Regressionsschritt anhand der

Tabelle 5.4.4: Hierarchische Regression der Unzufriedenheit mit dem Partner (Kriterium) auf die Partnerschaftserfahrung (variierende Prädiktorvariablen in den Analysen) und die den Partner belastende Attribution (Moderatorvariable) sowie im zweiten Schritt auf den Produktterm von Prädiktor und Moderator

Prädiktor		1. Schritt		2. Schritt		
		$b_{Präd.}$	$b_{Mod.}$	$b_{P \times M}$	R^2	N
Häufigkeit negativen Partnerverhaltens	Frauen	.31**	.28*	1.90***	.44***	109
	Männer	.25*	.32**	1.09*	.32***	108
PFB-Streit	Frauen	.17	.42***	.96**	.33***	101
	Männer	.55***	.07	.41	.37***	102
PFB-Zärtlichkeit	Frauen	-.09	.46***	-.90**	.32***	101
	Männer	-.27**	.42***	-.66*	.34***	102
PFB-Kommunikation	Frauen	-.18	.41***	-.65*	.30***	103
	Männer	-.19*	.42***	-1.05**	.33***	103
PFB-Gesamtwert	Frauen	-.22*	.37***	-1.01**	.34***	101
	Männer	-.51***	.15	-.68*	.42***	102

Anmerkungen: b standardisiertes Regressionsgewicht *beta.* R^2 Varianzaufklärung im vollständigen Modell. * $p < .05$ ** $p < .01$ *** $p < .001$ (zweiseitige Tests)

tatsächlichen Partnerschaftserfahrung sowie anhand des habituellen Attributionsmusters vorhergesagt. Da wir über mehrere Indikatoren der Partnerschaftserfahrung verfügen (Häufigkeit negativen Partnerverhaltens; PFB-Skalenwerte für „Streit", „Zärtlichkeit" und „Kommunikation"), führen wir separate Moderatoranalysen mit diesen unterschiedlichen Prädiktorvariablen durch. In einem zweiten Prädiktionsschritt wird der Produktterm von jeweiligem Prädiktor und dem Moderator zusätzlich berücksichtigt. Wird der Interaktionsterm im *t*-Test signifikant, bedeutet das, dass die Regression der Unzufriedenheit auf die Partnerschaftserfahrung beeinflusst (moderiert) wird durch die Ausprägung des Attributionsstils.

Das volle Verständnis gefundener Moderationsbeziehungen wird durch eine graphische Illustration erleichtert. Hierzu werden die Regressionsgeraden für eine hohe, eine durchschnittliche und eine niedrige Ausprägung der Moderatorvariablen berechnet und dargestellt. Anhand regressionsstatistischer Linearkombinationen lässt sich durch Eintrag verschiedener Werte des Moderators eine beliebig große Schar von Regressionsgeraden erstellen. Dies bedeutet, dass die einzelnen Gradienten keineswegs unterschiedliche Gruppen oder Teilstichproben repräsentieren.

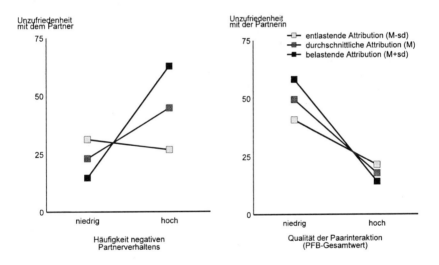

Abbildung 5.4.1: Einfluss negativen Partnerverhaltens auf die Unzufriedenheit der Frau mit ihrem Partner (T5) bei unterschiedlichem Attributionsstil [linke Grafik] bzw. Einfluss der erlebten Qualität der Paarinteraktion auf die Unzufriedenheit des Mannes mit der Partnerin (T5) bei belastendem, durchschnittlichem und entlastendem Attributionsstil für negative Beziehungserfahrung [rechte Grafik]

Die Ergebnisse der durchgeführten Moderatoranalysen belegen die Schutz-funktion einer wohlwollenden, den Partner entlastenden Auslegung negativer Erfahrung: In neun von zehn durchgeführten Moderatoranalysen lässt sich der erwartete Variablenzusammenhang nachweisen (siehe Tabelle 5.4.4). Dem-nach steigt beispielsweise mit der Häufigkeit negativer Reaktionen des Part-ners die Unzufriedenheit der Frau mit ihrem Partner an (Abbildung 5.4.1 links; mittlere Linie). Dieser einfache Zusammenhang wird durch die kriti-sche, den Partner belastende Attribution negativer Beziehungserfahrung verstärkt. Die wohlwollende Auslegung negativer Erfahrungen hebt den Zusammenhang hingegen auf. Dieses Befundmuster, das anhand der Daten der Frauen illustriert wurde, lässt sich mit den Daten der Männer replizieren.

Die erlebte Qualität der Paarinteraktion kann ebenfalls als ein gutes Maß der typischen Beziehungserfahrung betrachtet werden. Der PFB-Gesamtwert fasst dabei die Facetten des Streitverhaltens, der Zärtlichkeit und Sexualität sowie der Kommunikation zusammen. Mit zunehmender Qualität der sozialen Interaktion der Partner sinkt die Unzufriedenheit der Partner mit dem jeweils anderen. Diese Abhängigkeit ist bei den Männern besonders ausgeprägt (Ab-bildung 5.4.1, rechte Grafik). Das negative, belastende Attributionsmuster verstärkt diesen negativen Zusammenhang. Die positive, wohlwollende Attri-bution puffert die negative Wirkung negativer Interaktionserfahrung ab. Diese Pufferwirkung, die nur für die Männer veranschaulicht wurde, fällt bei den Frauen noch deutlicher aus.

Die Art und Weise, in der Partner negative Erfahrung, die sie in ihrer Beziehung sammeln, auslegen und bewerten, spiegelt ihre aktuelle Zufrieden-heit mit der Partnerschaft. Der habituelle Attributionsstil für negative Bezie-hungserfahrung besitzt jedoch nicht nur diese Indikatorfunktion. Vielmehr schirmt eine günstige, den Partner schützende Interpretation kritischer Erfah-rung das positive Partnerkonzept und die Wertschätzung für den anderen ab gegen die abträgliche Wirkung negativer Partnerschaftsereignisse.

5.5 Partnerschaftsentwicklung im Übergang zur Elternschaft: ein integratives Modell

Die Zusammenhänge zwischen Veränderungen der Lebenssituation, aufkommender Unzufriedenheit, Qualität der Paarinteraktion und Partnerschaftszufriedenheit lassen sich in ein umfassenderes Modell der Partnerschaftsentwicklung im Übergang zur Elternschaft integrieren. Dieses Modell wird erläutert und die Bezüge zu unterschiedlichen theoretischen Modellen, die die einzelnen Mechanismen weiter explizieren, werden herausgestellt. Das Modell wird anhand unserer Längsschnittdaten in komplexen Analyseschritten empirisch geprüft. Schließlich werden die identifizierten Bedingungen für unterschiedliche Fehlentwicklungen der Partnerschaft als Ansatzpunkte für präventive und korrektive Interventionen fokussiert. Das hier vorgestellte Modell dient also nicht nur zur grundlagenwissenschaftlichen Beschreibung und Erklärung der Partnerschaftsentwicklung, es ist auch von praktischer Bedeutung.

Die vorliegenden Forschungsarbeiten zur Entwicklung von Partnerschaften nach der Familiengründung bestätigen, dass sich mit dem Eintritt in die Elternschaft die elterliche Partnerschaft verschlechtert. In einer Vielzahl von Studien wurden unterschiedlichste Bedingungen oder Einflussfaktoren dieses Übergangseffekts herausgearbeitet. Persönlichkeitsmerkmale der Eltern wirken sich ebenso auf die Anpassung des Paares aus wie Merkmale des Kindes, Merkmale der Beziehung oder auch Kontextmerkmale (Belsky & Pensky, 1988; Heinicke, 1995; McHale & Huston, 1985). Einzelne Einflussfaktoren zu identifizieren, gelingt also recht gut. Eine eigene Herausforderung ist es jedoch, die verschiedenen Bedingungsfaktoren zu systematisieren und in einem theoretischen Modell zu integrieren. Blicken wir auf die Geschichte dieses Forschungsfelds, so fällt die geringe Orientierung zahlreicher empirischer Studien an einem modellbildenden (nomothetischen) Wissenschaftsverständnis auf. Dies zeigt sich an der Auswahl der behandelten Fragestellungen, an der mangelnden theoretischen Fundierung vieler Untersuchungen, an der Auswahl der Analyseverfahren für die gesammelten Datensätze und an der Interpretation der Befunde.

Über mehrere Dekaden wurde der Frage nachgegangen, ob die Geburt des ersten Kindes eine „Krise" auslöst (Dyer, 1963; Le Masters, 1957; Hobbs & Cole, 1976). Um diese Frage zu beantworten, wurden bloße Verteilungen betrachtet („Wie viele Eltern erleben den Übergang zur Elternschaft als ‚leichte', ‚stärkere' oder ‚schwere' Krise?"). Für die Konstruktion von Erklärungsmodellen sind solche Informationen jedoch unergiebig. Bedingungsoder Prozessmodelle der Partnerschaftsentwicklung zu testen, erfordert vielmehr die Analyse differentieller Entwicklungsverläufe.

Die geringe theoretische Fundierung mancher Studien zur Beziehungsentwicklung nach der Geburt des ersten Kindes kennzeichnet auch die allgemeine Partnerschaftsforschung, die ebenfalls dieses wenig theoriegeleitete Vorgehen bei der Datensammlung und Datenanalyse kennt. So notieren Fincham
und Linfield (1997, p. 499) eine häufig recht lose Verknüpfung von theoretischen Konstrukten und eingesetzten Erhebungsverfahren. An die Stelle eines
theoretischen Modells mit notgedrungen begrenzter Reichweite tritt häufig
die möglichst erschöpfende Berücksichtigung möglicher Einflussfaktoren und
Korrelate des Beziehungsgeschehens. In einem aufschlussreichen Überblicks-
artikel zur Partnerschaftsforschung fordern die Autoren sogar explizit, die
Theorie sollte die volle Spanne möglicher Prädiktoren des Partnerschafts-
erfolgs abdecken (Karney & Bradbury, 1995, p. 4). Diese unsinnige Forderung widerspricht dem Postulat nach sparsamen Theorien. Demnach reicht es
vollkommen aus, die *effektiven* Faktoren in das theoretische Modell aufzunehmen. Brandtstädter (1993) bemerkt dazu treffend, dass ein umfassendes Verständnis von Entwicklungsprozessen wohl kaum gewonnen werden kann,
indem einige wenige Variablen betrachtet werden. Er weist aber darauf hin,
dass auch ein möglichst breiter Erhebungsansatz kein Allheilmittel ist, solange die verschiedenen Maße nicht in einen sinnvollen begrifflichen (konzeptu-
ellen) Zusammenhang gebracht werden.

Die Analyse von Veränderungsprozessen zielt darauf ab, das komplexe
Zusammenspiel der verschiedenen Faktoren bei der Verursachung unterschiedlicher (differentieller) Entwicklungsverläufe zu erhellen. Dies kann nur
gelingen, wenn längsschnittlich beobachtete Veränderungen angemessen in
entsprechenden Veränderungsmaßen abgebildet werden. Folglich debattiert
die Entwicklungspsychologie seit langem über geeignete Veränderungsmaße
(Cronbach & Furby, 1970; Nesselroade, 1991; Rogosa, 1988). Auch die Aus-
wertungstechniken werden weiter verfeinert (z. B. Renkl & Gruber, 1995).
Dennoch begegnet man immer wieder Arbeiten, in denen auf die Nutzung von
Veränderungsmaßen verzichtet wird, obwohl der Datensatz dies hergibt.

Ein weiteres Beispiel dafür, dass manche Forscher beim Studium der
Partnerschaftsentwicklung im Übergang zur Elternschaft offensichtlich zu
wenig über die Verursachung von Veränderungen nachdenken, ist die wieder-
kehrende Schilderung und Interpretation eines – jedenfalls für die Theoriebil-
dung – unbrauchbaren Befunds. Zahlreiche Autoren können mit ihrem Datensatz nachweisen, dass die Partnerschaftsqualität *nach* der Geburt des Kindes
am besten vorhergesagt werden kann anhand der *vor* der Geburt gemessenen
(initialen) Partnerschaftsqualität (z. B. Belsky, Spanier & Rovine, 1983; Cowan & Cowan, 1988; Grossman et al., 1980; Lewis, 1988; Wright, Henggler
& Craig, 1986). Die betrachteten Statistiken, die aus Prä- und Post-Tests
gewonnen wurden, sind Korrelations- oder Regressionskoeffizienten. Diese
Indices geben Aufschluss über die *normative* Stabilität (Positionsstabilität)
eines Merkmals: Ein hoher korrelativer Stabilitätswert besagt, dass Paare, die

initial glücklich sind (genauer: glücklich relativ zu den anderen Paaren dieser Stichprobe), auch zum späteren Messzeitpunkt oben rangieren in der Verteilung des Partnerschaftsglücks. Dies mag nun auf stabile dispositionelle Persönlichkeitsfaktoren, auf die Konstanz der äußeren Lebensbedingungen oder auch auf habituelle Antworttendenzen der Untersuchungsteilnehmer zurückzuführen sein. Die regelmäßig nachweisbare Verschiebung des Gruppenmittelwertes (Abnahme der Beziehungsqualität), die als ein allgemeinpsychologischer Ereignis- oder Übergangseffekts zu lesen ist, wird von solchen korrelativen Zusammenhangsmaßen nicht erfasst. Aufschlussreich für die Modellbildung wäre allenfalls der Vergleich der Stabilitätskoeffizienten einer Übergangsstichprobe mit denen einer Kontrollgruppe von Paaren, die im gleichen Zeitraum kinderlos bleiben. Die normative Stabilität der Partnerschaftsqualität im Übergang zur Elternschaft wäre belegt, wenn die Stabilitätskoeffizienten der Kontrollgruppe nur unwesentlich höher ausfielen als die der Übergangsstichprobe.

Welche Schlussfolgerungen sind aus diesen kritischen Anmerkungen zu ziehen? Da zahlreiche individuelle, familiale und kontextuelle Faktoren auf das Veränderungsgeschehen beim Übergang zur Elternschaft einwirken und diese einzelnen Faktoren miteinander interagieren, ist es durchaus angemessen, zur Erforschung von Partnerschaftsverläufen einen breiten Erhebungsansatz zu wählen. Den empirischen Studien kann also bei der Variablenauswahl eine Offenheit zugebilligt werden, die streng theoriegeleitete, experimentelle Forschungsprogramme nicht besitzen. Andererseits bleiben selbst äußerst differenziert beschriebene Entwicklungsverläufe erklärungsbedürftig. Daher erscheint es uns als vielversprechend, solche Veränderungen mit Hilfe allgemein- und sozialpsychologischer Theorien und Konzepte näher zu explizieren. Unsere Versuche, dies zu tun, sind in einem kognitionspsychologischen Modell der Partnerschaftsentwicklung im Übergang zur Elternschaft zusammengefasst (vgl. auch Kalicki et al., 1999).

5.5.1 Das Modell der Partnerschaftsentwicklung

Die Geburt des ersten Kindes löst regelmäßig Veränderungen aus, von denen Frauen und Männer in unterschiedlichem Maße betroffen sind. Als ein allgemeiner Übergangseffekt lässt sich eine Beeinträchtigung der elterlichen Partnerschaft beschreiben, deren Reichweite unterschiedlich ausfallen kann (siehe Abbildung 5.5.1, linke Pfade). Die Mechanismen, die die Entstehung und Ausweitung von Partnerschaftsproblemen vermitteln, werden als Mediationsbeziehungen gefasst (❶ bis ❹). Die Faktoren, die diese Prozesse bedingen (moderieren), werden in Moderationsbeziehungen postuliert (❺ bis ❽).

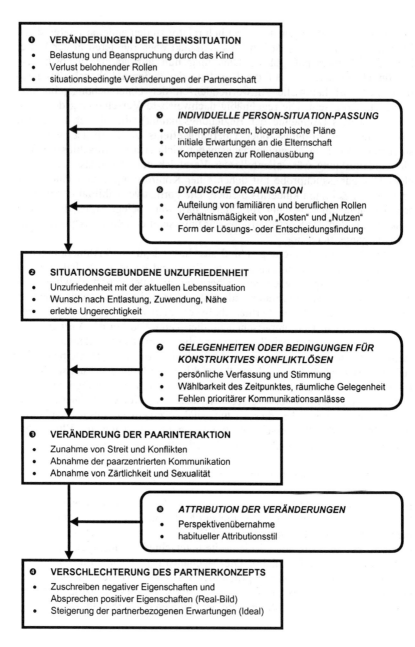

❶ **VERÄNDERUNGEN DER LEBENSSITUATION**
- Belastung und Beanspruchung durch das Kind
- Verlust belohnender Rollen
- situationsbedingte Veränderungen der Partnerschaft

❺ *INDIVIDUELLE PERSON-SITUATION-PASSUNG*
- Rollenpräferenzen, biographische Pläne
- initiale Erwartungen an die Elternschaft
- Kompetenzen zur Rollenausübung

❻ *DYADISCHE ORGANISATION*
- Aufteilung von familiären und beruflichen Rollen
- Verhältnismäßigkeit von „Kosten" und „Nutzen"
- Form der Lösungs- oder Entscheidungsfindung

❷ **SITUATIONSGEBUNDENE UNZUFRIEDENHEIT**
- Unzufriedenheit mit der aktuellen Lebenssituation
- Wunsch nach Entlastung, Zuwendung, Nähe
- erlebte Ungerechtigkeit

❼ *GELEGENHEITEN ODER BEDINGUNGEN FÜR KONSTRUKTIVES KONFLIKTLÖSEN*
- persönliche Verfassung und Stimmung
- Wählbarkeit des Zeitpunktes, räumliche Gelegenheit
- Fehlen prioritärer Kommunikationsanlässe

❸ **VERÄNDERUNG DER PAARINTERAKTION**
- Zunahme von Streit und Konflikten
- Abnahme der paarzentrierten Kommunikation
- Abnahme von Zärtlichkeit und Sexualität

❽ *ATTRIBUTION DER VERÄNDERUNGEN*
- Perspektivenübernahme
- habitueller Attributionsstil

❹ **VERSCHLECHTERUNG DES PARTNERKONZEPTS**
- Zuschreiben negativer Eigenschaften und Absprechen positiver Eigenschaften (Real-Bild)
- Steigerung der partnerbezogenen Erwartungen (Ideal)

Abbildung 5.5.1: Partnerschaftsentwicklung im Übergang zur Elternschaft

448

Veränderungen der Lebenssituation

Die Ankunft des ersten Kindes bildet eine deutliche Zäsur in die persönliche Lebensführung und in den Partnerschaftsalltag (zum Überblick: Belsky & Pensky, 1988). Von der ersten Stunde an, die das Paar mit dem Säugling in der eigenen Wohnung verbringt, müssen sämtliche Aktivitäten auf die Sorge um das Kindes hin ausgerichtet werden. Die starke Beanspruchung der Eltern (insbesondere der stillenden Mütter) in den ersten Wochen und Monaten nach der Geburt des Kindes schlägt sich unmittelbar im Befinden nieder. Dies wird durch mehrere Faktoren verstärkt. Zahlreiche der erforderlichen Arbeiten und Versorgungstätigkeiten wie Stillen oder Füttern, Wickeln, Beruhigen des Kindes usf. sind recht monoton. Die Eltern (und auch hier wieder in besonderem Maße die stillenden Mütter) sind stark an die Wohnung gebunden, was das Erleben von Monotonie verstärken kann. Der Säugling als Stressor ist in seinem Verhalten kaum vorhersehbar und kontrollierbar. Dies erhöht die Belastung zusätzlich. Schlafmangel und Erschöpfung sind die direkten Auswirkungen.

Weitere Veränderungen der Lebenssituation resultieren aus dem Verlust sozialer Rollen. Die Ausübung dieser Rollen trägt jedoch typischerweise zum Wohlbefinden bei. Der Verzicht auf Freizeitinteressen, der eingeschränkte Kontakt zu Freunden oder die Unterbrechung der Berufstätigkeit sind Beispiele für solche Verluste. Hinzu kommt die Neuverteilung von Aufgaben- und Verantwortungsbereichen zwischen den Partnern, die traditionelle Rollenmuster nachzeichnet. Während Väter primär die Sicherung des Familieneinkommens übernehmen, überlassen sie die familiären Aufgaben weithin ihrer Partnerin.

Auch die Paarbeziehung selbst erfährt mit der Familiengründung einen Wandel. Die Zeit der Zweisamkeit ist zunächst vorüber und das Kind zieht die Aufmerksamkeit der Eltern auf sich. Die Zentrierung auf die Beziehung, die noch die Phase der (ersten) Schwangerschaft prägte, rückt in den Hintergrund. Mit der hohen gemeinsamen Verantwortung für das Kind wächst zudem die wechselseitige Abhängigkeit der Partner voneinander. Interdependenz kann aber zu einem spürbaren Belastungsfaktor werden (Kelley & Thibault, 1978). Die Fülle der Aufgaben, die tagtäglich anstehen, fordert von den Partnern eine enge Abstimmung und Koordination ihrer Handlungen. Auch soziale Unterstützung liefern sich primär die Partner selbst, indem sie sich gegenseitig entlasten oder emotional aufbauen.

Unzufriedenheit mit einzelnen Aspekten der Lebenssituation

Die veränderte Lebenssituation mit den damit verbundenen Anforderungen, Belastungen und Verlusten führen in aller Regel zu Unzufriedenheit mit einzelnen Aspekten der neuen Lebenslage. Es ist diese Unzufriedenheit, die zur aktiven Veränderung der Situation und zur Gestaltung des eigenen Lebens motiviert. Die konkrete Ausformung einer solchen Unzufriedenheit muss dabei offen bleiben, wenn das Erklärungsmodell im Sinne einer allgemeinen Theorie der Vielfalt der Lebensbedingungen und Lebensformen Rechnung tragen soll. So mag sich Ärger und Verdruss im Umgang mit dem Kind einstellen, wenn etwa die Anforderungen und Belastungen als erdrückend erlebt werden (Grossman, 1988). Gefühle von Trauer und Enttäuschung können aufkommen, weil der gewohnte Kontakt zu Kollegen fehlt oder weil der Verzicht auf die berufliche Karriere bedauert wird (Pistrang, 1984). Bei zahlreichen Müttern wächst mit der Umverteilung der Hausarbeit die Unzufriedenheit mit dieser Rollenteilung (Ross, Mirowsky & Huber, 1983; Terry, McHugh & Noller, 1991; Yogev & Brett, 1985). Unzufriedenheit mit der Verteilung der Lasten zwischen den Partnern mündet schnell in gerechtigkeitsthematischen Emotionen wie Wut oder Empörung, was die Implikationen für die Partnerschaft steigert (Reichle & Montada, 1994). Schließlich kann sich die Unzufriedenheit auch unmittelbar auf die Paarbeziehung beziehen, wenn beispielsweise Wünsche nach Zuwendung und Nähe unerfüllt bleiben.

In diesem allgemeinen Modell der Partnerschaftsentwicklung bleibt offen, welche konkreten Aspekte der aktuellen Lebenssituation Anlass für das Erleben von Unzufriedenheit bieten. In einem weiteren Sinne ist das Modell allgemein, denn es verzichtet auf geschlechtsspezifische Weiterungen. Tatsächlich unterscheiden sich Frauen und Männer systematisch im Belastungserleben. Indem die Lebenszufriedenheit bereichsspezifisch konzeptualisiert wird (berufliche Zufriedenheit, Partnerschaftszufriedenheit, Zufriedenheit in der Elternrolle etc.), kann das Zusammenspiel unterschiedlicher Rollenerfahrungen beschrieben und können Geschlechtsunterschiede in der Anpassung an unterschiedliche Rollen erklärt werden (Greenberger & O'Neil, 1993). Die Berücksichtigung der situationsgebundenen Unzufriedenheit dient auch dazu, spezifische situations- oder ereignisbezogene Wahrnehmungen und Einschätzungen deutlich von Veränderungen der Paarinteraktion und der subjektiven Partnerschaftszufriedenheit zu trennen (Fincham & Bradbury, 1987; Kalicki et al., 1999).

Die Verschlechterung der Partnerschaftsqualität

Dauerhafte Unzufriedenheit mit der eigenen Lebenssituation wirkt sich negativ auf die Qualität der Paarinteraktion aus. Dies trifft gerade dann zu, wenn der Partner bzw. dessen Verhalten das Problem mitbedingt. Exakt dies ist im Übergang zur Elternschaft jedoch der Fall: Der Übergang selbst (sprich: die Schwangerschaft) ist von beiden Partnern gemeinsam verursacht. Fragen der Rollenverteilung betreffen prinzipiell beide Partner, zufriedenstellende Lösungen fordern also die Mitwirkung des Partners und unbefriedigende Lösungen werden leicht den anderen zur Last gelegt. Chronische Unzufriedenheit, die nicht aufgelöst wird, kann zu einer kaskadischen Verschlechterung der Paarinteraktion führen (Gottman, 1994; Rusbult, Bissonnette, Arriaga & Cox, 1998; Rusbult, Verette, Whitney, Slovik & Lipkus, 1991).

Die Abnahme der Partnerschaftsqualität nach der Geburt des ersten Kindes bildet einen gesicherten Befund der Familienpsychologie. Jedoch ist die *Qualität der Paarinteraktion* – betrachtet werden in aller Regel das Streit- und Konfliktverhalten sowie positive Formen der Paarinteraktion – keineswegs gleichzusetzen mit der *subjektiven Partnerschaftszufriedenheit*, auch wenn manche Autoren die Unterschiede übersehen und beide Konzepte synonym verwenden.

Wachsende Unzufriedenheit mit dem Partner

Die Interaktionserfahrung prägt den Eindruck der beteiligten Partner von der Beziehungsqualität (Gottman, 1990). Dabei besitzt negative Partnerschaftserfahrung größere Auswirkungen auf die Zufriedenheit als positive. Vor allem Konflikte und heftig ausgetragener Streit untergraben folglich die Zufriedenheit. Generalisierte Einschätzungen hoher Unzufriedenheit mit dem Partner und mit der Beziehung stützen sich dabei auf soziale Inferenzen, die dem anderen die Verantwortung für den Beziehungsverlauf zuschreiben. Die Theorie der korrespondenten Schlüsse (Jones & Davis, 1965; Jones & McGillis, 1976) spezifiziert die Bedingungen, unter denen beobachtete Handlungen eines Akteurs durch dispositionelle Schlüsse erklärt werden. Für die Personwahrnehmung in Partnerschaften ist dabei der Faktor der *hedonistischen Relevanz* der Handlung von besonderer Bedeutung: Handlungen, die die Interessen des Beurteilers berühren (sprich: die ihm nutzen oder schaden), legen Eigenschaftszuschreibungen bzw. dispositionelle Schlüsse nahe. Auch diese Bedingung ist im Übergang zur Elternschaft regelmäßig erfüllt. Wegen der hohen Interdependenz der Partner besitzen selbst Unterlassungshandlungen (mangelnde Unterstützung; fehlende Aufmerksamkeit und Zuwendung) diese hedonistische Bedeutung.

Der Wandel des Bildes, das ein Partner von dem anderen hat, kann sich auf unterschiedliche Verschiebungen im subjektiven Partnerkonzept stützen. Fasst man die Zufriedenheit mit der Person des Partners als Diskrepanz von gewünschtem Partnerbild (Ideal) und tatsächlicher Wahrnehmung (Realbild), so wächst die Kluft zwischen Wunsch und Wirklichkeit (die Real-Ideal-Diskrepanz), wenn dem Partner verstärkt negative Persönlichkeitsmerkmale zugeschrieben und positive Merkmale abgesprochen werden (zum Rationale dieses Konstrukts vgl. auch Higgins, 1987). Ein zweiter Weg zur Unzufriedenheit führt über den Anstieg der Erwartungen und Ansprüche, die an den Partner gestellt werden (gesteigertes Partner-Ideal). Ein negatives Partnerkonzept bedeutet dabei die weitreichendste Beeinträchtigung der Partnerschaft. In der Zuschreibung negativ valenter und dem Absprechen positiver Eigenschaften äußert sich die geringe Wertschätzung für den Partner. Die Zuschreibung bestimmter Persönlichkeitseigenschaften impliziert dabei die Annahme hoher Merkmalsstabilität und vergleichsweise hoher Globalität (Reichweite) dieser verhaltenssteuernden Attribute.

Der hier skizzierte Ablauf der Beziehungsverschlechterung beschreibt den ungünstigen Entwicklungsverlauf. Über die zeitlichen Dimensionen, in denen sich diese Prozesse abspielen, trifft das Modell keine Aussage. Auch bleiben Divergenzen in den Einschätzungen beider Partner unberücksichtigt. Generell ist jedoch anzunehmen, dass die Übereinstimmung bei den späteren Phasen (z. B. in der Einschätzung der Qualität der Paarinteraktion) höher ist als in der frühen Phase (etwa bei bereichsspezifischen Zufriedenheitsurteilen)

Passungskonstellationen und Anpassungsprozesse auf individueller Ebene

Das Aufkommen von Unzufriedenheit angesichts der weitreichenden Veränderungen nach der Geburt des Kindes hängt ganz entscheidend davon ab, wie Situationsanforderungen und personale Ressourcen der betroffenen Person zueinander passen (vgl. auch Filipp, 1995). Belege hierfür sind die Anpassungsvorteile von jungen Eltern, die die Schwangerschaft gewünscht und geplant hatten (vgl. Gloger-Tippelt, 1988; Heinicke, 1995; aber auch den Gegenbefund von Werneck, 1998). Begrifflich eng verknüpft mit der Erwünschtheit der Schwangerschaft bzw. Elternschaft sind die Einstellungen der Eltern zur Mutter- bzw. zur Vaterrolle (zum Einstellungskonzept vgl. Rosenberg & Hovland, 1960) sowie die Überzeugungen zu den Funktionen von Kindern für ihre Eltern („Wert des Kindes"; vgl. Fawcett, 1988; Hoffman, 1987). Die Haltung zur Elternschaft spiegelt sich auch in der persönlichen Lebensplanung wider (Brandtstädter, Krampen & Heil, 1986; Emmons, 1986; Little, 1983). Entsprechen die Rollenanforderungen, denen die Person gegenübersteht, ihren persönlichen Zielorientierungen, erleichtert dies die Anpassung an die neue Situation (Antonucci & Mikus, 1988). Rollenunverträgliche Zielpräferenzen stören, weil die subjektiv wichtigen Ziele durch die Rollenanforderungen blockiert werden. Solche intraindividuelle Zielkonflikte können mit Blick auf die beruflichen Karriereziele (Cowan, Cowan, Coie & Coie, 1983) oder mit Blick auf den Wunsch nach persönlicher Unabhängigkeit auftreten (Grossman, Pollack, Goldberg & Fedele, 1987).

Doch nicht allein die initiale Passung von Wünschen oder Lebensplänen und tatsächlicher Lebenssituation bestimmt die Zufriedenheit und das individuelle Wohlbefinden. Auch Anpassungsprozesse spielen eine Rolle. Lebenspläne und Zielorientierungen sind prinzipiell offen für solche Adjustierungen (Brandtstädter & Renner, 1992). Lebensziele in ihrer Wichtigkeit oder Dringlichkeit abzuwerten oder gar vollkommen aufzugeben, wird mit zunehmendem Lebensalter und auslaufender Lebenszeit besonders notwendig. Doch auch bereits im frühen Erwachsenenalter drängt der soziale Wandel junge

Paare dazu, ihre Handlungsplanung auf die verfügbaren Handlungsspielräume und -alternativen hin abzustimmen (Schneewind, 2000b).

Weitere Kennzeichen der Person, die unter Passungsgesichtpunkten betrachtet werden, sind Persönlichkeitsmerkmale der Eltern, die die Ausübung der Elternrolle beeinflussen (Crockenberg & McVluskey, 1986; Sirigano & Lachman, 1985). Spezifische rollenbezogene Kompetenzen (Fedele, Golding, Grossman & Pollack, 1988), aber auch subjektive Kompetenzüberzeugungen (Kalicki, Fthenakis, Engfer & Peitz, 1996) sind in diesem Zusammenhang von besonderer Bedeutung. Schließlich ist auch die Fähigkeit der Person anzuführen, sich unterschiedliche Quellen der sozialen Unterstützung zu erschließen (Crnic, Greenberg, Ragozin, Robinson & Basham, 1983; Crockenberg, 1987).

Dyadische Passungen und Anpassungsprozesse

Ob in irgendeiner Form Unzufriedenheit mit der eigenen Lebenssituation aufkommt – sie mag sich z. B. als Ärger über Einschränkungen und Belastungen, als Sehnsucht nach Anregung und Abwechslung oder als Verbitterung über verpasste Chancen äußern –, hängt bei Müttern und Vätern stark vom Verhalten ihres Partners bzw. ihrer Partnerin ab. Denn die „Situation" wird in der Lebensgemeinschaft einer Partnerschaft oder Familie durch den anderen mitbestimmt. Auch hier können wiederum mehr oder minder günstige Passungskonstellationen betrachtet werden. Allerdings handelt es sich in diesem Fall um dyadische Passungen, also um das Aufeinandertreffen oder Zusammenwirken der Merkmale beider Partner. Des Weiteren lassen sich auch hier wieder Anpassungsprozesse ausmachen, die die aufgetretene Unzufriedenheit eines Partners oder beider reduzieren oder auflösen. Hier handelt es sich dann um dyadische Abstimmungs- und Regulationsprozesse, die in der Regel in der sozialen Interaktion und Kommunikation ausgetragen werden. Ein gutes Beispiel hierfür ist die praktizierte Verteilung der familialen und beruflichen Rollen zwischen den Partnern. Die Zufriedenheit der Eltern nach der Familiengründung hängt natürlich primär davon ab, wer welche Aufgaben übernimmt. Fragen der subjektiven Attraktivität von Rollenverpflichtungen oder der Kompetenzen zur angemessenen Rollenausübung erübrigen sich etwa, wenn die Person den fraglichen Aufgabenbereich komplett an den Partner delegieren kann.

In engen Partnerschaften wird das Erleben von Ungerechtigkeit nicht vorrangig durch das Verhältnis der Anstrengungen, Lasten oder Opfer (sprich: der „Kosten") zum erzielten Vorteil oder Gewinn (also zum „Nutzen") bestimmt, sondern durch die wahrgenommene Verhältnismäßigkeit der Vorteile, die beide Partner in der Beziehung erzielen. Gerechtigkeitsurteile werden zudem anhand der ursprünglichen Erwartungen zur Lastenverteilung gefällt (Belsky, Ward & Rovine, 1986; Reichle, 1996; Ruble, Fleming,

Hackel & Stangor, 1988). Scheint die eigene Kosten-Nutzen Bilanz im Vergleich zu der Bilanz des Partners ungünstig, sieht sich der Beurteiler also übervorteilt, wächst die Forderung nach Entlastung. Begleitet werden diese Einschätzungen durch Emotionen wie Wut, Empörung oder Enttäuschung (Major, 1987; Reichle, 1996). Der Eindruck von Ungerechtigkeit kann nicht nur mit Blick auf die praktizierte Lastenverteilung entstehen, sondern auch hinsichtlich des Verfahrens, das zu der jeweiligen Lösung geführt hat. Verfahrensnormen beschreiben die Anforderungen an faire Prozeduren der Entscheidungsfindung. Verletzungen dieser Verfahrensnormen (z. B. eine fehlende Beteiligung und Mitsprache von Betroffenen) erzeugen oder verstärken Gefühle der erlebten Ungerechtigkeit.

Die dyadische Konstellation der Rolleneinstellungen beider Partner prägt die letztlich gefundene Aufteilung von Aufgaben im Familienalltag ebenso (Belsky, Lang & Huston, 1986; Greenstein, 1996; Lye & Biblarz, 1993; Yang, Nickel, Quaiser & Vetter, 1994) wie die Attraktivität bzw. Wichtigkeit der Rollen für die einzelnen Partner (Feldman, Nash & Aschenbrenner, 1983; Cowan & Cowan, 1988). Doch neben der generellen Lösung tarieren viele Paare die Lasten auch kurzfristig in Abhängigkeit von den aktuellen Situationsanforderungen und ihrem individuellen Belastungsgrad aus (Pittman, Solheim & Blanchard, 1996).

Gelegenheiten oder Bedingungen für konstruktives Konfliktlösen

Punktuelle Unzufriedenheit eines Partners, die einen eng umrissenen Inhalt hat und die zeitlich begrenzt auftritt, wird von einem glücklichen Paar mit hoher Wahrscheinlichkeit zu einer Lösung gebracht werden, die beide Partner befriedigt. Auftauchende Probleme, die konstruktiv gelöst werden, sichern die fortlaufende Abstimmung und Anpassung des Paares an die sich ändernden Erfordernisse der Lebenssituation und an gewandelte Interessen der Partner. Der Erfolg der Partnerschaft ist also nicht allein daran gebunden, ob sich gravierende Beziehungsprobleme einstellen, sondern hängt entscheidend von der Fähigkeit des Paares ab, den Eintritt in destruktive Muster des Streit- und Konfliktverhaltens abzuwenden. Von besonderer Bedeutung für das Konfliktverhalten ist die Haltung, mit der die Partner in die Auseinandersetzung gehen. Fassen sie die Situation als einen Wettkampf auf, den es zu gewinnen gilt, werden kooperative Lösungen blockiert (Deutsch, 1990). Außer der Motivlage prädestinieren weitere individuelle und kontextuelle Randbedingungen die Chancen einer konstruktiven bzw. destruktiven Behandlung des Problems. Die konstruktive und kreative Suche nach einer befriedigenden Lösung macht es erforderlich, sich in die Lage des anderen hineinzuversetzen. Hierzu ist es notwendig, in hinreichendem Maße über zutreffende Informationen zu verfügen. Missverständnisse treten auf, wenn solche Informationen nicht kommuniziert werden. Zeit- und Entscheidungsdruck fördert die

Tendenz zu destruktiven Reaktionen. Als günstige äußere Bedingungen gelten hingegen ausreichende zeitliche und räumliche Spielräume, das Fehlen von Störungen, Ablenkungen oder Unterbrechungen von außen.

Da viele dieser Bedingungen in den ersten Jahren nach der Geburt des Kindes gerade *nicht* gegeben sind, wird die typische Verschlechterung der elterlichen Partnerschaft in dieser Phase verständlich. Erschöpfung durch die Routinetätigkeiten der Betreuung und Versorgung des Kindes, die hohe, konfliktverschärfende Abhängigkeit der Partner voneinander, die hohe Fremdbestimmung der Eltern durch das Kind und durch ihre sonstigen Verpflichtungen – alles das erschwert das offene, konstruktive Gespräch über anstehende Probleme.

Die Attribution der erlebten Veränderungen der Paarinteraktion

Die Wertschätzung für den Partner variiert deutlich mit der erlebten oder erinnerten Qualität des Partnerverhaltens, die Zusammenhänge sind jedoch keineswegs perfekt (Shackelford & Buss, 1997). Demnach ist die erlebte Qualität der Paarinteraktion keinesfalls gleichzusetzen mit der Partnerschaftszufriedenheit oder Gefühlen der Liebe und Zuneigung für den anderen. Erst die Auslegung negativer Erfahrungen, die in der Interaktion mit dem Partner gemacht werden, bestimmt die Bewertung der Beziehung und des Partners (zum Überblick: Bradbury & Fincham, 1990; Kalicki, im Druck). Wenn ein erlebtes negatives Verhalten des Partners internal, stabil und global attribuiert wird und wenn dem Partner die volle Verantwortung hierfür zugeschrieben wird, er sich dem Urteiler zufolge also bewusst und gewollt egoistisch oder gar feindselig verhalten hat, dann untergräbt die negative Erfahrung das positive Bild der viktimisierten Person von ihrem Partner.

Die Auslegung der Beziehungserfahrung geschieht nun im Regelfall nicht in einer sorgfältigen und detaillierten Analyse einzelner Interaktionsepisoden. Kognitive Schemata vereinfachen die Schlussfolgerungen bei der Personwahrnehmung und Eindrucksbildung (Jones & McGillis, 1976; Reeder & Brewer, 1979), habituelle Attributionsstile steuern die Auslegung positiven und negativen Verhaltens des Partners (Fincham & Bradbury, 1992; Kalicki, 2002). Ein generell wohlwollender Blick auf den Partner und sein Verhalten schirmt das Partnerkonzept gegen erwartungswidrige negative Erfahrung ab. Ein generell kritischer, negativer Blick auf den Partner verstärkt den negativen Gehalt negativen Partnerverhaltens und lässt positive Signale des Partners ungehört verhallen.

Sowohl für die subjektive Partnerschaftszufriedenheit als auch für den Erhalt des eigenen Selbstwertgefühls ist es günstig, ein möglichst positives Bild vom Partner zu haben und dieses positive Partnerkonzept durch wohlwollende Interpretations- und Urteilsprozesse gegen erwartungsdiskrepante Erfahrung zu schützen (Murray, Holmes & Griffin, 1996). Die Beziehung wird zusätzlich gestärkt, wenn die Rekonstruktion, Auslegung und Bewertung gemeinsamer Erfahrungen gemeinsam erfolgt (Murray & Holmes, 1993).

Erläuterungen zum skizzierten Modell der Partnerschaftsentwicklung

Dieses allgemeine Modell der Partnerschaftsentwicklung im Übergang zur Elternschaft beschreibt den Ablauf der Beziehungsverschlechterung mit den zugrundeliegenden Prozessen (aufkommende spezifische Unzufriedenheit, Beeinträchtigung der Paarinteraktion, Verschlechterung des Partnerkonzepts). Die Verschlechterung der elterlichen Partnerschaft nach der Geburt des ersten Kindes ist jedoch keineswegs zwangsläufig. In diesem Modell werden die Bedingung für unterschiedliche Verläufe der Partnerschaft bestimmt. Die elterliche Beziehung droht zu scheitern, wenn die spezifische, situations-gebundene Unzufriedenheit der Partner zu Konflikten führt, die während der Streitepisoden eskalieren, die in ihrem weiteren Verlauf auch in ihrer Reich-weite ausufern und die den Wechsel von einem wohlwollenden zu einem kritischen, den Partner belastenden Blick auf das Partnerverhalten anstoßen. Umgekehrt verkraftet die Partnerschaft solche Belastungen und Gefährdun-gen, wenn die beschriebenen protektiven und regulierenden Mechanismen greifen.

In den bisherigen Ausführungen zu diesem Modell blieben geschlechts-spezifische Präzisierungen vernachlässigt. Die Folgen der Familiengründung sind jedoch in hohem Maße geschlechts- und bereichsspezifisch. In welchen Lebens- und Partnerschaftsbereichen Frauen und Männer nach der Geburt ihres ersten Kindes unzufrieden werden, ist also nicht zufällig oder beliebig. Wohl aber sind die Prozesse, die das Erleben von Unzufriedenheit, die Verar-beitung von Unzufriedenheit und die Steuerung des Verhaltens bestimmen, dieselben. Wie das Modell also konkret inhaltlich zu füllen ist, variiert von Paar zu Paar und unterscheidet sich systematisch, wo es um die Lebensbedin-gungen, Handlungsmöglichkeiten, Reaktions- und Interaktionsmuster von Frauen und Männern geht.

Unser Modell der Partnerschaftsentwicklung entstand sowohl erfahrungs-als auch theoriegeleitet. Die Erfahrung stammt zum einen aus dem direkten Kontakt zu den Teilnehmern der Studie, also aus Paargesprächen und Einzel-interviews mit den Partnern. Erfahrung wurde indirekt gewonnen über die Erhebungsinstrumente und die Auswertung der gesammelten Daten. Unsere Erfahrung gründet zum geringsten Teil auf das persönliche Erleben dieses Übergangs. Bei der Sichtung der theoretischen Ansätze und Erklärungsmo-delle für die unterschiedlichen Themen wurden vorwiegend kognitionspsy-chologische Theorien und Konzepte rezipiert und integriert. Der konkrete Anlass, unsere Überlegungen in einem Modell zusammenzufassen, war eine Vortragsveranstaltung, zu der wir im Herbst 1997 geladen waren (Peitz & Kalicki, 1997). Das Modell wurde zwei Jahre später erstmals publiziert (Kalicki et al., 1999). Einzelne Bestimmungsstücke, etwa die Überlegungen zu Attributionsprozessen in Partnerschaften, wurden später präzisiert und fortentwickelt (Kalicki, 2002). Die Modellbildung geschah also nicht zur nachträglichen Erklärung der gefundenen Evidenz (quasi als Hypothesenbildung *post hoc*). Schließlich betrachten wir die vorgelegte Auflistung und Systematisierung von Bedingungs- und Einflussfaktoren auf die Partnerschaftsentwicklung keineswegs als erschöpfend.

5.5.2 Die Prüfung des Modells der Partnerschaftsentwicklung

Das vorgestellte Modell unterstellt vielfältige und komplexe Mediationsbeziehungen zwischen den Variablen, also indirekte Einflüsse von Modellgrößen auf die resultierende subjektive Partnerschaftszufriedenheit. Solche vermittelte Effekte lassen sich in regressionsstatistischen Pfadanalysen testen (Baron & Kenny, 1986; Cohen & Cohen, 1983). Die angenommenen Moderationsbeziehungen lassen sich nicht ohne weiteres in diese Pfadmodelle integrieren. Sie wurden in den vorderen Kapiteln umfassend geprüft. Wir konzentrieren uns in diesem Kapitel daher auf die Prüfung der Mediationsbeziehungen. Da das theoretische Modell die Partnerschaftsentwicklung im Übergang zur Elternschaft erklärt, prüfen wir es an der Teilstichprobe jener Paare, die im Rahmen der LBS-Familien-Studie ihr erstes Kind bekamen (Ersteltern-Paare).

Die Vorhersage von Entwicklungsergebnissen

Das Modell kann einem ersten Test an den Querschnittsdaten, die zum letzten Messzeitpunkt vorliegen (T5 = drei Jahre nach der Geburt des Kindes), unterworfen werden. Vorhergesagt wird die subjektive Partnerschaftszufriedenheit der Frauen und Männer, die als Diskrepanz zwischen Real- und Idealbild vom Partner operationalisiert wurde. Die in unserem Modell der Partnerschaftsentwicklung angenommenen Verursachungsmechanismen bestimmen die Anordnung der berücksichtigten Modellvariablen im zugrunde gelegten Kausalmodell. Demnach werden die Effekte der Unzufriedenheit der Partner mit einzelnen Aspekten ihrer aktuellen Lebenssituation durch die Qualität der Paarinteraktion vermittelt. Die Zufriedenheit bzw. Unzufriedenheit der Partner wird dabei von Merkmalen der Beziehungs- und Lebenssituation bestimmt.

Da das theoretische Modell keinerlei Annahmen trifft, in welchen Lebensbereichen bei den Frauen und Männern Unzufriedenheit aufkommt und welche dieser möglichen Formen der Unzufriedenheit sich besonders stark auf das Beziehungsgeschehen auswirken, wurden unterschiedliche Pfadmodelle getestet. Diese explorative Datenanalyse brachte stützende Evidenz für das nachfolgend beschriebene Kausalmodell. Als exogene Variablen wurden zwei Aspekte der aktuellen Situation, nämlich die Wochenarbeitszeit der Frau und die von der Frau geschilderte Aufteilung der Hausarbeit zum Zeitpunkt T5, sowie zwei Indikatoren der initialen Haltung des Paares zur Elternschaft, nämlich die (emotionale Reaktion der

Tabelle 5.5.1: Interkorrelation der Modellvariablen zur Vorhersage des Partnerschaftserlebens der Frauen drei Jahre nach der Geburt ihres ersten Kindes (Erstmütter)

	2	3	4	5	6	7	8	9	10
1 Wochenarbeitszeit der Frau (T5)	-.03	-.10	.04	.03	-.05	-.16	.01	-.10	.01
2 Aufteilung der Hausarbeit zu Lasten der Frau (T5)		-.13	-.03	-.05	-.48***	.13	.18+	-.10	.23*
3 Emot. Bewertung der Schwangerschaft durch die Frau (T1)			.39**	.29*	.13	-.34**	-.28*	.20+	-.23*
4 Emot. Bewertung der Schwangerschaft durch den Mann (T1)				.17	.05	-.01	-.05	.43***	-.47***
5 Zufriedenheit des Mannes in Beruf (T5)					.02	-.03	-.23*	.31**	-.01
6 Zufriedenheit der Frau mit der Aufteilung der Hausarbeit (T5)						-.27*	-.33**	.12	-.27*
7 Unzufriedenheit der Frau in der Elternrolle (EMKK, T5)							.50***	-.14	.25*
8 Unzufriedenheit des Mannes in der Elternrolle (EMKK, T5)								-.30**	.40***
9 Partnerschaftsqualität aus Sicht der Frau (PFB-Gesamt, T5)									-.55***
10 Unzufriedenheit der Frau mit ihrem Partner (T5)									

Anmerkungen: $N = 60$ Paare. $+\ p \leq .10$ $*\ p \leq .05$ $**\ p \leq .01$ $***\ p \leq .001$ (einseitige Tests)

Tabelle 5.5.2: Pfadkoeffizienten und multiple Korrelationen der Pfadanalyse zum Partnerschaftserleben der Frau (Erst-mütter; Entwicklungsergebnis zu T5)

Prädiktoren	Kriterium						
	5	6	7	8	9	10[a]
1 Wochenarbeitszeit der Frau (T5)	.05	-.06	-.23*	.07	-.16+	-.01
2 Aufteilung der Hausarbeit zu Lasten der Frau (T5)	-.01	-.47***	-.04	.03	-.06	.11
3 Emot. Bewertung der Schwangerschaft durch die Frau (T1)	.27*	.07	-.42**	-.05	-.15	.03
4 Emot. Bewertung der Schwangerschaft durch den Mann (T1)	.06	.02	.16	.02	.45***	-.34**
5 Zufriedenheit des Mannes in Beruf (T5)		-.03	.07	-.21*	.23*	.23*
6 Zufriedenheit der Frau mit der Aufteilung der Hausarbeit (T5)			-.26*	-.18+	-.02	-.06
7 Unzufriedenheit der Frau in der Elternrolle (EMKK, T5)				.44**	-.10	.04
8 Unzufriedenheit des Mannes in der Elternrolle (EMKK, T5)					-.21+	.27*
9 Partnerschaftsqualität aus Sicht der Frau (PFB-Gesamt, T5)						-.37**
Multiple Korrelation *R*	.30	.49*	.49*	.59**	.57**	.72***

Anmerkungen: [a] Unzufriedenheit der Frau mit ihrem Partner (T5). *N* = 60 Paare. + *p* ≤ .10   * *p* ≤ .05   ** *p* ≤ .01   *** *p* ≤ .001 (einseitige Tests)

459

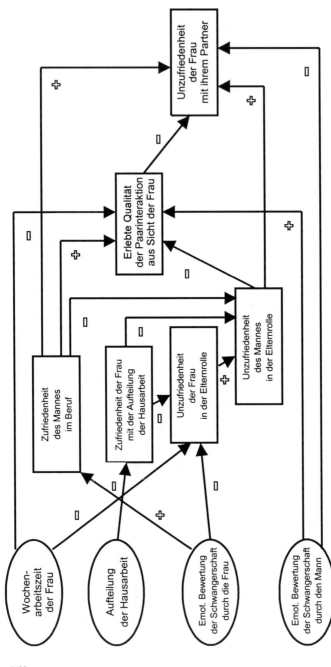

Abbildung 5.5.2: Die Prüfung des Pfadmodells zu der von der Frau erlebten Partnerschaftsentwicklung im Übergang zur Elternschaft anhand von Querschnittsdaten (resultierende Entwicklungsergebnisse zu T5; Erläuterungen im Text)

Frau bzw. des Mannes auf die Kenntnis der Schwangerschaft, in das Modell aufgenommen. Als Mediatorvariablen wurden vier verschiedene Zufriedenheitsindikatoren berücksichtigt: die berufliche Zufriedenheit des Mannes, die Zufriedenheit der Frau mit der praktizierten Verteilung der Hausarbeit und die Unzufriedenheit von Frau und Mann in der Elternrolle. Als Mediatorvariable, die zwischen die Zufriedenheitsmaße und die resultierende Partnerschaftszufriedenheit geschaltet ist, wurde die Qualität der Paarinteraktion (PFB-Gesamtwert) genutzt. Dieses Modell kann zur Vorhersage des Partnerschaftserlebens der Frau (Abbildung 5.5.2) und zur Vorhersage des Partnerschaftserlebens des Mannes (Abbildung 5.5.3) gerechnet werden.

Tabelle 5.5.1 enthält die bivariaten Ausgangskorrelationen sämtlicher Modellvariablen des Pfadmodells, das zur Vorhersage des Partnerschaftserlebens der Frauen gerechnet wurde. Bivariat korreliert die Unzufriedenheit der Frau mit ihrem Partner mit der (als niedrig wahrgenommenen) Qualität der Paarinteraktion, der (negativen) initialen Haltung des Mannes sowie der Frau selbst zur Schwangerschaft, der (hohen) Unzufriedenheit des Partners sowie der Frau selbst in ihrer Elternrolle, der unausgewogenen Verteilung der Hausarbeit zu Lasten der Frau und der (niedrigen) Zufriedenheit der Frau mit dieser Aufteilung. Die Ergebnisse des Satzes multipler Regressionanalysen zur Prüfung des Pfadmodells sind in Tabelle 5.5.2 wiedergegeben. Das Pfadmodell wird durch die Daten gestützt: Die Unzufriedenheit der Frau mit ihrem Partner geht in hohem Maße zurück auf die von ihr erlebte Qualität der Paarinteraktion. Diese wiederum wird durch sämtliche im Modell berücksichtigte Zufriedenheitsindikatoren direkt oder indirekt beeinflusst. Die bereichsspezifische Zufriedenheit der Partner variiert wiederum systematisch mit Merkmalen der Lebenssituation. Abbildung 5.5.2 veranschaulicht die nachgewiesenen direkten und indirekten Effekte auf die subjektive Partnerschaftszufriedenheit der Frau.

Das Pfadmodell wurde zusätzlich zur Erklärung des Partnerschaftserlebens der Männer zugrunde gelegt. Die Ausgangskorrelationen (Tabelle 5.5.3) sowie die Pfadkoeffizienten (Tabelle 5.5.4) gleichen sich in hohem Maß, da lediglich zwei Modellvariablen variiert wurden. Die Partnerschaftsqualität sowie die subjektive Partnerschaftszufriedenheit drei Jahre nach der Geburt des Kindes werden in diesem Modell aus Sicht des Mannes eingeschätzt.

Das Pfadmodell zur Erklärung der subjektiven Partnerschaftszufriedenheit der Mütter drei Jahre nach der Geburt ihres ersten Kindes wird durch die Ergebnisse gestützt. In der schematischen Darstellung sind die positiven Wirkpfade – sie sind in Pfeilrichtung nach dem Schema „je größer A, desto größer B" bzw. „je kleiner A, desto kleiner B" zu lesen – und die negativen Pfade – „je größer A, desto kleiner B" bzw. „je kleiner A, desto größer B" – durch Plus- und Minuszeichen an den entsprechenden Pfeilen markiert (Abbildung 5.5.2).

Auch das Partnerschaftserleben der Männer kann durch dieses Modell erklärt werden. Die berechneten Zusammenhänge passen sogar noch etwas besser zu dem theoretischen Verursachungsmodell, denn hier führt ein weiterer direkter Pfad von der bereichsspezifischen Zufriedenheit (Unzufriedenheit der Frau in der Elternrolle) zur Qualität der Paarinteraktion. Auch ist die Zahl der neben Mediationspfaden verbleibenden direkten Wirkpfade geringer (siehe Abbildung 5.5.3). Schließlich ist der Effekt der erlebten Beziehungsqualität auf die subjektive Partnerschaftszufriedenheit wesentlich größer. Insgesamt wird das postulierte Kausalmodell durch diese Analysen, die die querschnittlichen Daten nutzen, voll bestätigt.

Tabelle 5.5.3: Interkorrelation der Modellvariablen zur Vorhersage des Partnerschaftserlebens der Männer drei Jahre nach der Geburt des ersten Kindes (Erstväter)

	2	3	4	5	6	7	8	9	10
1 Wochenarbeitszeit der Frau (T5)	.01	-.12	.01	.02	-.11	-.15	.02	.06	-.11
2 Aufteilung der Hausarbeit zu Lasten der Frau (T5)		-.11	.03	-.06	-.43***	.13	.21+	-.07	.12
3 Emot. Bewertung der Schwangerschaft durch die Frau (T1)			.35**	.28*	.13	-.38**	-.27*	.27*	-.25*
4 Emot. Bewertung der Schwangerschaft durch den Mann (T1)				.17+	-.03	.00	-.05	.36**	-.26*
5 Zufriedenheit des Mannes in Beruf (T5)					.02	-.03	-.22*	.39***	-.29*
6 Zufriedenheit der Frau mit der Aufteilung der Hausarbeit (T5)						-.29*	-.35**	.21+	-.06
7 Unzufriedenheit der Frau in der Elternrolle (EMKK, T5)							.49***	-.34**	.09
8 Unzufriedenheit des Mannes in der Elternrolle (EMKK, T5)								-.51***	.24*
9 Partnerschaftsqualität aus Sicht des Mannes (PFB-Gesamt, T5)									-.62***
10 Unzufriedenheit des Mannes mit seiner Partnerin (T5)									

Anmerkungen: $N = 59$ Paare. $+ p \leq .10$ $* p \leq .05$ $** p \leq .01$ $*** p \leq .001$ (einseitige Tests)

Tabelle 5.5.4: Pfadkoeffizienten und multiple Korrelationen der Pfadanalyse zum Partnerschaftserleben des Mannes (Erstväter; Entwicklungsergebnis zu T5)

Prädiktoren	Kriterium					
	5	6	7	8	9	10[a]
1 Wochenarbeitszeit der Frau (T5)	.05	-.10	-.23*	.07	.03	-.11
2 Aufteilung der Hausarbeit zu Lasten der Frau (T5)	-.03	-.41***	-.03	.06	.05	.12
3 Emot. Bewertung der Schwangerschaft durch die Frau (T1)	.26*	.10	-.45***	.00	-.09	-.19+
4 Emot. Bewertung der Schwangerschaft durch den Mann (T1)	.08	-.05	.14	-.02	.32**	.05
5 Zufriedenheit des Mannes in Beruf (T5)		-.02	.08	-.20*	.28**	.02
6 Zufriedenheit der Frau mit der Aufteilung der Hausarbeit (T5)			-.27*	-.19+	.08	.07
7 Unzufriedenheit der Frau in der Elternrolle (EMKK, T5)				.43**	-.18+	-.20+
8 Unzufriedenheit des Mannes in der Elternrolle (EMKK, T5)					-.35**	-.06
9 Partnerschaftsqualität aus Sicht des Mannes (PFB-Gesamt, T5)						-.70***
Multiple Korrelation R	.30	.45*	.52**	.58**	.68***	.67***

Anmerkungen: [a] Unzufriedenheit des Mannes mit der Partnerin (T5). $N = 59$ Paare. $+ p \leq .10$ $* p \leq .05$ $** p \leq .01$ $*** p \leq .001$ (einseitig)

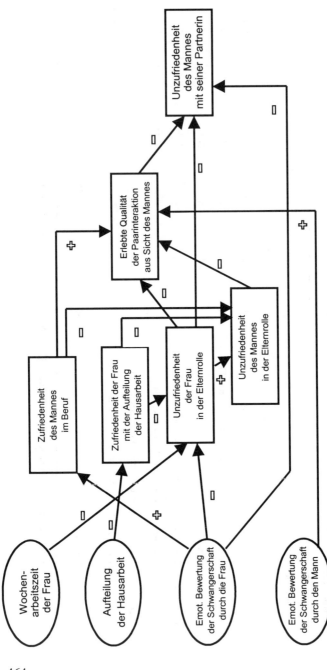

Abbildung 5.5.3: Die Prüfung des Pfadmodells zu der von dem Mann erlebten Partnerschaftsentwicklung im Übergang zur Elternschaft anhand von Querschnittsdaten (resultierende Entwicklungsergebnisse zu T5; Erläuterungen im Text)

Die Vorhersage von Entwicklungsverläufen

Die Entwicklung der Partnerschaft im Übergang zur Elternschaft wird durch die Betrachtung von Entwicklungsergebnissen, also dem Gelingen oder Scheitern einer glücklichen Beziehung, nur unzureichend verständlich. Entwicklungsmodelle kennzeichnen die Bedingungen von Veränderungen, die sich über die Zeit hinweg einstellen. Und sie identifizieren die Prozesse, die für diese Veränderungen verantwortlich sind. Daher bedarf unser Modell der Partnerschaftsentwicklung zur empirischen Absicherung und Prüfung einer Längsschnittanalyse, bei der Veränderungen in der Partnerschaftszufriedenheit durch a) Veränderungen in der Lebenssituation, b) resultierenden Veränderungen in der Zufriedenheit mit Aspekten der gewandelten Lebenssituation und c) Auswirkungen aufkommender Unzufriedenheit der Partner auf die Paarinteraktion erklärt werden.

Auch diese Prüfung des Modells erfolgt in Pfadanalysen. Als Modellvariablen werden nun allerdings die verfügbaren Veränderungsmaße für die Zeitspanne von der Schwangerschaft bzw. den ersten Wochen nach der Geburt des Kindes bis drei Jahre nach dem Übergangsereignis eingesetzt. Die Veränderung der Lebenssituation wird anhand der Umverteilung der Hausarbeit zu Lasten der Frau (Zunahme der Belastung) sowie der Veränderung der Berufstätigkeit der Frau (Reduktion der Wochenarbeitszeit) erfasst. Die initiale Haltung der Partner zur Schwangerschaft wird erneut als exogene Variable berücksichtigt. Die Zufriedenheitsänderung wird mit Blick auf die Aufteilung der Hausarbeit (Zu- bzw. Abnahme der Zufriedenheit der Frau) und auf die Bewältigung der Elternschaft (Zu- bzw. Abnahme der Unzufriedenheit von Frau und Mann in der Elternrolle). Die berufliche Zufriedenheit des Mannes, die sich in den vorangegangenen Pfadanalysen als bedeutsam erwies, zeigte in den hier berichteten Analysen, in denen sie ebenfalls als Änderungsmaß geprüft wurde (Steigerung bzw. Abnahme der beruflichen Zufriedenheit), keinerlei Effekt. Sie wurde daher aus dem Modell entfernt. Zu wiederholen ist, dass unsere Theorie offen lässt, in welchen Lebensbereichen Unzufriedenheit aufkommt. Diese Modifikation des Pfadmodells mindert also nicht dessen theoretische Fundierung.

Das Pfadmodell wurde wiederum zur Vorhersage der von beiden Geschlechtern erlebten Beziehungsentwicklung genutzt. Die Berechnungen erfolgten auch hier nur auf der Grundlage der Daten jener Paare, die im Rahmen unserer Studie ihr erstes Kind bekamen („Erstmütter" und „Erstväter"). Die Ausgangskorrelationen der Modellvariablen sind für beide Analysen in einer Tabelle zusammengefasst (Tabelle 5.5.5). Die Koeffizienten oben rechts von der Hauptdiagonalen geben die Interkorrelationen für die Berechnung des Beziehungserlebens der Frauen wieder (vgl. Tabelle 5.5.6); die Koeffizienten unten links von der Hauptdiagonalen bedeuten die Ausgangskorrelationen für die Erklärung des Beziehungserlebens der Männer (vgl. Tabelle 5.5.7). In der Abbildung 5.5.4 sind die Ergebnisse beider Pfadanalysen zusammenfassend dargestellt. Die durchgezogenen Pfeile symbolisieren hierbei Wirkpfade, die in beiden Pfadanalysen nachgewiesen werden konnten. Die unterbrochenen Pfeile bilden Wirkpfade ab, die nur in einer der Analysen bestätigt wurden. Im Kern hat damit das Kausalmodell, das die schrittweise Verschlechterung der Partnerschaft nach der Geburt des ersten Kindes vorhersagt, die Überprüfung bestanden. Die in dem Modell postulierten Variablenzusammenhänge wurden in der erwarteten Richtung gefunden, erwartungsdiskrepante Effekte traten nicht auf.

Tabelle 5.5.5: Interkorrelation der Modellvariablen zur Vorhersage des Partnerschaftsentwicklung (oben rechts von der Hauptdiagonalen: Ausgangskorrelationen des Pfadmodells des Beziehungserlebens der Frauen; unten links von der Hauptdiagonalen: Ausgangskorrelationen des Pfadmodells des Beziehungserlebens der Männer)

	1	2	3	4	5	6	7	8	9
1 Umverteilung der Hausarbeit zu Lasten der Frau [1]		-.19+	-.12	.00	-.30*	-.02	-.09	.09	.06
2 Reduktion der Wochenarbeitszeit der Frau [1]	-.30*		-.14	-.21+	-.27*	-.04	.26*	-.15	.18+
3 Emot. Bewertung der Schwangerschaft durch die Frau [2]	-.16	-.13		.38**	.13	-.11	-.17+	.14	-.30*
4 Emot. Bewertung der Schwangerschaft durch den Mann [2]	.01	-.20+	.42***		.07	-.01	.02	.32**	-.35**
5 Veränderung der Zufr. d. Frau mit. Aufteilung d. Hausarbeit [1]	-.20+	-.25*	.13	-.01			-.11	-.03	-.07
6 Veränderung der Unzufriedenheit der Frau in der Elternrolle [3]	.00	-.05	-.19+	-.02	-.12		.26*	-.09	.14
7 Veränderung der Unzufriedenheit des Mannes in der Elternrolle [3]	-.10	.28*	-.15	-.08	-.14	.26*		-.29*	.43***
8 Veränderung der erlebten Partnerschaftsqualität [1]	.12	-.05	.20+	.21+	.07	-.07	-.55****		-.46***
9 Veränderung der Unzufriedenheit mit dem Partner [1]	-.19+	-.10	-.07	-.03	.09	.10	.20+	-.37**	

Anmerkungen: [1] Veränderung von T1 (Schwangerschaft) bis T5 (3 Jahre nach der Geburt des Kindes).
[2] Einschätzung zum Befragungszeitpunkt T2 (6-8 Wochen nach der Geburt des Kindes).
[3] Veränderung von T2 (6-8 Wochen nach der Geburt des Kindes) bis T5 (3 Jahre nach der Geburt des Kindes).
$N = 58$ Paare (oben rechts) bzw. $N = 56$ Paare (unten links). $+ \, p \leq .10$ $* \, p \leq .05$ $** \, p \leq .01$ $*** \, p \leq .001$ (einseitige Tests).

Tabelle 5.5.6: Pfadkoeffizienten und multiple Korrelationen der Pfadanalyse zur Partnerschaftsentwicklung im Erleben der Frauen (Erstmütter; Veränderungsmaße)

Prädiktoren	Kriterium 5	6	7	8	9 [a]
1 Umverteilung der Hausarbeit zu Lasten der Frau [1]	-.35**	-.11	-.05	.03	.11
2 Reduktion der Wochenarbeitszeit der Frau [1]	-.34**	-.12	.26*	-.02	.02
3 Emot. Bewertung der Schwangerschaft durch die Frau [2]	.05	-.14	-.17	-.03	-.10
4 Emot. Bewertung der Schwangerschaft durch den Mann [2]	-.02	.03	.14	.34**	-.23*
5 Veränderung der Zufriedenheit der Frau mit der Aufteilung der Hausarbeit [1]		-.16	-.01	-.08	.03
6 Veränderung der Unzufriedenheit der Frau in der Elternrolle [3]			.25*	-.03	.02
7 Veränderung der Unzufriedenheit des Mannes in der Elternrolle [3]				-.30*	.34**
8 Veränderung der Partnerschaftsqualität aus Sicht der Frau [1]					-.28*
Multiple Korrelation *R*	.45*	.20	.41	.45	.62**

Anmerkungen: [a] Veränderung der Unzufriedenheit der Frau mit ihrem Partner von T1 (Schwangerschaft) zu T5 (3 Jahre nach der Geburt).
[1] Veränderung von T1 (Schwangerschaft) zu T5 (3 Jahre nach der Geburt des Kindes).
[2] Einschätzung zum Befragungszeitpunkt T2 (6-8 Wochen nach der Geburt des Kindes).
[3] Veränderung von T2 (6-8 Wochen nach der Geburt des Kindes) zu T5 (3 Jahre nach der Geburt des Kindes).
N = 58 Paare.   + *p* ≤ .10   * *p* ≤ .05   ** *p* ≤ .01   *** *p* ≤ .001 (einseitige Tests).

Tabelle 5.5.7: Pfadkoeffizienten und multiple Korrelationen der Pfadanalyse zur Partnerschaftsentwicklung im Erleben der Männer (Erstväter, Veränderungsmaße)

Prädiktoren	Kriterium				
	5	6	7	8	9[a]
1 Umverteilung der Hausarbeit zu Lasten der Frau [1]	-.30*	-.10	-.04	.16	-.21+
2 Reduktion der Wochenarbeitszeit der Frau [1]	-.34**	-.14	.26*	.22+	-.19
3 Emot. Bewertung der Schwangerschaft durch die Frau [2]	.08	-.22+	-.07	.09	-.07
4 Emot. Bewertung der Schwangerschaft durch den Mann [2]	-.11	.04	.01	.17+	.04
5 Veränderung der Zufriedenheit der Frau mit der Aufteilung der Hausarbeit [1]		-.14	-.05	.06	.05
6 Veränderung der Unzufriedenheit der Frau in der Elternrolle [3]			.25*	.01	.02
7 Veränderung der Unzufriedenheit des Mannes in der Elternrolle [3]				-.56***	.05
8 Veränderung der Partnerschaftsqualität aus Sicht des Mannes [1]					-.32*
Multiple Korrelation R	.40+	.25	.40	.61**	.45

Anmerkungen: [a] Veränderung der Unzufriedenheit des Mannes mit seiner Partnerin von T1 (Schwangerschaft) zu T5 (3 Jahre nach der Geburt). [1] Veränderung von T1 (Schwangerschaft) zu T5 (3 Jahre nach der Geburt des Kindes). [2] Einschätzung zum Befragungszeitpunkt T2 (6-8 Wochen nach der Geburt des Kindes). [3] Veränderung von T2 (6-8 Wochen nach der Geburt des Kindes) zu T5 (3 Jahre nach der Geburt des Kindes). $N = 56$ Paare. $+ p \le .10$ $* p \le .05$ $** p \le .01$ $*** p \le .001$ (einseitige Tests).

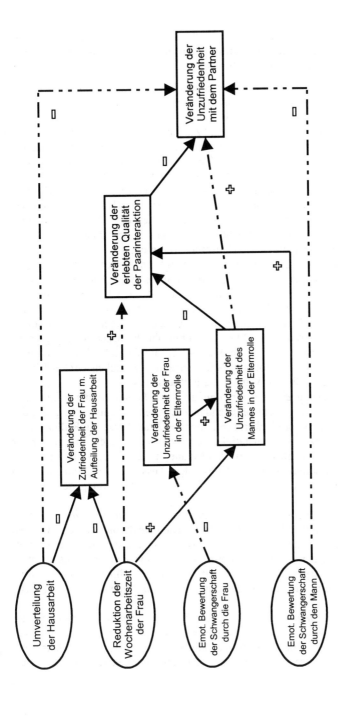

Abbildung 5.5.4: Die Prüfung des Pfadmodells der erlebten Partnerschaftsentwicklung im Übergang zur Elternschaft anhand von Längsschnittdaten (Veränderungen von T1 zu T5; Erläuterungen im Text)

Die Erkenntnisse zur Partnerschaftsentwicklung im Übergang zur Elternschaft und zu den zugrunde liegenden Verursachungsmechanismen können wie folgt zusammengefasst werden (siehe Abbildung 5.5.4):

- Die bei der Gruppe der Ersteltern beobachtete starke *Zunahme der Unzufriedenheit beider Eltern mit ihrem Partner bzw. ihrer Partnerin* geht im Wesentlichen zurück auf die Abnahme der Qualität der Paarinteraktion (Abnahme von Kommunikation und Zärtlichkeit, Zunahme von Streit und Konflikten). Die Unzufriedenheit der Frau mit ihrem Partner steigt außerdem in dem Maße an, in dem der Partner bereits vor der Geburt des Kindes eine kritische Haltung zu der anstehenden Elternschaft gezeigt hatte (negative emotionale Reaktion), und in dem sich diese kritische Haltung des Mannes nach der Geburt des Kindes ausweitet (Unzufriedenheit des Mannes in der Elternrolle). Die Unzufriedenheit des Mannes mit seiner Partnerin sinkt über die betrachtete Zeitspanne in dem Maße, in dem die Belastung der Frau durch die Hausarbeit zunimmt.

- Die *Veränderung der Paarinteraktion* hängt sehr stark von der gelingenden oder misslingenden Anpassung des Mannes an die Vaterrolle ab (initiale Haltung zur Schwangerschaft; Unzufriedenheit in der Elternrolle). Darüber profitiert das Partnerschaftserleben des Mannes (Zu- oder Abnahme von Streit, Zärtlichkeit, Kommunikation) direkt vom Erwerbsverhalten der Frau: Je stärker die Frau ihr berufliches Engagement zurückfährt, desto günstiger entwickelt sich die Paarinteraktion aus Sicht des Mannes. Die traditionelle Rollenverteilung zwischen beiden Elternteilen fördert nur für die Männer die Partnerschaft.

- Die *Veränderung der Unzufriedenheit des Mannes in der Elternrolle* hängt sowohl von der entsprechenden Zufriedenheitsentwicklung bei der Frau ab als auch vom Erwerbsverhalten der Frau. Sinkende Rollenanpassung und reduzierte Berufstätigkeit der Frau wirken sich im Sinne einer Zunahme der Unzufriedenheit des Mannes in der Elternrolle aus. Dem oben geschilderten positiven Effekt des Ausstiegs der Frau aus dem Beruf steht also dieser negative Effekt auf die Anpassung des Mannes entgegen.

- Die *Veränderung der Unzufriedenheit der Frau in der Elternrolle* ist vorhersagbar anhand der ersten emotionalen Reaktion der Schwangeren auf die Kenntnis der begonnenen Schwangerschaft, der anstehenden Entbindung und der gesamten Elternschaft (Freude und Stolz als positive Emotionen, Ärger und Ängste als negative Gefühle). Dieser Effekt erreichte nur in einer der beiden durchgeführten Pfadanalysen statistische Signifikanz.

- Die *Veränderung der Zufriedenheit der Frau mit der Aufteilung der Hausarbeit* wird von zwei Modellvariablen in der erwarteten Form bestimmt. Zum einen bewirkt die übliche Umverteilung der Hausarbeit zu Lasten der Frau eine Abnahme der Zufriedenheit mit dieser Verteilung. Zum anderen trägt der Ausstieg der Frau aus dem Beruf bzw. die Einschränkung der Erwerbstätigkeit zu einem Rückgang der Zufriedenheit der Frau bei. Diese beiden Effekte sind relativ stark.

5.5.3 Zusammenfassung und Diskussion

Die Beeinträchtigung der Partnerschaft durch die Übernahme der Elternrolle ist erheblich. Sie äußert sich in unterschiedlichen Indikatoren der dyadischen Anpassung. Die Bedingungen, unter denen eine Verschlechterung der elterlichen Beziehung auftritt, und die zugrunde liegenden Versursachungsprozesse wurden in einem Prozessmodell der Partnerschaftsentwicklung im Übergang zur Elternschaft beschrieben.

Zunächst wird das individuelle Befinden der Partner stark geprägt durch die praktizierte Rollenverteilung. Anhand der differentiellen Depressionsverläufe von Müttern mit unterschiedlichem Erwerbsmuster lässt sich dies eindrucksvoll nachweisen. Auch die Zufriedenheit mit der innerfamilialen Rollen- und Aufgabenallokation hängt von der realisierten Verteilung ab. Die Zufriedenheit wirkt sich ihrerseits auf die Qualität der Paarinteraktion aus. Eine wichtige Rolle spielt in diesem Zusammenhang das Gerechtigkeitserleben der Partner. Wegen der strukturellen Benachteiligung der Frauen im Übergang zur Elternschaft gilt dies insbesondere für Frauen. Moderatorbefunde weisen darauf hin, das die Umverteilung familialer Aufgaben zu Lasten der Frau dann nicht zu einer Abnahme der Zufriedenheit der Frau führt, wenn der Partner die Beiträge der Frau wahrnimmt und würdigt. In diesem Fall gilt die Anerkennung durch den Partner u. U. bereits als eine Form der Gratifikation. Andererseits ist es hoch wahrscheinlich, dass der Partner, der die Leistungen der Frau honoriert, dies in anderen Austauschdomänen kompensiert.

Die individuelle Anpassung der Eltern ist in den ersten Wochen nach der Geburt des Kindes typischerweise vermindert. Ein komplizierter und sehr beschwerdenreicher Schwangerschaftsverlauf verschärft diese Situation. Andererseits greifen bereits vor der Geburt des Kindes unterschiedliche Bewältigungsprozesse. Neben einzelnen Persönlichkeitsmerkmalen, die als Resilienzfaktoren wirken, kommt vor allem dem Kompetenz- und Kontrollerleben eine zentrale Rolle bei der Bewältigung der Elternrolle zu. Zudem lassen sich günstige bzw. ungünstige Passungskonstellationen von individuellen Ressourcen und situativen Anforderungen identifizieren.

Dyadische Abstimmungsprozesse determinieren mit, ob die Partner in der gewandelten Lebenssituation zufrieden sind. Auch die dyadische Konstellation der persönlichen Rollenkompetenzen, Zielpräferenzen und Persönlichkeitsausstattung beider Partner zeigt Effekte auf die individuelle und dyadische Anpassung der Eltern.

Anhaltende Unzufriedenheit der Partner mit einzelnen Aspekten ihrer Lebenssituation untergräbt die Beziehungsqualität. Dies zeigt sich unmittelbar in der Qualität der Paarinteraktion. Besonders das Streit- und Konfliktverhalten verschlechtert sich; destruktive Reaktionsmuster schleifen sich ein. Diese Folgewirkungen werden durch die konstruktive Lösung von Partnerschaftskonflikten unterbunden. Kognitive und motivationale Faktoren bestimmen hierbei das Konfliktverhalten der Partner. Aber auch Situations- und Problemaspekte determinieren den Konfliktverlauf.

Das vorgelegte theoretische Modell der Partnerschaftsentwicklung integriert die einzelnen Annahmen. Zur Explikation von Veränderungsprozessen werden vornehmlich kognitionspsychologische Konzepte herangezogen. Die zahlreichen unterstellten Zusammenhangs- und Unterschiedshypothesen werden durch die dargestellten Befunde weithin gestützt werden. Zur Prüfung komplexer Variablenzusammenhänge wurden regressionsstatistische Pfadanalysen gerechnet, deren Ergebnisse das Modell ebenfalls stützen.

Das Modell bedient sowohl wissenschaftliche Erkenntnisinteressen als auch praktische Verwertungsinteressen. Denn die Identifikation der Bedingungen einer erfolgreichen bzw. misslingenden Beziehungsentwicklung kann für die Prävention und korrektive Behebung von individuellen, partnerschaftsbezogen und familiären Entwicklungsproblemen genutzt werden.

6 Psychologische Prävention und Intervention im Übergang zur Elternschaft: Bildung, Beratung, Training

Die Ergebnisse der LBS-Familien-Studie wurden in den einzelnen, thematisch umrissenen Kapiteln dargestellt; am Ende jedes Kapiteln wurden Schlüsse für die familienpsychologische Prävention und Intervention gezogen. Dabei ging es zunächst darum, die für die individuelle Anpassung und die Familienentwicklung kritischen Größen zu identifizieren und so die Ziele praktischer Programme zu bestimmen (z. B. Verbesserung der Passung zwischen individuellen Kompetenzen, Zielen etc. und situativen Anforderungen durch die Elternschaft). Diese Anregungen werden zunächst zusammengetragen und systematisiert. Anschließend wird für den so gewonnenen Katalog an Interventionszielen der Frage nachgegangen, welche Interventionsmethoden zur Zielverwirklichung geeignet sind und welche Probleme bei der Implementierung entsprechender Maßnahmen zu erwarten sind. Die Interventionsmöglichkeiten werden anhand ausgesuchter, elaborierter Interventionsansätze und -programme illustriert.

Der Übergang zur Elternschaft geht regelmäßig, also für die allermeisten Paare, mit einer Verschlechterung der Partnerschaft einher. Im Unterschied zu *kritischen Lebensereignissen* wie schweren Erkrankungen oder Verletzungen (z. B. Krebserkrankungen, Amputationen), Verlusterfahrungen (Tod des Lebenspartners oder eines anderen Nahestehenden, Verlust des Arbeitsplatzes) treten *kritische Entwicklungsübergänge* jedoch mit einer gewissen Wahrscheinlichkeit zu bestimmten Zeitpunkten auf. Diese Zeitpunkte sind häufig an ein bestimmtes Lebensalter gebunden – sie sind „altersnormiert" – oder an bestimmte Phasen des Familien-, Arbeits- oder Wohnzyklus geknüpft (Datan & Ginsberg, 1975; Kalicki, 1996). Dies macht es ermöglich, gezielte Angebote für werdende Eltern oder junge Elternpaare zeitlich so zu platzieren, dass die Betroffenen bedarfsgerecht und frühzeitig Unterstützung finden. Für die Planung und Entwicklung entsprechender präventiver und korrektiver Programme ist jedoch ein gesichertes und möglichst umfassendes Verständnis der typischen Veränderungen, die von der Familiengründung ausgelöst werden, sowie der zugrunde liegenden Prozesse nötig.

Zielsetzung der hier vorgestellten LBS-Familien-Studie „Übergang zur Elternschaft" war es nicht nur, ein wissenschaftliches Erkenntnisinteresse zu erfüllen, sondern auch Ansatzpunkte, Erfordernisse und Möglichkeiten für solche praktischen Programme zu identifizieren. Dem amerikanischen Psychologen Kurt Lewin wird der Ausspruch zugeschrieben, nichts sei praktischer als eine gute Theorie. Mit dem dargestellten psychologischen Modell der Partnerschaftsentwicklung im Übergang zur Elternschaft verfügen wir über ein theoretisches Konzept, das praktische Ableitungen und Folgerungen erlaubt (siehe Kapitel 5.5 i.d.B.). Auch wenn die Gültigkeit theoretischer Modelle nicht anhand der Wirksamkeit praktischer Programme überprüft werden kann (Brandtstädter, 1982), bieten ausgereifte und empirisch abgesicherte Theorien jedoch ein Wissen, dass für das praktische Handeln genutzt werden kann. In folgenden werden Ansatzpunkte, notwendige und zentrale Bestandteile und exemplarische Interventionsprogramme aufgezeigt. Hierbei lehnen wir uns an das skizzierte Modell der Partnerschaftsentwicklung an.

6.1 Die Bestimmung von Interventionszielen

Die Beeinträchtigung der Partnerschaft nach der Geburt des ersten Kindes wurde als ein stufenweiser Prozess beschrieben, der sich im ungünstigen Fall in seiner Reichweite ausdehnt. Grundlegende und tiefgreifende Veränderungen der Lebenssituation beider Eltern erzeugen einen Bedarf an individuellen und dyadischen Bewältigungs- und Anpassungsleistungen. Unterschiedliche Anpassungs- und Regulationsprozesse wirken darauf hin, diese Herausforderungen und Belastungen zu meistern. Gleichwohl bleiben die wenigsten Paare davon verschont, dass bei einem der Partner oder bei beiden in einzelnen Bereichen der Beziehung Unzufriedenheit aufkommt. Bereichsspezifische, themenbezogene Unzufriedenheit, die in destruktiven Konflikten mündet, wird recht schnell zu einer Verschlechterung des Interaktions- und Kommunikationsstils des betroffenen Paares führen. Die dauerhafte Verschlechterung der Paarinteraktion, die durch destruktives Streitverhalten und Distanzierung gekennzeichnet ist, untergräbt die Wertschätzung und Achtung für den Partner. Die Unzufriedenheit mit der Person des Partners äußert sich dabei in einem negativen Partnerbild. Dieser prototypische Beziehungsverlauf entspricht der kaskadischen Verschlechterung der Partnerschaft, wie sie Gottman (1994) beschreibt.

Doch mehrere Faktoren bedingen (moderieren) diesen Verlauf. Individuelle und dyadische Bewältigungs- und Abstimmungsprozesse fördern die Anpassung an die gewandelte Lebenssituation und verhindern so, dass sich aufkommende Unzufriedenheit zu größeren Beziehungsproblemen auswächst. Ein konstruktives Problemlöseverhalten des Paares gewährleistet, dass selbst gravierende Partnerschaftsprobleme gelöst oder in ihren Folgewirkungen begrenzt werden. Schließlich tragen partnerschaftsdienliche Attributions- und Bewertungsprozesse zum Erhalt eines positiven Partnerkonzepts auch angesichts negativer Beziehungserfahrung bei. Diese protektiven Prozesse sichern die subjektive Partnerschaftszufriedenheit.

Die Bedingungsfaktoren, die über den konstruktiven bzw. destruktiven Verlauf der Partnerschaftsentwicklung entscheiden, können als Ansatzpunkte präventiver und korrektiver Maßnahmen genutzt werden. Denn die Bedingungen der erfolgreichen Beziehungsentwicklung lassen sich als Interventionsziele formulieren. Anschließend stellt sich dann die Frage, wie diese Ziele zu erreichen sind. Die einzelnen Zielableitungen sind in Abbildung 6.1 zusammengestellt.

Die Förderung der individuellen Anpassung der Eltern

Dank unterschiedlicher Techniken der Familienplanung, die fortlaufend verbessert und weiterentwickelt werden, ist der Eintritt einer Schwangerschaft in modernen, hoch entwickelten Gesellschaften in hohem Maße steuerbar und kontrollierbar. Da die Elternschaft somit planbar ist, kann die Prävention von Entwicklungsproblemen und Entwicklungskrisen bereits vor dem Eintritt der Schwangerschaft ansetzen. Die sexuelle Aufklärung gehört mittlerweile zum festen Bestandteil schulischer Curricula. Besonders in Großbritannien und in den Vereinigten Staaten findet das Phänomen der Mutterschaft Minderjähriger (‚teenage pregnancy‘) starke Beachtung, sowohl bei der Erforschung der Ursachen als auch bei der Entwicklung spezieller Präventionsprogramme und Hilfsangebote (Akinbami, Cheng & Kornfeld, 2001; Coleman, 2002; Zabin & Cardona, 2002). Weitere Informations- und Beratungsangebote richten sich an spezielle Zielgruppen oder sind auf spezifische Risiken zugeschnitten (z. B. die genetische Familienberatung; vgl. Evers-Kiebooms, Fryns et al., 1992; Kessler, 1984).

Die *Klärung der persönlichen Lebensziele* ist das zentrale Ziel einer Lebens- oder Entwicklungsberatung, die insbesondere in Krisenlagen der Orientierungslosigkeit und Verunsicherung über die eigenen Ziele angezeigt ist (Brandtstädter, 1985). Vor der Entscheidung für die Elternschaft wären die Wichtigkeit dieses Lebensziels (und damit die Motivation), seine Verwirklichungsmöglichkeiten in der aktuellen Situation sowie seine Verträglichkeit mit anderen Zielen und Projekten der Person (mögliche Zielkonflikte) abzuklären. Eine klassische Methode zur Lösung von Zielkonflikten besteht darin, gegensätzliche biographische Pläne zeitversetzt, also nacheinander durchzusetzen. So mag es sinnvoll sein, mit der Familiengründung zu warten, bis die Ausbildung abgeschlossen ist.

Der *Aufbau realistischer Erwartungen an die Elternschaft* kann verhindern, dass die Enttäuschung nach der Geburt des Kindes extrem ausfällt. Unrealistische Erwartungen können hinsichtlich des Kindes bestehen. Das Leben mit einem Säugling wird vielfach romantisiert, indem nur die positiven Aspekte betont werden. Wo Säuglinge und Kleinkinder in den Medien auftauchen – die Werbung kann hier als klassisches Beispiel herhalten, aber auch Filmindustrie, Frauenzeitschriften und selbst Elternmagazine – werden sie in der Regel derart verzerrt dargestellt. Die elterliche Verantwortung und ihre Konsequenzen im Lebensalltag der Eltern werden häufig unterschätzt. Auch

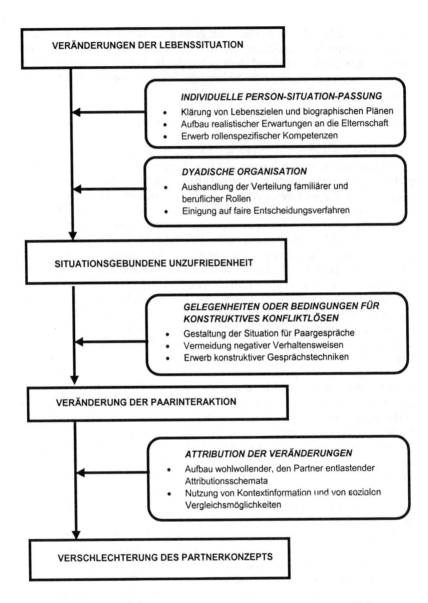

Abbildung 6.1: Die Bestimmung von Interventionszielen anhand des Modells der Partnerschaftsentwicklung im Übergang zur Elternschaft

an den Teilnehmern unserer Studie konnten wir dies beobachten. Zahlreiche Schwangere äußerten vor der Geburt den Plan, die Berufstätigkeit oder Ausbildung recht schnell nach der Geburt wieder aufzunehmen. In den meisten Fällen erwiesen sich diese Erwartungen als unrealistisch. Doch auch das Zusammenleben mit dem Partner und die Paarbeziehung werden selten zutreffend antizipiert. Gerade in der Phase der ersten Schwangerschaft blicken die Partner durch eine rosarote Brille auf ihre Beziehung. Diese optimistische Sicht erfüllt ihre Funktionen zur Angstbewältigung (siehe Kapitel 4.1 i.d.B.). Die Kehrseite dieser hohen Erwartungen ist jedoch das hohe Risiko der späteren Erwartungsverletzung und Enttäuschung. Die Vermittlung realistischer Vorstellungen und Erwartungen bezüglich der Elternschaft ist also eine Gratwanderung zwischen übervorsichtiger Aufklärung und rücksichtsloser Desillusionierung.

Schließlich schafft die *Vermittlung rollenspezifischer Kompetenzen* günstige Voraussetzungen für die Bewältigung der Elternschaft. Bildungsangebote, in denen Fertigkeiten der Säuglingspflege sowie das nötige Wissen über Säuglingsernährung, Kinderkrankheiten usf. vermittelt werden, sind flächendeckend vorhanden und werden in hohem Maße genutzt. Professionelle und selbstinitiierte Hilfen stehen auch nach der Entbindung zur Verfügung (Hebammen, Stillgruppen etc.). Selbst für spezifische Risiken und Problemlagen bieten Selbsthilfegruppen, Schulungs- und Beratungsangebote der Krankenkassen sowie die gesamte Ratgeberliteratur weitere Anleitung und Unterstützung.

Die Förderung der dyadischen Abstimmung

Welche Aufteilung von beruflichen und familiären Rollen und Verantwortlichkeiten junge Eltern praktizieren sollten, kann nicht in einer Zielformulierung vorgegeben werden. Die Interventionsziele zur Verbesserung der dyadischen Organisation können nur Verfahrensfragen thematisieren; die Entscheidungsfreiheit und Entscheidungslast bleibt bei der Familie.

Die *Aushandlung der Rollenaufteilung* entspricht jedoch weit verbreiteten und allgemein akzeptierten Idealvorstellungen und Fairnessnormen, denn sie sichert den betroffenen Partnern Einflussmöglichkeiten auf die resultierende Lösung (Bazerman, Curhan, Moore & Valley, 2000). Die Chance beider Partner, die eigenen Interessen in einem Aushandlungsprozess zu vertreten, setzt jedoch die *Einigung auf Regeln und Entscheidungsverfahren* voraus. Wenngleich diese Überlegungen auf den ersten Blick als selbstverständlich und trivial erscheinen, zeigen etwa die Probleme der interkulturellen Kommunikation, dass solche Verfahrensfragen keineswegs zu vernachlässigen sind (Thomas, 1999; Ting-Toomey & Oetzel, 2001).

Konstruktives Konfliktlösen

Sind die Bedingungen einer konstruktiven Konfliktlösung bekannt, können sie aktiv herbeigeführt werden. Ein erstes Interventionsziel betrifft daher die *Gestaltung einer günstigen Situation für Paargespräche.* Ärger und Wut treten häufig unvermittelt und überraschend auf. Die spontane Reaktion der Person, die sich über ihren Partner ärgert oder die wütend ist auf ihn, wird u.U. heftig ausfallen. Doch in lang andauernden Beziehungen kristallisieren sich beziehungstypische Konfliktanlässe und Konfliktthemen heraus. Die Gelegenheit, diese Probleme anzusprechen und eine Lösung zu suchen, sollte nicht dem Zufall überlassen bleiben. Die günstige Situation für Gespräche, in denen die Partner eine gemeinsame Lösung für ein anstehendes Problem suchen, ist gekennzeichnet durch das Fehlen von Zeit- und Entscheidungsdruck. Auch Störungen der Kommunikation wie Ablenkungen oder Unterbrechungen, räumliche Enge oder Lärm sind im Idealfall ausgeschaltet.

Brisante Konfliktthemen sorgen in der Situation, in der der Konflikt ausgelöst wird, für hohe physiologische Erregung, die den ungehemmten und unkontrollierten Ausdruck negativer Emotionen fördert (Gottman & Levenson, 1988). Der Einstieg in das Muster der negativ-reziproken Interaktion wird dadurch bereits angebahnt. Für die ruhige, deeskalierende Problembehandlung ist es daher hilfreich, eine gewisse Distanz zum emotionsauslösenden Konfliktanlass zu schaffen. So wird sich die nötige Offenheit für die Sicht des anderen erst einstellen, wenn die erste emotionale Erregung etwas abgeklungen ist. Andererseits ist es wenig sinnvoll, das Gespräch über anstehende Probleme aufzuschieben. Denn die kreative Problemlösung erfordert es, die konkreten Erfahrungen, Einschätzungen und Bewertungen der Partner zu kommunizieren. Liegt der Konfliktanlass weit zurück, werden solche Konkretisierungen erschwert.

Der Gehalt (,impact') negativer Verhaltensweisen ist im Vergleich zu dem Gehalt positiver Verhaltensweisen deutlich höher. Negative Reaktionen sind also kaum durch positive Verhaltensweisen gegenüber dem Partner auszugleichen. Als Interventionsziel ist daher die *Vermeidung negativer Verhaltensweisen* in der Streit- oder Konfliktsituation festzuhalten.

Ergänzt wird der Katalog an Interventionszielen durch den *Erwerb konstruktiver Gesprächstechniken.* Hierzu zählen die Selbstöffnung, die Schilderung konkreter Situationen und Verhaltensweisen sowie der Bezug zum Konfliktthema als Regeln eines konstruktiven Sprecherverhaltens. Aufseiten des Hörers gelten Techniken des „aktiven Zuhörens" als konstruktive Kommunikationsmuster. Gemeint ist hiermit das aufmerksame Zuhören, das gezielte Nachfragen sowie die positive Verstärkung der Selbstöffnung des Sprechers (s.u.). Um all diese Ziele einer Verbesserung des Streit- und Konfliktverhaltens der Partner zu erreichen, wird es notwendig sein, einiges an Grundwissen über die Prinzipien gelingender und misslingender Kommunikation zu vermitteln (Watzlawick, Beavin & Jackson, 1969).

Die Attribution von Erfahrungen mit dem Partner

Die letzte Bedingungskomponente unseres Modells der Partnerschaftsentwicklung umfasst die Attribution von Partnerschaftserfahrung, insbesondere die Auslegung negativer Verhaltensweisen des Partners. Nun sind Wahrnehmung und Urteilsprozesse nur bedingt willentlich steuerbar (Brandtstädter, 2000). Dementsprechend macht es wenig Sinn, von den Partnern die wohlwollende Auslegung negativer Beziehungserfahrung zu fordern. Dennoch kann der *Aufbau wohlwollender, den Partner entlastender Attributionsschemata* als Ziel psychologischer Interventionsbemühungen bestimmt werden. Denn die Verfügbarkeit entlastender Deutungsalternativen kann aktiv gesteuert werden. Soziale Vergleiche mit anderen Paaren, die ebenfalls mit Partnerschaftsproblemen zu kämpfen haben, werden erleichtert oder wahrscheinlich, wenn dem Beurteiler diese Information geboten wird. Gruppenprogramme für Paare in ähnlichen Lebens- und Konfliktlagen stellen eine Möglichkeit dar, solche Informationen hervorzuheben und auszutauschen. Die Aufmerksamkeit kann auch auf Situationsaspekte gelenkt werden, die negative Verhaltensweisen des Partners mitbedingen. Eine solcherart vermittelte Einflussnahme auf die Denk- und Urteilsprozesse der Partner scheint uns überzeugender und damit wirksamer als die allgemeine Aufforderung zu „positivem Denken".

6.2   Interventionsmethoden und -programme

Unterschiedliche Ansätze und Programme für Elternpaare stehen bereit, die von professionellen Beratern oder auch im Zuge der Selbsthilfe aufgegriffen werden können, um die hier definierten Interventionsziele zu erreichen (zum Überblick: Christensen & Heavey, 1999). Eine grobe Klassifikation unterscheidet Bildungsprogramme, Trainingsprogramme und Beratungsansätze.

Bildungsprogramme für Elternpaare

Spezielle Bildungsprogramme für Paare im Übergang zur Elternschaft setzen üblicherweise sowohl auf die Wissensvermittlung als auch auf die Reflexion der eigenen Erfahrung auf der Grundlage der behandelten Themen. Bei der praktischen Ausgestaltung und Anwendung (Implementierung) dieser Programme besteht recht großer Gestaltungsspielraum. So können diese Kurse stark durchstrukturiert sein oder eher offen konzipiert sein. Im letzten Fall enthalten die Elterngruppen beispielsweise Komponenten der Selbsterfahrung.

Das amerikanische Forscherpaar Carolyn und Philipp Cowan hat als erste ein Programm für werdende Eltern und junge Elternpaare entworfen („Becoming a Family"-Projekt; Cowan & Cowan, 1994). Es enthält Wissensbausteine, nutzt darüber hinaus jedoch Gruppenprozesse zur Stabilisierung der elterlichen Partnerschaft. Das Gruppenprogramm wurde von den Forschern selbst über mehrere Dekaden hinweg angeboten, fortentwickelt und in der wissenschaftlichen Begleitforschung evaluiert (Cowan & Cowan, 1987b; Cowan & Cowan, 1995). An der dreijährigen Pilotstudie nahmen 16 Paare teil, die im Jahr 1975 ihr erstes Kind bekamen. Eine zweite Studie begann 1979 und lief über zehn Jahre. An ihr beteiligten sich 72 Paare, die zu Beginn der Studie ein Kind erwarteten, und 24 initial kinderlose Paare. Diese Stichproben wurden unterteilt in Paare, die an dem Interventionsprogramm teilnahmen (Treatment-Gruppe) und in Paare, die dieses Angebot nicht nutzten (Kontrollgruppe). Die Elterngruppen bestanden aus je vier teilnehmenden Paaren und einem Gruppenleiter-Paar. Diese Gruppen trafen sich im letzten Drittel der Schwangerschaft und in den ersten drei Monaten nach der Geburt des Kindes wöchentlich. Die Gruppentreffen wurden genutzt, um Erwartungen, Sorgen und Ängste sowie die gesammelten Erfahrungen auszutauschen, wobei das Leiterpaar diese Gruppenprozesse durch Impulse stimulierte.

Das Gruppenprogramm der Cowans wurde in den neunziger Jahren in Deutschland adaptiert und im Rahmen eines Modellprojekts durchgeführt (Fthenakis & Eckert, 1997). Die Anleitungen und Arbeitsmaterialen zur Durchführung solcher Paargruppen stehen inzwischen als Handbuch zur Verfügung (Deutscher Familienverband, 1999). Dieses zweibändige Werk führt nicht nur in die Methodik der Gruppenveranstaltungen ein, es enthält auch in einer ganzen Reihe von Einzelkapiteln Informationen zur kindlichen Entwicklung, zu Partnerschaftsthemen und zur Elternschaft.

Ein komprimiertes Curriculum, das an drei Kurstagen durchgeführt wird, hat Reichle (1999) vorgelegt. Das Manual stellt die theoretischen Grundlagen dar, gibt wichtige Informationen zur Planung der Kurse und liefert Drehbuch und Arbeitsmaterialien für die einzelnen Veranstaltungstage.

Das „Freiburger Stresspräventionstraining für Paare" vermittelt in sechs Modulen Grundlagenwissen zu den Themen Stress, individuelle und partnerschaftliche Stressbewältigung, Paarkommunikation, Fairness und stressreduzierendes Problemlösen. Trotz des Kurstitels ordnen wir dieses Programm eher den Bildungsangeboten zu, da die Wissensvermittlung im Vordergrund steht. Das Programm wird in einem publizierten Manual ausführlich beschrieben (Bodenmann, 2000b). Die Erfahrungen aus der Anwendung werden in einer wissenschaftlichen Begleitforschung aufgearbeitet (Bodenmann, 2001a), außerdem liegt allgemeinverständliche Hintergrundliteratur für den psychologischen Laien vor (Bodenmann, 2001b).

Diese Bildungsprogramme bieten die Chance, gleich mehrere der aus dem Modell der Partnerschaftsentwicklung abgeleiteten Interventionsziele zu erreichen. Die Wissensvermittlung soll dazu beitragen, unrealistische Vorstellungen und Erwartungen der werdenden Eltern durch gesicherte und umfassende Kenntnisse zu ersetzen. Die soziale Kontrolle und Normierung des Verhaltens der Partner während der Paarkommunikation trägt dazu bei, destruktive Muster des Streit- und Konfliktverhaltens zu vermeiden und konstruktive Verhaltensweisen einzuüben. Der Vergleich eigener Erfahrungen mit denen anderer Paare fördert es, die Bedeutung belastender Erlebnisse zu relativieren und negatives Partnerverhalten partnerschaftsdienlich auszulegen. Außerdem liefert die Gruppe soziale Unterstützung und bietet die Gelegenheit, Kontakte zu knüpfen, die über die Gruppensitzungen hinaus gehen.

Trainingsprogramme

Einen anderen Ansatz zur Prävention von Partnerschaftsproblemen stellen Trainingsprogramme dar, in denen die konstruktive Paarkommunikation vermittelt und eingeübt wird. Die Wurzeln dieses Ansatzes liegen in der Interaktionsforschung; die Programme bauen auf den in Beobachtungsstudien gewonnenen Erkenntnissen zu den Prinzipien der sozialen Interaktion und Kommunikation auf. Bei der Vermittlung konstruktiver Problemlösekompetenzen werden verhaltens- und lerntheoretisch fundierte Methoden angewendet (z. B. Verstärkungstechniken). Passend zu ihrer engen Anlehnung an Forschungsergebnisse wird dieser Ansatz durch eine intensive und methodisch sehr anspruchsvolle Begleitforschung evaluiert.

Auch hier gehen die in Deutschland angebotenen Programme („EPL"- und „KEK"-Kurse; vgl. Hahlweg, Markman, Thurmaier, Engl & Eckert, 1998) zurück auf US-amerikanische Vorlagen (Stanley, Blumberg & Markman, 1999). Das Training wird z. Zt. in Zusammenarbeit mit der katholischen Kirche im Rahmen der Ehevorbereitung durchgeführt. Von den sechs Sitzungen dienen drei der Vermittlung und Einübung grundlegender Kommunikations- und Problemlösefertigkeiten. In den letzten drei Sitzungen werden die erlernten Fertigkeiten angewendet, wobei dann jeweils ein partnerschaftsrelevantes Thema im Mittelpunkt steht. In dem Training werden wenige, jedoch für das Gelingen der Paarkommunikation extrem wichtige Gesprächsregeln vorgestellt und praktisch eingeübt (siehe Abbildung 6.2). Die Übungen nehmen schrittweise an Komplexität zu. In den Übungen behandeln die teilnehmenden Paare ihre konkreten Partnerschaftskonflikte, sodass der Nutzen des konstruktiven Kommunikationsstils von den Paaren unmittelbar erlebt wird. Zu der amerikanischen Vorlage und auch zu dem in Deutschland angebotenen Kommunikationstraining liegt ein allgemeinverständliches Taschenbuch vor (Engl & Thurmaier, 1995; Notarius & Markman, 1996).

Regeln für den Sprechenden

1. Ich spreche von mir.
2. Ich benenne konkrete Situationen.
3. Ich beschreibe konkretes Verhalten.
4. Ich bleibe beim Thema.
5. Ich öffne mich und sage, was in mir vorgeht.

Regeln für den Zuhörenden

1. Ich zeige, dass ich zuhöre.
2. Ich fasse das Wichtigste zusammen.
3. Ich stelle Fragen nach Wünschen und Gefühlen.
4. Ich lobe das Gesprächsverhalten.
5. Ich melde zurück, welche Gefühle das Gehörte bei mir auslöst.

Abbildung 6.2:   Zehn Grundregeln der Kommunikation (nach Engl & Thurmaier, 1995)

Auch dieses präventive Kommunikationstraining kann mehrere Interventionsziele erfüllen. Im Zentrum steht, wie geschildert, die Veränderung des Kommunikationsstils, also die Vermeidung negativen Streit- und Konfliktverhaltens und die Einübung konstruktiver Handlungsalternativen. Die Klärung der Erwartungen beider Partner an ihre Beziehung wird in dem EPL-Kurs zur Ehevorbereitung bei einer der Sitzungen explizit thematisiert. Die Vorbereitung auf die gemeinsam verantwortete Elternschaft kann bei Trainingsprogrammen für werdende Eltern ebenfalls zum Thema gemacht werden. Da das Training als Gruppenprogramm durchgeführt wird, bietet es die Möglichkeit zu sozialen Vergleichen und zum Erfahrungsaustausch zwischen den Paaren.

Hiervon abzuheben sind sogenannte „Elterntrainings", in denen spezifische Rollenkompetenzen für bestimmte Entwicklungs- und Erziehungsprobleme vermittelt und praktisch eingeübt werden (z. B. Minsel & Quast, 1988) oder die Einfluss nehmen wollen auf allgemeinere Erziehungseinstellungen und Erziehungspraktiken wie z. B. das Bestrafen des Kindes (Minsel, 1984). Solche Programme können ergänzt werden durch Ratgeber, in denen die Trainingsinhalte nachzulesen sind (z. B. Perrez, Minsel & Wimmer, 1985). Die Elterntrainings zielen auf verbesserte Bewältigung der Elternrolle und können so auch der Prävention von Partnerschaftsproblemen dienen.

Eine weitere Interventionsmöglichkeit stellt die psychologische Beratung dar. Beratung kann definiert werden als „jene Form einer interventiven und präventiven helfenden Beziehung, in der ein Berater [...] auf der Grundlage anregender und stützender Methoden [...] versucht, bei einem desorientierten, inadäquat belasteten oder entlasteten Klienten einen auf kognitiv-emotionale Einsicht fundierten aktiven Lernprozess in Gang zu bringen, in dessen Verlauf seine Selbsthilfebereitschaft, seine Selbststeuerungsfähigkeit und seine Handlungskompetenz verbessert werden können" (Dietrich, 1983, S. 2). Beratung kann mit einem einzelnen Klienten oder als Paarberatung mit beiden Partnern durchgeführt werden.

Für die Beratung im Umfeld kritischer Rollen- und Entwicklungsübergänge scheint uns ein handlungstheoretisches Konzept sinnvoll (Brandtstädter & Gräser, 1985). Aufgabenstellung der Beratung ist hier, die Gestaltung der eigenen Entwicklung – und im Falle der Paarberatung die Gestaltung der *gemeinsamen* Entwicklung – zu fördern, anzuregen und zu unterstützen. Bezogen auf die konkrete Problem- oder Krisenlage lassen sich anhand eines Prozessmodells der Selbstbeobachtung und Selbstkorrektur die einzelnen Schritte der Wahrnehmung und Bewertung von Entwicklungsbedingungen und Entwicklungsaussichten, der kritischen Reflexion entwicklungsbezogener Überzeugungen und Erwartungen, die Bestimmung konkreter Entwicklungsziele und die Planung entwicklungs- und selbstregulativer Handlungen systematisieren (Brandtstädter& Gräser, 1999).

Um die Breitenwirkung zu erhöhen, können grundlegende Beratungsstrategien auch an nicht-therapeutische Berater vermittelt werden, die auf dieser Grundlage Menschen in kritischen Lebenssituationen qualifiziert helfen (Danish, D'Augelli & Laquatra, 1983). Die verfügbare deutsche Literatur zum Thema der psychologischen und psychosozialen Beratung ist kaum zu überblicken. Eine Adaptation des handlungstheoretischen Schulungsprogramms für Laienhelfer ist uns jedoch nicht bekannt.

6.3   Implementationsfragen

Allen praktischen Angeboten und Programmen zur Förderung der Partnerschaftsentwicklung sind typische Umsetzungs- und Implementationsprobleme gemein. Die wohl gravierendste Schwierigkeit betrifft die mangelnde Reichweite der Angebote. Typischerweise greifen nur solche Paare entsprechende Angebote auf, die bereits stark sensibilisiert sind für Beziehungsfragen oder die allgemein ein hohes Interesse an psychologischen Fragestellungen haben. Damit werden solche Paare eher nicht erreicht, bei denen der größte Bedarf an Wissensvermittlung, Kompetenzaufbau und Beratung vermutet werden kann.

Ein hiermit verknüpftes Problem ist das fehlende Interesse speziell von Männern an partnerschafts- oder elternschaftsthematischen Bildungs-, Trainings- und Beratungsofferten. Die vorliegenden Programme tragen möglicherweise den besonderen Bedürfnissen von Männern zu wenig Rechnung. Die Neigung vieler Männer, Konfliktgesprächen lieber aus dem Weg zu gehen, spiegelt sich in den Teilnehmerzahlen bei Veranstaltungen der Familienbildung wider. Dabei finden reine Informationsveranstaltungen u.U. mehr Anklang als aufwändige und für manchen auch abschreckende Gruppenkurse.

Bei der Planung und Durchführung von Interventionsprogrammen stellt sich immer auch die Frage der Finanzierung dieser Angebote. Während eine Geburtsvorbereitung, an der beide Partner teilnehmen können, inzwischen flächendeckend Standard ist, führt die Vorbereitung auf die erwartbaren Veränderungen der elterlichen Partnerschaft und auf die hieraus resultierenden Probleme nach wie vor ein Schattendasein. Die Kostenübernahme für die Geburtsvorbereitung ist in unserem Gesundheitssystem zumindest für die Schwangere gesichert, weiter gehende psychologische und pädagogische Angebote sind jedoch nicht vorgesehen.

Beeindruckend sind daher Programme wie das EPL-Kommunikationstraining, für deren Realisierung andere finanzielle Ressourcen erschlossen werden. Diese Kurse stoßen zudem auf eine große Nachfrage. Dementsprechend systematisch und professionell wird dort auch die Ausbildung der Trainerinnen und Trainer betrieben.

Mit Blick auf die Förderung der Familienentwicklung ist es nach unserer Auffassung unangemessen und wenig aussichtsreich, allein auf ein Interventionsmethode zu setzen. Die Vielfalt der aktuell verfügbaren Informations-, Bildungs- und Beratungsprogramme belässt den Eltern die Möglichkeit, eine für sie passende Form zu wählen. Voraussetzung hierfür ist allerdings ein breites Angebot vor Ort.

7 Familienpolitische Maßnahmen

7.1 Bewertung der verfügbaren Angebote und innovativer Modelle der Familienförderung

Wo informieren sich junge Familien über die familienpolitischen Angebote? Wie bewerten sie die verfügbaren Angebote, insbesondere die Regelungen zum Kindergeld, zum Mutterschaftsurlaub und zum Erziehungsurlaub? Welche Noten bekommen innovative Modelle, die sich durch eine größere Flexibilität und eine Stärkung der Eigenverantwortung der Familie auszeichnen?

Im Zuge des Geburtenrückgangs, der gewandelten Vorstellungen von Mutterschaft und Vaterschaft und nicht zuletzt auch in Folge der Rechtsprechung des Bundesverfassungsgerichts ist die Familienpolitik wieder stärker in den Mittelpunkt der öffentlichen Debatte gerückt. Mehr Kindergeld, weniger Sozialbeiträge, die Einführung eines Familiengehalts, ein Recht auf Teilzeitarbeit, Ausbau von Ganztagesangeboten zur Kinderbetreuung – die diskutierten Vorschläge sind mannigfaltig. Manche Vorschläge werden umgesetzt – so wurde beispielsweise das Kindergeld in den vergangenen Jahren mehrfach leicht erhöht und das Maßnahmenpaket zum Erziehungsurlaub, der seit dem 01.01.2001 Elternzeit heißt und den Eltern eine flexiblere Gestaltung ermöglichen soll, eingeführt. Die meisten Vorschläge aber werden unter Verweis auf den begrenzten Spielraum, den die knappen öffentlichen Kassen bieten, sehr schnell als nicht realisierbar abgelehnt.

Nicht selten beschleicht einen im Verlauf der politischen Diskussion der Verdacht, dass sich die Vorschläge und angebotenen Lösungen mehr an den (Familien-)Leitbildern der jeweiligen Interessengruppe oder Partei oder der öffentlichen Wirkung der Vorschläge orientieren als an den Wünschen und Bedürfnissen der eigentlichen Zielgruppe, nämlich der Familien.

Im Rahmen dieser Untersuchung bot sich die Gelegenheit, die zum Zeitpunkt der Datenerhebung verfügbaren familienpolitischen Angebote und Leistungen von den betroffenen Familien selbst bewerten zu lassen. Gegenüber anderen Umfrageergebnissen besitzen die in der LBS-Familien-Studie gewonnenen Einschätzungen und Urteile den Vorteil, dass die eigenen Erfahrungen der Familien mit den familienpolitischen Leistungen erfasst werden. Die hier vorgestellten Ergebnisse besitzen damit eine besondere Aussagekraft. Die Familienpolitik des Bundes steht im Mittelpunkt der Bewertung. Die Liste der betrachteten Angebote umfasst Regelungen zum Mutterschutz und zum Erziehungsurlaub sowie eine Reihe finanzieller Leistungen.

In den vergangenen Jahren gab es eine Reihe von Veränderungen und Neuregelungen. Daher wird im Folgenden ein kurzer Überblick über die Angebote und Regelungen gegeben, die *zum Zeitpunkt der Erhebung dieser Daten* (Herbst 1995 – Sommer 1996) gültig waren (Quellen: Bundesministerium für Familie, Senioren, Frauen und Jugend, 1994; 1997):

– *Mutterschaftsleistungen:*
  Alle werdenden Mütter, die in der gesetzlichen Krankenversicherung versichert oder mitversichert sind, haben Anspruch auf Vorsorgeuntersuchungen, ärztliche Betreuung und Hebammenhilfe, Versorgung mit Arznei-, Verband- und Heilmitteln, stationäre Entbindung, häusliche Pflege, Haushaltshilfe und Mutterschafts- oder Entbindungsgeld.
– *Mutterschutz:*
  Arbeitnehmerinnen haben Kündigungsschutz während der Schwangerschaft und bis vier Monate nach der Entbindung. Außerdem gelten besondere Mutterschutzvorschriften am Arbeitsplatz während der Schwangerschaft und der Stillzeit. Während der Schutzfristen (6 Wochen vor, in der Regel 8 Wochen nach der Entbindung) dürfen Frauen nicht beschäftigt werden.
– *Mutterschaftsgeld:*
  Während der Schutzfristen vor und nach der Entbindung erhalten Frauen Mutterschaftsgeld bzw. Entbindungsgeld.
– *Erziehungsurlaub:*
  Erwerbstätige Mütter oder Väter, die ihr neugeborenes Kind selbst betreuen und erziehen, können bis zum Ende des 3. Lebensjahres des Kindes Erziehungsurlaub nehmen. Sie können sich während dieser Zeit bis zu dreimal abwechseln.
– *Erziehungsgeld:*
  Alle Mütter oder Väter, die ihr neugeborenes Kind selbst betreuen und erziehen und nicht mehr als 19 Wochenstunden arbeiten, erhalten bis zum Ende des 2. Lebensjahres des Kindes ein Erziehungsgeld von höchstens 600 DM im Monat. Der Anspruch auf Erziehungsgeld ist einkommensabhängig. Bei Überschreiten von Einkommensgrenzen wird das Erziehungsgeld ab dem 7. Lebensmonat stufenweise gemindert. Bei hohem Einkommen entfällt es von Geburt an ganz. Im Anschluss an das Erziehungsgeld gewähren einige Bundesländer vergleichbare Leistungen.
– *Anrechnung von Kindererziehungszeiten:*
  Für Mütter und Väter wird bei Geburt des Kindes ab dem 01.01.1992 als Pflichtbeitragszeit in der Rentenversicherung gutgeschrieben: 3 Jahre Kindererziehungszeit. Demjenigen Elternteil, der Erziehungsurlaub in Anspruch nimmt, wird diese Zeit in der Arbeitslosen- und Krankenversicherung als Beitragszeit angerechnet.
– *Kindergeld:*
  Regelung bis 31.12.1995: Das Kindergeld ist nach der Zahl der Kinder gestaffelt und wird ab dem 2. Kind einkommensabhängig gezahlt (1. Kind: 70 DM monatlich; 2. Kind 130 DM monatlich; 3. Kind 220 DM monatlich; ab dem 4. Kind 240 DM monatlich).
  Regelung ab dem 01.01.1996: Das Kindergeld ist nach der Zahl der Kinder gestaffelt und wird einkommensunabhängig gezahlt (1. und 2. Kind: 200 DM monatlich; 3. Kind 300 DM monatlich; ab dem 4. Kind 350 DM monatlich).

- *Kinderfreibetrag:*
  Bei der Lohn- und Einkommenssteuer der Eltern gibt es einen steuerlichen Kinderfreibetrag. Dieser beträgt vor dem 01.01.1996 4.104 DM im Jahr je Kind, ab dem 01.01.1996 6.264 DM.
- *Freistellung von der Arbeit zur Pflege kranker Kinder:*
  Berufstätige Mütter und Väter in der gesetzlichen Krankenversicherung haben Anspruch auf Freistellung von der Arbeit zur Pflege eines kranken Kindes unter 12 Jahren (pro Jahr, Kind und Elternteil 10 Tage – bei mehreren Kinder maximal 25 Tage je Elternteil).
- *zinsgünstige Darlehen zum Wohnungs- oder Eigenheimerwerb; Baukindergeld*
- *steuerliche Vergünstigungen*
- *Kinderbetreuung und Kinderbetreuungskosten:*
  Zur Erziehung und Betreuung von Kindern in Krippen, Kindergärten und Horten haben Eltern einen finanziellen Beitrag zu leisten. Diese Elternbeiträge sind sozial gestaffelt und können vom Jugendamt ganz oder teilweise übernommen werden.

Zu einer sinnvollen Familienpolitik gehört, dass die Zielgruppe rechtzeitig und ausreichend gut über diese einzelnen Leistungen informiert wird. Die *Evaluation der Informationspolitik* war ein wesentlicher Bestandteil der Befragung zum ersten Messzeitpunkt, der im letzten Drittel der Schwangerschaft lag. Zu diesem Zeitpunkt wurden die Kenntnis der Angebote und die genutzten Informationswege erfragt. Zum dritten Erhebungstermin, der drei bis vier Monate nach der Geburt des Kindes stattfand, wurden dann zusätzlich die Erfahrungen erfasst, die die Teilnehmer mit einzelnen Angeboten und Regelungen gewonnen hatten. Hierbei konzentrierten wir uns vornehmlich auf die Regelungen und Leistungen, die in der ersten Zeit nach der Geburt zum Tragen kommen. Zusätzlich zur *Bewertung* der jeweiligen Leistungen wurden *alternative Fördermodelle* vorgestellt, die im Vergleich zur derzeitigen Regelung zu bewerten waren.

7.1.1 Informationspolitik

Die Qualität der staatlichen Informationspolitik wurde differenziert erfasst. Noch vor der Geburt des Kindes wurde der *persönliche Informationsstand* der Teilnehmer („Wie gut sind Sie über die folgenden Leistungen informiert?") sowie der *aktuelle Informationsbedarf* erhoben („Wie notwendig ist es derzeit für Sie, über die folgenden Regelungen und finanziellen Hilfen informiert zu sein?").

Informationsstand

Betrachten wir zunächst den *persönlichen Informationsstand* der Teilnehmer. Hierbei sollten die Eltern angeben, wie gut sie über eine Reihe von Leistungen informiert sind (vierfach gestufte Antwortmöglichkeiten: 0/„gar nicht (ich habe noch nie davon gehört)"; 1/„etwas (ich habe zwar davon gehört, weiß aber nichts Genaueres darüber)"; 2/„gut (ich weiß im Großen und Ganzen darüber Bescheid)"; 3/„sehr gut (ich weiß über die Leistung Bescheid und kenne die zuständige Stelle)").

Abbildung 7.1.1 zeigt, dass der Informationsstand zu den Ansprüchen der Frauen während der Schwangerschaft und unmittelbar nach der Entbindung (Mutterschaftsleistungen) sowie den berufsbezogenen Regelungen (Mutterschaftsurlaub und Mutterschaftsgeld, Kündigungsschutz, Mutterschutzvorschriften am Arbeitsplatz, Erziehungsurlaub und Erziehungsgeld) recht gut ist. Gut informiert sind sowohl die Frauen als auch die Männer über das Kindergeld. Schlechter ist der Informationsstand zu Ansprüchen, die entweder erst später wichtig werden (z.B. Anrechnung von Erziehungszeiten,

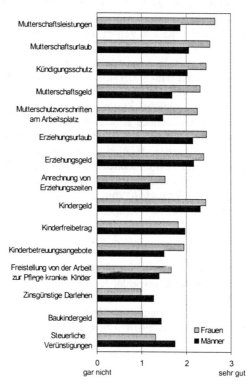

Abbildung 7.1.1: Informationsstand: „Wie gut sind Sie über die folgenden Regelungen und Leistungen informiert?" – Vergleich Frauen und Männer

Freistellung von der Arbeit zur Pflege kranker Kinder, Kinderbetreuungsangebote) oder zwar prinzipiell allen Familien offen stehen, aber nur von wenigen in Anspruch genommen werden (z.B. zinsgünstige Darlehen, Baukindergeld).

Erwartungsgemäß sind die befragten Frauen über Ansprüche und Leistungen, die ausschließlich sie selbst betreffen (Mutterschaftsleistungen) oder die nur berufstätigen Frauen offen stehen (Mutterschaftsurlaub, Kündigungsschutz, Mutterschutzvorschriften am Arbeitsplatz, Mutterschaftsgeld), besser informiert als ihre Partner. Der Informationsstand der Frauen ist in diesem Bereich recht gut. Frauen sind aber auch etwas besser über Leistungen informiert, die zwar prinzipiell beiden Eltern offen stehen, aber in erster Linie von Frauen genutzt werden (Erziehungsurlaub, Erziehungsgeld, Anrechnung von Erziehungszeiten, Freistellung von der Arbeit zur Pflege kranker Kinder)

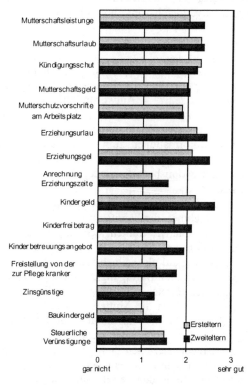

Abbildung 7.1.2: Informationsstand: „Wie gut sind Sie über die folgenden Regelungen und Leistungen informiert?" – Vergleich Ersteltern und Zweiteltern

bzw. typischerweise in ihren Aufgabenbereich fallen (Kinderbetreuungsangebote). Ein Informationsvorsprung der Männer zeigt sich bei steuerlichen und finanziellen Angeboten (Kinderfreibetrag, zinsgünstige Darlehen, Baukindergeld, steuerliche Vergünstigungen).

Ein Vergleich von Erst- und Zweiteltern (Abbildung 7.1.2) zeigt, dass Zweiteltern gegenüber (werdenden) Ersteltern einen Informationsvorsprung verzeichnen. Dieser betrifft in erster Linie Leistungen, die erst nach der Geburt wichtig werden (Erziehungsurlaub, Erziehungsgeld, Kindergeld, Kinderfreibetrag, Kinderbetreuungsangebote, Freistellung von der Arbeit zur Pflege kranker Kinder, Anrechnung von Erziehungszeiten), aber auch finanzielle Leistungen (zinsgünstige Darlehen, Baukindergeld).

Der allgemeine Informationsstand der (werdenden) Eltern steht nicht im Zusammenhang mit ihrem Bildungsgrad. Personen mit hohem Bildungsabschluss wissen also nicht besser über die Leistungen Bescheid als Personen mit niedrigerem Bildungsabschluss. Allerdings zeichnet sich unsere Stichprobe durch ein insgesamt vergleichsweise hohes Bildungsniveau aus.

Deckung des Informationsbedarfs

Aus der Differenz von *Informationsstand* und *Informationsbedarf* („Wie notwendig ist es *derzeit* für Sie, über die folgenden Regelungen und finanziellen Hilfen informiert zu sein?" – Antwortmöglichkeiten von 0/„(noch) nicht notwendig" bis 3/„dringend erforderlich") lässt sich der Grad der *Bedarfsdeckung* berechnen. Positive Werte zeigen an, dass die Befragten gut informiert sind, obwohl Informationen zum betreffenden Angebot aktuell nicht dringend notwendig erscheinen. Werte um Null geben eine ausreichende Deckung des Informationsbedarfs wieder. Negative Werte verweisen auf Informationsdefizite.

Ein Vergleich von Erst- und Zweiteltern zeigt einen generellen Informationsvorsprung jener Teilnehmer, die bereits ein oder mehrere Kinder haben (Abbildung 7.1.3). Die Zweiteltern fühlen sich in den meisten Bereichen (mehr als) ausreichend informiert. Sie weisen fast durchgehend einen höheren Grad der Bedarfsdeckung auf als Teilnehmer, die ihr erstes Kind erwarten. Diese Paare zeigen zum ersten Befragungszeitpunkt, also gegen Ende der Schwangerschaft, in etlichen Bereichen Informationsdefizite.

Zu diesen Bereichen gehören die Mutterschaftsleistungen, das Mutterschaftsgeld, das Erziehungsgeld, die Anrechnung von Erziehungszeiten, das Kindergeld und der Kinderfreibetrag sowie steuerliche Vergünstigungen. Es bestehen jedoch Unterschiede zwischen den Bereichen in Hinblick auf die Art der Defizite. Dies wird deutlich, wenn wir den Informationsstand *der* Personen näher betrachten, die in den betreffenden Bereichen *Informationsdefizite* aufweisen (bei denen die Differenz aus Informationsstand und Informationsbedarf also negative Werte annimmt).

Im Hinblick auf die *Mutterschaftsleistungen* bestehen die Informationsdefizite der werdenden Mütter – als primär Betroffene – darin, dass sie die zuständigen Stellen nicht kennen. Über die Leistungen als solche wissen sie jedoch im Großen und Ganzen Bescheid. Beim *Mutterschaftsgeld* wird zusätzlich ein Mangel an Informationen über die Leistung selbst offensichtlich, das Hauptproblem liegt jedoch auch hier in der Unkenntnis der zuständigen Stellen. 26 Prozent der werdenden Mütter mit Informationsdefiziten geben an, zwar schon etwas davon gehört zu haben, jedoch nichts Genaueres zu wissen (kreuzen die „1" an). 74 Prozent kreuzen die „2" an, sind also über die Leistung informiert, ohne die zuständige Stelle zu kennen. Für das *Erziehungsgeld* erhalten wir ähnliche Ergebnisse: Bei einem Drittel der Erstmütter bestehen die wahrgenommenen Informationsdefizite in einem Mangel an Informationen über die Leistung selbst (bei den Erstvätern beträgt der Anteil immerhin knapp 40 Prozent). Beim *Kindergeld* sind die Zahlen sogar noch

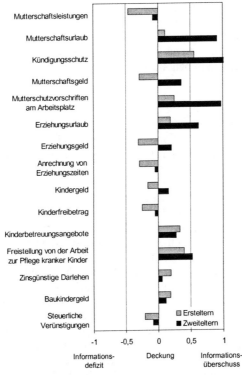

Abbildung 7.1.3: Deckung des Informationsbedarfs von Ersteltern und Zweiteltern

etwas höher: Hier geben 41 Prozent der Frauen und 45 Prozent der Männer mit Informationsdefiziten an, nichts Genaueres darüber zu wissen, während die restlichen 59 bzw. 55 Prozent über die Leistung als solche informiert sind, aber die zuständige Stelle nicht kennen. Im Hinblick auf den *Kinderfreibetrag* bestehen die wahrgenommenen Informationsdefizite in 67 (Frauen) bzw. 61 Prozent (Männer) der Fälle in einer mangelnden Information über die Regelung selbst. Was die *Anrechnung von Erziehungszeiten* angeht, geben rund 90 Prozent der werdenden Mütter und Väter mit Informationsdefiziten an, nur vage Vorstellungen von dieser Regelung zu haben oder noch nie davon gehört zu haben.

Interessanterweise finden wir für Männer einen Zusammenhang zwischen dem Grad der Deckung ihres Informationsbedarfs und ihrem Bildungsgrad. Überraschenderweise nehmen die wahrgenommenen Informationsdefizite jedoch mit wachsendem Bildungsgrad leicht *zu* ($r=.22$, $p<.01$). Männer mit hohem Bildungsabschluss fühlen sich zwar nicht schlechter informiert als Männer mit niedrigerem Bildungsabschluss. Sie haben vielmehr einen höheren Informations*bedarf* als diese.

Zusammengenommen indizieren unsere Ergebnisse nicht nur einen Handlungsbedarf für die staatliche Informationspolitik. Sie liefern außerdem Hinweise darauf, welche Art von Informationen zu welchen Regelungen und Leistungen werdende Eltern benötigen.

Informationsquellen

Für die Planung und Verbesserung der staatlichen Informationspolitik ist außerdem notwendig zu wissen, *wo* sich die werdenden Eltern über die einzelnen Hilfsangebote informieren. Um die *Informationsquellen* zu erfassen, wurde den Eltern eine Liste von Personen (z.B. Eltern oder Schwiegereltern, Freunde oder Bekannte, Arzt oder Hebamme) und Institutionen (z.B. Ämter und Behörden, Arbeitgeber) vorgelegt. Die teilnehmenden Männer und Frauen sollten für jede Leistung bzw. Regelung angeben, bei welchen der genannten Personen und Institutionen sie sich darüber informiert hatten.

Da die gesetzlich geregelten Ansprüche, die schwangere Frauen am Arbeitsplatz einfordern können (Kündigungsschutz, Mutterschutzvorschriften am Arbeitsplatz, Mutterschaftsurlaub und Mutterschaftsgeld) nur bei Berufstätigkeit der Frau genutzt werden können, betrachten wir hier die Angaben der Frauen, die beim Eintritt der Schwangerschaft tatsächlich berufstätig waren (Abbildung 7.1.4). Am häufigsten, nämlich von 70 Prozent der Frauen, werden Informationen zu den genannten Leistungen beim Arbeitgeber nachgesucht. Eine zweite, sehr häufig genutzte Informationsquelle sind die Medien. Ämter und Behörden kommen an dritter Stelle. Sonstige Informationsquellen (genannt wurden Krankenkassen, Broschüren, Bücher, Informations-

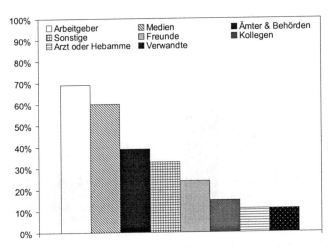

Abbildung 7.1.4: Informationspolitik: „Wo haben Sie sich über die *berufsbezogenen* Leistungen informiert?" (Angaben der Frauen)

veranstaltungen) werden immerhin noch von jeder dritten Frau genutzt. Von den Kollegen, vom Arzt oder von der Hebamme oder von Verwandten werden Informationen zu den berufsbezogenen Leistungen und Regelungen hingegen nur selten erfragt.

Wie bereits dargestellt, sind die Männer etwas besser informiert über die finanziellen Leistungen des Bundes (Kindergeld, Kinderfreibetrag, Anrechnung von Erziehungszeiten, steuerliche Vergünstigungen, Baukindergeld, zinsgünstige Darlehen) als die Frauen. Abbildung 7.1.5 zeigt, dass bei der Informationsgewinnung der Männer die Medien mit 75 Prozent die eindeutig größte Rolle spielen, gefolgt von Ämtern und Behörden (53 Prozent) sowie Freunden (35 Prozent) und dem Arbeitgeber (29 Prozent). Jeder vierte Mann erhält Informationen zu diesen Leistungen von Kollegen, Verwandten oder aus sonstigen Quellen (Steuerberater, Ehefrau, Literatur).

7.1.2 Mutterschutz und Mutterschaftsurlaub

Vier Monate nach der Geburt ihres Kindes wurden die Eltern gebeten, die derzeit geltenden Regelungen zum Mutterschutz und Mutterschaftsurlaub zu bewerten. Die Frage lautete: „Wenn Sie Ihre persönlichen Erfahrungen mit den Regelungen zum Mutterschutz betrachten: Wie bewerten Sie diese Regelungen?" Die Antwortskala war sechsfach abgestuft und reichte von „völlig unzureichend (1)" bis „völlig ausreichend (6)". Im Folgenden konzentrie-

493

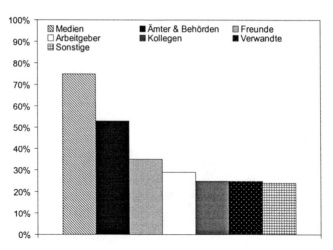

Abbildung 7.1.5: Informationspolitik: „Wo haben Sie sich über die *finanziellen* Leistungen informiert?" (Angaben der Männer)

ren wir uns auf die Frauen, die zum ersten Messzeitpunkt, also während der Schwangerschaft mit dem Zielkind *berufstätig* waren.

Tabelle 7.1.1 zeigt die durchschnittlichen Beurteilungen der betrachteten Regelungen sowie die Häufigkeiten, mit der die einzelnen Bewertungen abgegeben wurden. Insgesamt werden die Regelungen im Durchschnitt als eher ausreichend beurteilt.

Die Bewertung der Regelungen steht im Zusammenhang mit den Erfahrungen der Frau während der Schwangerschaft. So bewerten Mütter den *Mutterschaftsurlaub* als umso unzureichender, je mehr sie im letzten Drittel ihrer Schwangerschaft unter *körperlichen Beschwerden* (z.B. Atembeschwerden, Erschöpfung, Schlafstörungen, Appetitlosigkeit) gelitten hatten (r=-.27, p<.05). Frauen, die große *Angst* vor der anstehenden Geburt hatten (Angst vor Kontrollverlust; Angst vor Eingriffen am eigenen Körper und vor Ärzten; Angst vor dem Beginn der Geburt; Angst vor Spritzen), beurteilen die Regelungen zur *Befreiung von gesundheitsschädigenden oder beschwerlichen Tätigkeiten* (r=-.28, p<.05) häufiger als nicht ausreichend. Offensichtlich wünschen bzw. benötigen Frauen, die sich in hohem Maße um die eigene Gesundheit und um das Wohlbefinden des Kindes sorgen, einen besseren Schutz im Berufsalltag. Gleiches gilt für Frauen, deren Berufsarbeit durch *unregelmäßige Arbeitszeiten* gekennzeichnet wird. Auch diese beurteilen die Regelungen zur *Befreiung von gesundheitsschädigenden oder beschwerlichen Tätigkeiten* als unzureichend (r=-.26, p<.05). Die Beurteilung des *Kündigungsschutzes* steht im Zusammenhang mit der wahrgenommenen *Krisenfe-*

Tabelle 7.1.1: Bewertung der Regelungen zum Mutterschutz und Mutterschaftsurlaub durch berufstätige Frauen: Mittelwerte und Häufigkeiten (Prozentangaben)

	M^a	Häufigkeiten [b]		
		(„unzureichend")		(„ausreichend")
		1-2	3-4	5-6
Mutterschaftsurlaub	4.23	18.1	41.3	51.6
Mutterschaftsgeld	4.71	12.2	19.5	68.3
Befreiung von gesundheits-schädigenden Tätigkeiten	4.57	4.1	40.5	55.4
Befreiung von Nachtarbeit	5.01	1.4	27.8	70.8
Anrecht auf Pausen zum Stillen	3.81	27.5	30.5	42.0
Kündigungsschutz	4.43	8.1	37.8	54.1

Anmerkungen: N=69-83; M^a: Mittelwert, sechsstufige Antwortskala von „völlig unzureichend (1)" bis „völlig ausreichend (6)", [b]: prozentualer Anteil der Teilnehmerinnen, die die entsprechende Kategorie ankreuzen, wobei jeweils zwei Kategorien zusammengefasst wurden

stigkeit des eigenen Berufs (*r*=.25, *p*<.05). Frauen, die ihren Beruf als krisenfest und sicher einschätzen, halten auch die Regelungen zum Kündigungsschutz für ausreichend. Ist der Berufsalltag der werdenden Mutter durch Konkurrenzdruck geprägt und muss sie sich Sorgen um ihre zukünftige berufliche Existenz machen, erscheint ihr der gesetzlich gewährleistete Kündigungsschutz eher nicht ausreichend.

Zusammenfassend lässt sich festhalten, dass berufstätige werdende Mütter die Regelungen zum Mutterschutz im Allgemeinen als einigermaßen ausreichend bewerten. Bei spezifischen Problemlagen, wie einer körperlich sehr beschwerlichen Schwangerschaft, großen Ängsten im Zusammenhang mit der Geburt oder berufsbezogenen Besonderheiten (unregelmäßige Arbeitszeiten, hoher Konkurrenzdruck) fühlt sich die (werdende) Mutter jedoch häufig nicht ausreichend geschützt.

Vergleichende Bewertung innovativer Modelle zum Mutterschaftsurlaub

Weiterhin wurde der Frage nachgegangen, wie die derzeitig gültige Regelung zum Mutterschaftsurlaub im Vergleich zu innovativen Modellen, die sich durch eine größere Flexibilität auszeichnen, bewertet wird. Hierzu wurden die geltende Regelung sowie zwei alternative Modelle anhand von Beispielgeschichten jeweils kurz erläutert und graphisch veranschaulicht.

Die *geltende Regelung* zum Mutterschaftsurlaub sieht vor, dass erwerbstätige Frauen sechs Wochen vor dem Entbindungstermin in Urlaub gehen. Der Mutterschaftsurlaub dauert im Normalfall bis acht Wochen nach der

Geburt. Das *Alternativmodell A* entspricht einer Regelung mit einer festgelegten Kernzeit und einer frei einteilbaren Urlaubszeit. Demnach muss die Schwangere spätestens vier Wochen vor dem Termin die Berufstätigkeit unterbrechen und darf frühestens vier Wochen nach der Entbindung wieder in den Beruf zurückkehren. Weitere sechs Wochen Mutterschaftsurlaub kann sie frei einteilen, z.b. zwei Wochen vorne ansetzen und vier Wochen hinten anhängen. Insgesamt stehen ebenso wie bei der geltenden Regelung insgesamt 14 Wochen Mutterschaftsurlaub zur Verfügung. Auch *Alternativmodell B* sieht 14 Wochen Mutterschaftsurlaub vor. Dieser ist im Gegensatz zu Modell A jedoch völlig frei einteilbar. Die neu entwickelten Alternativmodelle ermöglichen es den Frauen somit in stärkerem Maße, den Mutterschaftsurlaub auf ihre konkrete Situation (z.b. Ausmaß von Schwangerschaftsbeschwerden, eigene Verfassung nach der Entbindung, Verfügbarkeit von helfenden Personen im Haushalt) zuzuschneiden.

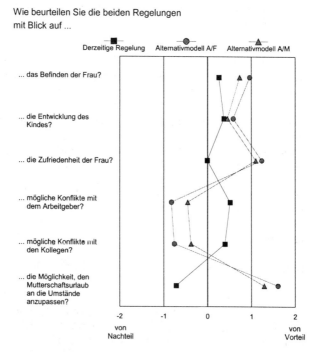

Abbildung 7.1.6: Vergleichende Bewertung der zum Befragungszeitpunkt geltenden Regelung zum Mutterschaftsurlaub und des *Alternativmodells A* (F: Frauen; M: Männer)

Zur Beurteilung der Modelle waren eine Reihe von Bewertungskriterien vorgegeben. Bei den Einschätzungen zur geltenden Regelung unterscheiden sich Männer und Frauen nicht. Bei den Urteilen zu beiden Alternativmodellen sind jedoch leichte Unterschiede zwischen den Geschlechtern festzustellen. Daher werden die Urteile zur geltenden Regelung zusammengefasst und die Einschätzungen zu den Alternativmodellen für Männer und Frauen getrennt dargestellt. Bei weitgehend identischen Bewertungsmustern weisen die Urteile der Männer zu den Alternativmodellen eine „Tendenz zur Mitte" auf. D.h. die Männer schätzen sowohl die Vorteile als auch die Nachteile der Alternativmodelle im Vergleich zu den Frauen als weniger gravierend ein.

Verglichen mit der *derzeitigen Regelung* wird vom *Alternativmodell A* mit eingeschränkter Flexibilität eine größere Zufriedenheit und ein besseres Befinden der Frau erwartet. Das Alternativmodell birgt nach Einschätzung der Teilnehmer jedoch ein größeres Konfliktpotential in sich: Konflikte mit Arbeitgeber und Kollegen werden als mögliche Nachteile gesehen. Als deutlicher Vorteil wird gewertet, dass der Mutterschaftsurlaub besser an die konkreten Lebensumstände angepasst werden kann (Abbildung 7.1.6).

Die wahrgenommenen Vorteile des *Alternativmodells B* (mit völlig frei einteilbarer Urlaubszeit) gleichen sehr stark denen des ersten Alternativmodells A. Die absehbaren Nachteile (Konflikte mit Arbeitgeber und Kollegen) werden jedoch noch etwas stärker herausgestellt (Abbildung 7.1.7).

Bei der Beurteilung der Alternativmodelle treten keine Unterschiede auf zwischen Frauen, die während der Schwangerschaft berufstätig waren, und solchen, die während dieser Zeit keiner bezahlten Erwerbsarbeit nachgingen. Erfahrungen mit dem geltenden Modell führen jedoch zu einer insgesamt wohlwollenderen Beurteilung der Regelung. (Ursprünglich) berufstätige Frauen sehen prinzipiell die gleichen Vor- und Nachteile wie nicht berufstätige Frauen. Sie schätzen jedoch die negativen Aspekte etwas weniger negativ und die positiven Aspekte etwas positiver ein.

Zusätzlich zu diesen Einschätzungen wurden Präferenzurteile erbeten. Die Teilnehmer sollten angeben, welche Regelung sie persönlich vorziehen würden. 43 Prozent der Mütter und 39 Prozent der Väter bevorzugen das Modell mit völliger Flexibilität (Modell B); 36 Prozent der Mütter und 33 Prozent der Väter wählen das Modell mit festgelegter Kernzeit und zusätzlicher flexibler Zeit (Modell A). Nur 21 Prozent der Mütter und 28 Prozent der Väter sprechen sich für die derzeit geltende Regelung zum Mutterschaftsurlaub aus. Auch hier zeigt sich wieder, dass die Erfahrungen mit dem geltenden Modell dessen Vorzüge ins Blickfeld rücken: Während sich von den (ursprünglich) berufstätigen Frauen immerhin 24 Prozent für das geltenden Modell aussprechen, sind es bei den nicht berufstätigen nur 12 Prozent. Diese Zahlen sollen jedoch nicht darüber hinwegtäuschen, dass sich auch die berufstätigen Teilnehmerinnen in der Mehrzahl für die Modelle mit größerer Flexibilität aussprechen (Modell A: 36 Prozent, Modell B: 41 Prozent).

Wie beurteilen Sie die beiden Regelungen
mit Blick auf ...

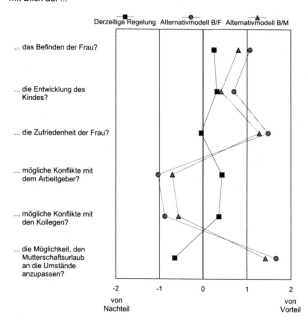

Abbildung 7.1.7: Vergleichende Bewertung der zum Befragungszeitpunkt
geltenden Regelung zum Mutterschaftsurlaub und des *Alternativmodells B* (F: Frauen; M: Männer)

7.1.3   Erziehungsurlaub und Erziehungsgeld

Vier Monate nach der Geburt wurde von den Teilnehmern außerdem eine
Bewertung der zu diesem Zeitpunkt geltenden Regelungen zum Erziehungsurlaub und Erziehungsgeld erfragt. Zunächst sollten die Mütter und Väter
eine Bewertung der einzelnen Aspekte (Dauer des Erziehungsurlaubes, Höhe
des Erziehungsgeldes, zulässige wöchentliche Arbeitszeit, Einkommensabhängigkeit des Erziehungsgeldes, Höhe der Einkommensgrenze) vornehmen.
Die Frage lautete: „Wenn Sie die Regelungen zum Erziehungsurlaub und
Erziehungsgeld betrachten: Wie bewerten Sie die Regelungen?" Abbildung
7.1.8 gibt einen Überblick über die Urteile der Mütter und Väter.

Die *Dauer* des Erziehungsurlaubes von drei Jahren und die dabei
zulässige Wochenarbeitszeit von 19 Stunden wird (im Mittel) von den Eltern
als eher ausreichend beurteilt. Weniger günstig fallen die Urteile zu den
finanziellen Aspekten aus. Während die teilnehmenden Eltern dem Umstand,

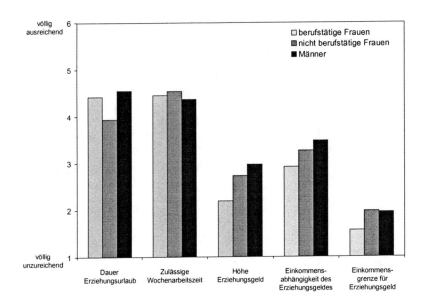

Abbildung 7.1.8 : Bewertung der Regelungen zum Erziehungsurlaub und zum Erziehungsgeld

dass das Erziehungsgeld *einkommensabhängig* ist, im Durchschnitt noch neutral gegenüber stehen, wird die *Höhe* des Erziehungsgeldes (maximal 600 DM) als eher unzureichend eingestuft. Die zum Untersuchungszeitraum gültige *Einkommensgrenze* für das Erziehungsgeld erhält die negativsten Bewertungen. Sie wird von der Mehrzahl der Teilnehmer als unzureichend eingestuft.

Die Urteile der Mütter fallen – mit Ausnahme der während des Erziehungsurlaubes zulässigen Wochenarbeitszeit – im Mittel signifikant negativer aus als die der Väter. Dies überrascht kaum. Zwar haben im Allgemeinen beide Partner die finanziellen Konsequenzen der Regelungen zum Erziehungsgeld zu tragen. Das Erziehungsgeld stellt aber in erster Linie eine Entlohnung der Erziehungsarbeit der Frau dar. Schließlich wird der Erziehungsurlaub fast ausnahmslos von den Müttern in Anspruch genommen. Lediglich bei zwei Prozent der teilnehmenden Paare geht der Vater in Erziehungsurlaub. Zur generellen Unzufriedenheit über die unzureichende Unterstützung von Seiten des Staates wird bei den Frauen vermutlich Unmut über die mangelnde finanzielle Wertschätzung ihrer Rolle als Mutter und Erzieherin hinzukommen. Dies scheint in besonderem Maße für die Mütter zu gelten, die während der Schwangerschaft mit dem Zielkind berufstätig waren und über ein eigenes Einkommen verfügten. Sie sind tendenziell unzufriedener über die finanziellen Regelungen zum Erziehungsgeld als die Mütter, die während dieser Schwangerschaft nicht berufstätig waren. Bei den Einschätzungen zur Dauer des Erziehungsurlaubes und der zulässigen wöchentlichen Arbeitszeit unterscheiden sich die beiden Gruppen nicht. Während sich die Mütter, die schon seit längerem über kein eigenes Einkommen aus Berufsarbeit verfügen, vermutlich schon ein Stück weit mit der geringen finanziellen Wertschätzung ihrer Rolle abgefunden haben, weckt der finanzielle Kontrast bei den vorher berufstätigen Frauen in besonderem Maße Unmut über die staatliche Politik. Auf die Urteile ihrer Partner hat die bisherige Berufstätigkeit der Frau jedoch keinen Einfluss. Deswegen sind ihre Angaben in Abbildung 7.1.8 zusammengefasst dargestellt.

Vergleichende Bewertung innovativer Modelle zum Erziehungsurlaub

Anschließend wurden die Teilnehmer aufgefordert, die geltende Regelung zum Erziehungsurlaub im Vergleich mit zwei Alternativmodellen zu beurteilen. Beide Alternativmodelle zielen wiederum auf eine Flexibilisierung ab, die es den Familien ermöglichen soll, den Erziehungsurlaub stärker an die spezifischen Lebensumstände der Familie anzupassen. Sie beide weisen Aspekte der seit dem 01.01.2001 geltenden Regelung zur Elternzeit auf.

Das geltende Modell sowie die Alternativmodelle wurden in Beispielgeschichten vorgestellt und sollten vergleichend anhand einer Reihe von Kriterien (z.B. Vereinbarkeit von Familie und Beruf; Karrieremöglichkeiten von Mann und Frau; Entwicklung des Kindes; Konfliktpotential in der Partnerschaft) bewertet werden. Nach der *zum Erhebungszeitpunkt* (Frühjahr/ Sommer 1996) *geltenden Regelung* können erwerbstätige Mütter oder Väter, die ihr Kind selbst betreuen, bis zum dritten Lebensjahr des Kindes Erziehungsurlaub nehmen. Sie können sich dabei bis zu dreimal abwechseln. Das von uns entworfene *Alternativmodell A* sieht ebenfalls einen Anspruch auf maximal drei Jahre Erziehungsurlaub vor. Hier kann der Erziehungsurlaub jedoch in mehreren Abschnitten genommen werden, und zwar bis zum Ende des siebten Lebensjahres des Kindes. So kann ein Elternteil beispielsweise die Berufstätigkeit unterbrechen, wenn das Kind eingeschult wird. Ebenso wie bei der Bewertung der Regelungen zum Mutterschaftsurlaub unterscheiden sich Frauen und Männer nicht bei der Bewertung der *geltenden* Regelung, aber bei der Bewertung der *Alternativ*modelle. Daher werden die Urteile zur geltenden Regelung für beide Geschlechter zusammengefasst dargestellt. Die Darstellung der Einschätzungen zu den Alternativmodellen erfolgt für Männer und Frauen getrennt. An der derzeit gültigen Regelung (vgl. Abbildung 7.1.9) zum Erziehungsurlaub wird bemängelt, dass sie die Karrieremöglichkeiten der Frau begrenzt und die Möglichkeit, den Erziehungsurlaub an die Umstände anzupassen, einschränkt.

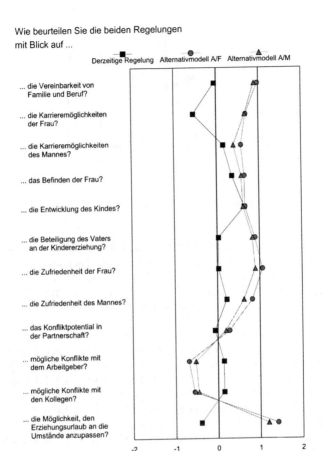

Wie beurteilen Sie die beiden Regelungen
mit Blick auf ...

■ Derzeitige Regelung   ● Alternativmodell A/F   ▲ Alternativmodell A/M

... die Vereinbarkeit von
Familie und Beruf?

... die Karrieremöglichkeiten
der Frau?

... die Karrieremöglichkeiten
des Mannes?

... das Befinden der Frau?

... die Entwicklung des Kindes?

... die Beteiligung des Vaters
an der Kindererziehung?

... die Zufriedenheit der Frau?

... die Zufriedenheit des Mannes?

... das Konfliktpotential in
der Partnerschaft?

... mögliche Konflikte mit
dem Arbeitgeber?

... mögliche Konflikte mit
den Kollegen?

... die Möglichkeit, den
Erziehungsurlaub an die
Umstände anzupassen?

-2   -1   0   1   2
von   von
Nachteil   Vorteil

Abbildung 7.1.9: Vergleichende Bewertung der zum Befragungszeitpunkt
geltenden Regelung zum Erziehungsurlaub und des *Alternativmodells A* (Frauen: F; Männer: M)

Als eher vorteilhaft wird die Regelung im Hinblick auf die Entwicklung des
Kindes und das Befinden der Frau gesehen. Klare Vorteile des *Alternativmodells A*, also einer Ausweitung des disponiblen Zeitraums auf sieben Jahre,
sehen die Teilnehmer mit Blick auf die Vereinbarkeit von Familie und Beruf,
die Karrieremöglichkeiten der Frau, die Beteiligung des Vaters an der Kindererziehung und die Zufriedenheit der Frau. Auch sehen die Befragten in
dem Alternativmodell bessere Möglichkeiten, den Erziehungsurlaub an die

501

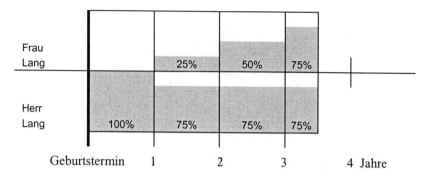

Frau Lang		25%	50%	75%
Herr Lang	100%	75%	75%	75%

Geburtstermin   1   2   3   4 Jahre

Abbildung 7.1.10: Beispiel für das *Alternativmodell B*: Familie Lang

konkrete Situation anzupassen. Mit Blick auf die Entwicklung des Kindes stellt das Alternativmodell weder eine Verbesserung noch eine Verschlechterung gegenüber dem derzeit gültigen Modell dar. Kritisch beurteilen die Befragten die Verträglichkeit eines auf sieben Jahre verlängerten Dispositionszeitraums mit den Ansprüchen und Interessen von Arbeitgebern und Kollegen.

Das *Alternativmodell B* entspricht einer Regelung mit „Zeitkonten": Mutter und Vater haben Anspruch auf insgesamt drei Jahre Erziehungsurlaub. Sie können den Erziehungsurlaub jedoch in Form von reduzierter Arbeitszeit nehmen. Wenn anstelle des Vollzeiturlaubs (100%) nur ein bestimmter Anteil von dem Zeitkonto genutzt wird, verlängert sich der Urlaubsanspruch entsprechend. Dieses Modell wurde anhand des folgenden Beispiels vorgestellt (vgl. Abbildung 7.1.10):.

Frau Lang nimmt nach der Geburt des Kindes ein Jahr Vollzeiturlaub, ihr Mann arbeitet währenddessen voll. Ab dem zweiten Jahr arbeitet Herr Lang nur noch zu 75% und Frau Lang steigert stufenweise ihre Arbeitszeit auf 75%. Nach dreieinhalb Jahren hat das Ehepaar Lang seinen Erziehungsurlaub aufgebraucht.

Auch dieses Zeitkontenmodell wird besser bewertet als die derzeitige Regelung (Abbildung 7.1.11). Das Bewertungsprofil für Modell B gleicht dabei dem Profil für das erste Alternativmodell (Modell A), die Vorteile fallen jedoch noch stärker aus und die erwarteten Nachteile (Konflikte mit Arbeitgeber und Kollegen) sind etwas geringer.

Insgesamt zeigen sich bei der Bewertung der Erziehungsurlaub-Modelle keine grundsätzlichen Unterschiede zwischen Müttern und Vätern. Die Mütter vertreten – ebenso wie beim Mutterschaftsurlaub – bei der Einschätzung der Alternativmodelle wiederum etwas prägnantere Positionen. Sie sehen sowohl etwas deutlichere Vorteile als auch gravierendere Nachteile der Alternativmodelle als die Väter. Es deuten sich jedoch Gruppeneffekte an: Müt-

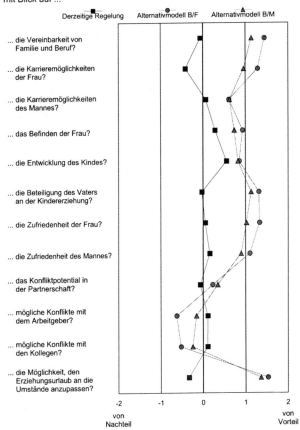

Wie beurteilen Sie die beiden Regelungen
mit Blick auf ...

Derzeitige Regelung   Alternativmodell B/F   Alternativmodell B/M

... die Vereinbarkeit von
Familie und Beruf?

... die Karrieremöglichkeiten
der Frau?

... die Karrieremöglichkeiten
des Mannes?

... das Befinden der Frau?

... die Entwicklung des Kindes?

... die Beteiligung des Vaters
an der Kindererziehung?

... die Zufriedenheit der Frau?

... die Zufriedenheit des Mannes?

... das Konfliktpotential in
der Partnerschaft?

... mögliche Konflikte mit
dem Arbeitgeber?

... mögliche Konflikte mit
den Kollegen?

... die Möglichkeit, den
Erziehungsurlaub an die
Umstände anzupassen?

-2   -1   0   1   2
von   von
Nachteil   Vorteil

Abbildung 7.1.11: Vergleichende Bewertung der zum Befragungszeitpunkt
geltenden Regelung zum Erziehungsurlaub und des *Alternativmodells B* (Frauen: F; Männer: M)

ter, die zu Beginn der Studie ihr zweites oder drittes Kind bekommen haben,
sehen im Vergleich zu den erstmaligen Müttern tendenziell mehr Nachteile
und weniger Vorteile der geltenden Regelung. Vermutlich lässt die mehrjährige Erfahrung der Zweitmütter mit dem Familienalltag die Beschränkungen
der geltenden Regelung noch deutlicher hervortreten. Bei der Bewertung der
Alternativmodelle ist ein solcher Gruppeneffekt nicht zu beobachten. Bei den
Vätern scheinen die Erfahrungen mit dem Familienalltag hingegen in erster

503

Linie den Optimismus in Bezug auf die flexibleren Alternativmodelle zu dämpfen. Sie schätzen die Vorteile beider Alternativmodelle deutlich geringer ein als die erstmaligen Väter. Aber auch sie bewerten die Alternativmodelle positiver als die geltende Regelung.

Zusammengefasst zeigen die Ergebnisse recht klar die erwarteten Vorteile eines Zeitkontenmodells. Doch auch die Ausweitung des verfügbaren Zeitraums, in dem der Erziehungsurlaub genommen werden kann, wäre aus der Sicht der Betroffenen eine deutliche Verbesserung. Auf die Frage, welche der drei geschilderten Regelungen sie selbst bevorzugen, sprechen sich 72 Prozent der Mütter und 68 Prozent der Väter für das Zeitkontenmodell (Modell B) aus. 17 Prozent der Mütter und 13 Prozent der Väter präferieren eine Ausweitung des disponiblen Zeitraums auf sieben Jahre (Modell A). Nur 11 Prozent der Mütter und 19 Prozent der Väter bevorzugen die jetzige Regelung. Ersteltern und Zweit- oder Dritteltern unterscheiden sich hierin nicht.

Aus unseren Ergebnissen lässt sich ableiten, dass die seit dem 01.01.2001 geltende Regelung zur Elternzeit den Wünschen der Eltern stärker entgegenkommt als die bis dahin praktizierte Erziehungsurlaub-Regelung. Zwar stimmt die Elternzeit-Regelung mit keinem der von uns vorgestellten Alternativmodelle völlig überein. Sie weist jedoch mehrere Aspekte der von uns präsentierten Modelle auf. In Übereinstimmung mit Modell B können seit Anfang 2001 beide Eltern gleichzeitig Elternzeit nehmen und dabei in reduziertem Umfang einer Berufstätigkeit nachgehen. Ebenso wie in Modell A vorgesehen, kann zumindest ein Teil der Elternzeit auch später noch (nämlich zwischen dem 3. und dem 8. Lebensjahr des Kindes) in Anspruch genommen werden.

7.1.4 Kindergeld

Schließlich wurden die Teilnehmer gebeten, die Regelungen zum Kindergeld bzw. Kinderfreibetrag zu *bewerten*. Für die Bewertung dieser Leistungen wurde wiederum eine sechsstufige Antwortskala (von „völlig unzureichend (1)" bis „durchaus ausreichend (6)") vorgegeben. Zum Zeitpunkt der Befragung betrug das monatliche Kindergeld für das erste und zweite Kind jeweils 200 Mark, für das dritte Kind 300 Mark und vom vierten Kind an 350 Mark. Der Kinderfreibetrag belief sich zu diesem Zeitpunkt auf 6.264 Mark pro Jahr und Kind. Im Anschluss an die Bewertung der Leistungen sollten die Teilnehmer *eigene Gestaltungsvorschläge* abgeben

Mütter und Väter sind gleichermaßen unzufrieden über die Höhe des Kindergeldes (Mittelwert: 2.72) und über die Höhe des Kinderfreibetrages (Mittelwert: 2.71). Beide Leistungen werden als unzureichend eingestuft. Erstmalige Eltern unterscheiden sich in ihrem Urteil nicht von Eltern, die bereits ein oder zwei Kinder haben und somit über Erfahrungen mit den fi-

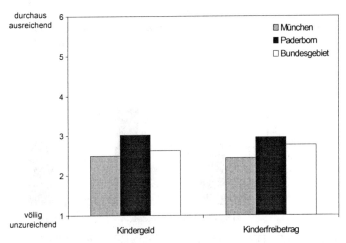

Abbildung 7.1.12: Die Bewertung des Kindergeldes und des Kinderfreibetrags: Regionale Unterschiede

nanziellen Kosten, die Kinder verursachen, verfügen. Bei der Urteilsbildung
spielen jedoch die in der Region üblichen Lebenshaltungskosten eine Rolle.
Die Familien aus dem Raum Paderborn beurteilen die finanziellen Leistungen zwar auch als eher unzureichend, sie sind jedoch noch etwas zufriedener
als die Familien aus dem Großraum München, der sich durch sehr hohe Lebenshaltungskosten auszeichnet (Abbildung 7.1.12).

Ein hohes Familieneinkommen führt nur dann zu einer günstigeren Beurteilung des Kindergeldes, wenn die Familie nicht ohnehin schon mit hohen
Lebenshaltungskosten konfrontiert ist. Während im Raum München die Paare mit hohem Haushaltseinkommen (mehr als 4000 Mark) ebenso unzufrieden mit der Höhe des Kindergeldes sind wie die Paare mit geringem Einkommen (maximal 4000 Mark), und auch die besserverdienenden Paare aus
dem Bundesgebiet nur einen unwesentlichen Zufriedenheitsvorsprung aufweisen, zeigen sich für die Paderborner Familien deutliche Effekte des Familieneinkommens (vgl. Abbildung 7.1.13). Die Paderborner Teilnehmer mit
hohem Einkommen sind merklich zufriedener mit dem Kindergeld als die
übrigen Teilnehmer. Allerdings sind auch sie noch weit davon entfernt, das
Kindergeld als ausreichend zu beurteilen.

Betrachten wir als Nächstes die eigenen Gestaltungsvorschläge der Teilnehmer. Für das erste Kind fordern die Mütter im Schnitt DM 362 Kindergeld pro Monat, die Väter DM 366. Für das zweite Kind betragen die
Forderungen DM 391 (Frauen) bzw. DM 402 (Männer). Ab dem dritten Kind
sollte das monatliche Kindergeld nach Meinung beider Eltern DM 452 betra-

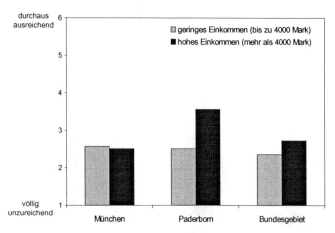

Abbildung 7.1.13: Die Bewertung des Kindergeldes in Abhängigkeit vom Einkommen und der Region

gen. Für das erste Kind halten die Eltern also eine Steigerung von gut 80 Prozent für angemessen, für das zweite Kind einen Zuwachs von knapp 100 Prozent. Für das dritte Kind beträgt der geforderte Zuwachs immerhin noch 50 Prozent des zu diesem Zeitpunkt gezahlten Betrages. Die geforderten Beträge liegen im Übrigen auch noch deutlich über dem derzeit ausgezahlten Kindergeld von DM 301 bzw. € 154 für das erste bis dritte Kind. Bei der Höhe der Forderungen finden wir weder Unterschiede zwischen den Elterngruppen (Erst- vs. Zweiteltern) noch zwischen den Regionen (München, Paderborn, Bundesgebiet). Auch die Höhe des Haushaltseinkommens hat kaum Einfluss auf die eigenen Vorstellungen. Bei den Frauen nimmt die Höhe der Kindergeldforderung mit der Höhe des Familieneinkommens leicht ab. Für die Männer tritt ein solcher Effekt jedoch nicht auf.

Der geforderte jährliche Kinderfreibetrag wird von den Müttern mit im Durchschnitt DM 8.372 signifikant höher eingestuft als von den Vätern (DM 8.171). Hier finden wir einen Effekt des Haushaltseinkommens. Während die Vorschläge von Geringverdienern (Familien mit einem Haushaltsnettoeinkommen von weniger als dreitausend Mark) in der Größenordnung der geltenden Regelung (die Frauen fordern einen monatlichen Freibetrag von DM 6.664) oder sogar darunter (Männer: DM 5.267) liegen, liegen die Forderungen der Besserverdienenden deutlich darüber. Die Frauen dieser Gruppe halten einen Kinderfreibetrag von DM 9.010, die Männer einen Freibetrag von DM 8.376 für erstrebenswert. Dieser Zusammenhang überrascht nicht. Schließlich profitieren nur Eltern mit höherem Einkommen auch von einem höheren Kinderfreibetrag. Gruppenunterschiede oder Unterschiede zwischen den Regionen sind nicht zu beobachten.

7.1.5 Zusammenfassung und Fazit

Fassen wir die wichtigsten Ergebnisse zunächst noch einmal zusammen.

Informationspolitik: Insgesamt lässt sich ein guter Informationsstand der teilnehmenden Frauen und Männer feststellen. Beide Partner sind gut informiert über Erziehungsurlaub und -geld sowie über das Kindergeld. Die Frauen wissen außerdem recht gut Bescheid über die Leistungen und Regelungen, die in erster Linie sie betreffen (Mutterschaftsleistungen, Regelungen zum Mutterschutz und Mutterschaftsurlaub). Weniger gut ist der Informationsstand zu Leistungen, die weniger im Zentrum der öffentlichen Diskussion stehen, wie der Anrechnung von Erziehungszeiten, Baukindergeld, steuerlichen Vergünstigungen oder auch dem Anrecht auf Freistellung von der Arbeit zur Pflege kranker Kinder. Insgesamt zeigt sich ein Informationsvorsprung der erfahrenen Zweiteltern.

Ein genaueres Bild erhält man, wenn man den Informationsstand zum aktuellen Informationsbedarf in Beziehung setzt. Hier zeigt sich, dass die werdenden Eltern in mehreren Bereichen Informationsdefizite aufweisen. Diese betreffen neben den Mutterschaftsleistungen vor allem die finanziellen Regelungen. Die Art des Informationsdefizits variiert jedoch für die einzelnen Bereiche. Während das Defizit im Hinblick auf die Mutterschaftsleistungen, das Mutterschaftsgeld und das Erziehungsgeld in den meisten Fällen in einer Unkenntnis der zuständigen Stellen besteht, wird das Informationsdefizit im Hinblick auf das Kindergeld, den Kinderfreibetrag und vor allem im Hinblick auf die Anrechnung der Erziehungszeiten durch einen Mangel an Informationen über die Leistung als solche gekennzeichnet. Eine Analyse der zentralen Informationsquellen der Eltern liefert Ansatzpunkte für eine Verbesserung der staatlichen Informationspolitik. So sind der Arbeitgeber und die Medien sowie Ämter und Behörden wichtige Anlaufstellen für Frauen, um Informationen zu berufsbezogenen Leistungen nachzufragen. Informationen zu finanziellen Leistungen erhalten Männer in erster Linie durch die Medien sowie von Ämtern und Behörden.

Mutterschutz und Mutterschaftsurlaub: Die Regelungen zum Mutterschutz und zum Mutterschaftsurlaub werden von den berufstätigen Frauen insgesamt als einigermaßen ausreichend beurteilt. Bei spezifischen Problemlagen, wie einer körperlich beschwerlichen Schwangerschaft, großen Ängsten im Zusammenhang mit der Geburt oder spezifischen berufsbezogenen Belastungen fühlt sich die werdende Mutter jedoch häufig nicht ausreichend geschützt.

Die vergleichende Bewertung der geltenden Regelung zum Mutterschaftsurlaub und der vorgestellten Alternativmodelle, die der werdenden

507

Mutter einen gewissen Gestaltungsspielraum zugestehen, ergibt eine deutliche Präferenz der Alternativmodelle. Allerdings sehen die teilnehmenden Eltern neben den Vorteilen eines größeren Gestaltungsspielraums auch potentielle Nachteile. So bergen die Alternativmodelle ihren Einschätzungen zufolge Konfliktpotential für das Verhältnis zum Arbeitgeber oder zu den Kollegen in sich.

Erziehungsurlaub und Erziehungsgeld: Eine vergleichende Bewertung der geltenden Regelung zum Erziehungsurlaub und innovativer Modelle, die sich durch einen größeren Gestaltungsspielraum auszeichnen, ergab eindeutige Präferenzen der Mütter und Väter für Modelle mit größerer Flexibilität. Hierbei schnitt das Zeitkonten-Modell B gegenüber dem Modell A mit erweitertem disponiblen Zeitraum im Urteil der Eltern etwas besser ab. Die geltende Regelung erhält von den Zweitmüttern, die bereits mehrjährige Erfahrungen mit ihr und mit den daraus resultierenden Konsequenzen für den Familienalltag aufweisen, besonders schlechte Noten. Vorteile der Alternativmodelle gegenüber der zum Erhebungszeitpunkt geltenden Regelung werden vor allem in einer besseren Vereinbarkeit von Familie und Beruf, verbesserten Karrieremöglichkeiten der Frau, einer größeren Beteiligung des Mannes an der Kindererziehung und in einer insgesamt besseren Möglichkeit, den Erziehungsurlaub an die Umstände anzupassen, gesehen. Allerdings birgt der größere Gestaltungsspielraum der Alternativmodelle nach Einschätzung der Eltern auch Konfliktpotential in sich. Befürchtet wird nicht eine Kollision der Interessen und Ansprüche von Mann und Frau, sondern eine Kollision der Ansprüche der Eltern mit den Anforderungen und Interessen von Arbeitgeber und Kollegen. Die Erfahrungen der Zweitväter mit dem Familienalltag scheinen hingegen den Optimismus in Bezug auf die innovativen Modelle etwas zu dämpfen. Sie erwarten tendenziell weniger Vorteile der Alternativmodelle als die erstmaligen Eltern. Vermutlich haben sie bereits die Erfahrung gemacht, dass die Frage nach der Vereinbarkeit von Familie und Beruf nicht nur von gesetzlichen Bestimmungen abhängt, sondern auch von einer Reihe anderer Faktoren, wie der Flexibilität des Arbeitsmarktes oder der Verfügbarkeit von Kinderbetreuungsmöglichkeiten.

Tatsächlich wäre es verfehlt, auf dem Weg zu einer familienfreundlicheren Gestaltung der Rahmenbedingungen nur auf gesetzliche Regelungen zu setzen. Schließlich schaffen gesetzliche Regelungen noch keine veränderten Wirklichkeiten. Die Etablierung flexibler Modelle, die dem jungen Paar größeren Gestaltungsspielraum bieten, ist jedoch ein willkommener und wichtiger Schritt auf dem Weg zu einer modernen Familienpolitik, die den gewandelten Lebensentwürfen und Rollenmodellen der jungen Eltern Rechnung trägt. Somit ist die ab Januar 2001 eingeführte Elternzeit durchaus als Fortschritt zu werten. Allerdings darf auch in Zeiten leerer Kassen nicht vergessen werden, dass gerade die finanziellen Regelungen und Leistungen von den Eltern als unzureichend wahrgenommen werden. Frauen, die bis zur Geburt des Kindes einer Berufstätigkeit nachgegangen waren, sind besonders unzufrieden mit den zu diesem Zeitpunkt (Frühjahr/Sommer 1996) geltenden finanziellen Regelungen zum Erziehungsgeld. Vermutlich wird der offensichtliche Kontrast zwischen der bezahlten Berufsarbeit und der gering entlohnten Erziehungsarbeit von diesen Frauen als mangelnde Wertschätzung ihrer Rolle als Mutter und Erzieherin erlebt.

Kindergeld und Kinderfreibetrag: Ähnlich schlechte Bewertungen wie das Erziehungsgeld erhielten auch die zum Erhebungszeitpunkt geltenden Regelungen zum Kindergeld bzw. zum Kinderfreibetrag. Beide Leistungen wurden als eher unzureichend eingestuft. Besonders unzufrieden sind die Familien aus dem Münchner Raum, der sich durch sehr hohe Lebenshaltungskosten auszeichnet, und zwar unabhängig von ihrem Einkommen. Die Kosten, die mit Kindern verbunden sind, sind in dieser Region offensichtlich auch für die besser Verdienenden sehr deutlich zu spüren. Ein hohes Familieneinkommen führt nur dann zu einer günstigeren Beurteilung der staatlichen Leistungen, wenn das junge Paar in einer Region mit niedrigeren Lebenshaltungskosten wohnt. So sind die gut verdienenden Paderborner Paare mit dem Kindergeld merklich zufriedener als die übrigen Eltern.

Die eigenen (im Jahr 1996 geäußerten) Vorstellungen der Eltern von einem angemessenen Kindergeld und Kinderfreibetrag liegen noch deutlich über den seit 2002 gültigen Sätzen. Der gewünschte Kinderfreibetrag liegt bei 8.693 Mark. Beim Kindergeld wird von den Eltern für das erste Kind im Mittel ein Betrag von 364 Mark und für das zweite Kind von 396 Mark gefordert. Ab dem dritten Kind sollte das Kindergeld ihren Vorstellungen zufolge 452 Mark betragen. Damit bewegen sich die Vorstellungen der Eltern in einem Rahmen, dem sich zunehmend auch die öffentliche Diskussion annähert.

7.2 Familienpolitik als Querschnittsaufgabe

Auf der Basis der gewonnenen Erkenntnisse werden Impulse für die Familienpolitik formuliert. Als übergeordnete Zielsetzung wird die Gleichstellung von Frau und Mann in allen Lebensbereichen und die Förderung der Vereinbarkeit von Familie und Beruf identifiziert. Neben arbeits- und sozialrechtlichen Maßnahmen wird eine Ausbau qualitativ hochwertiger Kinderbetreuungseinrichtungen, eine familien-orientierte Wohnförderung sowie Maßnahmen zur Familienbildung gefordert.

Nachdem familienpolitische Themen über viele Jahre hinweg ein Randdasein gefristet haben, rücken sie zunehmend wieder ins öffentliche und politische Bewusstsein. Die gestiegene Aufmerksamkeit für Belange von Familien und familienpolitische Themen ist zu begrüßen, da die Ausgestaltung der Leistungen in vielen Bereichen den gesellschaftlichen Entwicklungen der vergangenen Jahre hinterherhinkt. Eine Modernisierung der Familienpolitik und eine Anpassung der Leistungen an die veränderten Bedürfnisse von Familien und die veränderten gesellschaftlichen Realitäten ist überfällig. Drei Entwicklungslinien sind hierbei zu berücksichtigen:

Wandel des Rollenverständnisses: Mit dem starken Anstieg der Partizipation der Frau an Bildung und Berufsleben in den vergangen drei bis vier Dekaden hat ein tiefgreifender Wandel der Auffassungen vom Geschlechterverhältnis stattgefunden. Traditionelle Vorstellungen, die die Rollenverteilung zwischen Mann und Frau klar definierten, haben zunehmend einem egalitären Rollenverständnis Platz gemacht. Chancengleichheit und eine tatsächliche Gleichstellung von Frauen und Männern gelten heute als Leitvorstellungen unserer Gesellschaft. Dies gilt nicht mehr nur für den beruflichen Bereich, sondern auch für den familiären Bereich. Immer mehr Frauen und Männer haben den Wunsch, beide Lebensbereiche gleichberechtigt zu teilen: Immer weniger Frauen möchten die bisher erreichten und hart erarbeiteten beruflichen Ziele zugunsten von Kindern völlig aufgeben. Und immer mehr Männer wollen aktiv Anteil nehmen an der Erziehung ihrer Kinder.

Pluralisierung der Lebensentwürfe und Lebensformen: In den vergangenen Jahrzehnten hat eine zunehmende Pluralisierung der Lebensentwürfe und Lebensformen stattgefunden. Zum einen haben sich die Familienformen deutlich verändert. Neben der traditionellen Kernfamilie, die durch das Zusammenleben der leiblichen und verheirateten Eltern mit ihrem Kind gekennzeichnet ist, finden wir heute weitere familiäre Lebensformen wie unverheiratete Paare mit Kind, Alleinerziehende mit Kind, durch Wiederheirat bedingte Stieffamilien, sogenannte „Patchwork"-Familien oder auch gleichgeschlechtliche Partnerschaften mit Kind. Zum anderen ist der individuelle

Lebenslauf von Frauen und Männern heute in weitaus geringerem Maße durch kulturelle und gesellschaftliche Normen vorgezeichnet. Die Familiengründung ist weniger stark an ein bestimmtes Zeitfenster und spezifische Voraussetzungen (Beenden der Ausbildung, Heirat) gebunden. Die Ausgestaltung der Rolle als Mutter bzw. als Vater ist in geringerem Maße durch normative Vorstellungen vorgezeichnet und liegt stärker im individuellen Gestaltungsbereich des Paares. Dies hat zur Folge, dass auch Familien, die prinzipiell das gleiche Modell praktizieren (beispielsweise Kernfamilien), sich beträchtlich in der tatsächlichen Gestaltung des Familienlebens unterscheiden.

Synergie von Familie und Arbeitswelt: Weiterhin muss sich die Erkenntnis durchsetzen, dass die starren Grenzen zwischen Arbeitswelt und Familie zunehmend aufweichen. Bedingungen in einem Bereich strahlen auch auf den anderen ab. So beeinträchtigt eine hohe Beanspruchung in einem der beiden Bereiche die Produktivität und Funktionstüchtigkeit in dem anderen Bereich. Männer, die im Beruf hohen Belastungen ausgesetzt sind, können den Anforderungen einer aktiven und verantwortlichen Ausübung der Vaterrolle ebenso wenig gerecht werden wie den Ansprüchen der Partnerin. Wird der Vater zerrieben zwischen beruflichen Anforderungen und seinen Erwartungen an die eigene Ausübung der Vaterrolle, verursacht das auch Kosten für das Unternehmen. Zumindest langfristig ist nur der zufriedene Mitarbeiter produktiv. Gleiches gilt natürlich auch für Frauen. Mütter, für die die Organisation von Beruf und Kinderbetreuung jeden Tag immer wieder ein Spagat darstellt, können im Beruf nicht die gleiche Leistung bringen wie kinderlose Frauen oder Mütter, die nicht mit diesem Problem konfrontiert sind. Ein weiteres Beispiel für die Synergie von Familie und Arbeitswelt stellt der Fall von Trennung und Scheidung dar. Das Auseinanderbrechen der Familie des Arbeitnehmers hat auch für das Unternehmen spürbare Auswirkungen: In dieser Lebenslage wird der Mitarbeiter seinen Kopf nicht frei haben für die beruflichen Belange. Einbußen in der Produktivität sind unausweichlich.

Die in der Familienpolitik diskutierten Modernisierungsansätze scheinen sich allerdings oftmals stärker an den (Familien-)Leitbildern der jeweiligen politischen Gruppierung, der öffentlichen Wirkung der Vorschläge oder den Vorgaben des zur Verfügung stehenden finanziellen Etats zu orientieren als an den gewandelten und pluralisierten Bedürfnissen der eigentlichen Zielgruppe, nämlich der Familien. Der Erfolg und die Effektivität der Familienpolitik muss sich jedoch daran bemessen, ob es ihr gelingt, günstige Rahmenbedingungen für die Familiengründung und die langfristige Entwicklung von Familien zu schaffen. Anhand der in diesem Band zusammengetragenen Erkenntnisse der LBS-Familien-Studie lassen sich nun einige Ansatzpunkte zur Verbesserung der Lebensbedingungen junger Familien aufzeigen. Dabei darf jedoch nicht vergessen werden, dass die Zielsetzung einer modernen Familienpolitik nicht eindimensional sein darf. Vielmehr muss sie eine umfassende Verbesserung der Lebensbedingungen junger Familien anvisieren. Singuläre Maßnahmen sind angesichts des komplexen Zusammenspiels verschiedenartiger Faktoren für familiäre Entwicklungs- und Entscheidungsprozesse als verfehlt zu beurteilen. Ansätze und Maßnahmen zur Förderung der Familienentwicklung werden erst dann erfolgreich sein, wenn sie der Vielfalt von Lebensauffassungen und Lebensbedingungen Rechnung tragen.

Übergeordnete Zielsetzung muss eine tatsächliche Gleichstellung von Frau und Mann in allen Lebensbereichen sein. Strukturelle Ungleichgewichte, die eine Festlegung auf bestimmte Rollen und Konzepte fördern, müssen beseitigt werden und Bedingungen geschaffen werden, die den Paaren eine Verwirklichung der gemeinsamen Lebensentwürfe erlauben. Die Optionen einer Verknüpfung von Mutterschaft und beruflicher Karriere sowie die Möglichkeit einer Verknüpfung der Berufstätigkeit mit einer aktiv gelebten Vaterschaft sind auszubauen. Eine erhöhte Vereinbarkeit von Familie und Beruf für beide Partner bedeutet jedoch nicht, nur ein bestimmtes Modell der Aufteilung beruflicher und familiärer Aufgaben zu fördern. Vielmehr müssen Voraussetzungen geschaffen werden, die eine Verwirklichung unterschiedlichster Modelle vom Familienleben und der Rollenaufteilung ermöglichen. Ob, zu welchem Zeitpunkt und in welchem Umfang die Frau nach der Geburt des Kindes in den Beruf zurückkehrt und welches Arrangement das Paar im Hinblick auf die Aufteilung beruflicher und familiärer Rollen letztendlich trifft, muss im Verantwortungsbereich des Paares bleiben.

Welche Maßnahmen sind erforderlich?

Wandel des politischen Bewusstseins: Eine zentrale Voraussetzung für die Gleichstellung von Müttern und Vätern in der Familie und im Beruf ist ein Wandel der vorherrschenden Vorstellungen von Vaterschaft und Mutterschaft. Wo sich das Bild von einer gemeinsam verantworteten Elternschaft durchsetzt, ist die Berufstätigkeit von Müttern akzeptiert und können auch Väter neben ihren beruflichen Interessen familiäre Belange stärker in den Vordergrund rücken. Hier kommt der Familienpolitik Vorbildfunktion zu. Sie muss daher die zunehmende Pluralisierung der Lebensentwürfe als Gegebenheit anerkennen und sich loslösen von überkommenen Rollenvorstellungen und Elternschaftskonzepten, deren Glorifizierung für junge Familien wenig hilfreich ist.

Arbeits- und sozialrechtliche Maßnahmen: Von zentraler Bedeutung sind weiterhin arbeits- und sozialrechtliche Maßnahmen. Die Einführung der Regelung zur Elternzeit, die eine bessere Abstimmung auf die individuellen Lebenspläne ermöglicht, sowie die Einführung eines Rechtsanspruchs auf Teilzeitarbeit stellen wichtige Meilensteine auf dem Weg zu einer besseren Vereinbarkeit von Familie und Beruf dar. Teilzeitarbeit ist allerdings nur dann für den Arbeitnehmer attraktiv, wenn die Reduzierung der Arbeitszeit nicht automatisch das Ende der beruflichen Karriere bedeutet. Geht die Reduzierung der Arbeitszeit mit einem beruflichen Abstieg einher, werden die

Neuerungen vor allem bei den Vätern kaum Akzeptanz finden. Hier ist im Übrigen nicht nur von Seiten der Politik, sondern auch von Seiten der Wirtschaft und der Arbeitgeber ein Umdenken notwendig. Moderne Konzepte der Personalführung und Personalentwicklung betrachten den Mitarbeiter nicht mehr als Arbeitskraft, die es nach Möglichkeit auszuschöpfen gilt. Sie berücksichtigen die beschriebenen Synergieeffekte zwischen Beruf und Familie. Die Flexibilisierung der Arbeitszeiten, gezielte Fort- und Weiterbildungsangebote, die den Wiedereinstieg in den Beruf erleichtern, und der Ausbau von Heimarbeit stellen weitere wichtige Maßnahmen dar.

Ausbau der Kinderbetreuungsangebote: Die Verfügbarkeit von Kinderbetreuungsmöglichkeiten spielt für die Vereinbarkeit von Familie und Beruf, aber auch für die generelle Zufriedenheit der Mütter, eine zentrale Rolle. Das Verwandtschaftssystem, insbesondere die Eltern der Mutter, stellt eine zentrale Ressource für die Betreuung von Kindern, die noch nicht das Kindergartenalter erreicht haben, dar. Gegenüber einer Fremdbetreuung bestehen in den ersten Lebensjahren des Kindes hingegen häufig Vorbehalte, auch wenn eine prinzipielle Befähigung dieser Personen (Tagesmutter, Kinderschwester, Krippenerzieherin) vorausgesetzt werden kann. Die Nutzung familialer Ressourcen ist aber nicht in jedem Fall die optimale Lösung. Auf die Schwiegermutter angewiesen zu sein, scheint für die junge Mutter unter gewissen Umständen mit psychischen Kosten verbunden zu sein. Hinzu kommt, dass die Großeltern aus verschiedenen Gründen (z.B. aufgrund der hohen geographischen Mobilität der Familien) oftmals gar nicht verfügbar sind.

Institutionellen Angeboten der Familienhilfe und Kinderbetreuung für Kinder unter drei Jahren kommt daher eine wachsende Bedeutung zu. Die aktuelle Situation stellt sich jedoch ausgesprochen schwierig dar. Zum einen fällt der Versorgungsgrad mit Betreuungsplätzen für Kinder unter drei Jahren nach wie vor sehr niedrig aus. Zum anderen bestehen trotz des großen Unterstützungsbedarfs nicht selten Vorbehalte gegenüber einer Fremdbetreuung des kleinen Kindes durch eine Tagesmutter oder in einer Kinderkrippe. Hinzu kommt die immer wieder aufbrechende öffentliche Diskussion um die Konsequenzen einer frühen Fremdbetreuung, die zwar selten sachlich fundiert ist, dafür aber meist in einem emotional aufgeheizten und moralisierenden Klima stattfindet. Traditionelle Wertvorstellungen gehen davon aus, dass ein Kind während der ersten Lebensjahre am besten von der eigenen Mutter betreut wird; am zweitbesten vom Vater oder eher noch der Großmutter. Einer Betreuung des Kindes durch familienexterne, „fremde" Personen oder gar durch Personen, die institutionellen Einrichtungen angehören (z. B. Krippe) wird häufig ein schädlicher Einfluss nachgesagt. Demgegenüber steht eine Haltung, wonach eine zeitweise Fremdbetreuung des Kleinkindes nicht schädlich sei, sondern in unserer Ein-Kind-Gesellschaft sogar förderliche Auswirkungen auf die Entwicklung des Kindes habe. Gerade Mütter sehen sich in dieser Situation häufig vor die Wahl gestellt zwischen einer (egoistischen) frühen Rückkehr in den Beruf (unter Inkaufnahme psychischer Schäden beim Kind) oder einer gesunden Entwicklung des Kindes.

Welches Bild zeichnen nun die Ergebnisse wissenschaftlicher Studien? Ist Fremdbetreuung für Kleinkinder schädlich? Oder hat sie förderliche Effekte? Dieser Frage wurde seit den frühen 70er Jahren vor allem in den USA und Skandinavien nachgegangen. Erst in den vergangenen Jahren hat diese Frage auch im deutschen Sprachraum verstärktes Forschungsinteresse gefunden. Zusammenfassend lässt sich feststellen, dass die Fremdbetreuung in der Krippe für sich genommen weder rein positive noch rein negative Folgen zu haben scheint. Die im Vergleich zur reinen Familienbetreuung abweichende Gesamtsituation hat zur Folge, dass „Krippenkinder" andere Erfahrungen machen und sich dementsprechend auch etwas anders entwickeln als Klein(st)kinder, die nicht fremdbetreut werden. Beispielsweise sind Krippenkinder oftmals sozial kompetenter, selbstbewusster durchsetzungsfähiger und hilfsbereiter als Kinder, die zu Hause betreut werden. Sie sind aber häufig auch ungehorsamer, ungestümer, gereizter und aggressiver (Clarke-Stewart, 1998).

Negative Effekte einer Krippenbetreuung auf die Entwicklung des Kindes gehen Laewen (1994) zufolge (vgl. auch Bensel, 1994; NICHD Early Child Care Research Network, 1997) eher auf Qualitätsmängel der Betreuung (z. B. ungünstiger Betreuungsschlüssel, geringe personelle Konstanz, niedriger Ausbildungsstand und geringe Erfahrung der Betreuerinnen, geringe Dauer der Eingewöhnungsphase, etc.) als auf die Tagesbetreuung als solche zurück. Als ungünstig hat sich außerdem eine übermäßig lange Dauer der Fremdbetreuung (NICHD Early Child Care Research Network, 1998), eine schlechte Beziehung zwischen der Mutter und der Erzieherin (Laewen, 1994) und eine negative Einstellung der Mutter zur Krippenbetreuung erwiesen (Laewen, 1989).

Zwar kann eine umfassende Fremdbetreuung des Klein(st)kindes angesichts der potentiellen Risiken, die mit einer qualitativ schlechten Betreuungseinrichtung verbunden sind, nicht uneingeschränkt empfohlen werden. Durch konservative Werte geprägte Bestrebungen, das Betreuungsproblem zu lösen, indem man Frauen auf ihre „Pflichten als Mutter" hinweist und ihnen einen Verzicht auf berufliche Ambitionen abverlangt, setzen jedoch an der falschen Stelle an. Dieser Lösungsansatz birgt außerdem mit absehbare negative Nebenwirkungen in sich: Mit ihrer „Hausfrau-und-Mutter-Rolle" unzufriedene und soziale isolierte Mütter sind häufig nicht in der Lage, optimale Entwicklungsbedingungen für das Kind zu schaffen. Hinzu kommt, dass eine geringe Rollenzufriedenheit der Frau auch einen Risikofaktor für die Entwicklung der Paarbeziehung und damit auch für die Stabilität der Familie darstellt.

Vorrangiges Ziel einer sinnvollen und modernen Familienpolitik muss vielmehr sein, ein ausreichendes Angebot an *qualitativ hochwertigen* Kinderbetreuungseinrichtungen und -angeboten zu schaffen. Eine qualitativ hochwertige Einrichtung zeichnet sich durch einen angemessenen Betreuerinnen-Kind-Schlüssel, eine gute Ausstattung der Einrichtung, eine hohe Konstanz, gute Ausbildung, große Erfahrung und großes Engagement der Betreuerinnen und durch ein sinnvolles pädagogisches Konzept aus.

Qualitativ hochwertige Kinderkrippen, qualifizierte Tagesmütter und ähnliche Formen der Kinderbetreuung sind mit erheblichen Kosten für die Familie verbunden. Eine weitere wichtige Aufgabe der Familienpolitik ist daher, für die Familien erschwingliche Kinderbetreuungsangebote zu schaffen. Hier stehen aber auch die Arbeitgeber in der Pflicht. Obwohl die Vereinbarkeit von Familien und Beruf häufig an der fehlenden Kinderbetreuung scheitert, bestehen hierzu kaum betriebliche Angebote.

Generell erscheint es beim Thema Kinderbetreuung dringend notwendig, sich von traditionellen Leitbildern zu lösen und die politische Diskussion stattdessen auf ein sachlich richtiges und stabiles Fundament zu stellen. Die Frage nach den Auswirkungen einer frühen Tagesbetreuung auf die kindliche Entwicklung muss verstärkt zum Forschungsgegenstand gemacht und Forschungsprojekte angemessen ausgestattet werden. Weiterhin muss ein systematischer Wissenstransfer auf die Praxisebene gefördert werden und die Entwicklung eines verbindlichen Qualitätsstandards für Krippen angezielt werden.

Neben der Förderung der Vereinbarkeit von Familie und Beruf muss die generelle Verbesserung der Lebensbedingungen junger Familien ein wichtiges Ziel sein. Von großer Bedeutung ist hier die *Verbesserung der Wohnbedingungen* junger Familien. Da Familien mit Säuglingen und kleinen Kindern in hohem Maße an die Wohnung und die unmittelbare Wohnumgebung gebunden sind, kommt der Wohnsituation für ihre Entwicklung eine große Bedeutung zu. Die Befunde der LBS-Familien-Studie zeigen, dass günstige Wohnbedingungen die Elternschaft erleichtern, beengte und wenig familiengerechte Wohnbedingungen die Erziehungsarbeit hingegen erschweren. Die Überforderung und nervliche Anspannung der Eltern entlädt sich dann nicht selten in Form gewalttätiger Disziplinierungsmaßnahmen. Über familiengerechten Wohnraum zu verfügen, stellt somit für junge Familien keinen Luxus dar, sondern eine grundlegende Voraussetzung für eine positive Entwicklung der Familie. Diese Erkenntnis sollte zur Leitlinie der politischen, architektonischen und städteplanerischen Praxis gemacht werden.

Ob eine Wohnung familiengerecht ist, hängt nicht nur davon ab, ob sie ausreichend Platz und Rückzugsmöglichkeiten bietet. Auch Merkmale der Wohnumgebung (Spielmöglichkeiten, Grünanlagen, Kontaktmöglichkeiten), wohnungsbezogene Mängel (Hellhörigkeit, Verkehrssicherheit) und die Infrastruktur des Wohngebiets oder Stadtteils (Einkaufsmöglichkeiten, Verkehrsanbindung) spielen eine wichtige Rolle. Die Wohnbedingungen, die junge Familien vorfinden, sind jedoch oftmals alles andere als familienfreundlich bzw. kinderfreundlich. Die geringe Verkehrssicherheit stellt nach Einschätzung der Eltern generell ein Problem dar. Die langfristigen negativen Auswirkung einer mangelhaften Verkehrssicherheit für das Erziehungsverhalten der Eltern (Kontrolle, Überbehütung) und die Entwicklung des Kindes (Hemmung der Selbständigkeitsentwicklung) (vgl. Flade, 1993b) indizieren einen dringenden Handlungsbedarf. Die Erhöhung der Verkehrssicherheit in Wohngebieten und Stadtteilen, in denen Familien mit Kindern leben, muss daher ein Ziel von höchster Priorität darstellen.

In städtischen Ballungsgebieten – in unserer Studie handelt es sich um den Großraum München – erweist sich die Verknappung des Wohnraums als großes Problem für Familien. Sie müssen hier auf dem Wohnungsmarkt verstärkt mit kinderlosen Doppelverdiener-Paaren konkurrieren, haben aber die deutlich schlechteren Voraussetzungen. Der angespannte Wohnungsmarkt und die Schwierigkeiten, eine bezahlbare und familiengerechte Wohnung zu finden, dürfte ein entscheidender Grund sein, warum viele der jungen Münchner Familien das Stadtgebiet oder gar die Region verlassen. Dieser Versuch, das Wohnungsproblem in den Griff zu bekommen, ist allerdings mit unerwünschten Nebenwirkungen verbunden: die bisherigen sozialen Netze der jungen Familie gehen verloren und müssen am neuen Wohnort erst wieder mühsam aufgebaut werden. Abgesehen von den Problemen, die aus einem Mangel an sozialer Unterstützung entstehen, laufen gerade nicht berufstätige Mütter von Kleinkindern Gefahr, am neuen Wohnort in soziale Isolation zu geraten.

Die Bereitstellung von ausreichendem und familiengerechtem Wohnraum kann also entscheidend zu einer Erleichterung der Elternschaft und einer positiven Entwicklung der Familie beitragen. Gerade in Regionen mit einem angespannten Wohnungsmarkt und hohen Wohn- und Lebenshaltungskosten stellt daher die Förderung von familiengerechtem Wohnraum, der für die Familien auch finanzierbar bleibt, eine wichtige familienpolitische Aufgabe dar. Dabei darf allerdings nicht vergessen werden, dass „Wohnen" nicht nur in der Wohnung selbst, sondern auch im Außenbereich stattfindet. Neben einer ausreichenden Größe und einer funktionellen Raumaufteilung ist daher auch auf eine kindgerechte Ausstattung des Außenbereichs zu achten. Auch dürfen Familien nicht in städtische Randgebiete mit schlechter Infrastruktur abgedrängt werden. Eine Wohnumgebung, die der Mutter die Erledigung der alltäglichen Aufgaben erschwert oder den damit verbundenen Aufwand unverhältnismäßig erhöht, kann schnell zum Anlass von Unzufriedenheit und Frustration werden.

Bei der Planung und Gestaltung von Wohnprojekten für Familien müssen generell die Wohnbedürfnisse der einzelnen Familienmitglieder sowie deren Lebensvollzug berücksichtigt werden. Dabei darf nicht übersehen werden, dass Wohnbedürfnisse der einzelnen Familienmitglieder im Zusammenhang mit den an sie gestellten Rollenanforderungen stehen und sich daher teilweise beträchtlich unterscheiden.

Familienbildung: Wünschenswert wäre weiterhin ein Beitrag der Familienpolitik zu einer Ausweitung und zunehmenden Professionalisierung von Angeboten zur Familienbildung.

Dem Einstieg in das Berufsleben geht eine lange Phase der Qualifikation voraus. Erst müssen mindestens neun Schuljahre erfolgreich absolviert werden. Anschließend folgt eine mehrjährige Berufsausbildung. Qualifizierungsmaßnahmen enden nicht mit der Aufnahme der Berufstätigkeit. Fortbildungsmaßnahmen sind heute verpflichtend und zielen nicht nur auf die Vermittlung fachspezifischer Inhalte ab. Es setzt sich zunehmend die Erkenntnis durch, dass auch die Schlüsselkompetenzen der Arbeitnehmer (z.B. Kommunikationsfähigkeit, Problemlösefähigkeit, Führungsqualitäten) gefördert werden können und müssen. Fortbildungsangebote werden vom Arbeitgeber als wichtige Investition gesehen, vom Arbeitnehmer werden sie im Allgemeinen als Gewinn für die weitere berufliche Laufbahn geschätzt.

Während die Notwendigkeit einer Qualifizierung und Fortbildung für den beruflichen Bereich gemeinhin akzeptiert ist, gilt dies nicht für den familiären Bereich. Lediglich Schwangerschaft, Geburt und die körperliche Pflege des Säuglings werden zum Inhalt von Bildungsangeboten gemacht. Generell scheint die Ansicht vorzuherrschen, dass die für die Übernahme der Elternrolle notwendigen Kompetenzen, Einstellungen und Wissensbestände entweder angeboren sind, im Laufe der eigenen Sozialisation ausreichend erworben werden oder „on the job" erlernt werden können. Dies ist jedoch nicht immer der Fall. Hinzu kommt, dass Elternschaft in den vergangenen Jahren in mancher Hinsicht schwieriger geworden ist. Das Aufweichen traditioneller Rollenmuster und der Aufbau von Gestaltungsspielräumen bergen große Chancen, aber auch gewisse Risiken in sich. Dort, wo nicht mehr normative Vorstellungen und gesellschaftlich vorgegebene Rahmenbedingung die Rollenverteilung festlegen, sind in hohem Maße die Organisations-, Kommunikations- und Problemlösefähigkeiten beider Partner gefragt. Hinzu kommt, dass Paare, die moderne Modelle von Partnerschaft und Elternschaft praktizieren (wollen), sich nicht selten mit ausgeprägten Vorurteilen konfrontiert sehen, und vermutlich häufig unsicher sind über mögliche negative Nebenwirkungen des von ihnen gewählten Modells für das Kind.

Die Vermittlung von Wissensbeständen und Kompetenzen sowie die Unterstützung bei Aushandlungs- und Entscheidungsprozessen könnten somit die Belastung der Eltern verringern und zu einer gesunden Familienentwicklung beitragen. Die Einrichtung von niedrig schwelligen Informations-, Beratungs- und Bildungsangeboten für (zukünftige) Eltern (vgl. Kapitel 6) erscheint aus diesen Gründen dringend notwendig. Bildung und Beratung in Fragen der Familienentwicklung und des „Familienmanagements" sollten ähnlich selbstverständlich werden wie berufliche Fortbildungsmaßnahmen.

Wichtig ist die grundlegende Einsicht, dass – neben der notwendigen Eigenverantwortung der Familie – die Gestaltung förderlicher Lebens- und Entwicklungsbedingungen für Familien eine gesellschaftliche Aufgabe ist und keine Herausforderung, mit der das Elternpaar allein gelassen werden darf.

Literaturverzeichnis

Abrams, B., Feldman, S.S. & Nash, S.C. (1978). Sex role self-concept and sex role attitudes: Enduring personality characteristics or adaptations to changing life situations? *Developmental Psychology, 14,* 393-400.

Affonso, D.D., Lovett, S.M., Paul, S., Arizmandi, T., Nussbaum, R., Newman, L. & Johnson, B. (1991). Predictors of pregnancy-postpartum depression symptoms. *Journal of Psychometric Obstetrics & Gyneconogy, 12,* 255-271.

Ainsworth, M.D.S., Blehar, M.C., Waters, E. & Wall, S. (1978). *Patterns of attachment: A psychological study of the strange situation.* Hillsdale: Erlbaum.

Ajzen, I. & Fishbein, M. (1977). Attitude-behavior relations: A theoretical analysis and review of empirical research. *Psychological Bulletin, 84,* 888-918.

Akinbami, L.J., Cheng, T.L. & Kornfeld, D. (2001). A review of teen-tot programs: Comprehensive clinical care for young parents and their children. *Adolescence, 36,* 381-393.

Alfermann, D., Reigber, D. & Turan, J. (1999). Androgynie, soziale Einstellungen und psychische Gesundheit: Zwei Untersuchungen an Frauen im Zeitvergleich. In U. Bock & D. Alfermann, *Querelles. Jahrbuch für Frauenforschung* (S. 142-155). Stuttgart: Metzler.

Allemann-Tschopp, A. (1979). Die Bedeutung des ersten Kindes für die Geschlechts-rollen-Differenzierung. In: A. Degenhardt & H. M. Trautner (Hrsg.), *Geschlechtstypisches Verhalten.* München: Beck.

Allen, S.M. & Hawkins, A.J. (1999). Maternal gatekeeping: Mothers' beliefs and behaviors that inhibit greater father involvement in family work. *Journal of Marriage and the Family, 61,* 199-212.

Amato, P.R. (1996). *More than money? Men's contributions to their children's lives.* Paper presented at the Men in Families Symposium, Pennsylvania State University, Oct 31 - Nov 1, 1996.

Andrae, M. S. (1999). Androgynie, berufliche Motivation und erfolgreicher Berufseinstieg: Ergebnisse der Erlanger Karrierestudien. In U. Bock & D. Alfermann, *Querelles. Jahrbuch für Frauenforschung* (S. 156-172). Stuttgart: Metzler.

Angerer, J. (1989). *Geschlechtsrollenentwicklung, Konkordanzen im Selbstkonzept und Locus of Control bei Kindergartenkindern aus wiederverheirateten, geschie-denen und intakten Familien.* Unveröffentlichte Dissertation. Graz: Universität Graz.

Antill, J.K. & Cunningham, J.D. (1979). Self-esteem as a function of masculinity in both sexes. *Journal of Consulting and Clinical Psychology, 47,* 783-785.

Antonucci, T.C. & Mikus, K. (1988). The power of parenthood: Personality and attitudinal changes during the transition to parenthood. In G.Y. Michaels & W.A. Goldberg (Eds.), *The transition to parenthood: Current theory and research* (pp. 62-84). Cambridge: Cambridge University Press.

Aronson, E. (1992). The return of the repressed: Dissonance theory makes a comeback. *Psychological Inquiry, 3,* 303-311.

Arts, W. & van der Veen, R. (1992). Sociological approaches to distributive and procedural justice. In K.R. Scherer (Ed.), *Justice: Interdisciplinary perspectives* (pp.). Cambridge, MA: Cambridge University Press.

Baltes, P.B. (1990). Entwicklungspsychologie der Lebensspanne: Theoretische Leitsätze. *Psychologische Rundschau, 41,* 1-24.

Bandura, A. (1976). *Lernen am Modell. Ansätze zu einer sozial-kognitiven Lerntheorie.* Stuttgart: Klett.

Bandura, A. (1979). *Sozial-kognitive Lerntheorie.* Stuttgart: Klett.

Bandura, A. (1989). Self-regulation of motiovation and action through internal standards and goal systems. In L.A. Pervin (Ed.), *Goal concepts in personality and social psychology* (pp. 19-85). Hillsdale, NJ: Erlbaum.

Barnett, R.C. & Baruch, G.K. (1985). Women's involvement in multiple roles and psychological distress. *Journal of Personality and Social Psychology, 49,* 135-145.

Barnett, R.C. & Baruch, G.K. (1987a). Mothers' participation in childcare: Patterns and consequences. In F.J. Crosby (Ed.), *Spouse, parent, worker: On gender and multiple roles* (pp. 91-108). New Haven, CT: Yale University Press.

Barnett, R.C. & Baruch, G.K. (1987b). Determinants of fathers' participation in family work. *Journal of Marriage and the Family, 49,* 29-40.

Barnett, R.C. & Baruch, G.K. (1988). Correlates of fathers' participation in family work. In P. Bronstein & C.P. Cowan (Eds.), *Fatherhood today: Men's changing role in the family* (pp. 66-78). New York : Wiley.

Barnett, R.C. & Marshall, N.L. (1991). The relationship between women's work and family roles and their subjective well-being and psychological distress. In M. Frankenhaeuser, U. Lundberg & M. Chesney (Eds.), *Women, work, and health: Stress and opportunities* (pp. 111-136). New York: Plenum.

Barnett, R.C., Marshall, N.L., Raudenbush, S.W. & Brenan, R.T. (1993). Gender and the relationship between job experiences and psychological distress: A study of dual-earner couples. *Journal of Personality and Social Psychology, 64,* 794-806.

Baron, R.M. & Kenny, D.A. (1986). The moderator-mediator variable distinction in social psychological research: Conceptual, strategic, and statistical considerations. *Journal of Personality and Social Psychology, 51,* 1173-1182.

Bartussek, D. (1970). Eine Methode zur Bestimmung von Moderatoreffekten. *Diagnostica, 16,* 57-76.

Baruch, G.K. & Barnett, R.C. (1981). Fathers' participation in the care of their preschool children. *Sex Roles, 7,* 1043-1054.

Baruch, G.K. & Barnett, R.C. (1986). Consequences of fathers' participation in family work: Parents' role strain and well-being. *Journal of Personality and Social Psychology, 51,* 983-992.

Baruch, G.K. & Barnett, R.C. (1987). Role quality and psychological well-being. In F.J. Crosby (Ed.), *Spouse, parent, worker: On gender and multiple roles* (pp. 63-73). New Haven, CT: Yale University Press.

Bates, J.E., Freeland, C.A.B. & Lounsbury, M.L. (1979). Measurement of infant difficultness. *Child Development, 50*, 794-803.

Bauer, M. (1992). Übergang zur Elternschaft: Erlebte Veränderungen. *Psychologie in Erziehung und Unterricht, 39*, 96-108.

Bauereiss, R., Bayer, H. & Bien, W. (1997). *Familienatlas II: Lebenslagen und Regionen in Deutschland.* Opladen: Leske + Budrich.

Baumeister, R.F., Stillwell, A.M. & Heatherton, T.F. (1994). Guilt: An interpersonal approach. *Psychological Bulletin, 68*, 300-313.

Baxter, J. (1992). Power attitudes and time: The domestic division of labour. *Journal of Comparative Family Studies, 23*, 165-182.

Bazerman, M.H., Curhan, J.R., Moore, D.A. & Valley, K.L. (2000). Negotiation. *Annual Review of Psychology, 51*, 279-314.

Beal, E.W. & Hochman, G. (1992). *Wenn Scheidungskinder erwachsen sind – Psychische Spätfolgen der Trennung.* Frankfurt: Krüger.

Becker, G. S. (1981). *A treatise on the family.* Cambridge, MA: Harvard University Press.

Becker, H.S. (1960). Notes on the concept of commitment. *American Journal of Sociology, 66*, 32-40.

Beckman, L.J. (1984). Husbands' and wives' relative influence on fertility decisions and outcomes. *Population and Environment, 7*, 182-197.

Beckmann. M., Engfer, A. & Schneewind, K.A. (1979a). Der Berufsprofilfragebogen. Arbeitsbericht 31 aus dem Projekt Eltern-Kind-Beziehungen an der Universität München.

Beckmann. M., Engfer, A. & Schneewind, K.A. (1979b). Das Hausfrauenprofil. Ein Fragebogen zur subjektiven Beurteilung der Hausfrauentätigkeit. Arbeitsbericht 32 aus dem Projekt Eltern-Kind-Beziehungen an der Universität München.

Beitel, A.H. & Parke, R.D. (1998). Paternal involvement in infancy: The role of maternal and paternal attitudes. *Journal of Family Psychology, 12*, 268-288.

Belsky, J. (1981). Early human experience: A family perspective. *Developmental Psychology, 17*, 3-23.

Belsky, J. (1984). The determinants of parenting: A process model. *Child Development, 55*, 83-96.

Belsky, J. (1985). Exploring individual differences in marital change across the transition to parenthood. *Journal of Marriage and the Family, 47*, 1037-1044.

Belsky, J. (1991). Ehe, Elternschaft und kindliche Entwicklung. In A. Engfer, B. Minsel & S. Walper, *Zeit für Kinder!* (S. 134-159) Weinheim: Beltz.

Belsky, J., Crnic, K. & Gable, S. (1995). The determinants of coparenting in families with toddler boys: Spousal differences and daily hassles. *Child Development, 66* (3), 629-642.

Belsky, J., Gilstrap, B. & Rovine, M. (1984). The Pennsylvania Infant and Family Development Project I: Stability and change in mother-infant and father-infant interaction in a family setting at 1-to-3-to-9 months. *Child Development, 55*, 692-705.

Belsky, J. & Hsieh, K.-H. (1998). Patterns of martital change during the arly childhood years: Parent personality, coparenting, and division-of-labor correlates. *Journal of Family Psychology, 12*, 511-528.

Belsky, J. & Isabella, R.A. (1985). Marital and parent-child relationships in family of origin and marital change following the birth of a baby: a retrospective analysis. *Child Development, 56,* 342-349.

Belsky, J., Lang, M. & Huston, T.L. (1986). Sex typing and division of labor as determinants of marital change across the transition to parenthood. *Journal of Personality and Social Psychology, 50,* 517-522.

Belsky, J., Lang, M. & Rovine, M. (1985). Stability and change in marriage across the transition to parenthood: A second study. *Journal of Marriage and the Family, 47,* 855-866.

Belsky, J. &. Pensky, E. (1988). Marital changes across the transition to parenthood. *Marriage and Family Review, 13,* 133-156.

Belsky, J., Putnam, S. & Crnic, K. (1996). Coparenting, parenting, and early emotional development. In J. P. McHale & P.A. Cowan (Eds.), *Understanding how family-level dynamics affect children's development: Studies of two-parent families. New directions for child development, Vol. 74.* (pp. 45-55). San Francisco, CA, US: Jossey-Bass.

Belsky, J. & Rovine, M. (1990). Patterns of marital change across the transition to parenthood: Pregnancy to three years postpartum. *Journal of Marriage and the Family, 52,* 5-19.

Belsky, J., Rovine, M. & Fish, M. (1992). The developing family system. In M. Gunnar (Ed.), *Systems and development. Minnesota symposion on child psychology* (Vol. 22, pp. 119-166). Hillsdale, NJ: Erlbaum.

Belsky, J., Spanier, G. & Rovine, M. (1983). Stability and change in marriage across the transition to parenthood. *Journal of Marriage and the Family, 45,* 567-577.

Belsky, J. & Volling, B. (1987). Mothering, fathering, and marital interaction in the family triad during infancy: Exploring family system's processes. In P. Berman & F. Pedersen (Eds.), *Men's transition to parenthood: Longitudinal studies of early family experiences* (pp. 37-64). Hillsdale, NJ: Erlbaum.

Belsky, J., Ward, M.J. & Rovine, M. (1986). Prenatal expectations, postnatal experiences, and the transition to parenthood. In R.D. Ashmore & D.M. Brodzinsky (Eds.), *Thinking about the family: Views of parents and children* (pp. 119-145). Hillsdale, NJ: Erlbaum.

Bem, S.L. (1974). The measurement of psychological androgyny. *Journal of Consulting and Clinical Psychology, 42,* 155-162.

Benin, M.H. & Agostinelli, G. (1988). Husbands' and wives'satisfaction with the division of labor. *Journal of Marriage and the Family, 50,* 349-361.

Benin, M.H. & Nienstedt, B.C. (1985). Happiness in single and dual-earner families: The effects of marital happiness, job satisfaction, and life cycle. *Journal of Marriage and the Family, 47,* 975-984.

Bensel, J. (1994). Ist die Tagesbetreuung in Krippen ein Risiko? Eine kritische Beurteilung der internationalen Krippenforschung. *Zeitschrift für Pädagogik, 40*(2), 303-326

Bentler, P.M. & Newcomb, M.D. (1978). Longitudinal study of marital success and failure. *Journal of Consulting and Clinical Psychology, 46,* 1053-1070.

Bergant, A.M., Moser, R., Heim, K. & Ulmer, H. (1998). Burden of childbirth. Associations with obstetric and psychosocial factors. *Archives of Women's Mental Health, 1,* 77-81.

Berheide, C. (1984). Women's work in the home: Seems like old times. *Marriage and Family Review, 7*, 37-55.

Berheide, C., Berk, S.F. & Berk, R.A. (1976). Household work in the suburbs: The job and ist participants. *Pacific Sociological Review, 19*, 491-517.

Bernard, J. (1981). The good-provider role: Ist rise and fall. *American Psychologist, 36*, 1-12.

Bertram, H. (Hrsg.). (1991). *Die Familie in Westdeutschland: Stabilität und Wandel familialer Lebensformen.* Opladen: Leske + Budrich.

Betz, N.E. & Fitzgerald, L.F. (1987). *The career psychology of women.* Orlando: Academic Press.

Bierhoff-Alfermann, D. (1989). *Androgynie.* Opladen: Westdeutscher Verlag.

Bird, C.E. & Fremont, A.M. (1991). Gender, time use, and health. *Journal of Health and Social Behavior, 32*, 114-129.

Bishop, S.M. & Ingersoll, G.M. (1989). Effects of marital conflict and family structure on the self-concept of pre- and early adolescents. *Journal of Youth and Adolescence, 18*, 25-38.

Blau, F.D., Ferber, M.A. & Winkler, A.E. (1988). *The economics of women, men, and work* (3rd. ed.). Englewood Cliffs,, NJ: Prentice-Hall.

Blau, P.M. (1964). *Exchange and power in social life.* New York: Wiley.

Bleich, C. (1996). *Übergang zur Elternschaft: Die Paarbeziehung unter Streß?* Frankfurt: Verlag für akademische Schriften.

Bleich, C. (1997). Übergang zur Erstelternschaft: Individuelle Belastungen und Paarbeziehungsqualität vor und während der Schwangerschaft. In E.H. Witte (Hrsg.), *Sozialpsychologie der Paarbeziehungen* (S. 114-144). Lengerich: Pabst.

Bleich, C. (1999). Veränderungen der Paarbeziehungsqualität vor und während der Schwangerschaft sowie nach der Geburt des ersten Kindes. In B. Reichle & H. Werneck (Ed.), *Übergang zur Elternschaft: Aktuelle Studien zur Bewältigung eines unterschätzten Lebensereignisses* (S. 167-184). Stuttgart: Enke.

Bless, H., Bohner, G., Chassein, B., Kittel, C., Kohlhoff, A., Nathusius, K., Schüssler, G. & Schwarz, N. (1992). Hausmann und Abteilungsleiterin: Die Auswirkungen von Geschlechtsrollenerwartungen und rollendiskrepantem Verhalten auf die Zuschreibung von Persönlichkeitseigenschaften. *Zeitschrift für Sozialpsychologie, 23*, 16-24.

Blood, R.O. & Wolfe, D.M. (1960). *Husbands and wives.* Glencoe, IL: Free Press.

Blumstein, P. & Schwartz, P. (1991). Money and ideology: Their impact on power and the division of household labor. In R.L. Blumberg (Ed.), *Gender, family, and economy: The triple overlap* (pp. 261-288). Newbury Park, CA: Sage.

Bochner, A.P., Krueger, D.L. & Chmielewski, T.L. (1985). Interpersonal perceptions and marital adjustment. *Journal of Communication, 32*, 135-147.

Bodenmann, G. (2000a). *Stress und Coping bei Paaren.* Göttingen: Hogrefe.

Bodenmann, G. (2000b). *Kompetenzen für die Partnerschaft. Freiburger Stresspräventionstraining für Paare.* Weinheim: Juventa.

Bodenmann, G. (2001a). Das Freiburger Stresspräventionstraining für Paare (FSPT): Der Einfluss der Compliance auf Veränderungen der Partnerschaftsqualität im Längsschnitt. *Verhaltenstherapie und Verhaltensmedizin, 22*, 55-74.

Bodenmann, G. (2001b). *Stress und Partnerschaft. Gemeinsam den Alltag bewältigen.* Bern: Huber.

Bolger, N., DeLongis, A., Kessler, R.C. & Worthington, E. (1989). The contagion of stress across multiple roles. *Journal of Marriage and the Family, 51,* 175-183.

Bonney, J.F., Kelley, M.L. & Levant, R.F. (1999). A model of fathers' behavioral involvement in child care in dual-earner families. *Journal of Family Psychology, 13,* 401-415.

Bornstein, M.H. (Ed.). (1995). *Handbook of parenting.* Mahwah: Erlbaum.

Bowlby, J. (1969). *Attachment and loss: Vol. I: Attachment.* New York: Basic Books.

Bowlby, J. (1976). *Trennung.* Frankfurt: Fischer (Originalausgabe erschienen 1973).

Bradbury, T.N. & Fincham, F.D. (1988). Individual difference variables in close relationships: A contextual model of marriage as an integrative framework. *Journal of Personality and Social Psychology, 54,* 713-721.

Bradbury, T.N. & Fincham, F.D. (1990). Attributions in marriage: Review and critique. *Psychological Bulletin, 107,* 3-33.

Bradbury, T.N. & Fincham, F.D. (1992). Attributions and behavior in marital interaction. *Journal of Personality and Social Psychology, 63,* 613-628.

Brandtstädter, J. (1977). Normen. In T. Herrmann, PR. Hofstätter, H.P. Huber & F.E. Weinert (Hrsg.), *Handbuch psychologischer Grundbegriffe* (S. 327-334). München: Kösel.

Brandtstädter, J. (1982). Methodologische Grundfragen psychologischer Prävention. In J. Brandtstädter & A. von Eye (Hrsg.), *Psychologische Prävention. Grundlagen, Programme, Methoden* (S. 37-79). Bern: Huber.

Brandtstädter, J. (1984). Personal and social control over development: Some implications of an action perspective in life-span developmental psychology. In P.B. Baltes & O.G. Brim (Eds.), *Life-span development and behavior* (Vol. 6, pp. 1-32). New York: Academic Press.

Brandtstädter, J. (1985). Entwicklungsberatung unter dem Aspekt der Lebensspanne: Zum Aufbau eines entwicklungspsychologischen Anwendungskonzepts. In J. Brandtstädter & H. Gräser (Hrsg.), *Entwicklungsberatung unter dem Aspekt der Lebensspanne* (S. 1-15). Göttingen: Hogrefe.

Brandtstädter, J. (1989). Personal self-regulation of development: Cross-sequential analyses of development-related control beliefs and emotions. *Developmental Psychology, 25,* 96-108.

Brandtstädter, J. (1993). Development, aging, and control: Empirical and theoretical issues. In D. Magnusson & P.J.M. Casaer (Eds.), *Longitudinal research and individual development: Present status and future perspectives* (pp. 194-216). New York: Cambridge University Press.

Brandtstädter, J. (2000). Emotion, cognition, and control: Limits of intentionality. In W.J. Perrig & A. Grob (Eds.), *Control of human behavior, mental processes, and consciousness* (pp. 3-16). Mahwah: Erlbaum.

Brandtstädter, J. (2001). *Entwicklung, Intentionalität, Handeln.* Stuttgart: Kohlhammer.

Brandtstädter, J. & Bernitzke, F. (1976). Zur Technik der Pfadanalyse: Ein Beitrag zum Problem der nichtexperimentellen Konstruktion von Kausalmethoden. *Psychologische Beiträge, 18,* 12-34.

Brandtstädter, J. & Gräser, H. (Hrsg.). (1985). *Entwicklungsberatung unter dem Aspekt der Lebensspanne.* Göttingen: Hogrefe.

Brandtstädter, J. & Gräser, H. (1999). Entwicklungsorientierte Beratung. In R. Oerter, C. v. Hagen, G. Röper & G. Noam (Hrsg.), *Klinische Entwicklungspsychologie* (S. 335-350). Weinheim: PVU.

Brandtstädter, J., Krampen, G. & Heil, F.E. (1986). Personal control and emotional evaluation of development in partnership relations during adulthood. In M.M. Baltes & P.B. Baltes (Eds.), *The psychology of control and aging* (pp. 265-296). Hillsdale: Erlbaum.

Brandtstädter, J. & Lerner, R.M. (Eds.). (1999). *Action and self-development: Theory and research through the life-span.* Thousand Oaks, CA: Sage.

Brandtstädter, J. & Renner, G. (1990). Tenacious goal pursuit and flexible goal adjustment: Explication and age-related analysis of assimilative and accommodative coping strategies. *Psychology and Aging, 5,* 58-67.

Brandtstädter, J. & Renner, G. (1992). Coping with discrepancies between aspirations and achievements in adult development: A dual-process model. In L. Montada, S.-H. Filipp & M.J. Lerner (Eds.), *Life crises and experiences of loss in adulthood* (pp. 301-319). Hillsdale, NJ: Erlbaum.

Brines, J. (1994). Economic dependency, gender, and the division of labor at home. *American Journal of Sociology, 100,* 652-688.

Bronfenbrenner, U. (1979). *The ecology of human development.* Cambridge: Harvard University Press.

Bronstein, P. (1988). Father-child interaction: Implications for gender-role socialization. In P. Bronstein & C.P. Cowan (Eds.), *Fatherhood today: Men's changing role in the family* (pp. 107-124). New York: Wiley.

Bronstein, P. & Cowan, C.P. (Eds.). (1988). *Fatherhood today: Men's changing role in the family.* New York : Wiley.

Broussard, E.R. & Hartner, M.S.S. (1970). Maternal perceptions of the neonate as related to development. *Child Psychiatry and Human Development, 1,* 16-25.

Brüderl, L. (1988). Auseinandersetzung mit Problemen und Anforderungen im Prozeß der Familienwerdung. In L. Brüderl (Hrsg.), *Belastende Lebenssituationen. Untersuchungen zur Bewältigungs- und Entwicklungsforschung* (S. 76-95). Weinheim: Juventa.

Brüderl, L. (1989). *Entwicklungspsychologische Analyse des Übergangs zur Erst- und Zweitelternschaft.* Regensburg: Roderer.

Buba, H.P. & Vaskovics, L.A. (1994). Arbeitsteilung und Tagesablauf beim Übergang junger Paare zur Elternschaft. *Zeitschrift für Familienforschung, 6,* 150-176.

Bühler, Ch. (1933). *Der menschliche Lebenslauf als psychologisches Problem.* Leipzig: Hirzel.

Buhr, P., Strack, P. & Strohmeier, K.P. (1987). *Lebenslage und Alltagsorganisation junger Familien in Nordrhein-Westfalen – regionale Differenzierungen und Veränderungen im Zeitablauf.* Bielefeld: IBS-Materialien, Bd. 25.

Bundesministerium für Familie und Senioren, Frauen und Jugend (1994). *Staatliche Hilfen für Familien. Wann, Wo, Wie* (2. Auflage). Frankfurt: MS&L.

Bundesministerium für Familie, Senioren, Frauen und Jugend (1997). *Staatliche Hilfen für Familien. Wann, Wo, Wie.* Bonn: Osang Verlag GmbH.

Burley, K.A. (1995). Family variables as mediators of the relationship between work-family conflict and marital adjustment among dual-career men and women. *Journal of Social Psychology, 135,* 483-497.

Buunk, B.P. & Mutsaers, W. (1999). Equity perceptions and marital satisfaction in former and current marriage: A study among the remarried. *Journal of Social and Personal Relationships, 16,* 123-132.

Cahn, D.D. (Ed). (1994). *Conflict in personal relationships.* Hillsdale: Erlbaum.

Campbell, S.B. & Cohn, J.F. (1991). Prevalence and correlates of postpartum depression in first-time mothers. *Journal of Abnormal Psychology, 100,* 594-599.

Carlson, B.E. & Videka-Sherman, L. (1990). An empirical test of androgyny in the middle years: Evidence from a national survey. *Sex Roles, 23,* 305-324.

Carr, D, (1997). The fulfillment of career dreams at midlife: Does it matter for women's mental health? *Journal of Health and Social Behavior, 38,* 331-344.

Carver, C.S. & Scheier, M.F. (1981). *Attention and self-regulation: A control-theory approach to human action.* New York: Springer.

Caspi, A. & Elder, G.H. (1988). Emergent family patterns: The intergenerational construction of problem behaviour and relationships. In R.A. Hinde & J. Stevenson-Hinde (Eds.), *Relationships within families: Mutual influences* (pp. 218-240). Oxford: Claredon.

Cath, S.H., Gurwitt, A. & Gunsbers, L. (Eds.). (1989). *Fathers and their families.* Hillsdale, NJ: Analytic Press.

Chafetz, J.S. (1991). The gender division of labor and the reproduction of female disadvantage: Toward an integrated theory. In R.L. Blumberg (Ed.), *Gender, family, and economy: The triple overlap* (pp. 74-94). Newbury Park, CA: Sage.

Chaykowski, R.P. & Powell, L.M. (1999). Women and the labour market: Recent trends and policy issues. *Canadian Public Policy, 25* [Supplement], 1-25.

Christensen, A. & Heavey, C.L. (1999). Interventions for couples. *Annual Review of Psychology, 50,* 165-190.

Clarke, D.D., Allen, C.M.B. & Salinas, M. (1986). Cojoint time-budgeting: Investigating behavioral accommodation in marriage. *Journal of Social and Personal Relationships, 3,* 53-69.

Clinton, J.F. & Kelber, S.T. (1993). Stress and coping in fathers of newborns: Comparisons of planned versus unplanned pregnancy. *International Journal of Nursing Studies, 30,* 437-443.

Cochran, M. & Niergo, S. (1995). Parenting and social networks. In M.H. Bornstein, (Ed.) *Handbook of parenting* (Vol. 3, pp. 393-418). Mahwah, NJ: Erlbaum.

Codreanu, N. & Engfer, A. (1984). *Entwicklung und Validierung eines Fragebogens zur Erhebung der Einstellungen von Müttern mit Kindern im Kleinkindalter (EMKK).* Manuskript in Vorbereitung.

Cohen, C.P. & Wills, T.A. (1985). Stress, social support, and the buffering hypothesis. *Psychological Bulletin, 98,* 340-357.

Cohen, J. & Cohen, P. (1983). *Applied multiple regression/correlation analysis for the behavioral sciences* (2nd ed.). Hillsdale: Erlbaum.

Coleman, L.M. (2002). New opportunities for reducing the risk from teenage pregnancy – What is the evidence base for tackling risk behaviours in combination? *Health, Risk and Society, 4,* 77-93.

Coleman, L.M., Antonucci, T.C. & Adelmann, P.K. (1987). Role-involvement, gender, and well-being. In F.J. Crosby (Ed.), *Spouse, parent, worker: On gender and multiple roles* (pp. 138-153). New Haven, CT: Yale University Press.

Coltrane, S. (1996). *Family man.* New York: Oxford University Press.

Conger, R.D., Elder, G.H., Lorenz, F.O., Conger, K.J., Simons, R.L., Whitbeck, L.B., Huck, S. & Melby, J.N. (1990). Linking economic hardship to marital quality and stability. *Journal of Marriage and the Family, 52,* 643-656.

Cooper, K., Chassin, L.A. & Zeiss, A. (1985). The relation of sex-role self-concept and sex-role attitudes to the marital satisfaction and personal adjustment of dual-worker couples with preschool children. *Sex Roles.* 12, 227-241.

Cowan, C.P. & Cowan, P.A. (1987a). Men's involvement in parenthood: Identifying the antecedents and understanding the barriers. In P. Berman & F. Pedersen (Eds.), *Men's transition to parenthood: Longitudinal studies of early family experiences* (pp. 145-174). Hillsdale, NJ: Erlbaum.

Cowan, C.P. & Cowan, P.A. (1987b). A preventive intervention for couples becoming parents. In C.F.Z. Boukidis (Ed.), *Research on support for parents and infants in the post-natal period* (pp. 225-251). Norwood: Ablex.

Cowan, C.P. & Cowan, P.A. (1988). Who does what when partners become parents: Implications for men, women, and marriage. *Marriage and Family Review, 13,* 105-131.

Cowan, C.P. & Cowan, P.A. (1990). Becoming a family: Research and intervention. In I.E. Sigel & G.H. Brody (Eds.), *Methods of family research: Biographies of research projects: Vol 1. Normal families* (pp. 1-51). Hillsdale, NJ: Lawrence Erlbaum.

Cowan, C.P. & Cowan, P.A. (1994). *Wenn Partner Eltern werden. Der große Umbruch im Leben des Paares.* München: Piper.

Cowan, C.P. & Cowan, P.A. (1995). Interventions to ease the transition to parenthood: Why they are needed and what they can do. *Family Relations, 44,* 412-423.

Cowan, C.P., Cowan, P.A., Coie, L. & Coie, J.D. (1983). Becoming a family: The impact of a first child's birth on the couple's relationship. In W. Miller & L. Newman (Eds.), *The first child and family formation* (pp. 45-63). Chapel Hill, NC: Carolina Population Center.

Cowan, C.P., Cowan, P.A., Heming, G., Garett, E., Coysh, W.S., Curtis-Boles, H. & Boles, A.J. (1985). Transition to parenthood. His, hers and theirs. *Journal of Family Issues, 6,* 451-481.

Cowan, P.A. & Cowan, C.P. (1988). Changes in marriage during the transition to adulthood: Must we blame the baby? In G.Y. Michaels & W.A. Goldberg (Eds.), *The transition to parenthood: Current theory and research* (pp. 114-156). Cambridge: Cambridge University Press.

Cowan, P.A., Cowan, C.P. & Kerig, P.K. (1993). Mothers, fathers, sons, and daughters: Gender differences in family formation and parenting style. In P.A. Cowan, D. Field, D.A. Hansen, A. Skolnick & G.E. Swanson (Eds.), *Family, self, and society: Toward a new agenda for family research* (pp. 165-195). Hillsdale, NJ: Erlbaum.

Cowan, P.A., Cowan, C.P., Schulz, M., & Heming, G. (1994). Prebirth to preschool family factors in children's adaptation to kindergarten. In R.D. Parke & S.G. Kellam (Eds.), *Exploring family relationships with other social contexts* (pp. 75-114). Hillsdale: Erlbaum.

Cox, M., Paley, B. & Payne, C.C. (1998). Der Übergang zur Elternschaft: Risiken und Ressourcen. In K. Hahlweg, D. Baucom, R. Bastine & H.J. Markman (Hrsg.), *Prädiktion und Prävention von Beziehungsstörungen und Scheidung,* (S. 133-

527

143). Schriftenreihe des Bundesministeriums für Familie, Senioren, Frauen und Jugend, Bd, 151. Stuttgart: Kohlhammer.

Cox, M.J., Owen, M.T., Lewis, J.M., Henderson, V.K. (1989). Marriage, adult adjustment, and early parenting. *Child Development, 60,* 1015-1024.

Cox, M.J., Owen, M.T., Lewis, J.M. Riedel, C., Scalf-McIver, L. & Suster, A. (1985). Intergenerational influences on the parent-infant relationship in the transition to parenthood. *Journal of Family Issues, 6,* 543-564.

Cox, M.J., Paley, B., Burchinal, M. & Payne, C.C. (1999). Marital perceptions and interactions across the transition to parenthood. *Journal of Marriage and the Family, 61,* 611-625.

Crawford, D.W. & Huston, T.L. (1993). The impact of the transition to parenthood on marital leisure. *Personality and Social Psychology Bulletin, 19,* 39-46.

Crnic, K.A., Greenberg, M.T., Ragozin, A.S., Robinson, N.M. & Basham, R. (1983). Effects of stress and social support on mothers and premature and full-term infants. *Child Development, 54,* 209-217.

Crockenberg, S.B. (1987). Support for adolescent mothers during the postnatal period: Theory and research. In C.F.Z. Boukydis (Ed.), *Research on support for parents and infants in the postnatal period* (pp. 3-24). Norwood: Ablex.

Crockenberg, S. & Litman, C. (1990). Autonomy as competence in 2-year-olds: Maternal correlates of child defiance, compliance, and self-assertion. *Developmental Psychology, 26,* 961-971.

Crockenberg, S.B. & McCluskey, K. (1986). Change in maternal behavior during the baby's first year of life. *Child Development, 57,* 746-753.

Cronbach, L.J. & Furby, L. (1970). How we should measure ‚change' – or should we? *Psychological Bulletin, 74,* 69-80.

Crosby, F.J. (1991). *Juggling: The unexpected advantages of balancing career and home for women and their families.* New York: Free Press.

Crouter, A.C., Perry-Jenkins, M., Huston, T.L. & McHale, S.M. (1987). Processes underlying father involvement in dual-earner and single-earner families. *Developmental Psychology, 23,* 431-440.

Cunningham, J.D. & Antill, J.K. (1984). Changes in masculinity and femininity across the family life cycle: a reexamination. *Developmental Psychology, 20,* 1135-1141.

Curtis-Boles, H. (1983, August). *Self changes in the early stages of parenting.* Paper presented at the American Psychological Association, Anaheim.

Dalbert, C. & Schmitt, M. (1986). Einige Anmerkungen und Beispiele zur Formulierung und Prüfung von Moderatorhypothesen. *Zeitschrift für Differentielle und Diagnostische Psychologie, 7,* 29-43.

Dancer, L.S. & Gilbert, L.A. (1993). Spouses' family work participation and its relation to wives' occupational level. *Sex Roles, 28,* 127-145.

Daniels, P. & Weingarten, K. (1988). The fatherhood click: The timing of parenthood in men's lives. In P. Bronstein, & P.A. Cowan (Eds.), *Fatherhood today* (pp. 36-52). New York: Wiley & Sons.

Danish, S.J., D'Augelli, A.R. & Laquatra, I. (1983). *Helping skills II: Life development intervention.* New York: Human Sciences Press.

Datan, N. & Ginsberg, L.H. (Eds.). (1975). *Life-span developmental psychology: Normative life crises.* New York: Academic Press.

Davis, M.D. & Kraus, L.A. (1997). Personality and empathic accuracy. In W. Ickes (Ed.), *Empathic accuracy* (pp. 144-168). New York, London: Guilford Press.

De Luccie, M. (1995). Mothers as gatekeepers: A model of maternal mediators of father involvement. *The Journal of Genetic Psychology, 156,* 115-131.

De Luccie, M. (1996a). Mothers: influential agents in father-child relations. *Genetic, Social, and General Psychology Monographs, 122,* 287-307.

De Luccie, M. (1996b). Predictors of paternal involvement and satisfaction. *Psychological reports, 79,* 1351-1359.

De Luccie, M. (1997). Predictors of paternal involvement and satisfaction. *Psychological Reports, 79,* 1351-1359.

DeJoseph, J.F. (1992). Work, pregnancy, and distress. *Work and Stress, 6,* 379-383.

Demo, D.H. & Acock, A.C. (1993). Family diversity and the division of domestic labor: How much have things really changed? *Family Relations, 42,* 323-331.

Dempsey, K. (1996). Trying to get husbands to do more work at home. *Australian and New Zealand Journal of Sociology, 32,* 216-225.

Desmarais, S. & Lerner, M.J. (1994). Entitlements in close relationships: A justice-motive analysis. In M.J. Lerner & G. Mikula (Eds.), *Entitlement and the affectional bond: Justice in close relationships* (pp. 43-63). New York: Plenum.

Deutsch, M. (1960). The effect of motivational orientation upon trust and suspicion. *Human Relations, 13,* 122-139.

Deutsch, M. (1969). Conflicts: Productive and destructive. *Journal of Social Issues, 25,* 7-41.

Deutsch, M. (1974). *Konfliktregelung. Konstruktive und destruktive Prozesse.* München: Reinhardt.

Deutsch, M. (1990). Cooperation, conflict, and justice. In S.A. Wheelan, E.A. Pepitone & V. Abt (Eds.), *Advances in field theory* (pp. 149-164). Newbury Park: Sage.

Deutsch, F.M., Lozy, J.L. & Saxon, S. (1993). Taking credit: Couples' reports of contributions to child care. *Journal of Family Issues, 14,* 421-437.

Deutsch, F.M., Lussier, J.B. & Servis, L.J. (1993). Husbands at home: Predictors of paternal participation in childcare and housework. *Journal of Personality and Social Psychology, 65,* 1154-1166.

Deutsch, F.N., Ruble, D.N., Fleming, A., Brooks-Gunn, J. & Stangor, C. (1988). Information seeking and marital self-definition during the transition to motherhood. *Journal of Personality and Social Psychology, 55,* 420-431.

Deutscher Familienverband (Hrsg.), *Handbuch Elternbildung.* Opladen 1999: Leske + Budrich.

Dew, M.A., Penkower, L. & Bromet, E.J. (1991). Effects of unemployment on mental health in the contemporary family. *Behavior Modification, 15,* 501-544.

Dickstein, S., & Parke, R. (1988). Social referencing in infancy: a glance at fathers and marriage. *Child Development, 59,* 506-511.

Diekmann, A. & Engelhardt, H. (1995). Die soziale Vererbung des Scheidungsrisikos. Eine empirische Untersuchung der Transmissionshypothese mit dem deutschen Familiensurvey. *Zeitschrift für Soziologie, 24,* 215-228.

Diekmann, A. & Klein, T. (1991). Die Bestimmung des Ehescheidungsrisikos. Eine empirische Untersuchung mit den Daten des sozioökonomischen Panels. *Kölner Zeitschrift für Soziologie und Sozialpsychologie, 2,* 271-290.

529

Diener, M.L., Goldstein, L.H. & Mangelsdorf, S.C. (1995). The role of prenatal expectations in parents' reports of infant temperament. *Merrill-Palmer Quarterly, 41,* 172-190.

Dietrich, G. (1983). *Allgemeine Beratungspsychologie.* Göttingen: Hogrefe.

Dittmann-Kohli, F. (1990). Sinngebung im Alter. In P. Mayring & W. Saup (Hrsg.), *Entwicklungsprozesse im Alter* (S. 145-166). Stuttgart: Kohlhammer.

Doherty, W.J. (1991). Beyond reactivity and the deficit model of manhood: A commentary on articles by Napier, Pitman and Gottman. *Journal of Marriage and Family Therapy, 17,* 29-32.

Dörner, D. (1979). *Problemlösen als Informationsverarbeitung.* Stuttgart: Kohlhammer.

Drew, E. & Emerek, R. (1998). Employment, flexibility and gender. In E. Drew, R. Emerek & E. Mahon (Eds.), *Women, work and the family in Europe* (pp. 89-99). London: Routledge.

Drobnic, S., Blossfeld, H.-P. & Rohwer, G. (1999). Dynamics of women's employment patterns over the family life course: A comparison of the United States and Germany. *Journal of Marriage and the Family, 61,* 133-146.

Dyer, E.D. (1963). Parenthood as crisis: A re-study. *Marriage and Family Living, 25,* 196-201.

Eagly, A.H. (1987). *Sex differences in social behavior: A social-role interpretation.* Hillsdale, NJ: Erlbaum.

Easterbrooks, M.A., Cummings, E.M. & Emde, R.N. (1994). Young children's responses to constructive marital disputes. *Journal of Family Psychology, 8,* 160-169.

Easterbrooks, M.A. & Emde, R.N. (1988). Marital and parent-child relationships: The role of affect in the family system. In R.A. Hinde & J.S. Hinde (Eds.), *Relationships within the family: Mutual influences* (pp. 83-103). Oxford: Oxford University Press.

Easterbrooks, M.A. & Goldberg, W.A. (1984). Toddler development in the family: Impact of father involvement and parenting characteristics. *Child Development, 55,* 740-752.

Eells, L.W. & O'Flaherty, K. (1996). Gender perceptual differences in relation to marital problems. *Journal of Divorce and Remarriage, 25,* 95-116.

Egeland, B., Jacobvitz, D. & Sroufe, L.A. (1988). Breaking the cycle of abuse. *Child Development, 59,* 1980-1988.

El-Giamal, M. (1997). Veränderungen der Partnerschaftszufriedenheit und Stressbewältigung beim Übergang zur Elternschaft: Ein aktueller Literaturüberblick. *Psychologie in Erziehung und Unterricht, 44,* 256-275.

El-Giamal, M. (1999). *Wenn ein Paar zur Familie wird: Alltag, Belastungen und Belastungsbewältigung beim ersten Kind.* Bern: Huber.

Emery, R.E., Hetherington, E.M. & Dialla, L.F. (1984). Divorce, children, and social policy. In H.W. Stevenson & A.E. Siegel (Eds.), *Child development research and social policy* (pp. 189-266). Chicago: University of Chicago Press.

Emmons, R.A. (1986). Personal strivings: An approach to personality and subjective well-being. *Journal of Personality and Social Psychology, 51,* 1058-1068.

Endepohls, M.M. (1989). *Die Aufgabenverteilung in Partnerschaften bei der Geburt des ersten Kindes.* Rheinische Friedrich-Wilhelms-Universität Bonn: unveröffentlichte Dissertation.

Engfer, A. (1984). *Entwicklung punitiver Mutter-Kind-Interaktionen im sozioökologischen Kontext.* Arbeitsbericht zum Antrag an die Deutsche Forschungsgemeinschaft auf Gewährung einer Sachbeihilfe. Universität München: Psychologisches Institut.

Engfer, A. (1986). Antecedents of perceived behavior problems in infancy. In G.A. Kohnstamm (Ed.), *Temperament discussed* (pp. 165-180). Lisse: Swets & Zeitlinger.

Engfer, A. (1988). The interrelatedness of marriage and the mother-child relationship. In R.A. Hinde & J.S. Hinde (Eds.), *Relationships within the family: Mutual influences* (pp. 104-118). Oxford: Oxford University Press.

Engfer, A. (1991). Entwicklung punitiver Mutter-Kind-Interaktionen im sozioökologischen Kontext. Fortsetzungsantrag an die Deutsche Forschungsgemeinschaft auf Gewährung einer Sachbeihilfe. München: unveröffentlichtes Manuskript.

Engfer, A. (1992). Difficult temperament and child abuse. Notes on the validity of the child-effect model. *Análise Psicológica, 1,* 51-61.

Engfer, A. (im Druck). Der Kindheitsfragebogen (KFB). Ein Instrument zur Beschreibung der Kindheitsbeziehung zu den Eltern. Diagnostica.

Engfer, A.G. & Gavranidou, M. (1987). Antecedents and consequences of maternal sensitivity: A longitudinal study. In H.Rauh & H.-C. Steinhausen (Eds.), *Psychobiology and early development.* (pp. 71-99). North-Holland: Elsevier.

Engfer, A., Gavranidou, M. & Heinig, L. (1988). Veränderungen in Ehe und Partnerschaft nach der Geburt von Kindern: Ergebnisse einer Längsschnittstudie. *Verhaltensmodifikation und Verhaltensmedizin, 9,* 297-311.

Engfer, A. & Schneewind, K.A. (1982). Antecedents of harsh parental punishment in a representative sample of 570 German families. *Child Abuse and Neglect, 6,* 129-139.

Engl, J. & Thurmaier, F. (1995). *Wie redest Du mit mir? Fehler und Möglichkeiten in der Paarkommunikation.* Freiburg: Herder.

Engstler, H. (1997). *Die Familie im Spiegel der amtlichen Statistik.* Bonn: Bundesministerium für Familie, Senioren, Frauen und Jugend.

Erel, O. & Burman, B. (1995). Interrelatedness of marital relations and parent-child relations: A meta-analytic review. *Psychological Bulletin, 118,* 108-132.

Erickson, R.J. (1993). Reconceptualizing family work: The effect of emotion work on perceptions of marital quality. *Journal of Marriage and the Family, 55,* 888-900.

Etaugh, C. & Study, G. G. (1989.) Perceptions of mothers: Effects of employment status, marital status, and age of child. *Sex-Roles, 20,* 59-70.

Ettrich, C. & Ettrich, K.U. (1995). Die Bedeutung sozialer Netzwerke und erlebter sozialer Unterstützung beim Übergang zur Elternschaft – Ergebnisse einer Längsschnittstudie. *Psychologie in Erziehung und Unterricht, 42,* 29-39.

Evers-Kiebooms, G., Fryns, J.-P. et al. (Eds.). (1992). *Psychosocial aspects of genetic counseling.* New York: Wiley.

Fawcett, J.T. (1982). Value of children. In J. Ross (Ed.), *International Encyclopaedia of Population,* (Vol. 2) (pp. 665-671). New York: Free Press.

Fawcett, J.T. (1988). The value of children and the transition to parenthood. In R. Palkovitz & M.B. Sussman (Eds.), *Transitions to parenthood* (pp. 11-34). New York: Haworth Press.

Fedele, N.M., Golding, E.R., Grossman, F.K. & Pollack, W.S. (1988). Psychological issues in adjustment to first parenthood. In G.Y. Michaels & W.A. Goldberg

(Eds.), *The transition to parenthood: Current theory and research* (pp. 85-113). New York: Cambridge University Press.

Feldman, S.S. & Aschenbrenner, B. (1983). Impact of parenthood on various aspects of masculinity and femininity: A short-term longitudinal study. *Developmental Psychology, 19,* 278-289.

Feldman, S.S., Biringer, Z.C. & Nash, S.C. (1981). Fluctuations of sex-related self-attributions as a function of stage of family life cycle. *Developmental Psychology, 17,* 24-35.

Feldman, S.S. & Nash, S.C. (1984). The transition from expectancy to parenthood: impact of the firstborn child on men and women. *Sex Roles, 11,* 61-78.

Feldman, S.S., Nash, S.C. & Aschenbrenner, R.B. (1983). Antecedents of fathering. *Child Development, 54,* 1628-1636.

Felser, G. (2000). *Inkonsistenzen zwischen Selbstbild und der Wahrnehmung durch den Partner: Bedingungen der interpersonellen Wahrnehmung und ihr Zusammenhang mit Partnerschaftsqualität.* Lengerich: Pabst.

Felser, G., Schmitz, U. & Brandtstädter, J. (1998). Stabilität und Qualität von Partnerschaften. Risiken und Ressourcen. In K. Hahlweg, D. Baucom, R. Bastine & H.J. Markman (Hrsg.), *Prävention von Trennung und Scheidung – Internationale Ansätze zur Prädiktion und Prävention von Beziehungsstörungen.* Schriftenreihe des Bundesministeriums für Familie, Senioren, Frauen und Jugend, Bd. 151 (S. 83-103). Stuttgart: Kohlhammer.

Fendrich, M. (1984). Wives' employment and husbands' distress: A meta analysis and a replication. *Journal of Marriage and the Family, 46,* 871-879.

Festinger, L. (1957). *A theory of cognitive dissonance.* Evanston: Row Peterson.

Fiedler, K. & Ströhm, W. (1995). Attributionsstrategien in unglücklichen Partnerschaften. In M. Amelang, H.-J. Ahrens & H.W. Bierhoff (Hrsg.), *Partnerwahl und Partnerschaft* (S. 93-116). Göttingen: Hogrefe.

Field, T. (1996). Attachment and separation in young children. *Annual Review of Psychology, 47,* 541-561.

Filipp, S.-H. (Hrsg.). (1995). *Kritische Lebensereignisse.* Weinheim: PVU.

Filipp, S.-H., Ferring, D., Mayer, A.-K. & Schmidt, K. (1997). Selbstbewertungen und selektive Präferenz für temporale vs. soziale Vergleichsinformation bei alten und sehr alten Menschen. *Zeitschrift für Sozialpsychologie, 28,* 30-43.

Fincham, F.D. (1994). Understanding the association between marital conflict and child adjustment: overview. *Journal of Family Psychology, 8,* 123-127.

Fincham, F.D. & Bradbury, T.N. (1987). The assessment of martial quality: A re-evaluation. *Journal of Marriage and the Family, 49,* 797-809.

Fincham, F.D. & Bradbury, T.N. (1992). Assessing attributions in marriage: The Relationship Attribution Measure. *Journal of Personality and Social Psychology, 62,* 457-468.

Fincham, F.D., Grych, J.H. & Osborne, L.N. (1994). Does marital conflict cause child maladjustment? Directions and challenges for longitudinal research. *Journal of Family Psychology, 8,* 128-140.

Fincham, F.D. & Jaspars, J.M. (1980). Attribution of responsibility: From man as scientist to man as lawyer. In L. Berkowitz (Ed.), *Advances in experimental social psychology* (Vol. 13, pp. 81-138). New York: Academic Press.

Fincham, F.D. & Linfield, K.J. (1997). A new look at marital quality: Can spouses feel positive and negative about their marriage? *Journal of Family Psychology, 11,* 489-502.

Fischer, L.R. (1988). The influence of kin on the transition to parenthood. In R. Palkovitz & M.B. Sussman (Eds.), *Transitions to parenthood (S. 201-219).* New York: Haworth Press.

Fish, L.S., New, R.S. & Van Cleave, N.J. (1992). Shared parenting in dual-income families. *American Journal of Orthopsychiatry, 62,* 83-92.

Flade, A. (1993a). Wohnen und Wohnbedürfnisse im Blickpunkt. In H. J. Harloff (Hrsg.), *Psychologie des Wohnungs- und Siedlungsbaus. Psychologie im Dienste von Architektur und Stadtplanung* (S. 45-55). Göttingen: Verlag für Angewandte Psychologie.

Flade, A. (1993b). Spielen von Kindern im Wohnviertel: das home range-Konzept. In H. J. Harloff (Hrsg.), *Psychologie des Wohnungs- und Siedlungsbaus. Psychologie im Dienste von Architektur und Stadtplanung* (S. 185-194). Göttingen: Verlag für Angewandte Psychologie.

Flade, A. (1994). Kindgerechtes Wohnen. Zum Zusammenhang zwischen Wohnbedingungen und den Lebensbedürfnissen von Kindern und Familien. *Bildung und Erziehung, 47,* 57-71.

Flade, A. (1999). Bedeutsamkeit von Wohnen im frühen und mittleren Erwachsenenalter. In. H.-W. Wahl, H. Mollenkopf & F. Oswald (Hrsg.), *Alte Menschen in ihrer Umwelt. Beiträge zur Ökologischen Gerontologie* (S. 97-104). Opladen: Westdeutscher Verlag.

Flade, A. & Härtel, K. (1991). *Nutzerorientiertes Wohnen. Das Wohnprojekt in der Bessunger Strasse in Darmstadt aus der Sicht der Nutzer.* Darmstadt: Institut Wohnen und Umwelt.

Flade, A. & Kulisch, B. (1994). *Wohnprobleme junger Familien.* Darmstadt: Institut Wohnen und Umwelt.

Fleming, A.S., Ruble, D.N., Flett, G.L. & Van Wagner, V. (1990). Adjustment in first-time mothers: Changes in mood and mood content during the early postpartum months. *Developmental Psychology, 26,* 137-143.

Frijda, N.H. (1986). *The emotions.* Cambridge: Cambridge University Press.

Fthenakis, W.E. (1985). *Väter.* München: Urban & Schwarzenberg.

Fthenakis, W.E. & Eckert, M. (1997). Präventive Hilfen für Familien in Familienbildung und Beratung. In H. Macha & L. Mauermann (Hrsg.), *Brennpunkte der Familienerziehung* (S. 219-239). Weinheim: Deutscher Studien Verlag.

Fthenakis, W.E. & Kalicki, B. (2000). Die „Gleichberechtigungsfalle" beim Übergang zur Elternschaft. In J. Maywald, B. Schön & B. Gottwald (Hrsg.), *Familien haben Zukunft* (S. 161-170). Reinbek: Rowohlt.

Fthenakis, W.E., Niesel, R. & Kunze, H.-R. (1982). *Ehescheidung: Konsequenzen für Eltern und Kinder.* München: Urban und Schwarzenberg.

Gerber, G. L. (1993). Instrumental and expressive personality traits in social cognition: Parallels with social interaction. *Genetic, Social, and General Psychology Monographs, 119,* 99-123.

Gerris, J.R.M., Dubas, J.S., Jannsens, J.M.A.M. & Vermulat, A.A. (2000). Dynamische Beziehungen zwischen der Persönlichkeit von Eltern und Jugendlichen und ihren Familiensubsystemen. In K.A Schneewind (Hrsg.), *Familienpsychologie im Aufwind* (S. 151-173). Göttingen: Hogrefe.

Giddens, A. (1990). *The consequences of modernity.* Cambridge: Polity Press.

Giles, H. & Smith, P.M. (1979). Accommodation theory: Optimal levels of convergence. In H. Giles & R.S. Clair (Eds.), *Language and social psychology* (pp. 45-65). Oxford: Basil Blackwell.

Gill, H.L. & Haurin, D.R. (1998). Wherever he may go: How wives affect their husband's career decisions. *Social Science Research, 27,* 264-279.

Gjerdingen, D.K. & Chaloner, K. (1994). Mothers' experience with household roles and social support during the first postpartum year. *Women and Health, 21,* 57-74.

Glass, J. & Fujimoto, T. (1994). Housework, paid work, and depression among husbands and wives. *Journal of Health and Social Behavior, 35,* 179-191.

Glenn, N.D. & McLanahan, S.S. (1982). Children and marital happiness: A further specification of the relationship. *Journal of Marriage and the Family, 44,* 63-72.

Gloger-Tippelt, G. (1988). *Schwangerschaft und erste Geburt. Psychologische Veränderungen der Eltern.* Stuttgart: Kohlhammer.

Gloger-Tippelt, G. (Hrsg.) (2001). *Bindung im Erwachsenenalter. Ein Handbuch für Forschung und Praxis.* Bern: Huber.

Gloger-Tippelt, G., Gomille, B. & Grimmig, R. (1993). *Der Kinderwunsch aus psychologischer Sicht.* Opladen: Leske & Budrich.

Gloger-Tippelt, G. & Huerkamp, M. (1998). Relationship change at the transition to parenthood and security of infant-mother attachment. *International Journal of Behavioral Development, 22,* 633-655

Gloger-Tippelt, G., Rapkowitz, I., Freudenberg, I. & Maier, S. (1995). Veränderungen der Partnerschaft nach der Geburt des ersten Kindes: Ein Vergleich von Eltern und kinderlosen Paaren. *Psychologie in Erziehung und Unterricht, 42,* 255-269.

Goldberg, W.A. (1990). Marital quality, parental personality and spousal agreement about perceptions and expectations for children. *Merrill-Palmer Quarterly, 36,* 531-556.

Goldberg, W.A. & Easterbrooks, M.A. (1984). Role of marital quality in toddler development. *Developmental Psychology, 25,* 373-381.

Goldberg, W.A., Michaels, G.Y. & Lamb, M.E. (1985). Husbands' and wives' adjustment to pregnancy and first parenthood. *Journal of Familiy Issues, 6,* 483-504.

Goldsmith, A.H., Veum, J.R. & Darity, W. (1997). Unemployment, joblessness, psychological well-being and self-esteem: Theory and evidence. *Journal of Socio-Economics, 26,* 133-158.

Goodnow, J.J. (1998). Beyond the overall balance: The significance of particular tasks and procedures for perceptions of fairness in distributions of household work. *Social Justice Research, 11,* 359-376.

Gottlieb, B.H. & Pancer, S.M. (1988). Social networks and the transition to parenthood. In G.Y. Michaels & W.A. Goldberg (Eds.), The transition to parenthood: Current theory and research. Cambridge studies in social and emotional development (pp. 235-269). New York: Cambridge University Press.

Gottman, J.M. (1979). *Marital interaction: Experimental investigations.* New York: Academic Press.

Gottman, J.M. (1990). How marriages change. In G.R. Patterson (Ed.), *Depression and aggression in family interaction* (pp. 75-101). Hillsdale, NJ: Erlbaum.

Gottman, J.M. (1993). A theory of marital dissolution and stability. *Journal of Family Psychology, 7,* 57-75.

Gottman, J.M. (1994). *What predicts divorce? The relationship between marital processes and marital outcomes.* Hillsdale: Erlbaum.

Gottman, J.M. (1998). Psychology and the study of marital processes. *Annual Review of Psychology, 49,* 169-197.

Gottman, J.M. & Levenson, R.W. (1988). The social psychophysiology of marriage. In P. Noller & M.A. Fitzpatrick (Eds), *Perspectives on marital interaction* (pp. 182-200). Clevedon: Multilingual Matters.

Gove, W.R. & Zeiss, C. (1987). Multiple roles and happiness. In F.J. Crosby (Ed.), *Spouse, parent, worker: On gender and multiple roles* (pp. 125-137). New Haven, CT: Yale University Press.

Graham, T. & Ickes, W. (1997). When women's intuition isn't greater than men's. In W. Ickes (Ed.), *Empathic accuracy* (pp. 117-143). New York, London: The Guilford Press.

Grant, H.B. (1992). *Übergang zur Elternschaft und Generativität. Eine ökologisch-psychologische Studie über die Bedeutung von Einstellungen und Rollenauffassungen beim Übergang zur Elternschaft und ihr Beitrag zur Generativität.* Inaugural-Dissertation, Düsseldorf: Heinrich-Heine-Universität.

Greenberger, E. & O'Neil, R. (1993). Spouse, parent, worker: Role commitments and role-related experiences in the construction of adults' well being. *Developmental Psychology, 29,* 181-197.

Greenstein, T.N. (1996). Husbands' participation in domestic labor: Interactive effects of wives' and husbands' gender ideologies. *Journal of Marriage and the Family, 58,* 585-595.

Greenstein, T.N. (2000). Economic dependence, gender, and the division of labor in the home: A replication and extension. *Journal of Marriage and the Family, 62,* 322-335.

Greenwald, A.G. (1980). The totalitarian ego: Fabrication and revision of personal history. *American Psychologist, 35,* 603-618.

Greve, W. (1989). *Selbstkonzeptimmunisierung.* Universität Trier: Unveröffentlichte Dissertation.

Greve, W. (1994). *Handlungsklärung.* Bern: Huber.

Grossman, F.K. (1987). Separate and together: Men's autonomy and affiliation in the transition to parenthood. In F. Pedersen & P. Berman (Eds.), *Men's transition to parenthood: Longitudinal studies of early family experiences* (pp. 89-112). Hillsdale, NJ: Erlbaum.

Grossman, F.K. (1988). Strain in the transition to parenthood. *Marriage and Family Review, 13,* 85-104.

Grossman, F.K., Eichler, L.S., Winickoff, S.A. *et al.* (1980). *Pregnancy, birth, and parenthood.* San Francisco: Jossey-Bass.

Grossman, F.K., Pollack, W.S., Golding, E.R. & Fedele, N.M., (1987). Affiliation and autonomy in the transition to parenthood. *Family Relations, 36,* 263-269.

Grote, N.K.& Clark, M.S. (1998). Distributive justice norms and family work: What is perceived as ideal, whatiIs applied, and what predicts perceived fairness? *Social Justice Research, 11,* 243-269.

Grych, J.H., & Fincham, F.D. (1993). Children's appraisal of marital conflict: initial investigations of the cognitive-contextual framework. *Child Development, 64,* 215-230.

Gunter, B.G. & Gunter, N.C. (1991). Inequities in household labor: Sex role orientation and the need for cleanliness and responsibility as predictors. *Journal of Social Behavior and Personality, 6,* 559-572.

Haas, L. (1992). *Equal parenthood and social policy.* Albany: State University of New York Press.

Hackel, L.S. & Ruble, D.N. (1992). Changes in the marital relationship when the first baby is born: Predicting the impact of expectancy disconfirmation. *Journal of Personality and Social Psychology, 62,* 944-957.

Hahlweg, K. (1979). Konstruktion und Validierung des Partnerschaftsfragebogens PFB. *Zeitschrift für Klinische Psychologie, 8,* 17-40.

Hahlweg, K., Markman, H.J., Thurmaier, F., Engl, J. & Eckert, V. (1998). Prevention of marital distress: Results of a German prospective longitudinal study. *Journal of Family Psychology, 12,* 543-556.

Hahlweg, K., Schindler, L. & Revenstorf, D. (1982). *Partnerschaftsprobleme: Diagnose und Therapie.* Berlin: Springer.

Hannah, J.A. & Quarter, J. (1992). Sharing household labour: "Could you do the bedtime story while I do the dishes?" *Canadian Journal of Community Mental Health, 11,* 147-162.

Hannover, B. (1997). Zur Entwicklung des geschlechtsrollenbezogenen Selbstkonzepts: Der Einfluss „maskuliner" und „femininer" Tätigkeiten auf die Selbstbeschreibung mit instrumentellen und expressiven Personeigenschaften. *Zeitschrift für Sozialpsychologie, 28,* 60-75.

Harriman, L.C. (1983). Personal and marital changes accompanying parenthood. *Family Relations, 32,* 387-394.

Harriman, L.C. (1986). Marital adjustment as related to personal and marital changes accompanying parenthood. *Family Relations, 34,* 233-239.

Harris, K.M. & Morgan, S.P. (1991). Fathers, sons, and daughters: Differential paternal involvement in parenting. *Journal of Marriage and the Family, 53,* 531-544.

Hartmann, H.I. (1981). The family as the locus of gender, class, and political struggle: The example of housework. *Signs, 6,* 366-394.

Hassebrauck, M. (1990). Über den Zusammenhang der Ähnlichkeit von Attitüden, Interessen und Persönlichkeitsmerkmalen und der Qualität heterosexueller Paarbeziehungen. *Zeitschrift für Sozialpsychologie, 21,* 265-273.

Hautzinger, M. & Bailer, M. (1993). *ADS. Allgemeine Depressionsskala.* Weinheim: Beltz.

Havighurst, R.J. (1974). *Developmental tasks and education.* New York: McKay.

Hawkins, A.J. & Dollahite, D.C. (1997). (Eds.), *Generative fathering: Beyond deficit perspectives.* Thousand Oaks: Sage.

Hawkins, A.J., Marshall, C.M. & Allen, S.M. (1998). The Orientation Toward Domestic Labor Questionnaire: Exploring dual-earner wives' sense of fairness about family work. *Journal of Family Psychology, 12,* 244-258.

Hawkins, A.J., Marshall, C. M. & Meiners, K.M. (1995). Exploring wives' sense of fairness about family work: An initial test of the distributive justice framework. *Journal of Family Issues, 16,* 693-721.

Heckhausen, J. & Dweck, C. (Eds.). (1998). *Motivation and self-regulation across the life span*. New York: Cambridge University Press.

Heckhausen J. & Schulz, R. (1995). A life-span theory of control. *Psychological Review, 102*, 284-304.

Heckhausen, J. & Schulz, R. (1998). Developmental regulation in adulthood: Selection and compensation via primary and secondary control. In J. Heckhausen & C.S. Dweck (Eds.), *Motivation and self-regulation across the life span* (pp. 50-77). New York: Cambridge University Press.

Heekerens, H.-P. (1987). Töchter geschiedener Mütter: Bildungslaufbahn und Partnerschaftswunsch. *Familiendynamik, 12*, 73-94

Heinicke, C.M. (1995). Determinants of the transition to parenting. In M.H. Bornstein, (Ed.) *Handbook of parenting* (Vol. 3, pp. 277-303). Mahwah, NJ: Erlbaum.

Heinicke, C.M., Diskin, S.D., Ramsey-Klee, D.M. & Oates, D.S. (1986). Pre- and postbirth antecedents of 2-year-old attention, capacity for relationships, and verbal expressiveness. *Developmental Psychology, 22*, 777-787.

Heinicke, C.M. & Guthrie, D. (1992). Stability and change in husband-wife adaptation, and the development of the positive parent-child relationship. *Infant Behavior and Development, 15*, 109-127.

Hellbrügge, T., Coulin, S., Heiss-Begemann, E., Lajosi, F., Menara, D., Schamberger, R., Schirm, H., Ernst, B., Ernst, W. & Otte, H. (1994). Münchener Funktionelle Entwicklungsdiagnostik. 2. und 3. Lebensjahr. Durchführungs-, Beurteilungs- und Interpretationshinweise (4., korrigierte und erweiterte Auflage). München: Deutsche Akademie für Entwicklungsrehabilitation.

Herlth, A., Böcker, S. & Ossyssek, F. (1995). *Ehebeziehungen und Kompetenzentwicklung von Kindern*. In B. Nauck, & C. Onnen-Isemann unter Mitarbeit von H. Diefenbach, H. Matthias & D. Sander (Hrsg.), Familie im Brennpunkt von Wissenschaft und Forschung (S. 221-235). Neuwied: Luchterhand.

Hernandez, S.A. (1990). The division of housework: Coice and exchange. *Journal of Consumer Policy, 13*, 155-180.

Hetherington, E.M. (1989). Coping with family transitions: Winners, losers, and survivors. *Child Development, 60*, 1-14.

Hetherington, E.M., Bridges, M. & Insabella, G.M. (1998). What matters? What does not? Five perspectives on the association between marital transitions and children's adjustment. *American Psychologist, 53*, 167-184.

Hetherington, E.M., Cox, M. & Cox, R. (1982). Effects of divorce on parents and children. In M.E. Lamb (Ed.), *Nontraditional families: Parenting and child development* (pp. 233-288). Hillsdale, NJ: Erlbaum.

Hewstone, M. (1989). *Causal attribution: From cognitive processes to collective beliefs*. Oxford: Basil Blackwell.

Hiedemann, B., Suhomlinova, O. & O'Rand, A. (1998). Economic independence, economic status, and empty nest in midlife marital disruption. *Journal of Marriage and the Family, 60*, 219-231.

Higgins, E.T. (1987). Self-discrepancy: A theory relating self and affect. *Psychological Review, 94*, 319-340.

Hill, R. (1949). *Families under stress*. New York: Harper.

Hiller, D.V. & Philliber, W.W. (1986). The division of labor in contemporary marriage: Expectations, perceptions, and performance. *Social Problems, 33*, 191-201.

Hinz, A., Stöbel-Richter, Y. & Brähler, E. (2001). Der Partnerschaftsfragebogen (PFB): Normierung und soziodemographische Einflussgrößen auf die Partnerschaftsqualität. *Diagnostica, 47,* 132-141.

Hobbs (1965). Parenthood as crisis: A third study. *Journal of Marriage and the Family, 27,* 367-372.

Hobbs, D.F. & Cole, S.P. (1976). Transition to parenthood: A decade replication. *Journal of Marriage and the Family, 38,* 723-732.

Hochschild, A. (1989). The economy of gratitude. In D.D. Franks & E.D. McCarthy (Eds.), *The sociology of emotions: Original essays and research papers* (pp. 95-113). Greenwich, CT: JAI Press.

Hock, E., Schirtzinger, M.B., Lutz, W.J. & Widaman, K. (1995). Maternal depressive symptomatology over the transition to parenthood: Assessing the influence of marital satisfaction and marital sex role traditionalism. *Journal of Family Psychology, 9,* 79-88.

Hoffman, L.W. (1983). Increased fathering: Effects on the mother. In M.E. Lamb & A. Sagi (Eds.), *Fatherhood and family policy* (pp. 167-190). Hillsdale, NJ: Erlbaum.

Hoffman, L.W. (1987). The value of children to parents and childrearing patterns. *Social Behaviour, 2,* 123-141.

Hoffman, L.W. (1989). Effects of maternal employment in the two-parent family. *American Psychologist, 44,* 283-292.

Hoffman, L.W. & Youngblade, L.M. (1999). *Mothers at work: Effects on children's well-being.* New York: Cambridge University Press.

Holmes, J.G. & Levinger, G. (1994). Paradoxical effects of closeness in relationships on perceptions of justice: An interdependence-theory perspective. In M.J. Lerner & G. Mikula (Eds.), *Entitlement and the affectional bond: Justice in close relationships* (pp. 149-173). New York: Plenum.

Holtzworth-Munroe, A. & Jacobson, N.S. (1985). Causal attributions of married couples: When do they search for causes? What do they conclude when they do? *Journal of Personality and Social Psychology, 48,* 1398-1412.

Holzer, W. & Münz, R. (1996). Kinderwunsch in Österreich. *Zeitschrift für Bevölkerungswissenschaft, 21,* 69-102.

Homans, G. (1961). *Social behavior.* New York: Harcourt.

Hood, J.C. (1983). *Becoming a two-job family.* New York: Praeger.

Hopkins, J., Marcus, M. & Campbell, S.B. (1984). Postpartum depression: A critical review. *Psychological Bulletin, 95,* 498-515.

Horna, J. & Lupri, E. (1987). Fathers' participation in work, family life and leisure: A Canadian experience. In C. Lewis & M. O'Brien (Eds.), *Reassessing fatherhood: New observations on fathers and the modern family* (pp. 54-73). London: Sage.

Horwitz, A.V. & Scheid, T.L. (Eds.). (1999). *A handbook for the study of mental health.* Cambridge: Cambridge University Press.

Houston, T.L., McHale, S.M. & Crouter, A.C. (1986). When the honeymoon's over: Changes in the marriage relationship over the first year. In R. Gilmore & S. Duck (Eds.), *The emerging field of personal relationships* (pp. 109-132). Hillsdale, NJ: Erlbaum.

Howes, P. & Markman, H.J. (1989). Marital quality and child functioning: a longitudinal investigation. *Child Development, 60,* 1044-1051.

538

Hullen, G. (1998). Scheidungskinder – oder: Die Transmission des Scheidungsrisikos. *Zeitschrift für Bevölkerungswissenschaft, 23,* 19-38.

Humenick, S.S. & Bugen, L.A. (1987). Parenting roles: Expectation versus reality. *MCN, The American Journal of Maternal Child Nursing, 12,* 36-39.

Huston, T.L. & Ashmore, R.D. (1986). Women and men in personal relationships. In R.D. Ashmore & F.K. Del Boca (Eds.), *The social psychology of female-male relations: A critical analysis of central concepts* (pp. 167-210). Orlando: Academic Press.

Huwiler, K. (1995). *Herausforderung Mutterschaft. Eine Studie über das Zusammenspiel von mütterlichem Erleben, sozialen Beziehungen und öffentlichen Unterstützungsangeboten im ersten Jahr nach der Geburt.* Bern: Huber.

Hyde, J.S., Klein, M.H., Essex, M.J. & Clark, R. (1995). Maternity leave and women's mental health. *Psychology of Women Quarterly, 19,* 257-285.

Hyde, J.S., Krnjnik, M. & Skuldt-Niederberger, K. (1991). Androgyny across the life span: A replication and longitudinal follow-up. *Developmental Psychology, 27,* 516-519.

Ickes, W. (1985). Sex role influences on compatibility in relationships. In W. Ickes (Ed.), *Compatible and incompatible relationships* (pp. 187-208). New York: Springer.

Ickes, W. (1993). Empathic accuracy. *Journal of Personality, 61,* 587-610.

Institut Wohnen und Umwelt (1988). *Defizitanalyse im Marburger Stadtteil Richtsberg im Hinblick auf Kinder und Jugendliche.* Darmstadt. (unveröffentlicht)

Isabella, R. & Belsky, J. (1985). Marital change across the transition to parenthood and the security of infant-parent attachment. *Journal of Family Issues, 6,* 505-522.

Ishii-Kuntz, M. & Coltrane, S. (1992). Predicting the Sharing of Household Labor: Are Parenting and Housework Distinct? *Sociological Perspectives, 35,* 629-647.

Johnson, J.T. (1986). The knowledge of what might have been: Affective and attributional consequences of near outcomes. *Personality and Social Psychology Bulletin, 12,* 51-62.

Jones, E.E. & Davis, K.E. (1965). From acts to dispositions: The attribution process in person perception. In L. Berkowitz (Ed.), *Advances in experimental social psychology* (Vol. 2, pp. 219-266). San Diego: Academic Press.

Jones, E.E. & McGillis, D. (1976). Correspondent inferences and the attribution cube: A comparative reappraisal. In J.H. Harvey, W.J. Ickes & R.F. Kidd (Eds.), *New directions in attribution research* (Vol. 1, pp. 389-420). Hillsdale: Erlbaum.

Jordan, P.L. (1995). The mother's role in promoting fathering behavior. In J.L. Shapiro, M.J. Diamond & M. Greenberg (Eds.), *Becoming a father* (pp. 61-71). New York: Springer Publishing Company.

Jouriles, E.N., Pfiffner, L.J., & O'Leary, S.G. (1988). Marital conflict, parenting, and toddler conduct problems. *Journal of Abnormal Child Psychology, 16,* 197-206.

Jurgan, S., Gloger-Tippelt, G. & Ruge, K. (1999). Veränderungen der elterlichen Partnerschaft in den ersten 5 Jahren der Elternschaft. In B. Reichle, & H. Werneck (Ed.), *Übergang zur Elternschaft: Aktuelle Studien zur Bewältigung eines unterschätzten Lebensereignisses* (S. 37-51). Stuttgart: Enke.

Juster, F.T. & Stafford, F.P. (1985). *Time, goods, and well-being.* Ann Arbor, MI: Institute for Social Research.

Kach, J. & McGee, P. (1982). Adjustmentto early parenthood: The role of accuracy pf pre-parenthood expectations. *Journal of Family Issues, 3,* 361-374.

Kahneman, D. & Miller, D.T. (1986). Norm theory: Comparing reality to its alternatives. *Psychological Review, 93,* 136-153.

Kaiser, P. (1989). *Familienerinnerungen: zur Psychologie der Mehrgenerationenfamilie.* Heidelberg: Asanger.

Kalicki, B. (1996). *Lebensverläufe und Selbstbilder: Die Normalbiographie als psychologisches Regulativ.* Opladen: Leske + Budrich.

Kalicki, B. (2002). Entwicklung und Erprobung des Fragebogens zu Attributionen in Partnerschaften (FAP). *Diagnostica, 48,* 37-47.

Kalicki, B. (im Druck). Attribution in Partnerschaften. In I. Grau & H.W. Bierhoff (Hrsg.), *Sozialpsychologie der Partnerschaft.* Berlin: Springer.

Kalicki, B., Fthenakis, W.E., Engfer; A. & Peitz, G. (1996). *Individuelle und kontextuelle Ressourcen beim Übergang zur Elternschaft.* Beitrag zum 40. Kongress der Deutschen Gesellschaft für Psychologie in München, 22.-26. September 1996.

Kalicki, B., Peitz, G. & Fthenakis, W.E. (2002). Subjektive Elternschaftskonzepte und faktische Rollenausübung: theoretische Überlegungen und empirische Befunde. In W.E. Fthenakis & M.R. Textor (Hrsg.), *Mutterschaft, Vaterschaft* (= Jahrbuch der Frühpädagogik und Kindheitsforschung, Bd. 4, S. 170-183). Weinheim: Beltz.

Kalicki, B., Peitz, G., Fthenakis, W.E. & Engfer, A. (1999). Passungskonstellationen und Anpassungsprozesse beim Übergang zur Elternschaft. In B. Reichle & H. Werneck (Hrsg.), *Übergang zur Elternschaft. Aktuelle Studien zur Bewältigung eines unterschätzten Lebensereignisses* (S. 129-146). Stuttgart: Enke.

Kalmijn, M. (1999). Father involvement in childrearing and the perceived stability of marriage. *Journal of Marriage and the Family, 61,* 409-421.

Kamo, Y. (1988). Determinants of household division of labor: Resources, power, and ideology. *Journal of Family Issues, 9,* 177-200.

Kamo, Y. (1991). A nonlinear effect of the number of children on the division of household labor. *Sociological Perspectives, 34,* 205-218.

Karney, B.R. & Bradbury, T.N. (1995). The longitudinal course of marital quality and stability: A review of theory, method, and research. *Psychological Bulletin, 118,* 3-34.

Katz, L.F. & Gottman, J.M. (1993). Patterns of marital conflict predict children's internalising and externalising behaviors. *Developmental Psychology, 29,* 940-950.

Kaufman, G. & Uhlenberg, P. (2000). The influence of parenthood on the work effort of married men and women. *Social Forces, 78,* 931-947.

Keinan, G., Ezer, A. & Feigin, M. (1992). The influence of situational and personal variables on the effectiveness of social support during childbirth. *Anxiety Research, 4,* 325-337.

Keith, P.M. & Schafer, R.B. (1998). Marital types and quality of life: A reexamination of a typology. *Marriage and Family Review, 27,* 19-35.

Kelley, H.H. & Thibault, J.W. (1978). *Interpersonal relations: A theory of interdependence.* New York: Wiley.

Kerig, P.K., Cowan, P.A. & Cowan, C.P. (1993). Marital quality and gender differences in parent-child interaction. *Developmental Psychology, 2,* 931-939.

Kessler, S. (Ed.). (1984). *Psychologische Aspekte der genetischen Beratung.* Stuttgart: Enke.

Kessler, R.C. & McRae, J.A. (1982). The effect of wives' employment on the mental health of married men and women. *American Sociological Review, 47,* 216-227.

Kluwer, E.S. (1998). Responses to gender inequality in the division of family work: The status quo effect. *Social Justice Research, 11,* 337-357.

Kluwer, E.S., Heesink, J.A.M. & Van de Vliert, E. (1996). Marital conflict about the division of household labor and paid work. *Journal of Marriage and the Family, 58,* 958-969.

Koeske, G.F. & Koeske, R.D. (1990). The buffering effect of social support on parental stress. *American Journal of Orthopsychiatry, 60,* 440-451.

Köhler, G. & Egelkraut, H. (1984). *Münchener funktionelle Entwicklungsdiagnostik für das zweite und dritte Lebensjahr: Handanweisung.* München: Institut für Soziale Pädiatrie und Jugendmedizin der Universität München.

Kohlmann, A. & Kopp, J. (1997). Verhandlungstheoretische Modellierung des Übergangs zu verschiedenen Kinderzahlen. *Zeitschrift für Soziologie, 26,* 258-274.

Komter, A. (1989). Hidden power in marriage. *Gender and Society, 3,* 187-216.

Kopp, J. (1994). *Scheidung in der Bundesrepublik. Zur Erklärung des langfristigen Anstiegs der Scheidungsraten.* Wiesbaden: Deutscher Universitäts-Verlag.

Krampen, G. (1979). Eine Skala zur Messung der normativen Geschlechtsrollenorientierung (GRO-Skala). *Zeitschrift für Soziologie, 8,* 254-266.

Krüger, H. & Baldus, B. (1999). Work, gender and the life course: Social construction and individual experience. *Canadian Journal of Sociology, 24,* 355-379.

Künzler, J. (1995). Geschlechtsspezifische Arbeitsteilung: Die Beteiligung von Männern im Haushalt im internationalen Vergleich. *Zeitschrift für Frauenforschung, 13,* 115-132.

Kurdek, L.A. (1998a). Prospective predictors of parenting satisfaction for fathers and mothers with young children. *Journal of Family Psychology, 12,* 56-65.

Kurdek, L.A. (1998b). Developmental changes in marital satisfaction: A 6-year prospective longitudinal study of newlywed couples. In T.N. Bradbury (Ed.), *The developmental course of marital dysfunction* (pp. 180-204). Cambridge, MA: Cambridge University Press.

Laewen, H.-J. (1989). Zur außerfamilialen Tagesbetreuung von Kindern unter drei Jahren. Stand der Forschung und notwendige Konsequenzen. *Zeitschrift für Pädagogik, 35,* 869-888.

Laewen, H.-J. (1994). Zum Verhalten und Wohlbefinden von Krippenkindern. Bezüge zur mütterlichen Lebenssituation und der Qualität der Beziehung von Erzieherin und Mutter. *Psychologie in Erziehung und Unterricht, 41,* 1-13.

Laireiter, A. (Hrsg.). (1993). *Soziales Netzwerk und soziale Unterstützung: Konzepte, Methoden und Befunde.* Bern: Huber.

Lamb, M.E. (1995). The changing role of fathers. In J.L. Shapiro, Diamond, M.J. & M. Greenberg (Eds.), *Becoming a father* (pp. 18-34). New York: Springer Publishing Company.

Lamb, M.E. (1997a). Fathers and child development: An introductory overview. In M.E. Lamb (Ed.), *The role of the father in child development* (3rd. ed., pp. 1-18). New York: Wiley.

Lamb, M.E. (1997b). The development of father-infant relationships. In M.E. Lamb (Ed.), *The role of the father in child development* (3rd. ed, pp. 459-488). New York: Wiley.

Lamb, M.E., Frodi, A.M., Hwang, C. & Frodi, M. (1982). Varying degrees of paternal involvement in infant care: attitudinal and behavioral correlates. In M.E. Lamb (Ed.), *Nontraditional families: Parenting and child development* (pp. 117-138). Hillsdale, NJ: Erlbaum.

Lamb, M.E., Pleck, J.H. & Levine, J.A. (1985). The role of the father in child development: The effects of increased paternal involvement. In B.S. Lahey & A.E. Kazdin (Eds.), *Advances in clinical child psychology* (Vol. 8). New York: Plenum.

Lamke, L. (1989). Marital adjustment among rural couples: the role of expressiveness. *Sex Roles, 21,* 579-590.

Lamke, L. K., Sollie, D. L., Durbin, R. G. & Fitzpatrick, J. A. (1994). Masculinity, femininity and relationship satisfaction: The mediating role of interpersonal competence. *Journal of Social and Personal Relationships, 11,* 535-554.

Langis, J., Mathieu, M. & Sabourin, S. (1991). Sexual roles and conjugal adaptation. *Canadian Journal of Behavioral Science, 23,* 66-75.

Langis, J., Sabourin, S., Lussier, Y. & Mathieu, M. (1994). Masculinity, femininity, and marital satisfaction: An examination of theoretical models. *Journal of Personality, 62,* 393-414.

LaRossa, R. & LaRossa, M. (1981). *Transition to parenthood: How infants change families.* Beverly Hills, CA: Sage.

Larson, J.H., Hammond, C.H. & Harper, J. M. (1998). Perceived equity and intimacy in marriage. *Journal of Marriage and Family Therapy, 24,* 487-506.

Lavee, Y., Sharlin, S. & Katz, R. (1996). The effect of parenting stress on marital quality: An integrated mother-father model. *Journal of Family Issues, 17,* 114-135.

Law, M., Steinwender, S. & Leclair, L. (1998). Occupation, health and well-being. *Canadian Journal of Occupational Therapy, 65,* 81-91.

Leifer, M. (1977). Psychological changes accompanying pregnancy and motherhood. *Genetic Psychology Monographs, 95,* 55-96.

LeMasters, E.E. (1957). Parenthood as crisis. *Marriage and Family Living, 19,* 352-355.

Lenk, H. (1978). Handlung als Interpretationskonstrukt. Entwurf einer konstituenten- und beschreibungstheoretischen Handlungsphilosophie. In H. Lenk (Hrsg.), *Handlungstheorien interdisziplinär* (Bd. 2, I, S. 279-350). München: Fink.

Lennon, M.C. (1994). Women, work, and well-being: The importance of work conditions. *Journal of Health and Social Behavior, 35,* 235-247.

Lennon, M.C. (1998). Domestic arrangements and depressive symptoms: An examination of housework conditions. In P.B. Dohrenwend (Ed.), *Adversity, stress, and psychopathology* (pp. 409-421). New York, NY: Oxford University Press.

Lennon, M.C. (1999). Work and unemployment as stressors. In A.V. Horwitz & T.L Scheid (Eds.), *A handbook for the study of mental health* (pp. 284-294). Cambridge: Cambridge University Press.

Lennon, M.C. & Rosenfield, S. (1994). Relative fairness and the division of housework: The importance of options. *American Journal of Sociology, 100,* 506-531.

Lenz, E. R., Soeken, K. L., Rankin, E. A. & Fischman, S. H. (1985). Sex-role attributes, gender, and postpartal perceptions of the marital relationship. *Advances in Nursing Science, 7*, 49-62.

Lerner, J. V. & Lerner, R.M. (1983). Temperament and adaptation across life: Theoretical and empirical issues. In P.B. Baltes & O.G. Brim (Eds.), *Life-span development and behavior (Vol. 5)* (pp.197-231). New York: Academic Press.

Lerner, M.J. & Mikula, G. (Eds.). (1994). *Entitlement and the affectional bond: Justice in close relationships.* New York: Plenum.

Lerner, R.M. (1985). Individual and context in developmental psychology. Conceptual and theoretical issues. In J.R. Nesselroade & A. v. Eye (Eds.), *Individual development and social change: Explanatory analysis* (pp. 155-188). New York: Academic Press.

Leslie, L.A., Anderson, E.A. & Branson, M.P. (1991). Responsibility for children: The role of gender and employment. *Journal of Family Issues, 12,* 197-210.

Levy, R. (1977). *Der Lebenslauf als Statusbiographie.* Stuttgart: Enke.

Levy-Shiff, R. (1994). Individual and contextual correlates of marital change across the transition to parenthood. *Developmental Psychology, 30,* 591-601.

Levy-Shiff, R. (1999). Fathers' cognitive appraisals, coping strategies, and support resources as correlates of adjustment to parenthood. *Journal of Family Psychology, 13,* 554-567.

Levy-Shiff, R. & Israelashvili, R. (1988). Antecedents of fathering: Some further explorations. *Developmental Psychology, 24,* 343-340.

Lewis, J.M. (1988). The transition to parenthood: II. Stability and change in the marital structure. *Family Process, 27,* 273-283.

Liepmann, D. & Stiksrud, A. (Hrsg.). (1984). *Entwicklungsaufgaben und Bewältigungsprobleme in der Adoleszenz.* Göttingen: Hogrefe.

Little, B.R. (1983). Personal projects: A rationale and method for investigation. *Enviroment and Behavior, 15,* 273-309.

Loidl, J. (1985). *Scheidung: Ursachen und Hintergründe. Ein Beitrag zur Familien-Soziologie mit einer Studie über Scheidungsgründe aus der Sicht von Rechtsanwälten.* Wien: Böhlau.

Long, E.C. & Andrews, D.W. (1990). Perspective taking as a predictor of marital adjustment. *Journal of Personality and Social Psychology, 59,* 126-131.

Luhmann. N. (1969). *Legitimation durch Verfahren.* Neuwied: Luchterhand.

Lukesch, H. (1983). *Geburts-Angst-Skala (GAS): Handanweisung.* Göttingen: Hogrefe.

Lüscher, K., Schultheis, F. & Wehrspaun, M. (Hrsg.). (1988). *Die „postmoderne" Familie: Familiale Strategien und und Familienpolitik in einer Übergangszeit.* Konstanz: Universitätsverlag.

Lye, D.N. & Biblarz, T.J. (1993). The effects of attitudes toward family life and gender roles on marital satisfaction. *Journal of Family Issues, 14,* 157-188.

MacDermid, S.M., Huston, T.L. & McHale, S.M. (1990). Changes in marriage associated with the transition to parenthood: Individual differences as a function of sex-role attitudes and changes in the division of labor. *Journal of Marriage and the Family, 52,* 475-486.

Maier, Wolfgang (1995). Mechanismen der familiären Übertragung von Alkoholabhängigkeit und Alkoholabusus. *Zeitschrift für Klinische Psychologie, 24,* 147-158.

Major, B. (1987). Gender, injustice, and the psychology of entitlement. In P. Shaver & C. Hendrick (Eds.), *Sex and gender* (pp. 124-148). Newbury Park, CA: Sage.

Major, B. (1993). Gender, entitlement, and the distribution of family labor. *Journal of Social Issues, 49,* 141-159.

Manke, B., Seery, B.L., Crouter, A.C. & McHale, S.M. (1994). The tree corners of domestic labor: Mothers', fathers', and children's weekday and weekend housework. *Journal of Marriage and the Family, 56,* 657-658.

Marbach, J.H. (1994). Tauschbeziehungen zwischen Generationen: Kommunikation, Dienstleistungen und finanzielle Unterstützung in Dreigenerationenfamilien. In W. Bien, *Eigeninteresse oder Solidarität. Beziehungen in modernen Mehrgenerationenfamilien* (S. 47-76). Opladen: Leske + Budrich.

Margolin, G. (1981). The reciprocal relationship between marital and child problems. In J.P. Vincent (Ed.), *Advances in family intervention, assessment, and theory* (pp. 131-182). Greenwich, CT: JAI Press.

Margolin, G., Burman, B. & John, R.S. (1989). Home observations of marital couples reenacting naturalistic marital conflicts. *Behavioral Assessment, 11,* 101-118.

Margolin, G., Gordis, E.B. & John, R.S. (2001). Coparenting: A link between marital conflict and parenting in two-parent families. *Journal of Family Psychology, 15,* 3-21.

Markus, H. & Wurf, E. (1987). The dynamic self: A social psychological perspective. *Annual Review of Psychology, 38,* 299-337.

Mayer, K.U. & Müller, W. (1989). Lebensverläufe im Wohlfahrtsstaat. In A. Weymann (Hrsg.), *Handlungsspielräume* (S. 41-60). Stuttgart: Enke.

McBride, B.A. & Mills, G. (1993). A comparison of mother and father involvement with their preschool age children. *Early Childhood Research Quarterly, 8,* 457-477.

McCreary, D. (1990). Self-perceptions of life-span gender-role development. *International Journal of Aging and Human Development, 31,* 135-146.

McCullough, M.E., Worthington, E.L. & Rachal, K.C. (1997). Interpersonal forgiving in close relationships. *Journal of Personality and Social Psychology, 73,* 321-336.

McHale, S.M. & Crouter, A.C. (1993). You can't always get what you want: Incongruence between sex-role attitudes and family work roles and its implications for marriage. In R.A. Pierce, M.A. Black et al. (Eds.), *Life-span development: A diversity reader* (pp. 209-222). Dubuque, IA: Kendall/Hunt.

McHale, S.M. & Huston, T.L. (1985). The effect of the transition to parenthood on the marriage relationship: A longitudinal study. *Journal of Family Issues, 6,* 409-433.

McKinlay, J.B. (1973). Social networks, lay consultation and help-seeking behavior. *Social Forces, 51,* 275-292.

McLaughlin, S.D. & Micklin, M. (1983). The timing of the first birth and changes in personal efficacy. *Journal of Marriage and the Family, 45,* 47-55.

Mederer, H.J. (1993). Division of labor in two-earner homes: Task accomplishment versus household management as critical variables in perception about family work. *Journal of Marriage and the Family, 55,* 133-145.

Meier, U. (2000). Familie als Zukunftsmodell – Minderheit und Armutsrisiko. In J. Maywald, B. Schön & B. Gottwald (Hg.) *Familien haben Zukunft* (S. 212-226). Reinbek: Rowohlt.

Menaghan, E.G. (1989). Role changes and psychological well-being: Variations in effects by gender and role repertoire. *Social Forces, 67,* 693-714.

Meyer, H.J. (1988). Partnerschaft und emotionale Befindlichkeit von Eltern nach der Geburt ihres ersten und zweiten Kindes. In M. Cierpka (Hrsg.), *Wie normal ist die Normalfamilie?* (S. 43-62). Berlin: Springer.

Mikula, G. (1992). Austausch und Gerechtigkeit in Freundschaft, Partnerschaft und Ehe: Ein Überblick über den aktuellen Forschungsstand. *Psychologische Rundschau, 43,* 69-82.

Mikula, G. (1994). Perspective-related differences in interpretations of injustice by victims and victimizers. In M.J. Lerner & G. Mikula (Eds.), *Entitlement and the affectional bond: Justice in close relationships* (pp. 175-203). New York: Plenum.

Milkie, M.A. & Petrola, P. (1999). Playing all the roles: Gender and the work-family balance. *Journal of Marriage and the Family, 61,* 476-490.

Miller, D.T. & Turnbull, W. (1986). Expectancies and interpersonal processes. *Annual Review of Psychology, 37,* 233-256.

Minsel, B. (1984). Elterntraining. *Zeitschrift für personenzentrierte Psychologie und Psychotherapie, 3,* 55-66.

Minsel, B. & Fthenakis, W.E. (2000). *Die Drei-Generationen-Perspektive in der Vater-Kind-Beziehung.* Beitrag zum 42. Kongress der Deutschen Gesellschaft für Psychologie in Jena, 24. - 28.09.2000.

Minsel, B. & Quast, W. (1988). Elterntraining für Eltern von Kindern mit Zu-Bett-Geh-Problemen, Ein- und Durchschlafstörungen. *Heilpädagogische Forschung, 14,* 135-141.

Minuchin, S. (1974). Families and family therapy. Cambridge, MA: Harvard University Press.

Minuchin, S., Rosman, B.L. & Baker, L. (1978). *Psychosomatic families: Anexoria nervosa in context.* Cambridge, CA: Harvard University Press.

Moen, P. (1997). Women's roles and resilience: Trajectories of advantage or turning points? In I.H. Gotlib & B. Wheaton (Eds.), *Stress and adversity over the life course* (pp. 133-156). Cambridge: Cambridge University Press.

Moen, P. & Smith, K.R. (1986). Women at work: Commitment and behavior over the life course. *Sociological Forum, 1,* 450-475.

Monk, T.H., Essex, M.J., Smider, N.A., Klein, M.H., Lowe, K.K. & Kupfer, D.J. (1996). The impact of the birth of a baby on the time structure and social mixture of a couple's daily life and ist consequences for well-being. *Journal of Applied Social Psychology, 26,* 1237-1258.

Montada, L., Filipp, S.-H. & Lerner, M.J. (Eds.). (1992). *Life crises and experiences of loss in adulthood.* Hillsdahe, NJ: Erlbaum.

Moss, P., Bolland, G., Foxman, R. & Owen, C. (1987). The division of household work during the transition to parenthood. *Journal of Reproductive and Infant Psychology, 5,* 71-86.

Mothander, P.R. (1992). Maternal adjustment during pregnancy and the infant's first year. *Scandinavian Journal of Psychology, 33,* 20-28.

Murray, S.L. & Holmes, J.G. (1993). Seeing virtues in faults: Negativity and the transformation of interpersonal narratives in close relationships. *Journal of Personality and Social Psychology, 65,* 707-722.

Murray, S.L., Holmes, J.G. & Griffin, D.W. (1996). The benefits of positive illusions: Idealization and the contruction of satisfaction in close relationships. *Journal of Personality and Social Psychology, 70,* 79-98.

Murstein, B.I. & Beck, G.D. (1972). Person perception, marriage adjustment, and social desirability. *Journal of Consulting and Clinical Psychology, 39*(396-403).

Najman, J.M., Morrison, J., Williams, G., Andersen, M. *et al.* (1991). The mental health of women 6 months after they give birth to an unwanted baby: A longitudinal study. *Social Science and Medicine, 32,* 241-247.

Nakamura, A. & Nakamura, M. (1992). The econometrics of female labor supply and children. *Econometric Review, 11,* 1-71.

Nerdinger, F.W., Rosenstiel, L. v., Stengel, M. & Spiess, E. (1984). Kinderwunsch und generatives Verhalten. Ausgewählte Ergebnisse einer Längsschnittstudie an jungen Ehepaaren. *Zeitschrift für Experimentelle und Angewandte Psychologie, 31,* 464-482

Nesselroade, J.R. (1991). Interindividual differences in intraindividual change. In L.M. Collins & J.L. Horn (Eds.), *Best methods for the analysis of change: Recent advances, unanswered questions, future directions* (pp. 92-105). Washington, DC: American Psychological Association.

Neyer, F.J. (im Druck). Persönlichkeit und Partnerschaft. In I. Grau & H.W. Bierhoff (Hrsg.), *Sozialpsychologie der Partnerschaft.* Berlin: Springer.

NICHD Early Child Care Research Network (1997). The effects of infant child care on mother-infant attachment security: Results of the NICHD Study of Early Child Care. *Child Development, 68,* 860-879.

NICHD Early Child Care Research Network (1998). Early child care and self-control, compliance, and problem behavior at 24 and 36 months. *Child Development, 69,* 1145-1170.

Nichols, M. (1984). *Family therapy.* New York: Gardner.

Nickel, H., Quaiser-Pohl, C., Rollett, B., Vetter, J. & Werneck, H. (1995). Veränderung der partnerschaftlichen Zufriedenheit während des Übergangs zur Elternschaft. Kulturvergleichende Untersuchungen in vier Ländern. *Psychologie in Erziehung und Unterricht, 42, 40*-53.

Nicolson, P. (1990). A brief report of women's expectations of men's behaviour in the transition to parenthood: Contradictions and conflicts for counselling psychology practice. *Councelling Psychology Quarterly, 3,* 353-361.

Nisbett, R.E. & Ross, L. (1980). *Human inference: strategies and shortcomings of social judgment.* Englewood Cliffs, NJ: Prentice Hall.

Notarius, C. & Markman, H. (1996). *Wir können uns doch verstehen. Paare lernen mit Differenzen leben.* Reinbek: Rowohlt Taschenbuch Verlag.

Nurmi, J.-E. (1992). Age differences in adult life goals, concerns, and their temporal extension. A life course approach to future-oriented motivation. *International Journal of Behavioral Development, 15,* 487-508.

Oakley, A. (1974). *The sociology of housework.* New York: Pantheon.

O'Hara, M.W., Zekoski, E.M., Philipps, L.H. & Wright, E.J. (1990). Controlled prospective study of postpartum mood disorders: Comparison of childbearing and nonchildbearing women. *Journal of Abnormal Psychology, 99,* 3-15.

Olbrich, E. & Brüderl, L. (1995). Frühes Erwachsenenalter: Partnerwahl, Partnerschaft, Elternschaft. In R. Oerter & L. Montada (Hrsg.), *Entwicklungspsycholo-*

gie. Ein Lehrbuch (3. vollst. überarb. u. erw. Aufl.) (S. 396-422). Weinheim: Psychologie Verlags Union.

Oliver, J.E. (1993). Intergenerational transmission of child abuse: Rates, research, and clinical implications. *American Journal of Psychiatry, 150*, 1315-1324.

Onyskiw, J.E., Harrison, M.J. & Magill-Evans, J.E. (1997). Past childhood experiences and current parent-infant interactions. *Western Journal of Nursing Research, 19*, 501-518.

Oppenheimer, V.K. (1974). The life-cycle squeeze: The interaction of men's occupational and family life cycles. *Demography, 11*, 227-245.

Orlofsky, J. L. & O' Heron, C. A. (1987). Stereotypic and nonstereotypic sex role trait and behavior orientations: Implications for personal adjustment. *Journal of Personality and Social Psychology, 52*, 1034-1042.

Osborne, L.N., & Fincham, F.D. (1996). Marital conflict, parent-child relationships, and child adjustment. *Merrill-Palmer Quarterly, 42*, 48-75.

Owen, M.T. & Cox, M.J. (1997). Martial conflict and the development of infant-parent attachment relationships. *Journal of Family Psychology, 11*, 152-164.

Palkovitz, R. (1988). Changes in attitudes, beliefs and expectations associated with the transition to parenthood. *Marriage and Family Review, 13*, 183-199.

Parke, R.D. (1981). *Fathers*. Cambridge MA: Harvard University Press.

Parke, R.D. (1995). Fathers and families. In M.H. Bornstein, (Ed.) *Handbook of parenting* (Vol. 3, pp. 27-63). Mahwah, NJ: Erlbaum.

Parke, R.D. & Beitel, A. (1988). Disappointment: When things go wrong in the transition to parenthood. *Marriage and Family Review, 13*, 221-265.

Parke, R.D., Hymel, S., Power, T.G. & Tinsley, B.R. (1980). Fathers at risk: A hospital based model of intervention. In D.B. Sawin, R.C. Hawkins, L.O. Walker & J.H. Particuff (Eds.), *Exceptional infant: Psychosocial risks in infant-environment transactions*. New York: Brunner/ Mazel.

Parke, R.D. & O'Leary, S.E. (1976). Family interaction in the newborn period: Some findings, some observations, and some unresolved issues. In K. Riegel & J. Meacham (Eds.), *The developing individual in a changing world* (Vol. 2, pp. 49-62). The Hague: Mouton.

Parke, R.D. & Tinsley, B.J. (1981). The father's role in infancy: Determinants of involvement in caregiving and play. In M.E. Lamb (Ed.), *The role of the father in child development* (pp. 429-457). New York: Wiley.

Parsons, T. (1951). *The social system*. Glencoe: Free Press.

Parsons, T. (1956). Family structure and the socialization of the child. In T. Parsons & R.F. Bales (Eds.), *Family socialization and interaction process* (pp. 35-132). Londin: Routledge.

Patterson, J.M. & McCubbin, H.I. (1984). Gender roles and coping. *Journal of Marriage and the Family, 46*, 95-104.

Pedersen, F.A. (Ed.) (1980). *The father-infant relationship: Obervational studies in a family setting*. New York: Praeger.

Peitz, G. (2002). *Herausforderung Elternschaft: Die Bedeutung der Konvergenz von Selbst- und Fremdbild für die Entwicklung der Partnerschaft*. Universität Hildesheim: unveröffentlichte Dissertation.

Peitz, G. & Kalicki, B. (1997). *Das Kind kommt – die Partnerschaft geht?* Vortragsveranstaltung der Hebammenpraxis Bella Donna in Wasserburg, 16. Oktober 1997.

547

Perkins, H.W & DeMeis, D.K. (1996). Gender and family effects on the "second-shift" domestic activity of college-educated young adults. *Gender and Society, 10,* 78-93.

Perrez, M., Minsel, B. & Wimmer, H. (1985). *Was Eltern wissen sollten. Eine psychologische Schule für Eltern, Lehrer und Erzieher.* Salzburg: Müller.

Perrucci, R. & Perrucci, C. (1990). Unemployment and mental health: Research and policy implications. In J.R. Greenley (Ed.), *Research in community and mental health: Mental disorder in social context* (pp. 237-264). Greenwich, CT: JAI.

Perry-Jenkins, M., & Folk, K. (1994). Class, couples, and conflict: Effect of the division of labor on assessments of marriage in dual-earner families. *Journal of Marriage and the Family, 56,* 165-180.

Peterson, C. (1990). Husbands' and wives' perceptions of marital fairness across the family life cycle. *International Journal of Aging and Human Development, 31,* 179-188.

Petzold, M. (1991). *Paare werden Eltern. Eine familienentwicklungspsychologische Längsschnittstudie.* München: Quintessenz.

Phillips-Miller, D.L., Campbell, N.J. & Morrison, C.R. (2000). Work and family: Satisfaction, stress, and spousal support. *Journal of Employment Counseling, 37,* 16-30.

Piaget, J. (1974). *Der Aufbau der Wirklichkeit beim Kinde.* Stuttgart: Klett.

Piña, D.L. & Bengtson, V.L. (1993). The division of household labor and wives' happiness: Ideology, employment, and perceptions of support. *Journal of Marriage and the Family, 55,* 901-912.

Pistrang, N. (1984). Women's work involvement and experience of new motherhood. *Journal of Marriage and the Family, 46,* 433-448.

Pittman, J.F. & Blanchard, D. (1996). The effects of work history and timing of marriage on the division of household labor: A life-course perspective. *Journal of Marriage and the Family, 58,* 78-90.

Pittman, J.F., Solheim, C.A. & Blanchard, D. (1996). Stress as a driver of the allocation of housework. *Journal of Marriage and the Family, 58,* 456-468.

Pittman, J.F., Teng, W., Kerpelman, J.L. & Solheim, C.A. (1999). Satisfaction with performance of housework: The roles of time spent, quality assessment, and stress. *Journal of Family Issues, 20,* 746-770.

Pleck, J.H. (1983). Husbands' paid work and family roles: Current research issues. In L. Lopata & J.H. Pleck (Eds.), *Research in the interwave of social roles* (Vol. 3: Families and jobs, pp.). Greenwich, CT: JAI Press.

Pleck, J.H. (1985). *Working wives/working husbands.* Beverly Hills, CA: Sage.

Pleck, J.H. (1997). Paternal involvement: Levels, sources, and consequences. In M.E. Lamb (Ed.), *The role of the father in child development* (3rd ed., pp. 66-103). New York: Wiley.

Porter, B. & O'Leary, K.D. (1980). Marital discord and childhood behavior problems. *Journal of Abnormal Child Psychology , 8,* 287-295.

Potuchek, J.L. (1997). *Who supports the family? Gender and breadwinning in dual-earner marriages.* Stanford, CA: Standord University Press.

Presser, H.B. (1994). Employment schedules among dual-earner spouses and the division of household labor by gender. *American Sociological Review, 59,* 348-364.

Price, R.H., Friedland, D.S. & Vinokur, A.D. (1998). Job loss: Hard times and eroded identity. In J.H. Harvey (Ed.), *Perspectives on loss: A sourcebook* (pp. 303-316). Philadelphia, PA, USA: Brunner/Mazel.

Quaiser-Pohl, C. (1996). *Übergang zur Elternschaft und Familienentwicklung in Deutschland und Südkorea. Eine interkulturelle Untersuchung.* Münster: Waxmann.

Radloff, L.S. (1977). The CES-D Scale: A self-report depression-scale for research in the general population. *Applied Psychological Measurement, 1,* 385-401.

Raush, H.L., Barry, W.A., Hertel, R.K. & Swain, M.A. (1974). *Communication, conflict, and marriage.* San Francisco, CA: Jossey-Bass.

Reeder, G.D. & Brewer, M.B. (1979). A schematic model of dispositional attribution in interpersonal perception. *Psychological Review, 86,* 61-79.

Reiber, V.D. (1976). Is the nurturing role natural to fathers. *MCN, The American Journal of Maternal-Child Nursing, 1,* 366-371.

Reichle, B. (1994). *Die Geburt des ersten Kindes: Eine Herausforderung für die Partnerschaft.* Bielefeld: Kleine.

Reichle, B. (1996a). Der Traditionalisierungseffekt beim Übergang zur Elternschaft. *Zeitschrift für Frauenforschung, 14,* 70-89.

Reichle, B. (1996b). From is to ought and the kitchen sink: On the justice of distributions in close relationships. In L. Montada & M.J. Lerner (Eds.), *Current societal concerns about justice* (pp. 103-135). New Nork: Plenum.

Reichle, B. (1999). *Wir werden Familie. Ein Kurs zur Vorbereitung auf die erste Elternschaft.* Weinheim: Juventa.

Reichle, B. & Montada, L. (1994). Problems with the transition to parenthood: Perceived responsibility for restrictions and losses and the experience of injustice. In M.J. Lerner, G. Mikula et al. (Eds.), *Entitlement and the affectional bond: Justice in close relationships* (pp. 205-228). New York: Plenum.

Reichle, B. & Werneck, H. (Hrsg.). (1999). *Übergang zur Elternschaft. Aktuelle Studien zur Bewältigung eines unterschätzten Lebensereignisses.* Stuttgart: Enke.

Reigber, D. (1994). Das Androgynie-Konzept. Geschlechtsrollenselbstbild als Erklärungsansatz für Konsumverhalten. *Planung und Analyse, 21,* 10-17.

Reis, H.T. (1984). The multidimensionality of justice. In R. Folger (Ed.), *The sense of injustice: Social psychological perspectives* (pp. 25-61). New York: Plenum.

Rende, R.D. (1993). Longitudinal relations between temperament traits and behavior syndromes in middle childhood. *Journal of the American Academy of Child and Adolescent Psychiatry, 32,* 287-290.

Renkl, A. & Gruber, H. (1995). Erfassung von Veränderung: Wie und wieso? *Zeitschrift für Entwicklungspsychologie und Pädagogische Psychologie, 27,* 173-190.

Repetti, R. (1994). Short-term and long-term processes linking job stressors to father-child interaction. *Social Development, 3,* 1-15.

Repetti, R.L., Matthews, K.A. & Waldron, I. (1989). Employment and women's health: Effects of paid employment on women's mental and physical health. *American Psychologist, 44,* 1394-1401.

Rexroat, C. & Shehan, C. (1987). The family life cycle and spouses' time in housework. *Journal of Marriage and the Family, 49,* 737-750.

Rheingold, H.L. (1969). The social and socializing infant. In D.A. Goslin (Ed.), *Handbook of socialization* (pp. 770-790). Chicago: Rand McNally.

Riggs, J..M. (1997). Mandates for mothers and fathers: Perceptions of breadwinners and care givers. *Sex Roles, 37,* 565-580.

Robinson, J.L. & Milkie, M.A. (1998). Back to the basics: Trends in the role determinants of women's attitudes toward housework. *Journal of Marriage and the Family, 60,* 205-218.

Robinson, J. & Spitze, G. (1992). Whistle while you work? The effect of household task performance on women's and men's well-being. *Social Science Quarterly, 73,* 844-861.

Rogers, S.J. (1999). Wives' income and marital quality: Are there reciprocal effects? *Journal of Marriage and the Family, 61,* 123-132.

Rogosa, D. (1988). Myths about longitudinal research. In K.W. Schaie, R.T. Campbell, W. Meredith & S.C. Rawlings (Eds.), *Methodological issues in agung research* (pp. 171-209). New York: Springer.

Röhrle, B. (1994). *Soziale Netzwerke und soziale Unterstützung.* Weinheim: Psychologie Verlags Union.

Rollins, B.C. & Feldman, H. (1970). Marital satisfaction over the family life cycle. *Journal of Marriage and the Family, 26,* 20-28.

Roloff, J. (1996*). Familienbildung und Kinderwunsch in Deutschland – Familieneinkommen, Kinderkosten und deren Einfluß auf generative Verhaltensentscheidungen.* Materialien zur Bevölkerungswissenschaft, 82d. Wiesbaden: Bundesinstitut für Bevölkerungswissenschaft.

Rommelveit, R. (1980). On „meanings" of acts and what is meant and made known by what is said in a pluralistic social world. In M. Brenner (Ed.), *The structure of action* (pp. 108-149). Oxford: Blackwell.

Rosenberg, M. (1965). *Society and the adolescent self-image.* Princeton, N.J.: Princeton University Press.

Rosenberg, M.J. & Hovland, C.I. (1960). Cognitive, affective, and behavioral components of attitudes. In C.I. Hovland & M.J. Rosenberg (Eds.), *Attitude organization and change* (pp. 1-14). New Haven: Yale University Press.

Rosenfield, S. (1980). Sex differences in depression: Do women always have higher rates? *Journal of Health and Social Behavior, 21,* 33-42.

Rosenfield, S. (1989). The effects of women'Äs employment: Personal control and sex differences in mental health. *Journal of Health and Social Behavior, 30,* 77-91.

Rosenkranz, D. & Rost, H. (1998). Welche Partnerschaften scheitern? Prädiktoren der Instabilität von Ehen. *Zeitschrift für Familienforschung, 10,* 47-69.

Rosenstiel, L. v., Neidinger, F. W., Oppitz, G., Spiess, E. & Stengel, M. (1986). *Einführung in die Bevölkerungspsychologie.* Darmstadt: Wissenschaftliche Buchgesellschaft.

Ross, C.E. & Huber, J. (1985). Hardship and depression. *Journal of Health and Social Behavior, 35,* 161-177.

Ross, C.E. & Mirowsky, J. (1988). Child care and emotional adjustment to wives' employment. *Journal of Health and Social Behavior, 29,* 127-138.

Ross, C.E., Mirowsky, J. & Huber, J. (1983). Dividing work, sharing work, and in between: Marriage patterns and depression. *American Sociological Review, 48,* 809-823.

Ross, C.E. & Van Willigen, M. (1996). Gender, parenthood, and anger. *Journal of Marriage and the Family, 58,* 572-584.

Rost, H. & Schneider, N.F. (1995). Differentielle Elternschaft - Auswirkungen der ersten Geburt auf Männer und Frauen. In B. Nauck, & C. Onnen-Isemann (Hrsg.), *Familie im Brennpunkt von Wissenschaft und Forschung* (pp. 177-194). Neuwied: Luchterhand.

Rothbaum, F., Weisz, J.R. & Snyder, S.S. (1982). Changing the world and changing the self: A two-process model of perceived control. *Journal of Personality and Social Psychology, 42,* 5-37.

Rothermund, K., Dillmann, U. & Brandtstädter, J. (1994). Belastende Lebenssituationen im mittleren und höheren Erwachsenenalter: Zur differentiellen Wirksamkeit assimilativer und akkommodativer Bewältigung. *Zeitschrift für Gesundheitspsychologie, 2,* 245-268.

Roxburgh, S. (1999). Exploring the work and family relationship: Gender differences in the influence of parenthood and social support on job satisfaction. *Journal of Family Issues, 20,* 771-788.

Ruble, D.N. (1994). A phase model of transitions: Cognitive and motivational consequences. In M. Zanna (Ed.), *Advances in experimental social psychology* (Vol. 26). 163-214.

Ruble, D.N., Fleming, A.S., Hackel, L. & Stangor, C. (1988). Changes in the marital relationship during the transition to first time motherhood: Effects of violated expectations concerning division of household labor. *Journal of Personality and Social Psychology, 55,* 78-87.

Rugel, R.P. (1992). Self-esteem maintenance in „accepting-open" and „devaluating-closed" marital systems. *American Journal of Family Therapy, 20,* 36-51.

Ruggles, S. (1997). The rise of divorce and separation in the United States, 1880-1990. *Demography, 34,* 455-466.

Runge, T.E., Frey, D., Gollwitzer, P.M. Helmreich, R.L. & Spence, J.T. (1981). Masculine (instrumental) and feminine (expressive) traits. A comparison between students in the United States and West Germany. *Journal of Cross-Cultural Psychology, 12,* 142-162.

Rusbult, C. (1980). Commitment and satisfaction in romantic associations: A test of the investment model. *Journal of Experimental Social Psychology, 16,* 172-186.

Rusbult, C. (1983). A longitudinal test of the investment model: The development (and deterioration) of satisfaction and commitment in heterosexual involvements. *Journal of Personality and Social Psychology, 45,* 101-117.

Rusbult, C. (1987). Responses to dissatisfaction in close relationships: The exit-voice-loyalty-neglect model. In D. Perlman & S. Duck (Eds.), *Intimate relationships: Development, dynamics, and deterioration* (pp. 209-237). Newbury Park: Sage.

Rusbult, C.E., Bissonnette, V.L., Arriaga, X.B. & Cox, C.L. (1998). Accommodation processes during the early years of marriage. In T.N. Bradbury (Ed.), *The developmental course of marital dysfunction* (pp. 74-113). Cambridge: Cambridge University Press.

Rusbult, C.E., Verette, J., Whitney, G.A., Slovik, L.F. & Lipkus, I. (1991). Accommodation processes in close relationships: Theory and preliminary research evidence. *Journal of Personality and Social Psychology, 60,* 53-78.

Rusbult, C.E., Zembrodt, I.M. & Gunn, L.K. (1982). Exit, voice, loyalty, and neglect: Responses to dissatisfaction in romantic involvements. *Journal of Personality and Social Psychology, 43,* 1230-1242.

Russell, C.S. (1974). Transition to parenthood: Problems and gratifications. *Journal of Marriage and the Family, 36,* 294-301.

Russell, G. (1982). Shared caregiving families: An Australian study. In M.E. Lamb (Ed.), *Nontraditional families: Parenting and child development* (pp. 139-172). Hillsdale, NJ: Erlbaum.

Rutter, M., Quinton, D. & Liddle, C. (1983). Parenting in two generations: Looking backwards and looking forwards. In N. Madge (Ed.), *Families at risk* (pp.60-98). London: Heinemann.

Ryder, R.G. (1973). Longitudinal data relating marital satifsaction and having a child. *Journal of Marriage and the Family, 35,* 604-606.

Sager, C. (1976). *Marriage contracts and couple therapy: Hidden forces in intimate relationships.* New York: Brunner/Mazel.

Sagi, A. (1982). Antecedents and consequences of various degrees of paternal involvement in child rearing: the Israeli project. In M.E. Lamb, *Nontraditional families: Parenting and child development* (pp. 205-232). Hillsdale, NJ: Erlbaum.

Saile, H. (1989). Zur Erfassung des Temperaments bei Kindern. *Praxis der Kinderpsychologie und Kinderpsychiatrie, 38,* 6-9.

Salmela-Aro, K., Nurmi, J.-E., Saisto, T. & Halmesmäki, E. (2000). Women's and men's personal goals during the transition to partenthood. *Journal of Family Psychology, 14,* 171-186.

Sanchez, L. & Kane, E.W. (1996). Women's and men's constructions of perceptions of housework fairness. *Journal of Family Issues, 17,* 358-387.

Sanchez, L. & Thomson, E. (1997). Becoming mothers and fathers: Parenthood, gender, and the division of labor. *Gender and Society, 11,* 747-772.

Sanchez, L. (1994). Gender, labor allocations, and the psychology of entitlement in the home. *Social Forces, 73,* 533-553.

Scarpe, M.J., Heppner, P.P. & Dixon, W.A. (1995). Gender role conflict, instrumentality, expressiveness, and well-being in adult men. *Sex Roles, 33,* 1-18.

Schipani, D. (1994). The mothering double standard. In G.W. Bird & M.J. Sporakowski (Eds.), *Taking sides: Clashing views on controversial issues in family and personal relationships* (2nd. ed., pp. 212-215).

Schmidt-Denter, U. (1984). *Die soziale Umwelt des Kindes.* Heidelberg: Springer.

Schneewind, K.A. (1991). Die Familie als Kontext individueller Entwicklung. In A. Engfer, B. Minsel & S. Walper (Hrsg.), *Zeit für Kinder! Kinder in Familie und Gesellschaft* (S. 160-178). Weinheim: Beltz.

Schneewind, K.A. (1995). Familienentwicklung. In R. Oerter & L. Montada (Hrsg.), *Entwicklungspsychologie* (3. Aufl., S. 128-166). Weinheim: PVU.

Schneewind, K.A. (1998). Kinderwunsch und Konsequenzen der Elternschaft: eine fünfjährige Längsschnittstudie. In K. Hahlweg, D. Baucom, R. Bastine & H.J. Markman (Hrsg.), *Prävention von Trennung und Scheidung – Internationale Ansätze zur Prädiktion und Prävention von Beziehungsstörungen.* Schriftenreihe des Bundesministeriums für Familie, Senioren, Frauen und Jugend, Bd. 151 (S. 105-132). Stuttgart: Kohlhammer.

Schneewind, K.A. (Ed.). (2000a). *Familienpsychologie im Aufwind.* Göttingen: Hogrefe.

Schneewind, K.A. (2000b). Motivation for parenthood and early family development: Findings of a five-year longitudinal study. In J. Heckhausen (Ed.), *Motivational psychology of human development: Developing motivation and motivating development* (pp. 339-355). New York: Elsevier.

Schneewind, K.A. & Herrmann, T. (Hrsg.). (1980). *Erziehungsstilforschung*. Bern: Huber.

Schneewind, K.A. & Sierwald, W. (1999). Frühe Paar- und Familienentwicklung: Befunde einer fünfjährigen prospektiven Längsschnittstudie. In B. Reichle & Werneck, H. (Ed.), *Übergang zur Elternschaft: Aktuelle Studien zur Bewältigung eines unterschätzten Lebensereignisses* (S. 149-164). Stuttgart: Enke.

Schneewind, K.A., Vaskovics, L.A., Backmund, V., Buba, H., Rost, H., Schneider, N., Sierwald, W. & Vierzigmann, G. (1992). Optionen der Lebensgestaltung junger Ehen und Kinderwunsch. *Schriftenreihe des Bundesministeriums für Familie, Senioren, Frauen und Jugend, Bd. 9.* Stuttgart: Kohlhammer.

Schneewind, K.A., Vaskovics, L.A., Gotzler, P., Hofmann, B., Rost, H., Schlehlein, B., Sierwald, W. & Weiß, J. (1996). *Optionen der Lebensgestaltung junger Ehen und Kinderwunsch. Schriftenreihe des Bundesministeriums für Familie, Senioren, Frauen und Jugend, Bd. 128.1* Stuttgart: Kohlhammer.

Schneider, N.F. (1994). *Familie und private Lebensführung in West- und Ostdeutschland.* Stuttgart: Enke.

Schneider, N.F. & Rost, H. (1998). Vom Wandel keine Spur – warum ist Erziehungsurlaub weiblich? In M. Oechsle & B. Geissler (Hrsg.), *Die ungleiche Gleichheit. Junge Frauen und der Wandel im Geschlechterverhältnis* (pp. 217-236). Opladen: Leske & Budrich.

Schneider-Düker, M. & Kohler, A. (1988). Die Erfassung von Geschlechtsrollen – Ergebnisse zur deutschen Neukonstruktion des Bem Sex Role Inventory. *Diagnostica, 34,* 256-270.

Schooler, C., Kohn, M.C., Miller, K.A. et al. (1983). Housework as work. In M.C. Kohn & C. Schooler (Eds.), *Work and personality* (pp. 242-260). Norwood, NY: Ablex.

Schreiber, P.J. (1998). Women's career development patterns. *New Directions for Adult and Continuing Education, 80,* 5-13.

Schuchts, R.A. & Witkin, S.L. (1989). Assessing marital change during the transition to parenthood. *Social Casework, 70,* 67-75.

Schultz-Gambard, J. (1985). Crowding: Sozialpsychologische Erklärungen der Wirkung von Dichte und Enge. In D. Frey & M. Irle (Hrsg.), *Theorien der Sozialpsychologie. Band III: Motivations- und Informationsverarbeitungstheorien* (S. 175-208). Bern: Huber.

Schumacher, J., Stöbel-Richter, Y. & Brähler, E. (im Druck). Steht die aktuelle Partnerschaftszufriedenheit im Zusammenhang mit dem erinnerten Erziehungsverhalten der eigenen Eltern? *Zeitschrift für Entwicklungspsychologie und Pädagogische Psychologie.*

Schumm, W.R. & Bugaighis, M.A. (1986). Marital conflict over the marital career: Alternative explanations. *Journal of Marriage and the Family, 48,* 165-168.

Schütz, A. (1999). It was your fault! Self-serving biases in autobiographical accounts of conflicts in married couples. *Journal of Personal Relationships, 16,* 193-208.

Shackelford, T.K. & Buss, D.M. (1997). Spousal esteem. *Journal of Family Psychology, 11,* 478-488.

Shapiro, A.F., Gottman, J.M. & Carrère, S. (2000). The baby and the marriage: identifying factors that buffer against decline in marital satisfaction after the first baby arrives. *Journal of Family Psychology, 14*, 59-70.

Shaw, S.M. (1988). Gender differences in the definition and perception of household labor. *Family Relations, 37*, 333-337.

Sheeber, L.B. & Johnson, J.H. (1992). Child temperament, maternal adjustment, and changes in family life style. *American Journal of Orthopsychiatry, 62*, 178-185.

Shelton, B.A. & John, D. (1993). Does marital status make a difference? Housework among married and cohabiting men and women. *Journal of Family Issues, 14*, 401-420.

Shelton, B.A. & John, D. (1996). The division of household labor. *Annual Review of Sociology, 22*, 299-322.

Sieverding, M. (1988). Attraktion und Partnerwahl: Geschlechtsrollenstereotype bei der Partnerwahl. *Report Psychologie, 7*, 9-14.

Sieverding, M. (1990). Psychologische Barrieren in der beruflichen Entwicklung von Frauen. Das Beispiel der Medizinerinnen. Enke: Stuttgart.

Sieverding, M. (1992). Wenn das Kind einmal da ist... Die Entwicklung traditionellen Rollenverhaltens bei Paaren mir ursprünglich egalitären Rollenvorstellungen. In L. Brüderl & B.Paetzold (Hrsg.), *Frauenleben zwischen Beruf und Familie* (S. 155-170). Weinheim: Juventa.

Sieverding, M. (1993). Berufskonzept - Selbstkonzept und berufliche Ambitionen. In A. Gebert & W. Hacker (Hrsg.). Arbeits- und Organisationspsychologie 1991 in Dresden. 1. Deutscher Psychologentag (S. 414-419). Bonn: Deutscher Psychologen Verlag.

Sieverding, M. (1999). Weiblichkeit – Männlichkeit und psychische Gesundheit. In E. Brähler & H. Felder (Hrsg.), *Weiblichkeit, Männlichkeit und Gesundheit (2. Auflage) (S. 31-57)*. Opladen: Westdeutscher Verlag.

Sieverding, M. & Alfermann, D. (1992). Geschlechtsrollen und Geschlechtsstereotype. *Zeitschrift für Sozialpsychologie*, 6-15.

Sigel, I.E., McGillicuddy-DeLisi, A.V. & Goodnow, J.J. (Eds.). (1992). *Parental belief systems: The psychological consequences for children*. Hillsdale: Erlbaum.

Sillars, A.L. (1985). Interpersonal perception in relationships. In W. Ickes (Ed.), *Compatible and incompatible relationships* (pp. 277-305). New York: Springer.

Silver, R.L. & Wortman, C.B. (1980). Coping with undesirable lefe events. In J. Garber & M.E.P. Seligman (Eds.), *Human helplessness* (pp. 279-340). New York: Academic Press.

Sirigano, S.W. & Lachman, M.S. (1985). Personality change during the transition to parenthood: The role of perceived infant temperament. *Developmental Psychology, 21*, 558-567.

Sluzki, C.E. (1992). Disruption and reconstruction of networks following migration/relocation. *Family Systems Medicine, 10*, 359-363.

Smith, A.D. & Reid, W.J. (1986). Role expectations and attitudes in dual-earner families. *Social Casework, 67*, 394-402.

Snyder, J.R. (1998). Marital conflict and child adjustment: What about gender? *Developmental Review, 18*, 390-420.

Snyder, M.L., Stephan, W.G. & Rosenfield, D. (1978). Attributional egotism. In J.H. Harvey, W. Ickes & R.F. Kidd (Eds.), *New directions in attribution research* (Vol. 2, pp. 91-117). Hillsdale, NJ: Erlbaum.

Spade, J.Z. (1994). Wives' and husbands' perceptions of why wives work. *Gender & Society, 8,* 170-188.

Spence, J.T. & Helmreich, R. (1973). A short version of the AWS. *Bulletin of the Psychonomic Society, 2,* 219-220.

Spence, J.T. & Helmreich, R. (1978). Masculinity & femininity. Their psychological dimensions, correlates, and antecedents. Austin: University of Texas Press.

Spence, J.T. & Helmreich, R.L. (1979). Comparison of masculine and feminine personality attributes and sex-role attitudes across age-groups. *Developmental Psychology, 15,* 583-584.

Spence, J.T. & Helmreich, R. (1980). Masculine instrumentality and feminine expressiveness: Their relationships with sex role attitudes and behaviors. *Psychology of Women Quarterly, 5,* 147-163.

Spitzberg, B.H. & Cupach, W.R. (Eds.). (1998). *The dark side of close relationships.* Mahwah: Erlbaum.

Spitze, G. (1988). Women's employment and family relations: A review. *Journal of Marriage and the Family, 50,* 595-618.

Spitze, G. (1999). Getting help with housework: Household resources and social networks. *Journal of Family Issues, 20,* 724-745.

Sprecher, S. (1986). The relationship between inequity and emotions in close relationships. *Social Psychology Quarterly, 49,* 309-321.

Sprecher, S. & Schwartz, P. (1994). Equity and balance in the exchange of contributions in close relationships. In M.J. Lerner & G. Mikula (Eds.), *Entitlement and the affectional bond: Justice in close relationships* (pp. 11-41). New York: Plenum.

Staines, G.L. & Libby, P.L. (1986). Men and women in role relationships. In R.D. Ashmore & F.K. Del Boca (Eds.), *The social psychology of female-male relations: A critical analysis of central concepts* (pp. 211-258). Orlando: Academic Press.

Stanley, S.M., Blumberg, S.L. & Markman, H.J. (1999). Helping couples fight for their marriages: The PREP approach. In R. Berger & M.T. Hannah (Eds.), *Preventive approaches in couples therapy* (pp. 279-303). Philadelphia: Brunner/Mazel.

Stanley, S.C., Hunt, J.G. & Hunt, L.L. (1986). The relative deprivation of husbands in dual-earner households. *Journal of Family Issues, 7,* 3-21.

Starker, J.E. (1990). Psychosocial aspects of geographic relocation: The development of a new social network. *American Journal of Health Promotion, 5,* 52-57.

Statistisches Bundesamt Deutschland – Durchschnittliches Alter der Mütter bei der Geburt ihrer lebendgeborenen Kinder. Verfügbar unter: http://www.destatis.de/basis/d/bevoe/bevoetab2.htm [04.03.2002].

Steil, J.M. & Makowski, D.G. (1989). Equity, equality, and need: A study of the patterns and outcomes associated with their use in intimate relationships. *Social Justice Research, 3,* 121-137.

Steil, J.M. & Turetsky, B.A. (1987). Is equal better? The relationship between marital equality and psychological symptomatology. In S. Oskamp (Ed.), *Family process and problems: Social psychological aspects* (pp. 73-97). Beverly Hills, CA: Sage.

Steins, G. (1998). Diagnostik von Empathie und Perspektivenübernahme: Eine Überprüfung des Zusammenhangs beider Konstrukte und Implikationen für die Messung. *Diagnostica, 44,* 117-129.

Steins, G. & Wicklund, R.A. (1993). Zum Konzept der Perspektivenübernahme: Ein kritischer Überblick. *Psychologische Rundschau, 44*, 226-239.

Stier, H. & Lewin-Epstein, N. (2000). Women's part-time employment and gender inequality in the family. *Journal of Family Issues, 21*, 390-410.

Stocker, C.M., & Youngblade, L. (1999). Marital conflict and parental hostility: links with children's sibling and peer relationship. *Journal of Family Psychology, 13*, 598-609.

Stohs, J.H. (1994). Alternative ethics in employed women's household labor. *Journal of Family Issues, 15*, 550-561.

Stohs, J.H. (1995). Predictors of conflict over the household division of labor among women employed full-time. *Sex Roles, 33*, 257-275.

Suedfeld, P. & Tetlock, P. (1977). Integrative complexity of communications in international crises. *Journal of Conflict Resolutions, 21*, 415-419.

Suitor, J.J. (1991). Marital quality and satisfaction with the division of labor across the family life cycle. *Journal of Marriage and the Family, 55*, 427-438.

Sydow, K. v. (1999). Sexualität nach der Geburt. In W.E. Fthenakis, Eckert, M., Block, M.v. (Ed.), *Handbuch Elternbildung. Band 1: Wenn aus Partnern Eltern werden* (pp. 395-412). Opladen: Leske und Budrich.

Taylor, S.E. (1983). Adjustment to threatening events: Atheory of cognitive adaptation. *American Psychologist, 38*, 1161-1173.

Taylor, S.E. (1991). Asymmetrical effects of positive and negative events: The mobilization-minimization hypothesis. *Psychological Bulletin, 110*, 67-85.

Taylor, S.E. & Brown, J.D. (1988). Illusion and well-being: A social psychological perspective on mental health. *Psychological Bulletin, 103*, 193-210.

Teichman, Y. & Lahav, Y. (1987). Expectant fathers: Emotional reactions, physical symptoms and coping style. *British Journal Medical Psychology, 60*, 225-232.

Templeton, R. & Bauereiss, R. (1994). Kinderbetreuung zwischen den Generationen. In W. Bien (Hrsg.), *Eigeninteresse oder Solidarität. Beziehungen in modernen Mehrgenerationenfamilien* (S. 249-66). Opladen: Leske + Budrich.

Terry, D.J., McHugh, T.A. & Noller, P. (1991). Role dissatisfaction and the decline in marital quality across the transition to parenthood. *Australian Journal of Psychology, 43*, 129-132.

Thibaut, J.W. & Kelley, H.H. (1959). *The social psychology of groups.* New York: Wiley.

Thoits, P.A. (1983). Multiple identities and psychological well-being: A reformulation and test of the social isolation hypothesis. *American Sociological Review, 48*, 147-187.

Thoits, P.A. (1986). Multiple identities: Examining gender and marital status differences in control and distress. *American Sociological Review, 51*, 259-272.

Thoits, P.A. (1987). Negotiating roles. In F.J. Crosby (Ed.), *Spouse, parent, worker: On gender and multiple roles* (pp. 11-22). New Haven, CT: Yale University Press.

Thomas, A. (1999). Forschungen zur Handlungswirksamkeit von Kulturstandards. *Psychologische Beiträge, 41*, 494-520.

Thomas, A. & Chess, S. (1980). Temperament und Entwicklung. Stuttgart: Enke.

Thompson, L. (1991). Family work: Women's sense of fairness. *Journal of Family Issues, 12*, 181-196.

Thompson, L. (1993). Conceptualizing gender in marriage: The case of marital care. *Journal of Marriage and the Family, 55,* 557-569.

Thompson, L. & Walker, A.J. (1989). Gender in families: Women and men in marriage, work, and parenthood. *Journal of Marriage and the Family, 51,* 845-871.

Ting-Toomey, S. & Oetzel, J.G. (2001). *Managing intercultural conflict effectively.* Thousand Oaks: Sage.

Tölke, A. (1992). Familiengründung, hiermit einhergehende Erwerbsunterbrechungen und normative Rollenvorstellungen. In L. Brüderl & B. Paetzold (Hrsg.), *Frauenleben zwischen Beruf und Familie* (S. 35-48). Weinheim: Juventa.

Tomlinson, P.S. (1987). Spousal differences in marital satisfaction during transition to parenthood. *Nursing Research, 36,* 239-243.

Törnblom, K.Y. (1992). The social psychology of distributive justice. In K.R. Scherer (Ed.), *Justice: Interdisciplinary perspectives* (pp. 177-284). Cambridge, MA: Cambridge University Press.

Törnblom, K.Y. & Vermunt, R. (1999). An integrative perspective on social justice: Distributive and procedural fairness evaluations of positive and negative outcome allocations. *Social Justice Research, 12,* 39-64.

Townes, B.D., Beach, L.R., Campbell, F.L. & Wood, R.L. (1980). Family building. A social psychological study of fertility decisions. *Population and Environment, 3,* 210-220.

Traupmann, J., Peterson, L., Utne, M. & Hatfield, E. (1981). Measuring equity in intimate relations. *Applied Psychology Measurement, 5,* 467-480.

Twiggs, J.E., McQuillan, J. & Ferree, M.M. (1999). Meaning and measurement: Reconceptualizing measures of the division of household labor. *Journal of Marriage and the Family, 61,* 712-724.

Tyrell, H. (1988). Ehe und Familie – Institutionalisierung und Deinstitutionalisierung. In K. Lüscher, F. Schultheis & M. Wehrspaun (Hrsg.), *Die „postmoderne" Familie: Familiale Strategien und Familienpolitik in einer Übergangszeit* (S. 145-156). Konstanz: Universitätsverlag.

Van Lange, P.A.M., Rusbult, C.E., Drigotas, S.M., Arriaga, X.B., Witcher, B.S. & Cox, C.L. (1997). Willingness to sacrifice in close relationships. *Journal of Personality and Social Psychology, 72,* 1373-1395.

Vaskovics, L.A. (1988). Veränderungen der Wohn- und Wohnumweltbedingungen in ihren Auswirkungen auf die Sozialisationsleistung der Familie. In R. Nave-Herz (Hrsg.), *Wandel und Kontinuität der Familie in der Bundesrepublik Deutschland* (S. 36-60). Stuttgart: Enke.

Vaskovics, L.A. (1989). Familienabhängigkeit junger Erwachsener und Familienzyklus. In H. Bertram, R. Borrmann-Müller, S. Hübner-Funk & A. Weidacher (Hrsg.), *Blickpunkt Jugend und Familie. Internationale Beiträge zum Wandel der Generationen.* Weinheim: Juventa.

Vierzigmann, G. (1995). Entwicklung von Skalen zur Erfassung individueller Beziehungskompetenzen. *Zeitschrift für Differentielle und Diagnostische Psychologie, 16,* 103-112.

Viinamaeki, H., Koskela, K. & Niskanen, L. (1996). Rapidly declining mental well-being during unemployment. *European Journal of Psychiatry, 10,* 215-221.

Vogel, E.F. & Bell, N.W. (1960). The emotionally disturbed child as a family scapegoat. In N.W. Bell & E.F. Vogel (Eds.), *A modern introduction to the family* (pp. 382-397). New York: Free Press.

Vogler, C. & Pahl, J. (1993). Social and economic change and the organization of money in marriage. *Work, Employment, and Society, 7,* 71-95.

Volling, B.L. & Belsky, J. (1991). Multiple determinants of father involvement during infancy in dual-earner and single-earner families. *Journal of Marriage and the Family, 53,* 461-474.

Voydanoff, P. (1990). Economic distress and family relations: A review of the eighties. *Journal of Marriage and the Family, 52,* 1099-1115.

Voydanoff, P. & Donnelly, B.W. (1999). The intersection of time in activities and perceived unfairness in relation to psychological distress and marital quality. *Journal of Marriage and the Family, 61,* 739-751.

Wachs, T.D. & Gruen, G.E. (1982). *Early experience and human development.* New York: Plenum Press.

Walden, R. (1995). Wohnung und Wohnumgebung. In A. G. Keul (Hrsg.), *Wohlbefinden in der Stadt. Umwelt- und gesundheitspsychologische Perspektiven* (S. 69-98). Weinheim: Psychologie Verlags Union.

Waldron, I. & Jacobs, J. (1989). Effects of multiple roles on women's health: Evidence from a national longitudinal study. *Women and Health, 15,* 3-19.

Waldron, H. & Routh, D. (1981). The effect of the first child on the marital relationship. *Journal of Marriage and the Family, 43,* 785-788.

Wallace, P.M. & Gotlib, I.H. (1990). Marital adjustment during the transition to parenthood: Stability and predictors of change. *Journal of Marriage and the Family, 52,* 21-29.

Walster, E., Walster, G.W. & Berscheid, E. (1978). *Equity: Theory and research.* Boston, MA: Allyn & Bacon.

Watzlawick, P., Beavin, J.H. & Jackson, D.D. (1969). *Menschliche Kommunikation.* Bern: Huber.

Weary, G., Stanley, M.A, & Harvey, J.H. (Eds.). (1989). *Attribution.* New York: Springer.

Weiner, B. (1985). „Spontaneous" causal thinking. *Psychological Bulletin, 97,* 74-84.

Weiner, B., Graham, S., Peter, O. & Zmuidinas, M. (1991). Public confession and forgiveness. *Journal of Personality, 59,* 281-312.

Weiss, R.S. (1987). Men and their wives' work. In F.J. Crosby (Ed.), *Spouse, parent, worker: On gender and multiple roles* (pp. 109-121). New Haven, CT: Yale University Press.

Welter, B. (1966). The cult of true womanhood: 1820-1860. *American Quarterly, 18,* 151-174.

Werneck, H. (1997). Belastungsaspekte und Gratifikationen beim Übergang zur Vaterschaft. *Psychologie in Erziehung und Unterricht, 44,* 276-288.

Werneck, H. (1998). *Übergang zur Vaterschaft: Auf der Suche nach den „Neuen Vätern".* Wien: Springer.

Wethington, E. & Kessler, R.C. (1989). Employment, parental responsibility, and psychological distress: A longitudinal study of married women. *Journal of Family Issues, 10,* 527-546.

Wetzels, P. (1997). *Gewalterfahrungen in der Kindheit: Sexueller Missbrauch, körperliche Misshandlung und deren langfristige Konsequenzen.* Baden-Baden: Nomos.

White, L.K. & Booth, A. (1985). The transition to parenthood and marital quality. *Journal of Family Issues, 6,* 435-449.

558

Whitley, B.E. (1983). Sex role orientation and self-esteem: A critical meta-analytic review. *Journal of Personality and Social Psychology, 44,* 765-778.

Wicki, W. (1999). The impact of family resources and satisfaction with division of labor on coping and worries after the birth of the first child. *International Journal of Behavioral Development, 23,* 431-456.

Wickrama, K. A. S., Conger, R.D., Wallace, L. E. & Elder, G.H. Jr. (1999). The intergenerational transmission of health-risk behaviors: Adolescent lifestyles and gender-moderating effects. *Journal of Health and Social Behavior, 4,.* 258-272.

Wilkie, J.R., Ferree, M.M. & Ratcliff, K.S. (1998). Gender and fairness: Marital satisfaction in two-earner couples. *Journal of Marriage and the Family, 60,* 577-594.

Wills, T.A. (1987). Downward comparison as a coping mechanism. In C.R. Snyder & C.E. Ford (Eds.), *Coping with negative life events: Clinical and social psychological perspectives* (pp. 243-268). New York: Plenum.

Wissenschaftlicher Beirat für Familienfragen beim BMJFG (1975). *Familie und Wohnen.* Schriftenreihe des Bundesministers für Jugend, Familie und Gesundheit. Stuttgart: Kohlhammer.

Wohlwill, J.F. & Heft, H. (1987). The physical environment and the development of the child. In D. Stokols and I. Altman (Eds.), *Handbook of environmental psychology.* New York: Wiley.

Wolkind, S.N. & DeSalis, W. (1982). Infant temperament, maternal mental state and child behavior problems. In R. Porter & G. Collins (Eds.), *Temperamental differences in infants and young children* (pp. 221-239). London: Pitman.

Wong, P.T.P. & Weiner, B. (1981). When people ask „why" questions, and the heuristics of attributional search. *Journal of Personality and Social Psychology, 40,* 650-663.

Woodworth, S., Belsky, J., & Crnic, K. (1996). The determinants of fathering during the child's second and third years of life: a developmental analysis. *Journal of Marriage and the Family, 58,* 679-692.

Wright, E.O., Shire, K., Hwang, S., Dolan M. & Baxter, J. (1992). The non-effects of class on the gender division of labor in the home: A comparative study of Sweden and the United States. *Gender and Society, 6,* 252-282.

Wright, J.D. (1978). Are working women really mor satisfied? Evidence from several national surveys. *Journal of Marriage and the Family, 40,* 301-313.

Wright, P.J., Henggeler, S.W. & Craig, L. (1986). Problems in paradise? A longitudinal examination of the transition to parenthood. *Journal of Applied Developmental Psychology, 7,* 227-291.

Yang, M.-S., Nickel, H., Quaiser, C. & Vetter, J. (1994). Rolleneinstellungen, Einstellungen zum Wert von Kindern und die eheliche Zufriedenheit beim Übergang zur Elternschaft in Korea. *Zeitschrift für Familienforschung, 6,* 80-94.

Yogev, S. & Brett, J. (1985). Perceptions of the division of housework and childcare and marital satisfaction. *Journal of Marriage and the Family, 47,* 609-618.

Zabin, L.S. & Cardona, K.M. (2002). Adolescent pregnancy. In G.M. Wingood & R.J. DiClemente (Eds), *Handbook of women's sexual and reproductive health* (pp. 231-253). New York: Kluwer/Plenum.

Zuckerman, M. (1979). Attribution of success and failure revisited, or: The motivational bias is alive and well in attribution theroy. *Journal of Personality, 47,* 245-287.